경찰채용 · 경찰승진 · 경찰간부 · 법원직 · 검찰직 · 변호사 시험 대비

임종희 객관식 형사법

형사소송법

수사 · 증거

제2판 | 법학박사 임종희 편저

형사법 **법학박사** | 중앙경찰학교 **외래 교수** | 경찰시험 **출제위원**

 경찰출제위원이 집필한 만점 형사법 | 최신 기출문제 & 적중 예상문제 | 2024년 4월까지 기출 반영 2024년 4월까지 판례 반영

PREFACE
이 책의 머리말

형사법을 정복하기 위하여 대부분의 수험생들이 수험서의 두꺼운 분량과 부족한 공부시간으로 너무나 힘들어 하는 모습을 필자는 학교와 학원가에서 오랫동안 보아왔습니다. 그래서 필자는 수험생들이 적은 시간을 투자하여 고득점과 높은 학습효과를 거둘 수 있는 본 수험서를 출간하기에 이르렀습니다.

[본서의 특징]

본 수험서는 수험생들에게 투자시간에 비례한 최대의 높은 학습효과를 위하여 기본이론과 판례 및 중요문제까지 분석하여 단권화시켰으며, 본서의 한권으로도 단기에 형사법을 정복하여 고득점을 맞을 수 있도록 다음과 같은 특징으로 구성하였습니다.

1. 풍부하고 상세한 해설

기존 수험서는 많은 양의 문제를 수록하기 위하여 해설이 빈약하여 항상 기본서를 옆에 두고 공부하지 않으면 수험생들이 불안할 수 밖에 없었습니다. 이에 본서는 객관식 본래의 취지를 살려 많은 문제를 실어서 각 지문마다 풍부하고 상세한 해설을 하여 기본서로도 활용할 수 있도록 심혈을 다하였습니다. 반복 학습시 고득점을 취득하여 공부시간을 단축할 수 있도록 하였습니다.

2. 기출문제와 적중예상문제의 분석

2024년 4월까지 시행된 각종 기출시험문제까지 최대한 반영하였습니다. 기출문제의 출제경향을 정확히 분석하여 효율적으로 공부한다면 단기에 고득점을 얻을 수 있습니다. 이외에도 최근 시험의 난이도에 따라 출제가 예상되는 문제들을 면밀히 분석하여 적중예상문제를 많이 수록함으로써 본서를 통해 문제감각을 읽히는데 도움을 주고자 심혈을 다하였습니다.

3. 최신 판례의 반영

형사법 시험에서 판례가 차지하는 비중이 점차 증가하고 있기 때문에 2024년 4월까지 판례를 수록하여 판례를 쉽게 정복하여 합격기간을 단축시키는데 도움을 주고자 하였습니다. 본서는 중요한 판례는 그 요지와 사실관계 및 결론까지 한눈에 숙지하도록 집필하였습니다. 공부시간이 부족한 수험생들은 주로 밑줄 친 부분이라도 수회독하기 바랍니다.

4. 빠른 합격의 왕도

빠른 합격의 왕도는 자신에게 맞는 한 권의 책을 선택하여 반복해서 다독함으로써 완전히 자신의 것으로 단권화시키는 것이 무엇보다 중요합니다. 왜냐하면 비슷한 내용의 책을 여러 권 본다는 것은 그만큼 시간과 정력의 낭비일 뿐입니다. 따라서 본서를 가지고 계속·반복적으로 다독한다면 빠른 합격이 찾아올 것입니다. 처음 1~2회독은 시간이 걸리겠지만 회독수를 거듭할수록 아는 내용은 제외하고 읽어가므로 소요되는 시간이 단축될 것입니다. 시험 전날 본서를 가지고 함정문제나 자주 틀리는 문제들을 골라서 집중적으로 한 나절 만에 소화할 수 있다면 이미 합격이나 다름없습니다.

[맺음말]

본서로 공부하는 모든 수험생들이 단기에 꼭 합격하기를 진심으로 기원합니다. 편저자도 앞으로 계속 보완하여 본서가 수험생들이 합격길잡이가 되도록 더욱 노력하겠습니다. 끝으로 본서를 출간하면서 감사드려야 할 분들이 너무 많아 일일이 열거하지는 못하지만 이 자리를 빌려서 우선 감사의 마음을 전하고, 특히 원성일 실장님 및 편집하느라 밤낮을 가리지 않고 애써주신 편집진 여러분에게도 고마운 마음을 전합니다.

2024년 5월 22일

임종희 올림

CONTENTS 이 책의 차례

형사소송법

제1편 수 사 ─────────────────────── 3

제1장 수사의 기본개념 ·· 4
    제1절 수사의 의의 / 4
    제2절 수사의 절차 / 6
    제3절 수사준칙의 정리 및 예상문제 / 12
    제4절 수사의 조건 / 34

제2장 수사의 개시(수사의 단서) ···························· 41
    제1절 변사자검시 / 41
    제2절 불심검문 / 42
    제3절 고소 / 48
    제4절 고발 / 65
    제5절 자수 / 68

제3장 수사의 한계영역 ·· 71

제4장 임의수사 ··· 79
    제1절 피의자신문 / 79
    제2절 참고인조사 / 94

제5장 강제수사 ··· 96
    제1절 피의자 체포 / 96
    제2절 구속전 피의자심문(영장실질심사제도) / 121
    제3절 피의자 구속 / 123
    제4절 접견교통권 / 134
    제5절 체포·구속적부심사제도 / 140
    제6절 압수·수색·검증 / 145
    제7절 압수·수색·검증에 있어서의 영장주의의 예외
        (영장없이 압수·수색·검증할 수 있는 경우) / 189
    제8절 압수물의 처리 / 198
    제9절 수사상 감정유치 / 202

제6장 판사가 행하는 강제처분 ·· 203
    제1절 수사상 증거보전 / 203
    제2절 수사상 증인신문청구 / 205

제7장 수사의 종결 ·· 209
    제1절 수사의 종결 / 209
    제2절 불기소 처분에 대한 불복 / 213
    제3절 공소제기 후의 수사 / 215

제8장 공소시효 ·· 218

제2편 증 거 ──────────────────────── 223

제1장 증거의 의의 ·· 224
제2장 증명의 기본원칙 ·· 233
제3장 증거능력 ·· 246
    제1절 자백배제법칙 / 246
    제2절 위법수집증거배제법칙 / 254
    제3절 전문법칙과 전문법칙의 예외 / 274
    제4절 당사자의 동의와 증거능력 / 347

제4장 증명력 ·· 355
    제1절 자유심증주의 / 355
    제2절 탄핵증거 / 365
    제3절 자백의 보강법칙 / 368
    제4절 공판조서의 배타적 증명력 / 381

형사소송법

PART 01

수 사

제1장 수사의 기본개념
제2장 수사의 개시(수사의 단서)
제3장 수사의 한계영역
제4장 임의수사
제5장 강제수사
제6장 판사가 행하는 강제처분
제7장 수사의 종결
제8장 공소시효

수사의 기본개념

제01절 수사의 의의

1. 수사기관에 대한 설명으로 가장 적절하지 않은 것은? (2023. 경찰승진)

① 검사가 사법경찰관과 동일한 범죄사실을 수사하게 된 경우에는 사법경찰관에게 사건을 송치할 것을 요구할 수 없다.
② 사법경찰관이 범죄를 수사하여 범죄의 혐의가 있다고 인정되는 경우에는 지체 없이 검사에게 사건을 송치하고 관계서류와 증거물을 검사에게 송부하여야 한다.
③ 사법경찰관이 범죄를 수사하여 범죄의 혐의가 있다고 인정되는 경우가 아닌 때에는 그 이유를 명시한 서면과 함께 관계서류와 증거물을 지체 없이 검사에게 송부하여야 하는데, 이 경우 검사는 사법경찰관이 사건을 검사에 송치하지 아니한 것이 위법 또는 부당한 때에는 그 이유를 문서로 명시하여 사법경찰관에게 재수사를 요청할 수 있다.
④ 삼림, 해사, 전매, 세무, 군수사기관, 그 밖에 특별한 사항에 관하여 사법경찰관리의 직무를 행할 특별사법경찰관리와 그 직무의 범위는 법률로 정하며, 특별사법경찰관은 모든 수사에 관하여 검사의 지휘를 받는다.

▼해 설

① (×) **검사는** 사법경찰관과 **동일한 범죄사실을 수사하게 된 때**에는 사법경찰관에게 **사건을 송치할 것을 요구할 수 있다**(수사의 경합, 제197조의4 제1항). 제1항의 요구를 받은 사법경찰관은 지체 없이 검사에게 사건을 송치하여야 한다. **다만**, 검사가 영장을 청구하기 전에 동일한 범죄사실에 관하여 **사법경찰관이 영장을 신청한 경우에는 해당 영장에 기재된 범죄사실을 계속 수사할 수 있다**(동조 제2항).
② (○) 제245조의5 제1호
③ (○) 제245조의5 제2호, 제245조의8 제1항
④ (○) 제245조의10 제1항, 제2항

▼정답 ①

2. 수사에 대한 설명 중 가장 적절하지 않은 것은?(다툼이 있는 경우 판례에 의함)

① 수사란 범죄혐의의 유무를 명백히 하여 공소를 제기·유지할 것인가의 여부를 결정하기 위하여 범인을 발견·확보하고 증거를 수집·보전하는 수사기관의 활동을 말한다.
② 「경찰관직무집행법」 제3조 제6항이 임의동행한 경우 당해인을 6시간을 초과하여 경찰관서에 머물게 할 수 없다고 규정하고 있다고 하여 그 규정이 임의동행한 자를 6시간 동안 경찰관서에 구금하는 것을 허용하는 것은 아니다.
③ 수사기관이 피고인의 범죄사실을 인지하고도 피고인을 바로 체포하지 않고 추가 범행을 지켜보고 있다가 범죄사실이 많이 늘어난 뒤에야 피고인을 체포하였다는 사정만으로도 피고인에 대한 수사와 공소제기는 위법하다거나 함정수사에 해당한다고 할 수 있다.

④ 법률에 의하여 고소나 고발이 있어야 논할 수 있는 죄에 있어서 고소 또는 고발은 이른바 소추조건에 불과하고 당해 범죄의 성립요건이나 수사의 조건은 아니다.

▼해 설

③ (×) 수사기관이 피고인의 범죄사실을 인지하고도 피고인을 바로 체포하지 않고 추가 범행을 지켜보고 있다가 범죄사실이 많이 늘어난 뒤에야 피고인을 체포하였다는 사정만으로 피고인에 대한 수사와 공소제기가 위법하다거나 **함정수사에 해당한다고 할 수 없다**(대판2007.6.29. 2007도3164).

① (○) 수사, 즉 **범죄혐의의 유무를 명백히 하여 공소를 제기·유지할 것인가의 여부를 결정**하기 위하여 **범인을 발견·확보**하고 **증거를 수집·보전**하는 **수사기관의 활동**은 수사 목적을 달성함에 필요한 경우에 한하여 사회통념상 상당하다고 인정되는 방법 등에 의하여 수행되어야 하는 것이다(대법원1999. 12. 7.선고98도3329판결).

② (○) 임의동행은 상대방의 동의 또는 승낙을 그 요건으로 하는 것이므로 경찰관으로부터 임의동행 요구를 받은 경우 상대방은 이를 거절할 수 있을 뿐만 아니라 임의동행 후 언제든지 경찰관서에서 퇴거할 자유가 있다 할 것이고, 경찰관직무집행법 제3조 제6항이 임의동행한 경우 당해인을 6시간을 초과하여 경찰관서에 머물게 할 수 없다고 규정하고 있다고 하여 그 규정이 **임의동행한 자를 6시간 동안 경찰관서에 구금하는 것을 허용하는 것은 아니다**(대판1997.8.22. 97도1240).

④ (○) 친고죄나 세무공무원 등의 고발이 있어야 논할 수 있는 죄에 있어서 고소 또는 고발은 이른바 소추조건에 불과하고 당해 범죄의 성립 요건이나 수사의 조건은 아니므로, 위와 같은 범죄에 관하여 고소나 고발이 있기 전에 수사를 하였다고 하더라도, 그 수사가 장차 고소나 고발이 있을 가능성이 없는 상태하에서 행해졌다는 등의 특단의 사정이 없는 한, **고소나 고발이 있기 전에 수사를 하였다는 이유만으로 그 수사가 위법하다고 볼 수는 없다**(대판1995.2.24. 94도252).

▼정답 ③

3. 수사에 관한 다음 설명으로 가장 적절하지 않은 것은?(다툼이 있으면 판례에 의함)

① 검사나 사법경찰관이 범죄수사에 필요한 때에는 영장에 의하여 압수를 할 수 있는데, 여기서 '범죄수사에 필요한 때'라 함은 단지 수사를 위해 필요할 뿐만 아니라 강제처분으로서 압수를 행하지 않으면 수사의 목적을 달성할 수 없는 경우를 말한다.

② 수사의 필요성이 인정되는 경우에도 무제한적으로 허용되는 것은 아니며, 압수물이 증거물 내지 몰수하여야 할 물건으로 보이는 것이라 하더라도, 압수물의 증거가치 등 제반 사정을 종합적으로 고려하여 판단해야 한다.

③ 폐수무단방류 혐의가 인정된다는 이유로 공장부지, 건물, 기계류 일체 및 폐수운반차량 7대에 대하여 한 압수처분은 수사상의 필요에서 행하는 압수의 본래의 취지를 넘는 것으로 상당성이 없을 뿐만 아니라, 수사상의 필요와 그로 인한 개인의 재산권 침해의 정도를 비교형량해 보면 비례성의 원칙에 위배되어 위법하다.

④ 고소나 고발이 있기 전에 수사를 하였다면 그 수사는 위법하다고 볼 수 있다.

▼해 설

④ (×) 수사가 장차 고소나 고발이 있을 가능성이 없는 상태하에서 행해졌다는 등의 특단의 사정이 없는 한, **고소나 고발이 있기 전에 수사를 하였다는 이유만으로 그 수사가 위법하다고 볼 수는 없다**(대판94도252).

①②③ (○) [1] 형사소송법 제215조에 의하면 검사나 사법경찰관이 범죄수사에 필요한 때에는 영장에 의하여 압수를 할 수 있으나, 여기서 '**범죄수사에 필요한 때**'라 함은 단지 수사를 위해 필요할 뿐만 아니라 강제처분으로서 압수를 행하지 않으면 수사의 목적을 달성할 수 없는 경우를 말하고, 그 필요성이 인정되는 경우에도

무제한적으로 허용되는 것은 아니며, 압수물이 증거물 내지 몰수하여야 할 물건으로 보이는 것이라 하더라도, 범죄의 형태나 경중, 압수물의 증거가치 및 중요성, 증거인멸의 우려 유무, 압수로 인하여 피압수자가 받을 불이익의 정도 등 제반 사정을 **종합적으로 고려하여 판단해야 한다**
[2] **검사의 압수처분**이 수사상의 필요에서 행하는 압수의 본래의 취지를 넘는 것으로 **상당성이 없을 뿐만 아니라**, 수사상의 필요와 그로 인한 개인의 재산권 침해의 정도를 비교형량해 보면 **비례성의 원칙에 위배되어 위법하다**(대법원 2004. 3. 23.자 2003모126결정).

▼정답 ④

제02절 수사의 절차

1. 검사와 사법경찰관의 수사권에 관한 설명으로 가장 적절하지 <u>않은</u> 것은? (2024. 경찰간부)

① 사법경찰관은 피의자를 신문하기 전에 수사과정에서 법령위반, 인권침해 또는 현저한 수사권 남용이 있는 경우 '검사에게 구제를 신청할 수 있음'을 피의자에게 알려주어야 하며, 이때 사법경찰관은 피의자로부터 고지 확인서를 받아 사건기록에 편철하여야 한다.
② 검사와 사법경찰관은 수사 및 공소제기 뿐만 아니라 공소유지에 관하여도 서로 협력하여야 한다.
③ 검사와 사법경찰관은 수사를 할 때 물적 및 인적 증거를 기본으로 하여 객관적이고 신빙성 있는 증거를 발견하고 수집하기 위해 노력하여 실체적 진실을 발견하여야 한다.
④ 검사는 사법경찰관과 동일한 범죄사실을 수사하게 된 때에는 사법경찰관에게 사건을 송치할 것을 요구할 수 있으며 송치요구를 받은 사법경찰관은 지체없이 검사에게 사건을 송치하여야 하나, 검사가 영장을 청구하기 전에 동일한 범죄사실에 관하여 사법경찰관이 영장을 신청한 경우에는 해당영장에 기재된 범죄사실을 계속 수사할 수 있다.

▼해 설

③ (×) 검사와 사법경찰관은 **수사를 할 때** 다음 **각 호의 사항에 유의하여 실체적 진실을 발견해야 한다**(수사준칙 제3조 제3항).
   1. **물적** 증거(인적 증거)를 기본으로 하여 객관적이고 신빙성 있는 증거를 발견하고 수집하기 위해 노력할 것
   2. 과학수사 기법과 관련 지식·기술 및 자료를 충분히 활용하여 합리적으로 수사할 것
   3. 수사과정에서 선입견을 갖지 말고, 근거 없는 추측을 배제하며, 사건관계인의 진술을 과신하지 않도록 주의할 것
① (○) 사법경찰관은 피의자를 **신문하기 전에** 수사과정에서 법령위반, 인권침해 또는 현저한 수사권 남용이 있는 경우 **'검사에게 구제를 신청할 수 있음'을 피의자에게 알려주어야 하며**, 이때 사법경찰관은 **피의자로부터 고지 확인서를 받아 사건기록에 편철한다**. 다만, 피의자가 고지 확인서에 기명날인 또는 서명하는 것을 거부하는 경우에는 사법경찰관이 고지 확인서 끝부분에 그 사유를 적고 기명날인 또는 서명해야 한다(수사준칙 제47조 : 구제신청 고지의 확인).
② (○) 검사와 사법경찰관은 **수사, 공소제기 및 공소유지**에 관하여 서로 협력하여야 한다(제195조 제1항). 제1항에 따른 수사를 위하여 준수하여야 하는 일반적 **수사준칙에 관한 사항**은 **대통령령**으로 정한다(동조 제2항).
④ (○) 검사는 **사법경찰관과 동일한 범죄사실을 수사하게 된 때에는** 사법경찰관에게 **사건을 송치할 것을 요구할 수 있다**(제197조의4 제1항). 제1항의 요구를 받은 사법경찰관은 **지체 없이 검사에게 사건을 송치하여야** 한다. **다만, 검사가 영장을 청구하기 전에** 동일한 범죄사실에 관하여 **사법경찰관이 영장을 신청한 경우에는** 해당 영장에 기재된 범죄사실을 **계속 수사할 수 있다**(동조 제2항).

▼정답 ③

2. 수사에 관한 설명으로 가장 적절하지 않은 것은? (2023. 2차 경찰채용)

① 사법경찰관은 고소·고발 사건을 포함하여 범죄를 수사한때, 범죄 혐의가 있다고 인정되면 지체없이 관계 서류와 증거물을 함께 첨부하여 검사에게 사건을 송치하고, 그 밖의 경우에는 그 이유를 명시한 서면만을 지체없이 검사에게 송부하여야 한다.

② 검사는 사법경찰관과 동일한 범죄사실을 수사하게 된 때에는 사법경찰관에게 사건을 송치할 것을 요구할 수 있으며, 송치요구를 받은 사법경찰관은 원칙적으로 지체 없이 검사에게 사건을 송치하여야 한다.

③ 검사는 사법경찰관이 사건을 송치하지 아니한 것이 위법 또는 부당한 때에는 그 이유를 문서로 명시하여 재수사를 요청할 수 있는데, 사법경찰관은 재수사 후 기소의견으로 사건을 검찰에 송치하거나 재차 불송치결정을 할 수 있다.

④ 검사의 수사 개시는 예외적으로 인정되는데, 검사는 부패범죄, 경제범죄 등 대통령령으로 정하는 중요 범죄에 대해서는 수사를 개시할 수 있다.

해 설

① (×) 사법경찰관은 고소·고발 사건을 포함하여 범죄를 수사한 때, **범죄의 혐의가 있다고 인정되는 경우에는 지체 없이 검사에게 사건을 송치**하고, 관계 서류와 증거물을 검사에게 송부하여야 한다. **그 밖의 경우(불송치)**에는 **그 이유를 명시한 서면과 함께 관계 서류와 증거물을 지체 없이 검사에게 송부하여야 한다**. 이 경우 **검사는** 송부받은 날부터 90일 이내에 사법경찰관에게 **반환하여야** 한다(제245조의5). 한편 **사법경찰관은 불송치 결정을 하는 경우** 불송치의 이유를 적은 **불송치 결정서**와 함께 압수물 총목록, 기록목록 등 **관계 서류와 증거물을 검사에게 송부해야 한다**(수사준칙 제62조 제1항).

② (○) **검사는** 사법경찰관과 **동일한 범죄사실을 수사하게 된 때에는 사법경찰관에게 사건을 송치할 것을 요구할 수 있다**(제197조의4 제1항). 위 **송치요구를 받은 사법경찰관은 지체 없이 검사에게 사건을 송치하여야** 한다. 다만, 검사가 영장을 청구하기 전에 동일한 범죄사실에 관하여 사법경찰관이 영장을 신청한 경우에는 해당 영장에 기재된 범죄사실을 계속 수사할 수 있다(동조 제2항).

③ (○) **검사는** 제245조의5 제2호의 경우에 **사법경찰관이 사건을 송치하지 아니한 것이 위법 또는 부당한 때에는 그 이유를 문서로 명시하여 사법경찰관에게 재수사를 요청할 수 있고**(제245조의8 제1항), 사법경찰관은 재수사 요청이 있는 때에는 사건을 재수사하여야 한다(동조 제2항). **사법경찰관은** 형사소송법 제245조의8 제2항에 따라 **재수사를 한 경우** 범죄의 혐의가 있다고 인정되는 경우에는 검사에게 사건을 송치해야 하나, 기존의 **불송치 결정을 유지(재차 불송치결정)**하는 경우에는 **재수사 결과서를 검사에게 통보**하면 된다(수사준칙 제64조 제1항). 검사는 원칙적으로 사법경찰관이 재수사 결과를 통보한 사건에 대해서 **다시 재수사를 요청을 하거나 송치 요구를 할 수 없다**. 다만, 사법경찰관의 재수사에도 불구하고 관련 법리에 위반되거나 송부받은 관계 서류 및 증거물과 재수사결과만으로도 **공소제기를 할 수 있을 정도로 명백히 채증법칙에 위반되거나** 공소시효 또는 형사추소의 요건을 판단하는 데 오류가 있어 **사건을 송치하지 않은 위법 또는 부당이 시정되지 않은 경우에는 재수사 결과를 통보받은 날부터 30일 이내에** 법 제197조의3에 따라 **사건송치를 요구할 수 있다**(수사준칙 제64조 제2항).

④ (○) **검사가 수사를 개시할 수 있는 범죄의 범위**는 다음 각 목과 같다.

가목. 부패범죄, 경제범죄 등 대통령령으로 정하는 중요 범죄
나목. **경찰공무원**(다른 법률에 따라 사법경찰관리의 직무를 행하는 자를 포함한다) 및 **고위공직자범죄수사처 소속 공무원**(「고위공직자범죄수사처 설치 및 운영에 관한 법률」에 따른 파견공무원을 포함한다)이 **범한 범죄**
다목. **가목·나목의 범죄** 및 사법경찰관이 **송치한 범죄와 관련**하여 **인지**한 각 해당 범죄와 직접 관련성이 있는 범죄

▶정답 ①

3. 형사소송법의 개정내용에 대한 설명으로 가장 적절하지 않은 것은? (2023. 경찰승진)

① 체포 구속장소의 감찰결과 피의자가 적법한 절차에 의하지 아니하고 체포 또는 구속된 것이라고 의심할 만한 상당한 이유가 있는 경우에 검사는 즉시 체포 또는 구속된 자를 석방하거나 사건을 검찰에 송치할 것을 명하여야 하는데, 이 송치요구에 따라 사법경찰관으로부터 송치받은 사건에 관하여 검사는 동일성을 해치지 아니하는 범위 내에서 수사할 수 있다.

② 수사기관이 수사 중인 사건의 범죄 혐의를 밝히기 위한 목적으로 합리적인 근거 없이 별개의 사건을 부당하게 수사하여서는 아니 된다.

③ 수사기관은 다른 사건의 수사를 통해 확보된 증거 또는 자료를 내세워 관련 없는 사건에 대한 자백이나 진술을 강요하여서는 아니 된다.

④ 사법경찰관의 불송치결정에 대하여 형사소송법 제245조의7에 따라 해당 사법경찰관의 소속 관서의 장에게 이의신청을 할 수 있는 주체에는 고발인이 포함된다.

해 설

④ (×) 사법경찰관은 제245조의5 제2호(불송치결정)의 경우에는 그 송부한 날부터 7일 이내에 서면으로 고소인·고발인·피해자 또는 그 법정대리인(피해자가 사망한 경우에는 그 배우자·직계친족·형제자매를 포함한다)에게 사건을 검사에게 송치하지 아니하는 취지와 그 이유를 통지하여야 한다(제245조의6). 사법경찰관으로부터 불송치결정의 통지를 받은 사람(고발인을 제외한다)은 해당 사법경찰관의 소속 관서의 장에게 이의를 신청할 수 있다((제245조의7 제1항). 2022. 5. 9. 개정법에서는 **이의신청권의 남용을 막기 위하여 사법경찰관으로부터 수사결과 불송치결정을 받아 이의신청을 할 수 있는 주체에서 고발인을 제외시켰다**.

① (○) 검사는 제197조의3 제6항(검사의 시정조치요구가 정당한 이유없이 이행되지 않은 경우), 제198조의2 제2항(검사의 체포·구속장소감찰에 의하여 체포 또는 구속된 자의 사건의 송치를 명받은 경우) 및 제245조의7 제2항(고소인등의 이의신청)에 따라 사법경찰관으로부터 송치받은 사건에 관하여는 해당 사건과 동일성을 해치지 아니하는 범위 내에서 수사할 수 있다(제196조 제2항). 2022. 5. 9. 개정법에서는 **검사는** 송치요구 등에 따라 사법경찰관으로부터 **송치받은 사건 등에** 관하여는 **동일성을 해치지 아니하는 범위 내에서만 수사할 수 있도록 신설하였다**.

② (○) 수사기관은 수사 중인 사건의 범죄 혐의를 밝히기 위한 목적으로 합리적인 근거 없이 별개의 사건을 부당하게 수사하여서는 아니 된다(제198조 제4항 전문). 2022. 5. 9. 개정법에서는 **별건수사를 금지하는 규정을 신설하였다**.

③ (○) 수사기관은 다른 사건의 수사를 통하여 확보된 증거 또는 자료를 내세워 관련 없는 사건에 대한 자백이나 진술을 강요하여서는 아니 된다(제198조 제4항 후문). 2022. 5. 9. 개정법에서는 **별건수사를 통해 자백이나 진술강요를 금지하는 규정을 신설하였다**.

▶정답 ④

4. 수사절차에 대한 설명으로 가장 적절하지 않은 것은? (2023. 경찰승진)

① 검사 또는 사법경찰관은 조사에 상당한 시간이 소요되는 경우에는 특별한 사정이 없으면 피의자 또는 사건관계인에게 조사 도중에 최소한 2시간마다 10분 이상의 휴식시간을 주어야 한다.
② 검사 또는 사법경찰관은 피의자가 조사장소에 도착한 시각, 조사를 시작하고 마친 시각, 그 밖에 조사과정의 진행경과를 확인하기 위하여 필요한 사항을 피의자신문조서에 기록하거나 별도의 서면에 기록한 후 수사기록에 편철하여야 한다.
③ 수사는 원칙적으로 임의수사에 의하고 강제수사는 법률에 규정된 경우에 한하여 허용된다.
④ 사법경찰관은 형사소송법 제197조의2 제1항에 따른 검사의 보완수사의 요구가 있는 때에는 정당한 이유가 없는 한 지체 없이 이를 이행하면 충분하고, 그 결과를 검사에게 통보할 의무는 없다.

▶ 해 설

④ (×) **사법경찰관은** 형사소송법 제197조의2 제1항에 따른 **검사의 보완수사의 요구**가 있는 때에는 **정당한 이유가 없는 한 지체 없이 이를 이행**하고, 그 결과를 **검사에게 통보하여야** 한다(제197조의2 제2항).
① (○) 수사준칙 제23조(휴식시간 부여) 제1항
② (○) 제244조의4 제1항
③ (○) 수사에 관하여는 그 목적을 달성하기 위하여 필요한 조사를 할 수 있다. **다만, 강제처분은** 이 법률에 **특별한 규정이 있는 경우에 한하며**, 필요한 최소한도의 범위 안에서만 하여야 한다(제199조 제1항). 즉, 수사는 **원칙적으로 임의수사에 의하고** 강제수사는 법률에 규정된 경우에 한하여 허용된다.

▶ 정답 ④

5. 수사절차에 대한 설명으로 가장 적절하지 않은 것은?

① 사법경찰관이 검찰송치 결정을 한 경우에는 그 내용을 고소인·고발인·피해자 또는 그 법정대리인(피해자가 사망한 경우에는 그 배우자·직계친속·형제자매를 포함한다)과 피의자에게 통지해야 한다.
② 검사는 송치사건의 공소제기 여부 결정 또는 공소의 유지에 관하여 필요한 경우와 사법경찰관이 신청한 영장의 청구 여부 결정에 관하여 필요한 경우에 사법경찰관에게 보완수사를 요구할 수 있다.
③ 사법경찰관리의 수사과정에서 현저한 수사권 남용이 의심되는 사실에 대하여「형사소송법」제197조의3의 절차에 따라 사법경찰관으로부터 사건기록 등본을 송부받은 검사는 필요하다고 인정되는 경우 사법경찰관에게 시정조치를 요구할 수 있고, 그 이행 결과를 통보받은 후 시정조치 요구가 정당한 이유 없이 이행되지 않았다고 인정되는 경우에는 사법경찰관에게 사건을 송치할 것을 요구할 수 있다.
④ 사법경찰관이 범죄를 수사한 후 범죄의 혐의가 인정되지 않아 불송치 결정을 하는 경우, 사법경찰관은 그 이유를 명시한 서면과 함께 관계 서류와 증거물을 지체 없이 검사에게 송부해야 하며, 검사는 송부받은 날부터 60일 이내에 사법경찰관에게 반환하여야 한다.

▶해 설

④ (×) 사법경찰관은 고소·고발 사건을 포함하여 범죄를 수사한 때에는 다음 각 호의 구분에 따른다(제245조의5).

1. 범죄의 혐의가 있다고 인정되는 경우에는 지체 없이 검사에게 사건을 송치하고, 관계 서류와 증거물을 검사에게 송부하여야 한다(제1호).
2. 그 밖의 경우에는 그 이유를 명시한 서면과 함께 관계 서류와 증거물을 지체 없이 검사에게 송부하여야 한다. 이 경우 검사는 송부받은 날부터 **90일 이내**에 사법경찰관에게 반환하여야 한다(제2호).

① (○) 검사 또는 **사법경찰관은** 제51조(사법경찰관의 결정) 또는 제52조(검사의 결정)에 따른 **결정을 한 경우**에는 **그 내용을** 고소인·고발인·피해자 또는 그 법정대리인(피해자가 사망한 경우에는 그 배우자·직계친족·형제자매를 포함한다. 이하 "**고소인등**"이라 한다)과 **피의자에게 통지해야** 한다. 다만, **다음 각 호의 어느 하나에** 해당하는 **경우에는 고소인등에게만 통지**한다(수사준칙 제53조 제1항).〈개정 2023. 10. 17.〉

1. 제51조 제1항 제4호 가목에 따른 **사법경찰관의 피의자중지 결정** 또는 제52조 제1항 제3호에 따른 검사의 기소중지 결정을 한 경우(사법경찰관이 피의자중지 결정을 한 경우에는 **피의자가 소재불명**이므로 **고소인등에게만 통지**하고, **피의자에게는 통지하지 않는다.**)
2. 제51조 제1항 제5호(사법경찰관의 이송결정) 또는 제52조 제1항 제7호(검사의 이송결정)에 따른 **이송**(법 제256조에 따른 송치는 제외한다) **결정을 한 경우**로서 검사 또는 사법경찰관이 **해당 피의자에 대해 출석요구** 또는 제16조 제1항 각 호의 어느 하나에 해당하는 행위를 하지 않은 경우(**해당사건을 수사 개시(입건)를 하지 않은 경우**)

② (○) [1] 검사는 **다음 각 호**의 어느 하나에 해당하는 **경우**에 사법경찰관에게 **보완수사를 요구할 수 있다**(제197조의2 제1항).

1. 송치사건의 공소제기 여부 결정 또는 공소의 유지에 관하여 필요한 경우
2. 사법경찰관이 신청한 영장의 청구 여부 결정에 관하여 필요한 경우

[2] **검사는 사법경찰관으로부터 송치받은 사건**에 대해 **보완수사가 필요하다**고 인정하는 경우에는 **직접 보완수사를 하거나** 법 제197조의2 제1항 제1호에 따라 **사법경찰관에게 보완수사를 요구**할 수 있다. 다만, 송치사건의 공소제기 여부 결정에 필요한 경우로서 **다음 각 호의 어느 하나에** 해당하는 **경우**에는 특별히 사법경찰관에게 보완수사를 요구할 필요가 있다고 인정되는 경우를 제외하고는 **검사가 직접 보완수사를 하는 것을 원칙으로 한다**(수사준칙 제59조 제1항).〈개정 2023. 10. 17.〉

1. **사건을 수리한 날**(이미 보완수사요구가 있었던 사건의 경우 보완수사 이행 결과를 통보받은 날을 말한다)부터 **1개월이 경과한 경우**
2. 사건이 송치된 이후 검사가 해당 피의자 및 피의사실에 대해 **상당한 정도의 보완수사를 한 경우**
3. 법 제197조의3 제5항(검사의 시정조치 요구가 정당한 이유 없이 이행되지 않아 송치를 요구받은 경우), 제197조의4 제1항(검사가 사법경찰관과 동일한 범죄사실을 수사하게 되어 송치할 것을 요구한 경우) 또는 제198조의2 제2항(검사의 체포·구속장소감찰에 의하여 체포 또는 구속된 자의 사건의 송치를 명받은 경우)에 따라 **사법경찰관으로부터 사건을 송치받은 경우**
4. 제7조(중요사건 협력절차) 또는 제8조(검사와 사법경찰관의 협의)에 따라 **검사와 사법경찰관이** 사건 송치 전에 수사할 사항, 증거수집의 대상 및 법령의 적용 등에 대해 **협의를 마치고 송치한 경우**

③ (○) 형사소송법 제197조의3 제1항, 제3항, 제5항

▶정답 ④

6. 수사절차에 대한 다음 설명 중 적절하지 않은 것은 모두 몇 개인가?(다툼이 있는 경우 판례에 의함)

> ㉠ 사법경찰관은 피의자를 신문하기 전에 수사과정에서 법령위반, 인권침해 또는 현저한 수사권 남용이 있는 경우 검사에게 구제를 신청할 수 있음을 피의자에게 알려주어야 한다.
> ㉡ 사법경찰관으로부터 수사중지 결정의 통지를 받은 사람은 해당 사법경찰관의 소속 관서의 장에게 이의를 제기할 수 있다.
> ㉢ 검사는 검사의 시정조치요구가 정당한 이유없이 이행되지 않은 경우, 검사의 체포·구속장소감찰에 의하여 체포 또는 구속된 자의 사건의 송치를 명받은 경우 및 고소인등의 이의신청에 따라 사법경찰관으로부터 송치받은 사건에 관하여는 해당 사건과 동일성을 해치지 아니하는 범위 내에서 수사할 수 있다.
> ㉣ 사법경찰관은 피의자중지 결정을 한 경우에는 "고소인" 등과 피의자에게 통지해야 한다.

① 1개   ② 2개
③ 3개   ④ 4개

▼해 설

② ㉠㉢(2개)는 옳은 지문이고, ㉡㉣(2개)는 틀린 지문이다.

㉠ (○) 사법경찰관은 **피의자를 신문하기 전**에 수사과정에서 **법령위반, 인권침해 또는 현저한 수사권 남용**이 있는 경우 **검사에게** 구제를 신청할 수 있음을 **피의자에게 알려주어야 한다**(제197조의3 제8항).

㉡ (×) 제53조(수사결과의 통지)에 따라 사법경찰관으로부터 제51조 제1항 제4호에 따른 **수사중지 결정의 통지를 받은 사람**은 해당 사법경찰관이 소속된 **바로 위 상급**경찰관서의 장에게 **이의를 제기**할 수 있다(수사준칙 제54조 제1항). **(구별)** 사법경찰관의 불송치결정의 통지를 받은 사람(고발인을 제외한다)은 해당 사법경찰관의 **소속 관서의 장**에게 **이의를 신청**할 수 있다(형사소송법 제245조의7 제1항).

☞ (암기) **제·상** (상급에 이의 **제기**)은 **소·신**(이의 **신청**은 소속에)이 있어야 한다.

㉢ (○) **검사는** 제197조의3 제6항(검사의 시정조치요구가 정당한 이유없이 이행되지 않은 경우), 제198조의2 제2항(검사의 체포·구속장소감찰에 의하여 체포 또는 구속된 자의 사건의 송치를 명받은 경우) 및 제245조의7 제2항(고소인등의 이의신청)에 따라 **사법경찰관으로부터 송치받은 사건에 관하여는** 해당 사건과 동일성을 해치지 아니하는 범위 내에서 수사할 수 있다(제196조 제2항). 2022. 5. 9. 개정법에서는 **검사는** 송치요구 등에 따라 사법경찰관으로부터 **송치받은 사건 등에 관하여는 동일성을 해치지 아니하는 범위 내에서만 수사할 수 있도록 신설하였다.**

㉣ (×) 검사 또는 **사법경찰관은** 제51조(사법경찰관의 결정) 또는 제52조(검사의 결정)에 따른 **결정을 한 경우**에는 그 내용을 고소인·고발인·피해자 또는 그 법정대리인(피해자가 사망한 경우에는 그 배우자·직계친족·형제자매를 포함한다. 이하 "**고소인등**"이라 한다)**과 피의자에게 통지해야 한다**. 다만, **다음 각 호의 어느 하나에 해당하는 경우**에는 고소인등에게만 통지한다(수사준칙 제53조 제1항).〈개정 2023. 10. 17.〉

> 1. 제51조 제1항 제4호 가목에 따른 **사법경찰관의 피의자중지 결정** 또는 제52조 제1항 제3호에 따른 검사의 기소중지 결정을 **한 경우**(사법경찰관이 피의자중지 결정을 한 경우에는 **피의자가 소재불명이므로 고소인 등에게만 통지하고, 피의자에게는 통지하지 않는다.**)
> 2. 제51조 제1항 제5호(사법경찰관이 이송결정) 또는 제52조 제1항 제7호(검사의 이송결정)에 따른 **이송**(법 제256조에 따른 송치는 제외한다) **결정을 한 경우**로서 검사 또는 사법경찰관이 **해당 피의자에 대해 출석요구** 또는 제16조 제1항 각 호의 어느 하나에 해당하는 행위(**해당사건을 수사 개시(입건)**)를 하지 **않은 경우**

▼정답 ②

제03절 수사준칙의 정리 및 예상문제

- 수사준칙이 2023년 대폭 개정되어 2023년 11월 1일부터 시행되고 있습니다.
- 수사준칙내용 1~2문제가 반드시 출제예상되므로, 실제 시험장에서 전부 맞을 수 있도록 핵심 쟁점별로 문제화하여 자세한 해설을 달았습니다.
- 이 **예상문제만 여러번 반복학습하신다면** 완벽하게 수사준칙 정리가 끝납니다.

1. 「검사와 사법경찰관의 상호협력과 일반적 수사준칙에 관한 규정」에 따른 내용에 관한 설명 중 다음 각 ( )에 들어갈 숫자의 합은?

> ㉠ 검사는 사법경찰관에게 재수사를 요청하려는 경우에는 관계 서류와 증거물을 송부받은 날부터 ( )일 이내에 해야 한다(재수사요청 시한).
> ㉡ 검사는 송치사건의 공소제기 여부 결정에 필요한 경우로서 사건을 수리한 날(이미 보완수사요구가 있었던 사건의 경우 보완수사 이행 결과를 통보받은 날을 말한다)부터 ( )개월이 경과한 경우에는 검사가 직접 보완수사를 하는 것을 원칙으로 한다(보완수사요구 시한).
> ㉢ 검사 또는 사법경찰관은 고소 또는 고발에 따라 범죄를 수사하는 경우에는 고소 또는 고발을 수리한 날부터 ( )개월 이내에 수사를 마쳐야 한다(고소·고발사건 수사 기한).
> ㉣ 사법경찰관은 검사로부터 재수사의 요청이 접수된 날부터 ( )개월 이내에 재수사를 마쳐야 한다(재수사 이행 기한).
> ㉤ 사법경찰관은 보완수사요구가 접수된 날부터 ( )개월 이내에 보완수사를 마쳐야 한다(보완수사 이행 기한).
> ㉥ 검사는 검찰청 외의 수사기관에서 수사하는 것이 적절하다고 판단되는 때에는 특별한 사정이 없으면 사건을 수리한 날부터 ( )개월 이내에 이송해야 한다(검사의 경찰 이송 기한).

① 100
② 101
③ 104
④ 105

▼ 해 설

② 90+1+3+3+3+1 = 101

㉠ **(90)** 검사는 형사소송법 제245조의8에 따라 사법경찰관에게 재수사를 요청하려는 경우에는 형사소송법 제245조의5 제2호에 따라 관계 서류와 증거물을 송부받은 날부터 (90)일 이내에 해야 한다. 다만, 다음 각 호의 어느 하나에 해당하는 경우에는 관계 서류와 증거물을 송부받은 날부터 90일이 지난 후에도 재수사를 요청할 수 있다(제63조 제1항).

> 1호. 불송치 결정에 영향을 줄 수 있는 **명백히 새로운 증거 또는 사실이 발견된 경우**
> 2호. 증거 등의 허위, 위조 또는 변조를 인정할 만한 상당한 **정황이 있는 경우**

㉡ **(1)** 검사는 송치사건의 공소제기 여부 결정에 필요한 경우로서 사건을 수리한 날(이미 보완수사요구가 있었던 사건의 경우 보완수사 이행 결과를 통보받은 날을 말한다)부터 (1)개월이 경과한 경우에는 검사가 직접 보완수사를 하는 것을 원칙으로 한다(제59조 제1항 제1호).

ⓒ (3) 검사 또는 사법경찰관은 고소 또는 고발에 따라 범죄를 수사하는 경우에는 고소 또는 고발을 수리한 날부터 (3)개월 이내에 수사를 마쳐야 한다(제16조의2 제2항).
ⓔ (3) 사법경찰관은 형사소송법 제245조의8 제1항에 따른 재수사의 요청이 접수된 날부터 (3)개월 이내에 재수사를 마쳐야 한다(제63조 제4항).
ⓜ (3) 사법경찰관은 형사소송법 제197조의2 제1항에 따른 보완수사요구가 접수된 날부터 (3)개월 이내에 보완수사를 마쳐야 한다(제60조 제3항).
ⓗ (1) 검사는 검찰청 외의 수사기관에서 수사하는 것이 적절하다고 판단되는 때에는 특별한 사정이 없으면 사건을 수리한 날부터 (1)개월 이내에 이송해야 한다(제18조 제4항).

▼정답 ②

2. 「검사와 사법경찰관의 상호협력과 일반적 수사준칙에 관한 규정」에 따른 재수사요청의 절차에 대한 설명 중 적절하지 않은 것은 모두 몇 개인가?

> ㉠ 검사는 사법경찰관이 사건을 송치하지 아니한 것이 위법 또는 부당한 때에는 사법경찰관에게 재수사를 요청할 수 있는데, 사법경찰관에게 재수사를 요청하려는 경우에는 관계 서류와 증거물을 송부받은 날부터 90일 이내에 해야 한다. 다만, 불송치 결정에 영향을 줄 수 있는 명백히 새로운 증거 또는 사실이 발견된 경우와 증거 등의 허위, 위조 또는 변조를 인정할 만한 상당한 정황이 있는 경우에는 관계 서류와 증거물을 송부받은 날부터 90일이 지난 후에도 재수사를 요청할 수 있다.
> ㉡ 검사가 사법경찰관에게 재수사를 요청할 때에는 그 내용과 이유를 구체적으로 적은 서면으로 해야 한다. 이 경우 불송치결정에 따라 송부받은 관계 서류와 증거물을 사법경찰관에게 반환해야 한다.
> ㉢ 검사는 사법경찰관에게 재수사를 요청한 경우, 그 사실을 고소인등에게 통지해야 한다.
> ㉣ 사법경찰관은 검사로부터 재수사의 요청이 접수된 날부터 2개월 이내에 재수사를 마쳐야 한다.

① 0개 ② 1개
③ 2개 ④ 3개

▼해 설

② ㉠㉡㉢(3개)는 맞는 지문이나, ㉣(1개)은 틀린 지문이다.
㉠ (○) 검사는 형사소송법 제245조의8에 따라 사법경찰관에게 재수사를 요청하려는 경우에는 형사소송법 제245조의5 제2호에 따라 관계 서류와 증거물을 송부받은 날부터 90일 이내에 해야 한다. 다만, 다음 각 호의 어느 하나에 해당하는 경우에는 관계 서류와 증거물을 송부받은 날부터 90일이 지난 후에도 재수사를 요청할 수 있다(수사준칙 제63조 제1항).

1호. 불송치 결정에 영향을 줄 수 있는 명백히 새로운 증거 또는 사실이 발견된 경우
2호. 증거 등의 허위, 위조 또는 변조를 인정할 만한 상당한 정황이 있는 경우

㉡ (○) 검사는 제1항에 따라 재수사를 요청할 때에는 그 내용과 이유를 구체적으로 적은 서면으로 해야 한다. 이 경우 형사소송법 제245조의5 제2호에 따라 송부받은 관계 서류와 증거물을 사법경찰관에게 반환해야 한다(제63조 제2항).

ⓒ (○) 검사는 형사소송법 제245조의8에 따라 재수사를 요청한 경우 그 사실을 고소인등에게 통지해야 한다(제63조 제3항).
ⓔ (×) 사법경찰관은 형사소송법 제245조의8 제1항에 따른 재수사의 요청이 접수된 날부터 3개월 이내에 재수사를 마쳐야 한다(제63조 제4항).〈신설 2023. 10. 17.〉

▼정답 ②

3. 「검사와 사법경찰관의 상호협력과 일반적 수사준칙에 관한 규정」에 따른 재수사의 처리절차에 대한 설명 중 적절하지 않은 것은 모두 몇 개인가?

> ㉠ 사법경찰관은 검사의 재수사 요청에 따라 재수사를 한 경우 범죄의 혐의가 있다고 인정되는 경우에는 검사에게 사건을 송치하고 관계 서류와 증거물을 송부해야 한다. 그러나 기존의 불송치 결정을 유지하는 경우에는 재수사 결과서에 그 내용과 이유를 구체적으로 적어 검사에게 통보해야 한다.
> ㉡ 검사는 사법경찰관이 재수사 결과를 통보한 사건에 대해서 다시 재수사를 요청하거나 원칙적으로 송치 요구를 할 수 없다. 다만, 검사는 사법경찰관이 사건을 송치하지 않은 위법 또는 부당이 시정되지 않아 사건을 송치받아 수사할 필요가 있는 특별한 경우에는 사건송치를 요구할 수 있다.
> ㉢ 검사는 위 ㉡의 사건송치 요구 여부를 판단하기 위해 필요한 경우에는 사법경찰관에게 관계 서류와 증거물의 송부를 요청할 수 있다. 이 경우 요청을 받은 사법경찰관은 이에 협력해야 한다.
> ㉣ 검사는 재수사 결과를 통보받은 날(사건송치 요구 여부를 판단하기 위해 사법경찰관에게 관계 서류와 증거물의 송부를 요청한 경우에는 관계 서류와 증거물을 송부받은 날을 말한다)부터 30일 이내에 제2항 각 호 외의 부분 단서에 따른 사건송치 요구를 해야 하고, 그 기간 내에 사건송치 요구를 하지 않을 경우에는 송부받은 관계 서류와 증거물을 사법경찰관에게 반환해야 한다.
> ㉤ 사법경찰관이 재수사 중인 사건에 대해 고소인 등의 이의신청이 있는 경우에는 사법경찰관은 재수사를 중단해야 하며, 해당 사건을 지체없이 검사에게 송치하고 관계 서류와 증거물을 송부해야 한다.

① 0개 ② 1개
③ 2개 ④ 3개

▼해 설

① ㉠㉡㉢㉣㉤(5개)는 모두 맞는 지문이다.
㉠ (○) **사법경찰관은** 검사의 재수사 요청에 따라 **재수사를 한 경우** 다음 **각 호의** 구분에 따라 **처리한다**(제64조 제1항).

1호. 범죄의 혐의가 있다고 인정되는 경우 : 형사소송법 제245조의5 제1호에 따라 검사에게 사건을 송치하고 관계 서류와 증거물을 송부(송치처리)
2호. 기존의 불송치 결정을 유지하는 경우 : 재수사 결과서에 그 내용과 이유를 구체적으로 적어 검사에게 통보(통보처리)

ⓒ (○) 검사는 사법경찰관이 **재수사 결과를 통보한 사건**에 대해서 **다시 재수사를 요청하거나 송치 요구를 할 수 없다.** 다만, 검사는 사법경찰관이 사건을 송치하지 않은 **위법 또는 부당**이 **시정되지 않아** 사건을 송치받아 수사할 필요가 있는 다음 각 호의 경우에는 형사소송법 제197조의3에 따라 **사건송치를 요구할 수 있다**(제64조 제2항).〈개정 2023. 10. 17.〉

> 1호. 관련 법령 또는 법리에 **위반된 경우**
> 2호. 범죄 혐의의 유무를 명확히 하기 위해 재수사를 요청한 사항에 관하여 **그 이행이 이루어지지 않은 경우**. 다만, 불송치 결정의 유지에 영향을 미치지 않음이 명백한 경우는 제외한다.
> 3호. 송부받은 관계 서류 및 증거물과 재수사 결과만으로도 **범죄의 혐의가 명백히 인정되는 경우**
> 4호. 공소시효 또는 형사소추의 요건을 판단하는 데 **오류가 있는 경우**

ⓒ (○) 검사는 위 제2항 각 호 외의 부분 단서에 따른 **사건송치 요구 여부를 판단하기 위해 필요한 경우**에는 사법경찰관에게 **관계 서류와 증거물의 송부를 요청할 수 있다.** 이 경우 요청을 받은 **사법경찰관은 이에 협력해야 한다**(제64조 제3항).〈신설 2023. 10. 17.〉

ⓔ (○) 검사는 **재수사 결과를 통보받은 날**(사건송치 요구 여부를 판단하기 위해 사법경찰관에게 관계 서류와 증거물의 송부를 요청한 경우에는 **관계 서류와 증거물을 송부받은 날**을 말한다)부터 30일 이내에 제2항 각 호 외의 부분 단서에 따른 **사건송치 요구를 해야 하고**, 그 기간 내에 **사건송치 요구를 하지 않을 경우**에는 **송부받은 관계 서류와 증거물을 사법경찰관에게 반환해야 한다**(제64조 제4항).〈신설 2023. 10. 17.〉

ⓜ (○) **사법경찰관**은 형사소송법 제245조의8 제2항에 따라 **재수사 중인 사건에 대해** 형사소송법 제245조의7 제1항에 따른 **이의신청이 있는 경우**에는 **재수사를 중단해야 하며**, 같은 조 제2항에 따라 **해당 사건을 지체 없이 검사에게 송치하고 관계 서류와 증거물을 송부해야 한다**(수사준칙 제65조).

▶정답 ①

4. 「검사와 사법경찰관의 상호협력과 일반적 수사준칙에 관한 규정」에 따른 피의자의 체포와 석방와 관련한 설명 중 적절하지 **않은** 것은 모두 몇 개인가?

> ㉠ 사법경찰관은 긴급체포 후 24시간 내에 검사에게 긴급체포의 승인을 요청해야 한다.
> ㉡ 사법경찰관은 피의자중지 또는 기소중지 결정이 된 피의자를 소속 경찰서가 위치하는 시·도 외의 지역(타 시·도)에서 긴급체포한 경우와 「해양경비법」제2조 제2호에 따른 경비수역에서 긴급체포한 경우에는 예외적으로 긴급체포 후 48시간 이내에 긴급체포의 승인을 요청해야 한다.
> ㉢ 사법경찰관이 긴급체포의 승인을 요청할 때에는 범죄사실의 요지, 긴급체포의 일시·장소, 긴급체포의 사유, 체포를 계속해야 하는 사유 등을 적은 긴급체포 승인요청서로 반드시 요청해야 한다.
> ㉣ 검사 또는 사법경찰관은 영장에 의한 체포 또는 긴급체포에 따라 구속영장을 청구하거나 신청하지 않고 체포 또는 긴급체포한 피의자를 석방하려는 때에는 피의자 석방서를 작성해야 한다. 다만, 사법경찰관이 구속영장의 청구를 신청하였으나 검사가 그 신청을 기각하여 피의자를 석방하는 경우에는 피의자 석방서를 작성할 필요가 없다.
> ㉤ 사법경찰관은 위 ㉣에 따라 피의자를 석방한 경우, 체포한 피의자를 석방할 때에는 지체 없이 검사에게 석방사실을 통보하고, 그 통보서 사본을 사건기록에 편철한다. 또한 긴급체포한 피의자를 석방한 때에는 즉시 검사에게 석방 사실을 보고하고, 그 보고서 사본을 사건기록에 편철한다.

① 1개 ② 2개
③ 3개 ④ 4개

▶해설

④ ㉠㉡㉢㉣(4개)은 틀린 지문이나, ㉤(1개)는 맞는 지문이다.

㉠㉡ (×) **사법경찰관은** 형사소송법 제200조의3 제2항에 따라 **긴급체포 후 12시간 내에 검사에게** 긴급체포의 **승인을 요청해야** 한다. 다만, **다음 각 호의 어느 하나에 해당하는 경우에는 긴급체포 후 24시간 이내에 긴급체포의 승인을 요청해야 한다**(제27조 제1항).〈개정 2023. 10. 17.〉

1호. 제51조 제1항 제4호 가목에 따른 **피의자중지** 또는 제52조 제1항 제3호에 따른 **기소중지 결정이 된 피의자**를 소속 경찰관서가 위치하는 특별시·광역시·특별자치시·도 또는 특별자치도 **외의 지역에서** 긴급체포한 경우(**타 시·도에서** 긴급체포한 경우)

2호. 「해양경비법」제2조 제2호에 따른 **경비수역**(대한민국의 법령과 국제법에 따라 대한민국의 권리가 미치는 수역으로서 연안수역, 근해수역 및 원해수역)에서 긴급체포한 경우(**해상(바다) 등**에서 긴급체포한 경우)

㉢ (×) **사법경찰관이 긴급체포의 승인을 요청할 때에는** 범죄사실의 요지, 긴급체포의 일시·장소, 긴급체포의 사유, 체포를 계속해야 하는 사유 등을 적은 **긴급체포 승인요청서로 요청해야** 한다. **다만, 긴급한 경우에는** 「형사사법절차 전자화 촉진법」제2조 제4호에 따른 **형사사법정보시스템**(이하 "형사사법정보시스템"이라 한다) **또는 팩스를** 이용하여 **긴급체포의 승인을 요청할 수 있다**(제27조 제2항).

㉣ (×) ① 검사 또는 사법경찰관은 영장에 의한 체포 또는 긴급체포에 따라 구속영장을 청구하거나 신청하지 않고(**사법경찰관이 구속영장의 청구를 신청하였으나 검사가 그 신청을 기각한 경우를 포함한다**) 체포 또는 긴급체포한 피의자를 석방하려는 때에는 다음 각 호의 구분에 따른 사항을 적은 **피의자 석방서를 작성해야 한다**(제36조 제1항).〈개정 2023. 10. 17.〉

1호. 체포한 피의자를 석방하려는 때 : 체포 일시·장소, 체포 사유, 석방 일시·장소, 석방 사유 등

2호. 긴급체포한 피의자를 석방하려는 때 : 긴급체포 후 석방된 자의 인적사항, 긴급체포의 일시·장소와 긴급체포하게 된 구체적 이유, 석방의 일시·장소 및 사유, 긴급체포 및 석방한 검사 또는 사법경찰관의 성명

㉤ (○) **사법경찰관은** 제36조 제1항에 따라 **피의자를 석방한 경우** 다음 각 호의 구분에 따라 **처리한다**(제36조 제1항).〈개정 2023. 10. 17.〉

1. **체포한 피의자**를 석방한 때 : **지체 없이** 검사에게 석방사실을 **통보하고**, 그 통보서 사본을 사건기록에 편철한다.

2. **긴급체포한 피의자**를 석방한 때 : **즉시** 검사에게 석방 사실을 **보고하고**, 그 보고서 사본을 사건기록에 편철한다.

▶정답 ④

5. 「검사와 사법경찰관의 상호협력과 일반적 수사준칙에 관한 규정」에 따른 <u>변호인의 피의자신문 참여등과 관련한 설명 중 적절하지 <u>않은</u> 것은 모두 몇 개인가?</u>

> ㉠ 검사 또는 사법경찰관은 피의자신문에 참여한 변호인이 피의자의 옆자리 등 실질적인 조력을 할 수 있는 위치에 앉도록 해야 하고, 정당한 사유가 없으면 피의자에 대한 법적인 조언·상담을 보장해야 하며, 법적인 조언·상담을 위한 변호인의 메모를 허용해야 한다.
> ㉡ 검사 또는 사법경찰관은 피의자에 대한 신문이 아닌 단순 면담 등은 변호인의 참여·조력을 제한할 수 있다.
> ㉢ 피의자신문에 참여한 변호인은 검사 또는 사법경찰관의 신문 후 조서를 열람하고 의견을 진술할 수 있다. 이 경우 변호인은 별도의 서면으로 의견을 제출할 수 있으며, 검사 또는 사법경찰관은 해당 서면을 사건기록에 편철한다.
> ㉣ 피의자신문에 참여한 변호인은 신문 중이라도 검사 또는 사법경찰관의 승인을 받아 의견을 진술할 수 있다. 이 경우 검사 또는 사법경찰관은 정당한 사유가 있는 경우를 제외하고는 변호인의 의견진술 요청을 승인해야 한다.
> ㉤ 피의자신문에 참여한 변호인은 신문 중의 부당한 신문방법에 대해서는 검사 또는 사법경찰관의 승인을 받아 이의를 제기할 수 있다.

① 0개 ② 1개
③ 2개 ④ 3개

해 설

③ ㉡㉤(2개)은 틀린 지문이나, ㉠㉢㉣(3개)는 맞는 지문이다.
㉠ (○) 검사 또는 사법경찰관은 피의자신문에 참여한 변호인이 **피의자의 옆자리** 등 실질적인 조력을 할 수 있는 **위치에 앉도록 해야** 하고, 정당한 사유가 없으면 피의자에 대한 **법적인 조언·상담을 보장해야** 하며, 법적인 **조언·상담을 위한 변호인의 메모를 허용해야** 한다(제13조 제1항).
㉡ (×) 검사 또는 사법경찰관은 피의자에 대한 신문이 아닌 **단순 면담 등이라는** 이유로 변호인의 **참여·조력을 제한해서는 안 된다**(제13조 제2항).
㉢ (○) 피의자신문에 참여한 변호인은 검사 또는 사법경찰관의 **신문후** 조서를 열람하고 **의견을 진술할 수 있다**. 이 경우 변호인은 별도의 서면으로 의견을 제출할 수 있으며, 검사 또는 사법경찰관은 해당 서면을 사건기록에 편철한다(제14조 제1항).
㉣ (○) 피의자신문에 참여한 변호인은 **신문 중이라도** 검사 또는 사법경찰관의 **승인을 받아** 의견을 **진술할 수 있다**. 이 경우 검사 또는 사법경찰관은 **정당한 사유가 있는 경우를 제외하고는** 변호인의 의견진술 요청을 **승인해야 한다**(제14조 제2항).
㉤ (×) 피의자신문에 참여한 변호인은 **신문 중이라도 부당한 신문방법에 대해서는** 검사 또는 사법경찰관의 **승인 없이 이의를 제기할 수 있다**(제14조 제3항).

정답 ③

6. 「검사와 사법경찰관의 상호협력과 일반적 수사준칙에 관한 규정」에 따른 임의수사를 위한 출석요구에 관한 설명 중 적절하지 않은 것은 모두 몇 개인가?

> ㉠ 검사 또는 사법경찰관은 피의자에게 출석요구를 할 때에는 피의자의 생업에 지장을 주지 않도록 충분한 시간적 여유를 두도록 하고, 피의자가 출석 일시의 연기를 요청하는 경우 특별한 사정이 없으면 출석 일시를 조정하며, 불필요하게 여러 차례 출석요구를 하지 않아야 한다.
> ㉡ 검사 또는 사법경찰관은 피의자에게 출석요구를 하려는 경우 피의자와 조사의 일시·장소에 관하여 협의해야 한다. 다만, 피의자와 조사에 관하여 협의를 한 경우에는 변호인이 있어도 변호인과 별도의 협의는 요하지 않는다.
> ㉢ 검사 또는 사법경찰관은 피의자에게 출석요구를 하려는 경우 출석요구서를 발송해야 한다. 다만, 신속한 출석요구가 필요한 경우 등 부득이한 사정이 있는 경우에는 전화, 문자메시지, 그 밖의 상당한 방법으로 출석요구를 할 수 있다.
> ㉣ 검사 또는 사법경찰관은 피의자가 치료 등 수사관서에 출석하여 조사를 받는 것이 현저히 곤란한 사정이 있는 경우에는 수사관서 외의 장소에서 조사할 수 있다.
> ㉤ 피의자에 대한 출석요구의 규정은 피의자 외의 사람에 대한 출석요구의 경우에는 적용되지 아니한다.

① 0개   ② 1개
③ 2개   ④ 3개

▼해 설

③ ㉡㉤(2개)은 틀린 지문이나, ㉠㉢㉣(3개)는 맞는 지문이다.
㉠ (○) 제19조 제1항
㉡ (×) 검사 또는 사법경찰관은 피의자에게 출석요구를 하려는 경우 피의자와 조사의 일시·장소에 관하여 협의해야 한다. 이 경우 **변호인이 있는 경우**에는 **변호인과도 협의해야** 한다(제19조 제2항).
㉢ (○) 제19조 제3항
㉣ (○) 제19조 제5항
㉤ (×) **피의자에 대한 출석요구의 규정**은 **피의자 외의 사람**에 대한 출석요구의 경우에도 **적용한다**(제19조 제6항).

▼정답 ③

7. 「검사와 사법경찰관의 상호협력과 일반적 수사준칙에 관한 규정」에 따른 수사종결에 관한 설명 중 적절하지 않은 것은 모두 몇 개인가?

> ㉠ 사법경찰관은 수사준칙 제51조(수사종결)에 따른 결정을 한 경우에는 그 내용을 고소인・고발인・피해자 또는 그 법정대리인(피해자가 사망한 경우에는 그 배우자・직계친족・형제자매를 포함한다. 이하 "고소인등"이라 한다)과 피의자에게 통지해야 한다.
> ㉡ 사법경찰관은 피의자중지 결정한 경우, 이송결정한 경우로서 해당 피의자에 대해 출석요구 또는 해당사건을 수사개시하지 않은 경우에는 "고소인" 등에게만 통지한다.
> ㉢ 사법경찰관은 「형법」 제10조 제1항에 따라 벌할 수 없는 경우, 기소된 사건과 포괄일죄나 실체적 경합 관계에 있는 경우에는 해당 사건을 검사에게 이송한다.
> ㉣ 사법경찰관으로부터 수사중지 결정의 통지를 받은 사람은 해당 사법경찰관의 소속 관서의 장에게 이의를 제기할 수 있다.
> ㉤ 사법경찰관으로부터 수사중지 결정의 통지를 받은 사람은 해당 수사중지 결정이 법령위반인 경우에 한하여 검사에게 신고를 할 수 있다.

① 0개 ② 1개
③ 2개 ④ 3개

해설

④ ㉢㉣㉤(3개)은 틀린 지문이나, ㉠㉡(2개)는 맞는 지문이다.

㉠ (○) **사법경찰관**은 수사준칙 제51조에 따른 **수사종결결정**(법원송치, 검찰송치, 불송치, 수사중지, 이송)을 한 **경우**에는 그 내용을 고소인・고발인・피해자 또는 그 법정대리인(피해자가 사망한 경우에는 그 배우자・직계친족・형제자매를 포함한다. 이하 "**고소인등**"이라 한다)과 피의자에게 **통지해야 한다**(수사준칙 제53조 제1항 본문).

㉡ (○) 검사 또는 사법경찰관은 제51조(**사법경찰관의 결정**) 또는 제52조(검사의 결정)에 따른 결정을 한 경우에는 그 내용을 고소인・고발인・피해자 또는 그 법정대리인(피해자가 사망한 경우에는 그 배우자・직계친족・형제자매를 포함한다. 이하 "고소인등"이라 한다)과 피의자에게 통지해야 한다(제53조 제1항 본문). 다만, **다음 각 호의 어느 하나에 해당하는 경우**에는 **고소인등에게만 통지한다**(제53조 제1항 단서).〈개정 2023. 10. 17.〉

> 1호. 제51조 제1항 제4호 가목에 따른 **사법경찰관의 피의자중지 결정** 또는 제52조 제1항 제3호에 따른 검사의 기소중지 결정을 **한 경우**(사법경찰관이 피의자중지 결정을 한 경우에는 **피의자가 소재불명**이므로 **고소인 등에게만 통지**하고, **피의자에게는 통지하지 않는다**.)
> 2호. 제51조 제1항 제5호(사법경찰관의 이송결정) 또는 제52조 제1항 제7호(검사의 이송결정)에 따른 **이송**(법 제256조에 따른 송치는 제외한다) **결정을 한 경우로서** 검사 또는 사법경찰관이 **해당 피의자에 대해 출석요구** 또는 제16조 제1항 **각 호의 어느 하나에 해당하는 행위**(해당사건을 수사 개시(입건))를 하지 **않은 경우**

㉢ (×) **사법경찰관**은 제1항 제3호 나목(죄가안됨) 또는 다목(공소권없음)에 해당하는 사건이 **다음 각 호의 어느 하나에 해당하는 경우**에는 해당 사건을 **검사에게 이송한다**(제51조 제3항).〈개정 2023. 10. 17.〉

> 1호. 「형법」 제10조 제1항(심신상실자)에 따라 벌할 수 없는 경우
> 2호. 기소되어 사실심 계속 중인 사건과 포괄일죄를 구성하는 관계에 있거나 「형법」 제40조에 따른 상상적 경합 관계에 있는 경우(공소장 변경허가신청에서 추가하라고)

ⓔ (×) 제53조(수사결과의 통지)에 따라 사법경찰관으로부터 제51조 제1항 제4호에 따른 **수사중지 결정의 통지를 받은 사람**은 해당 사법경찰관이 소속된 **바로 위 상급**경찰서의 장에게 **이의를 제기**할 수 있다(제54조 제1항).

(구별) 사법경찰관의 **불송치결정의 통지를 받은 사람**(고발인을 제외한다)은 해당 사법경찰관의 **소속 관서의 장**에게 **이의를 신청**할 수 있다(형사소송법 제245조의7 제1항).
☞ (암기) **제·상** (상급에 이의 제기)은 **소·신**(이의 신청은 소속에)이 있어야 한다.

ⓜ (×) 사법경찰관으로부터 **수사중지 결정의 통지를 받은 사람**은 해당 수사중지 결정이 **법령위반, 인권침해** 또는 현저한 수사권 **남용**이라고 의심되는 경우(**법, 인, 남용 3개** 사유임) **검사에게** 법 제197조의3 제1항에 따른 **신고를 할 수 있다**(제54조 제3항).

▼정답 ④

8.
「검사와 사법경찰관의 상호협력과 일반적 수사준칙에 관한 규정」상 사법경찰관이 그 행위에 착수한 때에는 **수사를 개시한** 것으로 보고, 해당 사건을 **즉시 입건해야** 하는 경우가 **아닌** 것은 모두 몇 개인가?

ⓐ 피혐의자의 수사기관 출석조사
ⓑ 피의자신문조서의 작성
ⓒ 현행범체포
ⓓ 체포·구속영장의 청구 또는 신청
ⓔ 사람의 신체, 주거, 관리하는 건조물, 자동차, 선박, 항공기 또는 점유하는 방실에 대한 압수·수색 또는 검증영장의 청구 또는 신청
ⓕ 부검을 위한 검증영장의 청구 또는 신청

① 0개 ② 1개
③ 2개 ④ 3개

▼해 설

③ ⓒⓕ(2개)은 입건에 **해당하지 아니하나**, ⓐⓑⓓⓔ(4개)는 입건에 **해당한다**.

수사준칙 제16조(수사의 개시)
① 검사 또는 사법경찰관이 **다음 각 호의** 어느 하나에 해당하는 **행위**에 **착수한 때**에는 **수사를 개시한 것으로 본다**. 이 경우 검사 또는 사법경찰관은 해당 사건을 **즉시 입건해야** 한다.
1. 피혐의자의 수사기관 출석조사
2. 피의자신문조서의 작성
3. 긴급체포 (**현행범체포 ×**)
4. 체포·구속영장의 청구 또는 신청
5. 사람의 신체, 주거, 관리하는 건조물, 자동차, 선박, 항공기 또는 점유하는 방실에 대한 압수·수색 또는 검증영장(**부검을 위한 검증영장은 제외한다**)의 청구 또는 신청

▼정답 ③

9. 「검사와 사법경찰관의 상호협력과 일반적 수사준칙에 관한 규정」에 따른 보완수사와 관련한 설명 중 적절하지 않은 것은 모두 몇 개인가?

> ㉠ 검사는 사법경찰관으로부터 송치받은 사건에 대해 보완수사가 필요하다고 인정하는 경우에는 특별히 직접 보완수사를 할 필요가 있다고 인정되는 경우를 제외하고는 사법경찰관에게 보완수사를 요구하는 것을 원칙으로 한다.
> ㉡ 검사는 보완수사요구 여부를 판단하는 경우 필요한 보완수사의 정도, 수사 진행 기간, 구체적 사건의 성격에 따른 수사 주체의 적합성 및 검사와 사법경찰관의 상호 존중과 협력의 취지 등을 종합적으로 고려한다.
> ㉢ 검사는 송치사건 및 관련사건에 대한 필요한 사항, 사법경찰관이 신청한 영장의 청구 여부를 결정하기 위해 필요한 경우는 사법경찰관에게 보완수사를 요구할 수 있다.
> ㉣ 사법경찰관은 보완수사요구가 접수된 날부터 30일 이내에 보완수사를 마쳐야 한다.
> ㉤ 사법경찰관은 보완수사를 이행한 경우에는 그 이행 결과를 검사에게 서면또는 구술로 통보해야 하며, 검사로부터 보완수사를 요구받으면서 관계 서류와 증거물을 송부받은 경우에는 그 서류와 증거물을 함께 반환해야 한다.

① 0개 ② 1개
③ 2개 ④ 3개

해 설

④ ㉠㉣㉤(3개)은 틀린 지문이나, ㉡㉢(2개)는 맞는 지문이다.

㉠ (×) 검사는 사법경찰관으로부터 송치받은 사건에 대해 보완수사가 필요하다고 인정하는 경우에는 **직접 보완수사를 하거나** 형사소송법 제197조의2 제1항 제1호에 따라 **사법경찰관에게 보완수사를 요구할 수 있다**(제59조 제1항 본문; **직접하거나 요구하거나 둘 중 하나**). 다만, 송치사건의 **공소제기 여부 결정에 필요한 경우**로서 **다음 각 호**의 어느 하나에 해당하는 경우에는 특별히 사법경찰관에게 보완수사를 요구할 필요가 있다고 인정되는 경우를 제외하고는 **검사가 직접 보완수사**를 하는 것을 **원칙으로 한다**(제59조 제1항 단서; **4개의 경우는 검사의 직접보완수사 원칙**). 〈개정 2023. 10. 17.〉

1호. **사건을 수리한 날**(이미 보완수사요구가 있었던 사건의 경우 **보완수사 이행 결과를 통보받은 날**을 말한다)부터 **1개월이 경과한 경우**(검사가 **사건수리(송치)후 1개월 경과** 사건; 검사는 1개월 이내에 사법경찰관에게 **보완수사를 요구할 수도 있다**)
2호. 사건이 송치된 이후 검사가 해당 피의자 및 피의사실에 대해 **상당한 정도의 보완수사를 한 경우**(검사가 **직접 수사한** 사건)
3호. 형사소송법 제197조의3 제5항(검사의 시정조치 요구가 정당한 이유 없이 이행되지 않아 송치를 요구받은 경우), 제197조의4 제1항(검사가 사법경찰관과 동일한 범죄사실을 수사하게 되어 송치할 것을 요구한 경우) 또는 제198조의2 제2항(검사의 체포·구속장소감찰에 의하여 체포 또는 구속된 자의 사건의 송치를 명받은 경우)에 따라 **사법경찰관으로부터 사건을 송치받은 경우**(송치요구 사건)
4호. 제7조(중요사건 협력절차) 또는 제8조(검사와 사법경찰관의 협의)에 따라 **검사와 사법경찰관이** 사건 송치 전에 수사할 사항, 증거수집의 대상 및 법령의 적용 등에 대해 **협의를 마치고 송치한 경우**(**사건 협의 후 송치** 사건)

㉡ (○) 검사는 보완수사요구 여부를 판단하는 경우 **필요한 보완수사의 정도, 수사 진행 기간**, 구체적 사건의 성격에 따른 **수사 주체의 적합성 및 검사와 사법경찰관의 상호 존중과 협력의 취지 등을 종합적으로** 고려한다(제59조 제2항; 보완수사 분담의 일반기준).

㉢ (○) 제59조 제3항·제59조 제4항

㉣ (×) 사법경찰관은 형사소송법 제197조의2 제1항에 따른 보완수사요구가 접수된 날부터 **3개월 이내**에 보완수사를 **마쳐야 한다**(제60조 제3항). 사건을 체계적으로 관리하며 신속히 수사함으로써, '보완수사 1년이 지나도 감감무소식'과 같은 만연화된 수사지연으로 인한 국민 불편이 완화시키고자 함이다.〈신설 2023. 10. 17.〉

㉤ (×) **사법경찰관은** 형사소송법 제197조의2 제2항에 따라 보완수사를 이행한 경우에는 그 **이행 결과**를 **검사에게 서면으로 통보해야** 하며(**반드시 서면 통보**), 검사로부터 보완수사를 요구받으면서 관계 서류와 증거물을 송부받은 경우에는 그 서류와 증거물을 함께 반환해야 한다. 다만, **관계 서류와 증거물을 반환할 필요가 없는 경우**에는 **보완수사의 이행 결과만을 검사에게 통보**할 수 있다(제60조 제4항).〈개정 2023. 10. 17.〉

▼정답 ④

10. 「검사와 사법경찰관의 상호협력과 일반적 수사준칙에 관한 규정」에 따른 내용에 관한 설명 중 적절하지 <u>않은</u> 것은 모두 몇 개인가?

㉠ 검사 또는 사법경찰관은 고소 또는 고발을 받은 경우에는 정당한 사유가 없는 한 이를 수리해야 한다.

㉡ 검사 또는 사법경찰관은 고소 또는 고발에 따라 범죄를 수사하는 경우에는 고소 또는 고발을 수리한 날부터 6개월 이내에 수사를 마쳐야 한다.

㉢ 검사와 사법경찰관은 공소시효가 임박한 사건 등(이하 "중요사건"이라 한다)의 경우에는 송치 전에 수사할 사항, 증거 수집의 대상, 법령의 적용, 범죄수익 환수를 위한 조치 등에 관하여 상호 의견을 제시·교환할 것을 요청할 수 있다. 이 경우 검사와 사법경찰관은 특별한 사정이 없으면 상대방의 요청에 응해야 한다.

㉣ 검사와 사법경찰관은 공직선거법 등 공소시효가 짧은 선거 사건에 대해서는 늦지 않게 공소시효 만료일 3개월 전까지 송치 전에 수사할 사항, 증거 수집의 대상, 법령의 적용, 범죄수익 환수를 위한 조치 등에 관하여 상호 의견을 제시·교환해야 한다. 다만, 공소시효 만료일 전 3개월 이내에 이미 수사를 개시한 때에는 상호 의견을 제시·교환할 의무는 없다.

㉤ 검사는 검찰청 외의 수사기관에서 수사하는 것이 적절하다고 판단되는 사건을 검찰청 외의 수사기관에 이송할 수 있다. 검사는 이에 따른 이송을 하는 경우에는 특별한 사정이 없으면 사건을 수리한 날부터 3개월 이내에 이송해야 한다.

① 1개 ② 2개
③ 3개 ④ 4개

▼해 설

④ ㉠㉡㉣㉤(4개)은 틀린 지문이나, ㉢(1개)는 맞는 지문이다.

㉠ (×) 검사 또는 사법경찰관은 **고소 또는 고발을 받은 경우에는** 이를 **수리해야 한다**(제16조의2 제1항). 수사기관에서 일부 고소·고발장 접수를 부당하게 거부함으로 인해 국민들이 불편을 호소하는 경우가 발생하여, 국민이 제출하는 고소·고발장을 **의무적으로 접수하도록** 하였다[본조신설 2023. 10. 17.].

㉡ (×) 검사 또는 사법경찰관은 고소 또는 고발에 따라 범죄를 수사하는 경우에는 고소 또는 고발을 수리한 날부터 **3개월 이내**에 수사를 마쳐야 한다(제16조의2 제2항).[본조신설 2023. 10. 17.]

㉢ (○) 검사와 사법경찰관은 **다음 각 호의 어느 하나에 해당하는 사건(이하 "중요사건"이라 한다)**의 경우에는 송치 전에 수사할 사항, 증거 수집의 대상, 법령의 적용, 범죄수익 환수를 위한 조치 등에 관하여 **상호 의견을**

제시·교환할 것을 요청할 수 있다. 이 경우 검사와 사법경찰관은 특별한 사정이 없으면 **상대방의 요청에 응해야 한다**(제7조 제1항).

1호. **공소시효가 임박한 사건**
2호. 내란, 외환, 대공(對共), 선거(정당 및 정치자금 관련 범죄를 포함한다), 노동, 집단행동, 테러, 대형참사 또는 연쇄살인 관련 사건
3호. 범죄를 목적으로 하는 단체 또는 집단의 조직·구성·가입·활동 등과 관련된 사건
4호. 주한 미합중국 군대의 구성원·외국인군무원 및 그 가족이나 초청계약자의 범죄 관련 사건
5호. 그 밖에 많은 피해자가 발생하거나 국가적·사회적 피해가 큰 중요한 사건

ⓛ (×) 검사와 사법경찰관은 다음 각 호의 어느 하나에 따른 **공소시효가 적용되는 사건**에 대해서는 **공소시효 만료일 3개월 전까지** 송치 전에 수사할 사항, 증거 수집의 대상, 법령의 적용, 범죄수익 환수를 위한 조치 등에 관하여 **상호 의견을 제시·교환해야** 한다. 다만, 공소시효 만료일 전 3개월 이내에 **수사를 개시한 때**에는 **지체 없이** 상호 의견을 **제시·교환해야 한다**(제7조 제2항). 〈개정 2023. 10. 17.〉

1. 「공직선거법」 제268조
2. 「공공단체등 위탁선거에 관한 법률」 제71조
3. 「농업협동조합법」 제172조 제4항
4. 「수산업협동조합법」 제178조 제5항
5. 「산림조합법」 제132조 제4항
6. 「소비자생활협동조합법」 제86조 제4항
7. 「염업조합법」 제59조 제4항
8. 「엽연초생산협동조합법」 제42조 제5항
9. 「중소기업협동조합법」 제137조 제3항
10. 「새마을금고법」 제85조 제6항
11. 「교육공무원법」 제62조 제5항

ⓜ (×) 검사는 **다음 각 호의 어느 하나에 해당하는 때**에는 사건을 **검찰청 외의 수사기관에 이송할 수 있다**(제18조 제2항).

1호. 형사소송법 제197조의4 제2항 단서에 따라 사법경찰관이 범죄사실을 계속 수사할 수 있게 된 때
2호. **그 밖에 다른 수사기관에서 수사하는 것이 적절하다고 판단되는 때**

검사는 제2항 제2호에 따른 이송을 하는 경우(검찰청 외의 수사기관에서 수사하는 것이 적절하다고 판단되는 때)에는 특별한 사정이 없으면 사건을 수리한 날부터 **1개월 이내에 이송해야** 한다(제18조 제4항). 〈신설 2023. 10. 17.〉

▼정답 ④

11. 「검사와 사법경찰관의 상호협력과 일반적 수사준칙에 관한 규정」에 따른 영장 제시와 교부에 관한 설명 중 적절하지 않은 것은 모두 몇 개인가?

> ㉠ 검사 또는 사법경찰관은 영장에 따라 피의자를 체포하거나 구속하는 경우에는 형사소송법에 따라 피의자에게 반드시 영장을 제시하고 그 사본을 교부해야 한다.
> ㉡ 검사 또는 사법경찰관은 압수·수색·검증영장을 처분을 받는 자에게 영장을 제시하는 경우, 처분을 받는 자에게 법관이 발부한 영장에 따른 압수·수색 또는 검증이라는 사실과 영장에 기재된 범죄사실 및 수색 또는 검증할 장소·신체·물건, 압수할 물건 등을 명확히 알리고, 처분을 받는 자가 해당 영장을 열람할 수 있도록 해야 한다. 이 경우 처분을 받는 자가 피의자인 경우에는 해당 영장의 사본을 교부해야 한다.
> ㉢ 압수·수색 또는 검증의 처분을 받는 자가 여럿인 경우에는 모두에게 개별적으로 영장을 제시해야 한다. 이 경우 피의자에게는 개별적으로 해당 영장의 사본을 교부해야 한다.
> ㉣ 검사 또는 사법경찰관은 영장에 따라 피의자를 체포·구속하는 경우와 압수·수색·검증하는 경우, 피의자에게 영장을 제시하거나 영장의 사본을 교부할 때에는 사건관계인의 개인정보가 피의자의 방어권 보장을 위해 필요한 정도를 넘어 불필요하게 노출되지 않도록 유의해야 한다.
> ㉤ 피의자가 영장의 사본을 수령하기를 거부하거나 영장 사본 교부 확인서에 기명날인 또는 서명하는 것을 거부하는 경우에는 검사 또는 사법경찰관이 영장 사본 교부 확인서 끝 부분에 그 사유를 적고 기명날인 또는 서명해야 한다.

① 0개 ② 1개
③ 2개 ④ 3개

해 설

① ㉠㉡㉢㉣㉤은 모두 맞는 지문이다.
㉠ (O) 검사 또는 사법경찰관은 **영장에 따라 피의자를 체포하거나 구속하는 경우**에는 형사소송법에 따라 **피의자에게 반드시 영장을 제시하고 그 사본을 교부해야** 한다.(제32조의2 제1항)
㉡ (O) **검사 또는 사법경찰관은** 압수·수색영장을 처분을 받는 자에게 영장을 제시하는 경우, 처분을 받는 자에게 법관이 발부한 영장에 따른 압수·수색 또는 검증이라는 사실과 영장에 기재된 범죄사실 및 수색 또는 검증할 장소·신체·물건, 압수할 물건 등을 명확히 알리고, **처분을 받는 자가** 해당 **영장을 열람할 수 있도록 해야** 한다. 이 경우 처분을 받는 자가 **피의자인 경우**에는 해당 영장의 **사본을 교부해야** 한다(제38조 제1항).
㉢ (O) 압수·수색 또는 검증의 **처분을 받는 자가 여럿인 경우**에는 모두에게 **개별적으로 영장을 제시해야** 한다. 이 경우 **피의자에게는 개별적으로** 해당 **영장의 사본을 교부해야** 한다(제38조 제2항).
㉣ (O) 검사 또는 사법경찰관은 **영장에 따라 피의자를 체포하거나 구속하는 경우** 피의자에게 **영장을 제시하거나 영장의 사본을 교부할 때**에는 **사건관계인(피해자등)의 개인정보가** 피의자의 방어권 보장을 위해 필요한 정도를 넘어 **불필요하게 노출되지 않도록 유의해야 한다**(제32조의2 제2항). 검사 또는 사법경찰관은 **영장에 따라 피의자를 압수·수색·검증하는 경우** 피의자에게 영장을 제시하거나 영장의 사본을 교부할 때에는 **사건관계인의 개인정보가** 피의자의 방어권 보장을 위해 필요한 정도를 넘어 **불필요하게 노출되지 않도록 유의해야 한다**(제38조 제3항).
㉤ (O) 피의자가 **영장의 사본을 수령하기를 거부**하거나 영장 사본 교부 **확인서에 기명날인 또는 서명하는 것을 거부하는 경우**에는 검사 또는 사법경찰관이 영장 사본 교부 **확인서 끝 부분에 그 사유를 적고 기명날인 또는 서명해야 한다**(제32조의2 제4항, 제38조 제5항).〈신설 2023. 10. 17.〉

정답 ①

12. 「검사와 사법경찰관의 상호협력과 일반적 수사준칙에 관한 규정」에 따른 수사의 기본원칙에 대한 설명 중 적절하지 않은 것은 모두 몇 개인가?

> ㉠ 검사와 사법경찰관은 수사를 할 때 물적 및 인적 증거를 기본으로 하여 객관적이고 신빙성 있는 증거를 발견하고 수집하기 위해 노력하여 실체적 진실을 발견하여야 한다.
> ㉡ 검사와 사법경찰관은 모든 수사과정에서 헌법과 법률에 따라 보장되는 피의자와 그 밖의 피해자·참고인 등(이하 "사건관계인"이라 한다)의 권리를 보호하고, 적법한 절차에 따라야 한다.
> ㉢ 검사와 사법경찰관은 예단(豫斷)이나 편견 없이 신속하게 수사해야 하고, 주어진 권한을 자의적으로 행사하거나 남용해서는 안 된다.
> ㉣ 검사와 사법경찰관은 다른 사건의 수사를 통해 확보된 증거 또는 자료를 내세워 관련이 없는 사건에 대한 자백이나 진술을 강요해서는 안 된다.

① 0개　　　　② 1개
③ 2개　　　　④ 3개

해설

② ㉡㉢㉣(3개)는 맞는 지문이나, ㉠(1개)은 틀린 지문이다.

㉠ (×) 검사와 사법경찰관은 **수사를 할 때** 다음 **각 호의 사항에 유의하여 실체적 진실을 발견해야 한다**(제3조 제3항).

> 1호. **물적** 증거(인적 증거)를 **기본**으로 하여 객관적이고 신빙성 있는 증거를 발견하고 수집하기 위해 노력할 것
> 2호. 과학수사 기법과 관련 지식·기술 및 자료를 충분히 활용하여 합리적으로 수사할 것
> 3호. 수사과정에서 선입견을 갖지 말고, 근거 없는 추측을 배제하며, 사건관계인의 진술을 과신하지 않도록 주의할 것

㉡ (○) 검사와 사법경찰관은 **모든 수사과정에서** 헌법과 법률에 따라 보장되는 피의자와 그 밖의 피해자·참고인 등(이하 **"사건관계인"**이라 한다)의 **권리를 보호**하고, **적법한 절차**에 따라야 한다(제3조 제1항).
㉢ (○) 제3조 제2항
㉣ (○) 제3조 제4항

정답 ②

13. 「검사와 사법경찰관의 상호협력과 일반적 수사준칙에 관한 규정」에 따른 임의수사에 대한 설명 중 적절하지 않은 것은 모두 몇 개인가?

> ㉠ 검사 또는 사법경찰관은 조사, 신문, 면담 등 그 명칭을 불문하고 피의자나 사건관계인에 대해 오후 9시부터 오전 6시까지 사이에 조사(이하 "심야조사"라 한다)를 해서는 안 된다. 다만, 이미 작성된 조서의 열람을 위한 절차는 자정 이전까지 진행할 수 있다.
> ㉡ 검사 또는 사법경찰관은 조사, 신문, 면담 등 그 명칭을 불문하고 피의자나 사건관계인을 조사하는 경우에는 대기시간, 휴식시간, 식사시간 등 모든 시간을 합산한 조사시간(이하 "총조사시간"이라 한다)이 12시간을 초과하지 않도록 해야 한다.
> ㉢ 검사 또는 사법경찰관은 특별한 사정이 없으면 총조사시간 중 식사시간, 휴식시간 및 조서의 열람시간 등을 제외한 실제 조사시간이 10시간을 초과하지 않도록 해야 한다.
> ㉣ 검사 또는 사법경찰관은 조사에 상당한 시간이 소요되는 경우에는 특별한 사정이 없으면 피의자 또는 사건관계인에게 조사 도중에 최소한 1시간마다 10분 이상의 휴식시간을 주어야 한다.

① 0개　　② 1개
③ 2개　　④ 3개

▼해 설

③ ㉠㉡(2개)는 맞는 지문이나, ㉢㉣(2개)은 틀린 지문이다.
㉠ (○) 제21조(**심야조사 제한**) 제1항
㉡ (○) 제22조(**장시간 조사 제한**) 제1항
㉢ (×) 검사 또는 사법경찰관은 특별한 사정이 없으면 총조사시간 중 식사시간, 휴식시간 및 조서의 열람시간 등을 제외한 **실제 조사시간**이 **8시간을 초과하지** 않도록 해야 한다(제22조(**장시간 조사 제한**) 제2항).
㉣ (×) 검사 또는 사법경찰관은 조사에 상당한 시간이 소요되는 경우에는 특별한 사정이 없으면 피의자 또는 사건관계인에게 조사 도중에 최소한 **2시간마다** 10분 이상의 휴식시간을 주어야 한다(제23조(**휴식시간 부여**) 제1항).

▼정답 ③

14. 「검사와 사법경찰관의 상호협력과 일반적 수사준칙에 관한 규정」에 따른 체포와 구속수사에 대한 설명 중 적절하지 <u>않은</u> 것은 모두 몇 개인가?

> ㉠ 검사 또는 사법경찰관은 피의자를 체포하거나 구속할 때에는 피의자에게 피의사실의 요지, 체포·구속의 이유와 변호인을 선임할 수 있음을 말하고, 변명할 기회를 주어야 하며, 진술거부권을 알려주어야 한다. 그리고 피의자에게 위 권리를 알려준 경우에는 피의자로부터 권리 고지 확인서를 받아 사건기록에 편철한다.
> ㉡ 검사 또는 사법경찰관이 피의자를 체포하거나 구속할 때에는 피의자에게 1. 일체의 진술을 하지 아니하거나 개개의 질문에 대하여 진술을 하지 아니할 수 있다는 것 2. 진술을 하지 아니하더라도 불이익을 받지 아니한다는 것 3. 진술을 거부할 권리를 포기하고 행한 진술은 법정에서 유죄의 증거로 사용될 수 있다는 것 4. 신문을 받을 때에는 변호인을 참여하게 하는 등 변호인의 조력을 받을 수 있다는 것을 알려주어야 한다.
> ㉢ 검사 또는 사법경찰관은 체포·구속영장의 유효기간 내에 영장의 집행에 착수하지 못하였 때에는 즉시 해당 영장을 법원에 반환해야 하나, 이 경우 체포·구속영장이 여러 통 발부된 경우에는 사건기록에 편철한 것을 제외하고 나머지만 반환하면 된다.
> ㉣ 검사 또는 사법경찰관은 체포·구속영장을 반환하는 경우에는 반환사유 등을 적은 영장반환서에 해당 영장을 첨부하여 반환하고, 그 사본을 사건기록에 편철한다.
> ㉤ 사법경찰관이 체포·구속영장을 반환하는 경우에는 그 영장을 청구한 검사에게 반환하고, 검사는 사법경찰관이 반환한 영장을 법원에 반환한다.

① 0개 ② 1개
③ 2개 ④ 3개

▼해 설

③ ㉠㉣㉤(3개)는 맞는 지문이나, ㉡㉢(2개)은 틀린 지문이다.

㉠ (○) 검사 또는 사법경찰관은 **피의자를 체포하거나 구속할 때에는** 법 제200조의5(법 제209조에서 준용하는 경우를 포함한다)에 따라 피의자에게 피의사실의 요지, **체포·구속의 이유와 변호인을 선임할 수 있음을 말하고, 변명할 기회를 주어야 하며, 진술거부권을 알려주어야 한다**(제32조 제1항), 검사와 사법경찰관이 제1항에 따라 피의자에게 그 권리를 알려준 경우에는 **피의자로부터 권리 고지 확인서를 받아 사건기록에 편철한다**(제32조 제3항).

㉡ (×) **피의자를 체포하거나 구속할 때에** 피의자에게 **알려주어야** 하는 **진술거부권의 내용**은 법 제244조의3 제1항 **제1호부터 제3호까지(3가지만)**의 사항으로 한다(제32조 제2항). **따라서 신문을 받을 때에는 변호인을 참여하게 하는 등 변호인의 조력을 받을 수 있다는 것(제4호)는 피의자신문 전에 알려주어야 할 사항**이지 피의자를 체포하거나 구속할 때에는 알려주어야 할 진술거부권의 내용이 **아니다**.

㉢ (×) 검사 또는 사법경찰관은 체포·구속영장의 유효기간 내에 영장의 집행에 착수하지 못했거나, 그 밖의 사유로 영장의 집행이 불가능하거나 불필요하게 되었을때에는 **즉시 해당 영장을 법원에 반환해야** 한다. 이 경우 체포·구속영장이 **여러 통 발부된 경우에는 모두 반환해야** 한다(제35조 제1항).

㉣ (○) 검사 또는 사법경찰관은 제1항에 따라 체포·구속영장을 반환하는 경우에는 반환사유 등을 적은 **영장반환서에 해당 영장을 첨부하여 반환**하고, **그 사본을 사건기록에 편철**한다(제35조 제2항).

㉤ (○) 제1항에 따라 **사법경찰관이 체포·구속영장을 반환하는 경우**에는 그 영장을 청구한 **검사에게 반환**하고, **검사는** 사법경찰관이 반환한 영장을 **법원에 반환**한다(제35조 제3항).

▼정답 ③

15. 「검사와 사법경찰관의 상호협력과 일반적 수사준칙에 관한 규정」에 따른 수사기관협의회에 대한 설명 중 적절하지 않은 것은 모두 몇 개인가?

> ㉠ 대검찰청, 경찰청 및 해양경찰청 간에 수사에 관한 제도 개선 방안 등을 논의하고, 수사기관 간 협조가 필요한 사항에 대해 서로 의견을 협의·조정하기 위해 수사기관협의회를 둘 수 있다.
> ㉡ 수사기관협의회는 1. 국민의 인권보호, 수사의 신속성·효율성 등을 위한 제도 개선 및 정책 제안 2. 국가적 재난 상황 등 관련 기관 간 긴밀한 협조가 필요한 업무를 공동으로 수행하기 위해 필요한 사항 3. 그 밖에 대검찰청, 경찰청 및 해양경찰청의 어느 한 기관이 수사기관협의회의 협의 또는 조정이 필요하다고 요구한 사항에 대해 협의·조정한다.
> ㉢ 수사기관협의회는 분기마다 정기적으로 개최하되, 대검찰청, 경찰청 및 해양경찰청의 어느 한 기관이 요청하면 수시로 개최할 수 있다.
> ㉣ 대검찰청, 경찰청 및 해양경찰청의 각 기관은 수사기관협의회에서 협의·조정된 사항의 세부 추진계획을 수립·시행해야 한다.

① 0개   ② 1개
③ 2개   ④ 3개

▼해 설

③ ㉡㉣(2개)는 맞는 지문이나, ㉠㉢(2개)은 틀린 지문이다.
㉠ (×) 대검찰청, 경찰청 및 해양경찰청 간에 수사에 관한 제도 개선 방안 등을 논의하고, 수사기관 간 협조가 필요한 사항에 대해 서로 의견을 협의·조정하기 위해 수사기관협의회를 **둔다**(제9조 제1항).
㉡ (○) 제9조 제2항
㉢ (×) 수사기관협의회는 **반기**마다 정기적으로 개최하되, 대검찰청, 경찰청 및 해양경찰청의 어느 한 기관이 요청하면 수시로 개최할 수 있다(제9조 제3항).
㉣ (○) 제9조 제4항

▼정답 ③

16. 「검사와 사법경찰관의 상호협력과 일반적 수사준칙에 관한 규정」에 따른 수사에 대한 설명 중 적절하지 않은 것은 모두 몇 개인가?

> ㉠ 검사 또는 사법경찰관은 임의동행을 요구하는 경우 상대방에게 동행을 거부할 수 있다는 것과 동행하는 경우에도 언제든지 자유롭게 동행 과정에서 이탈하거나 동행 장소에서 퇴거할 수 있다는 것을 알려야 한다.
> ㉡ 검사 또는 사법경찰관은 조사과정에서 피의자, 사건관계인 또는 그 변호인이 사실관계 등의 확인을 위해 자료를 제출하는 경우 그 자료를 수사기록에 편철한다.
> ㉢ 검사 또는 사법경찰관은 형사소송법 제244조의4에 따라 조사과정의 진행경과를 조서를 작성하는 경우에는 조서에 기록(별도의 서면에 기록한 후 조서의 끝부분에 편철하는 것을 포함한다)하고, 조서를 작성하지 않는 경우에는 별도의 서면에 기록한 후 수사기록에 편철해야 한다.

ⓔ 검사 또는 사법경찰관은 현행범인을 체포하거나 수사기관 아닌 자가 체포된 현행범인을 인수했을 때에는 조사가 현저히 곤란하다고 인정되는 경우가 아니면 지체 없이 조사해야 하며, 조사 결과 계속 구금할 필요가 없다고 인정할 때에는 현행범인을 즉시 석방해야 한다.

ⓜ 검사 또는 사법경찰관은 현행범인을 석방했을 때에는 석방 일시와 사유 등을 적은 피의자 석방서를 작성해 사건기록에 편철한다. 이 경우 사법경찰관은 긴급체포와는 달리 현행범 인의 석방 후 지체 없이 검사에게 석방 사실을 통보할 필요는 없다.

① 0개   ② 1개
③ 2개   ④ 3개

▼해 설

④ ㉠㉡㉢㉣(4개)는 맞는 지문이나, ㉤(1개)은 틀린 지문이다.
㉠ (○) 제20조
㉡ (○) 제25조 제1항
㉢ (○) 제26조 제1항
㉣ (○) 제28조 제1항
㉤ (×) 이 경우 **사법경찰관은 현행범인을 석방했을 때**에는 석방 후 지체 없이 **검사에게** 석방 사실을 **통보해야 한다**(제28조 제2항). 따라서 **긴급체포와 마찬가지로** 검사에게 석방사실을 **통보해야 한다**.

▼정답 ④

17. 「검사와 사법경찰관의 상호협력과 일반적 수사준칙에 관한 규정」에 따른 내용에 관한 설명 중 적절하지 않은 것은 모두 몇 개인가?

㉠ 사법경찰관은 변사자 또는 변사한 것으로 의심되는 사체가 있으면 변사사건 발생사실을 검사에게 보고하고 지휘를 받아야 한다. 긴급을 요하는 경우 그러하지 아니한다.

㉡ 검사는 검시를 했을 경우에는 검시조서를, 검증영장이나 검시로 범죄의 혐의를 인정하고 긴급을 요하여 영장없이 검증을 했을 경우에는 검증조서를 각각 작성하여 사법경찰관에게 송부해야 한다.

㉢ 사법경찰관은 검시를 했을 경우에는 검시조서를, 검증영장이나 검시로 범죄의 혐의를 인정하고 긴급을 요하여 영장없이 검증을 했을 경우에는 검증조서를 각각 작성하여 검사에게 송부해야 한다.

㉣ 검사와 사법경찰관은 변사자의 검시를 한 사건에 대해 사건 종결 전에 수사할 사항 등에 관하여 상호 의견을 제시·교환해야 한다.

㉤ 사법경찰관리는 피의자나 사건관계인과 친족관계 또는 이에 준하는 관계가 있거나 그 밖에 수사의 공정성을 의심 받을 염려가 있는 사건에 대해서는 상급 기관의 장의 허가를 받아 그 수사를 회피해야 한다.

① 0개   ② 1개
③ 2개   ④ 3개

▶해 설

③ ⓒⓒ②(3개)는 맞는 지문이나, ⊙⑩(2개)은 틀린 지문이다.
⊙ (×) **사법경찰관**은 변사자 또는 변사한 것으로 의심되는 사체가 있으면 변사사건 발생사실을 **검사에게 통보해야 한다**(제17조 제1항). 따라서 **통보만 하면 되고**, 보고와 지휘를 받을 필요가 없다.
ⓒ (○) 제17조 제2항
ⓒ (○) 제17조 제3항
② (○) 제17조 제4항
⑩ (×) 사법경찰관리는 피의자나 사건관계인과 친족관계 또는 이에 준하는 관계가 있거나 그 밖에 수사의 공정성을 의심 받을 염려가 있는 사건에 대해서는 **소속** 기관의 장의 허가를 받아 그 수사를 회피해야 한다(제11조).

▶정답 ③

18. 「검사와 사법경찰관의 상호협력과 일반적 수사준칙에 관한 규정」에 따른 전자정보의 압수·수색·검증 방법과 전자정보의 압수·수색·검증 시 유의사항에 관한 설명으로 적절하지 <u>않은</u> 것을 모두 고른 것은?

> ⊙ 검사 또는 사법경찰관은 컴퓨터용디스크 및 그 밖에 이와 비슷한 정보저장매체(이하 이 항에서 "정보저장매체등"이라 한다)에 기억된 정보(이하 "전자정보"라 한다)를 압수하는 경우에는 해당 정보저장매체등의 소재지에서 수색 또는 검증한 후 범죄사실과 관련된 전자정보의 범위를 정하여 출력하거나 복제하는 방법으로 한다.
> ⓒ 위 ⊙에 따른 압수 방법의 실행이 불가능하거나 그 방법으로는 압수의 목적을 달성하는 것이 현저히 곤란한 경우에는 압수·수색 또는 검증 현장에서 정보저장매체등에 들어 있는 전자정보 전부를 복제하여 그 복제본을 정보저장매체등의 소재지 외의 장소로 반출할 수 있다.
> ⓒ 위 ⊙과 ⓒ에 따른 압수 방법의 실행이 불가능하거나 그 방법으로는 압수의 목적을 달성하는 것이 현저히 곤란한 경우에는 피압수자 또는 압수·수색영장을 집행할 때 참여하게 해야 하는 사람(이하 "피압수자등"이라 한다)이 참여한 상태에서 정보저장매체등의 원본을 봉인(封印)하여 정보저장매체등의 소재지 외의 장소로 반출할 수 있다.
> ② 검사 또는 사법경찰관은 전자정보의 탐색·복제·출력을 완료한 경우에는 지체 없이 피압수자등에게 압수한 전자정보의 목록을 교부해야 한다. 검사 또는 사법경찰관은 위 목록에 포함되지 않은 전자정보가 있는 경우에는 해당 전자정보를 지체 없이 삭제 또는 폐기하거나 반환해야 한다. 이 경우 삭제·폐기 또는 반환확인서를 작성하여 피압수자등에게 교부해야 한다.
> ⑩ 검사 또는 사법경찰관은 압수·수색 또는 검증의 전 과정에 걸쳐 피압수자등이나 변호인의 참여권을 보장해야 하며, 피압수자등과 변호인이 참여를 거부하는 경우에는 압수·수색 또는 검증을 즉시 중단해야 한다.

① 0개   ② 1개
③ 2개   ④ 3개

▼해설

② ㉠㉡㉢㉣(4개)는 옳은 지문이고, ㉤(1개)만 틀린 지문이다.
㉠ (O) 제41조(전자정보의 압수·수색·검증 방법) 제1항
㉡ (O) 제41조 제2항
㉢ (O) 제41조 제3항
㉣ (O) 제42조(전자정보의 압수·수색 또는 검증 시 유의사항) 제1항, 제2항
㉤ (X) 검사 또는 사법경찰관은 압수·수색 또는 검증의 **전 과정에 걸쳐** 피압수자등이나 변호인의 **참여권을 보장해야** 하며, 피압수자등과 **변호인이 참여를 거부하는 경우**에는 신뢰성과 전문성을 담보할 수 있는 **상당한 방법으로 압수·수색 또는 검증을 해야 한다**(제42조 제4항).

▼정답 ②

19. 「검사와 사법경찰관의 상호협력과 일반적 수사준칙에 관한 규정」에 따른 **강제수사**에 대한 설명 중 적절하지 <u>않은</u> 것은 모두 몇 개인가?

> ㉠ 검사 또는 사법경찰관은 구속영장을 청구하거나 신청하는 경우 구속사유를 심사함에 있어서 필요적 고려사항(범죄의 중대성, 재범의 위험성, 피해자 및 중요 참고인 등에 대한 위해 우려)이 있을 때에는 구속영장 청구서 또는 신청서에 그 내용을 적어야 한다.
> ㉡ 사법경찰관은 구속영장이 청구된 피의자의 심문기일에 따라 판사가 통지한 피의자 심문기일과 장소에 체포된 피의자를 출석시켜야 한다.
> ㉢ 사법경찰관은 피의자를 체포하거나 구속하였을 때에는 변호인이 있으면 변호인에게, 변호인이 없으면 피의자가 지정한 사람에게 48시간 이내에 서면으로 사건명, 체포·구속의 일시·장소, 범죄사실의 요지, 체포·구속의 이유와 변호인을 선임할 수 있음을 통지해야 한다.
> ㉣ 검사 또는 사법경찰관은 체포와 구속의 적부심사 청구권자가 체포·구속영장 등본의 교부를 청구하면 그 등본을 교부할 수 있다.

① 0개 ② 1개
③ 2개 ④ 3개

▼해설

③ ㉠㉡(2개)는 맞는 지문이나, ㉢㉣(2개)은 틀린 지문이다.
㉠ (O) 제29조 제1항
㉡ (O) 제30조
㉢ (X) 사법경찰관은 피의자를 **체포하거나 구속**하였을 때에는 변호인이 있으면 변호인에게, 변호인이 없으면 피의자가 지정한 사람에게 **24시간 이내**에 서면으로 사건명, 체포·구속의 일시·장소, 범죄사실의 요지, 체포·구속의 이유와 변호인을 선임할 수 있음을 **통지해야** 한다(제33조 제1항). 그러나 **형사소송법**에서는 **체포 또는 구속**의 통지는 **지체없이** 서면으로 하여야 한다(제87조, 제200조의6, 제209조).
㉣ (X) 검사 또는 사법경찰관은 체포와 구속의 적부심사 청구권자가 체포·구속영장 등본의 교부를 청구하면 그 등본을 **교부해야 한다**.(제34조)

▼정답 ③

20. 「검사와 사법경찰관의 상호협력과 일반적 수사준칙에 관한 규정」에 따른 **시정조치 요구의 방법 및 절차** 등에 대한 설명 중 적절하지 <u>않은</u> 것은 모두 몇 개인가?

> ⊙ 검사는 사법경찰관리의 수사과정에서 법령위반, 인권침해 또는 현저한 수사권 남용이 의심되는 사실의 신고가 있거나 그러한 사실을 인식하게 된 경우, 사법경찰관에게 사건기록 등본의 송부를 요구할 때에는 그 내용과 이유를 구체적으로 적은 서면으로 해야 한다.
> ⓒ 사법경찰관은 위 ⊙의 요구를 받은 날부터 10일 이내에 사건기록 등본을 검사에게 송부해야 한다.
> ⓒ 검사는 위 ⓒ에 따라 사건기록 등본을 송부받은 날부터 30일(사안의 경중 등을 고려하여 10일의 범위에서 한 차례 연장할 수 있다) 이내에 시정조치 요구 여부를 결정하여 사법경찰관에게 통보해야 한다. 이 경우 시정조치 요구의 통보는 그 내용과 이유를 구체적으로 적은 서면으로 해야 한다.
> ② 사법경찰관은 위 ⓒ에 따라 시정조치 요구를 통보받은 경우 정당한 이유가 있는 경우를 제외하고는 지체 없이 시정조치를 이행하고, 그 이행 결과를 서면에 구체적으로 적어 검사에게 통보해야 한다.
> ⓜ 위 ②의 통보를 받은 검사는 시정조치 요구가 정당한 이유 없이 이행되지 않았다고 인정되는 경우에는 사법경찰관에게 사건을 송치할 것을 요구할 수 있는데, 사법경찰관에게 사건 송치를 요구하는 경우에는 그 내용과 이유를 구체적으로 적은 서면으로 해야 한다.
> ⓑ 사법경찰관은 위 ⓜ에 따라 서면으로 사건송치를 요구받은 날부터 10일 이내에 사건을 검사에게 송치해야 한다. 이 경우 관계 서류와 증거물을 함께 송부해야 한다.

① 0개　　　　　　　　② 1개
③ 2개　　　　　　　　④ 3개

▼해 설

③ ⊙ⓒ②ⓜ(4개)는 맞는 지문이나, ⓒⓑ(2개)은 틀린 지문이다.
⊙ (○) 제45조 제1항
ⓒ (×) 사법경찰관은 위 ⊙의 요구를 받은 날부터 **7일 이내에** 사건기록 등본을 검사에게 송부해야 한다(제45조 제2항).
ⓒ (○) 제45조 제3항
② (○) 제45조 제4항
ⓜ (○) 제45조 제5항
ⓑ (×) 사법경찰관은 위 ⓜ에 따라 서면으로 사건송치를 요구받은 날부터 **7일 이내에** 사건을 검사에게 송치해야 한다. 이 경우 관계 서류와 증거물을 함께 송부해야 한다(제45조 제6항).

▼정답 ③

21. 「검사와 사법경찰관의 상호협력과 일반적 수사준칙에 관한 규정」에 따른 내용에 대한 설명 중 적절하지 않은 것은 모두 몇 개인가?

> ⊙ 피의자, 사건관계인 또는 그 변호인은 사법경찰관이 수사 중인 사건에 관한 본인의 진술이 기재된 부분 및 본인이 제출한 서류의 전부 또는 일부 뿐만아니라 사법경찰관이 불송치 결정을 한 사건에 관한 기록의 전부 또는 일부에 대해서도 열람·복사를 신청할 수 있다.
> ⓒ 피의자 또는 그 변호인은 필요한 사유를 소명하고 고소장, 고발장, 이의신청서, 항고장, 재항고장(이하 "고소장등"이라 한다)의 열람·복사를 신청할 수 있다. 또한 체포·구속된 피의자 또는 그 변호인은 현행범인체포서, 긴급체포서, 체포영장, 구속영장의 열람·복사를 신청할 수 있다.
> ⓒ 사법경찰관은 위 ⊙ⓒ의 수사서류 등의 열람·복사 신청을 받은 경우에는 해당 서류의 공개로 사건관계인의 개인정보나 영업비밀이 침해될 우려가 있거나 범인의 증거인멸·도주를 용이하게 할 우려가 있는 경우 등 정당한 사유가 있는 경우를 제외하고는 열람·복사를 허용해야 한다.
> ㉣ 검사는 사법경찰관과 동일한 범죄사실을 수사하게 되어 사법경찰관에게 사건송치(수사의 경합에 따른 사건송치)를 요구할 때에는 그 내용과 이유를 구체적으로 적은 서면으로 해야 한다. 사법경찰관은 수사의 경합에 따른 사건송치 요구를 받은 날부터 10일 이내에 사건을 검사에게 송치해야 한다.
> ㉤ 검사 또는 사법경찰관은「형사사법절차 전자화 촉진법」제2조 제1호에 따른 형사사법업무와 관련된 문서를 작성할 때에는 형사사법정보시스템을 이용해야 하며, 그에 따라 작성한 문서는 형사사법정보시스템에 저장·보관해야 한다. 다만, 피의자나 사건관계인이 직접 작성한 문서 등 형사사법정보시스템을 이용하는 것이 곤란한 경우는 그렇지 않다.

① 0개 ② 1개
③ 2개 ④ 3개

▼해 설

② ⊙ⓒⓒ㉤(4개)는 맞는 지문이나, ㉣(1개)은 틀린 지문이다.
⊙ (○) 제69조 제1항·제69조 제2항(수사서류 등의 열람·복사)
ⓒ (○) 제69조 제3항·제69조 제4항(수사서류 등의 열람·복사)
ⓒ (○) 제69조 제6항
㉣ (×) 제49조 제1항. 사법경찰관은 위 요구를 받은 날부터 **7일 이내에** 사건을 검사에게 송치해야 한다. 이 경우 관계 서류와 증거물을 함께 송부해야 한다(제49조 제2항).
㉤ (○) 제67조

▼정답 ②

제04절 수사의 조건

1. 수사에 대한 설명으로 옳지 <u>않은</u> 것은? (다툼이 있는 경우 판례에 의함) (2024. 경찰대 편입)

① 사법경찰관이 피의자를 수사관서까지 동행한 것이 사법경찰관의 동행요구를 거절할 수 없는 심리적 압박 아래 행하여진 사실상의 불법체포에 해당하고, 그로부터 6시간 상당이 경과한 이후에 피의자에 대한 긴급체포의 절차를 밟은 경우, 그 피의자는 형법 제145조 제1항의 도주죄의 주체가 되지 않는다.

② 수사기관이 본래 범의를 가지지 않은 자에게 사술 또는 계략을 써서 범의를 유발하게 해서 검거하면 이는 위법한 함정수사이고, 이러한 함정수사에 기한 공소제기에 대하여 법원은 공소기각의 결정을 하여야 한다.

③ 구속된 피의자의 가족·동거인·고용주는 관할법원에 구속적부심사를 청구할 수 있고, 청구를 받은 법원은 청구서가 접수된 때로부터 48시간 이내에 구속된 피의자를 심문하고 수사 관계서류와 증거물을 조사하여야 한다.

④ 수사기관이 범죄 증거를 수집할 목적으로 피의자의 동의 없이 소변이나 혈액을 채취하는 것은 법원으로부터 감정허가장을 받아 형사소송법에 따른 '감정에 필요한 처분'으로 할 수 있지만, 동법에 따른 압수·수색의 방법으로도 할 수 있다.

⑤ 사법경찰관은 피의자를 신문하기 전에 수사과정에서 법령위반, 인권침해 또는 현저한 수사권 남용이 있는 경우 검사에게 구제를 신청할 수 있음을 피의자에게 알려야 한다.

해설

② (×) 범의를 가진 자에 대하여 단순히 범행의 기회를 제공하거나 범행을 용이하게 하는 것에 불과한 수사방법이 경우에 따라 허용될 수 있음은 별론으로 하고, 본래 범의를 가지지 아니한 자에 대하여 수사기관이 사술이나 계략 등을 써서 범의를 유발케 하여 범죄인을 검거하는 함정수사는 위법함을 면할 수 없고, 이러한 **함정수사에 기한 공소제기는 그 절차가 법률의 규정에 위반하여 무효인 때에 해당한다**(대법원 2005. 10. 28. 선고 2005도1247판결). 결국, 공소기각**판결**을 선고하여야 한다.

> 형사소송법 제327조(공소기각의 **판결**) 다음 각 호의 경우에는 **판결**로써 공소기각의 선고를 하여야 한다.
> (암기: 재 / 무 / 이 / 재 / 고 / 처 /) 재·무제표 이·제는 고·처봐!!!
> 1. 피고인에 대하여 **재판권**이 없을 때
> 2. 공소제기의 절차가 법률의 규정을 위반하여 **무효**일 때
> 3. 공소가 제기된 사건에 대하여 다시 공소가 제기되었을 때(**이**중기소한 때)
> 4. 제329조를 위반하여 공소가 제기되었을 때(다른 중요한 증거가 없는데, **재**기소할 때)
> 5. 고소가 있어야 공소를 제기할 수 있는 사건에서 고소가 취소되었을 때(친고죄에서 **고**소취소한 때)
> 6. 피해자의 명시한 의사에 반하여 공소를 제기할 수 없는 사건에서 **처**벌을 원하지 아니하는 의사표시를 하거나 **처**벌을 원하는 의사표시를 철회하였을 때(반의사불벌죄에서 철회할 때)

① (○) [1] **형사소송법 제199조 제1항**은 "수사에 관하여 그 목적을 달성하기 위하여 필요한 조사를 할 수 있다. 다만, 강제처분은 이 법률에 특별한 규정이 있는 경우에 한하며, 필요한 최소한도의 범위 안에서만 하여야 한다."고 규정하여 **임의수사의 원칙을 명시하고** 있는바, 수사관이 동행에 앞서 피의자에게 **동행을 거부할 수 있음**을 알려 주었거나 동행한 피의자가 **언제든지 자유로이** 동행과정에서 이탈 또는 동행장소로부터 **퇴거할 수 있었음이** 인정되는 등 오로지 피의자의 자발적인 의사에 의하여 수사관서 등에의 **동행이 이루어졌음이 객관적인 사정에 의하여 명백하게 입증된 경우에 한하여**, 그 적법성이 인정되는 것으로 봄이 상당하다. **형사소송법 제200조 제1항**에 의하여 **검사 또는 사법경찰관이 피의자에 대하여 임의적 출석을 요구할 수는 있겠으나,**

그 경우에도 수사관이 단순히 출석을 요구함에 그치지 않고 일정 장소로의 동행을 요구하여 실행한다면 **위에서 본 법리가 적용되어야 하고**, 한편 행정경찰 목적의 경찰활동으로 행하여지는 **경찰관직무집행법 제3조 제2항** 소정의 질문을 위한 동행요구도 형사소송법의 **규율을 받는 수사로 이어지는 경우에는** 역시 위에서 본 법리(**제199조 제1항과 제200조 제1항**)가 **적용되어야** 한다.

[2] **사법경찰관이 피고인을 수사관서까지 동행한 것**이 사실상의 강제연행, 즉 **불법 체포에 해당**하고, 불법체포로부터 **6시간 상당이 경과한 후에 이루어진 긴급체포 또한 위법**하므로 **피고인이** 불법체포된 자로서 형법 제145조 제1항에 정한 '법률에 의하여 체포 또는 구금된 자'가 아니어서 **도주죄의 주체가 될 수 없다**(대법원 2006. 7. 6.선고2005도6810판결).

③ (○) [1] **구속된 피의자** 또는 그 변호인, 법정대리인, 배우자, 직계친족, 형제자매나 **가족, 동거인 또는 고용주**는 관할**법원에 구속의 적부심사(適否審査)를 청구할 수 있다**(제214조의2 제1항).

[2] 제1항의 **청구를 받은** 법원은 청구서가 접수된 때부터 **48시간 이내에 구속된 피의자를 심문**하고 **수사 관계 서류와 증거물을 조사**하여 그 청구가 이유 없다고 인정한 경우에는 결정으로 기각하고, 이유 있다고 인정한 경우에는 결정으로 체포되거나 구속된 피의자의 석방을 명하여야 한다. 심사 청구 후 피의자에 대하여 공소제기가 있는 경우에도 또한 같다(제214조의2 제4항).

④ (○) [1] **수사기관이** 범죄 증거를 수집할 목적으로 **피의자의 동의 없이** 피의자의 **소변을 채취하는 것은** 법원으로부터 **감정허가장을 받아** 형사소송법 제221조의4 제1항, 제173조 제1항에서 정한 '**감정에 필요한 처분**'으로 할 수 있지만(피의자를 병원 등에 유치할 필요가 있는 경우에는 형사소송법 제221조의3에 따라 **법원으로부터 감정유치장을 받아야 한다**), 형사소송법 제219조, 제106조 제1항, 제109조에 따른 **압수·수색의 방법으로도 할 수 있다**. 이러한 압수·수색의 경우에도 수사기관은 원칙적으로 형사소송법 제215조에 따라 판사로부터 압수·수색영장을 적법하게 발부받아 집행해야 한다. 압수·수색의 방법으로 소변을 채취하는 경우 압수대상물인 피의자의 소변을 확보하기 위한 수사기관의 노력에도 불구하고, **피의자가** 인근 병원 응급실 등 소변 채취에 적합한 장소로 이동하는 것에 **동의하지 않거나 저항하는 등 임의동행을 기대할 수 없는 사정이 있는 때에는 수사기관으로서는 소변 채취에 적합한 장소로 피의자를 데려가기 위해서 필요 최소한의 유형력을 행사하는 것이 허용된다**. 이는 형사소송법 제219조, 제120조 제1항에서 정한 '**압수·수색영장의 집행에 필요한 처분**'에 해당한다고 보아야 한다(대판2018.7.12. 2018도6219).**(강제채뇨 사건)**

[2] 수사기관이 범죄 증거를 수집할 목적으로 **피의자의 동의 없이** 피의자의 **혈액을 취득·보관하는 행위**는 법원으로부터 감정처분허가장을 받아 형사소송법 제221조의4 제1항, 제173조 제1항에 의한 '**감정에 필요한 처분**'으로도 할 수 있지만, 형사소송법 제219조,제106조 제1항에 정한 **압수의 방법으로도 할 수 있고**, 압수의 방법에 의하는 경우 혈액의 취득을 위하여 피의자의 신체로부터 혈액을 채취하는 행위는 그 혈액의 압수를 위한 것으로서 형사소송법 제219조, 제120조 제1항에 정한 '**압수영장의 집행에 있어 필요한 처분**'에 해당한다고 할 것이다(대법원2011. 4. 28.선고2009도2109판결(나주 세지 사건); 대법원2012. 11. 15.선고2011도15258판결(서울 구로 사건); 대법원2014. 11. 13.선고2013도1228판결(경기 남양주 사건)).**(강제채혈 사건)**

⑤ (○) **사법경찰관**은 피의자를 **신문하기 전에** 수사과정에서 **법령위반, 인권침해 또는 현저한 수사권 남용**이 있는 경우 검사에게 **구제를 신청할 수 있음을 피의자에게 알려주어야** 한다(제197조의3 제8항).

▼정답 ②

2. 함정수사에 관한 설명으로 가장 적절하지 않은 것은? (다툼이 있는 경우 판례에 의함)

(2022. 1차 경찰채용)

① 수사기관과 직접 관련이 있는 유인자가 피유인자와의 개인적인 친밀관계를 이용하여 피유인자의 동정심이나 감정에 호소하거나, 금전적 심리적 압박이나 위협 등을 가하거나, 거절하기 힘든 유혹을 하거나, 또는 범행방법을 구체적으로 제시하고 범행에 사용될 금전까지 제공하는 등으로 과도하게 개입함으로써 피유인자로 하여금 범의를 일으키게 하는 것은, 위법한 함정수사에 해당하여 허용되지 않는다.

② 본래 범의를 가지지 아니한 자에 대하여 수사기관이 사술이나 계략 등을 써서 범의를 유발케 하여 범죄인을 검거하는 함정수사는 위법함을 면할 수 없고, 이러한 함정수사에 기한 공소제기는 그 절차가 법률의 규정에 위반하여 무효인 때에 해당한다.

③ 범의를 가진 자에 대하여 단순히 범행의 기회를 제공하거나 범행을 용이하게 하는 것에 불과한 수사방법도 경우에 따라 허용될 수 있다.

④ 아동 청소년의 성보호에 관한 법률에 의하면 사법경찰관리는 아동 청소년을 대상으로 하는 디지털 성범죄에 대해 신분비공개수사는 가능하지만, 신분위장수사는 위법한 함정수사로서 허용되지 않는다.

해설

④ (×) ① 사법경찰관리는 "디지털 성범죄"에 대하여 신분을 비공개하고 범죄현장(정보통신망을 포함한다) 또는 범인으로 추정되는 자들에게 접근하여 범죄행위의 증거 및 자료 등을 수집하는 "신분비공개수사"를 할 수 있다(아동·청소년의 성보호에 관한 법률(약칭 : 청소년성보호법) 제25조의2 제1항). 사법경찰관리는 디지털 성범죄를 계획 또는 실행하고 있거나 실행하였다고 의심할 만한 충분한 이유가 있고, 다른 방법으로는 그 범죄의 실행을 저지하거나 범인의 체포 또는 증거의 수집이 어려운 경우에 한정하여 수사 목적을 달성하기 위하여 부득이한 때에는 "신분위장수사"를 할 수 있다(동조 제2항). 결국, 사법경찰관리는 청소년성보호법상 신분비공개수사와 신분위장수사를 모두 할 수 있다.

① (O) 수사기관과 직접 관련이 있는 유인자가 피유인자와의 개인적인 친밀관계를 이용하여 피유인자의 동정심이나 감정에 호소하거나, 금전적·심리적 압박이나 위협 등을 가하거나, 거절하기 힘든 유혹을 하거나, 또는 범행방법을 구체적으로 제시하고 범행에 사용될 금전까지 제공하는 등으로 과도하게 개입함으로써 피유인자로 하여금 범의를 일으키게 하는 것은, 위법한 함정수사에 해당하여 허용되지 않는다. 그렇지만 유인자가 수사기관과 직접적인 관련을 맺지 않은 상태에서 피유인자를 상대로 단순히 수차례 반복적으로 범행을 부탁하였을 뿐, 수사기관이 사술이나 계략 등을 사용하였다고 볼 수 없는 경우에는 설령 그로 인하여 피유인자의 범의가 유발되었다 하더라도 위법한 함정수사에 해당하지 않는다(대법원 2020. 1. 30.선고2019도15987판결).

② (O) 범의를 가진 자에 대하여 단순히 범행의 기회를 제공하거나 범행을 용이하게 하는 것에 불과한 수사방법이 경우에 따라 허용될 수 있음은 별론으로 하고, 본래 범의를 가지지 아니한 자에 대하여 수사기관이 사술이나 계략 등을 써서 범의를 유발케 하여 범죄인을 검거하는 함정수사는 위법함을 면할 수 없고, 이러한 함정수사에 기한 공소제기는 그 절차가 법률의 규정에 위반하여 무효인 때에 해당한다(대법원2005. 10. 28.선고2005도1247판결).

③ (O) 범의를 가진 자에 대하여 단순히 범행의 기회를 제공하거나 범행을 용이하게 하는 것에 불과한 수사방법이 경우에 따라 허용될 수 있다(대법원2005. 10. 28.선고2005도1247판결).

정답 ④

3. 함정수사에 관한 설명 중 가장 적절하지 않은 것은? (다툼이 있는 경우 판례에 의함)

(2022. 2차 경찰채용)

① 물품반출업무담당자가 소속회사에 밀반출행위를 사전에 알리고 그 정확한 증거를 확보하기 위하여 피고인의 밀반출행위를 묵인하였다는 것은 이른바 함정수사에 비유할 수는 없다.

② 이미 마약류관리에 관한 법률 위반죄를 범한 갑을 검거하기 위하여 수사기관이 정보원을 이용하여 피고인을 검거장소로 유인한 것에 불과한 경우, 이는 위법한 함정수사에 해당하지 아니한다.

③ A가 수사기관에 체포된 동거남의 석방을 위한 공적을 쌓기 위하여 B에게 필로폰 밀수입에 관한 정보제공을 부탁하면서 대가의 지급을 약속하고, 이에 B가 C에게, C가 갑에게 순차 필로폰 밀수입을 권유하여, 이를 승낙하고 필로폰을 받으러 나온 갑이 체포된 경우, B와 C가 각자의 사적인 동기에 기하여 수사기관과 직접적인 관련이 없이 독자적으로 갑을 유인한 것으로서 위법한 함정수사에 해당하지 않는다.

④ 함정수사가 위법하다고 평가받는 경우, 공소기각설은 수사기관이 제공한 범죄의 동기나 기회를 일반인이 뿌리칠 수 없었다는 범죄인 개인의 특수한 상황으로 인하여 가벌적 위법성이 결여된다는 점을 논거로 하여 공소기각의 판결을 선고하여야 한다고 본다.

▶ 해 설

④ (×) 설문의 경우는 **무죄판결설**에 관한 설명이다. **무죄판결설**은 함정수사에 의한 행위는 **위법성이나 책임 등의 범죄성립요건을 조각하거나 범죄사실의 증명이 없어 처벌할 수 없다**는 견해이다. 구체적으로 **수사기관의 염결성과 범인의 특수상황을 함께 고려하여 가벌성을 소멸시켜야 한다**는 견해이다. 적법절차의 보장과 피고인의 인권보장이라는 측면을 고려하여 위법한 함정에 빠져 범죄를 저지른 피고인에 대해 무죄판결을 선고해야 한다는 견해이다. 이에 반하여 **공소기각판결설**은 함정수사에 의한 공소제기는 적법절차에 위배되는 수사에 의한 공소이므로 **공소제기절차가 법률의 규정을 위반하여 무효일 때에 해당**(형사소송법 제327조 제2호에 해당)하여 **공소기각판결을 선고해야 한다는 견해**이다(판례의 견해이다).

① (○) 소위 함정수사라 함은 본래 범의를 가지지 아니한 자에 대하여 수사기관이 사술이나 계략 등을 써서 범죄를 유발케 하여 범죄인을 검거하는 수사방식을 말하는 것이므로, **위 물품반출업무담당자가 소속회사에 밀반출행위를 사전에 알리고 그 정확한 증거를 확보하기 위하여 피고인의 밀반출행위를 묵인하였다는 것은 이른바 함정수사에 비유할 수는 없다**(대법원 1987. 6. 9. 선고 87도915 판결).

② (○) 피고인이 수사기관의 사술이나 계략 등에 의하여 범행을 유발한 것이 아니라, 이미 범행을 저지른 피고인을 검거하기 위하여 **수사기관이 정보원을 이용하여 피고인을 검거장소로 유인한 것에 불과하므로**, 피고인의 이 사건 범행이 **함정수사에 의한 것으로 볼 수도 없다**(대법원 2007. 7. 26. 선고 2007도4532 판결).

③ (○) 갑이 **수사기관에 체포된 동거남의 석방을 위한 공적을 쌓기 위하여** 을에게 필로폰 밀수입에 관한 정보제공을 부탁하면서 대가의 지급을 약속하고, 이에 을이 병에게, 병은 정에게 순차 필로폰 밀수입을 권유하여, 이를 승낙하고 필로폰을 받으러 나온 정을 체포한 사안에서, **을, 병 등이 각자의 사적인 동기에 기하여 수사기관과 직접적인 관련이 없이 독자적으로 정을 유인한 것으로서 위법한 함정수사에 해당하지 않는다**(대법원 2007. 11. 29. 선고 2007도7680 판결).

▶ 정답 ④

4. 수사의 조건에 대한 설명 중 가장 적절하지 않은 것은?(다툼이 있는 경우 판례에 의함)

(2020. 경찰채용)

① 수사기관은 범죄혐의가 있다고 사료하는 때에 수사를 개시하여야 하며 여기서의 범죄혐의는 수사기관의 주관적 혐의일 뿐만 아니라 구체적 범죄혐의이다.

② 필요성과 상당성이라는 수사의 조건은 임의수사에는 적용되지 않고 강제수사에만 적용된다.

③ 친고죄나 세무공무원 등의 고발이 있어야 논할 수 있는 죄에 있어서 고소 또는 고발은 이른바 소추조건에 불과하고 당해 범죄의 성립 요건이나 수사의 조건은 아니므로, 위와 같은 범죄에 관하여 고소나 고발이 있기 전에 수사를 하였다고 하더라도, 그 수사가 장차 고소나 고발이 있을 가능성이 없는 상태하에서 행해졌다는 등의 특단의 사정이 없는 한, 고소나 고발이 있기 전에 수사를 하였다는 이유만으로 그 수사가 위법하다고 볼 수는 없다.

④ 위법한 함정수사에 해당하는지 여부는 해당 범죄의 종류와 성질, 유인자의 지위와 역할, 유인의 경위와 방법, 유인에 따른 피유인자의 반응, 피유인자의 처벌 전력 및 유인행위 자체의 위법성 등을 종합하여 판단하여야 한다.

▼해 설

② (×) 수사의 조건은 임의수사와 강제수사에 **모두 적용된다**.
① (○) 여기서의 **주관적 혐의는 구체적 사실에 근거를 둔 범죄혐의를** 말하고, 단순한 추측에 의한 범죄혐의를 의미하지는 않는다.
③ (○) 대판1995.2.24. 94도252
④ (○) 대판2007.7.12. 2006도2339

▼정답 ②

5. 함정수사에 대한 설명으로 가장 적절하지 않은 것은?(다툼이 있으면 판례에 의함)

① 수사기관과 직접적인 관련을 맺지 아니한 상태에서 유인자가 피유인자를 상대로 단순히 수차례 반복적으로 범행을 부탁하였을 뿐 수사기관이 사술이나 계략 등을 사용하였다고 볼수 없는 경우 설령 그로 인하여 피유인자의 범의가 유발되었다 하더라도 위법한 함정수사에는 해당하지 않는다.

② 본래 범의를 가지지 아니한 자에 대하여 수사기관이 사술이나 계략 등을 써서 범의를 유발케 하여 범죄인을 검거하는 함정수사는 위법함을 면할 수 없고, 이러한 함정수사에 기한 공소제기는 그 절차가 법률의 규정에 위반하여 무효인 때에 해당한다.

③ 경찰관이 노래방의 도우미 알선 영업 단속 실적을 올리기 위하여 그에 대한 제보나 첩보가 없는데도 손님을 가장하고 들어가 도우미를 불러낸 경우, 위법한 함정수사로 볼 수 있다.

④ 아동·청소년의 성보호에 관한 법률은 동법 소정의 디지털성범죄에 대한 신분비공개수사를 허용하는 수사 특례규정을 마련하고 있지만, 다른 방법으로는 그 범죄의 실행을 저지하거나 범인의 체포 또는 증거의 수집이 어려운 경우라도 신분위장수사는 허용하지 않는다.

▼해 설

④ (×) **사법경찰관리는 "디지털 성범죄"에 대하여** 신분을 비공개하고 범죄현장(정보통신망을 포함한다) 또는 범인으로 추정되는 자들에게 접근하여 범죄행위의 증거 및 자료 등을 수집하는 **"신분비공개수사"를 할 수 있다**(아동·청소년의 성보호에 관한 법률(약칭 : 청소년성보호법) 제25조의2 제1항). 또한 **사법경찰관리는** 디지털 성범죄를 계획 또는 실행하고 있거나 실행하였다고 의심할 만한 충분한 이유가 있고, 다른 방법으로는 그 범죄의 실행을 저지하거나 범인의 체포 또는 증거의 수집이 어려운 경우에 한정하여 수사 목적을 달성하기 위하여 부득이한 때에는 **"신분위장수사"를 할 수 있다**(동조 제2항). 결국, **사법경찰관리는 청소년성보호법상 신분비공개수사와 신분위장수사를 모두 할 수 있다.**

① (○) **수사기관과 직접 관련이 있는 유인자가** 피유인자와의 개인적인 친밀관계를 이용하여 피유인자의 동정심이나 감정에 호소하거나, 금전적·심리적 압박이나 위협 등을 가하거나, 거절하기 힘든 유혹을 하거나, 또는 범행방법을 구체적으로 제시하고 범행에 사용될 금전까지 제공하는 등으로 과도하게 개입함으로써 피유인자로 하여금 범의를 일으키게 하는 것은, **위법한 함정수사에 해당하여 허용되지 않는다.** 그렇지만 유인자가 **수사기관과 직접적인 관련을 맺지 않은 상태에서** 피유인자를 상대로 단순히 수차례 반복적으로 범행을 부탁하였을 뿐, 수사기관이 사술이나 계략 등을 사용하였다고 볼 수 없는 경우에는 설령 그로 인하여 피유인자의 범의가 유발되었다 하더라도 **위법한 함정수사에 해당하지 않는다**(대법원2020. 1. 30. 선고2019도15987판결).

② (○) 범의를 가진 자에 대하여 단순히 범행의 기회를 제공하거나 범행을 용이하게 하는 것에 불과한 수사방법이 경우에 따라 허용될 수 있음은 별론으로 하고, 본래 범의를 가지지 아니한 자에 대하여 수사기관이 사술이나 계략 등을 써서 범의를 유발케 하여 범죄인을 검거하는 함정수사는 위법함을 면할 수 없고, 이러한 **함정수사에 기한 공소제기는 그 절차가 법률의 규정에 위반하여 무효인 때에 해당한다**(대법원2005. 10. 28. 선고2005도1247판결).

③ (○) **경찰관들이 단속 실적을 올리기 위하여 손님을 가장하고 들어가 도우미를 불러 줄 것을 요구하였던 점, 피고인측은 평소 자신들이 손님들에게 도우미를 불러 준 적도 없으며,** 더군다나 이 사건 당일 도우미를 불러달라는 다른 손님들이 있었으나 응하지 않고 모두 돌려보낸 바 있다고 주장하는데, 위 노래방이 평소 손님들에게 도우미 알선 영업을 해 왔다는 아무런 자료도 없는 점, **위 경찰관들도 그와 같은 제보나 첩보를 가지고 이 사건 노래방에 대한 단속을 한 것이 아닌 점,** 위 경찰관들이 피고인측으로부터 한 차례 거절당하였으면서도 다시 위 노래방에 찾아가 도우미를 불러 줄 것을 요구하여 도우미가 오게 된 점 등 여러 사정들을 종합해 보면, 이 사건 단속은 **수사기관이 사술이나 계략 등을 써서 피고인의 범의를 유발케 한 것으로서 위법하고, 이러한 함정수사에 기한 이 사건 공소제기 또한 그 절차가 법률의 규정에 위반하여 무효인 때에 해당한다**(대법원2008. 10. 23. 선고2008도7362판결).

▼정답 ④

6. 경찰관이 취객을 상대로 한 이른바 부축빼기 절도범을 단속하기 위하여, 공원 인도에 쓰러져 있는 취객 근처에서 감시하고 있다가, 마침 피고인이 나타나 취객을 부축하여 10m 정도를 끌고 가 지갑을 뒤지자 현장에서 체포하여 기소한 경우와 관련하여, 판례의 태도에 비추어 옳은 것(○)과 옳지 않은 것(×)을 바르게 연결한 것은?

> ㉠ 본래 범의를 가지지 아니한 자에 대하여 수사기관이 사술이나 계략 등을 써서 범의를 유발케 하여 범죄인을 검거하는 함정수사는 위법함을 면할 수 없고, ㉡ 이러한 함정수사에 기한 공소제기는 그 절차가 법률의 규정에 위반하여 무효인 때에 해당한다 할 것이지만, ㉢ 범의를 가진 자에 대하여 단순히 범행의 기회를 제공하는 것에 불과한 경우에는 위법한 함정수사라고 단정할 수 없다.

① ㉠(×) ㉡(○) ㉢(○) 　　② ㉠(○) ㉡(×) ㉢(○)
③ ㉠(○) ㉡(○) ㉢(×) 　　④ ㉠(○) ㉡(○) ㉢(○)

▼해 설

④ ㉠㉡㉢ 모두 옳은 설명이다.
　㉠㉡㉢ (○) [1] **본래 범의를 가지지 아니한 자에 대하여** 수사기관이 사술이나 계략 등을 써서 범의를 유발케 하여 범죄인을 검거하는 **함정수사는 위법함을 면할 수 없고**, 이러한 함정수사에 기한 공소제기는 그 절차가 법률의 규정에 위반하여 **무효인 때에 해당한다** 할 것이지만, 범의를 가진 자에 대하여 단순히 범행의 기회를 제공하는 것에 불과한 경우에는 위법한 함정수사라고 단정할 수 없다.
　[2] 경찰관이 취객을 상대로 한 이른바 **부축빼기 절도범을 단속하기 위하여**, 공원 인도에 쓰러져 있는 취객 근처에서 감시하고 있다가, 마침 피고인이 나타나 취객을 부축하여 10m 정도를 끌고 가 지갑을 뒤지자 현장에서 체포하여 기소한 경우, **위법한 함정수사에 기한 공소제기가 아니다**(대판 2007.5.31. 2007도1903).

▼정답 ④

CHAPTER 02 | 수사의 개시(수사의 단서)

제01절 변사자검시

1. 다음 〈보기〉 중 변사자 검시에 관한 설명으로 옳은 것은 모두 몇 개인가? (2022. 해경승진)

〈보기〉
㉠ 변사자의 검시는 수사가 아닌 수사의 단서에 불과하다.
㉡ 검시는 검증과 유사하므로 유족의 동의가 없으면 판사의 영장을 발부받아 검시를 하여야 한다.
㉢ 「검사와 사법경찰관의 상호협력과 일반적 수사준칙에 관한 규정」제17조 제1항에 의하면 사법경찰관리는 변사자 또는 변사의 의심이 있으면 관할 지방검찰청 또는 지청의 검사에게 보고하고 지휘를 받아야 한다. 긴급을 요하는 경우 그러하지 아니한다.
㉣ 변사자 또는 변사의 의심이 있는 사체가 있는 때에는 그 소재지를 관할하는 사법경찰관이 검시하여야 한다.

① 없음   ② 1개
③ 2개   ④ 3개

해 설

② ㉠(1개)만 옳은 지문이고, ㉡㉢㉣(3개)은 틀린지문이다.
㉠ (○) 변사자의 검시는 수사가 아닌 수사 전에 하는 수사의 **단서(수사개시의 원인)**에 불과하다.
㉡ (×) 변사자 검시는 수사의 단서인 **수사 전의 처분**이므로, **법관의 영장이 필요없다**.
㉢ (×) **사법경찰관은** 변사자 또는 변사한 것으로 의심되는 시체가 있으면 변사사건 발생사실을 **검사에게 통보해야 한다**(수사준칙 제17조 제1항). 통보만 하면 되므로, 지휘를 받을 필요가 없다.
㉣ (×) 변사자 또는 변사의 의심있는 사체가 있는 때에는 그 소재지를 관할하는 지방검찰청 검사가 검시하여야 한다(제222조 제1항). 전항의 검시로 범죄의 혐의를 인정하고 긴급을 요할 때에는 영장없이 검증할 수 있다(동조 제2항). 검사는 사법경찰관에게 전2항의 처분을 명할 수 있다(동조 제3항).

▶ 정답 ②

2. 변사자에 대한 설명으로 가장 적절한 것은? (다툼이 있는 경우 판례에 의함) (2020. 경찰채용)

① 변사자란 부자연한 사망으로서 그 사인이 분명하지 않은 자 뿐만아니라 범죄로 사망한 것이 명백한 자도 포함된다.
② 변사지는 수사의 단서로서 발견 즉시 수사가 개시된다.
③ 「검사와 사법경찰관의 상호협력과 일반적 수사준칙에 관한 규정」제17조 제1항에 의하면 사법경찰관은 변사자 또는 변사한 것으로 의심되는 사체가 있으면 변사사건 발생사실을 검사에게 보고하고 지휘를 받아야 한다.
④ 「형사소송법」제222조 제1항 검시로 범죄의 혐의를 인정하고 긴급을 요할 때에는 영장없이 검증할 수 있다.

▶해 설

④ (○) 변사자 또는 변사의 의심있는 사체가 있는 때에는 그 소재지를 관할하는 지방검찰청 검사가 검시하여야 한다(제222조 제1항). **전항의 검시로 범죄의 혐의를 인정하고 긴급을 요할 때에는 영장없이 검증할 수 있다**(동조 제2항).
① (×) 형법 제163조의 변사자라 함은 부자연한 사망으로서 그 사인이 분명하지 않은 자를 의미하고 **그 사인이 명백한 경우는 변사자라 할 수 없으므로**, 범죄로 인하여 사망한 것이 명백한 자의 사체는 같은 법조 소정의 변사체검시방해죄의 객체가 될 수 없다(대판2003.6.27. 2003도1331).
② (×) 변사자는 즉시 수사가 개시되는 것이 아니라 **수사기관의 범죄인지에 의하여** 수사가 개시된다.
③ (×) 사법경찰관은 변사자 또는 변사한 것으로 의심되는 사체가 있으면 변사사건 발생사실을 **검사에게 통보해야 한다**(검사와 사법경찰관의 상호협력과 일반적 수사준칙에 관한 규정 제17조 제1항. 검사와 사법경찰관은 법 제222조에 따라 변사자의 검시를 한 사건에 대해 사건 종결 전에 수사할 사항 등에 관하여 **상호 의견을 제시·교환해야 한다**(동 준칙규정 제17조 제4항).

▶정답 ④

제02절 불심검문

1. 불심검문에 관한 설명 중 가장 적절한 것은? (다툼이 있는 경우 판례에 의함) (2023. 1차 경찰채용)

① 경찰관이 불심검문 대상자 해당 여부를 판단할 때에는 불심검문 당시의 구체적 상황은 물론 사전에 얻은 정보나 전문적 지식 등에 기초하여 그 대상자인지를 객관적 합리적 기준에 따라 판단하여야 하므로, 불심검문의 적법요건으로 불심검문 대상자에게 형사소송법상 체포나 구속에 이를 정도의 혐의가 있을 것을 요한다.
② 행정경찰 목적의 경찰활동으로 행하여지는「경찰관 직무집행법」제3조 제2항 소정의 질문을 위한 동행요구가「형사소송법」의 규율을 받는 수사로 이어지는 경우에는「형사소송법」제199조 제1항 및 제200조 규정에 의하여야 한다.
③ 「경찰관직무집행법」제3조 제4항은 경찰관이 불심검문을 하고자 할 때에는 자신의 신분을 표시하는 증표를 제시하여야 한다고 규정하고 있고, 동법 시행령은 위 법에서 규정한 신분을 표시하는 증표가 경찰관의 공무원증이라고 규정하고 있으므로, 경찰관이 불심검문 과정에서 공무원증을 제시하지 않았다면 어떠한 경우라도 그 불심검문은 위법한 공무집행에 해당한다.
④ 「경찰관직무집행법」제3조 제6항은 불심검문에 관하여 임의 동행한 사람을 6시간을 초과하여 경찰관서에 머물게 할 수 없다고 규정하고 있으므로, 대상자를 6시간 동안 경찰관서에 구금하는 것이 허용된다.

▶해 설

② (○) [1] **임의동행은** 경찰관 직무집행법 제3조 제2항에 따른 행정경찰 목적의 경찰활동으로 행하여지는 것 외에도 **형사소송법 제199조 제1항에 따라 범죄 수사를 위하여** 수사관이 동행에 앞서 피의자에게 동행을 거부할 수 있음을 알려 주었거나 동행한 피의자가 언제든지 자유로이 동행과정에서 이탈 또는 동행장소로부터 퇴거할 수 있었음이 인정되는 등 **오로지 피의자의 자발적인 의사에 의하여 이루어진 경우에도 가능하다.** 피고인이 메트암페타민(일명 필로폰) 투약 혐의로 임의동행 형식으로 경찰서에 간 후 자신의 소변과 모발을 경찰

관에게 제출하여 마약류 관리에 관한 법률 위반(향정)으로 기소된 사안에서, **경찰관은 당시 피고인의 정신상태, 신체에 있는 주사바늘 자국, 알콜솜 휴대, 전과 등을 근거로** 피고인의 마약류 투약 혐의가 상당하다고 판단하여 **경찰서로 임의동행을 요구하였고**, 동행장소인 경찰서에서 피고인에게 마약류 투약 혐의를 밝힐 수 있는 소변과 모발의 임의제출을 요구하였으므로 **피고인에 대한 임의동행은 마약류 투약 혐의에 대한 수사를 위한 것이어서 형사소송법 제199조 제1항에 따른 임의동행에 해당**한다(대법원2020. 5. 14.선고2020도398판결).

[2] 형사소송법 제199조 제1항은 "수사에 관하여 그 목적을 달성하기 위하여 필요한 조사를 할 수 있다. 다만, 강제처분은 이 법률에 특별한 규정이 있는 경우에 한하며, 필요한 최소한도의 범위 안에서만 하여야 한다."고 규정하여 임의수사의 원칙을 명시하고 있는바, 수사관이 동행에 앞서 피의자에게 동행을 거부할 수 있음을 알려 주었거나 동행한 피의자가 언제든지 자유로이 동행과정에서 이탈 또는 동행장소로부터 퇴거할 수 있었음이 인정되는 등 오로지 피의자의 자발적인 의사에 의하여 수사관서 등에의 동행이 이루어졌음이 객관적인 사정에 의하여 명백하게 입증된 경우에 한하여, 그 적법성이 인정되는 것으로 봄이 상당하다. 형사소송법 제200조 제1항에 의하여 **검사 또는 사법경찰관이 피의자에 대하여 임의적 출석을 요구할 수는 있겠으나, 그 경우에도 수사관이 단순히 출석을 요구함에 그치지 않고 일정 장소로의 동행을 요구하여 실행한다면 위에서 본 법리가 적용되어야** 하고, 한편**행정경찰 목적의 경찰활동으로 행하여지는 경찰관직무집행법 제3조 제2항 소정의 질문을 위한 동행요구도 형사소송법의 규율을 받는 수사로 이어지는 경우에는 역시 위에서 본 법리(제199조 제1항 및 제200조 규정)가 적용되어야** 한다(대법원2006. 7. 6.선고2005도6810판결).

① (×) 경찰관이 경찰관직무집행법 제3조 제1항에 규정된 대상자(이하 '불심검문 대상자'라 한다) 해당 여부를 판단할 때에는 불심검문 당시의 구체적 상황은 물론 사전에 얻은 정보나 전문적 지식 등에 기초하여 **불심검문 대상자인지를 객관적·합리적인 기준에 따라 판단하여야** 하나, **반드시 불심검문 대상자에게 형사소송법상 체포나 구속에 이를 정도의 혐의가 있을 것을 요한다고 할 수는 없다**. 그리고 경찰관은 불심검문 대상자에게 질문을 하기 위하여 범행의 경중, 범행과의 관련성, 상황의 긴박성, 혐의의 정도, 질문의 필요성 등에 비추어 목적 달성에 필요한 최소한의 범위 내에서 사회통념상 용인될 수 있는 상당한 방법으로 대상자를 정지시킬 수 있고 질문에 수반하여 흉기의 소지 여부도 조사할 수 있다(대법원2014. 2. 27.선고2011도13999판결).

③ (×) 경찰관직무집행법 제3조 제4항은 경찰관이 불심검문을 하고자 할 때에는 자신의 신분을 표시하는 증표를 제시하여야 한다고 규정하고, 경찰관직무집행법 시행령 제5조는 위 법에서 규정한 신분을 표시하는 증표는 경찰관의 공무원증이라고 규정하고 있는데, 불심검문을 하게 된 경위, 불심검문 당시의 현장상황과 검문을 하는 경찰관들의 복장, 피고인이 공무원증 제시나 신분 확인을 요구하였는지 여부 등을 종합적으로 고려하여, **검문하는 사람이 경찰관이고 검문하는 이유가 범죄행위에 관한 것임을 피고인이 충분히 알고 있었다고 보이는 경우에는 신분증을 제시하지 않았다고 하여 그 불심검문이 위법한 공무집행이라고 할 수 없다**(대법원2014. 12. 11.선고2014도7976판결).

④ (×) 임의동행은 상대방의 동의 또는 승낙을 그 요건으로 하는 것이므로 경찰관으로부터 임의동행 요구를 받은 경우 상대방은 이를 거절할 수 있을 뿐만 아니라 임의동행 후 언제든지 경찰서에서 퇴거할 자유가 있다 할 것이고, 경찰관직무집행법 제3조 제6항이 임의동행한 경우 당해인을 6시간을 초과하여 경찰관서에 머물게 할 수 없다고 규정하고 있다고 하여 그 규정이 **임의동행한 자를 6시간 동안 경찰관서에 구금하는 것을 허용하는 것은 아니다**(대법원1997. 8. 22.선고97도1240판결).

▼정답 ②

2. 성폭력범죄가 빈발하는 지역을 순찰하던 경찰관 P1과 P2는 심야에 주취자가 소란을 피우고 있다는 A의 신고를 받고 출동하여, 신고 지역 인근 A소유의 빌라 주차장에서 술에 취한 상태에서 큰소리로 전화를 걸고 있는 甲을 발견하고 불심검문을 실시하였다. 이에 甲은 P2에게 자신의 운전면허증을 교부하였고, P2가 甲의 신분조회를 위하여 순찰차로 걸어간 사이에 甲은 위 불심검문에 항의하면서 P1에게 욕설을 하였다. 이 욕설은 P1 이외에 인근 주민들도 들었을 정도로 큰소리였으므로 P1은 甲을 모욕죄의 현행범으로 체포하겠다고 고지한 후 甲의 어깨를 붙잡았고, P2는 허리를 붙잡으며 체포를 시도하였다. 그런데 甲은 이에 강하게 반항하면서 P1 및 P2를 순차로 폭행하였고 이 과정에서 P1에게 상해를 가하였다. 이에 관한 ㉠부터 ㉣까지의 설명 중 옳고 그름의 표시(O, ×)가 모두 바르게 된 것은? (다툼이 있는 경우 판례에 의함) (2022. 1차 경찰채용)

> ㉠ P1과 P2가 형사소송법 제200조의5 및 제213조의2에 따른 체포절차를 준수하였다 하더라도 위 현행범 체포는 위법하다고 할 수 있다.
> ㉡ 甲에 대한 형법 제136조 제1항 공무집행방해죄 및 제257조 제1항 상해죄는 정당방위로 위법성이 조각된다.
> ㉢ 만약 甲에게 공무집행방해죄가 인정된다면, 2개의 공무집행방해죄가 성립되며 각 공무집행방해죄의 관계는 상상적 경합관계이다.
> ㉣ 만약 P1과 P2가 甲에 대한 불심검문 과정에서 신분증을 제시하지 않았다면, 제반사정을 종합적으로 고려하여 甲이 P1과 P2가 경찰관이고 검문하는 이유가 범죄행위에 관한 것임을 충분히 알고 있었다고 보이는 경우라 하더라도 위법한 불심검문에 해당한다.

① ㉠(×) ㉡(×) ㉢(×) ㉣(O)   ② ㉠(×) ㉡(O) ㉢(×) ㉣(×)
③ ㉠(O) ㉡(×) ㉢(O) ㉣(×)   ④ ㉠(O) ㉡(O) ㉢(O) ㉣(×)

해 설

③ ㉠㉢(2개)은 옳은 지문이고, ㉡㉣(2개)은 틀린 지문이다.

㉠ (O) 피고인이 경찰관의 불심검문을 받아 운전면허증을 교부한 후 경찰관에게 큰 소리로 욕설을 하였는데, 경찰관이 모욕죄의 현행범으로 체포하겠다고 고지한 후 피고인의 오른쪽 어깨를 붙잡자 반항하면서 경찰관에게 상해를 가한 사안에서, 피고인은 경찰관의 불심검문에 응하여 **이미 운전면허증을 교부한 상태이고, 경찰관뿐 아니라 인근 주민도 욕설을 직접 들었으므로**, 피고인이 **도망하거나 증거를 인멸할 염려가 있다고 보기는 어렵고**, 피고인의 모욕 범행은 불심검문에 항의하는 과정에서 저지른 일시적, 우발적인 행위로서 사안 자체가 경미할 뿐 아니라, 피해자인 경찰관이 범행현장에서 즉시 범인을 체포할 급박한 사정이 있다고 보기도 어려우므로, **경찰관이 피고인을 체포한 행위는 적법한 공무집행이라고 볼 수 없고**, 피고인이 체포를 면하려고 반항하는 과정에서 **상해를 가한 것은 불법체포로 인한 신체에 대한 현재의 부당한 침해에서 벗어나기 위한 행위로서 정당방위에 해당한다**는 이유로, 피고인에 대한 상해 및 공무집행방해의 공소사실을 무죄로 인정한 원심판단을 수긍한 사례(대법원2011. 5. 26. 선고2011도3682판결).

㉡ (×) 상해에 대해서는 **정당방위로 위법성조각되어** 상해죄가 성립하지 아니하고, 경찰관의 직무집행행위는 **위법**하므로 폭행하였어도 **구성요건해당성이** 배제되어 **공무집행방해죄가 성립하지 않는다**.

㉢ (O) 동일한 공무를 집행하는 여럿의 공무원에 대하여 폭행·협박 행위를 한 경우에는 공무를 집행하는 **공무원의 수에 따라 여럿의 공무집행방해죄가 성립**하고, 위와 같은 폭행·협박 행위가 동일한 장소에서 동일한 기회에 이루어진 것으로서 **사회관념상 1개의 행위로 평가되는 경우에는 여럿의 공무집행방해죄는 상상적 경합의 관계에 있다**(대법원2009. 6. 25.선고2009도3505판결).

㉣ (×) 경찰관직무집행법 제3조 제4항은 경찰관이 불심검문을 하고자 할 때에는 자신의 신분을 표시하는 증표를 제시하여야 한다고 규정하고, 경찰관직무집행법 시행령 제5조는 위 법에서 규정한 신분을 표시하는 증표는 경찰관의 공무원증이라고 규정하고 있는데, 불심검문을 하게 된 경위, 불심검문 당시의 현장상황과 검문

을 하는 경찰관들의 복장, 피고인이 공무원증 제시나 신분 확인을 요구하였는지 여부 등을 종합적으로 고려하여, **검문하는 사람이 경찰관이고 검문하는 이유가 범죄행위에 관한 것임을 피고인이 충분히 알고 있었다고 보이는 경우에는 신분증을 제시하지 않았다고 하여 그 불심검문이 위법한 공무집행이라고 할 수 없다**(대법원 2014. 12. 11.선고2014도7976판결).

▶ 정답 ③

3. 경찰관 직무집행법 상 불심검문에 대한 설명으로 적절하지 않은 것을 모두 고른 것은? (다툼이 있는 경우 판례에 의함)
(2022. 경찰승진)

> ⊙ 경찰관은 수상한 행동이나 그 밖의 주위 사정을 합리적으로 판단하여 볼 때 어떠한 죄를 범하였거나 범하려 하고 있다고 의심할만한 상당한 이유가 있는 사람을 정지시켜 질문할 수 있다.
> ⓒ 경찰관의 동행요구를 받은 사람은 이를 거절할 수 있으며, 경찰관은 동행요구에 응하여 동행한 사람을 6시간을 초과하여 경찰관서에 머물게 할 수 없다.
> ⓒ 불심검문을 하게 된 경위, 불심검문 당시의 현장상황과 검문을 하는 경찰관들의 복장, 불심검문 대상자가 공무원증 제시나 신분 확인을 요구하였는지 여부 등을 종합적으로 고려하여, 검문하는 사람이 경찰관이고 검문하는 이유가 범죄행위에 관한 것임을 불심검문 대상자가 충분히 알고 있었다고 하더라도 경찰관이 신분증을 제시하지 않은 이상 그 불심검문은 적법한 공무집행이라 할 수 없다.
> ⓔ 경찰관이 불심검문 대상자 해당 여부를 판단할 때에는 불심검문 당시의 구체적 상황은 물론 사전에 얻은 정보나 전문적 지식 등에 기초하여 객관적·합리적인 기준에 따라 판단하여야 하고, 반드시 불심검문 대상자에게 형사소송법상 체포나 구속에 이를 정도의 혐의가 있을 것을 요한다.

① ⊙, ⓒ
② ⊙, ⓒ
③ ⓒ, ⓒ
④ ⓒ, ⓔ

▶ **해설**

④ ⊙ⓒ(2개)은 맞는 지문이고, ⓒⓔ(2개)은 틀린 지문이다.
⊙ (○) 경찰관 직무집행법 제3조 제1항
ⓒ (○) 동법 제3조 제2항, 제6항
ⓒ (×) 경찰관직무집행법 제3조 제4항은 경찰관이 불심검문을 하고자 할 때에는 자신의 신분을 표시하는 증표를 제시하여야 한다고 규정하고, 경찰관직무집행법 시행령 제5조는 위 법에서 규정한 신분을 표시하는 증표는 경찰관의 공무원증이라고 규정하고 있는데, 불심검문을 하게 된 경위, 불심검문 당시의 현장상황과 검문을 하는 경찰관들의 복장, 피고인이 공무원증 제시나 신분 확인을 요구하였는지 여부 등을 종합적으로 고려하여, **검문하는 사람이 경찰관이고 검문하는 이유가 범죄행위에 관한 것임을 피고인이 충분히 알고 있었다고 보이는 경우에는 신분증을 제시하지 않았다고 하여 그 불심검문이 위법한 공무집행이라고 할 수 없다**(대법원 2014. 12. 11.선고2014도7976판결).
ⓔ (×) 경찰관이 경찰관 직무집행법 제3조 제1항에 규정된 대상자(이하 '불심검문 대상자'라 한다) 해당 여부를 판단할 때에는 불심검문 당시의 구체적 상황은 물론 사전에 얻은 정보나 전문적 지식 등에 기초하여 불심검문 대상자인지를 객관적·합리적인 기준에 따라 판단하여야 하나, **반드시 불심검문 대상자에게 형사소송법상 체포나 구속에 이를 정도의 혐의가 있을 것을 요한다고 할 수는 없다**(대법원2014. 2. 27. 선고2011도13999판결).

▶ 정답 ④

4. 다음 중 불심검문에 대한 설명으로 옳은 것은 모두 몇 개인가?

> ㉠ 경찰관은 정지시킨 장소에서 질문을 하는 것이 그 사람에게 불리하거나 교통에 방해된다고 인정될 때에는 질문을 하기 위하여 가까운 경찰서·지구대·파출소 또는 출장소로 동행할 것을 요구할 수 있다.
> ㉡ 경찰관은 질문하거나 동행을 요구할 경우 당해인에게 자신의 신분을 표시하는 증표제시와 소속, 성명, 그 목적과 이유 등을 고지하여야 한다.
> ㉢ 경찰관은 동행을 한 경우 당해인의 가족 또는 친지등에게 동행한 경찰관의 신분, 동행장소, 동행목적과 이유를 고지하여야 하며, 본인으로 하여금 변호인의 조력을 받을 권리가 있음을 고지할 필요는 없다.
> ㉣ 경찰관직무집행법상 경찰관은 불심검문의 대상자에게 질문을 하기 위하여 범행의 경중, 범행과의 관련성, 상황의 긴박성, 혐의의 정도, 질문의 필요성 등에 비추어 목적 달성에 필요한 최소한의 범위 내에서 사회통념상 용인될 수 있는 상당한 방법으로 대상자를 정지시킬 수 있고 질문에 수반하여 흉기의 소지 여부도 조사할 수 있다.
> ㉤ 인근에서 자전거를 이용한 날치기 사건이 발생한 직후 검문을 실시 중이던 경찰관들이 위 날치기 사건의 범인과 흡사한 인상착의의 피고인을 발견하고 앞을 가로막으며 진행을 제지한 행위는 경직법 제3조 제1항에 규정된 자에 대하여 의심되는 사항에 관한 질문을 하기 위하여 정지시킨 것이어서 그러한 불심검문은 적법하다.

① 1개 ② 2개
③ 3개 ④ 4개

▼해 설

④ ㉠㉡㉣㉤(4개)은 옳은 지문이고, ㉢(2개)은 틀린 지문이다.
㉠ (○) 경찰관은 불심검문 대상자를 정지시킨 장소에서 질문을 하는 것이 그 사람에게 **불리**하거나 **교통**에 방해가 된다고 인정될 때에는 질문을 하기 위하여 가까운 경찰서·지구대·파출소 또는 출장소(지방해양경찰관서를 포함하며, 이하 "경찰서"라 한다)로 동행할 것을 요구할 수 있다. 이 경우 동행을 요구받은 사람은 그 요구를 거절할 수 있다(경찰관 직무집행법 제3조 제2항). 그러나 **응답을 거부하는 자, 신분증제시를 거부하는 자**에 대하여는 **동행요구를 할 수 없다.**
㉡ (○) 동법 제4항
㉢ (×) 경찰관은 동행한 경우 동행한 사람의 가족이나 친지 등에게 동행한 경찰관의 신분, 동행 장소, 동행 목적과 이유를 알리거나 본인으로 하여금 즉시 연락할 수 있는 기회를 주어야 하며, **변호인의 도움을 받을 권리가 있음을 알려야 한다**(동법 제5항). 그리고 경찰관은 동행한 사람을 6시간을 초과하여 경찰서에 머물게 할 수 없다(동법 제6항).
㉣㉤ (○) [1] 경찰관 직무집행법(이하 '법'이라 한다)의 목적, 법 제1조 제1항, 제2항, 제3조 제1항, 제2항, 제3항, 제7항의 규정 내용 및 체계 등을 종합하면, **경찰관은** 법 제3조 제1항에 규정된 **대상자에게 질문을 하기 위하여** 범행의 경중, 범행과의 관련성, 상황의 긴박성, 혐의의 정도, 질문의 필요성 등에 비추어 목적 달성에 필요한 최소한의 범위 내에서 사회통념상 용인될 수 있는 상당한 방법으로 대상자를 **정지시킬 수 있고** 질문에 수반하여 **흉기의 소지 여부도 조사할 수 있다.**
[2] 검문 중이던 경찰관들이, 자전거를 이용한 날치기 사건 범인과 흡사한 인상착의의 피고인이 자전거를 타고 다가오는 것을 발견하고 정지를 요구하였으나 멈추지 않아, 앞을 가로막고 소속과 성명을 고지한 후 검문에 협조해 달라는 취지로 말하였음에도 불응하고 그대로 전진하자, 따라가서 재차 앞을 막고 검문에 응하라고 요구하였는데, 이에 피고인이 경찰관들의 멱살을 잡아 밀치거나 욕설을 하는 등 항의하여 공무집행방해 등으로 기소된 사안에서, 범행의 경중, 범행과의 관련성, 상황의 긴박성, 혐의의 정도, 질문의 필요성

등에 비추어 경찰관들은 목적 달성에 필요한 최소한의 범위 내에서 사회통념상 용인될 수 있는 상당한 방법을 통하여 경찰관직무집행법 제3조 제1항에 규정된 자에 대해 의심되는 사항을 질문하기 위하여 정지시킨 것으로 보아야 하는데도, 이와 달리 **경찰관들의 불심검문이 위법하다고 보아 피고인에게 무죄를 선고한 원심판결에 불심검문의 내용과 한계에 관한 법리오해의 위법이 있다**(2012.9.13. 2010도6203). 결국, 인근에서 자전거를 이용한 날치기 사건이 발생한 직후 검문을 실시 중이던 경찰관들이 위 날치기 사건의 범인과 흡사한 인상착의의 피고인을 발견하고 앞을 가로막으며 진행을 제지한 행위는 그 범행의 경중, 범행과의 관련성, 상황의 긴박성, 혐의의 정도, 질문의 필요성 등에 비추어 <u>그 목적 달성에 필요한 최소한의 범위 내에서 사회통념상 용인될 수 있는 상당한 방법으로 법 제3조 제1항에 규정된 자에 대하여 의심되는 사항에 관한 질문을 하기 위하여 정지시킨 것이어서 그러한 불심검문이 적법하다.</u>

▶정답 ④

5. 불심검문에 관한 다음 설명 중 옳지 <u>않은</u> 것만을 고른 것은 모두 몇 개인가?(다툼이 있는 경우 판례에 의함)

㉠ 경찰관은 동행을 요구하는 경우와 달리 단순히 질문만 하는 경우, 경찰관은 자신의 신분을 표시하는 증표를 제시하면서 소속과 성명을 밝히면 충분하고 질문의 목적과 이유를 설명할 필요는 없다.

㉡ 불심검문의 적법요건으로 불심검문 대상자에게 형사소송법상 체포나 구속에 이를 정도의 혐의가 있을 것을 요한다.

㉢ 검문하는 사람이 경찰관이고 검문하는 이유가 범죄행위에 관한 것임을 피고인이 충분히 알고 있었다고 보이는 경우에는 신분증을 제시하지 않았다고 하여 그 불심검문이 위법한 공무집행이라고 할 수 없다.

㉣ 행정경찰 목적의 경찰활동으로 행하여지는 경찰관직무집행법 제3조 제2항 소정의 질문을 위한 동행요구도 형사소송법의 규율을 받는 수사로 이어지는 경우에는 역시 형사소송법 제199조 제1항 및 제200조 규정에 의하여야 한다.

㉤ 불심검문에 수반하여 흉기의 소지 여부를 조사하는 것은 수색에 해당하므로 영장없이는 허용되지 않는다.

① 1개
② 2개
③ 3개
④ 4개

▶해 설

③ ㉠㉡㉤(3개)은 틀린 지문이나, ㉢㉣(2개)은 옳은 지문이다.

㉠ (×) 경찰관은 제1항이나 제2항에 따라 **질문을 하거나 동행을 요구할 경우** 자신의 신분을 표시하는 **증표를 제시하면서 소속과 성명을 밝히고 질문이나 동행의 목적과 이유를 설명하여야** 하며, 동행을 요구하는 경우에는 동행 장소를 밝혀야 한다(경찰관 직무집행법 제3조 제4항).

㉡ (×) 경찰관이 경찰관직무집행법법 제3조 제1항에 규정된 대상자(이하 '불심검문 대상자'라 한다) 해당 여부를 판단할 때에는 불심검문 당시의 구체적 상황은 물론 사전에 얻은 정보나 전문적 지식 등에 기초하여 **불심검문 대상자인지를 객관적·합리적인 기준에 따라 판단하여야** 하나, **반드시 불심검문 대상자에게 형사소송법상 체포나 구속에 이를 정도의 혐의가 있을 것을 요한다고 할 수는 없다**. 그리고 경찰관은 불심검문 대상자에게 질문을 하기 위하여 범행의 경중, 범행과의 관련성, 상황의 긴박성, 혐의의 정도, 질문의 필요성 등에 비추어 목적 달성에 필요한 최소한의 범위 내에서 사회통념상 용인될 수 있는 상당한 방법으로 대상자를 정지시킬 수 있고 질문에 수반하여 흉기의 소지 여부도 조사할 수 있다(대법원2014. 2. 27. 선고2011도13999판결).

ⓒ (○) 경찰관직무집행법 제3조 제4항은 경찰관이 불심검문을 하고자 할 때에는 자신의 신분을 표시하는 증표를 제시하여야 한다고 규정하고, 경찰관직무집행법 시행령 제5조는 위 법에서 규정한 신분을 표시하는 증표는 경찰관의 공무원증이라고 규정하고 있는데, 불심검문을 하게 된 경위, 불심검문 당시의 현장상황과 검문을 하는 경찰관들의 복장, 피고인이 공무원증 제시나 신분 확인을 요구하였는지 여부 등을 종합적으로 고려하여, **검문하는 사람이 경찰관이고 검문하는 이유가 범죄행위에 관한 것임을 피고인이 충분히 알고 있었다고 보이는 경우에는 신분증을 제시하지 않았다고 하여 그 불심검문이 위법한 공무집행이라고 할 수 없다**(대법원 2014. 12. 11. 선고2014도7976판결).

ⓔ (○) 형사소송법 제199조 제1항은 "수사에 관하여 그 목적을 달성하기 위하여 필요한 조사를 할 수 있다. 다만, 강제처분은 이 법률에 특별한 규정이 있는 경우에 한하며, 필요한 최소한도의 범위 안에서만 하여야 한다."고 규정하여 **임의수사의 원칙을 명시하고 있는**바, 수사관이 동행에 앞서 피의자에게 동행을 거부할 수 있음을 알려 주었거나 동행한 피의자가 언제든지 자유로이 동행과정에서 이탈 또는 동행장소로부터 퇴거할 수 있었음이 인정되는 등 **오로지 피의자의 자발적인 의사에 의하여 수사관서 등에의 동행이 이루어졌음이 객관적인 사정에 의하여 명백하게 입증된 경우에 한하여, 그 적법성이 인정되는** 것으로 봄이 상당하다. 형사소송법 제200조 제1항에 의하여 **검사 또는 사법경찰관이 피의자에 대하여 임의적 출석을 요구할 수는 있겠으나,** 그 경우에도 수사관이 단순히 출석을 요구함에 그치지 않고 일정 장소로의 동행을 요구하여 실행한다면 위에서 본 법리가 적용되어야 하고, 한편 행정경찰 목적의 경찰활동으로 행하여지는 경찰관직무집행법 제3조 제2항 소정의 질문을 위한 동행요구도 형사소송법의 규율을 받는 수사로 이어지는 경우에는 역시 위에서 **본 법리(제199조 제1항 및 제200조 규정)가 적용되어야** 한다(대법원2006. 7. 6.선고2005도6810판결).

ⓜ (×) **경찰관이** 경찰관직무집행법 제3조 제1항에 규정된 대상자(이하 '불심검문 대상자'라 한다) 해당 여부를 판단할 때에는 불심검문 당시의 구체적 상황은 물론 사전에 얻은 정보나 전문적 지식 등에 기초하여 불심검문 대상자인지를 객관적·합리적인 기준에 따라 판단하여야 하나, **반드시 불심검문 대상자에게 형사소송법상 체포나 구속에 이를 정도의 혐의가 있을 것을 요한다고 할 수는 없다.** 그리고 **경찰관은 불심검문 대상자에게 질문을 하기 위하여** 범행의 경중, 범행과의 관련성, 상황의 긴박성, 혐의의 정도, 질문의 필요성 등에 비추어 목적 달성에 **필요한 최소한의 범위 내에서 사회통념상 용인될 수 있는 상당한 방법으로 대상자를 정지시킬 수 있고 질문에 수반하여 흉기의 소지 여부도 조사할 수 있다**(대법원2014. 2. 27.선고2011도13999판결). 따라서 수사의 단서인 불심검문에 수반하여 흉기의 소지 여부를 조사하는 것은 강제수사인 **수색에 해당하지 아니하므로** 질문에 수반하여 흉기의 소지 여부도 조사할 수 있다(흉기소지여부조사는 불심검문 유형의 하나이지 강제수사인 수색이 아니다).

▼ 정답 ③

제03절 고소

1. 고소에 대한 설명으로 옳지 <u>않은</u> 것은? (다툼이 있는 경우 판례에 의함) (2024. 경찰대 편입)

① 고소에 있어서 범죄사실의 특정 정도는 고소인의 의사가 수사기관에 대하여 일정한 범죄사실을 지정 신고하여 범인의 소추 처벌을 구하는 의사표시가 있었다고 볼 수 있을 정도면 그것으로 충분하고, 범인의 성명, 범행의 일시 장소 방법 등이 명확하지 않더라도 고소의 효력에 영향이 없다.

② 피해자가 경찰청 인터넷 홈페이지에 '가해자를 철저히 조사해 달라'는 취지의 민원을 접수하는 형태로만 가해자에 대한 조사를 촉구하는 의사표시를 한 것은 형사소송법에 따른 적법한 고소로 보기 어렵다.

③ 형사소송법상 고소권자는 범죄로 인한 피해자에 한정되며, 여기서의 피해자는 법익의 직접적 귀속 주체여야 한다.
④ 범행 당시 피해자에게 고소능력이 없었다가 그 후에 비로소 고소능력이 생겼다면 그 고소기간은 고소능력이 생긴 때로부터 기산하여야 한다.
⑤ 고소능력은 피해를 입은 사실을 이해하고 고소에 따른 사회생활상의 이해관계를 알아차릴 수 있는 사실상의 의사능력으로 충분하므로, 민법상의 행위능력이 없는 자라도 이러한 능력을 갖춘 자에게는 고소능력이 인정된다.

해설

③ (×) [1] 형사소송법상 **고소권자**는 일신전속적인 권리로서 **피해자**가 이를 행사하는 것이 **원칙**이나, **예외적으로** 피해자의 **법정대리인**, 피해자의 친족, 피해자 사망시에 피해자의 배우자·직계친족·형제자매, 사자명예훼손죄에서의 친족 또는 자손, 지정고소권자, **제236조의 고소대리인** 등이 있다. 따라서 형사소송법상 **고소권자는 범죄로 인한 피해자에 한정되지 않는다**. 다만, **여기서의 피해자란** 범죄로 인하여 침해된 법익의 귀속주체를 말한다. 즉, 피해자는 범죄로 인한 **직접적 피해자만 해당**하고, **간접적으로 피해를 입은 자는** 여기의 피해자에 해당하지 않는다. 예컨대, **남편이 직접 피해자인 때에 간접적인 피해자인 처는** 여기서의 **피해자에 해당하지 아니한다**.
[2] 형사소송법 제225조 제1항이 규정한 법정대리인의 고소권은 무능력자의 보호를 위하여 **법정대리인에게 주어진 고유권**이므로, 법정대리인은 피해자의 고소권 소멸 여부에 관계없이 고소할 수 있고, 이러한 **고소권은 피해자의 명시한 의사에 반하여도 행사할 수 있다**.
[3] 형사소송법 제236조의 대리인에 의한 고소의 경우, 대리권이 정당한 고소권자에 의하여 수여되었음이 실질적으로 증명되면 충분하고, 그 방식에 특별한 제한은 없으므로, 고소를 할 때 반드시 위임장을 제출한다거나 '대리'라는 표시를 하여야 하는 것은 아니고, 또 고소기간은 대리고소인이 아니라 **정당한 고소권자를 기준**으로 **고소권자가 범인을 알게 된 날부터 기산한다**(대법원2001. 9. 4. 선고2001도3081판결).

① (○) **고소**는 고소인이 일정한 범죄사실을 수사기관에 신고하여 범인의 처벌을 구하는 의사표시이므로 그 **고소한 범죄사실이 특정되어야 할 것이나 그 특정의 정도는** 고소인의 의사가 **구체적으로 어떤 범죄사실을 지정하여 범인의 처벌을 구하고 있는 것인가를 확정할 수만 있으면 되는 것**이고, **고소인 자신이** 직접 **범행의 일시, 장소와 방법 등까지 구체적으로 상세히** 지적하여 **그 범죄사실을 특정할 필요까지는 없다**(대법원1999. 3. 26. 선고97도1769판결).

② (○) 출판사 대표인 피고인이 도서의 저작권자인 피해자와 전자도서(e-book)에 대하여 별도의 출판계약 등을 체결하지 않고 전자도서를 제작하여 인터넷서점 등을 통해 판매하였다고 하여 구 저작권법 위반으로 기소된 사안에서, **피해자가 경찰청 인터넷 홈페이지에 '피고인을 철저히 조사해 달라'는** 취지의 민원을 접수하는 형태로 피고인에 대한 조사를 촉구하는 의사표시를 한 것은 **형사소송법에 따른 적법한 고소로 보기 어렵다**(대판2012. 2. 23. 2010도9524). 결국, **피해자가 경찰청 인터넷 홈페이지를 통해 이 사건 신고민원을 접수한 것은** 형사소송법에 따른 **적법한 고소가 아니다**.

④ (○) [1] 고소를 함에는 고소능력이 있어야 하는바, 이는 피해를 받은 사실을 이해하고 고소에 따른 사회생활상의 이해관계를 알아차릴 수 있는 사실상의 의사능력으로 충분하므로 민법상의 행위능력이 없는 자라도 위와 같은 능력을 갖춘 자에게는 고소능력이 인정되고, **범행 당시 고소능력이 없던 피해자가 그 후에 비로소 고소능력이 생겼다면 그 고소기간은 고소능력이 생긴때로부터 기산하여야 한다**.
[2] 청소년의성보호에관한법률위반(청소년강간등)의 **강간** 피해 당시 14세의 정신지체아가 범행일로부터 약 1년 5개월 후 담임교사 등 주위 사람들에게 피해사실을 말하고 **비로소** 그들로부터 **고소의 의미와 취지를 설명 듣고 고소에 이른 경우, 위 설명을 들은때 고소능력이 생겼다고 보아야 한다**(대법원2007. 10. 11. 선고2007도4962판결).

⑤ (○) [1] **고소를 할 때는 소송행위능력, 즉 고소능력이 있어야 하나, 고소능력은** 피해를 입은 사실을 이해하고 고소에 따른 사회생활상의 이해관계를 알아차릴 수 있는 사실상의 **의사능력으로 충분**하므로, **민법상 행위능력이 없는 사람이라도** 위와 같은 능력을 갖추었다면 **고소능력이 인정된다**.

[2] 당시 피해자는 11세 남짓한 초등학교 6학년생으로서 피해입은 사실을 이해하고 고소에 따른 사회생활상의 이해관계를 알아차릴 수 있는 사실상의 **의사능력이 있었던** 것으로 보이고, 피고인을 처벌하여 달라는 의사표시를 분명히 하여 그 의사표시가 피해자 진술조서에 기재되었으므로, **고소능력 있는 피해자 본인이 고소를 하였다고 보아야 한다**. 설령 피해자 법정대리인의 고소는 취소되었다고 하더라도 **본인의 고소가 취소되지 아니한 이상 친고죄의 공소제기 요건은 여전히 충족된다**(대판2011.6.24. 2011도4451,2011전도76).

▼정답 ③

2. 고소에 관한 설명으로 옳은 것을 모두 고른 것은?(다툼이 있는 경우 판례에 의함) (2024. 경찰간부)

> ㉠ 고소는 어떤 범죄사실 등이 구체적으로 특정되어야 하는데, 그 특정의 정도는 범인의 동일성을 식별할 수 있을 정도로 인식하면 족하고 범인의 성명이 불명 또는 오기가 있었다거나, 범행일시·장소·방법 등이 명확하지 않거나 틀리는 것이 있다고 하더라도 고소의 효력에는 영향이 없다.
> ㉡ 법원이 선임한 부재자 재산관리인은 관리대상 재산에 관한 범죄행위에 대하여 법원으로부터 고소권 행사 허가를 받은 경우, 독립하여 고소권을 가지는 법정대리인에 해당한다.
> ㉢ 고소조서는 반드시 독립된 조서일 필요가 없으므로 참고인으로 조사하는 과정에서 고소권자가 처벌을 희망하는 의사표시를 하고 그 의사표시가 참고인진술조서에 기재된 경우에도 고소는 유효하나, 다만 그러한 의사표시가 사법경찰관의 질문에 답하는 형식으로 이루어진 것은 유효하지 않다.
> ㉣ 친고죄 피해자 A의 법정대리인 甲의 고소기간은 甲이 범인을 알게 된 날로부터 진행하고, A가 변호사 乙을 선임하여 乙이 고소를 제기한 경우에는 乙이 범인을 알게 된 날부터 고소기간이 기산된다.
> ㉤ 관련 민사사건에서 제1심판결 선고 전에 '이 사건과 관련하여 서로 상대방에 대하여 제기한 형사 고소 사건의 일체를 모두 취하한다'는 내용이 포함된 조정이 성립되었다면, 조정 성립 후 고소인이 제1심 법정에서 여전히 피고인의 처벌을 원한다는 취지로 진술하더라도 고소를 취소한 것으로 볼 수 있다.

① ㉠, ㉡   ② ㉠, ㉡, ㉢
③ ㉢, ㉣, ㉤   ④ ㉠, ㉡, ㉣, ㉤

▼해 설

① ㉠㉡(2개)은 옳은 지문이나, ㉢㉣㉤(3개)은 틀린 지문이다.
㉠ (O) 고소는 범죄의 피해자등이 수사기관에 대하여 범죄사실을 신고하여 범인의 소추처벌을 구하는 의사표시이므로 그 **범죄사실등이 구체적으로 특정되어야 할 것**이나, 그 특정의 정도는 고소인의 의사가 수사기관에 대하여 일정한 범죄사실을 지정신고하여 **범인의 소추처벌을 구하는 의사표시가 있었다고 볼 수 있을 정도면 그것으로 충분하고**, 범인의 성명이 불명이거나 또는 오기가 있었다거나 범행의 일시·장소·방법 등이 명확하지 않거나 틀리는 것이 있다고 하더라도 그 **효력에는 아무 영향이 없다**(대법원1984. 10. 23. 선고84도1704판결).
㉡ (O) **법원이 선임한 부재자 재산관리인**이 그 관리대상인 부재자의 재산에 대한 범죄행위에 관하여 법원으로부터 고소권 행사에 관한 허가를 얻은 경우 부재자 재산관리인은 형사소송법 제225조 제1항에서 정한 **법정대리인으로서 적법한 고소권자에 해당한다**고 보아야 한다(대법원2022. 5. 26. 선고2021도2488판결).
㉢ (×) 친고죄에서 고소는, 고소권 있는 자가 수사기관에 대하여 범죄사실을 신고하고 범인의 처벌을 구하는 의사표시로서 **서면뿐만 아니라 구술로도 할 수 있고**, 다만 구술에 의한 고소를 받은 검사 또는 사법경찰관은 조서를 작성하여야 하지만 그 조서가 독립된 조서일 필요는 없으며, 수사기관이 고소권자를 증인 또는 피해자

로서 신문한 경우에 그 진술에 범인의 처벌을 요구하는 의사표시가 포함되어 있고 **그 의사표시가 조서에 기재되면 고소는 적법하다**(대법원2011. 6. 24. 선고2011도4451, 2011전도76판결).

ⓔ (×) 형사소송법 **제225조 제1항이 규정한 법정대리인의 고소권**은 무능력자의 보호를 위하여 법정대리인에게 주어진 **고유권으로서** 피해자의 고소권 소멸여부에 관계없이 고소할 수 있는 것이므로 **법정대리인의 고소기간은 법정대리인 자신이 범인을 알게 된 날로부터 진행한다**(87도857). 형사소송법 **제236조의 대리인에 의한 고소의 경우**, 대리권이 정당한 고소권자에 의하여 수여되었음이 실질적으로 증명되면 충분하고, 그 방식에 특별한 제한은 없으므로, 고소를 할 때 반드시 위임장을 제출한다거나 '대리'라는 표시를 하여야 하는 것은 아니고, 또 **고소기간**은 대리고소인이 아니라 정당한 고소권자를 기준으로 **고소권자(피해자)가 범인을 알게 된 날부터** 기산한다(대법원2001. 9. 4. 선고2001도3081판결). 결국, 전자의 경우는 甲이 범인을 알게 된 날로부터, A가 범인을 알게 된 날로부터 고소기간을 기산한다.

ⓜ (×) [1] **관련 민사사건에서** '이 사건과 관련하여 서로 상대방에 대하여 제기한 형사 고소 사건(폭행과 모욕) 일체를 모두 취하한다'는 내용이 포함된 **조정이 성립된 것만으로는 고소 취소나 처벌불원의 의사표시를 한 것으로 보기 어렵다.**

[2] 피고인과 고소인 사이의 대전지방법원 2001가단36532 채무부존재확인 청구사건에서 **제1심 판결선고 전인** 2002. 3. 5. '이 사건과 관련하여 **서로 상대방에 대하여 제기한 형사 고소 사건 일체를 모두 취하한다.**'는 내용이 포함된 조정이 성립된 사실을 인정하면서, **고소인이 위 조정이 성립된 이후에도 수사기관 및 제1심 법정에서 여전히 피고인의 처벌을 원한다는 취지로 진술하고 있으며** 달리 고소인이 고소취소 또는 처벌불원의 의사를 표시하기 위하여 **위 조정조서 사본 등을 수사기관이나 제1심 법정에 제출하지 아니하였다**는 이유로, **위와 같은 조정이 성립된 것만으로는** 고소인이 수사기관이나 제1심 법정에 피고인에 대한 고소를 취소하였다거나 처벌을 원하지 아니한다는 의사를 표시한 것으로 보기 어렵다(대법원2004. 3. 25. 선고2003도8136판결). 결국, **고소 취소나 처벌불원의 의사표시**는 합의서나 조정조서 사본을 **반드시 수사기관이나 제1심 법원에 제출해야** 그 효력이 있다.

▶정답 ①

3. 고소에 관한 설명으로 가장 적절하지 않은 것은? (다툼이 있는 경우 판례에 의함)   (2024. 경찰승진)

① 법원이 선임한 부재자 재산관리인이 그 관리대상인 부재자의 재산에 대한 범죄행위에 관하여 법원으로부터 고소권 행사에 관한 허가를 얻은 경우, 부재자 재산관리인은 「형사소송법」 제225조 제1항에서 정한 법정대리인으로서 적법한 고소권자에 해당한다.

② 고소권자가 비친고죄로 고소한 사건이더라도 검사가 사건을 친고죄로 구성하여 공소를 제기하였다면 공소장 변경절차를 거쳐 공소사실이 비친고죄로 변경되지 아니하는 한, 법원으로서는 친고죄에서 소송조건이 되는 고소가 유효하게 존재하는지를 직권으로 조사·심리하여야 한다.

③ 고소의 취소는 수사기관 또는 법원에 대한 법률행위적 소송행위이므로 공소제기 전에는 고소사건을 담당하는 수사기관에, 공소제기 후에는 고소사건의 수소법원에 대하여 이루어져야 한다.

④ 「형사소송법」이 고소 및 고소취소에 대하여 대리를 허용하는 규정을 두면서도 처벌불원의사에 대하여는 이에 관한 규정을 두지 않은 것은 해석에 의한 보충이 필요한 입법의 불비이자 법률의 흠결에 해당한다.

▶해 설

④ (×) 형사소송법이 고소와 고소취소에 관한 규정을 하면서 제232조 제1항, 제2항에서 고소취소의 시한과 재고소의 금지를 규정하고 제3항에서는 반의사불벌죄에 제1항, 제2항의 규정을 준용하는 규정을 두면서도, **제233조에서 고소와 고소취소의 불가분에 관한 규정을 함에 있어서는 반의사불벌죄에 이를 준용하는 규정을**

두지 아니한 것은 처벌을 희망하지 아니하는 의사표시나 처벌을 희망하는 의사표시의 철회에 관하여 친고죄와는 달리 공범자간에 **불가분의 원칙을 적용하지 아니하고자 함에 있다고 볼 것이지, 입법의 불비로 볼 것은 아니다**(대법원1994. 4. 26.선고93도1689판결). 결국, **반의사불벌죄의 경우**에는 고소의 주관적 불가분의 원칙이 **적용되지 않는다**.

① (○) **법원이 선임한 부재자 재산관리인**이 그 관리대상인 부재자의 재산에 대한 범죄행위에 관하여 법원으로부터 고소권 행사에 관한 허가를 얻은 경우 부재자 재산관리인은 형사소송법 제225조 제1항에서 정한 **법정대리인으로서 적법한 고소권자에 해당한다**고 보아야 한다(대법원2022. 5. 26.선고2021도2488판결).

② (○) [1] 법원은 검사가 공소를 제기한 범죄사실을 심판하는 것이지 고소권자가 고소한 내용을 심판하는 것이 아니므로, **고소권자가 비친고죄로 고소한 사건이더라도 검사가 사건을 친고죄로 구성하여 공소를 제기하였다면** 공소장 변경절차를 거쳐 공소사실이 비친고죄로 변경되지 아니하는 한, **법원으로서는 친고죄에서 소송조건이 되는 고소가 유효하게 존재하는지를 직권으로 조사·심리하여야** 한다.

[2] 그리고 이 경우 **친고죄에서 고소와 고소취소의 불가분 원칙을 규정한 형사소송법 제233조는 당연히 적용**되므로, 만일 공소사실에 대하여 **피고인과 공범관계에 있는 사람에 대한 적법한 고소취소가 있다면** 고소취소의 효력은 피고인에 대하여 미친다(대법원2015. 11. 17.선고2013도7987판결).

[3] 피해자가 피고인과 공소외인을 **비친고죄인**「성폭력범죄의 처벌 등에 관한 특례법」위반(**특수강제추행**)으로 고소하였더라도 검사가 피고인을 친고죄인 구 형법(2012. 12. 18. 법률 제11574호로 개정되기 전의 것) 제298조의 강제추행죄로 공소를 제기한 이상 친고죄에서의 고소와 고소취소 불가분의 원칙이 적용될 수밖에 없는데, 공소외인에게 공범(적어도 종범)으로서 강제추행의 혐의가 인정되지 아니한다고 단정할 수 없으므로 **공소외인(공범)에 대한 고소취소의 효력**은 형사소송법 제233조에 따라 **피고인에게도 미치므로, 피고인에게도 공소기각판결을 선고하여야** 한다.

③ (○) **고소의 취소나 처벌을 희망하는 의사표시의 철회**는 **수사기관 또는 법원에 대한 법률행위적 소송행위**이므로 **공소제기 전에는** 고소사건을 담당하는 **수사기관에, 공소제기 후에는** 고소사건의 **수소법원에** 대하여 이루어져야 한다(대법원2012. 2. 23.선고2011도17264판결).

▶정답 ④

4. 고소·고발에 관한 설명으로 **옳지 않은** 것은 모두 몇 개인가?(다툼이 있는 경우 판례에 의함)

(2024. 1차 경찰채용)

㉠ 친고죄의 공범 중 그 1인 또는 수인에 대한 고소 또는 그 취소는 다른 공범자에 대하여도 효력이 있고, 여기의 공범에는「형법」총칙상의 공범뿐만 아니라 필요적 공범도 포함된다.

㉡ 「조세범 처벌절차법」에 따라 범칙사건에 대한 고발이 있는 경우 그 고발의 효력은 범칙사건에 관련된 범칙사실의 전부에 미치고 한 개의 범칙사실의 일부에 대한 고발은 그 전부에 대하여 효력이 생긴다.

㉢ 친고죄에 있어서 고소불가분의 원칙을 규정한「형사소송법」제233조는 반의사불벌죄에 관하여도 적용된다.

㉣ 고소인이 수사기관에서 조사를 받으면서 '법대로 처벌하되 관대한 처분을 바란다'는 취지로 한 진술은 고소의 취소라고 보기 어렵다.

㉤ 고소는 서면 또는 구술로 검사 또는 사법경찰관에게 하면 충분하므로, 경찰청 홈페이지에 '甲을 철저히 조사해 달라'는 취지의 민원을 접수한 것만으로도 적법한 고소에 해당한다.

① 2개   ② 3개
③ 4개   ④ 5개

▶해설

① ㉠㉡㉢(3개)은 옳은 지문이나, ㉢㉤(2개)은 틀린 지문이다.

㉠ (O) **친고죄의 공범** 중 그 1인 또는 수인에 대한 **고소 또는 그 취소는 다른 공범자에 대하여도 효력이 있다**(제233조, 고소의 주관적 불가분의 원칙). 여기의 공범에는 형법총칙상의 공범(임의적 공범)뿐만 아니라 형법각칙상 공범(필요적 공범)도 모두 포함된다.

㉡ (O) [1] 고발은 범죄사실에 대한 소추를 요구하는 의사표시로서 그 효력은 고발장에 기재된 범죄사실과 동일성이 인정되는 사실 모두에 미치므로, 조세범 처벌절차법에 따라 **범칙사건에 대한** 고발이 있는 경우 **고발의 효력**은 범칙사건에 관련된 범칙사실의 **전부에** 미치고 **한 개의 범칙사실의 일부에 대한 고발**은 전부에 대하여 **효력이 생긴다**.
[2] 그러나 **수 개의 범칙사실 중 일부만을** 범칙사건으로 하는 **고발이 있는 경우** 고발장에 기재된 범칙사실과 **동일성이 인정되지 않는 다른 범칙사실에 대해서까지 고발의 효력이 미칠 수는 없다**(대법원2014. 10. 15. 선고 2013도5650판결).

㉢ (X) 형사소송법이 고소와 고소취소에 관한 규정을 하면서 제232조 제1항, 제2항에서 고소취소의 시한과 재고소의 금지를 규정하고 제3항에서는 반의사불벌죄에 제1항, 제2항의 규정을 준용하는 규정을 두면서도, **제233조에서 고소와 고소취소의 불가분에 관한 규정을 함**에 있어서는 **반의사불벌죄에 이를 준용하는 규정을 두지 아니한 것은** 처벌을 희망하지 아니하는 의사표시나 처벌을 희망하는 의사표시의 철회에 관하여 친고죄와는 달리 공범자간에 불가분의 원칙을 적용하지 아니하고자 함에 있다고 볼 것이지, **입법의 불비로 볼 것은 아니다**(대법원1994. 4. 26.선고93도1689판결). 결국, **고소와 고소취소의 불가분의 원칙은 친고죄의 고소에서만** 적용되므로, **반의사불벌죄와 즉시고발 사건에서는 적용되지 않는다**.

㉣ (O) **검사가** 작성한 피해자에 대한 진술조서기재 중 '**피의자들의 처벌을 원하는 가요?**'라는 물음에 대하여 '**법대로 처벌하여 주기 바랍니다**'로 되어 있고 이어서 '더 할 말이 있는 가요?'라는 물음에 대하여 '젊은 사람들이니 한번 기회를 주시면 감사하겠습니다'로 기재되어 있다면 **피해자의 진술취지는 법대로 처벌하되 관대한 처분을 바란다는 취지로 보아야** 하고 **처벌의사를 철회한 것으로 볼 것이 아니다**(대법원1981. 1. 13. 선고80도2210판결). 결국, 친고죄에서 고소인이 수사기관에서 조사를 받으면서 '**법대로 처벌하되 관대한 처분을 바란다**'는 취지로 한 진술은 **고소의 취소라고 볼 수 없다**.

㉤ (X) 출판사 대표인 피고인이 도서의 저작권자인 피해자와 전자도서(e-book)에 대하여 별도의 출판계약 등을 체결하지 않고 전자도서를 제작하여 인터넷서점 등을 통해 판매하였다고 하여 구 저작권법 위반으로 기소된 사안에서, **피해자가 경찰청 인터넷 홈페이지에 '피고인을 철저히 조사해 달라'는 취지의 민원을 접수하는** 형태로 피고인에 대한 조사를 촉구하는 의사표시를 한 것은 **형사소송법에 따른 적법한 고소로 보기 어렵다**(대판2012.2.23. 2010도9524). 결국, **피해자가 경찰청 인터넷 홈페이지를 통해 이 사건 신고민원을 접수한 것은** 형사소송법에 따른 **적법한 고소가 아니다**.

▶정답 ①

5. 고소에 관한 설명 중 가장 적절하지 않은 것은?(다툼이 있으면 판례에 의함) (2023. 경찰대편입)

① 친고죄에 대하여 고소할 자가 없는 경우에 이해관계인의 신청이 있으면 검사는 10일 이내에 고소할 수 있는 자를 지정하여야 한다.

② 항소심에서 공소장변경 또는 법원의 직권에 의해 비친고죄를 친고죄로 인정한 경우 항소심에서 고소인이 고소를 취소하였다면 이는 친고죄에 대한 고소취소로서의 효력이 없다.

③ 법인세는 사업연도를 과세기간으로 하는 것이므로 그 포탈범죄는 각 사업연도마다 1개의 범죄가 성립하고, 일죄의 관계에 있는 범죄사실의 일부에 대한 공소제기와 고발의 효력은 그 일죄의 전부에 대하여 미친다.

④ 정보통신망을 통한 명예훼손죄의 공범 중 1인에 대한 고소의 효력은 다른 공범에 대해서도 미친다.

⑤ 「조세범처벌법」에 의한 국세청장 등의 고발의 경우 '고소·고발 불가분원칙'이 적용되지 아니하므로, 고발의 구비여부는 양벌규정에 의해 처벌받는 자연인 행위자와 법인에 대하여 개별적으로 논하여야 한다.

제2장 수사의 개시(수사의 단서) 53

▼해 설

④ (×) 형사소송법이 고소와 고소취소에 관한 규정을 하면서 제232조 제1항, 제2항에서 고소취소의 시한과 재고소의 금지를 규정하고 제3항에서는 반의사불벌죄에 제1항, 제2항의 규정을 준용하는 규정을 두면서도, **제233조에서 고소와 고소취소의 불가분에 관한 규정을 함에 있어서는 반의사불벌죄에 이를 준용하는 규정을 두지 아니한 것**은 처벌을 희망하지 아니하는 의사표시나 처벌을 희망하는 의사표시의 철회에 관하여 **친고죄와는 달리 공범자간에 불가분의 원칙을 적용하지 아니하고자 함에 있다고 볼 것이지, 입법의 불비로 볼 것은 아니다**(대법원1994. 4. 26.선고93도1689판결). 고소불가분의 원칙은 친고죄의 고소에서만 적용되므로 반의사불벌죄에서는 준용규정이 없으므로 적용되지 않는다. 따라서 **정보통신망법상 명예훼손죄**는 **반의사불벌죄**(**정보통신망법 제70조 제3항**)이므로, 정보통신망을 통한 명예훼손죄의 **공범 중 1인에 대한 고소취소의 효력**(처벌희망하는 의사표시의 철회)은 **다른 공범에 대해서는 효력이 미치지 않는다**. 즉, 법원은 반의사불벌죄에서는 **공범 중 고소취소한 공범자에게는 공소기각판결을 선고하여야** 하나, **다른 공범자에게는** 고소취소의 효력이 미치지 아니하므로 **실체판결을 선고하여야 한다**(정보통신망법상 명예훼손죄로 처벌된다).

① (○) 친고죄에 대하여 고소할 자가 없는 경우에 이해관계인의 신청이 있으면 검사는 **10일 이내**에 고소할 수 있는 자를 **지정하여야** 한다(형사소송법 제228조).

② (○) **항소심에서** 공소장의 변경에 의하여 또는 공소장변경절차를 거치지 아니하고 법원 직권에 의하여 **친고죄가 아닌 범죄를 친고죄로 인정하였더라도 항소심을 제1심이라 할 수는 없는 것이므로, 항소심에 이르러 비로소 고소인이 고소를 취소하였다면** 이는 친고죄에 대한 **고소취소로서의 효력은 없다**(대법원1999. 4. 15.선고96도1922전원합의체 판결).

③ (○) **법인세**는 사업연도를 과세기간으로 하는 것이므로 **그 포탈범죄는 각 사업연도마다 1개의 범죄가 성립**하고, **일죄의** 관계에 있는 범죄사실의 **일부에 대한 공소제기 및 고발의 효력은 그 일죄의 전부에 대하여 미친다**(대법원2005. 1. 14.선고2002도5411판결).

⑤ (○) [1] 회사의 대표이사는 법인의 기관으로서 현실적으로 납세등의행위를 하는 자이고, **회사가 세금을 체납한 경우에는 법인의 대표자로서 현실적으로 체납행위를 한 자라 할 것이어서**조세범처벌법 제3조에 의하여 **자연인인 그 대표자는 행위자로서의 같은 법 제10조의 책임을 면할 수 없다**.

[2] 조세범처벌법 제6조는 조세에 관한 범칙행위에 대하여는 원칙적으로 국세청장등의 고발을 기다려 논하도록 규정하고 있는바, 같은 법에 의하여 하는 **고발에 있어서는 이른바 고소ㆍ고발 불가분의 원칙이 적용되지 아니하므로, 고발의 구비 여부는 양벌규정에 의하여 처벌받는 자연인인 행위자와 법인에 대하여 개별적으로 논하여야** 한다.

[3] **피고발인을 법인으로 명시한** 다음, 이어서 법인의 등록번호와 대표자의 인적 사항을 기재한 **고발장의 표시를 자연인인 개인까지를 피고발자로 표시한 것이라고 볼 수는 없다**(대법원2004. 9. 24.선고2004도4066판결).

▼정답 ④

6. 고소에 대한 설명으로 가장 적절한 것은? (다툼이있는경우판례에 의함)　　　　(2023. 경찰승진)

① 형사소송법 제236조의 대리인에 의한 고소의 경우, 대리권이 정당한 고소권자에 의하여 수여되었음이 실질적으로 증명되면 충분하고 그 방식에 특별한 제한은 없지만, 고소를 할때반드시 위임장을 제출하거나 '대리'라는 표시를 하여야 한다.

② 피해자가 경찰청 홈페이지에 '피고인을 철저히 조사해달라'는 취지의 신고민원을 접수하는 형태로 피고인에 대한 조사를 촉구하는 의사표시를 한 것은 적법한 고소에 해당한다.

③ 수사기관이 고소권자를 증인 또는 피해자로서 신문한 경우에 그 진술에 범인의 처벌을 요구하는 의사표시가 포함되어 있고 그 의사표시가 조서에 기재되면 고소는 적법하게 이루어진 것이다.

④ 고소능력은 피해를 입은 사실을 이해하고 고소에 따른 사회생활상의 이해관계를 알아차릴 수 있는 사실상의 의사능력으로 충분하지만, 민법상 행위능력이 없는 사람은 위와 같은 능력을 갖추었더라도 고소능력이 인정되지 않는다.

▶해설

③ (○) **친고죄에서 고소는**, 고소권 있는 자가 수사기관에 대하여 범죄사실을 신고하고 범인의 처벌을 구하는 의사표시로서 **서면뿐만 아니라 구술로도 할 수 있고**, 다만 **구술에 의한 고소를 받은 검사 또는 사법경찰관은 조서를 작성하여야 하지만 그 조서가 독립된 조서일 필요는 없으며**, 수사기관이 **고소권자를 증인 또는 피해자로서 신문한 경우**에 그 진술에 범인의 처벌을 요구하는 의사표시가 포함되어 있고 그 **의사표시가 조서에 기재되면 고소는 적법하다**(대법원2011. 6. 24. 선고2011도4451,2011전도76판결).

① (×) **형사소송법 제236조의 대리인에 의한 고소의 경우**, 대리권이 정당한 고소권자에 의하여 수여되었음이 실질적으로 증명되면 충분하고, **그 방식에 특별한 제한은 없으므로, 고소를 할 때 반드시 위임장을 제출한다거나 '대리'라는 표시를 하여야 하는 것은 아니고**, 또 고소기간은 대리고소인이 아니라 정당한 고소권자를 기준으로 고소권자가 범인을 알게 된 날부터 기산한다(대법원2001. 9. 4.선고2001도3081판결).

② (×) 출판사 대표인 피고인이 도서의 저작권자인 피해자와 전자도서(e-book)에 대하여 별도의 출판계약 등을 체결하지 않고 전자도서를 제작하여 인터넷서점 등을 통해 판매하였다고 하여 구 저작권법 위반으로 기소된 사안에서, **피해자가 경찰청 인터넷 홈페이지에 '피고인을 철저히 조사해 달라'는 취지의 민원을 접수하는** 형태로 피고인에 대한 조사를 촉구하는 의사표시를 한 것은 **형사소송법에 따른 적법한 고소로 보기 어렵다**는 이유로 공소를 기각한 원심판단을 정당하다(대판2012.2.23. 2010도9524). 결국, **피해자가 경찰청 인터넷 홈페이지를 통해 이 사건 신고민원을 접수한 것은** 형사소송법에 따른 **적법한 고소가 아니다**.

④ (×) [1] **고소를 할 때는 소송행위능력, 즉 고소능력이 있어야 하나**, 고소능력은 피해를 입은 사실을 이해하고 고소에 따른 사회생활상의 이해관계를 알아차릴 수 있는 사실상의 **의사능력으로 충분하므로**, **민법상 행위능력이 없는 사람이라도** 위와 같은 능력을 갖추었다면 **고소능력이 인정된다**.
[2] **당시 피해자는 11세 남짓한 초등학교 6학년생**으로서 피해입은 사실을 이해하고 고소에 따른 사회생활상의 이해관계를 알아차릴 수 있는 **사실상의 의사능력이 있었던 것으로 보이고**, 피고인을 처벌하여 달라는 의사표시를 분명히 하여 그 의사표시가 피해자 진술조서에 기재되었으므로, **고소능력 있는 피해자 본인이 고소를 하였다고 보아야 한다**. 설령 피해자 법정대리인의 고소는 취소되었다고 하더라도 본인의 고소가 취소되지 아니한 이상 친고죄의 공소제기 요건은 여전히 충족된다는 이유로 같은 취지에서 피고인에 대한 간음 목적 약취의 공소사실을 유죄로 인정한 원심판단을 정당하다고 한 사례(대판2011.6.24. 2011도4451,2011전도76).

▶정답 ③

7. 친고죄와 반의사불벌죄에 대한 설명으로 가장 적절하지 않은 것은? (다툼이 있는 경우 판례에 의함)
(2023. 경찰승진)

① 반의사불벌죄에 있어서 처벌불원의 의사표시의 부존재는 법원이 직권으로 조사 판단하여야 한다.
② 친고죄의 고소는 제1심 판결선고 전까지 취소할 수 있다.
③ 친고죄의 공범 중 공범자 1인에 대하여 제1심 판결이 선고된 후에 제1심 판결 선고 전의 다른 공범자에 대하여 고소를 취소할 수 있다.
④ 고소인이 민·형사상 아무런 이의를 제기하지 않는다는 합의서를 피고인에게 작성하여 준 것만으로는 고소가 적법하게 취소된 것으로 볼 수 없다.

▶해설

③ (×) **친고죄의 공범중 그 일부에 대하여 제1심 판결이 선고된 후에는** 제1심 판결 선고 전의 **다른 공범자에 대하여는 그 고소를 취소할 수 없고** 그 고소의 취소가 있다 하더라도 그 효력을 발생할 수 없으며, 이러한 법리는 필요적 공범이나 임의적 공범이나를 구별함이 없이 모두 적용된다(대법원1985. 11. 12.선고85도1940판결).

① (○) 이른바 반의사불벌죄에 있어서 **처벌불원의 의사표시의 부존재는 소극적 소송조건으로서 직권조사사항이라 할 것**이므로 당사자가 항소이유로 주장하지 아니하였다고 하더라도 원심은 이를 직권으로 조사·판단하여야 한다(대법원2002. 3. 15.선고2002도158판결).

② (O) 고소는 **제1심 판결선고 전까지 취소할 수 있다**(제232조 제1항). 고소를 취소한 자는 다시 고소할 수 없다(동조 제2항). 피해자의 명시한 의사에 반하여 공소를 제기할 수 없는 사건에서 처벌을 원하는 의사표시를 철회한 경우에도 제1항과 제2항을 준용한다(동조 제3항).

④ (O) 형사소송법 제239조, 제237조에 의하면, **고소의 취소는** 서면 또는 구술로서 **검사 또는 사법경찰관에게 하여야** 하도록 규정되어 있으므로, **모욕죄의 고소인이 합의서를 피고인에게 작성하여 준 것만으로는** 고소가 적법히 **취소된 것으로는 볼 수 없다**(대법원1983. 9. 27.선고83도516판결). 결국, 합의서를 작성하여 준 것만으로는 고소의 취소라고 할 수 없고, 그 **합의서를 수사기관에 제출하여야** 한다.

▶정답 ③

8. 고소에 관한 다음 설명 중 옳고 그름의 표시(O, ×)가 모두 바르게 된 것은? (다툼이 있는 경우 판례에 의함)

(2022. 2차 경찰채용)

㉠ 범행 당시 고소능력이 없던 피해자가 그 후에 비로소 고소능력이 생겼다면 고소기간은 고소능력이 생긴 때로부터 기산된다.

㉡ 「형사소송법」상 고소의 대리는 허용되나, 고소취소의 대리는 허용되지 아니한다.

㉢ 고소인은 범죄사실을 특정하여 신고하면 족하고 범인이 누구인지 나아가 범인 중 처벌을 구하는 자가 누구인지를 적시할 필요는 없다.

㉣ 「형사소송법」 제232조에 의하면 고소는 제1심판결 선고 전까지 취소할 수 있고, 고소를 취소한 자는 다시 고소할 수 없으며, 고소권자가 서면 또는 구술로써 수사기관 또는 법원에 고소를 취소하는 의사표시를 하였다면 그 고소는 적법하게 취소된 것이고, 그 후 고소취소를 철회하는 의사표시를 다시 하였다고 하여도 그것은 효력이 없다.

㉤ 피해자의 친족은 피해자의 법정대리인이 피의자이거나 법정대리인의 친족이 피의자인 때에는 독립하여 고소할 수 있다.

① ㉠(O) ㉡(×) ㉢(O) ㉣(O) ㉤(O)
② ㉠(O) ㉡(×) ㉢(O) ㉣(×) ㉤(O)
③ ㉠(×) ㉡(O) ㉢(×) ㉣(O) ㉤(×)
④ ㉠(O) ㉡(O) ㉢(O) ㉣(O) ㉤(O)

▼해 설

① ㉠㉢㉣㉤(4개)은 옳은 지문이나, ㉡(1개)만 틀린 지문이다.

㉠ (O) [1] 친고죄에 대하여는 범인을 알게 된 날로부터 6월을 경과하면 고소하지 못한다. 단, **고소할 수 없는 불가항력의 사유가 있는 때에는 그 사유가 없어진 날로부터 기산한다**.

[2] 고소를 함에는 고소능력이 있어야 하는바, 이는 피해를 받은 사실을 이해하고 고소에 따른 사회생활상의 이해관계를 알아차릴 수 있는 사실상의 의사능력으로 충분하므로 민법상의 행위능력이 없는 자라도 위와 같은 능력을 갖춘 자에게는 고소능력이 인정되고, **범행 당시 고소능력이 없던 피해자가 그 후에 비로소 고소능력이 생겼다면 그 고소기간은 고소능력이 생긴 때로부터 기산하여야 한다**(대법원 2007. 10. 11. 선고 2007도4962 판결).

㉡ (×) 형사소송법상 고소와 고소 취소는 **둘 다 대리인으로 하여금 대리가 허용된다**(형사소송법 제236조).

ⓒ (○) 고소는 범죄의 피해자 또는 그와 일정한 관계가 있는 고소권자가 수사기관에 대하여 범죄사실을 신고하여 범인의 처벌을 구하는 의사표시이므로, **고소인은 범죄사실을 특정하여 신고하면 족하고** 범인이 누구인지 나아가 범인 중 처벌을 구하는 자가 누구인지를 **적시할 필요도 없다**(대법원 1996. 3. 12. 선고 94도2423 판결).
ⓔ (○) 대법원 2009. 9. 24. 선고 2009도6779 판결
ⓜ (○) 피해자의 법정대리인이 피의자이거나 법정대리인의 친족이 피의자인 때에는 **피해자의 친족은 독립하여** 고소할 수 있다(형사소송법 제226조).

▼정답 ①

9. 친고죄에서의 고소취소 및 고소권 포기에 대한 설명으로 가장 적절하지 않은 것은? (다툼이 있는 경우 판례에 의함)
(2021. 경찰채용)

① 고소를 한 피해자가 가해자에게 합의서를 작성하여 준 것만으로는 적법한 고소취소로 보기 어렵겠지만, "가해자와 원만히 합의하였으므로 피해자는 가해자를 상대로 이 사건과 관련한 어떠한 민·형사상의 책임도 묻지 아니한다."는 취지의 합의서를 공소제기 이전 수사기관에 제출하였다면 고소취소의 효력이 있다.
② 고소는 제1심판결 선고 전까지 취소할 수 있지만, 항소심에서 공소장변경절차를 거치지 아니하고 법원이 직권으로 친고죄가 아닌 범죄를 친고죄로 인정한 경우, 항소심에 고소인이 고소를 취소하였다면 친고죄에 대한 고소취소로서의 효력을 갖는다.
③ 일단 고소를 취소한 자는 고소기간이 남았더라도 다시 고소하지 못한다.
④ 고소권은 고소 전에 포기될 수 없으므로, 비록 고소 전에 피해자가 처벌을 원치 않았다 하더라도 피해자가 고소장을 제출하여 처벌을 희망하는 의사를 분명히 표시한 후 고소를 취소한 바 없다면 피해자의 고소는 유효하다.

▼해 설

② (×) **항소심에서** 공소장의 변경에 의하여 또는 공소장변경절차를 거치지 아니하고 법원 직권에 의하여 친고죄가 아닌 범죄를 친고죄로 인정하였더라도 항소심을 제1심이라 할 수는 없는 것이므로, 항소심에 이르러 비로소 고소인이 고소를 취소하였다면 이는 **친고죄에 대한 고소취소로서의 효력은 없다**(대법원 1999. 4. 15. 선고 96도1922 전원합의체 판결).
① (○) 대법원 2002. 7. 12. 선고 2001도6777 판결
③ (○) **고소를 취소한 자는 다시 고소하지 못한다**(형사소송법 232조 제2항).
④ (○) 피해자가 고소장을 제출하여 처벌을 희망하는 의사를 분명히 표시한 후 고소를 취소한 바 없다면 비록 고소 전에 피해자가 처벌을 원치 않았다 하더라도 **그 후에 한 피해자의 고소는 유효하다**(대법원 2008. 11. 27. 선고 2007도4977 판결). 즉, 고소권은 취소할 수는 있어도 **고소권은 포기할 수 없다**.

▼정답 ②

10. 친고죄와 반의사불벌죄의 형사절차에 대한 다음 설명 중 옳지 않은 것만을 고른 것은 모두 몇 개인가? (다툼이 있는 경우 판례에 의함)

> ㉠ 성폭력범죄의 처벌 등에 관한 특례법 제27조에 따라 성폭력범죄 피해자의 변호사는 피해자를 대리하여 피고인에 대한 처벌을 희망하는 의사표시를 철회하거나 처벌을 희망하지 않는 의사표시를 할 수 있다.
> ㉡ 법원이 선임한 부재자 재산관리인이 그 관리대상인 부재자의 재산에 대한 범죄행위에 관하여 법원으로부터 고소권 행사에 관한 허가를 얻은 경우에도, 부재자 재산관리인은 형사소송법 제225조 제1항에서 정한 법정대리인으로 볼 수 없으므로 적법한 고소권자에 해당한다고 볼 수 없다.
> ㉢ 제1심 법원이 반의사불벌죄로 기소된 피고인에 대하여 소송촉진 등에 관한 특례법(이하 '소송촉진법'이라고 한다) 제23조에 따라 피고인의 진술 없이 유죄를 선고하여 판결이 확정된 경우, 만일 피고인이 책임을 질 수 없는 사유로 공판절차에 출석할 수 없었음을 이유로 소송촉진법 제23조의2에 따라 제1심 법원에 재심을 청구하여 재심개시결정이 내려졌다면 피해자는 재심의 제1심 판결 선고 전까지 처벌을 희망하는 의사표시를 철회할 수 있다.
> ㉣ 피고인이 제1심 법원에 소송촉진법 제23조의2에 따른 재심을 청구하는 대신 항소권회복청구를 함으로써 항소심 재판을 받게 되었다면 항소심을 제1심이라고 할 수 없는 이상 항소심 절차에서는 반의사불벌죄에서의 처벌을 희망하는 의사표시를 철회할 수 없다.
> ㉤ 플랜트제조업 등을 영위하는 사업주(상위 수급인, 甲)로부터 시설공사를 하도급받은 사업주(직상 수급인, 乙)와 그 사업주로부터 위 시설공사를 재하도급받은 사업주(하수급인, 丙)가 있는 도급 사업 관계에서, 사업주(하수급인) 丙이 시설공사의 생산직원으로 근무하다 퇴직한 근로자인 A에 대한 임금을 체불하여 그 사업주 丙과 직상 수급인 乙, 상위 수급인 甲이 근로기준법위반으로 기소된 사안에서, A가 제1심판결 선고 전에 상위 수급인 甲에 대한 처벌을 희망하지 아니하는 의사표시를 하였다면 乙과 丙에 대한 처벌을 희망하지 아니하는 의사표시도 포함된 것이다.

① 1개 ② 2개
③ 3개 ④ 4개

▼ 해 설

① ㉠㉢㉣㉤(4개)는 옳은 지문이고, ㉡(1개)는 틀린 지문이다.

㉠ (○) 성폭력범죄의 처벌 등에 관한 특례법 제27조는 성폭력범죄 피해자에 대한 변호사 선임의 특례를 정하고 있다. 성폭력범죄의 피해자는 형사절차상 법률적 조력을 받기 위해 스스로 변호사를 선임할 수 있고(제1항), 검사는 피해자에게 변호사가 없는 경우 국선변호사를 선정하여 형사절차에서 피해자의 권익을 보호할 수 있으며(제6항), **피해자의 변호사는 형사절차에서 피해자 등의 대리가 허용될 수 있는 모든 소송행위에 대한 포괄적인 대리권을 가진다(제5항)**. 따라서 피해자의 변호사는 피해자를 대리하여 피고인에 대한 처벌을 희망하는 의사표시를 철회하거나 처벌을 희망하지 않는 의사표시를 할 수 있다(대판2019.12.13. 2019도10678).

㉡ (×) **법원이 선임한 부재자 재산관리인**이 그 관리대상인 부재자의 재산에 대한 범죄행위에 관하여 **법원으로부터 고소권 행사에 관한 허가를 얻은 경우** 부재자 재산관리인은 형사소송법 제225조 제1항**에서 정한 법정대리인**으로서 **적법한 고소권자에 해당한다**고 보아야 한다(대법원2022. 5. 26.선고2021도2488판결).

㉢㉣ (○) 제1심 법원이 반의사불벌죄로 기소된 피고인에 대하여소송촉진 등에 관한 특례법(이하 '소송촉진법'이라고 한다) 제23조에 따라 피고인의 진술 없이 유죄를 선고하여 판결이 확정된 경우, 만일 피고인이 책임을

질 수 없는 사유로 공판절차에 출석할 수 없었음을 이유로 소송촉진법 제23조의2에 따라 **제1심 법원에 재심을 청구하여 재심개시결정이 내려졌다면** 피해자는 **재심의 제1심 판결 선고 전까지** 처벌을 희망하는 의사표시를 **철회할 수 있다**. 그러나 피고인이 제1심 법원에 소송촉진법 제23조의2에 따른 재심을 청구하는 대신 항소권회복청구를 함으로써 항소심 재판을 받게 되었다면 항소심을 제1심이라고 할 수 없는 이상 **항소심 절차에서는** 처벌을 희망하는 의사표시를 **철회할 수 없다**(대법원2016. 11. 25. 선고2016도9470판결).

ⓜ (○) [1] 구 근로기준법 제44조 제1항은 사업이 여러 차례의 도급에 따라 행하여지는 경우에 하수급인이 직상 수급인의 귀책사유로 근로자에게 임금을 지급하지 못한 경우에는 그 직상 수급인이 하수급인과 연대하여 하수급인이 사용한 근로자의 임금을 지급할 책임을 지도록 규정하면서, 직상 수급인의 귀책사유가 그 상위 수급인의 귀책사유에 의하여 발생한 경우에는 상위 수급인도 연대하여 책임을 지도록 하고 있다.

[2] 플랜트제조업 등을 영위하는 사업주(**상위 수급인, 甲**)로부터 시설공사를 하도급받은 사업주(**직상 수급인, 乙**)와 그 사업주로부터 위 시설공사를 재하도급받은 사업주(**하수급인, 丙**)가 있는 도급 사업 관계에서 사업주(하수급인) 丙이 시설공사의 생산직원으로 근무하다 퇴직한 근로자들에 대한 임금을 체불하여 그 사업주 丙과 직상 수급인 乙, 상위 수급인 甲이 근로기준법위반으로 기소된 사안에서, **제1심판결 선고 전에 이루어진 상위 수급인 甲에 대한 처벌을 희망하지 아니하는 의사표시에는 직상 수급인 乙과 그 사용자인 하수급인 丙의 처벌을 희망하지 아니하는 의사표시도 포함된 것**으로 보아 **직상 수급인 乙과 하수급인 丙에 대한 근로기준법위반 중 해당 부분의 공소를 기각한 원심판결은 정당하다**

[3] 근로자 A등이 상위 수급인 갑에 대하여 처벌을 희망하지 아니하는 의사를 표시한 데에는 하수급인인 병, 직상 수급인인 을에 대한 처벌을 희망하지 아니하는 의사표시도 포함되어 있다고 봄이 타당하다고 한 다음, 피고인들의 근로기준법 위반 부분은 피해자의 명시한 의사에 반하여 공소를 제기할 수 없는 사건에 대하여 제1심판결 선고 전에 처벌을 희망하지 아니하는 의사표시가 있는 때에 해당하므로 피고인들을 형사소송법 제327조 제6호에 따라 공소를 기각하여야 한다(대법원2022. 12. 29. 선고 2018도2720판결).

▶정답 ①

11. 친고죄와 반의사불벌죄의 형사절차에 대한 다음 설명 중 적절하지 <u>않은</u> 것만을 고른 것은 모두 몇 개인가?(다툼이 있는 경우 판례에 의함)

㉠ 고소인과 피고소인 상호간에 민·형사간 어떠한 이의도 제기하지 않을 것을 합의한다는 합의서가 법원에 제출된 후에 고소인이 법정에 나와 고소취소의 의사가 없다고 진술하였다면 고소는 취소되지 아니한 것이다.

㉡ 반의사불벌죄에서 성년후견인은 명문의 규정이 없으나 의사무능력자인 피해자 보호를 위하여 대리하여 피고인 또는 피의자에 대하여 처벌을 희망하지 않는다는 의사를 결정하거나 처벌을 희망하는 의사표시를 철회하는 행위를 할 수 있다.

㉢ 피해자가 피고인의 처벌을 구하는 의사를 철회한다는 의사로 합의서를 제1심법원에 제출한 경우, 그 후 피해자가 제1심법원에 증인으로 출석하여 위 합의를 취소하고 다시 피고인의 처벌을 원한다는 진술을 함으로써 고소취소를 철회하는 의사표시를 하였다고 하여도 그것은 아무런 효력이 없다.

㉣ 친고죄의 공범 중 공범자 1인에 대하여 제1심 판결이 선고된 후에 제1심 판결 선고 전의 다른 공범자에 대하여 고소를 취소할 수 있다.

㉤ 정보통신망을 통한 명예훼손죄의 공범 중 1인에 대한 고소취소의 효력은 다른 공범에 대해서도 미친다.

① 1개 ② 2개
③ 3개 ④ 4개

> 해 설

③ ㉠㉢(2개)는 옳은 지문이고, ㉡㉣㉤(3개)는 틀린 지문이다.
㉠ (○) [1] 법원에 제출된 합의서에는 고소인과 피고소인 상호간에 원만히 해결되었으므로 이후에 민·형사간 어떠한 이의도 제기하지 않을 것을 합의한다는 취지가 기재되어 있을 뿐이고 **그 합의서 제출 후에 고소인이 법정에 나와 고소취소의 의사가 없다고 진술하였다면** 위 합의서가 고소인의 자유의사에 의하여 작성되었는가의 여부에 관계없이 **고소는 취소되지 아니한 것이다.**

[2] 위 합의서는 고소인이 본건 고소사실 일체에 대하여 고소인 및 피고소인(피고인) 상호간에 원만히 해결되었으므로 이후에 민·형사간 어떠한 이의도 제기하지 않을 것을 합의한다는 취지가 기재된 서면에 불과하고 그 서면이 피고인의 변호인에 의하여 제1심 법원에 제출된 것이 1979. 11. 28이고 **고소인은 그 다음날인 29일 제1심법정에 나와 위 합의서는 강요에 의한 것이라고 말하고 80. 1. 4 같은 법정에 나와 고소취소의 의사가 없다고 말함으로서 오히려 피고인에 대한 처벌희망의사를 유지하고 있으므로** 위 합의서가 위 고소인의 자유의사에 의하여 작성되었는가의 여부에 관계없이 **고소취소의 효력이 발생할 수 없다**(대법원1980. 10. 27.선고80도1448판결).

㉡ (×) [1] [다수의견] **반의사불벌죄에서 성년후견인은** 명문의 규정이 없는 한 **의사무능력자인 피해자를 대리**하여 피고인 또는 피의자에 대하여 **처벌을 희망하지 않는다는 의사를 결정**하거나 **처벌을 희망하는 의사표시를 철회**하는 행위를 할 수 없다.

[2] 제3자가 피해자를 대신하여 처벌불원의사를 형성하거나 결정할 수 있다고 해석하는 것은 **법의 문언에 반한다.** 교통사고처리 특례법은 물론 형법·형사소송법에도 반의사불벌죄에서 피해자의 처벌불원의사에 관하여 대리가 가능하다거나 법정대리인의 대리권에 피해자의 처벌불원 의사표시가 포함된다는 규정을 두고 있지 않다. **따라서 반의사불벌죄의 처벌불원의사는 원칙적으로 대리가 허용되지 않는다**고 보아야 한다.

[3] **민법상 성년후견인**이 형사소송절차에서 반의사불벌죄의 **처벌불원 의사표시를 대리할 수 있다고 보는 것은** 피해자 본인을 위한 후견적 역할에 부합한다고 볼 수도 없다. 피해자 본인의 의사가 무엇보다 중요한 형사소송절차에서 반의사불벌죄에 대한 처벌불원의사에까지 **성년후견인에게 대리를 허용하는 것은** 피해자 보호를 비롯한 형사사법이 추구하는 보호적 기능의 구현과 무관할 뿐만 아니라 오히려 이에 **역행한다고 볼 여지도 있다.**

[4] **피고인이** 자전거도로에서 자전거를 운행하던 중 전방주시의무를 게을리하여 **보행자인 피해자 갑을 들이받아 중상해를 입게 하였다는 교통사고처리 특례법 위반(치상)의 공소사실로 기소되었고, 위 사고로 의식불명이 된 갑에 대하여** 성년후견이 개시되어 성년후견인으로 갑의 법률상 배우자 을이 선임되었는데, **을이 피고인 측으로부터 합의금을 수령한 후 제1심 판결선고 전에 갑을 대리하여 처벌불원의사를 표시한 사안**에서, 위 특례법 제3조 제2항에서 차의 운전자가 교통사고로 인하여 범한 업무상과실치상죄는 '피해자의 명시적인 의사'에 반하여 공소를 제기할 수 없도록 규정하여 문언상 그 처벌 여부가 **'피해자'의 '명시적'인 의사에 달려 있음이 명백하므로,** 갑의 성년후견인인 을이 갑을 대신하여 처벌불원의사를 형성하거나 결정할 수 있다고 해석하는 것은 **법의 문언에 반한다**(대법원2023. 7. 17.선고2021도11126전원합의체 판결). 결국, 을의 갑을 대신한 처벌불원의사표시는 효력이 없으므로, **피고인에게 유죄를 인정하여야** 한다.

㉢ (○) [1] 형사소송법 제232조에 의하면 고소는 제1심판결 선고 전까지 취소할 수 있되 고소를 취소한 자는 다시 고소할 수 없으며, 한편 고소취소는 범인의 처벌을 구하는 의사를 철회하는 수사기관 또는 법원에 대한 고소권자의 의사표시로서 형사소송법 제239조, 제237조에 의하여 서면 또는 구술로써 하면 족한 것이므로, **고소권자가 서면 또는 구술로써 수사기관 또는 법원에 고소를 취소하는 의사표시를 하였다고 보여지는 이상 그 고소는 적법하게 취소되었다고 할 것이고, 그 후 고소취소를 철회하는 의사표시를 다시 하였다고 하여도 그것은 효력이 없다** 할 것이다.

[2] 고소권자인 피해자가 2008. 10. 16. 비록 합의서에 피고인에 대한 고소를 취소한다거나, 또는 피고인에 대한 형사책임을 묻지 않는다는 표현을 명시적으로 기재하지는 않았지만, **피고인의 처벌을 구하는 의사를 철회한다는 의사로 합의서를 제1심법원에 제출하였다고 할 것이므로, 피고인에 대한 고소는 적법하게 취소되었다**고 할 것이고, 따라서 그 후 피해자가 2008. 10. 30. 제1심법원에 증인으로 출석하여 위 합의를 취소하고 **다시 피고인의 처벌을 원한다는 진술을 함으로써 고소취소를 철회하는 의사표시를 하였다고 하여도 그것은 아무런 효력이 없다**(대법원2009. 9. 24.선고2009도6779판결). 결국, **고소를 취소한 자는 다시 고소할 수 없다.**

② (×) 친고죄의 공범중 그 일부에 대하여 제1심 판결이 선고된 후에는 제1심 판결 선고 전의 **다른 공범자에 대하여는 그 고소를 취소할 수 없고** 그 고소의 취소가 있다 하더라도 그 효력을 발생할 수 없으며, 이러한 법리는 필요적 공범이나 임의적 공범이냐를 구별함이 없이 모두 적용된다(대법원1985. 11. 12.선고85도1940판결).

⑩ (×) 형사소송법이 고소와 고소취소에 관한 규정을 하면서 제232조 제1항, 제2항에서 고소취소의 시한과 재고소의 금지를 규정하고 제3항에서는 반의사불벌죄에 제1항, 제2항의 규정을 준용하는 규정을 두면서도, **제233조에서 고소와 고소취소의 불가분에 관한 규정을 함에 있어서는 반의사불벌죄에 이를 준용하는 규정을 두지 아니한 것은** 처벌을 희망하지 아니하는 의사표시나 처벌을 희망하는 의사표시의 철회에 관하여 **친고죄와는 달리 공범자간에 불가분의 원칙을 적용하지 아니하고자 함에 있다**고 볼 것이지, 입법의 불비로 볼 것은 아니다(대법원1994. 4. 26.선고93도1689판결). 고소불가분의 원칙은 친고죄의 고소에서만 적용되므로 반의사불벌죄에서는 준용규정이 없으므로 적용되지 않는다. 따라서 **정보통신망법상 명예훼손죄는 반의사불벌죄**(정보통신망법 제70조 제3항)이므로, 정보통신망을 통한 명예훼손죄의 **공범 중 1인에 대한 고소취소의 효력**(처벌희망하는 의사표시의 철회)은 **다른 공범에 대해서는 효력이 미치지 않는다**. 즉, 법원은 반의사불벌죄에서는 **공범 중 고소취소한 공범자에게는 공소기각판결을 선고하여야** 하나, **다른 공범자에게는** 고소취소의 효력이 미치지 아니하므로 **실체판결을 선고하여야 한다**(정보통신망법상 명예훼손죄로 처벌된다).

▼정답 ③

12. 고소에 관한 다음 설명 중 가장 적절하지 <u>않은</u> 것은? (다툼이 있는 경우 판례에 의함)

① 고소 또는 그 취소는 피해자의 법정대리인이 아닌 제3자로 하여금 피해자를 대리하여 하게 할 수 있고, 이 경우 고소기간은 고소권자가 아니라 대리고소인을 기준으로 대리고소인이 범인을 알게 된 날로부터 기산한다.

② 환송 후의 제1심판결 선고 전에 고소가 취소되면 형사소송법 제327조 제5호에 의하여 판결로써 공소를 기각하여야 한다.

③ 형사소송법 제225조 제1항이 규정한 법정대리인의 고소권은 무능력자의 보호를 위하여 법정대리인에게 주어진 고유권이므로, 법정대리인은 피해자의 고소권 소멸 여부에 관계없이 고소할 수 있고, 이러한 고소권은 피해자의 명시한 의사에 반하여도 행사할 수 있다.

④ 친고죄의 공범 중 그 1인 또는 수인에 대한 고소 또는 그 취소는 다른 공범자에 대하여도 **효력이 있다**.

▼해 설

① (×) 형사소송법 제236조의 대리인에 의한 고소의 경우, 대리권이 정당한 고소권자에 의하여 수여되었음이 실질적으로 증명되면 충분하고, 그 방식에 특별한 제한은 없으므로, 고소를 할 때 반드시 위임장을 제출한다거나 '대리'라는 표시를 하여야 하는 것은 아니고, 또 **고소기간은 대리고소인이 아니라 정당한 고소권자를 기준으로** 고소권자가 범인을 알게 된 날부터 기산한다(2001도3081).

② (○) **고소취소가** 항소심에서 종전 제1심 공소기각판결이 파기되고 사건이 제1심 법원에 환송된 후 진행된 **환송 후 제1심 판결이 선고되기 전에 이루어진 것으로서 적법하므로, 환송 후의 제1심판결 선고 전에 고소가 취소되면** 형사소송법 제327조 제5호에 의하여 **판결로써 공소를 기각하여야 한다**(대법원2011. 8. 25.선고2009도9112판결).

③ (○) 대법원1999. 12. 24.선고99도3784판결

④ (○) 제233조

▼정답 ①

13. 고소에 관한 다음 설명 중 가장 적절한 것은?(다툼이 있으면 판례에 의함)

① 고소를 할 때는 소송행위능력, 즉 고소능력이 있어야 하나, 고소능력은 피해를 입은 사실을 이해하고 고소에 따른 사회생활상의 이해관계를 알아차릴 수 있는 사실상의 의사능력으로 충분하나, 민법상 행위능력이 없는 사람은 고소능력이 없다.
② 공범관계에 있는 甲, 乙이 사자명예훼손을 한 경우에 피해자의 친족이 甲에 대해서만 고소한 경우 乙에 대해서도 고소의 효력이 미친다.
③ 사기죄의 피고인과 피해자가 사돈지간이라면 민법상 친족이어서 친족상도례가 적용되는 친고죄이므로 피해자의 고소가 고소기간을 경과하였음에도 검사가 사기죄로 공소하였다면 법원은 판결로써 공소를 기각하여야 한다.
④ 친고죄에 관한 고소의 주관적 불가분원칙을 규정하고 있는 형사소송법 제233조가 공정거래위원회의 고발에도 유추적용된다.

▼해 설

② (○) **사자명예훼손죄는 친고죄이므로 고소불가분의 원칙이 적용**되므로, **옳은 설명이다.**
① (×) 민법상 행위능력이 **없는** 사람이라도 **의사능력을 갖추었다면 고소능력이 인정된다**(대판2011도4451).
③ (×) 민법상 **친족으로 볼 수 없으므로** 공소를 기각한 것은 위법하다(대판2011도2170).
④ (×) **친고죄에 관한 고소의 주관적 불가분원칙을** 규정하고 있는 형사소송법 제233조가 **공정거래위원회의 고발에도 유추적용된다고** 해석한다면 이는 공정거래위원회의 고발이 없는 행위자에 대해서까지 **형사처벌의 범위를 확장**하는 것으로서, 결국 **피고인에게 불리하게 형벌법규의 문언을 유추해석한 경우에 해당하므로 죄형법정주의에 반하여 허용될 수 없다**(대판2008도4762).

▼정답 ②

14. 고소와 관련한 다음 설명 중 가장 적절하지 않은 것은? (다툼이 있으면 판례에 의함)

① 친고죄에서 고소는 서면뿐만 아니라 구술로도 할 수 있고, 다만 구술에 의한 고소를 받은 검사 또는 사법경찰관은 조서를 작성하여야 하지만 그 조서가 독립된 조서일 필요는 없다.
② 고소권자가 비친고죄로 고소한 사건을 검사가 친고죄로 구성하여 공소를 제기하였다면 공소장변경절차를 거쳐 공소사실이 비친고죄로 변경되지 아니하는 한, 법원으로서는 친고죄에서 소송조건이 되는 고소가 유효하게 존재하는지를 직권으로 조사·심리하여야 하고, 만일 그 공소사실에 대하여 피고인과 공범관계에 있는 자에 대한 적법한 고소취소가 있다면 그 고소취소의 효력은 피고인에 대하여도 미친다.
③ 고소할 수 있는 자가 수인인 경우에는 1인의 기간의 해태는 타인의 고소에 영향이 없다.
④ 형사소송법 제230조 제1항 규정에서 범인을 알게 된다 함은 통상인의 입장에서 보아 고소권자가 고소를 할 수 있을 정도로 범죄사실과 범인을 아는 것을 의미하고, 여기서 범죄사실을 안다는 것은 고소권자가 친고죄에 해당하는 범죄의 피해가 있었다는 사실관계에 관하여 미필적 인식이 있음을 말한다.

▼해 설

④ (×)「형사소송법」제230조 제1항 본문은 "친고죄에 대하여는 범인을 알게 된 날로부터 6월을 경과하면 고소하지 못한다"고 규정하고 있는바, 여기서 범인을 알게 된다 함은 통상인의 입장에서 보아 고소권자가 고소를 할 수 있을 정도로 범죄사실과 범인을 아는 것을 의미하고, **범죄사실을 안다는 것**은 고소권자가 친고죄에 해당하는 범죄의 피해가 있었다는 사실관계에 관하여 확정적인 인식이 있음을 말한다(2010도4680).

① (○) 친고죄에서 고소는, 고소권 있는 자가 수사기관에 대하여 범죄사실을 신고하고 범인의 처벌을 구하는 의사표시로서 서면뿐만 아니라 구술로도 할 수 있고, 다만 **구술에 의한 고소**를 받은 검사 또는 사법경찰관은 **조서를 작성하여야 하지만 그 조서가 독립된 조서일 필요는 없으며**, 수사기관이 고소권자를 증인 또는 피해자로서 신문한 경우에 그 진술에 범인의 처벌을 요구하는 의사표시가 포함되어 있고 **그 의사표시가 조서에 기재되면 고소는 적법하다**(대판2011.6.24. 2011도4451).

② (○) 법원은 검사가 공소를 제기한 범죄사실을 심판하는 것이지 고소권자가 고소한 내용을 심판하는 것이 아니므로, 고소권자가 비친고죄(성폭력처벌법상 특수강제추행죄)로 고소한 사건이더라도 검사가 사건을 친고죄(형법상 강제추행죄)로 구성하여 공소를 제기하였다면 공소장 변경절차를 거쳐 공소사실이 비친고죄로 변경되지 아니하는 한, **법원으로서는 친고죄에서 소송조건이 되는 고소가 유효하게 존재하는지를 직권으로 조사·심리하여야** 한다. 그리고 이 경우 **친고죄에서 고소와 고소취소의 불가분 원칙을 규정한 형사소송법 제233조는 당연히 적용되므로**, 만일 그 공소사실에 대하여 **피고인과 공범관계에 있는 자에 대한 적법한 고소취소**가 있다면 그 **고소취소의 효력은 피고인에 대하여 미친다**고 보아야 한다(대판2015.11.17. 2013도7987).

③ (○) 고소할 수 있는 자가 **수인**인 경우에는 **1인의 기간의 해태**는 **타인의 고소에 영향이 없다**(제231조).

▼정답 ④

15. 고소에 관한 설명으로 다음 중 가장 적절하지 <u>않은</u> 것은?(다툼이 있으면 판례에 의함)

① 친고죄에 있어서의 고소불가분의 원칙을 규정한 형사소송법 제233조의 규정은 반의사불벌죄에도 유추적용된다.

② 친고죄의 공범 중 그 일부에 대하여 제1심판결이 선고된 후에는 제1심판결이 아직 선고되지 아니한 다른 공범자에 대하여 고소를 취소할 수 없고 고소취소가 있다 하더라도 효력이 없으며, 이러한 법리는 필요적 공범에는 물론 임의적 공범에도 적용된다

③ 친고죄에 있어서의 피해자는 일단 고소한 것을 취소할 수는 있으나, 고소기간 내에 고소권을 포기할 수는 없다.

④ 친족상도례와 같이 범인과 피해자 사이에 일정한 신분관계가 있는 경우에만 친고죄가 되는 이른바 상대적 친고죄에서는 신분없는 자에 대한 고소의 효력은 신분관계가 있는 공범에게 미치지 아니한다.

▼해 설

① (×) 형사소송법이 고소와 고소취소에 관한 규정을 하면서 제232조 제1항, 제2항에서 고소취소의 시한과 재고소의 금지를 규정하고 제3항에서는 반의사불벌죄에 제1항, 제2항의 규정을 준용하는 규정을 두면서도, **제233조에서 고소와 고소취소의 불가분에 관한 규정을 함에 있어서는 반의사불벌죄에 이를 준용하는 규정을 두지 아니한 것**은 처벌을 희망하지 아니하는 의사표시나 처벌을 희망하는 의사표시의 철회에 관하여 친고죄와는 달리 공범자간에 불가분의 원칙을 적용하지 아니하고자 함에 있다고 볼 것이지, **입법의 불비로 볼 것은 아니다**(대판93도1689).

② (○) 친고죄의 **공범중 그 일부에 대하여 제1심판결이 선고된 후에는** 제1심 판결선고 전의 다른 공범자에 대하여는 **그 고소를 취소할 수 없고** 그 고소의 취소가 있다 하더라도 그 효력을 발생할 수 없으며, 이러한 법리는 **필요적 공범이나 임의적 공범이나를 구별함이 없이 모두 적용된다**(대판85도1940).

③ (○) 친고죄에 있어서의 피해자의 고소권은 공법상의 권리라고 할 것이므로 법이 특히 명문으로 인정하는 경우를 제외하고는 자유처분을 할 수 없고 따라서 **일단 제기한 고소는 취소할 수 있으나** 고소 전에 **고소권을 포기할 수는 없다**고 함이 상당하다(대판67도471).
④ (○) **비신분자**에 대한 고소의 효력은 **신분관계가 있는 공범에게는 미치지 않는다**(고소의 취소도 마찬가지이다).

▼정답 ①

16. 주간지의 편집장 갑과 취재기자 을은 주간지에 사망한 국회의원 A에 대한 특집기사를 기획하여 A와 그의 여비서였던 B와의 스캔들을 폭로하는 허위사실의 기사를 게재하였다. 이에 대하여 B와 A의 유족인 C는 갑과 乙을 명예훼손죄로 검찰에 고소하였다. 그런데 甲과 乙에 대한 명예훼손 피고사건의 제1심 공판절차가 진행되는 도중에 B와 C는 乙에 대한 고소를 취소하였다. 이 경우에 甲과 乙에 대한 법원이 취해야 할 조치로 옳지 않은 것은?

① 갑과 을은 형법상 사자명예훼손죄와 출판물에 의한 명예훼손죄가 성립한다.
② 갑에 대해서 법원은 사자명예훼손죄와 출판물에 의한 명예훼손죄 모두에 대해 법원은 공소기각판결을 선고해야 한다.
③ 을에 대하여 법원은 사자명예훼손죄와 출판물에 의한 명예훼손죄 모두에 대해 공소기각판결을 선고해야 한다.
④ 을에 대한 고소취소의 효력은 갑의 사자명예훼손죄에 대해서는 미치나, 출판물에 의한 명예훼손죄에 대해서는 미치지 않는다.

▼해 설

② (×) 사자명예훼손죄는 친고죄이나 출판물에 의한 명예훼손죄는 반의사불벌죄이다. B와 C의 **乙에 대한 고소취소**는 **甲의 사자명예훼손죄**의 부분은 **친고죄로서 고소불가분의 원칙이 적용**되므로 제1심법원은 **갑에 대해서도 미치므로 공소기각판결을 선고해야** 한다. 그러나 **갑의 출판물에 의한 명예훼손죄**의 부분은 **반의사불벌죄로서 고소불가분의 원칙이 적용되지 아니하므로** 甲에게는 미치지 아니하므로 **실체판결을 선고해야** 한다.
① (○) 갑과 을은 A에 대한 형법상 사자명예훼손죄와 B에 대한 형법상 출판물에 의한 명예훼손죄가 성립한다.
③ (○) 을에 대하여 법원은 사자명예훼손죄(고소가 취소되었을 때)와 출판물에 의한 명예훼손죄(처벌을 원하는 의사표시를 철회하였을 때) 모두에 대해 공소기각판결을 선고해야 한다.
④ (○) B와 C의 **乙에 대한 고소취소**는 **甲의 사자명예훼손죄**의 부분은 친고죄로서 **고소불가분의 원칙이 적용**되므로 제1심법원은 **갑에 대해서도 미치나**, 갑의 출판물에 의한 명예훼손죄의 부분은 **반의사불벌죄로서 고소불가분의 원칙이 적용되지 아니하므로 甲에게는 미치지 아니한다**.

▼정답 ②

제04절 고발

1. 2018. 1. 1.부터 2020. 12. 31.까지 사업자 甲은 다른 사업자 乙, 丙과 함께 「독점규제 및 공정거래에 관한 법률」(이하'공정거래법'이라고 한다)에서 금지하고 있는 부당한 공동행위를 하였는데, 2021. 5. 1. 공정거래위원회는 이를 인지하여 조사한 후 甲만을 검찰에 고발하고, 乙과 丙에 대하여는 시정조치를 명하였다. 참고로 공정거래법상 부당한 공동행위를 할 경우에는 공정거래위원회의 고발이 있어야 공소를 제기할 수 있다. 이에 대한 설명으로 옳은 것은 모두 몇 개인가?(다툼이 있는 경우 판례에 의함)

(2024. 경찰승진)

> ㉠ 甲에 대한 공정거래위원회의 고발이 있기 전에 수사기관이 甲에 대한 공정거래법 위반 혐의를 수사하였다면 그 수사는 위법하다.
> ㉡ 공정거래위원회의 甲에 대한 고발은 친고죄에 관한 고소의 주관적 불가분 원칙을 규정한 「형사소송법」 제233조의 준용에 의하여 乙, 丙에 대하여도 그 효력이 발생한다.
> ㉢ 검사가 2021. 5. 20. 甲에 대하여 불기소처분을 한 이후 甲이 2022년도에 다시 공정거래법상 금지되고 있는 부당한 공동행위를 한 경우, 만약 공정거래위원회가 甲의 2022년도 위반행위에 대하여만 검찰에 고발하였더라도 甲의 2020년도 위반행위에 대하여 공소를 제기할 수 있다.
> ㉣ 공정거래위원회가 甲에게 공정거래법의 규정을 위반한 혐의가 있다고 인정하여 공정거래법에 따라 甲을 고발하였더라도, 해당 혐의에 관한 공정거래위원회의 처분이 위법하여 행정소송에서 취소된다면 공정거래위원회의 고발을 기초로 이루어진 공소제기의 효력이 부정된다.

① 1개 ② 2개
③ 3개 ④ 4개

해설

① ㉢(1개)은 옳은 지문이나, ㉠㉡㉣(3개)은 틀린 지문이다.

㉠ (×) 법률에 의하여 **고소나 고발이 있어야 논할 수 있는 죄**에 있어서 **고소 또는 고발**은 이른바 **소추조건에 불과**하고 당해 범죄의 성립요건이나 **수사의 조건은 아니므로**, 위와 같은 범죄에 관하여 고소나 고발이 있기 전에 수사를 하였더라도, 그 수사가 장차 고소나 고발의 가능성이 없는 상태하에서 행해졌다는 등의 특단의 사정이 없는 한, **고소나 고발이 있기 전에 수사를 하였다는 이유만으로 그 수사가 위법하게 되는 것은 아니다** (대법원2011. 3. 10. 선고2008도7724판결).
결국, 일반사법경찰관리가 공정거래법위반사범에 대한 **공정거래위원회의 고발이 있기 전에 수사를 하였더라도**, 달리 위에서 본 특단의 사정이 없는 한 그 사유만으로 **수사가 소급하여 위법하게 되는 것은 아니다**.

㉡ (×) 독점규제 및 공정거래에 관한 법률은 **공정거래위원회가** 공정거래법위반 **행위자 중 일부에 대하여만 고발을 한 경우**에 그 고발의 효력이 나머지 위반행위자에게도 미치는지 여부 즉, 고발의 주관적 불가분원칙의 적용 여부에 관하여는 명시적으로 규정하고 있지 아니하고, **형사소송법도 제233조에서** 친고죄에 관한 고소의 주관적 불가분원칙을 규정하고 있을 뿐 고발에 대하여 그 주관적 불가분의 원칙에 관한 규정을 두고 있지 **않고**, 또한 형사소송법 제233조를 준용하고 있지도 아니하다. 이와 같이 명문의 근거 규정이 없을 뿐만 아니라 소추요건이라는 성질상의 공통점 외에 그 고소·고발의 주체와 제도적 취지 등이 상이함에도, **친고죄에 관한 고소의 주관적 불가분원칙을 규정하고 있는 형사소송법 제233조가 공정거래위원회의 고발에도 유추적용**

제2장 수사의 개시(수사의 단서) **65**

된다고 해석한다면 이는 공정거래위원회의 고발이 없는 행위자에 대해서까지 형사처벌의 범위를 확장하는 것으로서, 결국 피고인에게 불리하게 형벌법규의 문언을 유추해석한 경우에 해당하므로 **죄형법정주의에 반하여 허용될 수 없다.**

[3] 따라서 **공정거래위원회의 고발 대상에서 제외된 피고인들에 대한 독점규제 및 공정거래에 관한 법률 위반의 공소사실에 관하여**, 소추요건의 결여로 그 공소의 제기가 법률의 규정에 위반하여 무효인 경우에 해당하므로 **공소기각판결을 선고하여야 한다**(대법원 2010. 9. 30. 선고 2008도4762 판결). 결국, 공정거래위원회의 **甲에 대한 고발은 乙, 丙에 대하여는 그 효력이 미치지 않는다.**

ⓒ (O) [1] 검사의 불기소처분에는 확정재판에 있어서의 확정력과 같은 효력이 없어 **일단 불기소처분을 한 후에도** 공소시효가 완성되기 전이면 언제라도 공소를 제기할 수 있으므로, 세무공무원 등의 고발이 있어야 공소를 제기할 수 있는 **조세범처벌법 위반죄에** 관하여 **일단 불기소처분이 있었더라도** 세무공무원 등이 **종전에 한 고발은 여전히 유효**하고, 따라서 나중에 공소를 제기함에 있어 세무공무원 등의 **새로운 고발이 있어야 하는 것은 아니다.**

[2] ○○세무서장이 수사기관에 **피고인의 2002년도 및 2003년도 국세체납 부분에 관하여 고발하였으나 불기소처분된** 사실, 그 후 ○○세무서장이 다시 피고인의 2004년도 국세체납 부분에 관하여 고발하자, 검사는 2004년도 국세체납 부분과 함께 **종전에 불기소처분하였던 2002년도 및 2003년도 국세체납 부분도 공소를 제기한** 사실을 알 수 있는바, 이 사건 공소사실 중 2002년도 및 2003년도 국세체납 부분에 관한 고발은 검사의 **불기소처분 후에도 여전히 유효**하므로, 이 부분 공소사실이 조세범처벌법 제6조에 의한 고발없이 공소제기되었다고 볼 수는 없다. 따라서 이 부분(2002년도 및 2003년도 국세체납 부분) 공소사실에 대한 **공소가 적법**하다(대법원 2009. 10. 29. 선고 2009도6614 판결).

ⓓ (×) **공정거래위원회가** 사업자에게 독점규제 및 공정거래에 관한 법률(이하 '공정거래법'이라 한다)의 규정을 **위반한 혐의가 있다고 인정**하여 공정거래법 제71조에 따라 **사업자를 고발하였다면 이로써 소추의 요건은 충족**되며 공소가 제기된 후에는 고발을 취소하지 못함에 비추어 보면, **법원이 본안에 대하여 심판한 결과** 공정거래법의 규정에 위반되는 **혐의 사실이 인정되지 아니하거나** 그 위반 혐의에 관한 공정거래위원회의 처분이 위법하여 **행정소송에서 취소된다 하더라도** 이러한 사정만으로는 **그 고발을 기초로 이루어진 공소제기 등 형사절차의 효력에 영향을 미치지 아니한다**(대법원 2015. 9. 10. 선고 2015도3926 판결). 결국, 공정거래위원회의 고발을 기초로 이루어진 **공소제기의 효력이 부정되는 것은 아니다.**

▼정답 ①

2. 전속고발에 대한 설명으로 가장 적절하지 않은 것은? (2021. 경찰채용)

① 공정거래위원회의 고발이 있어야 공소를 제기할 수 있는 「독점규제 및 공정거래에 관한 법률」 위반죄를 적용하여 위반행위자들 중 일부에 대하여 공정거래위원회가 고발을 하였다면 나머지 위반행위자에 대하여도 위 고발의 효력이 미친다.

② 전속고발사건에 있어서 수사기관이 고발에 앞서 수사를 하고 甲에 대한 구속영장을 발부받은 후 검찰의 요청에 따라 관계공무원이 고발조치를 하였다고 하더라도 공소제기 전에 고발이 있은 이상 갑에 대한 공소제기의 절차가 법률의 규정에 위반하여 무효라고 할 수는 없다.

③ 세무공무원 등의 고발이 있어야 공소를 제기할 수 있는 「조세범처벌법 위반죄」에 관하여 일단 불기소처분이 있었더라도 세무공무원 등이 종전에 한 고발은 여전히 유효하고, 따라서 나중에 공소를 제기함에 있어 세무공무원 등의 새로운 고발이 있어야 하는 것은 아니다.

④ 공정거래위원회가 사업자에게 「독점규제 및 공정거래에 관한 법률」의 규정을 위반한 혐의가 있다고 인정하여 공정거래법 제71조에 따라 사업자를 고발하였다면, 법원이 본안에 대하여 심판한 결과 위반되는 혐의 사실이 인정되지 아니하더라도 이러한 사정만으로는 그 고발을 기초로 이루어진 공소제기 등 형사절차의 효력에 영향을 미치지 아니한다.

▼해 설

① (×) 친고죄에 관한 고소의 주관적 불가분원칙을 규정하고 있는 형사소송법 제233조가 **공정거래위원회의 고발에도 유추적용된다고 해석한다면 이는 공정거래위원회의 고발이 없는 행위자에 대해서까지 형사처벌의 범위를 확장하는 것**으로서, 결국 피고인에게 불리하게 형벌법규의 문언을 유추해석한 경우에 해당하므로 죄형법정주의에 반하여 허용될 수 없다. 따라서 **공정거래위원회의 고발 대상에서 제외된 피고인들에 대한 독점규제 및 공정거래에 관한 법률 위반의 공소사실에 관하여**, 소추요건의 결여로 그 공소의 제기가 법률의 규정에 위반하여 무효인 경우에 해당한다는 이유로 **공소기각판결을 선고**한 원심의 조치를 수긍한 사례(대법원 2010. 9. 30. 선고 2008도4762 판결).

② (○) 대법원 1995. 3. 10. 선고 94도3373 판결

③ (○) 대법원 2009. 10. 29. 선고 2009도6614 판결

④ (○) 공정거래위원회가 사업자에게 독점규제 및 공정거래에 관한 법률(이하 '공정거래법'이라 한다)의 규정을 위반한 혐의가 있다고 인정하여 공정거래법 제71조에 따라 사업자를 고발하였다면 **이로써 소추의 요건은 충족되며 공소가 제기된 후에는 고발을 취소하지 못함에 비추어 보면**, 법원이 본안에 대하여 심판한 결과 공정거래법의 규정에 위반되는 혐의 사실이 인정되지 아니하거나 그 위반 혐의에 관한 공정거래위원회의 처분이 위법하여 행정소송에서 취소된다 하더라도 이러한 사정만으로는 **그 고발을 기초로 이루어진 공소제기 등 형사절차의 효력에 영향을 미치지 아니한다**(대법원 2015. 9. 10. 선고 2015도3926 판결).

▼정답 ①

3. 고발에 대한 다음 설명 중 틀린 것은?

① 고발이란 범죄사실을 수사기관에 고하여 그 소추를 촉구하는 것으로서 범인을 지적할 필요가 없는 것이고 또한 고발에서 지정한 범인이 진범인이 아니더라도 고발의 효력에는 영향이 없는 것이므로, 고발인이 농지전용행위를 한 사람을 갑으로 잘못 알고 甲을 피고발인으로 하여 고발하였다고 하더라도 을이 농지전용행위를 한 이상 을에 대하여도 고발의 효력이 미친다.

② 조세범처벌절차법 소정의 즉시고발을 함에 있어서 고발사유를 고발서에 명기하지 않았다면 그를 무효라고 할 수 있다.

③ 한 개의 범칙사실의 일부에 대한 고발은 그 전부에 대하여 효력이 생기므로, 동일한 부가가치세의 과세기간 내에 행하여진 조세포탈기간이나 포탈액수의 일부에 대한 조세포탈죄의 고발이 있는 경우 그 고발의 효력은 그 과세기간 내의 조세포탈기간 및 포탈액수 전부에 미친다.

④ 관세법상 통고처분을 할 것인지의 여부는 관세청장 또는 세관장의 재량에 맡겨져 있고, 따라서 관세청장 또는 세관장이 관세범에 대하여 통고처분을 하지 아니한 채 고발하였다는 것만으로는 그 고발 및 이에 기한 공소의 제기가 부적법하게 되는 것은 아니다.

▼해 설

② (×) [1] 조세범처벌절차법 소정의 즉시고발을 함에 있어서 **고발사유를 고발서에 명기하지 아니한 경우에도 그를 무효라고 할 수 없다**
[2] **조세범처벌절차법에 즉시고발을 함에 있어서 고발사유를 고발서에 명기하도록 하는 규정이 없을뿐 아니라** 원래 즉시고발요건을 세무공무원에게 부여하였음은 세무공무원으로 하여금 임기의 처분을 하도록 할 목적으로 특별사유의 유무에 대한 인정권을 세무공무원에게 일임한 것이라고 해석함이 당원의 판례로 하고 있는 바이므로, **조세범칙사건에 대하여 관계세무공무원의 즉시고발이 있으면 그로써 소추의 요건은 충족된 것이므로 법원은 본안에 대한 심판을 요할 뿐이요 그 즉시 고발사유에 대한 심사를 할 수 없다고 봄이 타당하다**(대법원1974. 3. 26.선고73도2711판결).

① (○) **고발**이란 범죄사실을 수사기관에 고하여 그 소추를 촉구하는 것으로서 **범인을 지적할 필요가 없는 것이고** 또한 고발에서 지정한 범인이 진범인이 아니더라도 고발의 효력에는 영향이 없는 것이므로, 고발인이 농지전용행위를 한 사람을 갑으로 잘못 알고 갑을 피고발인으로 하여 고발하였다고 하더라도 을이 농지전용행위를 한 이상 **을에 대하여도 고발의 효력이 미친다**(대법원1994. 5. 13.선고94도458판결).

③ (○) [1] 조세범처벌법에 의한 고발은 고발장에 범칙사실의 기재가 없거나 특정이 되지 아니할 때에는 부적법하나, 반드시 공소장 기재요건과 동일한 범죄의 일시·장소를 표시하여 사건의 동일성을 특정할 수 있을 정도로 표시하여야 하는 것은 아니고, 조세범처벌법이 정하는 어떠한 태양의 범죄인지를 판명할 수 있을 정도의 사실을 일응 확정할 수 있을 정도로 표시하면 족하다. 또한, 고발사실의 특정은 고발장에 기재된 범칙사실과 세무공무원의 보충진술 기타 고발장과 같이 제출된 서류 등을 종합하여 판단하여야 한다.
[2] 고발은 범죄사실에 대한 소추를 요구하는 의사표시로서 그 효력은 고발장에 기재된 범칙사실과 동일성이 인정되는 사실 모두에 미치므로, 범칙사건에 대한 고발이 있는 경우 그 고발의 효과는 범칙사건에 관련된 범칙사실의 전부에 미치고 **한 개의 범칙사실의 일부에 대한 고발은 그 전부에 대하여 효력이 생기므로, 동일한 부가가치세의 과세기간 내에 행하여진 조세포탈기간이나 포탈액수의 일부에 대한 조세포탈죄의 고발이 있는 경우 그 고발의 효력은 그 과세기간 내의 조세포탈기간 및 포탈액수 전부에 미친다**. 따라서 일부에 대한 고발이 있는 경우 기본적 사실관계의 동일성이 인정되는 범위 내에서 조세포탈기간이나 포탈액수를 추가하는 공소장변경은 적법하다(대판2009도3282).

④ (○) [1] 관세법에 의하면, 관세청장 또는 세관장은 관세범에 대하여 통고처분을 할 수 있고, 범죄의 정상이 징역형에 처하여질 것으로 인정되는 때에는 즉시 고발하여야 하며, 관세범인이 통고를 이행할 수 있는 자금능력이 없다고 인정되거나 주소 및 거소의 불명 기타의 사유로 인하여 통고를 하기 곤란하다고 인정되는 때에도 즉시 고발하여야 하는바, 이들 규정을 종합하여 보면, **통고처분을 할 것인지의 여부는 관세청장 또는 세관장의 재량에 맡겨져 있다**.
[2] 따라서 **관세청장 또는 세관장이** 관세범에 대하여 **통고처분을 하지 아니한 채 고발하였다는 것만으로는** 그 **고발 및** 이에 기한 **공소의 제기가 부적법하게 되는 것은 아니다**(대법원2007. 5. 11.선고2006도1993판결).

▶정답 ②

제05절 자수

1. 자수와 관련한 설명으로 가장 적절하지 않은 것은?(다툼이 있으면 판례에 의함)

① 범죄사실을 부인하거나 죄의 뉘우침이 없는 자수는 그 외형은 자수일지라도 형법 제52조 1항 소정의 진정한 자수라고 할 수 없다.
② 일단 자수가 성립한 이상, 그 후에 범인이 번복하여 수사기관이나 법정에서 범행을 부인한다 하더라도 일단 발생한 자수의 효력이 소멸하는 것은 아니라고 할 것이다.
③ 법인의 직원 또는 사용인이 위반행위를 하여 양벌규정에 의하여 법인이 처벌받는 경우, 그 위반행위를 한 직원 또는 사용인이 자수하면 법인의 이사 기타 대표자가 자수하지 않은 경우에도 법인에게 자수감경을 적용할 수 있다.
④ 수사기관의 직무상의 질문 또는 조사에 응하여 범죄사실을 진술하는 것은 자수에 해당하지 않는다.

▼해 설

③ (×) 법인의 직원 또는 사용인이 위반행위를 하여 양벌규정에 의하여 법인이 처벌받는 경우, **법인에게 자수감경에 관한 형법 제52조 제1항의 규정을 적용하기 위하여는 법인의 이사 기타 대표자가 수사책임이 있는 관서에 자수한 경우에 한하고**, 그 위반행위를 한 직원 또는 사용인이 자수한 것만으로는 위 규정에 의하여 형을 감경할 수 없다(대법원1995. 7. 25. 선고95도391판결).
① (○) 형법 제52조가 자수를 형의 감경사유로 삼은 첫째 이유는 범인이 죄를 뉘우치고 있다는 데에 있으므로 **죄의 뉘우침이 없는 자수**는 그 외형은 자수일지라도 형법 제52조 1항 소정의 **진정한 자수라고 할 수 없다**(대법원1993. 6. 11. 선고93도1054판결).
② (○) 형법 제52조 제1항 소정의 자수란 범인이 자발적으로 자신의 범죄사실을 수사기관에 신고하여 그 소추를 구하는 의사표시를 함으로써 성립하는 것으로서, **일단 자수가 성립한 이상 자수의 효력은 확정적으로 발생하고 그 후에 범인이 번복하여 수사기관이나 법정에서 범행을 부인한다고 하더라도 일단 발생한 자수의 효력이 소멸하는 것은 아니라고 할 것이다**(대법원1999. 7. 9. 선고99도1695판결).
④ (○) 자수라 함은 범인이 스스로 수사책임이 있는 관서에 자기의 범행을 고하고 그 처분을 구하는 의사표시를 하는 것을 말하고, 가령 **수사기관의 직무상의 질문 또는 조사에 응하여 범죄사실을 진술하는 것은 자백일 뿐 자수로는 되지 않는다**(대법원1982. 9. 28. 선고82도1965판결).

▼정답 ③

2. 다음은 자수와 관련된 설명이다. 가장 적절하지 않은 것은? (다툼이 있으면 판례에 의함)

① 형법 제52조 소정의 자수라 함은 범인이 자발적으로 자신의 범죄사실을 수사기관에 신고하여 소추를 구하는 의사표시를 말한다.
② 수사기관의 질문 또는 조사에 응하여 범죄사실을 진술하는 것도 자수에 해당한다.
③ 수개의 범죄사실 중 일부에 관하여만 자수한 경우에는 그 부분 범죄사실에 대하여만 자수의 효력이 있다.
④ 자수한 자에 대하여는 법원이 임의로 형을 감경할 수 있음에 불과한 것으로, 자수감경을 하지 아니하였다고 하여 위법한 것은 아니다.

▼해 설

② (×) 자수라 함은 범인이 스스로 수사책임이 있는 관서에 자기의 범행을 자발적으로 신고하고 그 처분을 구하는 의사표시를 말하고, 가령 **수사기관의 직무상의 질문 또는 조사에 응하여 범죄사실을 진술하는 것은** 자백일 뿐 **자수로는 되지 않는다**(대법원1992. 8. 14. 선고92도962판결).
① (○) 형법 제52조 소정의 자수라 함은 범인이 자발적으로 자신의 범죄사실을 수사기관에 신고하여 소추를 구하는 의사표시를 말한다.
③ (○) 수개의 범죄사실 중 **일부에 관하여만 자수한 경우에는 그 부분** 범죄사실에 대하여만 자수의 효력이 있다(대판94도2130).
④ (○) **피고인이 자수하였다 하더라도** 자수한 자에 대하여는 **법원이 임의로 감경할 수 있음에 불과한 것으로서 자수감경을 하지 아니하였다 하여 위법하다고 할 수 없다**(대법원1992. 8. 14. 선고92도962판결).

▼정답 ②

3. 자수에 관한 설명으로 가장 적절한 것은? (다툼이 있는 경우 판례에 의함)

① 반의사불벌죄를 저지른 자가 피해자에게 죄를 자복하였을 경우와 달리 죄를 지은 후 수사기관에 자수한 경우에는 형을 감경하거나 면제할 수 있다.

② 법률상의 형의 감경사유가 되는 자수를 위하여는 법적으로 요건을 완전히 갖춘 범죄행위라고 적극적으로 인식하고 있을 필요가 있다.

③ 「형법」 제52조 제1항에서 말하는 '자수'란 범행이 발각된 후에 수사기관에 자진 출석하여 범죄사실을 자백한 경우도 포함하나, 그 후에 범인이 번복하여 수사기관이나 법정에서 범행을 부인하는 경우라면 일단 발생한 자수의 효력은 소멸한다.

④ 자수서를 소지하고 수사기관에 출석하였으나 조사를 받으면서 자수서를 제출하지 아니하고 범행사실을 부인하였다면 자수가 성립한다고 볼 수 없고, 그 이후 구속까지 된 상태에서 자수서를 제출하고 제4회 피의자신문 당시 범행사실을 시인한 것은 자수에 해당하지 않는다.

▼해 설

④ (O) [1] 수사기관에의 신고가 **자발적이라고** 하더라도 그 신고의 내용이 자기의 **범행을 명백히 부인**하는 등의 내용으로 자기의 범행으로서 범죄성립요건을 갖추지 아니한 사실일 경우에는 **자수는 성립하지 않고**, 일단 자수가 성립하지 아니한 이상 **그 이후의 수사과정이나 재판과정에서 범행을 시인하였다고** 하더라도 **새롭게 자수가 성립할 여지는 없다**.

[2] 범인이 스스로 수사책임이 있는 관서에 자기의 범행을 자발적으로 신고하고 그 처분을 구하는 의사표시이므로 **수사기관의 직무상의 질문 또는 조사에 응하여 범죄사실을 진술하는 것은 자백일 뿐 자수로는 되지 않는다**고 할 것이고, **자수는** 범인이 수사기관에 의사표시를 함으로써 성립하기 때문에 **내심적 의사만으로는 부족**하고, **외부로 표시되어야 이를 인정할 수 있는 것**이다.

[3] 자수서를 소지하고 **수사기관에** 자발적으로 출석하였으나 **자수서를 제출하지 아니하고 범행사실도 부인하였다면 자수가 성립하지 아니하고**, 그 이후 **구속까지 된 상태에서 자수서를 제출하고 범행사실을 시인한 것을 자수에 해당한다고 인정할 수 없다**(대법원2004. 10. 14. 선고2003도3133판결).

① (×) [1] **자수는 수사기관에** 하는 것이고 모든 범죄에 대하여 자수할 수 있다. **자복은 피해자에게 용서를 받는 것인데, 반의사불벌죄에서만** 인정된다. **자수와 자복은** 모두 임의적감면사유로서 **효과가 동일하다**.

[2] 죄를 지은 후 **수사기관에 자수한 경우에는 형을 감경하거나 면제할 수 있다**(형법 제52조 제1항).

[3] **피해자의 의사에 반하여 처벌할 수 없는 범죄**의 경우에는 피해자에게 죄를 **자복(自服)**하였을 때에도 **형을 감경하거나 면제할 수 있다**(동법 동조 제2항).

② (×) 법률상의 형의 감경사유가 되는 **자수를 위하여는**, 범인이 자기의 범행으로서 범죄성립요건을 갖춘 객관적 사실을 **자발적으로 수사관서에 신고하여 그 처분에 맡기는 것으로 족하고**, 더 나아가 **법적으로 그 요건을 완전히 갖춘 범죄행위라고 적극적으로 인식하고 있을 필요까지는 없다**(대법원1995. 6. 30. 선고94도1017판결). 결국, 피고인이 검찰에 자진출석하여 조사에 응한 것은 자수에 해당한다.

③ (×) 형법 제52조 제1항에서 말하는 자수란 범인이 자발적으로 자신의 범죄사실을 수사기관에 신고하여 그 소추를 구하는 의사표시를 함으로써 성립하는 것으로서, **범행이 발각된 후에 수사기관에 자진 출석하여 범죄사실을 자백한 경우도 포함**하며, 일단 자수가 성립한 이상 자수의 효력은 확정적으로 발생하고 **그 후에 범인이 번복하여 수사기관이나 법정에서 범행을 부인한다고 하여 일단 발생한 자수의 효력이 소멸하는 것은 아니라고 할 것**이다(대법원2004. 10. 14. 선고2003도3133판결).

▼정답 ④

CHAPTER 03 | 수사의 한계영역

1. 수사의 방법에 관한 설명으로 가장 적절하지 <u>않은</u> 것은?(다툼이 있는 경우 판례에 의함) (2024. 경찰간부)

① 「형사소송법」에서 규정하고 있는 임의수사로는 피의자신문, 참고인조사, 공무소 등에 대한 사실조회, 감정·통역·번역의 위촉이 있다.
② 수사기관이 범죄를 수사함에 있어 현재 범행이 행하여지고 있거나 행하여진 직후이고, 증거보전의 필요성 및 긴급성이 있으며 일반적으로 허용되는 상당한 방법에 의하여 촬영을 한 경우에는, 그 촬영행위가 영장없이 이루어졌다 하여 이를 위법하다고 할 수 없다.
③ 마약류사범인 수형자에게 마약류 반응검사를 위해 소변을 받아 제출하도록 하는 것은 법관의 영장을 필요로 하는 강제처분이므로 구치소 등 교정시설 내에서 소변채취가 법관의 영장없이 실시된 경우에는 영장주의 원칙에 반한다.
④ 피의자의 진술은 조서에 기재하여야 하며, 조서를 열람하게 하거나 읽어 들려주는 과정에서 피의자가 이의를 제기하거나 의견을 진술한 때에는 이를 조서에 추가로 기재하여야 한다.

▼해 설

③ (×) [1] **교도소 수형자에게 소변을 받아 제출하게 한 것은, 형을 집행하는 우월적인 지위에서** 외부와 격리된 채 형의 집행에 관한 지시, 명령을 복종하여야 할 관계에 있는 자에게 행해진 것으로서 그 목적 또한 **교도소 내의 안전과 질서유지를 위하여 실시하였고**, 일방적으로 강제하는 측면이 존재하며, 응하지 않을 경우 직접적인 징벌 등의 제재는 없다고 하여도 불리한 처우를 받을 수 있다는 심리적 압박이 존재하리라는 것을 충분히 예상할 수 있는 점에 비추어, **권력적 사실행위로서** 헌법재판소법 제68조 제1항의 **공권력의 행사에 해당한다.**
[2] 헌법 제12조 제3항의 영장주의는 법관이 발부한 영장에 의하지 아니하고는 수사에 필요한 강제처분을 하지 못한다는 원칙으로 **소변을 받아 제출하도록 한 것은 교도소의 안전과 질서유지를 위한 것으로** 수사에 필요한 처분이 아닐 뿐만 아니라 **검사대상자들의 협력이 필수적이어서 강제처분이라고 할 수도 없어 영장주의의 원칙이 적용되지 않는다.**
[3] 마약류는 중독성 등으로 교정시설로 반입되어 수용자가 복용할 위험성이 상존하고, 수용자가 마약류를 복용할 경우 그 수용자의 수용목적이 근본적으로 훼멸될 뿐만 아니라 **다른 수용자들에 대한 위해로 인한 사고**로 이어질 수 있으므로, **소변채취를 통한 마약류반응검사가 월 1회씩 정기적으로 행하여진다 하여도** 이는 마약류의 반입 및 복용사실을 조기에 발견하고 마약류의 반입시도를 사전에 차단함으로써 **교정시설 내의 안전과 질서유지를 위하여 필요하고**, 마약의 복용 여부는 외부관찰 등에 의해서는 발견될 수 없으며, **징벌 등 제재처분 없이 자발적으로 소변을 받아 제출하도록 한 후**, 3분 내의 짧은 시간에, 시약을 떨어뜨리는 간단한 방법으로 실시되므로, 대상자가 소변을 받아 제출하는 하기 싫은 일을 하여야 하고 **자신의 신체의 배출물에 대한 자기결정권이 다소 제한된다**고 하여도, **그것만으로는** 소변채취의 목적 및 검사방법 등에 비추어 **과잉금지의 원칙에 반한다고 할 수 없다**(헌재 2006. 7. 27. 2005헌마277). 결국, **구치소 등 교정시설 내에서 월 1회씩 소변채취는** 교정시설의 안전과 질서유지를 위해 필요하고, 수용자들이 자발적으로 제출하므로 **강제처분이 아니어서 영장주의원칙이 적용되지 않는다.**

① (○) 옳은 지문이다.
② (○) 누구든지 자기의 얼굴 기타 모습을 함부로 촬영당하지 않을 자유를 가지나 이러한 자유도 국가권력의 행사로부터 무제한으로 보호되는 것은 아니고 국가의 안전보장·질서유지·공공복리를 위하여 필요한 경우에는 상당한 제한이 따르는 것이고, **수사기관이** 범죄를 수사함에 있어 **현재 범행이 행하여지고 있거나 행하여진 직후이고, 증거보전의 필요성 및 긴급성이 있으며, 일반적으로 허용되는 상당한 방법에 의하여 촬영을 한 경우(현+필+긴+상)**라면 **위 촬영이 영장 없이 이루어졌다 하여 이를 위법하다고 단정할 수 없다**(대법원 1999. 9. 3. 선고99도2317판결).

④ (○) 제224조 제2항

▼정답 ③

2. 수사에 관한 설명 중 가장 적절한 것은? (다툼이 있는 경우 판례에 의함) (2023. 1차 경찰채용)

① 누구든지 자기의 얼굴 기타 모습을 함부로 촬영당하지 않을 자유를 가지므로, 수사기관이 범죄를 수사함에 있어 타인의 얼굴 기타 모습을 영장 없이 촬영하였다면, 그 촬영은 어떠한 경우라도 허용될 수 없다.

② 음주운전에 대한 수사과정에서 음주운전 혐의가 있는 운전자에 대하여「도로교통법」에 따른 호흡측정이 이루어진 경우 과학적이고 중립적인 호흡측정 수치가 도출되었다 하여도 그 결과에 오류가 있다고 인정할 만한 객관적이고 합리적인 사정이 있는 경우라면 추가로 음주측정을 할 필요성이 있으므로, 경찰관이 혐의를 제대로 밝히기 위해 혈액채취에 의한 측정방법으로 재측정하는 것을 위법하다 할 수 없고 운전자는 이에 따라야 할 의무가 있다.

③ 위법한 체포상태에서 마약 투약 혐의를 확인하기 위한 채뇨 요구가 이루어진 경우, 채뇨 요구를 위한 위법한 체포와 그에 이은 채뇨 요구는 마약 투약이라는 범죄행위에 대한 증거수집 위하여 연속하여 이루어진 것으로서 개별적으로 그 적법 여부를 평가하는 것은 적절하지 아니하므로 그 일련의 과정을 전체적으로 보아 위법한 채뇨 요구가 있었던 것으로 보아야 한다.

④ 「경범죄 처벌법」제3조 제1항 제34호의 지문채취 불응 시 처벌규정은 영장주의에 따른 강제처분을 규정한 것으로, 수사상 필요에 의하여 수사기관이 직접강제에 의하여 지문을 채취하려 하는 경우와 마찬가지로 법관에 의해 발부된 영장이 필요하다.

▶ 해 설

③ (O) [1] 피의자가 동행을 거부하는 의사를 표시하였음에도 불구하고 경찰관들이 영장에 의하지 아니하고 피의자를 강제로 연행한 행위는 수사상의 강제처분에 관한 형사소송법상의 절차를 무시한 채 이루어진 것으로 위법한 체포에 해당하고, 이와 같이 **위법한 체포상태에서 마약 투약 혐의를 확인하기 위한 채뇨요구가 이루어진 경우**, 채뇨요구를 위한 위법한 체포와 그에 이은 채뇨요구는 마약 투약이라는 범죄행위에 대한 증거 수집을 위하여 **연속하여 이루어진 것으로서 개별적으로 그 적법 여부를 평가하는 것은 적절하지 아니하므로** 그 일련의 과정을 **전체적으로 보아 위법한 채뇨요구가 있었던 것으로 볼 수밖에 없다.**

[2] 마약 투약 혐의를 받고 있던 피고인이 임의동행을 거부하겠다는 의사를 표시하였는데도 경찰관들이 피고인을 영장 없이 강제로 연행한 상태에서 마약 투약 여부의 확인을 위한 1차 채뇨절차가 이루어졌는데, 그 후 피고인의 소변 등 채취에 관한 압수영장에 기하여 2차 채뇨절차가 이루어지고 그 결과를 분석한 소변 감정서 등이 증거로 제출된 사안에서, **피고인을 강제로 연행한 조치는 위법한 체포에 해당하고, 위법한 체포상태에서 이루어진 채뇨요구 또한 위법**하므로 그에 의하여 수집된 '**소변검사시인서**'는 유죄 인정의 증거로 삼을 수 없다.

[2] 한편 연행 당시 피고인이 마약을 투약한 것이거나 자살할지도 모른다는 취지의 구체적 제보가 있었던 데다가, 피고인이 경찰관 앞에서 바지와 팬티를 내리는 등 비상식적인 행동을 하였던 사정 등에 비추어 피고인에 대한 긴급한 구호의 필요성이 전혀 없었다고 볼 수 없는 점, 경찰관들은 임의동행시점으로부터 얼마 지나지 아니하여 체포의 이유와 변호인 선임권 등을 고지하면서 피고인에 대한 긴급체포의 절차를 밟는 등 절차의 잘못을 시정하려고 한 바 있어, **경찰관들의 위와 같은 임의동행조치는 단지 수사의 순서를 잘못 선택한 것이라고 할 수 있지만 관련 법규정으로부터의 실질적 일탈 정도가 헌법에 규정된 영장주의 원칙을 현저히 침해할 정도에 이르렀다고 보기 어려운 점** 등에 비추어 볼 때, 위와 같은 2차적 증거 수집이 위법한 체포·구금절차에 의하여 형성된 상태를 직접 이용하여 행하여진 것으로는 쉽사리 평가할 수 없으므로, 이와 같은 사정은 **체포과정에서의 절차적 위법과 2차적 증거 수집 사이의 인과관계를 희석하게 할 만한 정황에 속하고, 메스암페타민 투약 범행의 중대성도 아울러 참작될 필요가 있는 점** 등 제반 사정을 고려할 때 **2차적 증거인 소변 감정서 등은 증거능력이 인정된다**(대법원 2013. 3. 14. 선고 2012도13611 판결).

① (×) 누구든지 자기의 얼굴 기타 모습을 함부로 촬영당하지 않을 자유를 가지나 이러한 자유도 국가권력의 행사로부터 무제한으로 보호되는 것은 아니고 국가의 안전보장·질서유지·공공복리를 위하여 필요한 경우에는 상당한 제한이 따르는 것이고, 수사기관이 범죄를 수사함에 있어 **현재 범행이 행하여지고 있거나 행하**

여진 직후이고, 증거보전의 **필요성** 및 **긴급성**이 있으며, 일반적으로 허용되는 **상당한 방법**에 의하여 촬영을 한 경우라면 **위 촬영이 영장 없이 이루어졌다 하여 이를 위법하다고 단정할 수 없다**(대법원1999. 9. 3.선고99도2317판결).

② (×) 구 도로교통법 제44조 제2항,제3항은 음주운전 혐의가 있는 운전자에게 수사를 위한 호흡측정에도 응할 것을 간접적으로 강제하는 한편 **혈액 채취 등의 방법에 의한 재측정을 통하여 호흡측정의 오류로 인한 불이익을 구제받을 수 있는 기회를 보장하는 데 취지가 있으므로**, 이 규정들이 음주운전에 대한 수사방법으로서의 혈액 채취에 의한 측정의 방법을 운전자가 호흡측정 결과에 불복하는 경우에만 한정하여 허용하려는 취지의 규정이라고 해석할 수는 없다.

[2] 음주운전에 대한 수사 과정에서 음주운전 혐의가 있는 운전자에 대하여 구 도로교통법 제44조 제2항에 따른 호흡측정이 이루어진 경우에는 그에 따라 과학적이고 중립적인 호흡측정 수치가 도출된 이상 다시 음주측정을 할 필요성은 사라졌으므로 운전자의 불복이 없는 한 다시 음주측정을 하는 것은 원칙적으로 허용되지 아니한다. 그러나 호흡측정 당시의 구체적 상황에 비추어 **호흡측정기의 오작동 등으로 인하여 호흡측정 결과에 오류가 있다고 인정할 만한 객관적이고 합리적인 사정이 있는 경우라면** 그러한 호흡측정 수치를 얻은 것만으로는 수사의 목적을 달성하였다고 할 수 없어 **추가로 음주측정을 할 필요성이 있으므로**, 경찰관이 음주운전 혐의를 제대로 밝히기 위하여 **운전자의 자발적인 동의를 얻어 혈액 채취에 의한 측정의 방법으로 다시 음주측정을 하는 것을 위법하다고 볼 수는 없다**. 이 경우 운전자가 일단 호흡측정에 응한 이상 재차 음주측정에 응할 의무까지 당연히 있다고 할 수는 없으므로, 운전자의 혈액 채취에 대한 동의의 임의성을 담보하기 위하여는 경찰관이 미리 운전자에게 혈액 채취를 거부할 수 있음을 알려주었거나 운전자가 언제든지 자유로이 혈액 채취에 응하지 아니할 수 있었음이 인정되는 등 운전자의 자발적인 의사에 의하여 혈액 채취가 이루어졌다는 **것이 객관적인 사정에 의하여 명백한 경우에 한하여 혈액 채취에 의한 측정의 적법성이 인정된다**(대법원2015. 7. 9.선고2014도16051판결).

④ (×) **경범죄 처벌법에**「(지문채취 불응) 범죄 피의자로 입건된 사람의 신원을 지문조사 외의 다른 방법으로는 확인할 수 없어 **경찰공무원이나 검사가 지문을 채취하려고 할 때에 정당한 이유 없이 이를 거부한 사람은** 10만원 이하의 벌금, 구류 또는 과료(科料)의 형으로 **처벌한다.**」고 규정하고 있다(제3조 제1항, 동조 제1항 제34호). **수사기관의 지문채취를 강제수사라고 할 수는 없으므로** 지문채취 시에 법관의 영장은 필요없다. 오히려 지문채취는 진술이 아니므로 진술거부권의 대상이 아니고 불응 시에 경범죄 처벌법으로 처벌한다하여 진술거부권이 침해되는 것도 아니다.

▼정답 ③

3. 판례에 의힐 때 엉장없이 촬영한 비디오테이프가 증거능력을 갖기 위한 요건이 아닌 것은?

① 수사기관이 범죄를 수사함에 있어 현재 범행이 행하어지고 있거나 행하여진 직후일 것
② 증거보전의 필요성 및 긴급성이 있을 것
③ 일반적으로 허용되는 상당한 방법에 의하여 촬영할 것
④ 신속한 수사 진행을 위한 목적일 것

▼해 설

④ 누구든지 자기의 얼굴 기타 모습을 함부로 촬영당하지 않을 자유를 가지나 이러한 자유도 국가권력의 행사로부터 무제한으로 보호되는 것은 아니고 국가의 안전보장·질서유지·공공복리를 위하여 필요한 경우에는 상당한 제한이 따르는 것이고, 수사기관이 범죄를 수사함에 있어 **현재 범행이 행하어지고 있거나 행하여진 직후이고, 증거보전의 필요성 및 긴급성이 있으며, 일반적으로 허용되는 상당한 방법에 의하여 촬영을 한 경우**라면 위 촬영이 **영장 없이** 이루어졌다 하여 이를 위법하다고 단정할 수 없다(대판99도2317).

▼정답 ④

3. 임의동행에 관한 설명 중 가장 적절하지 않은 것은? (다툼이 있는 경우 판례에 의함)

(2022. 2차 경찰채용)

① 경찰관이 동행에 앞서 피의자에게 동행을 거부할 수 있음을 알려 주었거나 동행한 피의자가 언제든지 자유로이 동행과정에서 이탈 또는 동행장소로부터 퇴거할 수 있었음이 인정되는 등 오로지 피의자의 자발적인 의사에 의하여 수사관서 등에의 동행이 이루어졌음이 객관적인 사정에 의하여 명백하게 입증된 경우에 한하여 그 적법성이 인정된다.

② 경찰관이 甲을 경찰서로 동행할 당시 甲에게 언제든지 동행을 거부할 수 있음을 고지한 다음 동행에 대한 동의를 구하였고, 이에 甲이 고개를 끄덕이며 동의의 의사표시를 하였으며, 동행 당시 경찰관에게 욕을 하거나 특별한 저항을 하지도 않고 동행에 순순히 응하였으며, 동행 당시 술에 취한 상태이기는 하였으나, 동행 후 경찰서에서 주취운전자 정황진술보고서의 날인을 거부하고 "이번이 3번째 음주운전이다. 난 시청 직원이다. 1번만 봐 달라."고 말한 경우, 甲에 대한 임의동행은 적법하다.

③ 경찰관이 甲의 정신 상태, 신체에 있는 주사바늘 자국, 알콜솜 휴대, 전과 등을 근거로 갑의 마약류 투약 혐의가 상당하다고 판단하여 경찰서로 임의동행을 요구하였고, 동행장소인 경찰서에서 甲에게 마약류 투약 혐의를 밝힐 수 있는 소변과 모발의 임의제출을 요구하였다면, 이때 임의동행은 「형사소송법」 제199조 제1항에 따른 임의동행에 해당하지 아니한다.

④ 술에 취한 상태에 있다고 인정할 만한 상당한 이유가 있는 운전자가 경찰관으로부터 언제라도 자유로이 퇴거할 수 있음을 고지받고 파출소까지 자발적으로 동행한 경우, 이 파출소에서의 음주측정요구는 위법한 체포 상태에서 이루어진 것이라고 할 수 없다.

▼해설

③ (×)경찰관은 당시 피고인의 정신 상태, **신체에 있는 주사바늘 자국, 알콜솜 휴대, 전과 등을 근거로** 피고인의 **마약류 투약 혐의가 상당하다고 판단하여 경찰서로 임의동행을 요구하였고**, 동행장소인 경찰서에서 피고인에게 마약류 투약 혐의를 밝힐 수 있는 **소변과 모발의 임의제출을 요구하였으므로** 피고인에 대한 **임의동행은** 마약류 투약 혐의에 대한 **수사를 위한 것**이어서 **형사소송법 제199조 제1항에 따른 임의동행**에 **해당한다**(대법원 2020. 5. 14. 선고 2020도398 판결).

① (○) 대법원 2006. 7. 6. 선고 2005도6810 판결
② (○) 대법원 2012. 9. 13. 선고 2012도8890 판결
④ (○) 대법원 2015. 12. 24. 선고 2013도8481 판결

▼정답 ③

4. 「통신비밀보호법」상 감청에 관한 설명으로 가장 적절하지 않은 것은? (다툼이 있는 경우 판례에 의함)

(2024. 경찰승진)

① 전화통화 당사자의 일방이 상대방 모르게 통화내용을 녹음하는 것은 감청에 해당하지 아니하지만, 제3자의 경우는 설령 전화통화 당사자 일방의 동의를 받고 그 통화내용을 녹음하였다 하더라도 그 상대방의 동의가 없었던 이상 「통신비밀보호법」 제3조를 위반한 불법감청에 해당한다.

② 「통신비밀보호법」제3조 제1항 본문에 의하면 누구든지 이 법과 형사소송법 또는 군사법원법의 규정에 의하지 않고는 공개되지 않은 타인 간의 대화를 녹음하거나 청취하지 못하는데, 여기서 말하는 '공개되지 않았다.'는 것은 반드시 비밀과 동일한 의미는 아니다.

③ 인터넷개인방송의 방송자가 비밀번호를 설정하는 등 그 수신범위를 한정하는 비공개 조치를 취하지 않고 방송을 송출하는경우, 그 시청자는 인터넷개인방송의 당사자인 수신인에 해당하고, 이러한 시청자가 방송 내용을 지득·채록하는 것은 「통신비밀보호법」에서 정한 감청에 해당하지 않는다.

④ A가 비공개 조치를 한 후 인터넷개인방송을 하는 과정에서 A와 잘 아는 사이인 甲이 불상의 방법으로 접속하거나 시청하고 있다는 사정을 알면서도 방송을 중단하거나 甲을 배제하는 조치를 취하지 아니하고, 오히려 甲의 시청 사실을 전제로 甲을 상대로 한 발언을 하기도 하는 등 계속 진행을 하였더라도, 甲이 해당방송을 시청하면서 음향·영상 등을 청취하거나 녹음하였다면 「통신비밀보호법」제3조를 위반한 불법감청에 해당한다.

▶ 해 설

④ (×) [1] **인터넷개인방송의 방송자**가 비밀번호를 설정하는 등 그 수신 범위를 한정하는 **비공개 조치를 취하지 않고 방송을 송출하는 경우, 누구든지 시청하는 것을 포괄적으로 허용하는 의사라고 볼 수 있으므로, 그 시청자는** 인터넷개인방송의 당사자인 **수신인에 해당**하고, **이러한 시청자가 방송 내용을 지득·채록하는 것은** 통신비밀보호법에서 정한 **감청에 해당하지 않는다.**

[2] 그러나 인터넷개인방송의 방송자가 비밀번호를 설정하는 등으로 비공개 조치를 취한 후 방송을 송출하는 경우에는, 방송자로부터 허가를 받지 못한 사람은 당해 인터넷개인방송의 당사자가 아닌 '제3자'에 해당하고, 이러한 제3자가 비공개 조치가 된 인터넷개인방송을 비정상적인 방법으로 시청·녹화하는 것은 통신비밀보호법상의 감청에 해당할 수 있다.

[3] 다만 방송자가 이와 같은 제3자의 시청·녹화 사실을 알거나 알 수 있었음에도 방송을 중단하거나 그 제3자를 배제하지 않은 채 방송을 계속 진행하는 등 허가받지 아니한 제3자의 시청·녹화를 사실상 승낙·용인한 것으로 볼 수 있는 경우에는 불특정인 혹은 다수인을 직간접적인 대상으로 하는 인터넷개인방송의 일반적 특성상 그 제3자 역시 인터넷개인방송의 **당사자에 포함될 수 있으므로,** 이러한 **제3자가 방송 내용을 지득·채록하는 것은 통신비밀보호법**에서 정한 **감청에 해당하지 않는다**(대법원2022. 10. 27. 선고2022도9877판결). 결국, 인터넷개인방송자 갑이 헤어진 여친 을이 더 이상 만나주지 않은 네 불만을 품고 인터넷 방송을 통해 을에 대하여 입에 담지 못할 말을 하면서 이를 인터넷 방송으로 송출하자, 을이 인터넷 방송을 송출하는 사이트에 접속하여 그 방송내용을 녹음한 경우, 을은 당사자에 포함되므로 통신비밀보호법 제3조 제1항에 해당하지 않는다(불법감청에 해당하지 않는다).

① (○) [1] 전기통신에 해당하는 **전화통화 당사자의 일방이 상대방 모르게 통화 내용을 녹음하는 것은 감청에 해당하지 않는다.**

[2] 그러나 **제3자의 경우는** 설령 전화통화 **당사자 일방의 동의를** 받고 그 통화 내용을 녹음하였다 하더라도 **그 상대방의 동의가 없었던 이상,** 이는 **여기의 감청에 해당하여 통신비밀보호법 제3조 제1항위반**이 되고, 이와 같이 제3조 제1항을 위반한 **불법감청에 의하여 녹음된 전화통화의 내용은** 제4조에 의하여 **증거능력이 없다.** 그리고 사생활 및 통신의 불가침을 국민의 기본권의 하나로 선언하고 있는 헌법규정과 통신비밀의 보호와 통신의 자유 신장을 목적으로 제정된 통신비밀보호법의 취지에 비추어 볼 때 **피고인이나 변호인이 이를 증거로 함에 동의하였다고** 하더라도 **달리 볼 것은 아니다.**

[3] 가. **甲과 乙이** 피고인 **丙과의 통화 내용을 녹음하기로 합의한 후 갑이 스피커폰으로 병과 통화**하고 **乙이 옆에서 이를 녹음**한 경우, **乙이 전화통화 당사자 일방인 갑의 동의를 받고 그 통화 내용을 녹음하였다고 하더라도** 전화통화 **상대방인 병의 동의가 없었던 이상 乙이 병과 갑 간의 전화통화 내용을 녹음한 행위는** 통신비밀보호법 제3조 제1항에 위반한 **'전기통신의 감청'에 해당**하여 제4조에 의하여 **그 녹음파일은 재판절차에서 증거로 사용할 수 없다.** 위 전화통화는 병과 갑 사이에 이루어진 것이므로 **전화통화의 당사자는 병과 갑이고 乙은 위 전화통화에 있어서 제3자에 해당한다.**

나. 통신비밀보호법 제3조 제1항을 위반한 **불법감청에 의하여 녹음된 전화통화의 내용은 증거능력이 없다.** 사생활 및 통신의 불가침을 국민의 기본권의 하나로 선언하고 있는 헌법규정과 통신비밀의 보호와 통신의 자유 신장을 목적으로 제정된 통신비밀보호법의 취지에 비추어 볼 때 **피고인이나 변호인이 이를 증거로 함에 동의하였다고 하더라도 달리 볼 것은 아니다.** 결국, 피고인 병이 제1심에서 위 녹음파일 및 이를 채록한 녹취록에 대하여 **증거동의를 하였다 하더라도 마찬가지이다**(대판2019.3.14. 2015도1900).

② (○) [1] **통신비밀보호법 제3조 제1항에서 누구든지** 이 법과 형사소송법 또는 군사법원법의 규정에 의하지 않고는 **공개되지 않은 타인 간의 대화를 녹음하거나 청취하지 못하고,** 위 제3조의 **규정을 위반**하여 공개되지 않은 타인 간의 대화를 **녹음 또는 청취한 자와** 이에 의하여 지득한 대화의 내용을 **공개하거나 누설한 자는** 제16조 제1항에 따라 **처벌받는다.**

[2] 여기서 '**공개되지 않았다.**'는 것은 **반드시 비밀과 동일한 의미는 아니고,** 구체적으로 공개된 것인지는 발언자의 의사와 기대, 대화의 내용과 목적, 상대방의 수, 장소의 성격과 규모, 출입의 통제 정도, 청중의 자격제한 등 **객관적인 상황을 종합적으로 고려하여 판단해야 한다**(대법원2022. 8. 31. 선고2020도1007판결).

③ (○) 대법원2022. 10. 27.선고2022도9877판결

▶정답 ④

5. 녹음내용이 통신비밀보호법 제3조에 위반되는 것은 모두 몇 개인가?(다툼이 있으면 판례에 의함)

> ㉠ 남편 甲은 처 乙이 골프연습장 강사 丙과 간통하는 것은 아닌가 의심하고 乙과 丙의 전화통화를 몰래 녹음한 경우
> ㉡ 이용원을 경영하는 甲이 경쟁업체를 고발하는데 사용할 목적으로 乙의 동의를 얻어 乙로 하여금 경쟁미용실 주인 丙에게 전화하여 "귓볼을 뚫어주느냐"는 용건으로 통화하게 하고 이를 녹음한 경우
> ㉢ 인터넷개인방송자 갑이 헤어진 여친 을이 더 이상 만나주지 않은 데 불만을 품고 인터넷방송을 통해 을에 대하여 입에 담지 못할 말을 하면서 이를 인터넷 방송으로 송출하자, 을이 인터넷 방송을 송출하는 사이트에 접속하여 그 방송내용을 녹음한 경우
> ㉣ 경찰관 甲이 구속수감 중인 乙에게 압수된 乙의 휴대전화를 제공하여 공범인 丙과 통화토록 하고 통화내용을 녹음하게 한 경우
> ㉤ 갑은(교회의 사무직원)은 ○○교회 사무실에서 목사 또는 전도사인 A, B, C가 치킨내기 게임을 진행하면서 한 대화 내용을 자신의 휴대전화로 녹음하여 도박을 했다며 교회 수석장로인 을에게 카카오톡으로 전송한 경우

① 1개 ② 2개
③ 3개 ④ 4개

해 설

④ ㉠㉡㉣㉤(4개)은 제3자가 녹음한 경우이므로 불법감청에 해당하고 **통신비밀보호법 제3조 제1항 위반**이 된다. 그러나 ㉢(1개)은 **당사자 일방이 녹음한 경우**로 불법감청에 해당하지 않고 **통신비밀보호법 제3조 제1항 위반이 아니다.**

㉠ (○) **제3자가 녹음한 경우이므로 불법감청에 해당하고, 통신비밀보호법 제3조 제1항 위반이 된다.**

㉡ (○) 전기통신에 해당하는 전화통화 **당사자의 일방이** 상대방 모르게 통화내용을 녹음하는 것은 **여기의 감청에 해당하지 아니하지만**(따라서 전화통화 당사자의 일방이 상대방 몰래 통화내용을 녹음하더라도, 대화 당사자 일방이 상대방 모르게 그 대화내용을 녹음한 경우와 마찬가지로 동법 제3조 제1항 위반이 되지 아니한다), **제3자의 경우는** 설령 전화통화 **당사자 일방의 동의를 받고** 그 통화내용을 녹음하였다 하더라도 그 **상대방의**

ⓒ 동의가 없었던 이상, 사생활 및 통신의 불가침을 국민의 기본권의 하나로 선언하고 있는 헌법규정과 통신비밀의 보호와 통신의 자유신장을 목적으로 제정된 통신비밀보호법의 취지에 비추어 이는 **동법 제3조 제1항 위반이 된다**고 해석하여야 할 것이다(이 점은 제3자가 공개되지 아니한 타인간의 대화를 녹음한 경우에도 마찬가지이다)(대판2002. 10. 8. 2002도123).

ⓒ (×) [1] 전기통신의 감청은 **제3자가 전기통신의 당사자인 송신인과 수신인의 동의를 받지 아니하고** 통신비밀보호법 제2조 제7호 소정의 **각 행위를 하는 것만**을 말한다고 풀이함이 상당하다고 할 것이므로, 전기통신의 **당사자의 일방이 상대방 모르게 통신의 음향·영상 등을 청취하거나 녹음하는 것은 여기의 감청에 해당하지 아니하지만**, 제3자의 경우는 설령 당사자 일방의 동의를 받고 그 통신의 음향·영상을 청취하거나 녹음하였다 하더라도 **그 상대방의 동의가 없었던 이상**, 사생활 및 통신의 불가침을 국민의 기본권의 하나로 선언하고 있는 헌법규정과 통신비밀의 보호와 통신의 자유 신장을 목적으로 제정된 통신비밀보호법의 취지에 비추어 이는 통신비밀보호법 제3조 제1항**위반이 된다**.

[2] 방송자가 인터넷을 도관 삼아 인터넷서비스제공업체 또는 온라인서비스제공자인 인터넷개인방송 플랫폼 업체의 서버를 이용하여 실시간 또는 녹화된 형태로 음성, 영상물을 방송함으로써 불특정 혹은 다수인이 이를 수신·시청할 수 있게 하는 **인터넷개인방송**은 그 성격이나 통신비밀보호법 제2조 제3호, 제7호, 제3조 제1항, 제4조에 비추어 **전기통신에 해당함은 명백하다**. 인터넷개인방송의 방송자가 비밀번호를 설정하는 등 그 **수신 범위를 한정하는 비공개 조치를 취하지 않고 방송을 송출하는 경우, 누구든지 시청하는 것을 포괄적으로 허용하는 의사라고 볼 수 있으므로**, 그 **시청자는** 인터넷개인방송의 당사자인 수신인에 해당하고, 이러한 시청자가 방송 내용을 지득·채록하는 것은 통신비밀보호법에서 정한 **감청에 해당하지 않는다. 그러나 인터넷개인방송의 방송자가 비밀번호를 설정하는 등으로 비공개 조치를 취한 후 방송을 송출하는 경우에는**, 방송자로부터 허가를 받지 못한 사람은 당해 인터넷개인방송의 당사자가 아닌 '제3자'에 해당하고, 이러한 제3자가 비공개 조치가 된 인터넷개인방송을 비정상적인 방법으로 시청·녹화하는 것은 통신비밀보호법상의 감청에 해당할 수 있다. 다만 **방송자가 이와 같은 제3자의 시청·녹화 사실을 알거나 알 수 있었음에도 방송을 중단하거나 그 제3자를 배제하지 않은 채 방송을 계속 진행하는 등 허가받지 아니한 제3자의 시청·녹화를 사실상 승낙·용인한 것으로 볼 수 있는 경우에는** 불특정인 혹은 다수인을 직간접적인 대상으로 하는 인터넷개인방송의 일반적 특성상 그 제3자 역시 인터넷개인방송의 당사자에 포함될 수 있으므로, 이러한 제3자가 방송 내용을 지득·채록하는 것은 **통신비밀보호법에서 정한 감청에 해당하지 않는다**(대법원2022. 10. 27.선고2022도9877판결). 결국, 인터넷개인방송자 갑이 헤어진 여친 을이 더 이상 만나주지 않은 데 불만을 품고 인터넷 방송을 통해 을에 대하여 입에 담지 못할 말을 하면서 이를 인터넷 방송으로 송출하자, **을이 인터넷 방송을 송출하는 사이트에 접속하여 그 방송내용을 녹음한 경우, 을은 당사자에 포함되므로 통신비밀보호법 제3조 제1항에 위반되지 않는다**.

ⓔ (○) 수사기관이 갑으로부터 피고인의 마약류관리에 관한 법률 위반(향정) 범행에 대한 진술을 듣고 추가적인 증거를 확보할 목적으로, **구속수감되어 있던 갑에게 그의 압수된 휴대전화를 제공하여 피고인과 통화하고 위 범행에 관한 통화 내용을 녹음하게 한 행위는 불법감청에 해당하므로, 그 녹음 자체는 물론 이를 근거로 작성된 녹취록 첨부 수사보고는 피고인이 증거동의에 상관없이 그 증거능력이 없다**(대판2010.10.14. 2010도9016). 결국, 제3자가 녹음한 경우이므로 불법감청에 해당하고, **통신비밀보호법 제3조 제1항 위반이 된다**.

ⓜ (○) [1] 통신비밀보호법 제3조 제1항이 공개되지 않은 타인 간의 대화를 녹음 또는 청취하지 못하도록 한 것은, 대화에 원래부터 참여하지 않는 제3자가 대화를 하는 타인 간의 발언을 녹음하거나 청취해서는 안 된다는 취지이다. 따라서 **대화에 원래부터 참여하지 않는 제3자가** 일반 공중이 알 수 있도록 **공개되지 않은 타인 간의 발언을 녹음하거나 전자장치 또는 기계적 수단을 이용하여 청취하는 것은** 특별한 사정이 없는 한 **제3조 제1항에 위반된다**. '공개되지 않았다.'는 것은 반드시 비밀과 동일한 의미는 아니고, 구체적으로 공개된 것인지는 발언자의 의사와 기대, 대화의 내용과 목적, 상대방의 수, 장소의 성격과 규모, 출입의 통제 정도, 청중의 자격 제한 등 객관적인 상황을 종합적으로 고려하여 판단해야 한다.

[2] **갑은**(교회의 사무직원)은 ○○교회 사무실에서 목사 또는 전도사인 A, B, C가 치긴내기 세입을 신행하면서 한 대화 내용을 자신의 휴대전화로 녹음하여 도박을 했다며 교회 수석장로인 을에게 카카오톡으로 전송하였다. 이로써 공개되지 않은 타인 간의 대화를 녹음하고, 위와 같은 방법으로 알게 된 대화의 내용을 누설한 경우, 위 대화가 통신비밀보호법상 **공개되지 않은 타인 간의 대화에 해당하므로 통신비밀보호법 제3조 제1항에 해당한다**(대법원2022. 8. 31.선고2020도1007판결). 결국, 갑이 같은 사무실에서 A, B, C로부터 **가청거리내에 있다가 자신의 휴대전화기로 A등의 대화를 녹음한 경우에는 통신비밀보호법 제3조 제1항 위반이 된다**.

▼ 정답 ④

6. 통신제한조치에 관한 설명으로 가장 적절한 것은?(다툼이 있으면 판례에 의함)

① 통신비밀보호법에 위반하여 수집된 비밀녹음은 각종 재판에서 증거로 사용할 수 없으나, 징계절차에서는 증거로 사용할 수 있다.
② 강간죄, 살인죄, 사기죄와 공갈죄, 경매·입찰방해죄는 통신제한조치의 대상범죄에 해당한다.
③ 범죄수사를 위한 통신제한조치의 기간은 2개월을 초과하지 못하고, 그 기간 중 통신제한조치의 목적이 달성되었을 경우에는 즉시 종료하여야 한다.
④ 국가안보를 위한 통신제한조치의 기간은 6월을 초과하지 못하고, 그 기간중 통신제한조치의 목적이 달성되었을 경우에는 즉시 종료하여야 한다.

▼해 설

③ (○) **범죄수사를 위한** 통신제한조치의 기간은 **2개월을 초과하지 못하고**, 그 기간 중 통신제한조치의 목적이 달성되었을 경우에는 즉시 종료하여야 한다. 다만, 제5조 제1항의 허가요건이 존속하는 경우에는 소명자료를 첨부하여 제1항 또는 제2항에 따라 **2개월의 범위에서** 통신제한조치기간의 **연장을 청구할 수 있다**(통신비밀보호법 제6조 제7항).

① (×) 통신비밀보호법 제3조의 규정에 위반하여, 불법검열에 의하여 취득한 우편물이나 그 내용 및 **불법감청에 의하여 지득 또는 채록된 전기통신의 내용**은 **재판 또는 징계절차에서 증거로 사용할 수 없다**(동법 제4조). 결국, 통신비밀보호법에 **위반**하여 수집된 **비밀녹음**은 **재판**뿐만 아니라 **징계절차에서도 증거로 사용할 수 없다**.

② (×) 살인죄, 강간죄, 공갈죄, 경매·입찰방해죄는 통신제한조치의 대상범죄에 해당한다. 그러나 **사기죄는 이에 해당하지 않는다**(동법 제5조 제1항).

④ (×) **국가안보를 위한** 통신제한조치의 기간은 **4월을 초과하지 못하고**, 그 기간중 통신제한조치의 목적이 달성되었을 경우에는 즉시 종료하여야 하되, 제1항의 **요건이 존속하는 경우에는** 소명자료를 첨부하여 고등법원 수석판사의 허가 또는 대통령의 승인을 얻어 **4월의 범위 이내에서** 통신제한조치의 기간을 **연장할 수 있다**(동법 제7조 제2항).

▼정답 ③

CHAPTER 04 임의수사

제01절 피의자신문

1. 피의자신문에 관한 설명으로 가장 적절하지 <u>않은</u> 것은?(다툼이 있는 경우 판례에 의함) (2024. 경찰간부)

① 검사 또는 사법경찰관은 피의자신문 전에 진술거부권과 신문받을 때 변호인의 조력을 받을 수 있음을 고지해야 하나, 이러한 권리를 행사할 것인지의 여부에 대한 피의자의 답변을 반드시 조서에 기재할 필요는 없다.

② 검사 또는 사법경찰관은 조사, 신문, 면담 등 그 명칭을 불문하고 피의자에 대해 원칙적으로 오후 9시부터 오전 6시까지 사이에는 심야조사를 해서는 안 되며, 조서를 열람하거나 예외적으로 심야조사가 허용되는 경우를 제외하고는 총조사시간은 12시간을 초과하지 않아야 한다.

③ 변호인의 수사방해나 수사기밀의 유출에 대한 우려가 없고, 조사실의 장소적 제약 등이 없음에도 수사관이 피의자신문에 참여한 변호인에게 '피의자 후방에 앉으라'고 요구한 행위는 변호인의 변호권을 침해하는 것이다.

④ 피의자의 진술은 피의자 또는 변호인의 동의없이도 영상을 녹화할 수 있으나, 다만 미리 영상녹화사실을 알려주어야 하며 조사의 개시부터 종료까지의 전 과정 및 객관적 정황을 영상녹화해야 한다.

해 설

① (×) 헌법 제12조 제2항, 형사소송법 제244조의3 제1항, 제2항, 제312조 제3항에 비추어 보면, **비록 사법경찰관이 피의자에게 진술거부권을 행사할 수 있음을 알려 주고 그 행사 여부를 질문하였다 하더라도,** 형사소송법 제244조의3 제2항에 규정한 방식에 위반하여 진술거부권 행사 여부에 대한 **피의자의 답변이 자필로 기재되어 있지 아니하거나 그 답변 부분에 피의자의 기명날인 또는 서명이 되어 있지 아니한 사법경찰관 작성의 피의자신문조서는 특별한 사정이 없는 한 형사소송법 제312조 제3항에서 정한 '적법한 절차와 방식'에 따라 작성된 조서라 할 수 없으므로 그 증거능력을 인정할 수 없다**(대판2013.3.28. 2010도3359). 결국, 피의자의 **답변을 반드시 조서에 기재해야** 한다.

② (○) **검사 또는 사법경찰관은** 조사, 신문, 면담 등 그 명칭을 불문하고 피의자나 사건관계인에 대해 **오후 9시부터 오전 6시까지 사이에 조사(이하 "심야조사"라 한다)를 해서는 안 된다.** 다만, 이미 작성된 조서의 열람을 위한 절차는 자정 이전까지 진행할 수 있다(수사준칙 제21조 제1항).

③ (○) 변호인의 피의자신문 참여권을 규정한 형사소송법 제243조의2 제1항에서 '정당한 사유'란 변호인이 피의자신문을 방해하거나 수사기밀을 누설할 염려가 있음이 객관적으로 명백한 경우 등을 말하는 것이므로, **수사기관이 피의자신문을 하면서 위와 같은 정당한 사유가 없는데도 변호인에 대하여 피의자로부터 떨어진 곳으로 옮겨 앉으라고 지시를 한 다음 이러한 지시에 따르지 않았음을 이유로 변호인의 피의자신문 참여권을 제한하는 것은 허용될 수 없다**

[2] 사법경찰관인 갑이 변호인 참여 아래 피의자 신문을 하면서 피의자 옆에 나란히 앉아 있는 변호인에게 피의자로부터 **떨어진 곳으로 옮겨 앉을 것을 요구한 사실,** 변호인이 피의자 옆에 계속 앉아 있겠다면서 **위 요구에 불응하자 변호인에게 퇴실을 명한 사실,** 당시 변호인이 피의자신문을 방해하거나 수사기밀을 누설할 염려가 있었다는 등의 특별한 사정은 발견할 수 없으므로, **위와 같이 변호인에게 퇴실을 명한 행위는 변호인의 피의자신문 참여권을 침해한 처분에 해당한다**(대법원2008. 9. 12.자2008모793결정).

④ (○) 피의자의 진술은 영상녹화할 수 있다. 이 경우 **미리 영상녹화사실을 알려주어야** 하며, 조사의 개시부터 종료까지의 **전 과정 및 객관적 정황을 영상녹화하여야** 한다(제244조의2 제1항).

▼ 정답 ①

2. 피의자신문에 관한 설명으로 가장 적절하지 않은 것은?(다툼이 있는 경우 판례에 의함)

(2024. 1차 경찰채용)

① 구속영장 발부에 의하여 적법하게 구금된 피의자가 피의자신문을 위한 출석요구에 응하지 아니하면서 수사기관 조사실에의 출석을 거부하는 경우, 수사기관은 그 구속영장의 효력에 의하여 피의자를 조사실로 구인할 수 있다.
② 피의자의 진술은 영상녹화할 수 있고, 이 경우 피의자에게 미리 영상녹화사실을 알려주고 동의를 받아야 한다.
③ 변호인이 검찰수사관으로부터 "구속된 피의자가 변호인 참여없이 조사를 받지 않겠다고 하니 즉시 와달라"는 연락을 받고 조사실에 도착하여 피의자 옆에 앉으려고 하자, 검찰수사관이 조사실의 장소적 제약 등과 같은 특별한 사정이 없음에도 변호인에게 피의자 후방에 앉으라고 요구한 행위는 변호인의 변호권을 침해한다.
④ 검사 또는 사법경찰관은 피의자를 신문하는 경우, 피의자의 연령·성별·국적 등의 사정을 고려하여 그 심리적 안정의 도모와 원활한 의사소통을 위하여 필요한 때에는 직권으로 피의자와 신뢰관계에 있는 자를 동석하게 할 수 있다.

▶해 설

② (×) [1] 피의자의 진술은 영상녹화할 수 있다. 이 경우 **미리** 영상녹화사실을 **알려주어야** 하며(**사전고지로 족하다**), 조사의 개시부터 종료까지의 **전 과정 및 객관적 정황을 영상녹화하여야** 한다(제244조의2 제1항). 【비교】검사 또는 사법경찰관은 수사에 필요한 때에는 **피의자가 아닌 자(참고인)**의 출석을 요구하여 진술을 들을 수 있다. 이 경우 **그의 동의를 받아 영상녹화할 수 있다**(제221조 제1항).
[2] **위 영상녹화가 완료된 때**에는 피의자 또는 변호인 앞에서 지체 없이 **그 원본을 봉인하고 피의자로 하여금 기명날인 또는 서명하게 하여야** 한다(동조 제2항).
[3] 피의자 또는 변호인의 요구가 있는 때에는 영상녹화물을 재생하여 시청하게 하여야 한다. 이 경우 **그 내용에 대하여 이의를 진술하는 때에는 그 취지를 기재한 서면을 첨부하여야** 한다(동조 제3항). **따로 영상촬영해야 하는 것은 아니다.**

① (○) [1] **수사기관이 관할 지방법원 판사가 발부한 구속영장에 의하여 피의자를 구속하는 경우**, 그 구속영장은 기본적으로 장차 공판정에의 출석이나 형의 집행을 담보하기 위한 것이지만, 이와 함께 법 제202조, 제203조에서 정하는 **구속기간의 범위 내에서 수사기관**이 법 제200조, 제241조 내지 제244조의5에 규정된 **피의자신문의 방식으로 구속된 피의자를 조사하는 등 적정한 방법으로 범죄를 수사하는 것도 예정하고 있다**고 할 것이다. 따라서 **구속영장 발부에 의하여 적법하게 구금된 피의자가 피의자신문을 위한 출석요구에 응하지 아니하면서 수사기관 조사실에 출석을 거부한다면 수사기관은 그 구속영장의 효력에 의하여 피의자를 조사실로 구인할 수 있다고 보아야 한다.**
[2] 다만 이러한 경우에도 **그 피의자신문 절차는 어디까지나** 법 제199조 제1항 본문, 제200조의 규정에 따른 **임의수사의 한 방법으로 진행되어야 하므로, 피의자는** 헌법 제12조 제2항과 법 제244조의3에 따라 일체의 진술을 하지 아니하거나 개개의 질문에 대하여 **진술을 거부할 수 있고, 수사기관은 피의자를 신문하기 전에 그와 같은 권리를 알려주어야 한다**(대법원2013. 7. 1.자2013모160결정).
③ (○) 변호인의 피의자신문 참여권을 규정한 형사소송법 제243조의2 제1항에서 **'정당한 사유'란** 변호인이 **피의자신문을 방해하거나 수사기밀을 누설할 염려가 있음이 객관적으로 명백한 경우 등을 말하는 것이므로, 수사기관이 피의자신문을 하면서 위와 같은 정당한 사유가 없는데도 변호인에 대하여 피의자로부터 떨어진 곳으로 옮겨 앉으라고 지시를 한 다음 이러한 지시에 따르지 않았음을 이유로 변호인의 피의자신문 참여권을 제한하는 것은 허용될 수 없다**(대법원2008. 9. 12.자2008모793결정).
④ (○) 검사 또는 사법경찰관은 **피의자를 신문하는 경우** 다음 **각 호의 어느 하나에 해당하는 때에는 직권 또는 피의자·법정대리인의 신청**에 따라 **피의자와 신뢰관계에 있는 자를 동석하게 할 수 있다**(제244조의5).

1. 피의자가 **신**체적 또는 **정**신적 장애로 사물을 변별하거나 의사를 결정·전달할 능력이 **미**약한 때
2. 피의자의 **연**령·**성**별·**국**적 등의 사정을 고려하여 그 심리적 안정의 도모와 원활한 의사소통을 위하여 필요한 경우 (**신·정·미**와 **연·성·국**이 결혼했다)

▶정답 ②

3. 진술거부권에 관한 설명으로 옳은 것을 모두 고른 것은?(다툼이 있는 경우 판례에 의함)

(2024. 경찰승진)

> ㉠ 객관적이고 명백한 증거가 있음에도 진실의 발견을 적극적으로 숨기거나 법원을 오도하려는 시도에 기인한 진술거부권의 행사라 하더라도 이는 가중적 양형의 조건으로 참작될 수 없다.
>
> ㉡ 수사기관이 피의자를 신문함에 있어서 피의자에게 미리 진술거부권을 고지하지 않은 때에는 진술의 임의성이 인정되는 경우라도 증거능력이 부인되어야 한다.
>
> ㉢ 교통사고를 야기한 운전자의 교통사고 신고의무를 규정한 구「도로교통법」(1984. 8. 4. 법률 제3744호) 제50조 제2항 및 제111조 제3호를 사고 피해자의 구호 및 교통질서의 회복을 위한 조치가 필요한 범위 내에서 교통사고의 객관적 내용만을 신고하도록 한 것으로 해석하고, 형사책임과 관련되는 사항에는 적용되지 않는 것으로 해석하는 한 헌법에 위배되지 않는다.
>
> ㉣ 선거범죄 조사와 관련하여 선거관리위원회 위원·직원이 관계자에게 질문·조사를 할 수 있다고 규정하면서도 진술거부권의 고지에 관하여는 별도의 규정을 두고 있지 않은 구「공직선거법」(2013. 8. 13. 법률 제12111호로 개정되기전의것) 제272조의2에서, 선거범죄 조사와 관련하여 관계자에게 진술거부권 고지 없이 작성·수집된 선거관리위원회의 문답서는 증거능력이 없다.

① ㉠, ㉡
② ㉠, ㉢
③ ㉡, ㉢
④ ㉡, ㉣

▶해 설

③ ㉡㉢(2개)은 옳은 지문이나, ㉠㉣(2개)은 틀린 지문이다.
㉠ (×) 형사소송절차에서 피고인은 방어권에 기하여 범죄사실에 대하여 진술을 거부하거나 거짓진술을 할 수 있고, 이 경우 범죄사실을 단순히 부인하고 있는 것이 죄를 반성하거나 후회하고 있지 않다는 인격적 비난요소로 보아 가중적 양형의 조건으로 삼는 것은 결과적으로 피고인에게 자백을 강요하는 것이 되어 허용될 수 없다고 할 것이나, 그러한 태도나 행위가 피고인에게 보장된 방어권 행사의 범위를 넘어 **객관적이고 명백한 증거가 있음에도** 진실의 발견을 **적극적으로 숨기거나 법원을 오도하려는 시도에 기인한 경우에는 가중적 양형의 조건으로 참작될 수 있다(허용될 수 있다)**(대법원2001. 3. 9.선고2001도192판결).
㉡ (○) 형사소송법이 보장하는 피의자의 진술거부권은 헌법이 보장하는 형사상 자기에 불리한 진술을 강요당하지 않는 자기부죄거부의 권리에 터 잡은 것이므로 **수사기관이 피의자를 신문함에 있어서 피의자에게 미리 진술거부권을 고지하지 않은 때에는** 그 피의자의 진술은 **위법하게 수집된 증거**로서 진술의 **임의성이 인정되는 경우라도 증거능력이 부인되어야** 한다(대법원2014. 4. 30.선고2012도725판결).

ⓒ (○) 교통사고를 야기한 운전자의 교통사고 신고의무를 규정한 구 「도로교통법」(1984. 8. 4. 법률 제3744호) 제50조 제2항 및 제111조 제3호를 사고 피해자의 **구호** 및 교통질서의 **회복**을 위한 조치가 **필요한 범위 내**에서 교통사고의 객관적 내용만을 **신고하도록 한 것으로 해석**하고, **형사책임과 관련되는 사항에는 적용되지 않는 것으로 해석**하는 한 헌법에 위배되지 않는다(헌재 1990. 8. 27. 89헌가118).

ⓔ (×) [1] 헌법 제12조는 제1항에서 적법절차의 원칙을 선언하고, 제2항에서 "모든 국민은 고문을 받지 아니하며, 형사상 자기에게 불리한 진술을 강요당하지 아니한다."고 규정하여 진술거부권을 국민의 기본적 권리로 보장하고 있다. 그러나 진술거부권이 보장되는 절차에서 진술거부권을 고지받을 권리가 헌법 제12조 제2항에 의하여 바로 도출된다고 할 수는 없고, 이를 인정하기 위해서는 **입법적 뒷받침이 필요**하다.
[2] 구 공직선거법(2013. 8. 13. 법률 제12111호로 개정되기 전의 것, 이하 같다)은 제272조의2에서 **선거범죄 조사와 관련**하여 선거관리위원회 위원·직원이 관계자에게 질문·조사를 할 수 있다고 규정하면서도 **진술거부권의 고지에 관하여는 별도의 규정을 두지 않았고**, 수사기관의 피의자에 대한 진술거부권 고지를 규정한 형사소송법 제244조의3 제1항이 구 공직선거법상 선거관리위원회 위원·직원의 조사절차에 당연히 유추적용된다고 볼 수도 없다.
[3] 한편 2013. 8. 13. 법률 제12111호로 개정된 공직선거법은 제272조의2 제7항을 신설하여 선거관리위원회의 조사절차에서 피조사자에게 진술거부권을 고지하도록 하는 규정을 마련하였으나, 그 부칙 제1조는 "이 법은 공포한 날부터 시행한다."고 규정하고 있어 그 시행 전에 이루어진 선거관리위원회의 조사절차에 대하여는 구 공직선거법이 적용된다. 결국 구 공직선거법 시행 당시 선거관리위원회 위원·직원이 선거범죄 조사와 관련하여 관계자에게 질문을 하면서 **미리 진술거부권을 고지하지 않았다고 하여 단지 그러한 이유만으로 그 조사절차가 위법하다거나 그 과정에서 작성·수집된 선거관리위원회문답서의 증거능력이 당연히 부정된다고 할 수는 없다**(대법원2014. 1. 16. 선고2013도5441판결).

▼정답 ③

4. 피의자신문에 관한 설명 중 가장 적절하지 <u>않은</u> 것은?(다툼이 있으면 판례에 의함) (2023. 경찰대편입)

① 신문에 참여한 변호인은 신문 후 의견을 진술할 수 있다. 다만, 신문 중이라도 부당한 신문방법에 대하여 이의를 제기할 수 있고, 검사 또는 사법경찰관의 승인을 얻어 의견을 진술할 수 있다.
② 신문에 참여하고자 하는 변호인이 2인 이상인 때에는 피의자가 신문에 참여할 변호인 1인을 지정하지만, 지정이 없는 경우에는 검사 또는 사법경찰관이 이를 지정할 수 있다.
③ 구속영장 발부에 의하여 적법하게 구금된 피의자가 피의자신문을 위한 출석요구에 응하지 아니하면서 수사기관 조사실에 출석을 거부한다면 수사기관은 별도의 체포영장을 발부받아 피의자를 조사실로 구인해야 한다.
④ 검사가 「국가보안법」 위반죄로 구속영장을 발부받아 피의자신문을 한 다음, 구속 기소한 후 다시 피의자를 소환하여 공범들과의 조직구성 및 활동 등에 관한 신문을 하면서 피의자신문조서가 아닌 일반적인 진술조서의 형식으로 조서를 작성한 사안에서, 진술조서의 내용이 피의자신문조서와 실질적으로 같고, 진술의 임의성이 인정되는 경우라도 미리 피의자에게 진술거부권을 고지하지 않았다면 이를 유죄인정의 증거로 사용할 수 없다.
⑤ 검사 또는 사법경찰관의 변호인의 피의자신문 참여에 관한 처분에 대하여 불복이 있으면 그 직무집행지의 관할법원 또는 검사의 소속검찰청에 대응한 법원에 그 처분의 취소 또는 변경을 청구할 수 있고, 이에 대한 결정에 불복이 있으면 대법원에 재항고할 수 있다.

▶ 해 설

③ (×) [1] **수사기관이 관할 지방법원 판사가 발부한 구속영장에 의하여 피의자를 구속하는 경우**, 그 구속영장은 기본적으로 장차 공판정에의 출석이나 형의 집행을 담보하기 위한 것이지만, 이와 함께 법 제202조, 제203조에서 정하는 **구속기간의 범위 내에서 수사기관이 법 제200조, 제241조 내지 제244조의5에 규정된 피의자신문의 방식으로 구속된 피의자를 조사하는 등 적정한 방법으로 범죄를 수사하는 것도 예정하고 있다**고 할 것이다. 따라서 **구속영장 발부에 의하여 적법하게 구금된 피의자가 피의자신문을 위한** 출석요구에 응하지 아니하면서 **수사기관 조사실에 출석을 거부한다면 수사기관은 그 구속영장의 효력**에 의하여 **피의자를 조사실로 구인할 수 있다**고 보아야 한다.
[2] 다만 이러한 경우에도 **그 피의자신문 절차는 어디까지나** 법 제199조 제1항 본문, 제200조의 규정에 따른 **임의수사의 한 방법으로 진행되어야** 하므로, **피의자는** 헌법 제12조 제2항과 법 제244조의3에 따라 일체의 진술을 하지 아니하거나 개개의 질문에 대하여 **진술을 거부할 수 있고, 수사기관은 피의자를 신문하기 전에 그와 같은 권리를 알려주어야 한다**(대법원2013. 7. 1.자2013모160결정). 수사기관은 **별도의 체포영장을 발부받아 피의자를 조사실로 구인하는 것이 아니라** 이미 발부받은 그 구속영장의 효력을 이용하여 피의자를 조사실로 구인할 수 있다.

① (○) 신문에 참여한 **변호인은 신문 후 의견을 진술할 수 있다**. 다만, **신문 중**이라도 **부당한 신문방법**에 대하여 **이의를 제기할 수 있고**, 검사 또는 사법경찰관의 **승인을 받아 의견을 진술할 수 있다**(제243조의2 제3항).

② (○) 신문에 참여하고자 하는 변호인이 2인 이상인 때에는 **피의자가** 신문에 참여할 변호인 **1인을 지정한다**. 지정이 **없는** 경우에는 **검사 또는 사법경찰관이** 이를 **지정할 수 있다**(제243조의2 제2항).

④ (○) [1] 피의자의 진술을 녹취 내지 기재한 서류 또는 문서가 수사기관에서의 조사 과정에서 작성된 것이라면, **그것이 '진술조서, 진술서, 자술서'라는 형식을 취하였다고 하더라도 피의자신문조서와 달리 볼 수 없다**. 형사소송법이 보장하는 피의자의 진술거부권은 헌법이 보장하는 형사상 자기에게 불리한 진술을 강요당하지 않는 자기부죄거부의 권리에 터 잡은 것이므로, 수사기관이 피의자를 신문함에 있어서 피의자에게 미리 진술거부권을 고지하지 않은 때에는 그 피의자의 진술은 위법하게 수집된 증거로서 진술의 임의성이 인정되는 경우라도 증거능력이 부인되어야 한다.
[2] 검사가 국가보안법 위반죄로 구속영장을 발부받아 피의자신문을 한 다음, 구속 기소한 후 다시 피의자를 소환하여 공범들과의 조직구성 및 활동 등에 관한 신문을 하면서 피의자신문조서가 아닌 일반적인 진술조서의 형식으로 조서를 작성한 사안에서, **진술조서의 내용이 피의자신문조서와 실질적으로 같고, 진술의 임의성이 인정되는 경우라도 미리 피의자에게 진술거부권을 고지하지 않았다면 위법수집증거에 해당**하므로, **유죄인정의 증거로 사용할 수 없다**(대법원2009. 8. 20.선고2008도8213판결).

⑤ (○) 검사 또는 사법경찰관의 구금, 압수 또는 압수물의 환부에 관한 처분과 **제243조의2에 따른 변호인의 참여 등에 관한 처분에 대하여 불복이 있으면** 그 직무집행지의 관할법원 또는 검사의 소속검찰청에 대응한 **법원에 그 처분의 취소 또는 변경을 청구할 수 있다**(준항고, **제417조**). 항고법원 또는 고등법원의 결정에 대하여는 재판에 영향을 미친 헌법·법률·명령 또는 규칙의 위반이 있음을 이유로 하는 때에 한하여 **대법원에 즉시항고(재항고)를 할 수 있다**(제415조, 제419조). 결국, 수사기관의 변호인 참여 처분에 대하여 불복이 있을 때는 **법원에 준항고할 수 있고**, 법원의 준항고결정에 대하여 불복이 있을 때는 **대법원에 재항고를 할 수 있다**.

▶정답 ③

5. 진술거부권에 대한 설명으로 적절하지 않은 것을 모두 고른 것은? (다툼이 있는 경우 판례에 의함)

(2023. 경찰승진)

> ㉠ 수사기관이 피의자를 신문함에 있어서 피의자에게 미리 진술거부권을 고지하지 않은 때에는 그 피의자의 진술은 진술의 임의성이 인정되는 경우라도 증거능력이 부인되어야한다.
> ㉡ 진술거부권이 보장되는 절차에서 진술거부권을 고지받을 권리는 진술거부권을 국민의 기본적 권리로 보장하고 있는 헌법 제12조 제2항에 의하여 바로 도출된다.
> ㉢ 검사 또는 사법경찰관은 피의자를 신문하기 전에 1. 일체의 진술을 하지 아니하거나 개개의 질문에 대하여 진술을 하지 아니할 수 있다는 것 2. 진술을 하지 아니하더라도 불이익을 받지 아니한다는 것 3. 진술을 거부할 권리를 포기하고 행한 진술은 법정에서 유죄의 증거로 사용될 수 있다는 것 4. 신문을 받을 때에는 변호인을 참여하게 하는 등 변호인의 조력을 받을 수 있다는 것을 알려주어야 한다.
> ㉣ 피고인이 증거서류의 진정성립을 묻는 검사의 질문에 대하여 진술거부권을 행사한 경우는 형사소송법 제314조의 '그 밖에 이에 준하는 사유로 인하여 진술할 수 없는 때'에 해당하지 아니한다.

① ㉡
② ㉠, ㉡
③ ㉡, ㉢
④ ㉢, ㉣

해 설

① ㉡(1개)은 틀린 지문이나, ㉠㉢㉣(3개)은 옳은 지문이다.

㉠ (O) 형사소송법이 보장하는 피의자의 진술거부권은 헌법이 보장하는 형사상 자기에 불리한 진술을 강요당하지 않는 자기부죄거부의 권리에 터 잡은 것이므로 **수사기관이 피의자를 신문함에 있어서 피의자에게 미리 진술거부권을 고지하지 않은** 때에는 그 피의자의 진술은 **위법하게 수집된 증거**로서 **진술의 임의성이 인정되는 경우라도 증거능력이 부인되어야** 한다(대법원2014. 4. 30.선고2012도725판결).

㉡ (×) **헌법 제12조는** 제1항에서 적법절차의 원칙을 선언하고, **제2항에서** "모든 국민은 고문을 받지 아니하며, 형사상 자기에게 불리한 진술을 강요당하지 아니한다."고 규정하여 **진술거부권을 국민의 기본적 권리로 보장하고 있다.** 이는 형사책임과 관련하여 비인간적인 자백의 강요와 고문을 근절하고 인간의 존엄성과 가치를 보장하려는 데에 그 취지가 있다. **그러나 진술거부권이 보장되는 절차에서 진술거부권을 고지받을 권리가 헌법 제12조 제2항에 의하여 바로 도출된다고 할 수는 없고,** 이를 인정하기 위해서는 **입법적 뒷받침이 필요하다**(대법원2014. 1. 16.선고2013도5441판결).

㉢ (O) 244조의3.

㉣ (O) 증거능력에 대한 예외사유로 현행 형사소송법 제314조에서 그 예외사유의 범위를 '**사망·질병·외국거주·소재불명 그 밖에 이에 준하는 사유로 인하여 진술할 수 없는 때**'라고 규정하여 **더욱 엄격하게 제한하고 있는데,** 이는 직접심리주의와 공판중심주의의 요소를 강화하려는 취지가 반영된 것이다. 위와 같은 현행 형사소송법 제314조의 문언과 개정 취지, 진술거부권 관련 규정의 내용 등에 비추어 보면, **피고인이 증거서류의 진정성립을 묻는 검사의 질문에 대하여 진술거부권을 행사하여 진술을 거부한 경우는** 형사소송법 제314조의 '그 밖에 이에 준하는 사유로 인하여 진술할 수 없는 때'에 **해당하지 아니한다**(대법원2013. 6. 13.선고2012도16001판결).

정답 ①

6. 진술거부권에 대한 설명으로 적절한 것만을 모두 고른 것은? (다툼이 있는 경우 판례에 의함)

(2021. 경찰채용)

> ㉠ 헌법에 규정된 진술거부권은 형사상 자기에게 불리한 내용의 진술을 강요당하지 아니하는 것이므로, 고문 등 폭행에 의한 강요는 물론 법률로써도 진술을 강제할 수 없다.
> ㉡ 「형사소송법」상 진술거부권의 고지 대상에는 피의자·피고인은 물론 피해자 및 피해자의 대리인, 피고인인 법인의 대표자도 포함된다.
> ㉢ 검사가 당해 재판의 피고인에게 사법경찰관이 작성한 피고인에 대한 피의자신문조서의 진정성립 여부를 묻는 경우, 피고인은 진술거부권을 행사할 수 없다.
> ㉣ 피의자에게는 진술거부권과 자기에게 유리한 진술을 할 권리와 유리한 증거를 제출할 권리는 있지만, 수사기관에 대하여 진실만을 진술하여야 할 의무가 있는 것은 아니다.

① 1개 ② 2개
③ 3개 ④ 4개

해설

② ㉠㉣(2개)는 옳은 지문이고, ㉡㉢(2개)는 틀린 지문이다.

㉠ (O) 모든 국민은 고문을 받지 아니하며, 형사상 자기에게 불리한 진술을 강요당하지 아니한다(헌법 제12조 제2항).

㉡ (×) 「형사소송법」상 진술거부권의 고지 대상에는 **피의자(제244조의3)과 피고인(제283조의2 제2항)**이다.

㉢ (×) 피고인은 진술하지 아니하거나 개개의 질문에 대하여 진술을 거부할 수 있으므로(제283조의2 제1항), 피고인은 진술거부권을 행사할 수 **있다**.

㉣ (O) 수사기관이 범죄사건을 수사함에 있어서는 피의자 등의 진술 여하에 불구하고 피의자를 확정하고 그 피의사실을 인정할 만한 객관적인 모든 증거를 수집·조사할 권한과 의무가 있다. 한편 **피의자는 진술거부권 및 자기에게 유리한 진술을 할 권리와 유리한 증거를 제출할 권리를 가질 뿐이고, 수사기관에 대하여 진실만을 진술하여야 할 의무가 있는 것은 아니다.** 따라서 피의자 등이 수사기관에 대하여 허위사실을 진술하거나 피의사실 인정에 필요한 증거를 감추고 허위의 증거를 제출하였더라도, 수사기관이 충분한 수사를 하지 않은 채 이와 같은 허위의 진술과 증거만으로 증거의 수집·조사를 마쳤다면, 이는 수사기관의 불충분한 수사에 의한 것으로서 피의자 등의 위계에 의하여 수사가 방해되었다고 볼 수 없어 위계에 의한 공무집행방해죄가 성립된다고 할 수 없다. 그러나 **피의자 등이 적극적으로 허위의 증거를 조작하여 제출하고 그 증거 조작의 결과 수사기관이 그 진위에 관하여 나름대로 충실한 수사를 하더라도 제출된 증거가 허위임을 발견하지 못할 정도에 이르렀다면**, 이는 위계에 의하여 수사기관의 수사행위를 적극적으로 방해한 것으로서 **위계공무집행방해죄가 성립된다**(대판 2019.3.14. 2018도18646).

▶정답 ②

7. 진술거부권에 대한 설명으로 가장 적절하지 않은 것은? (다툼이 있으면 판례에 의함)

① 수사기관에 의한 진술거부권 고지 대상이 되는 피의자 지위는 수사기관이 조사대상자에 대한 범죄혐의를 인정하여 수사를 개시하는 행위를 한 때 인정되는 것으로 보아야 한다. 따라서 이러한 피의자 지위에 있지 아니한 자에 대하여는 진술거부권이 고지되지 아니하였더라도 진술의 증거능력을 부정할 것은 아니다.

② 진술거부권은 현재 피의자나 피고인으로서 수사 또는 공판절차에 계속 중인 자뿐만 아니라 장차 피의자나 피고인이 될 가능성이 있는 자에게도 보장되지만 행정절차나 국회에서의 조사 절차에 있어서는 보장되지 아니한다.

③ 피고인에게 보장된 방어권 행사의 범위를 넘어 객관적이고 명백한 증거가 있음에도 진실의 발견을 적극적으로 숨기거나 법원을 오도하려는 시도에 기인한 경우에는 가중적 양형의 조건으로 참작될 수 있다.

④ 조사대상자의 진술 내용이 단순히 제3자의 범죄에 관한 경우가 아니라 자신과 제3자에게 공동으로 관련된 범죄에 관한 것이거나 제3자의 피의사실뿐만 아니라 자신의 피의사실에 관한 것이기도 하여 실질이 피의자신문조서의 성격을 가지는 경우라면 수사기관은 진술을 듣기 전에 미리 진술거부권을 고지하여야 한다.

해 설

② (×) 헌법 제12조 제2항은 "모든 국민은 고문을 받지 아니하며, 형사상 자기에게 불리한 진술을 강요당하지 아니한다."고 규정하여 형사책임에 관하여 자기에게 불이익한 진술을 강요당하지 않을 것을 국민의 기본권으로 보장하고 있다. 이러한 진술거부권은 형사절차에서만 보장되는 것이 아니고 **행정절차이거나 국회에서의 질문 등 어디에서나** 그 진술이 자기에게 형사상 불리한 경우에는 묵비권을 가지고 이를 강요받지 아니할 **국민의 기본권으로 보장된다**. 따라서 현재 형사피의자나 피고인으로서 수사 및 공판절차에 계속 중인 자 뿐만 아니라 장차 형사피의자나 피고인이 될 가능성이 있는 자에게도 그 진술내용이 자기의 형사책임에 관련되는 것일 때에는 그 진술을 강요받지 않을 자기부죄 거절의 권리가 보장되는 것이다. 또한 진술거부권은 형사상 자기에게 불리한 내용의 진술을 강요당하지 아니하는 것이므로 고문 등 폭행에 의한 강요는 물론 법률로서도 진술을 강제할 수 없음을 의미한다(대판2015.5.28. 2015도3136).

① (○) 대판2011.11.10. 2011도8125

③ (○) 형사소송절차에서 피고인은 방어권에 기하여 범죄사실에 대하여 진술을 거부하거나 거짓진술을 할 수 있고, 이 경우 범죄사실을 단순히 부인하고 있는 것이 죄를 반성하거나 후회하고 있지 않다는 인격적 비난요소로 보아 가중적 양형의 조건으로 삼는 것은 결과적으로 피고인에게 자백을 강요하는 것이 되어 허용될 수 없다고 할 것이나, 그러한 태도나 행위가 피고인에게 보장된 방어권 행사의 범위를 넘어 **객관적이고 명백한 증거가 있음에도** 진실의 발견을 **적극적으로 숨기거나 법원을 오도하려는 시도에 기인한 경우에는 가중적 양형의 조건으로 참작될 수 있다(허용될 수 있다)**(대판2001도192).

④ (○) 피의자의 진술을 기재한 서류 또는 문서가 수사기관에서의 조사 과정에서 작성된 것이라면, 그것이 '진술조서, 진술서, 자술서'라는 형식을 취하였다고 하더라도 피의자신문조서와 달리 볼 수 없고, **수사기관에 의한 진술거부권 고지의 대상이 되는 피의자의 지위**는 수사기관이 범죄인지서를 작성하는 등의 형식적인 사건수리 절차를 거치기 전이라도 **조사대상자에 대하여 범죄의 혐의가 있다고 보아 실질적으로 수사를 개시하는 행위를 한 때에 인정**된다. 특히 조사대상자의 진술 내용이 단순히 제3자의 범죄에 관한 경우가 아니라 자신과 제3자에게 공동으로 관련된 범죄에 관한 것이거나 제3자의 피의사실뿐만 아니라 자신의 피의사실에 관한 것이기도 하여 실질이 피의자신문조서의 성격을 가지는 경우에 수사기관은 진술을 듣기 전에 미리 진술거부권을 고지하여야 한다(대판 2015.10.29. 2014도5939).

▼정답 ②

8. 다음 중 피의자 신문시에 고지해야 할 사항으로 맞는 것은 모두 몇 개인가?

> ㉠ 일체의 진술을 하지 아니하거나 개개의 질문에 대하여 진술을 하지 아니할 수 있다는 것
> ㉡ 진술을 하지 아니하더라도 불이익을 받지 아니한다는 것
> ㉢ 진술을 거부할 권리를 포기하고 행한 진술은 법정에서 유죄의 증거로 사용될 수 없다는 것
> ㉣ 신문을 받을 때에는 변호인을 참여하게 하는 등 변호인의 조력을 받을 수 있다는 것

① 1개 ② 2개
③ 3개 ④ 4개

▼해 설

③ ㉠㉡㉣(3개)은 옳은 지문이나, ㉢(1개)은 틀린 지문이다(없다 → 있다).

> ★ 제244조의3 (피의자에 대한 진술거부권 등의 고지)
> ① 검사 또는 사법경찰관은 **피의자를 신문하기 전에** 다음 각 호의 사항을 알려주어야 한다(제1항).
>
>> 1. 일체의 진술을 하지 아니하거나 개개의 질문에 대하여 진술을 하지 아니할 수 있다는 것
>> 2. 진술을 하지 아니하더라도 불이익을 받지 아니한다는 것
>> 3. 진술을 거부할 권리를 포기하고 행한 진술은 법정에서 유죄의 증거로 사용될 수 **있다**는 것
>> 4. 신문을 받을 때에는 변호인을 참여하게 하는 등 변호인의 조력을 받을 수 있다는 것
>
> ② 검사 또는 사법경찰관은 제1항에 따라 알려 준 때에는 **피의자가 진술을 거부할 권리와 변호인의 조력을 받을 권리를 행사할 것인지의 여부**를 질문하고, 이에 대한 **피의자의 답변**을 조서에 기재하여야 한다. 이 경우 피의자의 답변은 피의자로 하여금 자필로 기재하게 하거나 검사 또는 사법경찰관이 피의자의 답변을 기재한 부분에 기명날인 또는 서명하게 하여야 한다(제2항).
>
> ★★ 제197조의3 (시정조치요구 등)
> ⑧ 사법경찰관은 **피의자를 신문하기 전에** 수사과정에서 법령위반, 인권침해 또는 현저한 수사권 남용이 있는 경우 검사에게 구제를 신청할 수 있음을 피의자에게 알려주어야 한다.

9. 피의자신문에 대한 설명 중 가장 적절하지 <u>않은</u> 것은? (다툼이 있는 경우 판례에 의함)

① 변호인의 수사방해나 수사기밀의 유출에 대한 우려가 없고 조사실의 장소적 제약 등과 같은 특별한 사정이 없는 상황에서 수사관 A가 피의자신문에 참여한 변호인 B에게 피의자 후방에 앉으라고 요구하는 행위는 목적의 정당성과 수단의 적절성뿐만 아니라 침해의 최소성과 법익 균형성도 충족하지 못하므로 B의 변호권을 침해한다.

② 검사가 「국가보안법」 위반죄로 구속영장을 발부받아 피의자신문을 한 다음, 구속 기소한 후 다시 피의자를 소환하여 공범들과의 조직구성 및 활동 등에 관한 신문을 하면서 피의자신문조서가 아닌 일반적인 진술조서의 형식으로 조서를 작성한 사안에서, 진술조서의 내용이 피의자신문조서와 실질적으로 같고, 진술의 임의성이 인정되는 경우라도 미리 피의자에게 진술거부권을 고지하지 않았다면 이를 유죄인정의 증거로 사용할 수 없다.

③ 구속영장 발부에 의하여 적법하게 구금된 피의자가 피의자신문을 위한 출석요구에 응하지 아니하면서 수사기관 조사실에 출석을 거부한다면 수사기관은 별도의 체포영장을 발부받아 피의자를 조사실로 구인할 수 있다.

④ 인지절차를 밟기 전에 수사를 하였다고 하더라도, 그 수사가 장차 인지의 가능성이 전혀 없는 상태하에서 행해졌다는 등의 특별한 사정이 없는 한, 인지절차가 이루어지기 전에 수사를 하였다는 이유만으로 그 수사가 위법하다고 볼 수는 없고, 따라서 그 수사과정에서 작성된 피의자신문조서나 진술조서 등의 증거능력도 이를 부인할 수 없다.

해설

③ (×) [1] **수사기관이 관할 지방법원 판사가 발부한 구속영장에 의하여 피의자를 구속하는 경우**, 그 구속영장은 기본적으로 장차 공판정에의 출석이나 형의 집행을 담보하기 위한 것이지만, 이와 함께 법 제202조, 제203조에서 정하는 **구속기간의 범위 내에서 수사기관이** 법 제200조, 제241조 내지 제244조의5에 규정된 **피의자신문의 방식으로 구속된 피의자를 조사하는 등 적정한 방법으로 범죄를 수사하는 것도 예정하고 있다**고 할 것이다. 따라서 **구속영장 발부에 의하여 적법하게 구금된 피의자가 피의자신문을 위한** 출석요구에 응하지 아니하면서 **수사기관 조사실에 출석을 거부한다면 수사기관은** 그 구속영장의 효력에 의하여 **피의자를 조사실로 구인할 수 있다**고 보아야 한다.

[2] 다만 이러한 경우에도 **그 피의자신문 절차는 어디까지나** 법 제199조 제1항 본문, 제200조의 규정에 따른 **임의수사의 한 방법으로 진행되어야** 하므로, **피의자는** 헌법 제12조 제2항과 법 제244조의3에 따라 일체의 진술을 하지 아니하거나 개개의 질문에 대하여 **진술을 거부할 수 있고, 수사기관은 피의자를 신문하기 전에 그와 같은 권리를 알려주어야 한다**(대법원2013. 7. 1.자2013모160결정). 수사기관은 **별도의 체포영장을 발부받아 피의자를 조사실로 구인하는 것이 아니라** 이미 발부받은 그 구속영장의 효력을 이용하여 피의자를 조사실로 구인할 수 있다.

① (○) 변호인의 피의자신문 참여권을 규정한 형사소송법 제243조의2 제1항에서 '정당한 사유'란 변호인이 피의자신문을 방해하거나 수사기밀을 누설할 염려가 있음이 객관적으로 명백한 경우 등을 말하는 것이므로, 수사기관이 피의자신문을 하면서 위와 같은 정당한 사유가 없는데도 변호인에 대하여 피의자로부터 떨어진 곳으로 옮겨 앉으라고 지시를 한 다음 이러한 지시에 따르지 않았음을 이유로 **변호인의 피의자신문 참여권을 제한하는 것은 허용될 수 없다**(대결2008.9.12. 2008모793).

② (○) [1] 피의자의 진술을 녹취 내지 기재한 서류 또는 문서가 수사기관에서의 조사 과정에서 작성된 것이라면, **그것이 '진술조서, 진술서, 자술서'라는 형식을 취하였다고 하더라도 피의자신문조서와 달리 볼 수 없다.** 형사소송법이 보장하는 피의자의 진술거부권은 헌법이 보장하는 형사상 자기에게 불리한 진술을 강요당하지 않는 자기부죄거부의 권리에 터 잡은 것이므로, 수사기관이 피의자를 신문함에 있어서 피의자에게 미리 진술거부권을 고지하지 않은 때에는 그 피의자의 진술은 위법하게 수집된 증거로서 진술의 임의성이 인정되는 경우라도 증거능력이 부인되어야 한다.

[2] 검사가 국가보안법 위반죄로 구속영장을 발부받아 피의자신문을 한 다음, 구속 기소한 후 다시 피의자를 소환하여 공범들과의 조직구성 및 활동 등에 관한 신문을 하면서 피의자신문조서가 아닌 일반적인 진술조서의 형식으로 조서를 작성한 사안에서, **진술조서의 내용이 피의자신문조서와 실질적으로 같고, 진술의 임의성이 인정되는 경우라도 미리 피의자에게 진술거부권을 고지하지 않았다면 위법수집증거에 해당하므로, 유죄인정의 증거로 사용할 수 없다**(대법원2009. 8. 20. 선고2008도8213판결).

④ (○) 대판2001.10.26. 2000도2968

▼정답 ③

10. 다음 중 피의자신문에 관한 설명으로 가장 적절하지 않은 것은?(다툼이 있는 경우에는 판례에 의함)

① 사법경찰관은 피의자를 신문하기 전에 수사과정에서 법령위반, 인권침해 또는 현저한 수사권 남용이 있는 경우 검사에게 구제를 신청할 수 있음을 피의자에게 알려주어야 한다.

② 피의자가 변호인의 참여를 원한다는 의사를 명백하게 표시하였음에도 수사기관이 정당한 사유 없이 변호인을 참여하게 하지 아니한 채 피의자를 신문하여 작성한 피의자신문조서는「형사소송법」제312조에서 정한 '적법한 절차와 방식'에 위반된 증거일 뿐만 아니라,「형사소송법」제308조의2에서 정한 '적법한 절차에 따르지 아니하고 수집한 증거'에 해당하므로 이를 증거로 할 수 없다.

③ 피의자의 연령·성별·국적 등의 사정을 고려하여 그 심리적 안정의 도모와 원활한 의사소통을 위하여 필요한 경우에는, 직권 또는 피의자·법정대리인의 신청에 따라 피의자와 신뢰관계에 있는 자를 동석하게 할 수 있도록 규정하고 있는데, 위와 같은 동석을 허락할 것인지는 원칙적으로 검사 또는 사법경찰관에게 재량이 부여되어 있다.

④ 피의자와 동석한 신뢰관계에 있는 자가 피의자를 대신하여 진술한 부분이 조서에 기재되어 있는 경우, 그 부분은 동석한 사람에 대한 진술조서로서의 증거능력을 취득하기 위한 요건을 충족하지 않았다 하더라도 이를 유죄 인정의 증거로 사용할 수 있다.

▼해 설

④ (×) 피의자와 동석한 사람이 피의자를 대신하여 진술한 부분이 조서에 기재되어 있다면 그 부분은 피의자의 진술을 기재한 것이 아니라 동석한 사람의 진술을 기재한 조서에 해당하므로, **그 사람에 대한 진술조서로서의 증거능력을 취득하기 위한 요건을 충족하지 못하는 한** 이를 유죄 인정의 증거로 사용할 수 없다(대법원 2009.6.23. 선고 2009도1322 판결).

① (○) 제197조의3 제8항

② (○) 헌법 제12조 제1항, 제4항 본문, 형사소송법 제243조의2 제1항 및 그 입법 목적 등에 비추어 보면, 피의자가 변호인의 참여를 원한다는 의사를 명백하게 표시하였음에도 **수사기관이 정당한 사유 없이 변호인을 참여하게 하지 아니한 채** 피의자를 신문하여 작성한 **피의자신문조서는 형사소송법 제312조에 정한 '적법한 절차와 방식'에 위반된 증거일 뿐만 아니라, 형사소송법 제308조의2에서 정한 '적법한 절차에 따르지 아니하고 수집한 증거'에 해당하므로 이를 증거로 할 수 없다**(대판2013.3.28. 2010도3359).

③ (○) 형사소송법 제244조의5는, 검사 또는 사법경찰관은 피의자를 신문하는 경우 피의자가 신체적 또는 정신적 장애로 사물을 변별하거나 의사를 결정·전달할 능력이 미약한 때나 피의자의 연령·성별·국적 등의 사정을 고려하여 그 심리적 안정의 도모와 원활한 의사소통을 위하여 필요한 경우에는, 직권 또는 피의자·법정대리인의 신청에 따라 피의자와 신뢰관계에 있는 자를 동석하게 할 수 있도록 규정하고 있다. **구체적인 사안에서 위와 같은 동석을 허락할 것인지는 원칙적으로** 검사 또는 사법경찰관이 피의자의 건강 상태 등 여러 사정을 고려하여 **재량에 따라 판단하여야 할 것이다**(대법원 2009.6.23. 선고 2009도1322 판결).

▼정답 ④

11. 피의자신문에 관한 설명으로 가장 적절하지 않은 것은?(다툼이 있는 경우 판례에 의함)

① 비록 사법경찰관이 피의자에게 진술거부권을 행사할 수 있음을 알려 주고 그 행사 여부를 질문하였다 하더라도, 형사소송법에 규정한 방식에 위반하여 진술거부권 행사 여부에 대한 피의자의 답변이 자필로 기재되어 있지 아니하거나 그 답변 부분에 피의자의 기명날인 또는 서명이 되어 있지 아니한 사법경찰관 작성의 피의자신문조서는 특별한 사정이 없는 한 형사소송법 제312조 제3항에서 정한 '적법한 절차와 방식'에 따라 작성된 조서라 할 수 없으므로 그 증거능력을 인정할 수 없다.

② 피의자가 변호인의 참여를 원한다는 의사를 명백하게 표시하였음에도 수사기관이 정당한 사유 없이 변호인을 참여하게 하지 아니한 채 피의자를 신문하여 작성한 피의자신문조서라도 증거능력 자체가 부정되는 것은 아니나, 증명력이 낮게 평가될 수밖에 없다.

③ 변호인의 수사방해나 수사기밀의 유출에 대한 우려가 없고, 조사실의 장소적 제약 등이 없음에도 수사관이 피의자신문에 참여한 변호인에게 '피의자 후방에 앉으라'고 요구한 행위는 변호인의 변호권을 침해하는 것이다.

④ 피의자의 진술은 피의자 또는 변호인의 동의없이도 영상을 녹화할 수 있으나, 다만 미리 영상녹화사실을 알려주어야 하며 조사의 개시부터 종료까지의 전 과정 및 객관적 정황을 영상녹화해야 한다.

▼해 설

② (×) 헌법 제12조 제1항, 제4항 본문, 형사소송법 제243조의2 제1항 및 그 입법 목적 등에 비추어 보면, 피의자가 변호인의 참여를 원한다는 의사를 명백하게 표시하였음에도 **수사기관이 정당한 사유 없이 변호인을 참여하게 하지 아니한 채** 피의자를 신문하여 작성한 피의자신문조서는 형사소송법 **제312조에 정한 '적법한 절차와 방식'에 위반된 증거일 뿐만 아니라**, 형사소송법 **제308조의2에서 정한 '적법한 절차에 따르지 아니하고 수집한 증거'에 해당하므로 이를 증거로 할 수 없다**(대판 2013. 3. 28. 2010도3359).

① (O) 헌법 제12조 제2항, 형사소송법 제244조의3 제1항, 제2항, 제312조 제3항에 비추어 보면, **비록 사법경찰관이 피의자에게 진술거부권을 행사할 수 있음을 알려 주고 그 행사 여부를 질문하였다 하더라도**, 형사소송법 제244조의3 제2항에 규정한 방식에 위반하여 진술거부권 행사 여부에 대한 피의자의 답변이 자필로 기재되어 있지 아니하거나 그 답변 부분에 피의자의 기명날인 또는 서명이 되어 있지 아니한 사법경찰관 작성의 피의자신문조서는 특별한 사정이 없는 한 형사소송법 제312조 제3항에서 정한 **'적법한 절차와 방식'에 따라 작성된 조서라 할 수 없으므로 그 증거능력을 인정할 수 없다**(대판 2013. 3. 28. 2010도3359). 결국, 피의자의 **답변을 반드시 조서에 기재해야** 한다.

③ (O) 변호인의 피의자신문 참여권을 규정한 형사소송법 제243조의2 제1항에서 '정당한 사유'란 변호인이 피의자신문을 방해하거나 수사기밀을 누설할 염려가 있음이 객관적으로 명백한 경우 등을 말하는 것이므로, **수사기관이 피의자신문을 하면서** 위와 같은 **정당한 사유가 없는데도** 변호인에 대하여 **피의자로부터 떨어진 곳으로 옮겨 앉으라고 지시를 한 다음** 이러한 지시에 **따르지 않았음을 이유로 변호인의 피의자신문 참여권을 제한하는 것은 허용될 수 없다**
[2] **사법경찰관인 갑은 변호인 참여 아래 피의자 신문을 하면서** 피의자 옆에 나란히 앉아 있는 변호인에게 피의자로부터 **떨어진 곳으로 옮겨 앉을 것을 요구한 사실**, 변호인이 피의자 옆에 계속 앉아 있겠다면서 **위 요구에 불응하자 변호인에게 퇴실을 명한 사실**, 당시 변호인이 피의자신문을 방해하거나 수사기밀을 누설할 염려가 있었다는 등의 특별한 사정은 발견할 수 없으므로, **위와 같이 변호인에게 퇴실을 명한 행위는 변호인의 피의자신문 참여권을 침해한 처분에 해당한다**(대법원 2008. 9. 12. 자 2008모793결정).

④ (O) 피의자의 진술은 영상녹화할 수 있다. 이 경우 **미리 영상녹화사실을 알려주어야** 하며, 조사의 개시부터 종료까지의 **전 과정 및 객관적 정황을 영상녹화하여야** 한다(제244조의2 제1항).

▼정답 ②

12. 다음 중 피의자신문시에 변호인참여권 보장에 대한 설명으로 적절하지 않은 것은 모두 몇 개인가?(다툼이 있으면 판례에 의함)

> ㉠ 검사 또는 사법경찰관은 피의자 또는 그 변호인·법정대리인·배우자·직계친족·형제자매의 신청에 따라 변호인을 피의자와 접견하게 하거나 정당한 사유가 없는 한 피의자에 대한 신문에 참여하게 하여야 한다.
> ㉡ 신문에 참여하고자 하는 변호인이 2인 이상인 때에는 검사 또는 사법경찰관이 신문에 참여할 변호인 1인을 지정한다. 지정이 없는 경우에는 피의자가 이를 지정할 수 있다.
> ㉢ 신문에 참여한 변호인은 신문 후 의견을 진술할 수 있다. 다만, 신문 중이라도 부당한 신문방법에 대하여 이의를 제기할 수 있고, 검사 또는 사법경찰관의 승인을 얻어 의견을 진술할 수 있다.
> ㉣ 변호인의 피의자신문 참여권을 규정한 형사소송법 제243조의2 제1항에서 '정당한 사유'란 변호인이 피의자신문을 방해하거나 수사기밀을 누설할 염려가 있음이 객관적으로 명백한 경우 등을 말하는 것이다.
> ㉤ 검사 또는 사법경찰관이 변호인의 참여를 제한하거나 퇴거시킨 경우에 피의자는 이에 대하여 불복할 수 없다.

① 1개 ② 2개
③ 3개 ④ 4개

▼해 설

② ㉠㉢㉣(3개)은 옳은 지문이나, ㉡㉤(2개)은 틀린 지문이다.
㉠ (O) 검사 또는 사법경찰관은 피의자 또는 그 변호인·법정대리인·배우자·직계친족·형제자매의 신청에 따라 변호인을 피의자와 접견하게 하거나 정당한 사유가 없는 한 피의자에 대한 신문에 참여하게 하여야 한다(**제243조의2 제1항**). 형사소송법에서는 피의자신문시 변호인참여권 보장을 **명문화하였다**.
㉡ (×) 신문에 참여하고자 하는 변호인이 2인 이상인 때에는 **피의자가** 신문에 참여할 변호인 1인을 지정한다. 지정이 없는 경우에는 **검사 또는 사법경찰관이** 이를 지정할 수 있다(제243조의2 제2항).
㉢ (O) 제243조의2 제3항
㉣ (O) 변호인의 피의자신문 참여권을 규정한 형사소송법 제243조의2 제1항에서 '**정당한 사유**'란 **변호인이 피의자신문을 방해하거나 수사기밀을 누설할 염려가 있음이 객관적으로 명백한 경우 등을 말하는 것**이므로, 수사기관이 피의자신문을 하면서 위와 같은 정당한 사유가 없는데도 변호인에 대하여 피의자로부터 떨어진 곳으로 옮겨 앉으라고 지시를 한 다음 이러한 지시에 따르지 않았음을 이유로 **변호인의 피의자신문 참여권을 제한하는 것은 허용될 수 없다**(대결 2008.9.12. 2008모793).
㉤ (×) 검사 또는 사법경찰관의 구금, 압수 또는 압수물의 환부에 관한 처분과 **제243조의2에 따른 변호인의 참여 등에 관한 처분에 대하여 불복이 있으면** 그 직무집행지의 관할법원 또는 검사의 소속검찰청에 대응한 법원에 그 처분의 취소 또는 변경을 청구할 수 있다(제417조). 결국, **준항고할 수 있다**.

▼정답 ②

13. 영상녹화에 관한 다음 설명 중 옳은 것은 모두 몇 개인가?

> ㉠ 영상녹화가 완료된 이후 피의자가 영상녹화물의 내용에 대하여 이의를 진술하는 때에는 그 진술을 따로 영상녹화하여 첨부하여야 한다.
> ㉡ 피의자 및 피의자 아닌 자의 진술은 동의를 받아야 영상녹화할 수 있다.
> ㉢ 진정성립의 증명을 위한 영상녹화물은 조사가 개시된 시점부터 조사가 종료되어 피의자가 조서에 기명날인 또는 서명을 마치는 시점까지 전 과정이 영상녹화된 것이어야 한다.
> ㉣ 피고인이 아닌 피의자의 진술에 대한 영상녹화물의 조사를 신청하는 경우 검사는 영상녹화를 시작하고 마친 시각과 조사장소 등을 기재한 서면을 법원에 제출하여야 한다.
> ㉤ 피고인 또는 피고인 아닌 자의 진술을 내용으로 하는 영상녹화물은 공판준비 또는 공판기일에 피고인 또는 피고인이 아닌 자가 진술함에 있어서 기억이 명백하지 않은 사항에 관하여 기억을 환기시켜야 할 필요가 있다고 인정되는 때에 한하여 피고인 또는 피고인이 아닌 자에게 재생하여 시청하게 할 수 있다.

① 1개 ② 2개
③ 3개 ④ 4개

▼해 설

② ㉢㉤(2개)가 옳은 지문이나, ㉠㉡㉣(3개)은 틀린 지문이다.

㉠ (×) 피의자 또는 변호인의 요구가 있는 때에는 영상녹화물을 재생하여 시청하게 하여야 한다. 이 경우 그 **내용**에 대하여 **이의를 진술하는 때에는 그 취지를 기재한 서면을 첨부하여야** 한다(제244조의2 제3항).

㉡ (×) **피의자의 진술은 영상녹화할 수 있다.** 이 경우 **미리 영상녹화사실을 알려주어야** 하며, 조사의 개시부터 종료까지의 전 과정 및 객관적 정황을 영상녹화하여야 한다.(제244조의2 제1항) 검사 또는 사법경찰관은 수사에 필요한 때에는 **피의자가 아닌 자의 출석을 요구하여 진술을 들을 수 있다. 이 경우 그의 동의를 받아 영상녹화할 수 있다**(제221조 제1항). 결국, **피의자의 진술은 동의없어도** 영상녹화할 수 있으나, **피의자가 아닌 자(참고인)는 동의를 받아야** 영상녹화할 수 있다.

㉢ (○) **영상녹화물은 조사가 개시된 시점부터 조사가 종료되어 피의자가 조서에 기명날인 또는 서명을 마치는 시점까지 전과정이 영상녹화된 것**으로, 다음 각 호의 내용을 포함하는 것이어야 한다.
 1. 피의자의 신문이 영상녹화되고 있다는 취지의 고지
 2. 영상녹화를 시작하고 마친 시각 및 장소의 고지
 3. 신문하는 검사와 참여한 자의 성명과 직급의 고지
 4. 진술거부권·변호인의 참여를 요청할 수 있다는 점 등의 고지
 5. 조사를 중단·재개하는 경우 중단 이유와 중단 시각, 중단 후 재개하는 시각
 6. 조사를 종료하는 시각.(규칙 제134조의2 제3항)

㉣ (×) 검사가 **피고인이 아닌 피의자의 진술**에 대한 영상녹화물의 조사를 신청하는 경우에는 (**피고인이 된 피의자의 진술**에 대한 영상녹화물의 조사를 신청하는 경우와는 **달리**) 영상녹화를 시작하고 마친 시각과 조사장소 등을 기재한 **서면을 법원에 제출할 필요는 없다.**(규칙 제134조의2 제6항)

㉤ (○) 피고인 또는 피고인이 아닌 자의 진술을 내용으로 하는 **영상녹화물은** 공판준비 또는 공판기일에 **피고인 또는 피고인이 아닌 자가** 진술함에 있어서 기억이 명백하지 아니한 사항에 관하여 **기억을 환기시켜야 할 필요가 있다고 인정되는 때**에 한하여 **피고인 또는 피고인이 아닌 자에게** 재생하여 시청하게 할 수 있다.(제318조의2 제2항)

▼정답 ②

14. 형사절차상 영상녹화에 대한 설명 중 가장 적절한 것은? (다툼이 있는 경우 판례에 의함) (2020. 경찰채용)

① 법원은 검사, 피고인 또는 변호인의 신청이 있는 때에는 특별한 사정이 없는 한 공판정에서의 심리의 전부 또는 일부를 속기사로 하여금 속기하게 하거나 녹음장치 또는 영상녹화장치를 사용하여 녹음 또는 영상녹화하여야 하며, 필요하다고 인정하는 때에는 직권으로 이를 명할 수 있다.

② 검사 또는 사법경찰관은 수사에 필요한 때에는 피의자가 아닌 자의 출석을 요구하여 진술을 들을 수 있으며, 이 경우 그에게 영상녹화사실을 알리고 영상녹화할 수 있다.

③ 피의자의 진술을 영상녹화할 때에는 그의 동의를 받아 조사의 개시부터 종료까지의 전 과정 및 객관적 정황을 영상녹화하여야 한다..

④ 피의자의 진술에 대한 영상녹화가 완료된 이후 피의자가 그 내용에 대하여 이의를 제기한 때에는 그 이외의 진술을 별도로 녹화하여 첨부하여야 한다.

▼해 설

① (O) 제56조의2 제1항

② (×) 검사 또는 사법경찰관은 수사에 필요한 때에는 **피의자가 아닌 자**의 출석을 요구하여 진술을 들을 수 있다. 이 경우 **그의 동의를 받아 영상녹화할 수 있다**(제221조 제1항). 결국, 피의자 아닌 자(참고인)의 경우에 영상녹화할 때에는 그의 동의를 얻어야 한다.

③ (×) 피의자의 진술은 영상녹화할 수 있다. 이 경우 **미리 영상녹화사실을 알려주어야 하며**, 조사의 개시부터 종료까지의 전 과정 및 객관적 정황을 영상녹화하여야 한다(제244조의2 제1항). 결국, 피의자의 진술을 영상녹화할 때에는 사전고지로 족하며, 그의 동의를 받을 필요가 없다.

④ (×) 피의자의 진술에 대한 영상녹화가 완료된 때에는 피의자 또는 변호인 앞에서 지체 없이 그 원본을 봉인하고 피의자로 하여금 기명날인 또는 서명하게 하여야 한다(동조 제2항). 피의자 또는 변호인의 요구가 있는 때에는 영상녹화물을 재생하여 시청하게 하여야 한다. 이 경우 그 내용에 대하여 **이의를 진술하는 때에는 그 취지를 기재한 서면을 첨부하여야 한다**(동조 제3항). 결국, 별도로 녹화하여 첨부하는 것이 아니라 **그 취지를 기재한 서면을 첨부하면 된다**.

▼정답 ①

15. 임의수사에 대한 설명으로 가장 적절한 것은? (다툼이 있는 경우 판례에 의함) (2020. 경찰채용)

① 영상녹화가 완료된 이후 피의자가 영상녹화물의 내용에 대하여 이의를 진술하는 때에는 그 진술을 따로 영상녹화하여 첨부하여야 한다.

② 수사기관이 참고인을 조사하는 과정에서 「형사소송법」 제221조 제1항에 따라 작성한 영상녹화물은 원칙적으로 공소사실을 직접 증명할 수 있는 독립적인 증거로 사용될 수 있다.

③ 「형사소송법」 제244조의2 제1항에 따르면 수사기관은 피의자신문절차에서 피의자의 진술을 영상녹화할 경우 미리 영상녹화사실을 알리고 동의를 받아야 한다.

④ 수사기관이 수사의 필요상 피의자를 임의동행한 경우에도 조사 후 귀가시키지 아니하고 그의 의사에 반하여 경찰서 보호실 등에 계속 유치함으로써 신체의 자유를 속박하였다면 이는 구금에 해당한다.

▼해 설

④ (O) 수사기관이 피의자를 수사하는 과정에서 구속영장없이 피의자를 함부로 구금하여 피의자의 신체의 자유를 박탈하였다면 직권을 남용한 불법감금의 죄책을 면할 수 없고, **수사의 필요상 피의자를 임의동행한 경우에도 조사 후 귀가시키지 아니하고 그의 의사에 반하여 경찰서 조사실 또는 보호실 등에 계속 유치함**으로써 신체의 자유를 속박하였다면 **이는 구금에 해당한다**(대결1985.7.29. 85모16).

① (×) 피의자 또는 변호인의 요구가 있는 때에는 영상녹화물을 재생하여 시청하게 하여야 한다. 이 경우 그 **내용에 대하여 이의를 진술하는 때에는 그 취지를 기재한 서면을 첨부하여야 한다**(제244조의2 제3항).

② (×) 검사 또는 사법경찰관은 수사에 필요한 때에는 **피의자가 아닌 자의 출석을 요구하여 진술을 들을 수 있다. 이 경우 그의 동의를 받아 영상녹화할 수 있다**(제221조 제1항). 위 **영상녹화물은** 원칙적으로 공소사실을 직접 증명할 수 있는 독립적인 증거로 사용될 수 없다.

③ (×) **피의자의 진술은** 영상녹화할 수 있다. 이 경우 미리 **영상녹화사실을 알려주어야 한다**(제244조의2 제1항). 따라서 사전고지만으로 족하며, **피의자의 동의를 받을 필요가 없다**.

▼정답 ④

제02절 참고인조사

1. 참고인조사에 관한 설명으로 가장 적절하지 않은 것은?(다툼이 있는 경우 판례에 의함)(2024. 경찰승진)

① 진술거부권의 고지가 갖는 실질적인 의미를 고려해 볼 때, 피의자의 지위에 있지 아니한 참고인으로서 조사를 받으면서 수사기관으로부터 진술거부권을 고지받지 않았다면 그 진술조서는 위법수집증거로서 증거능력이 없다.

② 검사 또는 사법경찰관이 참고인을 조사하는 경우에는 조사장소에 도착한 시각, 조사를 시작하고 마친 시각, 그 밖에 조사과정의 진행경과를 확인하기 위하여 필요한 사항을 조서에 기록하거나 별도의 서면에 기록한 후 수사기록에 편철하여야 한다.

③ 참고인이 수사과정에서 진술서를 작성하였지만 수사기관이 그에 대한 조사과정을 기록하지 아니하여 「형사소송법」 제244조의4 제3항, 제1항에서 정한 절차를 위반한 경우에는, 특별한 사정이 없는 한 '적법한 절차와 방식'에 따라 수사과정에서 진술서가 작성되었다 할 수 없으므로 그 증거능력을 인정할 수 없다.

④ 수사기관이 참고인을 조사하는 과정에서 「형사소송법」에 따라 작성한 영상녹화물은, 다른 법률에서 달리 규정하고 있는 등의 특별한 사정이 없는 한, 공소사실을 직접 증명할 수 있는 독립적인 증거로 사용될 수는 없다.

▼해 설

① (×) [1] 피의자에 대한 진술거부권 고지는 피의자의 진술거부권을 실효적으로 보장하여 진술이 강요되는 것을 막기 위해 인정되는 것인데, 이러한 진술거부권 고지에 관한 형사소송법 규정내용 및 진술거부권 고지가 갖는 실질적인 의미를 고려하면 수사기관에 의한 진술거부권 고지 대상이 되는 피의자 지위는 수사기관이 조사대상자에 대한 범죄혐의를 인정하여 수사를 개시하는 행위를 한 때 인정되는 것으로 보아야 한다. 따라서 **이러한 피의자 지위에 있지 아니한 자(참고인)**에 대하여는 **진술거부권이 고지되지 아니하였더라도 진술의 증거능력을 부정할 것은 아니다.**

[2] 피고인들이 중국에 있는 갑과 공모한 후 중국에서 입국하는 을을 통하여 필로폰이 들어 있는 곡물포대를 배달받는 방법으로 필로폰을 수입하였다고 하여 주위적으로 기소되었는데, **검사가** 을에게서 곡물포대를 건

네받아 피고인들에게 전달하는 역할을 한 **참고인 병에 대한 검사 작성 진술조서를 증거로 신청한 사안에서**, 피고인들과 공범관계에 있을 가능성만으로 병이 참고인으로서 검찰 조사를 받을 당시 또는 그 후라도 **검사가 병에 대한 범죄혐의를 인정하고 수사를 개시하여 피의자 지위에 있게 되었다고 단정할 수 없고**, 검사가 병에 대한 수사를 개시할 수 있는 상태이었는데도 진술거부권 고지를 잠탈할 의도로 피의자 신문이 아닌 참고인 조사의 형식을 취한 것으로 볼 만한 사정도 기록상 찾을 수 없으며, 오히려 피고인들이 수사과정에서 필로폰이 중국으로부터 수입되는 것인지 몰랐다는 취지로 변소하였기 때문에 **피고인들의 수입에 관한 범의를 명백하게 하기 위하여 병을 참고인으로 조사한 것이라면, 병은** 수사기관에 의해 범죄혐의를 인정받아 수사가 개시된 피의자의 지위에 있었다고 할 수 없고 **참고인으로서 조사를 받으면서 수사기관에게서 진술거부권을 고지받지 않았다는 이유만으로 그 진술조서가 위법수집증거로서 증거능력이 없다고 할 수 없다.**

[3] 피고인들이 중국에 있는 갑과 공모한 후 중국에서 입국하는 을을 통하여 인천 국제여객터미널에서 필로폰이 들어 있는 곡물포대를 배달받는 방법으로 필로폰을 수입하였다고 하여 주위적으로 기소된 사안에서, **피고인들이 필로폰이 중국에서 국내로 반입된 것이라는 점에 대하여 인식하였거나 적어도 미필적으로 인식하고 있었다고 인정할 수 있다**(대법원2011. 11. 10. 선고2011도8125판결). 결국, **피고인들에게 필로폰 수입에 관한 범의가 있었다고 할 것이다.**

② (O) 검사 또는 사법경찰관은 피의자가 조사장소에 **도착한 시각, 조사를 시작하고 마친 시각, 그 밖에 조사과정의 진행경과를 확인하기 위하여 필요한 사항**을 피의자신문조서에 기록하거나 별도의 서면에 기록한 후 수사기록에 편철하여야 한다(**수사과정의 기록: 형사소송법 제244조의4 제1항**). 그리고 **피의자가 아닌 자(참고인)를 조사하는 경우에도 준용한다**(동법 동조 제3항).

③ (O) [1] 형사소송법 제312조 제5항은 피고인 또는 피고인이 아닌 자가 수사과정에서 작성한 진술서의 증거능력에 관하여 형사소송법 제312조 제1항부터 제4항까지 준용하도록 규정하고 있으므로, **검사 또는 사법경찰관이 피고인이 아닌 자의 진술을 기재한 조서의 증거능력이 인정되려면 '적법한 절차와 방식에 따라 작성된 것'이어야 한다는 법리가 피고인이 아닌 자가 수사과정에서 작성한 진술서의 증거능력에 관하여도 적용된다.**

[2] 한편 검사 또는 사법경찰관이 **피의자가 아닌 자의 출석을 요구하여 조사하는 경우에는** 피의자를 조사하는 경우와 마찬가지로 조사장소에 도착한 시각, 조사를 시작하고 마친 시각, 그 밖에 조사과정의 진행경과를 확인하기 위하여 필요한 사항을 조서에 기록하거나 별도의 서면에 기록한 후 수사기록에 편철하도록 하는 등 **조사과정을 기록하게 한 형사소송법 제221조 제1항, 제244조의4 제1항, 제3항의 취지는** 수사기관이 조사과정에서 피조사자로부터 진술증거를 취득하는 과정을 투명하게 함으로써 그 과정에서의 절차적 적법성을 제도적으로 보장하려는 것이다.

[3] 따라서 **수사기관이** 수사에 필요하여 **피의자가 아닌 자로부터 진술서를 작성·제출받는 경우에도 그 절차는 준수되어야 하므로**, 피고인이 아닌 자가 수사과정에서 진술서를 작성하였지만 **수사기관이 조사과정의 진행경과를 확인하기 위하여 필요한 사항**을 그 진술서에 **기록하거나** 별도의 서면에 기록한 후 수사기록에 편철하는 등 **적절한 조치를 취하지 아니하여 형사소송법 제244조의4 제1항, 제3항에서 정한 절차를 위반한 경우에**는, 그 진술증거 취득과정의 절차적 적법성의 제도적 보장이 침해되지 않았다고 볼 만한 특별한 사정이 없는 한 **'적법한 절차와 방식'에 따라 수사과정에서 진술서가 작성되었다고 할 수 없어 증거능력을 인정할 수 없다.**

[4] 이러한 형사소송법 규정 및 문언과 그 입법 목적 등에 비추어 보면, 형사소송법 **제312조 제5항의 적용대상인 '수사과정에서 작성한 진술서'란 수사가 시작된 이후에 수사기관의 관여 아래 작성된 것이거나**, 개시된 수사와 관련하여 수사과정에 제출할 목적으로 작성한 것으로, 작성 시기와 경위 등 여러 사정에 비추어 **그 실질이 이에 해당하는 이상 명칭이나 작성된 장소 여부를 불문한다.**

[5] 피고인 을·병이 피고인 갑을 위하여 처리하였던 **입당원서를 작성자의 동의 없이 임의로 수사기관에 제출한 행위**는「개인정보 보호법」제59조 제2호가 **금지한 행위**로서, 구「개인정보 보호법」제18조 제2항 제2호 또는 제7호가 적용될 수 없고, **위법수집증거에 해당**하여 예외적으로 증거능력을 인정하여야 할 경우에 해당하지 아니하므로, **입당원서 및 이와 관련된 증거의 증거능력은 인정되지 않는다**(대법원2022. 10. 27. 선고 2022도9510 판결). 따라서 **경찰관이** 입당원서 작성자의 주거지·근무지를 방문하여 입당원서 작성 경위 등을 질문한 후 **진술서 작성을 요구하여 이를 제출받은 이상** 형사소송법 제312조 제5항이 **적용되어야 한다**는 이유로 형사소송법 제244조의4(수사과정의 기록)에서 **정한 절차를 준수하지 않은 위 각 증거의 증거능력이 인정되지 않는다.**

④ (O) **수사기관이 참고인을 조사하는 과정**에서 형사소송법 제221조 제1항에 따라 **작성한 영상녹화물은**, 다른 법률에서 달리 규정하고 있는 등의 특별한 사정이 없는 한, **공소사실을 직접 증명할 수 있는 독립적인 증거로 사용될 수는 없다**고 해석함이 타당하다(대법원2014. 7. 10. 선고2012도5041판결).

CHAPTER 05 | 강제수사

▼정답 ①

제01절 피의자 체포

1. 체포에 대한 설명으로 옳지 <u>않은</u> 것은? (다툼이 있는 경우 판례에 의함) (2024. 경찰대 편입)

① 피의자의 마약 투약을 의심할 만한 상당한 이유가 있었더라도 경찰관이 이미 피의자의 신원과 주거지 및 전화번호 등을 모두 파악하고 있었고 당시 관련 증거가 급속하게 소멸될 상황도 아니었다면, 이는 형사소송법상 긴급체포의 요건인 '체포영장을 받을 시간적 여유가 없는 때'에 해당하지 않는다.
② 현행범인 체포는 체포의 필요성, 즉 도망 또는 증거인멸의 염려가 없는 경우에도 적법하다.
③ 현행범인 체포의 적법성은 체포 당시의 구체적 상황을 기초로 객관적으로 판단하여야 하고, 사후에 범인으로 인정되었는지에 의할 것은 아니다.
④ 체포된 피의자에 대해서는 구속된 피의자와 달리 보증금납입을 조건으로 한 석방이 허용되지 않는다.
⑤ 체포된 현행범인의 인도에 관한 형사소송법 제213조 제1항의 '즉시'는 반드시 체포 시점과 시간적으로 밀착된 시점이어야 한다는 의미가 아니라, '정당한 이유 없이 인도를 지연하거나 체포를 계속하는 등으로 불필요한 지체를 함이 없이'라는 의미이다.

▼해 설

② (×) **현행범인은** 누구든지 영장 없이 체포할 수 있는데(형사소송법 제212조), 현행범인으로 체포하기 위하여는 행위의 가벌성, 범죄의 현행성·시간적 접착성, 범인·범죄의 명백성 이외에 **체포의 필요성 즉, 도망 또는 증거인멸의 염려가 있어야 하고, 이러한 요건을 갖추지 못한 현행범인 체포는** 법적 근거에 의하지 아니한 영장 없는 체포로서 **위법한 체포에 해당**한다(2011.5.26. 2011도3682).

① (○) [1] 피고인이 필로폰을 투약한다는 제보를 받은 경찰관이 제보된 주거지에 피고인이 살고 있는지 등 제보의 정확성을 사전에 확인한 후에 제보자를 불러 조사하기 위하여 피고인의 주거지를 방문하였다가, 현관에서 담배를 피우고 있는 피고인을 발견하고 사진을 찍어 제보자에게 전송하여 사진에 있는 사람이 제보한 대상자가 맞다는 확인을 한 후, 가지고 있던 피고인의 전화번호로 전화를 하여 차량 접촉사고가 났으니 나오라고 하였으나 나오지 않고, 또한 경찰관임을 밝히고 만나자고 하는데도 현재 집에 있지 않다는 취지로 거짓말을 하자 **피고인의 집 문을 강제로 열고 들어가 피고인을 긴급체포한 사안에서**, 피고인이 **마약에 관한 죄를 범하였다고 의심할 만한 상당한 이유가 있었더라도**, 경찰관이 이미 피고인의 신원과 주거지 및 전화번호 등을 모두 파악하고 있었고, 당시 마약 투약의 범죄 증거가 급속하게 소멸될 상황도 아니었던 점 등의 사정을 감안하면, **긴급체포가 미리 체포영장을 받을 시간적 여유가 없었던 경우에 해당하지 아니하므로 위법하다.**
[2] 긴급을 요할 때 긴급체포 할 수 있는데, 이 경우 **긴급을 요한다** 함은 **피의자를 우연히 발견한 경우등과 같이 체포영장을 받을 시간적 여유가 없는 때**를 말한다(대법원 2016. 10. 13. 선고 2016도5814 판결).

③ (○) 현행범인은 누구든지 영장 없이 체포할 수 있다(형사소송법 제212조). 여기서 **현행범인 체포의 요건을 갖추었는지 여부는 체포 당시의 상황을 기초로 판단하여야** 하고, 이에 관한 검사나 사법경찰관 등 수사주체의 판단에는 상당한 재량의 여지가 있지만, **체포 당시의 상황으로 볼 때 그 요건의 충족 여부**에 관한 검사나 사법경찰관 등의 판단이 경험칙에 비추어 **현저히 합리성을 잃은 경우에는 그 체포는 위법하다**고 보아야 한다(대법원2017. 4. 7.선고2016도19907판결).

④ (○) **형사소송법은 수사단계에서의 체포와 구속을 명백히 구별하고 있고** 이에 따라 체포와 구속의 적부심사를 규정한 같은 법 제214조의2에서 **체포와 구속을 서로 구별되는 개념으로 사용하고 있는바**, 같은 조 제4항에 **기소 전 보증금 납입을 조건으로 한 석방의 대상자가 '구속된 피의자'라고 명시되어 있고**, 같은 법 제214조의3 제2항의 취지를 체포된 피의자에 대하여도 보증금 납입을 조건으로 한 석방이 허용되어야 한다는 근거로 보기는 어렵다 할 것이어서 현행법상 **체포된 피의자에 대하여는 보증금 납입을 조건으로 한 석방이 허용되지 않는다**(대법원1997. 8. 27.자97모21결정).

⑤ (○) 현행범인은 누구든지 영장 없이 체포할 수 있고, 검사 또는 사법경찰관리 아닌 이가 현행범인을 체포한 때에는 즉시 검사 등에게 인도하여야 한다. 여기서 **'즉시'라고 함은 반드시 체포시점과 시간적으로 밀착된 시점이어야 하는 것은** 아니고, '정당한 이유 없이 인도를 지연하거나 체포를 계속하는 등으로 **불필요한 지체를 함이 없이'라는 뜻으로 볼 것이다**(대법원2011. 12. 22.선고2011도12927판결).

▶정답 ②

2. 체포에 관한 설명으로 가장 적절하지 않은 것은?(다툼이 있는 경우 판례에 의함) (2024. 경찰간부)

① 피의자가 죄를 범하였다고 의심할 만한 상당한 이유가 있고 정당한 이유없이 출석요구에 응하지 아니하거나 응하지 아니할 우려가 있는 때라고 하더라도 명백히 체포의 필요가 없다고 인정되는 때에는 체포영장 청구를 받은 지방법원판사는 체포영장의 청구를 기각하여야 한다.
② 검사 또는 사법경찰관은 긴급체포되었다가 구속영장이 청구되지 아니하여 석방된 자를 영장없이는 동일한 범죄사실에 관하여 다시 체포하지 못한다.
③ 체포영장의 청구서에는 체포사유로서 도망이나 증거인멸의 우려가 있는 사유를 기재하여야 한다.
④ 체포영장을 집행하는 경우 피의자에게 반드시 체포영장을 제시하고 그 사본을 교부하여야 하며 신속히 지정된 법원기타 장소에 인치하여야 한다.

해 설

③ (×) 체포영장의 청구서에는 다음 각 호의 사항을 기재하여야 한다(형사소송규칙 제95조 : **체포영장청구서의 기재사항**). (비교) 도망이나 증거인멸의 우려가 있는 것은 **현행범과 긴급체포**요건이다.

1. 피의자의 성명(분명하지 아니한 때에는 인상, 체격, 그 밖에 피의자를 특정할 수 있는 사항), 주민등록번호 등, 직업, 주거
2. 피의자에게 변호인이 있는 때에는 그 성명
3. 죄명 및 범죄사실의 요지
4. 7일을 넘는 유효기간을 필요로 하는 때에는 그 취지 및 사유
5. 여러 통의 영장을 청구하는 때에는 그 취지 및 사유
6. 인치구금할 장소
7. 법 제200조의2 제1항에 규정한 체포의 사유
8. 동일한 범죄사실에 관하여 그 피의자에 대하여 전에 체포영장을 청구하였거나 발부받은 사실이 있는 때에는 다시 체포영장을 청구하는 취지 및 이유
9. 현재 수사 중인 다른 범죄사실에 관하여 그 피의자에 대하여 발부된 유효한 체포영장이 있는 경우에는 그 취지 및 그 범죄사실

① (○) **체포영장의 청구를 받은 판사는 체포의 사유가 있다고 인정 되는 경우에도** 피의자의 연령과 경력, 가족관계나 교우관계, 범죄의 경중 및 태양 기타 제반 사정에 비추어 피의자가 **도망할 염려가 없고 증거를 인멸할 염려가 없는 등 명백히 체포의 필요가 없다고 인정되는 때에는** 체포영장의 **청구를 기각하여야 한다**(형사소송규칙 제96조의2).

② (○) 제200조의4 제3항

④ (O) 사법경찰관이 체포영장을 집행함에는 피의자에게 반드시 이를 제시하고 <u>그 사본을 교부하여야</u> 하며 신속히 지정된 법원 기타 장소에 인치하여야 한다(제85조 제1항, 제200조의6). **2022. 2. 3. 개정법**에서 수사기관이 **체포영장, 구속영장, 압수·수색영장의 집행시**에는 영장제시 뿐만아니라 **그 영장사본을 교부하여야 한다고 신설하였다**. 따라서 현행 형사소송법은 피의자의 방어권을 실질적으로 보장하기 위하여 피의자에 대하여 **체포영장과 구속영장을 집행하거나 압수·수색 처분을 하는 경우에는 반드시 피의자에게 영장을 제시할 뿐만 아니라 그 사본을 교부하도록 하고 있다**. 또한 **체포영장과 구속영장을 소지하지 아니한 경우에 급속을 요하는 때**에는 피의자에 대하여 공소사실의 요지와 영장이 발부되었음을 고하고 **집행할 수 있고**, **집행을 완료한 후에는** 신속히 구속영장을 **제시하고 그 사본을 교부하여야 한다**.

▶정답 ③

3. 영장에 의한 체포에 관한 설명으로 가장 적절하지 <u>않은</u> 것은? (다툼이 있는 경우 판례에 의함)

(2024. 경찰승진)

① 사법경찰관은 체포영장의 유효기간 내에 영장의 집행에 착수하지 못했거나 그 밖의 사유로 영장의 집행이 불가능하거나 불필요하게 되었을 때에는 그 영장을 청구한 검사에게 반환하고, 검사는 사법경찰관이 반환한 영장을 법원에 반환한다.
② 검사 또는 사법경찰관은 체포된 피의자의 배우자가 체포영장 등본의 교부를 청구하면 그 등본을 교부해야 한다.
③ 사법경찰관이 피의자를 영장에 의하여 체포한 후 구속한 경우에 있어서 구속기간은 피의자를 구속한 날부터 기산한다.
④ 검사는 체포영장을 발부받은 후 피의자를 체포하기 이전에 체포영장을 첨부하여 판사에게 인치·구금할 장소의 변경을 청구할 수 있다.

▶해 설

③ (×) 피의자가 제200조의2(영장에 의한 체포)·제200조의3(긴급체포)·제201조의2 제2항 (피의자 구속) 또는 제212조(현행범인의 체포)의 규정에 의하여 체포 또는 구인된 경우에는 제202조 (**사법경찰관의 구속기간**) 또는 제203조(**검사의 구속기간**)의 **구속기간**은 피의자를 **체포 또는 구인한** 날부터 **기산한다**.
① (O) 검사 또는 사법경찰관은 **체포·구속영장의 유효기간 내에 영장의 집행에 착수하지 못했거나, 그 밖의 사유로 영장의 집행이 불가능하거나 불필요하게 되었을 때에는** 즉시 해당 영장을 법원에 **반환해야 한다**. 이 경우 체포·구속영장이 여러 통 발부된 경우에는 모두 반환해야 한다(수사준칙 제35조 제1항). 위 제1항에 따라 **사법경찰관이 체포·구속영장을 반환하는 경우**에는 그 영장을 청구한 **검사에게 반환**하고, **검사는** 사법경찰관이 반환한 영장을 **법원에 반환한다**(동조 제3항).
② (O) **검사 또는 사법경찰관은** 법 제214조의2 제1항에 따른 자(체포·구속적부심사의 청구권자)가 **체포·구속영장 등본의 교부를 청구**하면 **그 등본을 교부해야 한다**(수사준칙 제34조; 체포·구속영장 등본의 교부).
④ (O) 검사는 체포영장을 발부받은 후 **피의자를 체포하기 이전에** 체포영장을 첨부하여 **판사에게** 인치·구금할 **장소의 변경을 청구할 수 있다**(형사소송규칙 제96조의3; 인치·구금할 장소의 변경).

▶정답 ③

4. 긴급체포에 관한 설명으로 가장 적절하지 <u>않은</u> 것은? (다툼이 있는 경우 판례에 의함)

(2024. 경찰승진)

① 검사 또는 사법경찰관이 피의자를 긴급체포하는 경우에는 반드시 피의사실의 요지, 체포의 이유와 변호인을 선임할 수 있음을 말하고, 변명할 기회를 주어야 한다.

② 검사 또는 사법경찰관은 긴급체포된 자가 소유·소지 또는 보관하는 물건에 대하여 긴급히 압수할 필요가 있는 경우에는 체포한 때부터 24시간 이내에 한하여 영장 없이 압수·수색 또는 검증을 할 수 있으며, 이는 현행범인 체포의 경우에도 준용된다.

③ 사법경찰관이 검사에게 긴급체포된 피의자에 대한 긴급체포승인 건의와 함께 구속영장을 신청한 경우, 검사는 긴급체포의 적법성 여부를 심사하면서 수사서류뿐만 아니라 피의자를 검찰청으로 출석시켜 직접 대면조사할 수 있는 권한을 가진다.

④ 영장 없이는 긴급체포 후 석방된 피의자를 동일한 범죄사실에 관하여 체포하지 못하지만, 이와 같이 석방된 피의자라도 법원으로부터 구속영장을 발부받아 구속할 수 있다.

▶ 해 설

② (×) 검사 또는 사법경찰관은 제200조의3에 따라 체포(긴급체포)된 자가 소유·소지 또는 보관하는 물건에 대하여 긴급히 압수할 필요가 있는 경우에는 **체포한 때부터 24시간 이내에 한하여 영장 없이 압수·수색 또는 검증을 할 수 있다**(형사소송법 제217조 제1항). 결국, **현행범인 체포의 경우에는 이 규정이 준용되지 아니한다**.

① (○) 검사 또는 사법경찰관은 **피의자를 체포하는 경우**에는 피의사실의 요지, 체포의 이유와 변호인을 선임할 수 있음을 말하고 변명할 기회를 주어야 한다(제200조의5). 이 규정은 **영장에 의한 체포, 긴급체포, 현행범인의 체포, 피의자 구속**을 하는 경우에 **모두 적용된다**.

③ (○) [1] **사법경찰관이 검사에게 긴급체포된 피의자에 대한 긴급체포 승인 건의와 함께 구속영장을 신청**한 경우, **검사는** 긴급체포의 승인 및 구속영장의 청구가 피의자의 인권에 대한 부당한 침해를 초래하지 않도록 **긴급체포의 적법성 여부를 심사하면서** 수사서류 뿐만 아니라 피의자를 검찰청으로 출석시켜 **직접 대면조사할 수 있는 권한을 가진다**고 보아야 한다.
[2] **검사의 구속영장 청구 전 피의자 대면 조사**는 긴급체포의 **적법성을 의심할 만한 사유가** 기록 기타 객관적 자료에 나타나고 피의자의 대면 조사를 통해 그 여부의 판단이 가능할 것으로 보이는 **예외적인 경우에 한하여 허용될 뿐**, 긴급체포의 **합당성이나 구속영장 청구에 필요한 사유를 보강하기 위한 목적으로 실시되어서는 아니된다**. 나아가 검사의 구속영장 청구 전 피의자 대면 조사는 강제수사가 아니므로 피의자는 검사의 출석요구에 응할 의무가 없고, 피의자가 검사의 출석 요구에 동의한 때에 한하여 사법경찰관리는 피의자를 검찰청으로 호송하여야 한다(대판2010.10.28. 2008도11999).

④ (○) [1] 긴급체포된 자에 대하여 구속영장을 청구하지 아니하거나 발부받지 못한 때에는 피의자를 즉시 석방하여야 하고(제200조의4 제2항), **긴급체포 후 석방된 자는 영장없이는** 동일한 범죄사실에 관하여 **체포하지 못한다**(동조 제3항).
[2] 형사소송법 제208조 소정의 '**구속되었다가 석방된 자**'라 함은 **구속영장에 의하여 구속되었다가 석방된 경우를 말하는 것이지, 긴급체포나 현행범으로 체포되었다가 사후영장발부 전에 석방된 경우는 포함되지 않는다** 할 것이므로, **피고인이 수사 당시 긴급체포되었다가 수사기관의 조치로 석방된 후 법원이 발부한 구속영장에 의하여 구속이 이루어진 경우** 앞서 본 법조에 위배되는 **위법한 구속이라고 볼 수 없다**(대법원2001. 9. 28. 선고2001도4291판결). 결국, **긴급체포 후 석방된 피의자라도** 법원으로부터 구속영장을 발부받아 **구속할 수 있으며, 그 구속이 위법하다고 볼 수 없다**.

▶ 정답 ②

5. 현행범인체포에 관한 설명으로 가장 적절하지 않은 것은?(다툼이 있는 경우 판례에 의함)

(2024. 1차 경찰채용)

① 범죄를 실행하고 있거나 실행하고 난 직후의 사람을 현행범인이라 한다.
② 甲이 X고등학교 앞길에서 피해자 A와 싸움을 하자, A의 친구B가 112 신고를 하고 甲이 도주하는지 여부를 계속 감시하고 있었다. 그 후 경찰이 위 범행현장에 인접한 위 학교 운동장에 출동하였고, B가 甲을 범인으로 지목하자 위 싸움이 있은 지 10분 정도 경과한 상황에서, 경찰이 곧바로 위 운동장에서 甲을 현행범인으로 체포한 경우 그 체포는 위법하다.
③ 음주운전 중 교통사고를 내고 의식불명 상태에 빠져 병원으로 후송된 운전자 甲의 신체 내지 의복류에 주취로 인한 냄새가 강하게 나는 경우, 甲은 「형사소송법」 제211조 제2항 제3호가 정하는 '신체나 의복류에 증거가 될 만한 뚜렷한 흔적이 있을 때'의 준현행범인에 해당한다.
④ 체포한 피의자를 구속하고자 할 때에는 체포한 때부터 48시간 이내에 구속영장을 청구해야 하는데, 검사 또는 사법경찰관리가 아닌 자에 의하여 현행범인이 체포된 후 불필요한 지체 없이 검사 또는 사법경찰관리에게 인도된 경우 위 48시간의 기산점은 체포시가 아니라 검사 또는 사법경찰관리가 현행범인을 인도받은 때이다.

▼해 설

② (×) [1] 형사소송법 제211조 제1항(현행범인)에 규정된 **"범죄 실행의 즉후인자"**란 **체포하는 자**가 볼 때 범죄의 **실행행위를 종료한 직후의 범인이라는 것이 명백한 경우를 일컫는 것**으로서, 시간이나 장소로 보아 체포당하는 자를 방금 범죄를 실행한 범인이라고 볼 증거가 명백히 존재하는 것으로 인정된다면, **그를 현행범으로 볼 수 있다**.
[2] 경찰관이 112 신고를 받고 출동하여 피고인을 체포하려고 할 때는, 갑이 ○○여고 **앞길**에서 피해자의 자동차를 발로 걷어차고 그와 싸우는 **범행을** 한 지 **겨우 10분 후에 지나지 않고**, 그 **장소도** 범행 현장에 인접한 **위 학교의 운동장이므로**, 갑은 "범죄 실행의 즉후인자"로서 **현행범인에 해당한다**.
[3] 따라서 위 **경찰관이** 갑을 체포하려고 한 행위는 현행범의 체포행위로서 **적법한 공무집행이므로**, 갑이 위 경찰관을 쇠파이프로 때려 상해를 가한 경우에는 **특수공무집행방해치상죄가 성립한다**(대법원 1993. 8. 13. 선고 93도926 판결).
① (○) **범죄를 실행하고** 있거나 **실행하고 난 직후의 사람**을 현행범인이라 한다(제211조 제1항).
③ (○) [1] **수사기관이** 법원으로부터 **영장 또는 감정처분허가장을 발부받지 아니한 채 피의자의 동의 없이 피의자의 신체로부터 혈액을 채취**하고 사후에도 지체 없이 영장을 발부받지 아니한 채 혈액 중 알코올농도에 관한 감정을 의뢰하였다면, 이러한 과정을 거쳐 얻은 **감정의뢰회보 등은** 형사소송법상 영장주의 원칙을 위반하여 **수집**하거나 그에 기초하여 획득한 **증거로서**, 원칙적으로 절차위반행위가 적법절차의 실질적인 내용을 침해하여 피고인이나 변호인의 동의가 있더라도 유죄의 증거로 사용할 수 없다.
[2] **수사기관이 범죄 증거를 수집할 목적**으로 피의자의 동의 없이 피의자의 **혈액을 취득·보관하는 행위는** 법원으로부터 감정처분허가장을 받아 형사소송법 제221조의4 제1항, 제173조 제1항에 의한 '**감정에 필요한 처분**'으로도 할 수 있지만, 형사소송법 제219조, 제106조 제1항에 정한 **압수의 방법으로도 할 수 있고, 압수의 방법에 의하는 경우** 혈액의 취득을 위하여 피의자의 신체로부터 혈액을 채취하는 행위는 **혈액의 압수를 위한 것으로서** 형사소송법 제219조, 제120조 제1항에 정한 '**압수영장의 집행에 있어 필요한 처분**'에 해당한다.
[3] 음주운전 중 교통사고를 야기한 후 피의자가 의식불명 상태에 빠져 있는 등으로 도로교통법이 음주운전의 제1차적 수사방법으로 규정한 호흡조사에 의한 음주측정이 불가능하고 혈액 채취에 대한 동의를 받을 수도 없을 뿐만 아니라 법원으로부터 혈액 채취에 대한 감정처분허가장이나 사전 압수영장을 발부받을 시간적 여유도 없는 긴급한 상황이 생길 수 있다. 이러한 경우 **피의자의 신체 내지 의복류에 주취로 인한 냄새가 강하게 나는 등** 형사소송법 제211조 제2항 제3호가 정하는 **범죄의 증적이 현저한 준현행범인의 요건이 갖추어져 있고** 교통사고 발생 시각으로부터 사회통념상 범행 직후라고 볼 수 있는 시간 내라면, 피의자의 생명·신체를 구조하기 위하여 **사고현장으로부터 곧바로 후송된 병원 응급실 등의 장소는** 형사소송법 제216조 제3항

의 범죄 장소에 준한다 할 것이므로, 검사 또는 사법경찰관은 피의자의 혈중알코올농도 등 증거의 수집을 위하여 의료법상 의료인의 자격이 있는 자로 하여금 의료용 기구로 의학적인 방법에 따라 필요최소한의 한도 내에서 피의자의 혈액을 채취하게 한 후 그 혈액을 영장 없이 압수할 수 있다. 다만 이 경우에도 형사소송법 제216조 제3항단서, 형사소송규칙 제58조, 제107조 제1항 제3호에 따라 사후에 지체 없이 강제채혈에 의한 압수의 사유 등을 기재한 영장청구서에 의하여 법원으로부터 압수영장을 받아야 한다(대법원2012. 11. 15. 선고2011도15258판결).

④ (○) [1] 검사 또는 사법경찰관리 아닌 이가 현행범인을 체포한 때에는 즉시 검사 등에게 인도하여야 한다. 여기서 '즉시'라고 함은 반드시 체포시점과 시간적으로 밀착된 시점이어야 하는 것은 아니고, '정당한 이유 없이 인도를 지연하거나 체포를 계속하는 등으로 불필요한 지체를 함이 없이'라는 뜻으로 볼 것이다(대판 2011.12.22. 2011도12927).

[2] 검사 등이 현행범인을 체포하거나 현행범인을 인도받은 후 현행범인을 구속하고자 하는 경우 48시간 이내에 구속영장을 청구하여야 하고 그 기간 내에 구속영장을 청구하지 아니하는 때에는 즉시 석방하여야 한다(형사소송법 제213조의2, 제200조의2 제5항).

[3] (○) 체포한 피의자를 구속하고자 할 때에는 체포한 때부터 48시간 이내에 구속영장을 청구해야 하는데, 검사 또는 사법경찰관리가 아닌 자에 의하여 현행범인이 체포된 후 불필요한 지체 없이 검사 또는 사법경찰관리에게 인도된 경우 위 48시간의 기산점은 체포시가 아니라 검사 또는 사법경찰관리가 현행범인을 인도받은 때라고 할 것이다(대판2011.12.22. 2011도12927).

▼정답 ②

6. 체포에 관한 설명 중 옳은 것은 모두 몇 개인가?(다툼이 있으면 판례에 의함) (2023. 경찰대편입)

> ㉠ 체포영장을 청구받은 지방법원판사는 피의자가 죄를 범하였다고 의심할 만한 이유가 있는 경우에 체포의 사유를 판단하기 위하여 피의자를 구인한 후 심문할 수 있다.
> ㉡ 경찰관들이 체포를 위한 실력행사에 나아가기 전에 체포영장을 제시하고 미란다원칙을 고지할 여유가 있었음에도 애초부터 미란다원칙을 체포 후에 고지할 생각으로 먼저 체포행위에 나서자 피고인이 이에 저항하다가 경찰관들에게 상해를 가했다면 이는 정당방위에 해당한다.
> ㉢ 사법경찰관이 피의자를 긴급체포 후 구속영장을 신청하지 않고 석방하는 경우 30일 이내에 검사에게 보고하여야 한다.
> ㉣ 사법경찰관이 피고인을 수사관서까지 임의동행한 것이 사실상 강제연행에 해당한다 하여도 피고인을 동행할 당시에 물리력을 행사한 바가 없고, 피고인이 명시적으로 거부의사를 표명한 적이 없으며, 사법경찰관이 그로부터 6시간이 경과한 후 피고인에 대하여 긴급체포 절차를 밟았다면 그와 같은 긴급체포는 적법하다.
> ㉤ 현행범인으로 체포하기 위하여는 행위의 가벌성, 범죄의 현행성과 시간적 접착성, 범인·범죄의 명백성이 있으면 족하고 그 외에 도망 또는 증거인멸의 염려가 있어야 하는 것은 아니다.

① 0개   ② 1개
③ 2개   ④ 3개
⑤ 4개

해 설

② ⓒ(1개)은 옳은 지문이나, ㉠㉢㉣㉤(4개)은 틀린 지문이다.

㉠ (×) 피의자가 죄를 범하였다고 의심할 만한 **상당한 이유**가 있고, 정당한 이유없이 제200조의 규정에 의한 출석요구에 응하지 아니하거나 응하지 아니할 우려가 있는 때에는 **검사는 관할 지방법원판사에게 청구하여 체포영장을 발부받아 피의자를 체포**할 수 있고, 사법경찰관은 검사에게 신청하여 검사의 청구로 관할지방법원판사의 체포영장을 발부받아 피의자를 체포할 수 있다. 다만, **다액 50만원이하의 벌금, 구류 또는 과료에 해당하는 사건**에 관하여는 **피의자가 일정한 주거가 없는 경우** 또는 정당한 이유없이 제200조의 규정에 의한 **출석요구에 응하지 아니한 경우에 한한다**(제200조의2 제1항). 결국, **구속영장**을 청구받은 판사는 **구속사유를 판단**하기 위해 **필요적 심문을 해야하**나, **체포영장**을 청구받은 지방법원판사는 체포사유를 판단하기 위한 **필요적 심문제도가 없으므로** 피의자를 구인한 후 **심문할 수 없다**(체포영장에는 영장실질심사제도가 없다).

ⓒ (○) [1] 사법경찰관 등이 체포영장을 소지하고 피의자를 체포하기 위해서는 체포영장을 피의자에게 제시하고, 피의사실의 요지, 체포의 이유와 변호인을 선임할 수 있음을 말하고 변명할 기회를 주어야 한다(형사소송법 제200조의5). 이와 같은 **체포영장의 제시나 고지 등은** 체포를 위한 실력행사에 들어가기 **이전에 미리** 하여야 하는 것이 **원칙이다**. 그러나 **달아나는** 피의자를 쫓아가 붙들거나 폭력으로 **대항하는** 피의자를 실력으로 제압하는 경우에는 붙들거나 제압하는 **과정에서** 하거나, 그것이 여의치 않은 경우에는 **일단 붙들거나 제압한 후에 지체 없이** 하여야 한다.

[2] 형법 제136조가 규정하는 공무집행방해죄는 공무원의 직무집행이 적법한 경우에 한하여 성립한다. 이때 적법한 공무집행은 그 행위가 공무원의 추상적 권한에 속할 뿐 아니라 구체적 직무집행에 관한 법률상 요건과 방식을 갖춘 경우를 가리킨다. **경찰관이 적법절차를 준수하지 않은 채 실력으로 피의자를 체포하려고 하였다면 적법한 공무집행이라고 할 수 없다**. 그리고 **경찰관의 체포행위가** 적법한 공무집행을 벗어나 **불법하게 체포한 것으로 볼 수 밖에 없다면**, 피의자가 그 체포를 면하려고 반항하는 과정에서 **경찰관에게 상해를 가한 것은** 불법체포로 인한 신체에 대한 현재의 부당한 침해에서 벗어나기 위한 행위로서 **정당방위에 해당하여 위법성이 조각된다**.

[3] 경찰관들이 체포영장을 소지하고 메트암페타민(일명 필로폰) 투약 등 혐의로 피고인을 체포하려고 하자, 피고인이 이에 거세게 저항하는 과정에서 경찰관들에게 상해를 가하였다고 하여 공무집행방해 및 상해의 공소사실로 기소된 사안에서, **피고인이 경찰관들과 마주하자마자 도망가려는 태도를 보이거나 먼저 폭력을 행사하며 대항한 바 없는 등** 경찰관들이 체포를 위한 실력행사에 나아가기 전에 체포영장을 제시하고 **미란다원칙을 고지할 여유가 있었음에도** 애초부터 미란다원칙을 **체포 후에 고지할 생각으로 먼저 체포행위에 나선 행위는 적법한 공무집행이라고 보기 어렵다**(대법원2017. 9. 21.선고2017도10866판결). 결국, **피고인은 공무집행방해죄가 성립하지 않는다**.

ⓒ (×) **사법경찰관은** 긴급체포한 피의자에 대하여 구속영장을 신청하지 아니하고 석방한 경우에는 **즉시** 검사에게 보고하여야 한다(제200조의4 제6항).

㉣ (×) **사법경찰관이** 피고인을 수사관서까지 동행한 것이 **사실상의 강제연행, 즉 불법 체포에 해당하고**, 불법체포로부터 6시간 상당이 경과한 후에 이루어진 **긴급체포 또한 위법**하므로 피고인이 불법체포된 자로서 형법 제145조 제1항에 정한 '법률에 의하여 체포 또는 구금된 자'가 아니어서 도주죄의 주체가 될 수 없다(대법원 2006. 7. 6.선고2005도6810판결).

㉤ (×) 현행범인은 누구든지 영장 없이 체포할 수 있는데(형사소송법 제212조), **현행범인으로 체포하기 위하여는** 행위의 가벌성, 범죄의 현행성·시간적 접착성, 범인·범죄의 명백성 이외에 **체포의 필요성 즉, 도망 또는 증거인멸의 염려가 있어야 하고**, 이러한 요건을 갖추지 못한 현행범인 체포는 법적 근거에 의하지 아니한 영장 없는 체포로서 위법한 체포에 해당한다(2011.5.26. 2011도3682).

▼정답 ②

7. 체포에 관한 다음 설명 중 옳지 않은 것만을 모두 고른 것은?(다툼이 있는 경우 판례에 의함)

(2023. 2차 경찰채용)

> ㉠ 경찰관들이 성폭력범죄 혐의에 대한 체포영장을 근거로 체포절차에 착수하였으나 피의자가 흥분하여 타고 있던 승용차를 출발시켜 경찰관들에게 상해를 입히는 범죄를 추가로 저지르자, 경찰관들이 그 승용차를 멈춘 후 저항하는 피의자를 별도 범죄인 특수공무집행방해치상의 현행범으로 적법하게 체포하였더라도, 집행완료에 이르지 못한 성폭력범죄 체포영장은 사후에 그 피의자에게 제시하여야 한다.
> ㉡ 긴급체포의 요건을 갖추었는지 여부는 사후에 밝혀진 사정을 기초로 판단하는 것이 아니라 체포 당시 상황을 기초로 판단하여 수사주체의 판단에 상당한 재량의 여지가 있지만, 긴급체포 당시의 상황으로 보아서도 그 요건의 충족 여부에 관한 수사주체의 판단이 경험칙에 비추어 현저히 합리성을 잃은 경우에는 그 체포는 위법한 체포가 된다.
> ㉢ 사법경찰관은 긴급체포한 피의자에 대하여 구속영장을 신청하지 아니하고 석방한 경우에는 즉시 검사에게 보고하여야 하고, 검사는 석방한 날부터 30일 이내에 서면으로 긴급체포 후석방 된 자의 인적사항, 긴급체포의 일시·장소와 긴급체포하게 된 구체적 이유 등을 법원에 통지하여야 한다.
> ㉣ 체포한 피의자를 구속하고자 할 때에는 체포한 때부터 48시간이내에 구속영장을 청구해야 하는데, 검사 또는 사법경찰관이 아닌 이에 의하여 현행범인이 체포된 후 불필요한 지체 없이 검사 등에게 인도된 경우 위 48시간의 기산점은 체포시이다.

① ㉠, ㉣ ② ㉠, ㉢, ㉣
③ ㉡, ㉢ ④ ㉣

▼ 해 설

① ㉡㉢(2개)은 옳은 지문이나, ㉠㉣(2개)은 틀린 지문이다.
② ㉠ (×) [1] 검사 또는 사법경찰관이 체포영장을 집행할 때에는 피의자에게 반드시 체포영장을 제시하여야 한다. 다만 체포영장을 소지하지 아니한 경우에 급속을 요하는 때에는 피의자에게 범죄사실의 요지와 영장이 발부되었음을 고하고 체포영장을 집행할 수 있다. 이 경우 집행을 완료한 후에는 신속히 체포영장을 제시하여야 한다(형사소송법 제200조의6, 제85조 제1항, 제3항, 제4항).
[2] **긴급을 요하여 체포영장을 제시하지 않은 채 체포영장에 기한 체포 절차에 착수하였으나, 이에 피고인이 저항하면서 경찰관을 폭행하는 등 행위를 하여 특수공무집행방해의 현행범으로 체포한 후 체포영장을 별도로 제시하지 않은 것은 적법하다.**
[3] ① 피고인에 대해「성폭력범죄의 처벌 등에 관한 특례법」(이하 '**성폭력처벌법**'이라고 한다) 위반(**비밀준수 등**) 범행으로 **체포영장이 발부되어 있었던 사실**, ② '피고인의 차량이 30분 정도 따라온다'는 내용의 112신고를 받고 현장에 출동한 경찰관들이 **승용차에 타고 있던 피고인의 주민등록번호를 조회하여 피고인에 대한 체포영장이 발부된 것을 확인한 사실**, ③ 경찰관들이 피고인에게 '성폭력처벌법위반으로 수배가 되어 있는 바, 변호인을 선임할 수 있고 묵비권을 행사할 수 있으며, 체포적부심을 청구할 수 있고 변명의 기회가 있다'고 고지하며 하차를 요구한 사실을 인정한 후, 이 사건 당시 경찰관들이 체포영장을 소지할 여유 없이 우연히 그 상대방을 만난 경우로서 **체포영장의 제시 없이 체포영장을 집행할 수 있는 '급속을 요하는 때'에 해당**하므로, **경찰관들이 체포영장의 제시 없이 피고인을 체포하려고 시도한 행위는 적법한 공무집행**이라고 판단하였다.
[4] 위와 같이 **경찰관들이 체포영장을 근거로 체포절차에 착수하였으나 피고인이 흥분하며 타고 있던 승용차를 출발시켜 경찰관들에게 상해를 입히는 범죄를 추가로 저지르자, 경찰관들이 위 승용차를 멈춘 후 저항하는 피고인을 별도 범죄인 특수공무집행방해치상의 현행범으로 체포한 사실을 인정한 후, 이와 같이 경찰관이**

체포영장에 기재된 범죄사실이 아닌 **새로운 피의사실인 특수공무집행방해치상을 이유로 피고인을 현행범으로 체포하였고, 현행범 체포에 관한 제반 절차도 준수하였던 이상** 피고인에 대한 **체포 및 그 이후 절차에 위법이 없다.**

[5] 위 사정들과 함께 이 사건 당시 체포영장에 의한 체포절차가 착수된 단계에 불과하였고, 피고인에 대한 체포가 **체포영장과 관련 없는 새로운 피의사실인 특수공무집행방해치상을 이유로 별도의 현행범 체포 절차에 따라 진행된 이상**, 집행 완료에 이르지 못한 **체포영장을 사후에 피고인에게 제시할 필요는 없는 점**까지 더하여 보면, **피고인에 대한 체포절차가 적법하다**(대판2021.6.24. 2021도4648).

ⓛ (O) **긴급체포의 요건을 갖추었는지 여부는 사후에** 밝혀진 사정을 기초로 판단하는 것이 **아니라 체포 당시의 상황을 기초로 판단하여야** 하고, 이에 관한 검사나 사법경찰관 등 수사주체의 판단에는 상당한 재량의 여지가 있다고 할 것이나, 긴급체포 당시의 상황으로 보아서도 그 요건의 충족 여부에 관한 검사나 사법경찰관의 판단이 경험칙에 비추어 현저히 합리성을 잃은 경우에는 그 체포는 위법한 체포라 할 것이다(대결2003.3.27. 2002모81).

ⓒ (O) [1] **검사는** 제1항에 따른 구속영장을 청구하지 아니하고 피의자를 석방한 경우에는 석방한 날부터 **30일 이내에 서면으로** 다음 각 호의 사항을 **법원에 통지하여야** 한다. 이 경우 긴급체포서의 사본을 첨부하여야 한다(제200조의4 제4항).
1호. 긴급체포 후 석방된 자의 인적사항
2호. 긴급체포의 일시·장소와 긴급체포하게 된 구체적 이유
3호. 석방의 일시·장소 및 사유
4호. 긴급체포 및 석방한 검사 또는 사법경찰관의 성명
[2] **사법경찰관은** 긴급체포한 피의자에 대하여 구속영장을 신청하지 아니하고 석방한 경우에는 **즉시 검사에게 보고하여야** 한다(제200조의4 제6항).

ⓔ (×) 검사 등이 **아닌** 이에 의하여 현행범인이 체포된 후 불필요한 지체 없이 검사 등에게 인도된 경우 위 48시간의 기산점은 **체포시가 아니라** 검사 등이 현행범인을 **인도받은 때라고 할 것이다**(대판2011.12.22. 2011도12927).

정답 ①

8. 체포절차에 대한 설명으로 가장 적절하지 않은 것은? (2023. 경찰승진)

① 사법경찰관은 검사에게 신청하여 검사의 청구로 관할 지방법원판사의 체포영장을 발부받아 피의자를 체포할 수 있지만, 다액 50만 원 이하의 벌금, 구류 또는 과료에 해당하는 사건에 관하여는 피의자가 일정한 주거가 없는 경우 또는 정당한 이유없이 형사소송법 제200조의 규정에 의한 출석요구에 응하지 아니한 경우에 한한다.
② 사법경찰관이 체포영장을 집행함에는 피의자에게 이를 제시하는 것으로 충분하고, 신속히 지정된 법원 기타 장소에 인치하여야 한다.
③ 사법경찰관이 피의자를 체포한 때에는 변호인이 있는 경우에는 변호인에게, 변호인이 없는 경우에는 변호인 선임권자 중 피의자가 지정한 자에게 지체 없이 서면으로 체포의 통지를 하여야 한다.
④ 사법경찰관리가 현행범인의 인도를 받은 때에는 체포자의 성명, 주거, 체포의 사유를 물어야 하고 필요한 때에는 체포자에 대하여 경찰관서에 동행함을 요구할 수 있다.

해설

② (×) 사법경찰관이 체포영장을 집행함에는 피의자에게 반드시 이를 제시하고 그 사본을 교부하여야 하며 신속히 지정된 법원 기타 장소에 인치하여야 한다(제85조 제1항, 제200조의6). **2022. 2. 3. 개정법**에서 수사기

관이 **체포영장, 구속영장, 압수·수색영장의 집행시에는 영장제시** 뿐만아니라 그 **영장사본을 교부하여야 한다고 신설**하였다. 따라서 현행 형사소송법은 피의자의 방어권을 실질적으로 보장하기 위하여 피의자에 대하여 **체포영장과 구속영장을 집행하거나 압수·수색 처분을 하는 경우에는 반드시 피의자에게 영장을 제시할 뿐만 아니라 그 사본을 교부하도록** 하고 있다. 또한 체포영장과 구속영장을 소지하지 아니한 경우에 **급속을 요하는 때**에는 피의자에 대하여 공소사실의 요지와 영장이 발부되었음을 고하고 **집행할 수 있고, 집행을 완료한 후에는** 신속히 구속영장을 **제시하고 그 사본을 교부하여야 한다.**

① (○) 제200조의2 제1항
③ (○) 제87조, 제200조의6
④ (○) 제213조 제2항

▼ 정답 ②

9. 긴급체포에 대한 설명으로 가장 적절하지 않은 것은? (다툼이있는 경우 판례에 의함) (2023. 경찰승진)

① 긴급체포의 요건을 갖추었는지 여부는 사후에 밝혀진 사정을 기초로 판단하는 것이 아니라 체포 당시의 상황을 기초로 판단하여야 하고, 이에 관한 검사나 사법경찰관 등 수사주체의 판단에는 상당한 재량의 여지가 있다.
② 검사는 사법경찰관의 긴급체포 승인 요청이 이유 없다고 인정하는 경우에는 지체 없이 사법경찰관에게 불승인 통보를 해야 하며, 이 경우 사법경찰관은 긴급체포된 피의자를 즉시 석방하고 그 석방 일시와 사유 등을 검사에게 통보해야 한다.
③ 피의자를 긴급체포하는 경우에 필요한 때에는 영장 없이 체포현장에서 압수 수색을 할 수 있고, 이에 따라 압수한 물건을 계속 압수할 필요가 있는 경우에는 지체 없이 압수·수색영장을 청구하여야 하며, 청구한 압수·수색영장을 발부받지 못한 때에는 압수한 물건을 즉시 반환하여야 한다.
④ 형사소송법 제208조(재구속의 제한)의 '구속되었다가 석방된 자' 에는 긴급체포나 현행범으로 체포되었다가 사후영장발부 전에 석방된 경우도 포함된다.

▼ 해 설

④ (×) 형사소송법 제208조 소정의 **'구속되었다가 석방된 자'라 함은 구속영장에 의하여 구속되었다가 석방된 경우를 말하는 것이지, 긴급체포나 현행범으로 체포되었다가 사후영장발부 전에 석방된 경우는 포함되지 않는다** 할 것이므로, 피고인이 수사 당시 긴급체포되었다가 수사기관의 조치로 석방된 후 법원이 발부한 구속영장에 의하여 구속이 이루어진 경우 앞서 본 법조에 위배되는 위법한 구속이라고 볼 수 없다(대법원2001. 9. 28. 선고2001도4291판결).

① (○) 긴급체포의 요건을 갖추었는지 여부는 **사후에 밝혀진 사정을 기초로 판단하는 것이 아니라** 체포 당시의 상황을 기초로 판단하여야 하고, 이에 관한 검사나 사법경찰관 등 **수사주체의 판단에는 상당한 재량의 여지가 있다**고 할 것이나, 긴급체포 당시의 상황으로 보아서도 그 요건의 충족여부에 관한 검사나 사법경찰관의 판단이 경험칙에 비추어 **현저히 합리성을 잃은 경우에는 그 체포는 위법한 체포라 할 것이다**(대법원2003. 3. 27. 자2002모81결정).

② (○) [1] **사법경찰관은** 피의자를 긴급체포한 경우에는 **즉시 검사의 승인을 얻어야 한다**(형사소송법 제200조의3 제2항).
[2] **사법경찰관은** 형사소송법 제200조의3 제2항에 따라 **긴급체포 후 12시간 내에 검사에게** 긴급체포의 **승인을 요청해야** 한다. 다만, **다음 각 호의 어느 하나에 해당하는 경우에는 긴급체포 후 24시간 이내에 긴급체포의 승인을 요청해야 한다**(수사준칙 제27조 제1항).〈개정 2023. 10. 17.〉

1호. 제51조 제1항 제4호 가목에 따른 **피의자중지** 또는 제52조 제1항 제3호에 따른 **기소중지 결정이 된 피의자**를 소속 경찰관서가 위치하는 특별시·광역시·특별자치시·도 또는 특별자치도 **외의 지역에서 긴급체포한 경우(타 시·도에서 긴급체포한 경우)**

2호. 「해양경비법」 제2조 제2호에 따른 **경비수역**(대한민국의 법령과 국제법에 따라 대한민국의 권리가 미치는 수역으로서 연안수역, 근해수역 및 원해수역)**에서 긴급체포한 경우(해상(바다) 등**에서 긴급체포한 경우)

[3] **사법경찰관이 긴급체포의 승인을 요청할 때에는** 범죄사실의 요지, 긴급체포의 일시·장소, 긴급체포의 사유, 체포를 계속해야 하는 사유 등을 적은 **긴급체포 승인요청서로 요청해야** 한다. **다만, 긴급한 경우에는** 「형사사법절차 전자화 촉진법」 제2조 제4호에 따른 **형사사법정보시스템**(이하 "형사사법정보시스템"이라 한다) **또는 팩스를 이용하여 긴급체포의 승인을 요청할 수 있다**(동준칙 제27조 제2항).

[3] **검사는** 사법경찰관의 긴급체포 승인 요청이 **이유 있다**고 인정하는 경우에는 **지체 없이 긴급체포 승인서를 사법경찰관에게 송부해야 한다**(동준칙 동조 제3항).

[4] 검사는 사법경찰관의 긴급체포 승인 요청이 **이유 없다**고 인정하는 경우에는 **지체 없이 사법경찰관에게 불승인 통보를 해야** 한다. 이 경우 **사법경찰관은 긴급체포된 피의자를 즉시 석방하고** 그 석방 일시와 사유 등을 **검사에게 통보해야 한다**(동준칙 동조 제4항).

③ (○) 제217조 제2항, 제3항

▶정답 ④

10. 체포에 관한 설명 중 옳은 것은 모두 몇 개인가? (다툼이 있는 경우 판례에 의함)

(2022. 2차 경찰채용)

> ㉠ 「검사와 사법경찰관의 상호협력 및 일반적 수사준칙에 관한 규정」 제31조에 의하면 사법경찰관은 동일한 범죄사실로 다시 체포영장을 신청하는 경우에 그 취지를 체포신청서에 적어야 한다.
> ㉡ 다액 50만원 이하의 벌금, 구류 또는 과료에 해당하는 사건의 경우, 피의자가 일정한 주거가 없는 때에 한하여 사법경찰관은 체포영장을 발부받아 피의자를 체포할 수 있다.
> ㉢ 긴급체포한 피의자를 구속하고자 할 때에는 구속영장은 피의자를 체포한 때부터 24시간 이내에 청구되어야 한다.
> ㉣ 사법경찰관은 피의자가 죄를 범하였다고 의심할 만한 정황이 있고 「형사소송법」 제200조의 규정에 의한 출석요구에 응하지 아니한 때에는 체포영장을 신청하여 피의자를 체포할 수 있다.
> ㉤ 甲의 마약 투약 제보를 받은 경찰관 P가 자신의 집에 있던 갑을 밖으로 유인하여 불러내려 하였으나, 이를 실패하자 甲의 집 현관문의 잠금장치를 해제하고 강제로 들어가서 수색한 후 甲을 긴급체포한 경우, P가 이미 甲의 신원과 주거지 및 전화번호 등을 모두 알고 있었고, 마약 투약의 증거가 급속하게 소멸될 상황이 아니었다고 하더라도 갑이 마약 관련 범죄를 범했다고 의심할 만한 상당한 이유가 있었다면, 이 긴급체포는 위법하지 않다.

① 1개　　② 2개
③ 3개　　④ 4개

해 설

① ㉠(1개)은 옳은 지문이나, ㉡㉢㉣㉤(4개)은 틀린 지문이다.

㉠ (○) 「검사와 사법경찰관의 상호협력 및 일반적 수사준칙에 관한 규정」 제31조

㉡ (×) 다액 50만원이하의 벌금, 구류 또는 과료에 해당하는 사건에 관하여는 ㉠ **피의자가 일정한 주거가 없는 경우** 또는 ㉡ **정당한 이유없이 제200조의 규정에 의한 출석요구에 응하지 아니한 경우에 한한다**(형사소송법 제200조의2 제1항 단서).

㉢ (×) 검사 또는 **사법경찰관이 제200조의3(긴급체포)의 규정에 의하여 피의자를 체포한 경우 피의자를 구속하고자 할 때에는** 지체 없이 검사는 관할지방법원판사에게 구속영장을 청구하여야 하고, 사법경찰관은 검사에게 신청하여 검사의 청구로 관할지방법원판사에게 구속영장을 청구하여야 한다. 이 경우 구속영장은 피의자를 체포한 때부터 **48시간 이내에** 청구하여야 하며, 제200조의3제3항에 따른 긴급체포서를 첨부하여야 한다(형사소송법 제200조의4 제1항).

㉣ (×) 피의자가 죄를 범하였다고 의심할 만한 **상당한 이유가 있고(정황이 있고(×))**, 정당한 이유없이 제200조의 규정에 의한 **출석요구에 응하지 아니하거나 응하지 아니할 우려가 있는** 때에는 검사는 관할 지방법원판사에게 청구하여 체포영장을 발부받아 피의자를 체포할 수 있고, 사법경찰관은 검사에게 신청하여 검사의 청구로 관할지방법원판사의 체포영장을 **발부받아(신청하여(×)) 피의자를 체포할 수 있다.** 다만, 다액 50만원이하의 벌금, 구류 또는 과료에 해당하는 사건에 관하여는 피의자가 일정한 주거가 없는 경우 또는 정당한 이유없이 제200조의 규정에 의한 출석요구에 응하지 아니한 경우에 한한다(형사소송법 제200조의2 제1항).

㉤ (×) 피고인이 필로폰을 투약한다는 제보를 받은 경찰관이 제보된 주거지에 피고인이 살고 있는지 등 제보의 정확성을 사전에 확인한 후에 제보자를 불러 조사하기 위하여 피고인의 주거지를 방문하였다가, 현관에서 담배를 피우고 있는 피고인을 발견하고 사진을 찍어 제보자에게 전송하여 사진에 있는 사람이 제보한 대상자가 맞다는 확인을 한 후, 가지고 있던 피고인의 전화번호로 전화를 하여 차량 접촉사고가 났으니 나오라고 하였으나 나오지 않고, 또한 경찰관임을 밝히고 만나자고 하는데도 현재 집에 있지 않다는 취지로 거짓말을 하자 **피고인의 집 문을 강제로 열고 들어가 피고인을 긴급체포한 사안에서,** 피고인이 **마약에 관한 죄를 범하였다고 의심할 만한 상당한 이유가 있었더라도,** 경찰관이 이미 피고인의 신원과 주거지 및 전화번호 등을 모두 파악하고 있었고, 당시 마약 투약의 범죄 증거가 급속하게 소멸될 상황도 아니었던 점 등의 사정을 감안하면, **긴급체포가 미리 체포영장을 받을 시간적 여유가 없었던 경우에 해당하지 않아 위법하다**(대법원 2016. 10. 13. 선고 2016도5814 판결). 결국, **긴급을 요할 때 긴급체포 할 수 있는데,** 이 경우 **긴급을 요한다 함은 피의자를 우연히 발견한 경우등과 같이 체포영장을 받을 시간적 여유가 없는 때**를 말한다.

▼정답 ①

11. 체포에 관한 다음 설명으로 옳지 않은 것은 모두 몇 개인가?(다툼이 있는 경우 판례에 의함)

㉠ 경찰관들이 성폭력범죄 혐의에 대한 체포영장을 근거로 체포절차에 착수하였으나 피의자가 흥분하여 타고 있던 승용차를 출발시켜 경찰관들에게 상해를 입히는 범죄를 추가로 저지르자, 경찰관들이 그 승용차를 멈춘 후 저항하는 피의자를 별도 범죄인 특수공무집행방해치상의 현행범으로 적법하게 체포하였더라도, 집행완료에 이르지 못한 성폭력범죄 체포영장은 사후에 그 피의자에게 제시하여야 한다.

㉡ 피고인이 자기 집에서 마약을 투약한다는 제보를 받은 경찰관이 피고인을 집 밖으로 유인하여 불러내려 하였으나 실패하자 피고인의 주거지 문의 잠금장치를 해제하여 강제로 문을 열고 들어가 수색한 끝에 침대 밑에 숨어 있던 피고인을 긴급체포한 경우, 그 긴급체포가 위법하다.

㉢ 사법경찰관은 긴급체포한 피의자에 대하여 구속영장을 신청하지 아니하고 석방한 경우에는 즉시 검사에게 보고하여야 하고, 검사는 석방한 날부터 30일 이내에 서면으로 긴급체포 후 석방 된 자의 인적사항, 긴급체포의 일시·장소와 긴급체포하게 된 구체적 이유 등을 법원에 통지하여야 한다.

㉣ 피고인이 경찰관들과 마주하자마자 도망가려는 태도를 보이거나 먼저 폭력을 행사하며 대항한 바 없는 등 경찰관들이 체포를 위한 실력행사에 나아가기 전에 체포영장을 제시하고 미란다 원칙을 고지할 여유가 있었음에도 애초부터 미란다 원칙을 체포 후에 고지할 생각으로 먼저 체포행위에 나선 행위는 적법한 공무집행이라고 보기 어렵다.

① 0개　　　　　　　② 1개
③ 2개　　　　　　　④ 3개

▼ 해 설

② ㉡㉢㉣(3개)은 옳은 지문이나, ㉠(1개)은 틀린 지문이다.

㉠ (×) [1] 검사 또는 사법경찰관이 체포영장을 집행할 때에는 피의자에게 반드시 체포영장을 제시하여야 한다. 다만 체포영장을 소지하지 아니한 경우에 급속을 요하는 때에는 피의자에게 범죄사실의 요지와 영장이 발부되었음을 고하고 체포영장을 집행할 수 있다. 이 경우 집행을 완료한 후에는 신속히 체포영장을 제시하여야 한다(형사소송법 제200조의6, 제85조 제1항, 제3항, 제4항).

[2] **긴급을 요하여** 체포영장을 **제시하지 않은 채 체포영장에 기한 체포 절차에 착수하였으나**, 이에 **피고인이 저항하면서 경찰관을 폭행하는 등** 행위를 하여 **특수공무집행방해의 현행범으로 체포**한 후 **체포영장을 별도로 제시하지 않은 것은 적법하다.**

[3] ① 피고인에 대해 「성폭력범죄의 처벌 등에 관한 특례법」(이하 '**성폭력처벌법**'이라고 한다) 위반(**비밀준수 등**) **범행**으로 **체포영장이 발부되어 있었던 사실**, ② '피고인의 차량이 30분 정도 따라온다'는 내용의 112신고를 받고 현장에 출동한 경찰관들이 **승용차에 타고 있던 피고인의 주민등록번호를 조회하여 피고인에 대한 체포영장이 발부된 것을 확인한 사실**, ③ 경찰관들이 피고인에게 '성폭력처벌법위반으로 수배가 되어 있는 바, 변호인을 선임할 수 있고 묵비권을 행사할 수 있으며, 체포적부심을 청구할 수 있고 변명의 기회가 있다'고 고지하며 하차를 요구한 사실을 인정한 후, 이 사건 당시 경찰관들이 체포영장을 소지할 여유 없이 우연히 그 상대방을 만난 경우로서 체포영장의 제시 없이 체포영장을 집행할 수 있는 '급속을 요하는 때'에 해당하므로, 경찰관들이 체포영장의 제시 없이 피고인을 체포하려고 시도한 행위는 적법한 공무집행이라고 판단하였다.

[4] 위와 같이 **경찰관들이 체포영장을 근거로 체포절차에 착수하였으나 피고인이 흥분하며 타고 있던 승용차를 출발시켜 경찰관들에게 상해를 입히는 범죄를 추가로** 저지르자, 경찰관들이 위 승용차를 멈춘 후 저항하는 **피고인을 별도 범죄인 특수공무집행방해치상의 현행범으로** 체포한 사실을 인정한 후, 이와 같이 경찰관이

체포영장에 기재된 범죄사실이 아닌 **새로운 피의사실인 특수공무집행방해치상을 이유로 피고인을 현행범으로** 체포하였고, **현행범 체포에 관한 제반 절차도 준수하였던 이상** 피고인에 대한 **체포 및 그 이후 절차에 위법이 없다.**

[5] 위 사정들과 함께 이 사건 당시 체포영장에 의한 체포절차가 착수된 단계에 불과하였고, 피고인에 대한 체포가 체포영장과 관련 없는 새로운 피의사실인 특수공무집행방해치상을 이유로 별도의 현행범 체포 절차에 따라 진행된 이상, 집행 완료에 이르지 못한 **체포영장을 사후에 피고인에게 제시할 필요는 없는 점**까지 더하여 보면, **피고인에 대한 체포절차가 적법하다**(대판2021.6.24. 2021도4648).

ⓒ (O) [1] 긴급체포는 긴급을 요하여 체포영장을 받을 수 없는 때에 할 수 있는 것이고, 이 경우 **긴급을 요한다** 함은 '**피의자를 우연히 발견한 경우 등과 같이 체포영장을 받을 시간적 여유가 없는 때**'를 말한다(형사소송법 제200조의3). 원심은, 피고인이 자기 집에서 마약을 투약한다는 제보를 받은 **경찰관**이 피고인을 집 밖으로 유인하여 불러내려 하였으나 실패하자 **피고인의 주거지 문의 잠금장치를 해제하여 강제로 문을 열고 들어가 수색한 끝에 침대 밑에 숨어 있던 피고인을 긴급체포한 사실을 인정한 다음, 당시 피고인을 우연히 맞닥뜨려 긴급히 체포해야 할 상황이었다고 볼 수 없다는 등의 이유로 긴급체포가 위법하다고 판단하였다.**

[2] 피고인이 필로폰을 투약한다는 제보를 받은 경찰관이 제보된 주거지에 피고인이 살고 있는지 등 제보의 정확성을 사전에 확인한 후에 제보자를 불러 조사하기 위하여 피고인의 주거지를 방문하였다가, 현관에서 담배를 피우고 있는 피고인을 발견하고 사진을 찍어 제보자에게 전송하여 사진에 있는 사람이 제보한 대상자가 맞다는 확인을 한 후, 가지고 있던 피고인의 전화번호로 전화를 하여 차량 접촉사고가 났으니 나오라고 하였으나 나오지 않고, 또한 **경찰관임을 밝히고 만나자고 하는데도 현재 집에 있지 않다는 취지로 거짓말을 하자 피고인의 집 문을 강제로 열고 들어가 피고인을 긴급체포한 사안에서**, 피고인이 마약에 관한 죄를 범하였다고 의심할 만한 상당한 이유가 있었더라도, 경찰관이 이미 피고인의 신원과 주거지 및 전화번호 등을 모두 파악하고 있었고, 당시 마약 투약의 범죄 증거가 급속하게 소멸될 상황도 아니었던 점 등의 사정을 감안하면, **긴급체포가 미리 체포영장을 받을 시간적 여유가 없었던 경우에 해당하지 않아 위법하다**(대판2016.10.13. 2016도5814).

ⓒ (O) [1] **검사는** 제1항에 따른 구속영장을 청구하지 아니하고 피의자를 석방한 경우에는 석방한 날부터 **30일 이내에 서면으로** 다음 각 호의 사항을 **법원에 통지하여야** 한다. 이 경우 긴급체포서의 사본을 첨부하여야 한다(제200조의4 제4항).
1호. 긴급체포 후 석방된 자의 인적사항
2호. 긴급체포의 일시·장소와 긴급체포하게 된 구체적 이유
3호. 석방의 일시·장소 및 사유
4호. 긴급체포 및 석방한 검사 또는 사법경찰관의 성명

[2] **사법경찰관은** 긴급체포한 피의자에 대하여 구속영장을 신청하지 아니하고 석방한 경우에는 **즉시 검사에게 보고하여야** 한다(제200조의4 제6항).

ⓒ (〇) [1] 사법경찰관 등이 체포영장을 소지하고 피의자를 체포하기 위해서는 체포영장을 피의자에게 제시하고 (형사소송법 제200조의6, 제85조 제1항), 피의사실의 요지, 체포의 이유와 변호인을 선임할 수 있음을 말하고 변명할 기회를 주어야 한다(형사소송법 제200조의5). 이와 같은 **체포영장의 제시나 고지 등은** 체포를 위한 실력행사에 들어가기 **이전에 미리 하여야 하는 것이** 원칙이다. 그러나 달아나는 피의자를 쫓아가 붙들거나 폭력으로 **대항하는** 피의자를 실력으로 제압하는 경우에는 붙들거나 제압하는 **과정에서 하거나,** 그것이 여의치 않은 경우에는 일단 붙들거나 **제압한 후에 지체 없이 하여야** 한다.

[2] 경찰관들이 체포영장을 소지하고 메트암페타민(일명 필로폰) 투약 등 혐의로 피고인을 체포하려고 하자, 피고인이 이에 거세게 저항하는 과정에서 경찰관들에게 상해를 가하였다고 하여 **공무집행방해 및 상해의 공소사실로 기소된 사안에서,** 피고인이 경찰관들과 마주하자마자 도망가려는 **태도를 보이거나 먼저 폭력을 행사하며 대항한 바 없는 등** 경찰관들이 체포를 위한 실력행사에 나아가기 전에 체포영장을 제시하고 미란다 원칙을 고지할 여유가 있었음에도 애초부터 미란다 원칙을 체포 후에 고지할 생각으로 **먼저 체포행위에 나선 행위는 적법한 공무집행이라고 보기 어렵다는** 등의 이유로 공소사실에 대하여 **무죄를 선고한 원심판단이 정당**하다(대법원2017. 9. 21. 선고2017도10866판결).

▼정답 ②

12. 체포제도에 대한 설명 중 가장 적절하지 않은 것은? (다툼이 있는 경우 판례에 의함) (2020. 경찰채용)

① 사법경찰관이 긴급체포된 피의자에 대해 검사에게 긴급체포의 승인건의와 구속영장 신청을 함께 한 경우 검사는 긴급체포의 합당성이나 구속영장 청구에 필요한 사유를 보강하기 위해 피의자 대면조사를 실시할 수 있다.
② 현행범 체포의 요건으로서 행위의 가벌성, 범죄의 현행성 · 시간적 접착성, 범인 · 범죄의 명백성 이외에 체포의 필요성 즉, 도망 또는 증거인멸의 우려가 있어야 한다.
③ 체포영장이 발부된 피의자를 체포하기 위하여 타인의 주거 등을 수색하는 경우에는 피의자가 그 장소에 소재할 개연성 이외에도 별도로 사전에 수색영장을 발부받기 어려운 긴급한 사정이 있는 경우에만 제한적으로 이루어져야 한다.
④ A가 경찰관 B의 불심검문을 받아 운전면허증을 교부한 후 B에게 큰 소리로 욕설을 하는 것을 인근에 있던 C,D 등도 들은 상황에서 B가 A를 현행범으로 체포하는 것은 적법한 공무집행이라 볼 수 없다.

▼해 설

① (×) 검사의 구속영장 청구 전 피의자 대면 조사는 긴급체포의 **적법성을 의심할 만한 사유가** 기록 기타 객관적 자료에 나타나고 피의자의 대면 조사를 통해 그 여부의 판단이 가능할 것으로 보이는 **예외적인 경우에 한하여 허용될 뿐, 긴급체포의 합당성이나 구속영장 청구에 필요한 사유를 보강하기 위한 목적으로 실시되어서는 아니된다.** 나아가 검사의 구속영장 청구 전 피의자 대면 조사는 강제수사가 아니므로 피의자는 검사의 출석 요구에 응할 의무가 없고, 피의자가 검사의 출석 요구에 동의한 때에 한하여 사법경찰관리는 피의자를 검찰청으로 호송하여야 한다(대판2010.10.28. 2008도11999).
② (○) 대판2011.5.26. 2011도3682
③ (○) 헌재2018.4.26. 2015헌바370 등 ; 헌법재판소의 헌법불합치결정에 따라 2019.12.31.에 형사소송법 제216조 제1항 제1호가 다음과 같이 개정되었다. 「검사 또는 사법경찰관은 **제200조의2(체포영장에 의한 체포)** · 제200조의3(긴급체포) · **제201조(구속영장에 의한 구속)** 또는 제212조(현행범인의 체포)의 규정에 의하여 피의자를 체포 또는 구속하는 경우에 필요한 때에는 영장없이 타인의 주거나 타인이 간수하는 가옥, 건조물, 항공기, 선차 내에서의 피의자 수색할 수 있다. 다만, **제200조의2 또는 제201조에 따라 피의자를 체포 또는 구속하는 경우의 피의자 수색은 미리 수색영장을 발부받기 어려운 긴급한 사정이 있는 때에 한정한다.**
④ (○) 대판2011.5.26. 2011도3682

▼정답 ①

13. 긴급체포에 대한 다음 설명 중 옳고 그름의 표시(○, ×)가 모두 바르게 표시된 것은? (다툼이 있으면 판례에 의함) (2020. 경찰채용)

㉠ 긴급체포된 피의자에 대하여 구속영장이 발부된 경우 그 구속기간은 피의자를 체포한 날부터 기산한다.
㉡ 긴급체포 요건을 갖추었는지 여부는 체포 당시 상황과 사후에 밝혀진 사정을 종합적으로 판단함으로써 검사나 사법경찰관 등 수사주체의 판단에는 상당한 재량의 여지가 있다.
㉢ 수사기관에 의하여 긴급체포되었다가 석방된 자를 법원이 발부한 구속영장에 의하여 구속하는 것은 위법하다.

㉣ 검사는 긴급체포된 피의자에 대하여 구속영장을 청구하지 아니하고 피의자를 석방한 경우에는 석방한 날부터 30일 이내에 서면으로 석방된 자의 인적사항, 석방의 일시·장소 및 사유 등을 법원에 통지하여야 한다.
㉤ 사법경찰관은 긴급체포한 피의자에 대하여 구속영장을 신청하지 아니하고 석방한 경우에는 48시간 이내에 검사에게 보고하여야 한다.

① ㉠(○) ㉡(×) ㉢(×) ㉣(×) ㉤(○)
② ㉠(○) ㉡(○) ㉢(○) ㉣(×) ㉤(○)
③ ㉠(○) ㉡(×) ㉢(×) ㉣(○) ㉤(×)
④ ㉠(×) ㉡(○) ㉢(○) ㉣(×) ㉤(○)

▼해 설

③ ㉠㉣(2개)은 옳은 지문이나, ㉡㉢㉤(3개)은 틀린 지문이다.

㉠ (○) 피의자가 제200조의2(체포영장에 의한 체포)·**제200조의3(긴급체포)**·제201조의2 제2항 또는 제212조(현행범체포)의 규정에 의하여 체포 또는 구인된 경우에는 제202조(사법경찰관) 또는 제203조(검사)의 **구속기간**은 피의자를 **체포 또는 구인한 날부터 기산한다**.

㉡ (×) 긴급체포의 요건을 갖추었는지 여부는 사후에 밝혀진 사정을 기초로 판단하는 것이 **아니라 체포 당시의 상황을 기초로** 판단하여야 하고, 이에 관한 검사나 사법경찰관 등 수사주체의 판단에는 상당한 재량의 여지가 있다고 할 것이나, 긴급체포 당시의 상황으로 보아서도 그 요건의 충족 여부에 관한 검사나 사법경찰관의 판단이 경험칙에 비추어 현저히 합리성을 잃은 경우에는 그 체포는 위법한 체포라 할 것이다(대결2003.3.27. 2002모81).

㉢ (×) 형사소송법 제200조의4 제3항은 영장 없는 긴급체포 후 석방된 피의자를 동일한 범죄사실에 관하여 체포하지 못한다는 규정으로, 위와 같이 석방된 피의자라도 법원으로부터 구속영장을 발부받아 구속할 수 있음은 물론이고, 같은 법 제208조 소정의 '구속되었다가 석방된 자'라 함은 **구속영장에 의하여 구속되었다가 석방된 경우를 말하는 것이지, 긴급체포나 현행범으로 체포되었다가 사후영장발부 전에 석방된 경우는 포함되지 않는다** 할 것이므로, 피고인이 수사 당시 긴급체포되었다가 수사기관의 조치로 석방된 후 **법원이 발부한 구속영장에 의하여 구속이 이루어진 경우** 앞서 본 법조에 위배되는 **위법한 구속이라고 볼 수 없다**(대법원 2001.9.28. 선고 2001도4291 판결).

㉣ (○) 검사는 **긴급체포된 피의자에 대하여 구속영장을 청구하지 아니하고 피의자를 석방한 경우**에는 석방한 날부터 **30일 이내**에 **서면으로** 다음 각 호의 사항을 **법원에** 통지하여야 한다. 이 경우 긴급체포서의 사본을 첨부하여야 한다(200조의4 제4항).

1. 긴급체포 후 석방된 자의 인적사항
2. 긴급체포의 일시·장소와 긴급체포하게 된 구체적 이유
3. 석방의 일시·장소 및 사유
4. 긴급체포 및 석방한 검사 또는 사법경찰관의 성명

② (○) 동조 제6항 제200조의4 제4항
㉤ (×) 사법경찰관은 긴급체포한 피의자에 대하여 구속영장을 신청하지 아니하고 석방한 경우에는 **즉시** 검사에게 보고하여야 한다.(제200조의4 제6항)

▼정답 ③

14. 체포에 대한 설명 중 가장 적절하지 않은 것은? (다툼이 있는 경우 판례에 의함)

① 피의자가 2009. 11. 2. 22 : 00경 긴급체포되어 조사를 받고 구속영장이 청구되지 아니하여 2009. 11. 4. 20 : 10경 석방되었음에도 검사가 그로부터 30일 이내에 「형사소송법」 제200조의 4에 따른 석방통지를 법원에 하지 않았다면, 피의자에 대한 긴급체포 당시의 상황과 경위, 긴급체포 후 조사 과정 등에 특별한 위법이 없다고 하더라도 사후에 석방통지가 법에 따라 이루어지지 않았다는 사정만으로 그 긴급체포에 의한 유치 중에 작성된 피의자에 대한 피의자신문조서들의 작성이 소급하여 위법하게 된다.
② 검사 또는 사법경찰관리(이하 '검사' 등) 아닌 이에 의하여 현행범인이 체포된 후 불필요한 지체 없이 검사 등에게 인도된 경우 구속영장 청구기간의 기산점은 체포시가 아니라 검사 등이 현행범인을 인도받은 때라고 할 것이다.
③ 다액 50만원 이하의 벌금, 구류 또는 과료에 해당하는 죄의 현행범인에 대하여는 범인의 주거가 분명하지 아니한 때에 한하여 현행범인으로 체포할 수 있다.
④ 경찰관의 현행범인 체포경위 및 그에 관한 현행범인체포서와 범죄사실의 기재에 다소 차이가 있더라도, 그것이 논리와 경험칙상 장소적·시간적 동일성이 인정되는 범위 내라면 그 체포행위가 공무집행방해죄의 요건인 적법한 공무집행에 해당한다.

▼해 설

① (×) 피의자가 2009. 11. 2. 22 : 00경 긴급체포되어 조사를 받고 구속영장이 청구되지 아니하여 2009. 11. 4. 20 : 10경 석방되었음에도 **검사가 그로부터 30일 이내에 법 제200조의4에 따른 석방통지를 법원에 하지 아니한 사실을 알 수 있으나**, 피의자에 대한 긴급체포 당시의 상황과 경위, 긴급체포 후 조사 과정 등에 특별한 위법이 있다고 볼 수 없는 이상, **단지 사후에 석방통지가 법에 따라 이루어지지 않았다는 사정만으로 그 긴급체포에 의한 유치 중에 작성된 피의자에 대한 피의자신문조서들의 작성이 소급하여 위법하게 된다고 볼 수는 없다**(대판2014.8.26. 2011도6035).
② (○) 검사 등이 아닌 이에 의하여 현행범인이 체포된 후 불필요한 지체 없이 검사 등에게 인도된 경우 위 48시간의 기산점은 **체포시가 아니라** 검사 등이 현행범인을 **인도받은 때라고 할 것이다**(대판2011.12.22. 2011도12927).
③ (○) 제214조
④ (○) 대판2008.10.9. 2008도3640

▼정답 ①

15. 「형사소송법」상 긴급체포에 대한 설명으로 가장 적절한 것은?

① 사법경찰관이 피의자를 긴급체포하는 경우에는 피의사실의 요지, 체포의 이유와 변호인을 선임할 수 있음을 말하고 진술거부권을 고지하여야 한다.
② 사법경찰관이 피의자를 긴급체포한 경우에는 긴급체포서를 반드시 작성하여야 하며, 긴급체포서 작성시부터 48시간 이내에 검사의 승인을 얻어야 한다.
③ 사법경찰관은 피의자를 긴급체포하는 경우에 필요한 때에는 영장 없이 타인의 주거나 타인이 간수하는 가옥, 건조물, 항공기, 선차 내에서의 피의자수색을 할 수 있다.
④ 긴급체포된 자가 소유·소지 또는 보관하는 물건에 대하여 긴급히 압수할 필요가 있는 경우에는 체포한 때부터 24시간 이내에 한하여 영장 없이 압수·수색할 수 있으며, 압수한 물건을 계속 압수할 필요가 있는 경우에는 지체 없이 압수·수색영장을 청구하여야 한다. 이 경우 압수·수색영장의 청구는 압수 후 48시간 이내에 하여야 한다.

▼해 설

③ (○) 검사 또는 사법경찰관은 제200조의2(영장에 의한 체포)·**제200조의3(긴급체포)**·제201조(피의자 구속) 또는 제212조(현행범인의 체포)의 규정에 의하여 피의자를 체포 또는 구속하는 경우에 필요한 때에는 **영장없이 타인의 주거나 타인이 간수하는 가옥, 건조물, 항공기, 선차 내에서의 피의자를 수색할 수 있다**(제216조 제1항 제1호). 다만, **체포영장 또는 구속영장에** 따라 피의자를 체포 또는 구속하는 경우의 **피의자 수색은 미리 수색영장을 발부받기 어려운 긴급한 사정이 있는 때에 한정한다.**

① (×) [1] 검사 또는 사법경찰관은 피의자를 체포하는 경우에는 **피의사실의 요지, 체포의 이유와 변호인을 선임**할 수 있음을 말하고 **변명할 기회를 주어야 한다**(**피·체·변·변**)(**형사소송법** 제200조의5). 따라서 **형사소송법에 의할 때는** 진술거부권의 고지는 **피의자신문 전에** 하여야 한다.
[2] 검사 또는 사법경찰관은 **피의자를 체포하거나 구속할 때에는** 법 제200조의5(법 제209조에서 준용하는 경우를 포함한다)에 따라 피의자에게 **피의사실의 요지, 체포·구속의 이유와 변호인을 선임**할 수 있음을 말하고, **변명할 기회를 주어야 하며, 진술거부권을 알려주어야 한다**(**피·체·변·변·진**)(**수사준칙** 제32조 제1항). 따라서 **수사준칙에 의할 때는 체포하는 때에는** 진술거부권도 고지하여야 한다.
[3] **(주의)** **형사소송법**에 의할 때에는 피의자를 **체포하는 경우에** 진술거부권까지 고지해야 하는 것은 **아니지만, 수사준칙**에 따를 때에는 피의자를 **체포하는 경우에 진술거부권까지 고지해야** 한다.

② (×) [1] 사법경찰관이 피의자를 긴급체포한 경우에는 **즉시 검사의 승인**(사전이 아닌 사후임)을 얻어야 하며(**형사소송법** 제200조의3 제2항), 피의자를 긴급체포한 경우에는 **즉시 긴급체포서를 작성하여야** 한다(동조 제3항). 따라서 **형사소송법 규정은 즉시** 승인을 얻어야 한다.
[2] **사법경찰관은** 형사소송법 제200조의3 제2항에 따라 **긴급체포 후 12시간 내에 검사에게 긴급체포의 승인을 요청해야** 한다. 다만, **다음 각 호의 어느 하나에 해당하는 경우에는 긴급체포 후 24시간 이내에 긴급체포의 승인을 요청해야 한다**(수사준칙 제27조 제1항).〈개정 2023. 10. 17.〉

1호. 제51조 제1항 제4호 가목에 따른 **피의자중지** 또는제52조 제1항 제3호에 따른 **기소중지 결정이 된 피의자**를 소속 경찰서가 위치하는 특별시·광역시·특별자치시·도 또는 특별자치도 **외의 지역에서** 긴급체포한 경우(**타 시·도에서** 긴급체포한 경우)

2호. 「해양경비법」 제2조 제2호에 따른 **경비수역**(대한민국의 법령과 국제법에 따라 대한민국의 권리가 미치는 수역으로서 연안수역, 근해수역 및 원해수역)**에서 긴급체포한 경우**(**해상(바다)** 등에서 긴급체포한 경우)

④ (×) 검사 또는 사법경찰관은 **긴급체포된 자가 소유·소지 또는 보관**하는 물건에 대하여 **긴급히 압수할 필요가 있는 경우**에는 체포한 때부터 **24시간 이내에 한**하여 **영장 없이 압수·수색 또는** 검증을 할 수 있다(제217조 제1항). 위 제1항의 압수한 물건을 계속 압수할 필요가 있는 경우에는 **지체 없이 압수·수색영장을 청구하여야** 하며, 이 경우 압수·수색영장의 **청구는 체포한 때부터 48시간 이내에** 하여야 하며(동조 제2항), 위 제2항에 따라 청구한 압수·수색영장을 **발부받지 못한 때**에는 압수한 물건을 **즉시 반환하여야** 한다(동조 제3항).

▼정답 ③

16. 수사기관의 긴급체포에 관한 설명으로 가장 적절하지 <u>않은</u> 것은?(다툼이 있으면 판례에 의함)

① 피의자가 사형·무기 또는 단기 3년이상의 징역이나 금고에 해당하는 죄를 범하였다고 의심할 만한 상당한 이유가 있어야 한다.
② 긴급체포 후 석방된 자 또는 변호인 등은 통지서 및 관련 서류를 열람하거나 등사할 수 있는데, 이것은 긴급체포의 적법성을 석방된 자 측에서 검토하기 위함이다.
③ 피의자가 증거를 인멸할 염려가 있는 때, 도망하거나 도망할 우려가 있는 때에 긴급을 요하여 지방법원판사의 체포영장을 받을 수 없는 때에는 그 사유를 알리고 영장없이 피의자를 체포할 수 있다. 이 경우 긴급을 요한다 함은 피의자를 우연히 발견한 경우 등과 같이 체포영장을 받을 시간적 여유가 없는 때를 말한다.
④ 긴급체포가 요건을 갖추지 못하여 위법한 체포에 해당하는 경우는, 영장주의에 위배되는 중대한 것이니 그 체포에 의한 유치 중에 작성된 진술조서는 위법하게 수집된 증거로서 특별한 사정이 없는 한 이를 유죄의 증거로 할 수 없다.

▼해 설

① (×) 피의자가 사형·무기 또는 **장기** 3년이상의 징역이나 금고에 해당하는 죄를 범하였다고 의심할 만한 상당한 이유가 있어야 한다(제200조의3 제1항).
② (○) **긴급체포 후 석방된 자 또는** 그 변호인·법정대리인·배우자·직계친족·형제자매는 **통지서 및 관련 서류를 열람하거나 등사할 수 있다**(제200조의4 제5항). 이 규정은 **통지서와 관련서류를** 피석방자 등이 사후에 **열람할 수 있게 함으로써 긴급체포로 인한 위법행위의 시정이나 배상을 구하는 데** 사용될 수 있다.
③ (○) **긴급을 요한다 함은** 피의자를 우연히 발견한 경우 등과 같이 체포영장을 받을 시간적 여유가 없는 때를 말한다(제200조의3 제1항). 즉, 긴급을 요한다 함은 판사의 체포영장을 받아서는 체포할 수 없거나 체포가 현저히 곤란한 것을 요한다.
④ (○) **긴급체포 당시의 상황으로 보아서도** 그 요건의 충족 여부에 관한 검사나 사법경찰관의 판단이 경험칙에 비추어 **현저히 합리성을 잃은 경우에는 그 체포는 위법한 체포라 할 것이고**, 이러한 **위법은 영장주의에 위배되는 중대한 것**이니 그 체포에 의한 유치 중에 작성된 피의자신문조서는 위법하게 수집된 증거로서 특별한 사정이 없는 한 이를 유죄의 증거로 할 수 없다(대법원 2005. 11. 10. 선고 2004도42판결).

▼정답 ①

17. 현행범인의 체포에 관한 다음 설명 중 옳고 그름의 표시 (○, ×)가 바르게 된 것은? (다툼이 있는 경우 판례에 의함) (2023. 1차 경찰채용)

㉠ 사인의 현행범 체포과정에서 일어날 수 있는 물리적 충돌이 적정한 한계를 벗어났는지 여부는 그 행위가 소극적인 방어행위인가 적극적인 공격행위인가에 따라 결정된다.
㉡ 「형사소송법」 제211조 제1항이 현행범인으로 규정한 '범죄를 실행하고 난 직후의 사람이라고 함은 범죄의 실행행위를 종료한 직후의 범인이라는 것이 체포하는 자의 입장에서 볼 때 명백한 경우를 일컫는 것으로서, 범죄의 실행행위를 종료한 직후라고 함은 범죄행위를 실행하여 끝마친 순간 또는 이에 아주 접착된 시간적 단계를 의미하는 것으로 해석된다.
㉢ 현행범인은 누구든지 영장없이 체포할 수 있고, 검사 또는 사법경찰관리가 아닌 자가 현행범인을 체포한 때에는 즉시 검사 등에게 인도하여야 하며, 이때 인도시점은 반드시 체포시점과 시간적으로 밀착된 시점이어야 한다.

② 공장을 점거하여 농성 중이던 조합원들이 경찰과 부식반입 문제를 협의하거나 기자회견장 촬영을 위해 공장 밖으로 나오자 전투경찰대원들은 고착관리라는 명목으로 그 조합원들을 방패로 에워싸고 이동하지 못하게 한 사안에서 위 조합원들이 어떠한 범죄행위를 목전에서 저지르려고 하는 등 긴급한 사정이 있는 경우가 아니라면 위 전투경찰대원들의 행위는 「형사소송법」상 체포에 해당한다.

① ㉠(○) ㉡(×) ㉢(○) ㉣(×)
② ㉠(○) ㉡(○) ㉢(×) ㉣(○)
③ ㉠(×) ㉡(×) ㉢(○) ㉣(×)
④ ㉠(×) ㉡(○) ㉢(×) ㉣(○)

해 설

④ ㉡㉣(2개)은 옳은 지문이나, ㉠㉢(2개)은 틀린 지문이다.

㉠ (×) [1] 적정한 한계를 벗어나는 현행범인 체포행위는 그 부분에 관한 한 법령에 의한 행위로 될 수 없다고 할 것이나, **적정한 한계를 벗어나는 행위인가 여부는 결국 정당행위의 일반적 요건(정·상·균·긴·보)을 갖추었는지 여부에 따라 결정되어야 할 것이지** 그 행위가 소극적인 방어행위인가 적극적인 공격행위인가에 따라 결정되어야 하는 것은 **아니다**.
[2] 피고인의 차를 손괴하고 도망하려는 피해자를 도망하지 못하게 멱살을 잡고 흔들어 피해자에게 전치 14일의 흉부찰과상을 가한 경우, 정당행위에 해당한다(대법원1999. 1. 26.선고98도3029판결).

㉡ (○) 형사소송법 제211조가 현행범인으로 규정한 '**범죄의 실행의 즉후인 자**'라고 함은 범죄의 실행행위를 종료한 직후의 범인이라는 것이 **체포하는 자**의 입장에서 볼 때 명백한 경우를 일컫는 것이고, '**범죄의 실행행위를 종료한 직후**'라고 함은 범죄행위를 실행하여 끝마친 순간 또는 이에 아주 접착된 시간적 단계를 의미하는 것으로 해석되므로, 시간적으로나 장소적으로 보아 체포를 당하는 자가 방금 범죄를 실행한 범인이라는 점에 관한 죄증이 명백히 존재하는 것으로 인정된다면 현행범인으로 볼 수 있다(대법원2006. 2. 10.선고2005도7158판결).

㉢ (×) 현행범인은 누구든지 영장 없이 체포할 수 있고, 검사 또는 사법경찰관리 아닌 이가 현행범인을 체포한 때에는 즉시 검사 등에게 인도하여야 한다. 여기서 '**즉시**'라고 함은 **반드시 체포시점과 시간적으로 밀착된 시점이어야 하는 것은** 아니고, '정당한 이유 없이 인도를 지연하거나 체포를 계속하는 등으로 **불필요한 지체를 함이 없이**'라는 뜻으로 볼 것이다(대법원2011. 12. 22.선고2011도12927판결).

㉣ (○) [1] 공장을 점거하여 농성 중이던 노동조합원인 피고인들이 경찰과 부식 반입 문제를 협의하거나 기자회견장 촬영을 위해 공장 밖으로 나오자, 전투경찰대원들은 '고착관리'라는 명목으로 피고인들을 방패로 에워싸 이동하지 못하게 하였다. 위 조합원들이 어떠한 범죄행위를 목전에서 저지르려고 하거나 이들의 행위로 인하여 인명·신체에 위해를 미치거나 재산에 중대한 손해를 끼칠 우려 등 긴급한 사정이 있는 경우가 아닌데도 방패를 든 **전투경찰대원들이 위 조합원들을 둘러싸고 이동하지 못하게 가둔 행위는** 구 경찰관 직무집행법 제6조 제1항에 근거한 제지 조치라고 볼 수 없고, **이는 형사소송법상 체포에 해당한다**. 전투경찰대원들이 위 조합원들을 체포하는 과정에서 체포의 이유 등을 제대로 고지하지 않다가 30~40분이 지난 후 피고인 등의 항의를 받고 나서야 비로소 체포의 이유 등을 고지한 것은 **형사소송법상 현행범인 체포의 적법한 절차를 준수한 것이 아니므로 적법한 공무집행이라고 볼 수 없다.** 따라서 **피고인들의 위와 같은 위법한 공무집행에 항의하면서 전투경찰대원들의 방패를 손으로 잡아당기거나 전투경찰대원을 발로 차고 몸으로 밀었다고 하더라도 공무집행방해죄가 성립할 수 없다.**
[2] **전투경찰대원들이 조합원들을 체포한 행위는** 형사소송법에서 정한 체포 절차를 준수하지 못한 것으로서 **위법하다.** 따라서 **피고인들이** 전투경찰대원들의 위와 같은 유형력 행사에 저항하여 **전투경찰대원인 갑과 을이 들고 있던 방패를 당기고 밀어 갑과 을에게 상해를 입힌 경우**, 피고인이 갑과 을에게 행사한 유형력은 **전투경찰대원들의 불법 체포 행위로** 위 조합원들의 신체의 자유가 침해되는 것을 방위하기 위한 수단으로 **피고인의 행위는 정당방위에 해당한다**(대법원2017. 3. 15.선고2013도2168판결).

정답 ④

18. 현행범인 또는 준현행범인 체포에 관한 다음 설명 중 옳은 것은 모두 몇 개인가?(다툼이 있으면 판례에 의함)

㉠ 현행범인은 누구든지 영장 없이 체포할 수 있는데, 현행범인으로 체포하기 위하여는 행위의 가벌성, 범죄의 현행성・시간적 접착성, 범인・범죄의 명백성 이외에 체포의 필요성 즉, 도망 또는 증거인멸의 염려가 있어야 하는 것은 아니다.

㉡ '범죄의 실행행위를 종료한 직후(범죄를 실행하고 난 직후)'라고 함은 범죄행위를 실행하여 끝마친 순간 또는 이에 아주 접착된 시간적 단계를 의미하는 것으로 해석되므로, 시간적으로나 장소적으로 보아 체포를 당하는 자가 방금 범죄를 실행한 범인이라는 점에 관한 죄증이 명백히 존재하는 것으로 인정되는 경우에만 현행범인으로 볼 수 있다.

㉢ 경찰관의 현행범인 체포경위 및 그에 관한 현행범인체포서와 범죄사실의 기재에 다소 차이가 있더라도, 그것이 논리와 경험칙상 장소적・시간적 동일성이 인정되는 범위 내라면 그 체포행위가 공무집행방해죄의 요건인 적법한 공무집행에 해당한다.

㉣ 다액 50만원 이하의 벌금, 구류 또는 과료에 해당하는 죄의 현행범인에 대하여는 범인의 주거가 분명하지 아니한 때에 한하여 현행범인으로 체포할 수 있다.

㉤ 사법경찰관리가 현행범인의 인도를 받은 때에는 체포자의 성명, 주거, 체포의 사유를 물어야 하고 필요하더라도 체포자에 대하여 경찰관서에 동행함을 요구할 수는 없다.

① 1개 ② 2개
③ 3개 ④ 4개

▼해 설

③ ㉡㉢㉣(3개)은 옳은 지문이나, ㉠㉤(2개)는 틀린 지문이다.

㉠ (×) 현행범인은 누구든지 영장 없이 체포할 수 있는데(형사소송법 제212조), 현행범인으로 체포하기 위하여는 행위의 가벌성, 범죄의 현행성・시간적 접착성, 범인・범죄의 명백성 이외에 **체포의 필요성 즉, 도망 또는 증거인멸의 염려가 있어야 하고, 이러한 요건을 갖추지 못한 현행범인 체포는** 법적 근거에 의하지 아니한 영장 없는 체포로서 **위법한 체포에 해당**한다(2011.5.26. 2011도3682).

㉡ (○) 대판2007.4.13. 2007도1249

㉢ (○) 대판2008.10.9. 2008도3640

㉣ (○) 제214조

㉤ (×) 사법경찰관리가 현행범인의 인도를 받은 때에는 체포자의 성명, 주거, 체포의 사유를 물어야 하고 필요한 때에는 체포자에 대하여 경찰관서에 동행함을 **요구할 수 있다**(제213조 제2항).

▼정답 ③

19. 현행범 체포에 대한 설명으로 옳지 않은 것은 모두 몇 개인가? (다툼이 있으면 판례에 의함)

> ㉠ 범죄를 실행하고 있거나 실행하고 난 직후의 사람을 현행범인이라 한다.
>
> ㉡ 「형사소송법」 제211조가 현행범인으로 규정한 "범죄의 실행의 즉후인 자(범죄를 실행하고 난 직후)"라고 함은, 범죄의 실행행위를 종료한 직후의 범인이라는 것이 체포하는 자의 입장에서 볼 때 명백한 경우를 말한다.
>
> ㉢ 현행범인으로서의 요건을 갖추고 있었다고 인정되지 않는 상황에서 경찰관들이 동행을 거부하는 자를 체포하거나 강제로 연행하려고 하였다면, 이는 적법한 공무집행이라고 볼 수 없다.
>
> ㉣ 사법경찰관이 인도네시아 국적의 외국인인 피고인을 출입국관리법 위반의 현행범인으로 체포하면서 소변과 모발을 임의제출 받아 압수하였고, 소변검사 결과에서 향정신성의약품인 MDMA(일명 엑스터시) 양성반응이 나오자 피고인은 출입국관리법 위반과 마약류 관리에 관한 법률 위반(향정) 범행을 모두 자백한 후 구속된 경우, 사법경찰관이 체포 당시 피고인에게 영사통보권등을 지체 없이 고지하지 않았으므로 체포나 구속 절차에 영사관계에 관한 비엔나협약 제36조 제1항 (b)호를 위반한 위법이 있고, 외국인 피고인의 권리나 법익을 본질적으로 침해하였다고 볼 수 있으므로 체포나 구속 이후에 수집된 증거와 이에 기초한 증거들은 유죄 인정의 증거로 사용할 수 없다.

① 0개
② 1개
③ 3개
④ 4개

해 설

② ㉠㉡㉢(3개)은 **옳은** 지문이나, ㉣(1개)은 **틀린** 지문이다.

㉠ (○) **범죄를 실행하고 있거나 실행하고 난 직후의 사람을 현행범인**이라 한다(제211조 제1항)[전문개정 2020. 12. 8.]. 구 형법(2020. 12. 8. 이전)에서는 범죄의 실행 중이거나 실행의 즉후인 자를 현행범인이라고 하였다.

㉡ (○) 형사소송법 제211조가 현행범인으로 규정한 '범죄의 실행의 즉후인 자'라고 함은, 범죄의 실행행위를 종료한 직후의 범인이라는 것이 **체포하는 자(법관, 제3자, 일반인 모두 ×)**의 입장에서 볼 때 명백한 경우를 일컫는 것으로서, 위 법조가 제1항에서 본래의 의미의 현행범인에 관하여 규정하면서 '범죄의 실행의 즉후인 자'를 '범죄의 실행 중인 자'와 마찬가지로 현행범인으로 보고 있고, 제2항에서는 현행범인으로 간주되는 준현행범인에 관하여 별도로 규정하고 있는 점 등으로 미루어 볼 때, '범죄의 실행행위를 종료한 직후'라고 함은, 범죄행위를 실행하여 끝마친 순간 또는 이에 아주 접착된 시간적 단계를 의미하는 것으로 해석되므로, 시간적으로나 장소적으로 보아 체포를 당하는 자가 방금 범죄를 실행한 범인이라는 점에 관한 죄증이 명백히 존재하는 것으로 인정되는 경우에만 현행범인으로 볼 수 있다(대판2002.5.10. 2001도300).

㉢ (○) 현행범인으로서의 요건을 갖추고 있었다고 인정되지 않는 상황에서 경찰관들이 동행을 거부하는 자를 체포하거나 강제로 연행하려고 하였다면, 이는 **적법한 공무집행이라고 볼 수 없고**, 그 체포를 면하려고 반항하는 과정에서 경찰관에게 상해를 가한 것은 불법 체포로 인한 신체에 대한 현재의 부당한 침해에서 벗어나기 위한 행위로서 정당방위에 해당하여 위법성이 조각된다(대판2002.5.10. 2001도300).

㉣ (×) [1] 경찰수사규칙 제91조 제2항, 제3항은 "사법경찰관리는 외국인을 체포·구속하는 경우 국내 법령을 위반하지 않는 범위에서 영사관원과 자유롭게 접견·교통할 수 있고, **체포·구속된 사실을 영사기관에 통보해 줄 것을 요청할 수 있다는 사실을 알려야 한다**. 사법경찰관리는 체포·구속된 외국인이 제2항에 따른 통보를 요청하는 경우에는 영사기관 체포·구속 통보서를 작성하여 지체 없이 해당 영사기관에 체포·구속 사실을 통보해야 한다."라고 정하고 있다. 위와 같이 협약 제36조 제1항 (b)호, 경찰수사규칙 제91조 제2항, 제3항이 외국인을 체포·구속하는 경우 지체 없이 외국인에게 영사통보권 등이 있음을 고지하고, 외국인의 요청이 있는 경우 영사기관에 체포·구금 사실을 통보하도록 정한 것은 외국인의 본국이 자국민의 보호를 위한 조치

를 취할 수 있도록 협조하기 위한 것이다. 따라서 **수사기관이 외국인을 체포하거나 구속하면서 지체 없이 영사통보권 등이 있음을 고지하지 않았다면 체포나 구속 절차는 국내법과 같은 효력을 가지는 영사관계에 관한 비엔나협약 제36조 제1항 (b)호를 위반한 것으로 위법하다.**

[2] 사법경찰관이 인도네시아 국적의 외국인 피고인을 출입국관리법 위반의 **현행범인으로 체포하면서 소변과 모발을 임의제출 받아 압수**하였고, 소변검사 결과에서 향정신성의약품인 MDMA(일명 엑스터시) **양성반응이 나오자 피고인은** 출입국관리법 위반과 마약류 관리에 관한 법률 위반(향정) 범행을 **모두 자백한 후 구속**되었는데, **피고인이 검찰 수사 단계에서 자신의 구금 사실을 자국 영사관에 통보할 수 있음을 알게 되었음에도 수사기관에 영사기관 통보를 요구하지 않은 사안**에서, **사법경찰관이 체포 당시 피고인에게 영사통보권등을 지체 없이 고지하지 않았으므로 체포나 구속 절차에 영사관계에 관한 비엔나협약**(Vienna Convention on Consular Relations, 1977. 4. 6. 대한민국에 대하여 발효된 조약 제594호) **제36조 제1항 (b)호를 위반한 위법이 있으나,** 제반 사정을 종합하면 피고인이 영사통보권등을 고지받았더라도 영사의 조력을 구하였으리라고 보기 어렵고, **수사기관이 피고인에게 영사통보권등을 고지하지 않았더라도 그로 인해 피고인에게 실질적인 불이익이 초래되었다고 볼 수 없어** 피고인에게 영사통보권등을 고지하지 않은 사정이 수사기관의 증거 수집이나 이후 공판절차에 상당한 영향을 미쳤다고 보기 어려우므로, 절차 위반의 내용과 정도가 중대하거나 절차 조항이 보호하고자 하는 **외국인 피고인의 권리나 법익을 본질적으로 침해하였다고 볼 수 없어** 체포나 구속 **이후 수집된 증거와 이에 기초한 증거들은 유죄 인정의 증거로 사용할 수 있다**(대법원2022. 4. 28.선고2021도17103판결).

▼정답 ②

20. 소말리아 해적인 피고인들 등이 아라비아해 인근 공해상에서 대한민국 해운회사가 운항 중인 선박을 납치하여 대한민국 국민인 선원 등에게 해상강도 등 범행을 저질렀다는 내용으로 국군 청해부대에 의해 체포·이송되어 국내 수사기관에 인도된 후 구속·기소된 사안에 대한 설명으로 옳지 않은 것은 모두 몇 개인가? (다툼이 있으면 판례에 의함)

> ㉠ 「형사소송법」제4조 제1항은 "토지관할은 범죄지, 피고인의 주소, 거소 또는 현재지로 한다"라고 정하고, 여기서 '현재지'라고 함은 공소제기 당시 피고인이 현재한 장소로서 임의에 의한 현재지 뿐만 아니라 적법한 강제에 의한 현재지도 이에 해당한다.
> ㉡ 현행범인은 누구든지 영장 없이 체포할 수 있고, 검사 또는 사법경찰관리(이하 '검사 등'이라고 한다) 아닌 이가 현행범인을 체포한 때에는 즉시 검사 등에게 인도하여야 한다.
> ㉢ 여기서 '즉시'라고 함은 반드시 체포시점과 시간적으로 밀착된 시점이어야 하므로, '정당한 이유 없이 인도를 지연하거나 체포를 계속하는 등으로 불필요한 지체를 함이 없이'라는 뜻으로 볼 것이다.
> ㉣ 검사 등이 현행범인을 체포하거나 현행범인을 인도받은 후 현행범인을 구속하고자 하는 경우 48시간 이내에 구속영장을 청구하여야 하고, 그 기간 내에 구속영장을 청구하지 아니하는 때에는 즉시 석방하여야 한다.
> ㉤ 검사 등이 아닌 이에 의하여 현행범인이 체포된 후 불필요한 지체 없이 검사 등에게 인도된 경우 위 48시간의 기산점은 체포시가 아니라 검사 등이 현행범인을 인도받은 때라고 할 것이다.

① 0개   ② 1개
③ 2개   ④ 3개

해설

② ㉠㉡㉢㉣(4개)은 옳은 지문이나, ㉢(1개)은 틀린 지문이다.
㉠ (○) 대판 2011.12.22. 2011도12927(소말리아 해적 사건)
㉡ (○) 현행범인은 누구든지 영장없이 체포할 수 있다(제212조). 검사 또는 사법경찰관리 아닌 자가 현행범인을 체포한 때에는 즉시 검사 또는 사법경찰관리에게 인도하여야 한다(제213조 제1항).
㉢ (×) 검사 또는 사법경찰관리(이하 '검사 등'이라고 한다) 아닌 이가 현행범인을 체포한 때에는 즉시 검사 등에게 인도하여야 한다). 여기서 **'즉시'라고 함은 반드시 체포시점과 시간적으로 밀착된 시점이어야 하는 것은 아니고**, '정당한 이유 없이 인도를 지연하거나 체포를 계속하는 등으로 불필요한 지체를 함이 없이'라는 뜻으로 볼 것이다(대판2011.12.22. 2011도12927).
㉣ (○) 검사 등이 현행범인을 체포하거나 현행범인을 인도받은 후 현행범인을 구속하고자 하는 경우 48시간 이내에 구속영장을 청구하여야 하고 그 기간 내에 구속영장을 청구하지 아니하는 때에는 즉시 석방하여야 한다(형사소송법 제213조의2, 제200조의2 제5항).
㉤ (○) 검사 등이 아닌 이에 의하여 현행범인이 체포된 후 불필요한 지체 없이 검사 등에게 인도된 경우 **위 48시간의 기산점**은 체포시가 아니라 검사 등이 **현행범인을 인도받은 때**라고 할 것이다(대판2011.12.22. 2011도12927).

▼정답 ②

21. 현행범인 체포에 관한 다음 설명 중 옳은 것은 모두 몇 개인가?(다툼이 있으면 판례에 의함)

㉠ 현행범인은 누구든지 영장 없이 체포할 수 있는데, 현행범인으로 체포하기 위하여는 행위의 가벌성, 범죄의 현행성·시간적 접착성, 범인·범죄의 명백성 이외에 체포의 필요성 즉, 도망 또는 증거인멸의 염려가 있어야 하는 것은 아니다.
㉡ 검사 또는 사법경찰관리 아닌 이가 현행범인을 체포한 때에는 즉시 검사 등에게 인도하여야 하는데, 여기서 '즉시'라고 함은 반드시 체포시점과 시간적으로 밀착된 시점이어야 하므로, '정당한 이유 없이 인도를 지연하거나 체포를 계속하는 등으로 불필요한 지체를 함이 없이'라는 뜻으로 볼 것이다.
㉢ 경찰관이 피고인을 현행범으로 체포한 것이 현행범인 체포의 요건을 갖추지 못한 것이어서 위법하다면, 그와 같이 위법한 체포상태에서 이루어진 경찰관의 음주측정요구 또한 위법하다고 보지 않을 수 없다.
㉣ 검사 등이 아닌 이에 의하여 현행범인이 체포된 후 불필요한 지체 없이 검사 등에게 인도된 경우, 검사는 구속하고자 하는 경우 48시간 이내에 구속영장을 청구해야 한다. 이때 48시간의 기산점은 검사 등이 현행범인을 인도받은 때가 아니라 체포시라고 할 것이다.
㉤ 현행범인 체포의 요건을 갖추었는지는 체포당시 상황을 기초로 판단하여야 하고, 체포당시 상황으로 보아도 요건 충족 여부에 관한 검사나 사법경찰관 등의 판단이 경험칙에 비추어 현저히 합리성을 잃은 경우에는 그 체포는 위법하다고 보아야 한다.

① 1개 ② 2개
③ 3개 ④ 4개

▼해 설

② ㉢㉤(2개)은 옳은 지문이나, ㉠㉡㉣(3개)은 틀린 지문이다.

㉠ (×) [1] 현행범인은 누구든지 영장 없이 체포할 수 있다(형사소송법 제212조). 현행범인으로 체포하기 위하여는 행위의 가벌성, 범죄의 현행성과 시간적 접착성, 범인·범죄의 명백성 이외에 **체포의 필요성 즉, 도망 또는 증거인멸의 염려가 있어야** 한다. 이러한 요건을 갖추지 못한 **현행범인 체포는 법적 근거에 의하지 아니한 영장 없는 체포로서 위법한 체포에 해당한다.** 여기서 현행범인 체포의 요건을 갖추었는지 여부는 **체포 당시의 상황**을 기초로 판단하여야 하고, 이에 관한 검사나 사법경찰관 등 수사주체의 판단에는 상당한 재량의 여지가 있지만, **체포 당시의 상황으로 볼 때** 그 요건의 충족 여부에 관한 검사나 사법경찰관 등의 판단이 경험칙에 비추어 현저히 합리성을 잃은 경우에는 그 체포는 위법하다고 보아야 한다.

[2] 피고인이 2015. 6. 30. 09 : 25경 ○○빌라 주차장에서 술 냄새가 나고 눈이 빨갛게 충혈되어 있는 상태에서 **스타렉스 승합차를 약 2m 운전하여 술에 취한 상태에서 운전하였다고** 인정할 만한 상당한 이유가 있어, 피고인을 도로교통법위반(음주운전)죄의 현행범으로 체포하여 지구대로 데리고 가서 같은 날 09 : 50경, 10 : 00경, 10 : 19경 3회에 걸쳐 경찰관으로부터 음주측정기에 입김을 불어 넣는 방법으로 음주측정에 응할 것을 요구받았으나, **정당한 사유 없이 경찰공무원의 음주측정요구에 응하지 아니하였다는 이유로 음주측정거부죄로 기소된 사안이다.**

[3] 위 사안에서 **경찰관이 피고인을 현행범으로 체포한 것은** 그 요건을 갖추지 못한 것이어서 **위법하고**, 그와 같이 **위법한 체포상태에서 이루어진 경찰관의 음주측정요구 또한 위법하다고** 보지 않을 수 없다. 즉, 당시는 아침 시간이었던 데다가 위 주차장에서 피고인에게 차량을 이동시키라는 등 시비를 하는 과정에서 **경찰관 등도 피고인이 전날 밤에 술을 마셨다는 얘기를 들었으므로,** 당시는 술을 마신 때로부터 상당한 시간이 지난 후라는 것을 충분히 알 수 있었다. **나아가 경찰관들로서는 음주운전 신고를 받고 현장에 출동하였으므로 음주감지기 외에 음주측정기를 소지하였더라면 임의동행이나 현행범 체포 없이도 현장에서 곧바로 음주측정을 시도할 수 있었을 것으로 보인다.** 이러한 사정을 앞에서 든 정황들과 함께 종합적으로 살펴보면, **피고인이 현장에서 도망하거나 증거를 인멸하려 하였다고 단정하기는 어렵다**고 할 것이다. 따라서 피고인에 대한 **현행범 체포가 적법하다고 할 수 없다**(대법원2017. 4. 7.선고2016도19907판결).

㉡ (×) 검사 또는 사법경찰관리 아닌 이가 현행범인을 체포한 때에는 즉시 검사 등에게 인도하여야 한다. 여기서 '**즉시'라고 함은** 반드시 체포시점과 시간적으로 **밀착된 시점이어야 하는 것은 아니고,** '정당한 이유 없이 인도를 지연하거나 체포를 계속하는 등으로 **불필요한 지체를 함이 없이**'라는 뜻으로 볼 것이다(대법원2011. 12. 22. 선고2011도12927판결).

㉢ (○) 대법원2017. 4. 7.선고2016도19907판결

㉣ (×) 검사 등이 아닌 이에 의하여 현행범인이 체포된 후 불필요한 지체 없이 검사 등에게 인도된 경우 **위 48시간의 기산점**은 체포시가 아니라 **검사 등이 현행범인을 인도받은 때**라고 할 것이다(대법원2011. 12. 22. 선고2011도12927판결).

㉤ (○) **현행범인 체포의 요건을 갖추었는지 여부는 체포 당시의 상황을 기초로 판단하여야 하고, 이에 관한 검사나 사법경찰관 등 수사주체의 판단에는 상당한 재량의 여지가 있지만, **체포 당시의 상황으로 볼 때** 그 요건의 충족 여부에 관한 검사나 사법경찰관 등의 판단이 경험칙에 비추어 **현저히 합리성을 잃은 경우에는 그 체포는 위법하다고** 보아야 한다(대법원2017. 4. 7.선고2016도19907판결).

▼정답 ②

제02절 구속전 피의자심문(영장실질심사제도)

1. 구속전피의자심문에 관한 설명으로 가장 적절하지 <u>않은</u> 것은?(다툼이 있는 경우 판례에 의함)

(2024. 1차 경찰채용)

① 구속전피의자심문조서는 「형사소송법」 제315조 제3호의 '기타 특히 신용할 만한 정황에 의하여 작성된 문서'로서 증거능력이 인정된다.
② 체포되지 않은 피의자에 대하여 구속영장을 청구받은 판사는 피의자가 죄를 범하였다고 의심할 만한 이유가 있는 경우에 구인을 위한 구속영장을 발부하여 피의자를 구인한 후 심문하여야 한다. 다만, 피의자가 도망하는 등의 사유로 심문할 수 없는 경우에는 그러하지 아니하다.
③ 심문은 법원청사 내에서 하여야 하나, 피의자가 출석을 거부하거나 질병 기타 부득이한 사유로 법원에 출석할 수 없는 때에는 경찰서, 구치소 기타 적당한 장소에서 심문할 수 있다.
④ 심문할 피의자에게 변호인이 없어 지방법원판사가 직권으로 변호인을 선정한 경우, 그 선정은 피의자에 대한 구속영장 청구가 인용된 경우를 제외하고는 제1심까지 효력이 있다.

해 설

④ (×) 심문할 피의자에게 변호인이 없는 때에는 지방법원판사는 직권으로 변호인을 선정하여야 한다. 이 경우 변호인의 선정은 피의자에 대한 구속영장 청구가 **기각**되어 효력이 소멸한 경우(**인용된 경우 ×**)를 제외하고는 제1심까지 효력이 있다(제201조의2 제8항).

① (○) **구속적부심문조서**는 형사소송법 **제311조가 규정한 문서에는 해당하지 않는다** 할 것이나, 특히 신용할 만한 정황에 의하여 작성된 문서라고 할 것이므로 특별한 사정이 없는 한, 피고인이 증거로 함에 부동의하더라도 형사소송법 **제315조 제3호**에 의하여 **당연히 그 증거능력이 인정된다**(대판2003도5693).

② (○) [1] **체포된** 피의자에 대하여 구속영장을 청구받은 **판사는 지체 없이 피의자를 심문하여야 한다.** 이 경우 특별한 사정이 없는 한 구속영장이 청구된 날의 **다음날까지** 심문하여야 한다(제201조의2 제1항).
[2] **체포되지 않은** 피의자에 대하여 구속영장을 청구받은 판사는 피의자가 죄를 범하였다고 의심할 만한 이유가 있는 경우에 **구인을 위한 구속영장을 발부하여 피의자를 구인한 후 심문하여야 한다.** 다만, 피의자가 도망하는 등의 사유로 심문할 수 없는 경우에는 그러하지 아니하다(동조 제2항).

③ (○) **피의자의 심문은 법원청사내에서** 하여야 한다. **다만,** 피의자가 출석을 거부하거나 질병 기타 부득이한 사유로 법원에 출석할 수 없는 때에는 경찰서, 구치소 기타 적당한 장소에서 심문할 수 있다(형사소송규칙 제96조의15).

정답 ④

2. 구속전 피의자심문제도에 대한 설명 중 가장 적절하지 않은 것은? (2020. 경찰채용)

① 검사와 변호인은 판사의 심문이 끝난 후에 의견을 진술할 수 있다. 다만, 필요한 경우에는 심문 도중에도 판사의 허가를 얻어 의견을 진술할 수 있다.
② 구속 전 피의자심문시 피의자에게 변호인이 없는 때에는 지방법원판사는 직권으로 변호인을 선정하여야 한다. 이 경우 변호인의 선정은 피의자에 대한 구속영장 청구가 기각되어 효력이 소멸한 경우를 제외하고는 제1심까지 효력이 있다.
③ 법원은 변호인의 사정이나 그 밖의 사유로 변호인 선정결정이 취소되어 변호인이 없게 된 때에는 직권으로 변호인을 다시 선정할 수 있다.
④ 피의자심문을 하는 경우 법원이 구속영장청구서·수사 관계 서류 및 증거물을 접수한 날부터 구속영장을 발부하여 검찰청에 반환한 날까지의 기간은 검사와 사법경찰관의 구속기간에 이를 산입한다.

▼해 설

④ (×) 피의자심문을 하는 경우 법원이 구속영장청구서·수사 관계 서류 및 증거물을 접수한 날부터 구속영장을 발부하여 검찰청에 반환한 날까지의 기간은 검사와 사법경찰관의 **구속기간에 이를 산입하지 아니한다**(제201조의2 제7항).
① (○) 규칙 제96조의16 제3항
② (○) 제201조의2 제8항
③ (○) 제201조의2 제9항

▼정답 ④

3. 구속전 피의자심문제도(영장실질심사제도)에 관한 다음 설명 중 옳고 그름의 표시(○, ×)가 모두 바르게 된 것은? (다툼이 있는 경우 판례에 의함)

> ㉠ 체포된 피의자에 대하여 구속영장을 청구받은 판사는 지체 없이 피의자를 심문하여야 한다. 이 경우 특별한 사정이 없는 한 구속영장이 청구된 날까지 심문하여야 한다.
> ㉡ 판사는 심문하는 때에는 공범의 분리심문이나 그 밖에 수사상의 비밀보호를 위하여 필요한 조치를 하여야 한다.
> ㉢ 피의자심문을 하는 경우 법원이 구속영장청구서·수사 관계 서류 및 증거물을 접수한 날부터 구속영장을 발부하여 검찰청에 반환한 날까지의 기간은 사법경찰관과 검사의 구속기간에 이를 산입하지 아니한다.
> ㉣ 심문할 피의자에게 변호인이 없는 때에는 지방법원판사는 직권으로 변호인을 선정하여야 한다. 이 경우 변호인의 선정은 피의자에 대한 구속영장 청구가 기각되어 효력이 소멸한 경우를 제외하고는 제1심까지 효력이 있다.
> ㉤ 법원은 변호인의 사정이나 그 밖의 사유로 변호인 선정결정이 취소되어 변호인이 없게 된 때에는 직권으로 변호인을 다시 선정하여야 한다.

① ㉠(×) ㉡(○) ㉢(×) ㉣(○) ㉤(×)
② ㉠(○) ㉡(×) ㉢(○) ㉣(×) ㉤(○)
③ ㉠(×) ㉡(○) ㉢(○) ㉣(○) ㉤(×)
④ ㉠(○) ㉡(○) ㉢(○) ㉣(○) ㉤(×)

▶해 설

③ ㉡㉢㉣(3개)은 옳은 지문이나, ㉠㉤(2개)는 틀린 지문이다.

㉠ (×) 체포된 피의자에 대하여 구속영장을 청구받은 판사는 지체 없이 피의자를 심문하여야 한다. 이 경우 특별한 사정이 없는 한 구속영장이 청구된 날의 **다음날까지** 심문하여야 한다(제201조의2 제1항).
㉡ (○) 동조 제5항
㉢ (○) 동조 제7항
㉣ (○) 동조 제8항
㉤ (×) 법원은 변호인의 사정이나 그 밖의 사유로 변호인 선정결정이 취소되어 변호인이 없게 된 때에는 직권으로 변호인을 **다시 선정할 수 있다**(동조 제9항).

▶정답 ③

제03절 피의자 구속

1. 구속에 대한 설명으로 옳지 않은 것은? (다툼이 있는 경우 판례에 의함) (2024. 경찰대 편입)

① 피의자에 대한 구속영장의 제시와 집행이 그 발부 시로부터 정당한 사유 없이 시간이 지체되어 이루어진 경우라도, 구속영장이 그 유효기간 내에 집행되었다면, 이 기간 동안의 체포 내지 구금 상태는 위법한 것으로 볼 수 없다.
② 구속기간연장을 허가하지 않는 판사의 결정이 있는 경우, 이에 대하여는 준항고가 허용되지 않는다.
③ 사법경찰관리는 구속영장을 집행할 때에는 피의자에게 반드시 영장을 제시하고 그 사본을 교부하여야 하나, 이를 소지하지 않은 경우에 급속을 요하는 때에는 피의자에 대하여 피의사실의 요지와 영장이 발부되었음을 알리고 집행할 수 있으며, 집행을 완료한 후에는 신속히 구속영장을 제시하고 그 사본을 교부하여야 한다.
④ 검사는 다액 50만원 이하의 벌금, 구류 또는 과료에 해당하는 범죄에 관하여는 피의자가 일정한 주거가 없는 경우에 한하여 구속영장을 받아 피의자를 구속할 수 있다.
⑤ 구속적부심사에 의하여 석방된 피의자가 도망하거나 범죄의 증거를 인멸하는 경우를 제외하고는, 수사기관은 그 피의자를 동일한 범죄사실로 재차 체포하거나 구속할 수 없다.

▶해 설

① (×) [1] 헌법이 정한 적법절차와 영장주의 원칙, 형사소송법이 정한 체포된 피의자의 구금을 위한 구속영장의 청구, 발부, 집행절차에 관한 규정을 종합하면, **법관이** 검사의 청구에 의하여 체포된 피의자의 **구금을 위한 구속영장을 발부**하면 **검사와 사법경찰관리는** 지체 없이 **신속하게 구속영장을 집행하여야** 한다.

[2] 피의자에 대한 **구속영장의 제시와 집행**이 그 발부 시로부터 **정당한 사유 없이 시간이 지체되어 이루어졌다면**, 구속영장이 그 유효기간 내에 집행되었다고 하더라도 **위 기간 동안의 체포 내지 구금 상태는 위법하다**(대법원2021. 4. 29.선고2020도16438판결). 그러나 수사기관의 구금 등의 처분이 위법하다는 것만으로 판결 결과에 영향이 있어 독립한 상고이유가 된다고 할 수는 없다.

② (○) 형사소송법 제402조, 제403조에서 말하는 법원은 형사소송법상의 수소법원만을 가리키므로, 같은 법 제205조 제1항 소정의 **구속기간의 연장을 허가하지 아니하는 지방법원 판사의 결정**에 대하여는 같은 법 제402조, 제403조가 정하는 항고의 방법으로는 불복할 수 없고, 나아가 그 지방법원 판사는 수소법원으로서의 재판장 또는 수명법관도 아니므로 그가 한 재판은 같은 법 제416조가 정하는 **준항고의 대상이 되지도 않는다**(대법원1997. 6. 16.자97모1결정).

③ (○) [1] **구속영장을 집행함에는 피고인에게 반드시 이를 제시하고 그 사본을 교부하여야** 하며 신속히 지정된 법원 기타 장소에 인치하여야 한다(제85조 제1항).〈개정 2022. 2. 3.〉 또한 **구속영장을 소지하지 아니한 경우에 급속을 요하는 때에는 피고인에 대하여** 공소사실의 요지와 영장이 발부되었음을 **고하고 집행할 수 있다**(동조 제3항). 구속영장의 **긴급집행을 완료한 후에는 신속히** 구속영장을 **제시하고 그 사본을 교부하여야** 한다(동조 제3항).〈개정 2022. 2. 3.〉

[2] 검사 또는 사법경찰관의 피의자 구속에 관하여는 **피고인의 구속에 준용**한다(제209조). 따라서 **사법경찰관리도 위 [1]의 구속집행절차에 따른다**.

④ (○) 피의자가 죄를 범하였다고 의심할 만한 상당한 이유가 있고 제70조 제1항 각 호의 1에 해당하는 사유가 있을 때에는 **검사는** 관할지방법원판사에게 청구하여 **구속영장을 받아** 피의자를 **구속할 수 있고 사법경찰관은** 검사에게 신청하여 검사의 청구로 관할지방법원판사의 **구속영장을 받아** 피의자를 **구속할 수 있다**. 다만, **다액 50만원이하의 벌금, 구류 또는 과료에 해당하는 범죄에 관하여는 피의자가 일정한 주거가 없는 경우에 한한다**(제201조 제1항).

⑤ (○) **구속 적부심사결정**에 의하여 석방된 피의자가 **도망하거나 범죄의 증거를 인멸하는 경우를 제외하고는** 동일한 범죄사실로 **재차 체포하거나 구속할 수 없다**(제214조의3 제1항).

▼정답 ①

2. 구속에 관한 설명으로 옳고 그름의 표시(○, ×)가 바르게 된 것은?(다툼이 있는 경우 판례에 의함)

(2024. 경찰간부)

㉠ 수사기관의 청구에 의하여 발부하는 구속영장은 허가장으로서의 성질을 가지며, 법원이 직권으로 발부하는 영장은 명령장으로서의 성질을 가진다.

㉡ 구속기간이 만료될 무렵에 종전 구속영장에 기재된 범죄사실과 다른 범죄사실로 다시 구속영장을 집행하는 것은 위법하다.

㉢ 적법하게 체포된 피의자에 대하여 구속영장을 청구받은 판사는 필요하다고 인정되는 때에는 지체없이 영장실질심사를 위하여 피의자를 심문할 수 있으며, 심문할 피의자에게 변호인이 없는 때에는 판사는 직권으로 변호인을 선정하여야 한다.

㉣ 구속 전 피의자심문을 하는 경우 법원이 구속영장청구서·수사관계 서류 및 증거물을 접수한 날부터 구속영장을 발부하여 검찰청에 반환한 날까지의 기간은 사법경찰관및 검사의 피의자 구속기간에 산입하지 아니한다.

㉤ 피의자에 대한 심문절차는 공개하지 아니하지만, 판사는 상당하다고 인정하는 경우에는 일반인의 방청을 허가할 수 있다.

① ㉠(×) ㉡(×) ㉢(○) ㉣(×) ㉤(×)
② ㉠(○) ㉡(×) ㉢(○) ㉣(○) ㉤(○)
③ ㉠(○) ㉡(○) ㉢(×) ㉣(○) ㉤(○)
④ ㉠(○) ㉡(×) ㉢(×) ㉣(○) ㉤(×)

해 설

④ ㉠㉣(2개)은 옳은 지문이나, ㉡㉢㉤(3개)은 틀린 지문이다.

㉠ (○) [1] **영장주의란** 형사절차와 관련하여 체포·구속·압수 등의 강제처분을 함에 있어서는 사법권 독립에 의하여 그 신분이 보장되는 **법관이 발부한 영장에 의하지 않으면 아니된다는 원칙**이고, 따라서 **영장주의의 본질은 신체의 자유를 침해하는 강제처분을 함에 있어서는 중립적인 법관이 구체적 판단을 거쳐 발부한 영장에 의하여야만 한다는** 데에 있다고 할 수 있다.

[2] **수사단계이든 공판단계이든 수사나 재판의 필요상 구속 등 강제처분을 하지 않을 수 없는 경우**는 있게 마련이지만 강제처분을 받는 피의자나 피고인의 입장에서 보면 심각한 기본권의 침해를 받게 되므로 **헌법은 강제처분의 남용으로부터 국민의 기본권을 보장하기 위한 수단으로 영장주의를 천명한 것이다.** 특히 강제처분 중에서도 중립적인 심판자로서의 지위를 갖는 법원에 의한 강제처분에 비하여 **수사기관에 의한 강제처분의 경우**에는 범인을 색출하고 증거를 확보한다는 수사의 목적상 적나라하게 공권력이 행사됨으로써 **국민의 기본권을 침해할 가능성이 큰** 만큼 **수사기관의 인권침해에 대한 법관의 사전적·사후적 억제를 통하여 수사기관의 강제처분 남용을 방지하고 인권보장을 도모한다는 면에서 영장주의의 의미가 크다**고 할 것이다.

[3] 이러한 면에서 **법원이 직권으로 발부하는 영장과 수사기관의 청구에 의하여 발부하는 구속영장의 법적 성격은 같지 않다.** 즉, **전자는 명령장**으로서의 성질을 갖지만 **후자는 허가장**으로서의 성질을 갖는 것으로 이해되고 있다(헌재 1997. 03. 27. 96헌바28등). 결국, **수사기관의 청구에 의하여 발부하는 구속영장은 허가장**으로서의 성질을 가지며, **법원이 직권으로 발부하는 영장은 명령장**으로서의 성질을 가진다.

㉡ (×) **구속의 효력**은 원칙적으로 위 방식에 따라 작성된 **구속영장에 기재된 범죄사실에만 미치는 것**이므로, 구속기간이 만료될 무렵에 종전 구속영장에 기재된 범죄사실과 **다른 범죄사실로 피고인을 구속하였다는 사정만으로는** 피고인에 대한 **구속이 위법하다고 할 수 없다**(대법원2000. 11. 10.자2000모134결정).

㉢ (×) **체포된 피의자에 대하여** 구속영장을 청구받은 판사는 **지체 없이 피의자를 심문하여야 한다(필요적 심문제도이다).** 이 경우 특별한 사정이 없는 한 구속영장이 청구된 날의 **다음날까지** 심문하여야 한다(제201조의2 제1항). 심문할 피의자에게 **변호인이 없는 때**에는 지방법원판사는 **직권으로 변호인을 선정하여야 한다.** 이 경우 변호인의 선정은 피의자에 대한 구속영장 청구가 기각되어 효력이 소멸한 경우를 제외하고는 제1심까지 효력이 있다(동조 제8항).

㉣ (○) 피의자심문을 하는 경우 법원이 구속영장청구서·수사관계 서류 및 증거물을 **접수한 날부터** 구속영장을 발부하여 검찰청에 **반환한 날까지**의 기간은 제202조(사법경찰관 구속기간) 및 제203조(검사의 구속기간)의 적용에 있어서 **그 구속기간에 산입하지 아니한다**(동조 제7항).

㉤ (×) 피의자에 대한 **심문절차는 공개하지 아니한다.** 다만, 판사는 **상당하다고 인정하는 경우**에는 **피의자의 친족, 피해자 등 이해관계인의** 방청을 허가할 수 있다(형사소송규칙 96조의14).

▼**정답** ④

3. 구속에 관한 설명 중 가장 적절하지 않은 것은?(다툼이 있으면 판례에 의함)   (2023. 경찰대편입)

① 구속기간이 만료될 무렵에 재판장이 종전 구속영장에 기재된 범죄사실과는 다른 범죄사실로 구속영장을 발부해 다시 구속하였다는 사정만으로는 구속이 위법하다고 단정할 수는 없다.
② 「형사소송법」 제88조는 "피고인을 구속한 때에는 즉시 공소사실의 요지와 변호인을 선임할 수 있음을 알려야 한다"고 규정하고 있는바, 이는 사후 청문절차에 관한 규정으로서 이를 위반하였다 하여 구속영장의 효력에 어떠한 영향을 미치는 것은 아니다.
③ 영장실질심사절차에서 심문할 피의자에게 변호인이 없는 때에는 지방법원판사는 직권으로 변호인을 선정하여야 한다.
④ 구속은 구금과 구인을 포함하며, 구인한 피고인을 법원에 인치한 경우에 구금할 필요가 없다고 인정한 때에는 그 인치한 때로부터 24시간 내에 석방하여야 한다.
⑤ 검사의 구속영장 청구 전 피의자 대면조사는 강제수사가 아니며 긴급체포의 적법성을 의심할 만한 사유가 기록 기타 객관적 자료에 나타나고 피의자의 대면조사를 통해 그 여부의 판단이 가능할 것으로 보이는 경우 및 긴급체포의 합당성이나 구속영장 청구에 필요한 사유를 보강하기 위한 목적으로만 실시되어야 한다.

▼해 설

⑤ (×) [1] 검사의 구속영장 청구 전 피의자 대면 조사는 **긴급체포의 적법성을 의심할 만한 사유**가 기록 기타 객관적 자료에 나타나고 피의자의 대면 조사를 통해 그 여부의 판단이 가능할 것으로 보이는 **예외적인 경우에 한하여 허용될 뿐**, 긴급체포의 **합당성**이나 구속영장 청구에 필요한 사유를 **보강하기 위한 목적으로 실시되어서는 아니 된다.**
[2] 나아가 검사의 구속영장 청구 전 피의자 대면 조사는 **강제수사가 아니므로** 피의자는 검사의 출석 요구에 응할 의무가 없고, **피의자가 검사의 출석 요구에 동의한 때에 한하여** 사법경찰관리는 **피의자를 검찰청으로 호송하여야 한다**(대법원 2010. 10. 28. 선고 2008도11999 판결).
① (○) **구속의 효력은 원칙적으로** 위 방식에 따라 작성된 **구속영장에 기재된 범죄사실에만 미치는 것이므로**, **구속기간이 만료될 무렵**에 종전 구속영장에 기재된 범죄사실과 **다른 범죄사실로 피고인을 구속하였다는 사정만으로는** 피고인에 대한 **구속이 위법하다고 할 수 없다**(대법원 2000. 11. 10.자 2000모134 결정).
② (○) **형사소송법 제88조**는 "피고인을 구속한 때에는 즉시 공소사실의 요지와 변호인을 선임할 수 있음을 알려야 한다."고 규정하고 있는바, 이는 **사후청문절차에 관한 규정**으로서 이를 **위반하였다 하여** 구속영장의 **효력에 어떠한 영향을 미치는 것은 아니다**(대법원 2000. 11. 10.자 2000모134 결정).
③ (○) 영장실질심사절차에서 **심문할 피의자에게 변호인이 없는 때**에는 **지방법원판사는 직권으로** 변호인을 **선정하여야 한다.** 이 경우 변호인의 선정은 피의자에 대한 구속영장 청구가 기각되어 효력이 소멸한 경우를 제외하고는 제1심까지 효력이 있다(제201조의2 제8항).
④ (○) **구인한 피고인**을 법원에 인치한 경우에 **구금할 필요가 없다고 인정한 때**에는 그 인치한 때로부터 **24시간 내에 석방하여야** 한다(제71조).

▼정답 ⑤

4. 구속에 관한 설명으로 가장 적절하지 않은 것은? (다툼이 있는 경우 판례에 의함)   (2023. 2차 경찰채용)

① 항소법원이 구속기간의 만료로 피고인에 대한 구속의 효력이 상실된 후 피고인에 대한 판결을 선고하면서 피고인을 구속하였다하여 「형사소송법」 제208조의 규정에 위배되는 재구속 또는 이중구속이라 할 수 없다.

② 구속적부심사 청구에 대한 법원의 기각결정 및 석방결정에 대해서는 항고할 수 없지만, 보증금 납입조건부 석방결정에 대해서는 피의자나 검사가 그 취소의 실익이 있으면 「형사소송법」 제402조에 의하여 항고할 수 있다.

③ 지방법원 판사가 구속기간의 연장을 허가하지 않는 결정을 하더라도 「형사소송법」 제402조 또는 제403조가 정하는 항고의 방법으로는 불복할 수 없으며, 다만, 「형사소송법」 제416조가 정하는 준항고의 대상이 될 뿐이다.

④ 구속의 효력은 원칙적으로 「형사소송법」 제75조 제1항의 방식에 따라 작성된 구속영장에 기재된 범죄사실에만 미치는 것이므로, 구속기간이 만료될 무렵에 종전 구속영장에 기재된 범죄사실과 다른 범죄사실로 피고인을 구속하였다는 사정만으로는 피고인에 대한 구속이 위법하다고 할 수 없다.

▶ 해설

③ (×) 형사소송법 제402조, 제403조에서 말하는 법원은 형사소송법상의 수소법원만을 가리키므로, 같은 법 제205조 제1항소정의 **구속기간의 연장을 허가하지 아니하는 지방법원 판사의 결정에 대하여는** 같은 법 제402조, 제403조가 정하는 **항고의 방법으로는 불복할 수 없고**, 나아가 그 지방법원 판사는 수소법원으로서의 재판장 또는 수명법관도 아니므로 그가 한 재판은 같은 법 제416조가 정하는 **준항고의 대상이 되지도 않는다**(대법원 1997. 6. 16.자97모1결정).

① (○) 항소법원은 항소피고사건의 심리중 또는 판결선고후 상고제기 또는 판결확정에 이르기까지 수소법원으로서 형사소송법 제70조 제1항 각호의 사유있는 불구속 피고인을 구속할 수 있고 또 **수소법원의 구속에 관하여는** 검사 또는 사법경찰관이 피의자를 구속함을 규율하는 **형사소송법 제208조의 규정은 적용되지 아니하므로 구속기간의 만료로 피고인에 대한 구속의 효력이 상실된 후 항소법원이 피고인에 대한 판결을 선고하면서 피고인을 구속하였다** 하여 위 법 제208조**의 규정에 위배되는 재구속 또는 이중구속이라 할 수 없다**(대법원 1985. 7. 23.자85모12결정).

② (○) [1] 체포 또는 구속적부심사 청구에 대한 법원의 **기각결정 및 석방결정에 대해서는 항고할 수 없다**(제242조의2 제8항).

[2] 체포 또는 구속적부심사절차에서의 법원의 결정에 대한 항고의 허용 여부에 관하여 **같은 법 제214조의2 제7항은 제2항과 제3항의 기각결정 및 석방결정에 대하여 항고하지 못하는 것으로 규정하고 있을 뿐이고, 제4항에 의한 석방결정(보증금납입조건부 석방결정)에 대하여 항고하지 못한다는 규정은 없을 뿐만 아니라,** 같은 법 제214조의2 제3항의 석방결정은 체포 또는 구속이 불법이거나 이를 계속할 사유가 없는 등 부적법한 경우에 피의자의 석방을 명하는 것임에 비하여, 같은 법 제214조의2 제4항이 석방결정은 구속의 적법을 전제로 하면서 그 단서에서 정한 제한사유가 없는 경우에 한하여 출석을 담보할 만한 보증금의 납입을 조건으로 하여 피의자의 석방을 명하는 것이어서 같은 법 제214조의2 제3항의 석방결정과 제4항의 석방결정은 원래 그 실질적인 취지와 내용을 달리 하는 것이고, **또한 기소 후 보석결정에 대하여 항고가 인정되는 점에 비추어** 그 보석결정과 성질 및 내용이 유사한 **기소 전 보증금 납입 조건부 석방결정에 대하여도 항고할 수 있도록 하는 것이 균형에 맞는 측면도 있다** 할 것이므로, 같은 법 제214조의2 제4항의 석방결정에 대하여는 **피의자나 검사가 그 취소의 실익이 있는 한** 같은 법 제402조에 의하여 **항고할 수 있다**(대법원1997. 8. 27.자97모21결정). 결국, **보증금 납입을 조건으로 한 석방결정에 대해서는 불복할 수 있다(항고할 수 있다).**

④ (○) 형사소송법 제75조 제1항은, "구속영장에는 피고인의 성명, 주거, 죄명, 공소사실의 요지, 인치구금할 장소, 발부연월일, 그 유효기간과 그 기간을 경과하면 집행에 착수하지 못하며 영장을 반환하여야 할 취지를 기재하고 재판장 또는 수명법관이 서명날인하여야 한다."고 규정하고 있는바, **구속의 효력은** 원칙적으로 위 방식에 따라 작성된 **구속영장에 기재된 범죄사실에만 미치는 것이므로, 구속기간이 만료될 무렵에** 종전 구속영장에 기재된 범죄사실과 **다른 범죄사실로 피고인을 구속하였다는 사정만으로는** 피고인에 대한 **구속이 위법하다고 할 수 없다**(대법원2000. 11. 10.자2000모134결정).

▶ 정답 ③

5. 구속에 대한 설명으로 가장 적절하지 <u>않은</u> 것은? (다툼이 있는 경우 판례에 의함) (2023. 경찰승진)

① 구속기간이 만료될 무렵에 종전 구속영장에 기재된 범죄사실과 다른 범죄사실로 피고인을 구속하였다는 사정만으로는 피고인에 대한 구속이 위법하다고 할 수 없다.
② 구속의 사유가 없거나 소멸된 때에는 사법경찰관은 직권 또는 피의자, 변호인과 제30조 제2항에 규정한 자의 청구에 의하여 결정으로 구속을 취소하여야 한다.
③ 구속영장 발부에 의하여 적법하게 구금된 피의자가 피의자신문을 위한 출석요구에 응하지 아니하면서 수사기관 조사실에 출석을 거부한다면 수사기관은 그 구속영장의 효력에 의하여 피의자를 조사실로 구인할 수 있으며, 이에 따른 피의자신문의 절차도 강제수사의 한 방법으로 진행되지 않을 수 없으므로 이 경우 피의자는 수사기관의 질문에 대하여 진술을 거부할 수 없다.
④ 사법경찰관은 상당한 이유가 있는 때에는 결정으로 구속된 피의자를 친족 보호단체 기타 적당한 자에게 부탁하거나 피의자의 주거를 제한하여 구속의 집행을 정지할 수 있다.

▼해 설

③ (×) [1] **수사기관이 관할 지방법원 판사가 발부한 구속영장에 의하여 피의자를 구속하는 경우**, 그 구속영장은 기본적으로 장차 공판정에의 출석이나 형의 집행을 담보하기 위한 것이지만, 이와 함께 법 제202조, 제203조에서 정하는 **구속기간의 범위 내에서 수사기관이** 법 제200조, 제241조 내지 제244조의5에 규정된 **피의자신문의 방식으로 구속된 피의자를 조사하는 등 적정한 방법으로 범죄를 수사하는 것도 예정하고 있다**고 할 것이다. 따라서 **구속영장 발부에 의하여 적법하게 구금된 피의자가 피의자신문을 위한** 출석요구에 응하지 아니하면서 **수사기관 조사실에 출석을 거부한다면 수사기관은 그 구속영장의 효력에 의하여 피의자를 조사실로 구인할 수 있다**고 보아야 한다.
[2] 다만 이러한 경우에도 **그 피의자신문 절차는 어디까지나** 법 제199조 제1항 본문, 제200조의 규정에 따른 **임의수사의 한 방법으로 진행되어야** 하므로, **피의자는** 헌법 제12조 제2항과 법 제244조의3에 따라 일체의 진술을 하지 아니하거나 개개의 질문에 대하여 **진술을 거부할 수 있고, 수사기관은 피의자를 신문하기 전에 그와 같은 권리를 알려주어야 한다**(대법원2013. 7. 1.자2013모160결정).
① (○) **구속의 효력은 원칙적으로** 위 방식에 따라 작성된 **구속영장에 기재된 범죄사실에만 미치는 것이므로, 구속기간이 만료될 무렵에** 종전 구속영장에 기재된 범죄사실과 **다른 범죄사실로 피고인을 구속하였다는 사정만으로는** 피고인에 대한 **구속이 위법하다고 할 수 없다**(대법원2000. 11. 10.자2000모134결정).
② (○) 제93조, 제209조
④ (○) 제101조, 제209조

▼정답 ③

6. 구속에 관한 설명 중 가장 적절하지 <u>않은</u> 것은? (다툼이 있는 경우 판례에 의함) (2022. 2차 경찰채용)

① 「검사와 사법경찰관의 상호협력과 일반적 수사준칙에 관한 규정」 제35조에 의하면 검사 또는 사법경찰관은 구속영장의 유효기간 내에 영장의 집행에 착수하지 못한 경우, 반환사유 등을 적은 영장반환서에 해당 영장을 첨부하여 즉시 법원에 반환하여야 하고, 구속영장이 여러 통 발부된 경우에는 모두 반환해야 한다.
② 체포된 피의자에 대하여 구속영장을 청구받은 관할 지방법원판사는 구속사유의 존부를 심리·판단하기 위하여 지체 없이 피의자를 심문하여야 한다.

③ 구속적부심사절차에서 작성된 조서는 「형사소송법」 제311조의 법원 또는 법관의 조서에 해당하는 것이 아니라, 동법 제315조 제3호의 '특히 신용할 만한 정황에 의하여 작성된 문서'로서 당연히 그 증거능력이 있는 서류에 해당한다.
④ 구속영장을 집행함에는 피의자의 신청이 있는 때에 한하여 피의자에게 그 사본을 교부할 수 있다.

▼해 설

④ (×) **구속영장을 집행함**에는 **피고인에게 반드시** 이를 제시하고 **그 사본을 교부하여야 하며** 신속히 지정된 법원 기타 장소에 인치하여야 한다.〈개정·시행 2022. 2. 3.〉검사 또는 사법경찰관의 피의자 구속에 관하여 준용하므로, **구속영장을 집행함**에는 피의자에게 **반드시** 구속영장의 **사본을 교부하여야 한다**(제209조).
① (○) 수사준칙 제35조 제1항, 제2항
② (○) 형사소송법 제201조의2 제1항
③ (○) 대법원 2004. 1. 16. 선고 2003도5693 판결

▼정답 ④

7. 피의자 구속에 관한 설명 중 옳지 <u>않은</u> 것은? (다툼이 있는 경우 판례에 의함) (2021. 경찰간부)

① 구속영장을 청구받은 판사는 지체 없이 피의자를 심문하여야 하나, 체포되지 않은 피의자에 대하여는 직권으로 심문 여부를 결정한다.
② 구속기간의 초일은 시간을 계산함이 없이 1일로 산정하고, 구속기간의 말일이 공휴일 또는 토요일에 해당하는 경우에도 구속기간에 산입한다.
③ 지방법원 판사가 검사의 구속영장청구를 기각한 경우에 이에 대한 불복방법으로서 준항고는 허용되지 않는다.
④ 구속되었다가 석방된 피의자는 다른 중요한 증거가 발견된 경우가 아니면 동일한 범죄사실에 관하여 재차 구속하지 못한다.

▼해 설

① (×) **체포된 피의자**에 대하여 구속영장을 청구받은 판사는 **지체 없이** 피의자를 심문하여야 하고, 이 경우 특별한 사정이 없는 한 구속영장이 청구된 날의 **다음날까지** 심문하여야 한다(제201조의2 제1항). **제1항 외의 피의자(체포되지 않은 피의자)**에 대하여 구속영장을 청구받은 판사는 피의자가 죄를 범하였다고 의심할 만한 이유가 있는 경우에 구인을 위한 구속영장을 발부하여 피의자를 구인한 후 **심문하여야 한다**(제201조의2 제1항). 즉, 체포된 피의자외의 피의자(**체포되지 않은 피의자)에 대한 심문기일**은 관계인에 대한 심문기일의 통지 및 그 출석에 소요되는 시간 등을 고려하여 피의자가 법원에 인치된 때로부터 **가능한 한 빠른 일시로 지정하여야 한다**(형사소송규칙 제96조의12 제2항).
② (○) 제66조 제1항, 제3항
③ (○) 검사의 체포영장 또는 **구속영장 청구에 대한 지방법원판사의 재판은** 형사소송법 제402조의 규정에 의하여 항고의 대상이 되는 '법원의 결정'에 해당하지 아니하고, 제416조 제1항의 규정에 의하여 **준항고의 대상이 되는 '재판장 또는 수명법관의 구금 등에 관한 재판'에도 해당하지 아니한다**(대결 2006.12.18. 2006모646). **지방법원판사의 구속영장의 발부결정이나 기각결정에 대해서는 항고나 준항고가 허용되지 않는다.**
④ (○) 검사 또는 사법경찰관에 의하여 **구속되었다가 석방된 자는** 다른 중요한 증거를 발견한 경우를 제외하고는 동일한 범죄사실에 관하여 **재차 구속하지 못한다**(제208조 제1항).

▼정답 ①

8. 다음 중 피의자 구속에 대한 설명 중 틀린 것은?

㉠ 검사 또는 사법경찰관은 피의자를 구속하는 경우에는 피의사실의 요지, 구속의 이유와 변호인을 선임할 수 있음을 말하고 변명할 기회를 주어야 한다.
㉡ 수사기관은 구속사유를 심사함에 있어서 범죄 중대성, 재범 위험성, 피해자 및 중요참고인 등에 대한 위해 우려등을 고려하여야 한다.
㉢ 검사 또는 사법경찰관의 구속기간은 피의자를 체포 또는 구인한 날부터 기산한다.
㉣ 공소제기전 피의자 체포·구속 기간은 피고인 구속기간에 포함한다.

① 0개 ② 1개
③ 2개 ④ 3개

해 설

② ㉠㉡㉢(3개)은 맞는 지문이나, ㉣(1개)만 틀린 지문이다.
㉠ (○) 제200조의5, 제209조
㉡ (○) 제70조 제2항, 제209조. 설문의 경우, 독립된 **구속사유가 아니라 고려사항**이다.
㉢ (○) 제203조의2
㉣ (×) 공소제기**전**의 체포·구인·구금 기간은 **피고인의 구속기간**에 **산입하지 아니한다**(제92조 제3항). 따라서 피고인의 구속기간은 **공소제기된 날**로부터 기산한다.

▼정답 ②

9. 구속 및 구속기간에 대한 설명 중 가장 적절한 것은? (다툼이 있으면 판례에 의함)

① 다액 50만원이하의 벌금, 구류 또는 과료에 해당하는 범죄에 관하여는 피의자가 일정한 주거가 없는 때, 피의자가 증거를 인멸할 염려가 있는 때, 피의자가 도망하거나 도망할 염려가 있는 때에 피의자를 구속할 수 있다.
② 피고인의 구속기간이 만료될 무렵에 종전 구속영장에 기재된 범죄사실과는 다른 범죄사실로 피고인을 구속하였다면 위법하다.
③ 구속기간연장 허가결정이 있는 경우에 그 연장기간은 형사소송법 제203조의 규정에 의한 구속기간 만료일로부터 기산한다.
④ 피의자에게 구속의 사유가 없거나 소멸된 때에는 검사 또는 사법경찰관은 직권 또는 피의자, 변호인 등의 청구에 의하여 결정으로 구속을 취소하여야 한다.

해 설

④ (○) 구속의 사유가 없거나 소멸된 때에는 법원은 직권 또는 검사, 피고인, 변호인과 제30조 제2항에 규정한 자의 청구에 의하여 결정으로 구속을 취소하여야 한다(제93조). 제93조는 검사 또는 사법경찰관의 피의자 구속에 관하여 준용한다(제209조).
① (×) 피의자의 구속은 다액 50만원이하의 벌금, 구류 또는 과료에 해당하는 범죄(**경미사건**)에 관하여는 **피의자가 일정한 주거가 없는 경우에 한한다**(제201조 제1항 단서).

② (×) 구속기간이 만료될 무렵에 종전 구속영장에 기재된 범죄사실과 다른 범죄사실로 피고인을 구속하였다는 사정만으로는 피고인에 대한 구속이 **위법하다고 할 수 없다**(2000모134).
③ (×) 구속기간연장허가결정이 있는 경우에 그 **연장기간**은 법 제203조의 규정에 의한 구속기간**만료 다음날**로부터 **기산**한다.

▼정답 ④

10. 구속에 대한 다음 설명 중 옳은 것(○)과 옳지 않은 것(×)을 올바르게 연결한 것은? (다툼이 있으면 판례에 의함)

> ⊙ 수사기관이 관할 지방법원 판사가 발부한 구속영장에 의하여 피의자를 구속하는 경우, 그 구속영장은 기본적으로 장차 공판정에의 출석이나 형의 집행을 담보하기 위한 것이다. 그렇지만 이와 함께 「형사소송법」 제202조, 제203조에서 정하는 구속기간의 범위 내에서 수사기관이 동법 제200조, 제241조 내지 제244조의5에 규정된 피의자신문의 방식으로 구속된 피의자를 조사하는 등 적정한 방법으로 범죄를 수사하는 것까지 예정하고 있지는 않다.
> ⓒ 구속된 피의자의 경우에도 그 피의자신문 절차는 어디까지나 「형사소송법」 제199조 제1항 본문, 제200조의 규정에 따른 임의수사의 한 방법으로 진행되어야 한다.
> ⓒ 구속된 피의자도 「헌법」 제12조 제2항과 「형사소송법」 제244조의 3에 따라 일체의 진술을 하지 아니하거나 개개의 질문에 대하여 진술을 거부할 수 있고, 수사기관은 피의자를 신문하기 전에 그와 같은 권리를 알려주어야 한다.
> ⓔ 구속영장 발부에 의하여 적법하게 구금된 피의자가 피의자신문을 위한 출석요구에 응하지 아니하면 이는 출석 불응에 해당하므로, 수사기관은 「형사소송법」 제200조의2(영장체포)에 따라 별도의 체포영장을 발부받아야 피의자를 조사실로 구인할 수 있다.

① ⊙(○) ⓒ(○) ⓒ(○) ⓔ(×)
② ⊙(○) ⓒ(×) ⓒ(×) ⓔ(○)
③ ⊙(×) ⓒ(○) ⓒ(○) ⓔ(○)
④ ⊙(×) ⓒ(○) ⓒ(○) ⓔ(×)

▼해 설

④ ⓒⓒ(2개)는 옳은 지문이고, ⊙ⓔ(2개)는 틀린 지문이다.
수사기관이 관할 지방법원 판사가 발부한 구속영장에 의하여 피의자를 구속하는 경우, 그 구속영장은 기본적으로 장차 공판정에의 출석이나 형의 집행을 담보하기 위한 것이지만, 이와 함께 법 제202조, 제203조에서 정하는 구속기간의 범위 내에서 수사기관이 법 제200조, 제241조 내지 제244조의5에 규정된 **피의자신문의 방식으로 구속된 피의자를 조사하는 등 적정한 방법으로 범죄를 수사하는 것도 예정하고 있다고 할 것이나**(⊙). 따라서 구속영장 발부에 의하여 적법하게 구금된 피의자가 피의자신문을 위한 출석요구에 응하지 아니하면서 수사기관 조사실에 출석을 거부한다면 **수사기관은 그 구속영장의 효력에 의하여 피의자를 조사실로 구인할 수 있다**고 보아야 한다(ⓔ). 다만 이러한 경우에도 그 **피의자신문 절차는 어디까지나** 법 제199조 제1항 본문, 제200조의 규정에 따른 **임의수사의 한 방법으로 진행되어야** 하므로(ⓒ), 피의자는 헌법 제12조 제2항과 법 제244조의3에 따라 일체의 진술을 하지 아니하거나 개개의 질문에 대하여 진술을 거부할 수 있고, **수사기관은 피의자를 신문하기 전에 그와 같은 권리를 알려주어야 한다**(ⓒ)(대결2013.7.1. 2013모160).

▼정답 ④

11. 구속에 관한 다음 설명 중 가장 적절하지 않은 것은?(다툼이 있으면 판례에 의함)

① 수사기관이 관할 지방법원 판사가 발부한 구속영장에 의하여 피의자를 구속하는 경우, 구속영장 발부에 의하여 적법하게 구금된 피의자가 피의자신문을 위한 출석요구에 응하지 아니하면서 수사기관 조사실에 출석을 거부한다면 수사기관은 그 구속영장의 효력에 의하여 피의자를 조사실로 구인할 수 있다.
② 검사가 판사에게 구속영장의 청구를 함에 있어서 동일한 범죄사실에 관하여 그 피의자에 대하여 전에 구속영장을 청구하거나 발부받은 사실이 있을 때에 다시 구속영장을 청구하는 취지 및 이유를 기재할 필요는 없다.
③ 구속영장에는 청구인을 구금할 수 있는 장소로 특정 경찰서 유치장으로 기재되어 있었는데, 그 신병이 조사차 국가안전기획부 직원에게 인도된 후 위 경찰서 유치장에 인도된 바 없이 계속하여 국가안전기획부 청사에 사실상 구금되어 있다면, 청구인의 방어권이나 접견교통권의 행사에 중대한 장애를 초래하는 것이므로 위법하다.
④ 구인한 피의자를 수사기관에 인치한 경우에 구금할 필요가 없다고 인정한 때에는 그 인치한 때로부터 24시간 내에 석방하여야 한다.

▼해 설

② (×) 검사가 지방법원판사에게 구속영장의 청구를 함에 있어서 동일한 범죄사실에 관하여 그 피의자에 대하여 전에 구속영장을 청구하거나 발부받은 사실이 있을 때에는 **다시 구속영장을 청구하는 취지 및 이유를 기재하여야 한다**(제201조 제5항).
① (○) 대결2013. 7. 1. 2013모160
③ (○) **구속영장에는** 청구인을 구금할 수 있는 장소로 **특정 경찰서 유치장으로 기재되어 있었는데**, 청구인에 대하여 위 구속영장에 의하여 1995. 11. 30. 07 : 50경 위 경찰서 유치장에 구속이 집행되었다가 같은 날 08 : 00에 그 신병이 조사차 국가안전기획부 직원에게 인도된 후 위 경찰서 유치장에 인도된 바 없이 계속하여 **국가안전기획부 청사에 사실상 구금되어 있다면**, 청구인에 대한 이러한 사실상의 **구금장소의 임의적 변경은 청구인의 방어권이나 접견교통권의 행사에 중대한 장애를 초래하는 것이므로 위법하다**(대법원1996. 5. 15. 자 95모94. 결정).
④ (○) 제71조, 제209조

▼정답 ②

12. 구속에 관한 설명으로 가장 적절하지 않은 것은?(다툼이 있으면 판례에 의함)

① 국가보안법 제7조(찬양·고무 등)의 죄의 경우, 수사기관은 형사소송법에 따라 피의자를 최장 30일까지만 구속이 허용된다.
② 구속기간의 연장을 허가하지 아니하는 지방법원 판사의 결정에 대하여는 항고의 방법으로는 불복할 수 없지만 준항고의 방법으로는 불복할 수 있다.
③ 재구속의 제한(제208조 제1항)은 검사 또는 사법경찰관이 피의자를 구속하는 경우에만 적용되고 법원이 피고인을 구속하는 경우에는 적용되지 않는다.
④ 구속영장상의 구금 장소를 임의적으로 다른 장소로 변경한 것은 피의자의 방어권이나 접견교통권의 행사에 중대한 장애를 초래한 것으로 볼 수 있다.

▶해 설

② (×) 형사소송법 제402조, 제403조에서 말하는 법원은 형사소송법상의 수소법원만을 가리키므로, 같은 법 제205조 제1항 소정의 **구속기간의 연장을 허가하지 아니하는 지방법원 판사의 결정에 대하여는** 같은 법 제402조, 제403조가 정하는 **항고의 방법으로는 불복할 수 없고**, 나아가 그 지방법원 판사는 수소법원으로서의 재판장 또는 수명법관도 아니므로 그가 한 재판은 같은 법 제416조가 정하는 **준항고의 대상이 되지도 않는다** (대법원 1997. 6. 16. 자 97모1 결정).

① (○) 헌법재판소는 **국가보안법 제7조(찬양·고무)와 제10조(불고지)의 죄**에 대해 구속기간을 연장하는 동법 제19조는 위헌이라고 판시하였다(대판90헌마82). 결국, 국가보안법 제7조(찬양·고무 등)의 죄의 경우에 수사기관은 형사소송법에 따라 피의자를 **최장 30일까지만 구속이 허용된다**.

③ (○) 대판69도509

④ (○) **구속영장에는** 청구인을 구금할 수 있는 장소로 **특정 경찰서 유치장으로 기재되어 있었는데**, 청구인에 대하여 위 구속영장에 의하여 1995. 11. 30. 07:50경 위 경찰서 유치장에 구속이 집행되었다가 같은 날 08:00에 그 신병이 조사차 국가안전기획부 직원에게 인도된 후 위 경찰서 유치장에 인도된 바 없이 계속하여 **국가안전기획부 청사에 사실상 구금되어 있다면**, 청구인에 대한 이러한 사실상의 **구금장소의 임의적 변경은 청구인의 방어권이나 접견교통권의 행사에 중대한 장애를 초래하는 것이므로 위법하다**(대법원 1996. 5. 15. 자 95모94, 결정).

▶정답 ②

13. 다음 각 ( )에 들어갈 숫자의 합은?

㉠ 체포영장의 청구서에 ( )일을 넘는 유효기간을 필요로 하는 때에는 그 취지 및 사유를 기재하여야 한다.
㉡ 지방검찰청 검사장 또는 지청장은 불법체포·구속의 유무를 조사하기 위하여 검사로 하여금 매월 ( )회 이상 관하수사관서의 피의자의 체포·구속 장소를 감찰하게 하여야 한다.
㉢ 사법경찰관이 피의자를 구속한 때에는 ( )일 이내에 피의자를 검사에게 인치하지 아니하면 석방하여야 한다.
㉣ 체포된 피의자를 구속하고자 할 때에는 체포한 때부터 ( )시간 이내에 「형사소송법」제201조의 규정에 의하여 구속영장을 청구하여야 하고, 그 기간 내에 구속영장을 청구하지 아니하는 때에는 피의자를 즉시 석방하여야 한다.

① 62
② 65
③ 66
④ 68

▶해 설

③ 7+1+10+48 = 66 이다.

㉠ (7) 체포영장의 청구서에 (7)일을 넘는 유효기간을 필요로 하는 때에는 그 취지 및 사유를 기재하여야 한다(규칙 95조 제4호).
㉡ (1) 지방검찰청 검사장 또는 지청장은 불법체포·구속의 유무를 조사하기 위하여 검사로 하여금 **매월 (1)회 이상** 관하수사관서의 피의자의 체포·구속장소를 감찰하게 하여야 한다. 감찰하는 검사는 체포 또는 구속된 자를 심문하고 관련서류를 조사하여야 한다(제198조의2 제1항).
㉢ (10) 사법경찰관이 피의자를 구속한 때에는 **(10)일 이내에** 피의자를 검사에게 인치하지 아니하면 석방하여야 한다(제262조 제4항).

㉣ (48) 체포한 피의자를 구속하고자 할 때에는 체포한 때부터 (48)시간 이내에 제201조의 규정에 의하여 구속영장을 청구하여야 하고, 그 기간내에 구속영장을 청구하지 아니하는 때에는 피의자를 즉시 석방하여야 한다(제200조의2 제5항).

▼정답 ③

제04절 접견교통권

1. 접견교통권에 관한 설명으로 가장 적절하지 <u>않은</u> 것은?(다툼이 있는 경우 판례에 의함)

(2024. 경찰승진)

① 미결수용자가 가지는 변호인과의 접견교통권은 그와 표리관계인 변호인의 접견교통권과 함께 헌법상 기본권으로 보장되고 있다.
② 미결수용자의 변호인이 교도관에게 변호인 접견을 신청하는 경우 미결수용자의 형사사건에 관하여 변호인이 실제 변호를 할 의사가 있는지 여부는 교도관의 심사대상이 된다.
③ 임의동행의 형식으로 수사기관에 연행된 피의자에게도 변호인 또는 변호인이 되려는 자와의 접견교통권은 당연히 인정되고, 이는 임의동행의 형식으로 연행된 피혐의자의 경우에도 마찬가지이다.
④ 변호인의 접견교통권이 제한된 위법한 상태에서 얻어진 피의자의 자백은 그 증거능력을 부인하여 유죄의 증거에서 배제하여야 하며, 이러한 위법증거의 배제는 실질적이고 완전하게 증거에서 제외함을 뜻하는 것이다.

▼해 설

② (×) [1] 변호인 또는 변호인이 되려는 자의 접견교통권은 신체구속제도 본래의 목적을 침해하지 아니하는 범위 내에서 행사되어야 하므로, 변호인 또는 변호인이 되려는 자가 구체적인 시간적·장소적 상황에 비추어 현실적으로 보장할 수 있는 한계를 벗어나 피고인 또는 피의자를 접견하려고 하는 것은 정당한 접견교통권의 행사에 해당하지 아니하여 허용될 수 없다. 다만 접견교통권이 그와 같은 한계를 일탈한 것이어서 허용될 수 없다고 판단할 때에는 신체구속을 당한 사람의 헌법상 기본적 권리인 변호인의 조력을 받을 권리의 본질적인 내용이 침해되는 일이 없도록 신중을 기하여야 한다.
[2] 한편 피고인의 변호인 접견교통권 행사가 한계를 일탈한 규율위반행위에 해당하더라도 그 행위가 위계공무집행방해죄의 '위계'에 해당하려면 행위자가 상대방에게 오인, 착각, 부지를 일으키게 하여 그 오인, 착각, 부지를 이용함으로써 상대방이 이에 따라 그릇된 행위나 처분을 하여야만 한다. 만약 그러한 행위가 구체적인 직무집행을 저지하거나 현실적으로 곤란하게 하는 데까지는 이르지 않은 경우에는 위계에 의한 공무집행방해죄로 처벌할 수 없다.
[3] **미결수용자의 변호인이 교도관에게 변호인 접견을 신청**하는 경우 **미결수용자의 형사사건에 관하여** 변호인이 구체적으로 어떠한 변호 활동을 하는지, **실제 변호를 할 의사가 있는지 여부 등은 교도관의 심사대상이 되지 않는다.** 이 사건 접견변호사들이 미결수용자의 개인적인 업무나 심부름을 위해 접견신청행위를 하였다는 이유만으로 교도관들에 대한 위계에 해당한다거나 그로 인해 교도관의 직무집행이 구체적이고 현실적으로 방해되었다고 볼 수 없다(대법원2022. 6. 30.선고2021도244판결).
① (○) **미결수용자가 가지는 변호인과의 접견교통권**은 **그와 표리 관계인 변호인**(변호인이 되려고 하는 사람을 포함한다. 이하 같다.)**의 접견교통권과 함께 헌법상 기본권으로 보장되고 있다**(대법원2022. 6. 30.선고2021도244판결).

③ (○) [1] 변호인의 조력을 받을 권리를 실질적으로 보장하기 위하여는 변호인과의 접견교통권의 인정이 당연한 전제가 되므로, **임의동행의 형식으로 수사기관에 연행된 피의자에게도** **변호인 또는 변호인이 되려는 자와의 접견교통권은 당연히 인정된다**고 보아야 하고, **임의동행의 형식으로 연행된 피내사자의 경우에도** 이는 마찬가지이다.

[2] **형사소송법 제34조**는 변호인 또는 변호인이 되려는 자에게 구속을 당한 피고인 또는 피의자에 대하여까지 접견교통권을 보장하는 취지의 규정이므로 위 접견교통권을 위와 달리 해석할 법령상의 근거가 될 수 없다. 이와 같은 **접견교통권(변호인의 접견교통권)**은 피고인 또는 피의자나 피내사자의 인권보장과 방어준비를 위하여 필수불가결한 권리이므로 **법령에 의한 제한이 없는 한 수사기관의 처분은 물론 법원의 결정으로도 이를 제한할 수 없다**(대법원1996. 6. 3.자96모18결정).

④ (○) 헌법 제12조 제4항은 신체자유에 관한 기본권의 하나로 누구든지 체포 또는 구속을 당한 때에는 **변호인의 조력을 받을 권리가 있음을 명시하고 있고**, 이에 따라 형사소송법 제30조 및 제34조는 피고인 또는 피의자는 변호인을 선임할 수 있는 권리와 신체구속을 당한 경우에 변호인 또는 변호인이 되려는 자와 접견교통할 수 있는 권리가 있음을 규정하고 있다. 이와 같은 **변호인과의 접견교통권은 헌법상 보장된 변호인의 조력을 받을 권리의 중핵을 이루는 것으로서 변호인과의 접견교통이 위법하게 제한된 상태에서는** 실질적인 변호인의 조력을 기대할 수 없으므로 위와 같은 변호인의 접견교통권 제한은 **헌법이 보장한 기본권을 침해하는 것**으로서 그러한 위법한 상태에서 얻어진 피의자의 자백은 그 증거능력을 부인하여 유죄의 증거에서 배제하여야 하며, 이러한 위법증거의 배제는 실질적이고 완전하게 증거에서 제외함을 뜻하는 것이다(대법원2007. 12. 13. 선고2007도7257판결). 결국, 검사 작성의 피고인들에 대한 피의자신문조서의 증거능력은 부정된다.

▼정답 ②

2. 접견교통권에 관한 설명 중 가장 적절하지 않은 것은? (다툼이 있는 경우 판례에 의함)

(2023. 1차 경찰채용)

① 변호인 접견교통의 상대방인 신체구속을 당한 사람이 그 변호인을 자신의 범죄행위에 공범으로 가담시키려고 하였다는 등의 사정만으로 그 변호인의 신체구속을 당한 사람과의 접견교통을 금지하는 것이 정당화될 수는 없다.

② 형사소송법 제34조에 따르면 변호인 또는 변호인이 되려는 자는 신체구속을 당한 피고인 또는 피의자와 접견하고 서류 또는 물건을 수수할 수 있으며 의사로 하여금 진료하게 할 수 있으므로 변호인이 되려는 의사를 표시한 자가 객관적으로 변호인이 될 가능성이 있다고 인정된다면, 신체구속을 당한 피고인 또는 피의자와 접견하지 못하도록 제한해서는 안된다.

③ 변호인의 구속된 피고인 또는 피의자와의 접견교통권은 피고인 또는 피의자 자신이 가지는 변호인과의 접견교통권과는 성질을 달리하는 것으로서 헌법상 보장된 권리라고 할 수 없으므로, 수사기관의 처분 등에 의하여 이를 제한할 수 있으며 반드시 법령에 의하여서만 제한 가능한 것은 아니다.

④ 변호인의 조력을 받을 권리를 보장하는 목적은 피의자 또는 피고인의 방어권 행사를 보장하기 위한 것이므로, 변호인의 조력을 받을 기회가 충분히 보장되었다고 인정될 수 있는 경우에는 미결수용자 또는 변호인이 원하는 특정한 시점에 접견이 이루어지지 못하였다 하더라도 그것만으로 곧바로 변호인의 조력을 받을 권리가 침해되었다고 단정할 수는 없다.

▼해 설

③ (×) **변호인의 구속된 피고인 또는 피의자와의 접견교통권은** 피고인 또는 피의자 자신이 가지는 변호인과의 접견교통권과는 성질을 달리하는 것으로서 헌법상 보장된 권리라고는 할 수 없고, 형사소송법 제34조에 의하여 비로소 보장되는 권리이지만, 신체구속을 당한 피고인 또는 피의자의 인권보장과 방어준비를 위하여 필수

불가결한 권리이므로, **수사기관의 처분 등에 의하여 이를 제한할 수 없고**, 다만 **법령에 의하여서만 제한이 가능하다**(대법원 2002. 5. 6.자 2000모112 결정).

① (O) 신체구속을 당한 피의자 또는 피고인이 범한 것으로 의심받고 있는 범죄행위에 해당 변호인이 관련되어 있다는 등의 사유에 기하여 그 변호인의 변호활동을 광범위하게 규제하는 변호인의 제척과 같은 제도를 두고 있지 아니한 우리 법제 아래에서는, **변호인의 접견교통의 상대방인 신체구속을 당한 사람이 그 변호인을 자신의 범죄행위에 공범으로 가담시키려고 하였다는 등의 사정만으로 그 변호인의 신체구속을 당한 사람과의 접견교통을 금지하는 것이 정당화될 수는 없다**(대법원 2007. 1. 31.자 2006모657 결정).

② (O) 형사소송법 제34조는 "변호인 또는 변호인이 되려는 자는 신체구속을 당한 피고인 또는 피의자와 접견하고 서류 또는 물건을 수수할 수 있으며 의사로 하여금 진료하게 할 수 있다."라고 규정하고 있으므로, **변호인이 되려는 의사를 표시한 자가 객관적으로 변호인이 될 가능성이 있다고 인정되는데도**, 형사소송법 제34조에서 정한 '변호인 또는 변호인이 되려는 자'가 아니라고 보아 **신체구속을 당한 피고인 또는 피의자와 접견하지 못하도록 제한하여서는 아니 된다**(대법원 2017. 3. 9. 선고 2013도16162 판결).

④ (O) [1] 헌법재판소가 91헌마111결정에서 **미결수용자와 변호인과의 접견에 대해 어떠한 명분으로도 제한할 수 없다고 한 것은** 구속된 자와 변호인 간의 접견이 실제로 이루어지는 경우에 있어서의 '**자유로운 접견**', 즉 '대화내용에 대하여 비밀이 완전히 보장되고 어떠한 제한, 영향, 압력 또는 부당한 간섭 없이 자유롭게 대화할 수 있는 접견'을 제한할 수 없다는 것이지, 변호인과의 접견 자체에 대해 아무런 제한도 가할 수 없다는 것을 의미하는 것이 아니므로 **미결수용자의 변호인 접견권 역시 국가안전보장·질서유지 또는 공공복리를 위해 필요한 경우에는 법률로써 제한될 수 있음은 당연하다.**
[2] 수용자처우법 제84조 제2항에도 불구하고 같은 법 제41조 제4항의 위임에 따라 **수용자의 접견이 이루어지는 일반적인 시간대를 대통령령으로 규정하는 것은 가능하다.**
[3] 변호인의 조력을 받을 권리를 보장하는 목적은 피의자 또는 피고인의 방어권 행사를 보장하기 위한 것이므로, **미결수용자 또는 변호인이 원하는 특정한 시점에 접견이 이루어지지 못하였다 하더라도** 그것만으로 곧바로 변호인의 조력을 받을 권리가 침해되었다고 단정할 수는 없는 것이고, 변호인의 조력을 받을 권리가 침해되었다고 하기 위해서는 접견이 불허된 특정한 시점을 전후한 수사 또는 재판의 진행 경과에 비추어 보아, 그 시점에 접견이 불허됨으로써 피의자 또는 피고인의 방어권 행사에 어느 정도는 불이익이 초래되었다고 인정할 수 있어야만 한다. 따라서 **비록 미결수용자 또는 그 상대방인 변호인이 원하는 특정 시점에는 접견이 이루어지지 못하였다** 하더라도 **변호인의 조력을 받을 권리가 침해되었다고 할 수 없다**(헌재 2011. 5. 26. 2009헌마341).

▼정답 ③

3. 접견교통권에 대한 설명으로 가장 적절하지 않은 것은?(다툼이 있는 경우 판례에 의함)

(2023. 경찰승진)

① 변호인의 접견교통 상대방인 신체구속을 당한 사람이 그 변호인을 자신의 범죄행위에 공범으로 가담시키려고 하였다는 등의 사정만으로 그 변호인의 신체구속을 당한 사람과의 접견교통을 금지하는 것이 정당화될 수는 없다.

② 변호인이 되려는 의사를 표시한 자가 객관적으로 변호인이 될 가능성이 있다고 인정되는데도, 형사소송법 제34조에서 정한 '변호인 또는 변호인이 되려는 자'가 아니라고 보아 신체 구속을 당한 피고인 또는 피의자와 접견하지 못하도록 제한하여서는 아니 된다.

③ 형사소송법 제34조가 규정한 변호인의 접견교통권은 법령에 의한 제한이 없더라도 수사기관의 처분은 물론 법원의 결정으로도 제한할 수 있다.

④ 피의자가 변호인의 참여를 원한다는 의사를 명백하게 표시하였음에도 수사기관이 정당한 사유 없이 변호인을 참여하게 하지아니한 채 피의자를 신문하여 작성한 피의자신문조서의 증거능력은 없다.

▼해 설

③ (×) **헌법 제12조 제4항 전문**은 "누구든지 체포 또는 구속을 당한 때에는 즉시 변호인의 조력을 받을 권리를 가진다"고 규정하고 있고, **형사소송법 제34조**는 이와 같은 변호인의 조력을 받을 권리를 실질적으로 보장하여 주기 위하여 변호인 또는 변호인이 되려는 자와 신체구속을 당한 피고인 또는 피의자와의 접견·교통권에 관하여 규정하고 있는바, 이와 같은 **변호인의 접견교통권**은 신체구속을 당한 피고인이나 피의자의 인권보장과 방어준비를 위하여 필수불가결한 권리이므로, **법령에 의한 제한이 없는** 한 수사기관의 처분은 물론 법원의 결정으로도 이를 제한할 수 없는 것이다(대법원1990. 2. 13.자89모37결정).

① (○) 신체구속을 당한 피의자 또는 피고인이 범한 것으로 의심받고 있는 범죄행위에 해당 변호인이 관련되어 있다는 등의 사유에 기하여 그 변호인의 변호활동을 광범위하게 규제하는 변호인의 제척과 같은 제도를 두고 있지 아니한 우리 법제 아래에서는, **변호인의 접견교통의 상대방인 신체구속을 당한 사람이 그 변호인을 자신의 범죄행위에 공범으로 가담시키려고 하였다는 등의 사정만으로** 그 변호인의 신체구속을 당한 사람과의 **접견교통을 금지하는 것이 정당화될 수는 없다**(대법원2007. 1. 31.자2006모657결정).

② (○) 형사소송법 제34조는 "변호인 또는 **변호인이 되려는자**는 신체구속을 당한 피고인 또는 피의자와 접견하고 서류 또는 물건을 수수할 수 있으며 의사로 하여금 진료하게 할 수 있다."라고 규정하고 있으므로, **변호인이 되려는 의사를 표시한 자가 객관적으로 변호인이 될 가능성이 있다고 인정되는데도**, 형사소송법 제34조에서 정한 '변호인 또는 **변호인이 되려는자**'가 아니라고 보아 신체구속을 당한 피고인 또는 피의자와 접견하지 못하도록 제한하여서는 아니 된다(대법원2017. 3. 9.선고2013도16162판결).

④ (○) **피의자가 변호인의 참여를 원한다는 의사를 명백하게 표시하였음에도 수사기관이 정당한 사유 없이 변호인을 참여하게 하지 아니한 채 피의자를 신문하여 작성한 피의자신문조서**는 형사소송법 제312조에 정한 '적법한 절차와 방식'에 위반된 증거일 뿐만 아니라, 형사소송법 제308조의2에서 정한 '적법한 절차에 따르지 아니하고 수집한 증거'에 해당하므로 **이를 증거로 할 수 없다**(대법원2013. 3. 28.선고2010도3359판결).

▼정답 ③

4. 피의자 또는 피고인의 접견교통권에 관한 다음 설명 중 가장 적절하지 <u>않은</u> 것은? (다툼이 있는 경우 판례에 의함)

① 검사에 의하여 피의자에 대한 변호인접견이 부당하게 제한되어 있는 동안에 작성된 피의자신문조서는 증거능력이 인정되지 않는다.
② 사법경찰관이 경찰서 유치장에 수용된 피의자에 대한 변호인의 수진권 행사에 의무관의 참여를 요구한 것은 변호인의 수진권을 침해하는 위법한 처분이라 할 수 없다.
③ 불구속 피의자가 피의자신문을 받을 때에도 변호인의 참여를 요구할 권리를 갖는다.
④ 임의동행의 형식으로 수사기관에 연행된 피의자에게도 변호인 또는 변호인이 되려는 자와의 접견교통권은 당연히 인정된다고 보아야 하나, 임의동행의 형식으로 연행된 피내사자의 경우는 이와 달리 변호인과 접견교통권이 인정될 수 없다.

▼해 설

④ (×) 변호인의 조력을 받을 권리를 실질적으로 보장하기 위하여는 변호인과의 접견교통권의 인정이 당연한 전제가 되므로, **임의동행의 형식으로 수사기관에 연행된 피의자에게도** 변호인 또는 변호인이 되려는 자와의 **접견교통권은 당연히 인정된다**고 보아야 하고, **임의동행의 형식으로 연행된 피내사자의 경우에도 이는 마찬가지이다**(대결96모18).

① (○) 검사작성의 피의자신문조서가 **검사에 의하여 피의자에 대한 변호인접견이 부당하게 제한되고 있는 동안에 작성된 경우**에는 위법한 절차에 의하여 수집된 증거이므로 **증거능력이 없다**(대판90도1280).

② (O) 경찰서 유치장은 미결수용실에 준하는 것이어서(행형법 제68조) 그 곳에 수용된 피의자에 대하여는 행형법 및 그 시행령이 적용되고, 행형법시행령 제176조는 '형사소송법 제34조, 제89조, 제209조의 규정에 의하여 피고인 또는 피의자가 의사의 진찰을 받는 경우에는 교도관 및 의무관이 참여하고 그 경과를 신분장부에 기재하여야 한다'고 규정하고 있는 바, **국가정보원 사법경찰관이** 경찰서 유치장에 구금되어 있던 **피의자에 대하여 의사의 진료를 받게 할 것을 신청한 변호인에게 국가정보원이 추천하는 의사의 참여를 요구한 것은** 행형법시행령 제176조의 규정에 근거한 것으로서 **적법하고**, 이를 가리켜 **변호인의 수진권을 침해하는 위법한 처분이라고 할 수는 없다**(2000모112).

③ (O) 검사 또는 사법경찰관은 **피의자** 또는 그 변호인·법정대리인·배우자·직계친족 또는 형제자매의 **신청**에 따라 **변호인을** 피의자와 접견하게 하거나 **정당한 사유가 없는 한** 피의자에 대한 **신문에 참여하게 하여야 한다**(제243조의2 제1항). 결국, **구금된 피의자든 불구속 피의자든** 형사소송법상 피의자신문을 받음에 있어 **변호인의 참여를 요구할 수 있다.**

▼정답 ④

5. 접견교통권에 관한 설명 중 옳지 않은 것은 모두 몇 개인가?(다툼이 있으면 판례에 의함)

㉠ 변호인의 구속 피의자에 대한 접견이 접견신청일이 경과하도록 이루어지지 아니한 것은 실질적으로 접견불허가 처분이 있는 것과 동일시된다.
㉡ 법원은 도망하거나 또는 죄증을 인멸할 염려가 있다고 인정할 만한 상당한 이유가 있는 때에는 직권 또는 검사의 청구에 의하여 결정으로 구속된 피고인과 비변호인과의 접견을 금하거나 의류, 양식, 의료품의 수수를 금지할 수 있다.
㉢ 변호인과의 자유로운 접견은 신체구속을 당한 사람에게 보장된 변호인의 조력을 받을 권리의 가장 중요한 내용이어서 국가안전보장·질서유지 또는 공공복리 등 어떠한 명분으로도 제한될 수 있는 성질의 것이 아니다.
㉣ 변호인의 조력을 받을 권리의 내용 중 하나인 미결수용자의 변호인 접견권 역시 다른 모든 헌법상 기본권과 마찬가지로 국가안전보장·질서유지 또는 공공복리를 위해 필요한 경우에는 법률로써 제한될 수 있음은 당연하다.
㉤ 수용자처우법 제84조 제2항에도 불구하고 같은 법 제41조 제4항의 위임에 따라 수용자의 접견이 이루어지는 일반적인 시간대를 대통령령으로 규정하는 것은 가능하다.

① 1개 ② 2개
③ 3개 ④ 4개

▼해 설

① ㉡(1개)은 틀린 지문이나, ㉠㉢㉣㉤(4개)은 맞는 지문이다.

㉠ (O) 변호인의 조력을 받을 권리를 규정하고 있는 헌법 제12조 제4항전문, 절차상 또는 시기상의 아무런 제약없이 변호인의 피고인 또는 피의자와의 접견교통권을 보장하고 있는 형사소송법 제34조, 구속 피고인 또는 피의자에 대한 변호인의 접견교통권을 규정한 같은 법 제89조, 제90조, 제91조등의 규정에 의하면 **변호인의 접견교통권**은 신체구속을 당한 피고인이나 피의자의 인권보장과 방어준비를 위하여 필수불가결한 권리로서 **법령에 의한 제한이 없는 한** 수사기관의 처분은 물론 법원의 결정으로도 이를 **제한할 수 없다** 할 것인바, 위 관계법령의 규정취지에 비추어 볼 때 **접견신청일이 경과하도록 접견이 이루어지지 아니한 것은 실질적으로 접견불허가처분이 있는 것과 동일시 된다**고 할 것이다(대법원1991. 3. 28.자91모24결정).

ⓛ (×) 법원은 도망하거나 또는 죄증을 인멸할 염려가 있다고 인정할 만한 상당한 이유가 있는 때에는 직권 또는 검사의 청구에 의하여 결정으로 구속된 피고인과 제34조에 규정한 외의 타인과의 접견을 금하거나 수수할 서류 기타 물건의 검열, 수수의 금지 또는 압수를 할 수 있다. **단, 의류, 양식, 의료품의 수수를 금지 또는 압수할 수 없다**(제91조). 제91조의 규정은 검사 또는 사법경찰관의 피의자 구속에 관하여 준용한다(제209조).

ⓒⓔ (○) [1] "**변호인과의 자유로운 접견은** 신체구속을 당한 사람에게 보장된 변호인의 조력을 받을 권리의 가장 중요한 내용이어서 국가안전보장·질서유지 또는 공공복리 등 **어떠한 명분으로도 제한될 수 있는 성질의 것이 아니다**."(헌재 1992. 1. 28. 91헌마111).

[2] **그러나** 변호인의 조력을 받을 권리 역시 다른 모든 헌법상 기본권과 마찬가지로 국가안전보장·질서유지 또는 공공복리를 위하여 필요한 경우에는 법률로써 제한할 수 있는 것이다(헌법 제37조 제2항). 즉, **변호인의 조력을 받을 권리의 내용 중 하나인 미결수용자의 변호인 접견권 역시** 다른 모든 헌법상 기본권과 마찬가지로 **국가안전보장·질서유지 또는 공공복리를 위해 필요한 경우에는 법률로써 제한될 수 있음은 당연하다.** 따라서 미결수용자 또는 그 변호인이 원하는 **특정 시점에는 접견이 이루어지지 못하였다 하더라도 변호인의 조력을 받을 권리가 침해되었다고 할 수 없다**(헌재2011.5.26. 2009헌마341).

ⓜ (○) 수용자처우법 제84조 제2항에 의해 금지되는 접견시간 제한의 의미는 접견에 관한 일체의 시간적 제한이 금지된다는 것으로 볼 수는 없고, 그 접견이 미결수용자와 변호인의 접견인 때에는 미결수용자의 방어권 행사로서의 중요성을 감안하여 자유롭고 충분한 변호인의 조력을 보장하기 위해 접견 시간을 양적으로 제한하지 못한다는 의미로 이해하는 것이 타당하므로, 수용자처우법 제84조 제2항에도 불구하고 같은 법 제41조 제4항의 위임에 따라 **수용자의 접견이 이루어지는 일반적인 시간대를 대통령령으로 규정하는 것은 가능하다**(헌재2011.5.26. 2009헌마341).

(법조문 참고)
1. 형의 집행 및 수용자의 처우에 관한 **법률 제84조** (**변호인과의 접견** 및 서신수수)
① 미결수용자와 변호인과의 접견에는 교도관이 참여하지 못하며 그 내용을 청취 또는 녹취하지 못한다. 다만, 보이는 거리에서 미결수용자를 관찰할 수 있다.〈개정 2022. 12. 27.〉
② 미결수용자와 변호인 간의 접견은 시간과 횟수를 제한하지 아니한다.
2. 형의 집행 및 수용자의 처우에 관한 법률 시행령 **제58조** (접견)
① **수용자의 접견은** 매일(공휴일 및 법무부장관이 정한 날은 제외한다)「국가공무원 복무규정」제9조에 따른 **근무시간 내에서** 한다.

▼정답 ①

6. 접견교통권의 침해와 그 구제에 관한 다음 설명 중 가장 적절하지 <u>않은</u> 것은?(다툼이 있으면 판례에 의함)

① 접견교통권을 제한하는 수사기관의 처분에 대해서는 준항고를 할 수 있다.
② 검사 또는 사법경찰관의 구금에 관한 처분에 대하여 불복이 있는 경우 형사소송법 제417조에 따라 법원에 그 처분의 취소 또는 변경을 청구할 수 있다.
③ 헌법상 보장된 변호인과의 접견교통이 위법하게 제한된 상태에서 얻어진 피의자의 자백은 그 증거능력을 부인하는 유죄의 증거에서 실질적이고 완전하게 배제하여야 한다.
④ 국가안전기획부(현, 국가정보원)의 접견신청불허에 대하여 준항고를 제기하고 검찰로 송치되어 검사가 신문하여 피의자신문조서를 작성한 후 위 순항고 절차에서 접견불허처분의 취소로 접견이 허용된 경우, 그 피의자 신문조서는 증거능력이 인정된다.

▼해 설
④ (×) 피고인이 구속되어 국가안전기획부에서 조사를 받다가 **변호인의 접견신청이 불허되어** 이에 대한 준항고를 제기 중에 검찰로 송치되어 **검사가 피고인을 신문하여 제1회 피의자신문조서를 작성한 후** 준항고 절차에서

위 접견불허처분이 취소되어 접견이 허용된 경우에는 검사의 피고인에 대한 위 제1회 피의자신문은 변호인의 접견교통을 금지한 위법상태가 계속된 상황에서 시행된 것으로 보아야 할 것이므로 **그 피의자신문조서는 증거능력이 없다**(대판90도1586).

① (O) **수사기관**(검사 또는 사법경찰관)의 접견교통권의 제한은 **구금에 대한 처분**이므로, 준항고에 의하여 취소 또는 변경을 청구할 수 있다(제417조).

② (O) 검사 또는 사법경찰관의 구금에 관한 처분에 대하여 불복이 있는 경우 **형사소송법 제417조에 따라 법원에 그 처분의 취소 또는 변경을 청구하는 것**이다(대판90도646).

③ (O) 변호인과의 접견교통권은 헌법상 보장된 변호인의 조력을 받을 권리의 중핵을 이루는 것으로서 변호인과의 접견교통이 위법하게 제한된 상태에서는 실질적인 변호인의 조력을 기대할 수 없으므로 위와 같은 변호인의 접견교통권 제한은 헌법이 보장한 기본권을 침해하는 것으로서 그러한 **위법한 상태에서 얻어진 피의자의 자백은 그 증거능력을 부인하여 유죄의 증거에서 배제하여야 하며**, 이러한 위법증거의 배제는 실질적이고 완전하게 증거에서 제외함을 뜻하는 것이다. 결국, **이 사건 각 접견불허처분 이후 피고인들이 다른 변호인들과 접견교통을 하기 이전에 작성된** 피고인 2에 대한 제8회 검사작성의 피의자신문조서와 피고인 3에 대한 제10회 검사작성의 피의자신문조서, 피고인 5에 대한 제8회 **검사작성의 피의자신문조서는 변호인과의 접견교통이 위법하게 제한된 상태에서 피의자신문이 이루어졌다는 이유로 증거능력을 부인하고, 그 후 작성된 피의자신문조서는 다른 변호인들과의 접견교통을 실시함으로써 실질적인 변호인의 조력을 받았다고 봄이 상당하다는 이유로 그 증거능력을 부인할 수 없다**(대판2007도7257). 피고인들이 변호인과의 접견교통을 하기 이전에 작성된 검사작성의 피의자신문조서는 증거능력이 부정되나, 그 후에 다른 변호인과의 접견교통이 실시되어 변호인의 조력을 받은 상태에서 작성된 피의자신문조서는 그 증거능력을 부정할 수 없다.

▶정답 ④

제05절 체포 · 구속적부심사제도

1. 체포 · 구속적부심사에 관한 설명으로 가장 적절하지 않은 것은?(다툼이 있는 경우 판례에 의함)

(2024. 경찰승진)

① 체포되거나 구속된 피의자 또는 그 변호인, 법정대리인, 배우자, 직계친족, 형제자매나 가족, 동거인 또는 고용주는 관할법원에 체포 또는 구속의 적부심사를 청구할 수 있다.

② 법원은 청구권자 아닌 사람이 구속의 적부심사를 청구하는 경우에는 심문 없이 결정으로 청구를 기각할 수 있는데, 이와 같은 기각결정에 대해서는 항고할 수 없다.

③ 법원은 구속된 피의자에 대하여 피의자의 출석을 보증할 만한 보증금의 납입을 조건으로 하여 결정으로 석방을 명할 수 있는데, 석방된 피의자가 출석요구를 받고 정당한 이유없이 출석하지 아니하더라도 동일한 범죄사실로 재차 체포하거나 구속할 수 없다.

④ 기소 전 보증금 납입 조건부 석방결정에 대하여 피의자나 검사가 그 취소의 실익이 있는 한 「형사소송법」 제402조에 의하여 항고할 수 있다.

▼해 설

③ (×) **보증금납입조건부 피의자 석방결정에 따라 석방된 피의자가** 도망한 때, 도망하거나 범죄의 증거를 인멸할 염려가 있다고 믿을 만한 충분한 이유가 있는 때, **출석요구를 받고 정당한 이유없이 출석하지 아니한 때**, 주거의 제한이나 그 밖에 법원이 정한 조건을 위반한 때를 **제외하고는** 동일한 범죄사실로 **재차 체포하거나**

구속할 수 없다(제214조의3 제2항)(도·도·출·조). 결국, **석방된 피의자가 출석요구를 받고 정당한 이유없이 출석하지 아니한 때**에는 동일한 범죄사실로 **재차** 체포하거나 구속할 수 있다.

① (○) 체포되거나 구속된 피의자 또는 그 변호인, 법정대리인, 배우자, 직계친족, 형제자매나 가족, 동거인 또는 고용주는 관할법원에 체포 또는 구속의 적부심사(適否審査)를 청구할 수 있다(제214조의2 제8항). **청구권자는 아홉 사람**이다(피의·변/ 법·배·직·형/ 가족·동·고).

② (○) 법원은 체포·구속적부심사청구가 다음 각 호의 어느 하나에 해당하는 때에는 **심문 없이** 결정으로 청구를 기각할 수 있다(간이기각결정; 제214조의2 제3항). 그리고 이 결정에 대해서는 **항고할 수 없다**(제214조의2 제8항).

1. 청구권자 **아닌 자가** 청구하거나 동일한 체포영장 또는 구속영장의 발부에 대하여 **재청구**한 때
2. 공범 또는 공동피의자의 순차청구가 **수사방해의 목적임이 명백한 때**

④ (○) 체포 또는 구속적부심사절차에서의 법원의 결정에 대한 항고의 허용 여부에 관하여 **같은 법 제214조의2 제7항은 제2항과 제3항의 기각결정 및 석방결정에 대하여 항고하지 못하는 것으로 규정하고 있을 뿐**이고, **제4항에 의한 석방결정(보증금납입조건부 석방결정)에 대하여 항고하지 못한다는 규정은 없을 뿐만 아니라**, 같은 법 제214조의2 제3항의 석방결정은 체포 또는 구속이 불법이거나 이를 계속할 사유가 없는 등 부적법한 경우에 피의자의 석방을 명하는 것임에 비하여, 같은 법 제214조의2 제4항의 석방결정은 구속의 적법을 전제로 하면서 그 단서에서 정한 제한사유가 없는 경우에 한하여 출석을 담보할 만한 보증금의 납입을 조건으로 하여 피의자의 석방을 명하는 것이어서 같은 법 제214조의2 제3항의 석방결정과 제4항의 석방결정은 원래 그 실질적인 취지와 내용을 달리 하는 것이고, **또한 기소 후 보석결정에 대하여 항고가 인정되는 점에 비추어** 그 보석결정과 성질 및 내용이 유사한 **기소 전 보증금 납입 조건부 석방결정에 대하여도 항고할 수 있도록 하는 것이 균형에 맞는 측면도 있다 할 것이므로, 같은 법 제214조의2 제4항의 석방결정에 대하여는 피의자나 검사가** 그 취소의 실익이 있는 한 같은 법 제402조에 의하여 **항고할 수 있다**(대법원1997. 8. 27.자97모21결정). 결국, **보증금 납입을 조건으로 한 피의자 석방결정에 대하여 항고할 수 있다.**

▶정답 ③

2. 체포·구속적부심사제도에 관한 설명 중 옳지 <u>않은</u> 것은? (다툼이 있는 경우 판례에 의함)

(2021. 경찰간부)

① 공범 또는 공동피의자가 한 체포·구속적부심사의 순차청구가 수사방해의 목적임이 명백한 때에는 심문없이 결정으로 청구를 기각할 수 있다.
② 구속적부심사를 청구한 피의자에 대해 법원이 석방결정을 한 후, 그 결정서 등본이 검찰청에 송달되기 전에 검사가 공소를 제기(전격기소)할 경우 그 석방결정은 무효가 된다.
③ 구속적부심사절차와는 달리 체포적부심사절차에서는 보증금납입조건부 피의자 석방결정을 할 수 없다.
④ 체포·구속적부심문조서는 「형사소송법」 제315조 제3호의 당연히 증거능력있는 서류에 해당한다.

▶해설

② (×) 법원은 청구서기 접수된 때부터 48시간 이내에 체포 또는 구속된 피의자를 심문하고 수사관계서류와 증거물을 조사하여 그 청구가 이유없다고 인정한 때에는 결정으로 이를 기각하고, 이유있다고 인정한 때에는 결정으로 체포 또는 구속된 피의자의 석방을 명하여야 한다. **심사청구후 피의자에 대하여 공소제기가 있는 경우에도 또한 같다**(제214조의 2 제4항). 결국, **전격기소의 경우에도 석방결정에는 영향이 없다.**

① (○) 법원은 체포·구속적부심사청구가 다음 각 호의 어느 하나에 해당하는 때에는 **심문 없이** 결정으로 청구를 기각할 수 있다(제214조의2 제3항).

1. 청구권자 **아닌 자가** 청구하거나 동일한 체포영장 또는 구속영장의 발부에 대하여 **재청구**한 때
2. 공범 또는 공동피의자의 순차청구가 **수사방해**의 목적임이 명백한 때

③ (O) 형사소송법은 수사단계에서의 체포와 구속을 명백히 구별하고 있고 이에 따라 체포와 구속의 적부심사를 규정한 같은 법 제214조의2에서 **체포와 구속을 서로 구별되는 개념으로 사용하고 있는 바, 같은 조 제4항에 기소 전 보증금 납입을 조건으로 한 석방의 대상자가 '구속된 피의자'**라고 명시되어 있다. 따라서 같은 법 제214조의3 제2항의 취지를 체포된 피의자에 대하여도 보증금 납입을 조건으로 한 석방이 허용되어야 한다는 근거로 보기는 어렵다 할 것이어서 현행법상 **체포된 피의자에 대하여는 보증금 납입을 조건으로 한 석방이 허용되지 않는다**(97모21).

④ (O) 법원 또는 합의부원, 검사, 변호인, 청구인이 구속된 피의자를 심문하고 그에 대한 피의자의 진술 등을 기재한 **구속적부심문조서는 형사소송법 제311조가 규정한 문서에는 해당하지 않는다** 할 것이나, **특히 신용할 만한 정황에 의하여 작성된 문서라고 할 것이므로** 특별한 사정이 없는 한, 피고인이 증거로 함에 부동의하더라도 **형사소송법 제315조 제3호에 의하여 당연히 그 증거능력이 인정된다**(대판2004.1.16. 2003도5693).

▼정답 ②

3. 체포·구속적부심사에 대한 설명으로 가장 적절하지 **않은** 것은? (다툼이 있으면 판례에 의함)

① 긴급체포 등 체포영장에 의하지 아니하고 체포된 피의자의 경우에도 체포·구속적부심사를 청구할 권리를 가진다.
② 체포·구속적부심사결정에 의하여 석방된 피의자는 도망한 때, 죄증을 인멸할 염려가 있다고 믿을 만한 충분한 이유가 있을 때, 출석요구를 받고 정당한 이유 없이 출석하지 아니한 때, 주거의 제한 기타 법원이 정한 조건을 위반한 때를 제외하고는 동일한 범죄사실에 관하여 재차 체포 또는 구속하지 못한다.
③ 체포·구속적부심사청구에 대한 법원의 결정은 체포 또는 구속된 피의자에 대한 심문이 종료된 때로부터 24시간 이내에 하여야 한다.
④ 구속된 피의자로부터 구속적부심사의 청구를 받은 법원이 피의자의 출석을 보증할 만한 보증금의 납입을 조건으로 하여 석방결정을 하는 경우에 주거의 제한, 법원 또는 검사가 지정하는 일시·장소에 출석할 의무 기타 적당한 조건을 부가할 수 있다.

▼해 설

② (×) 체포 또는 구속적부심사결정에 의하여 석방된 피의자가 **도망하거나 죄증을 인멸하는 경우를** 제외하고는 동일한 범죄사실에 관하여 재차 체포 또는 구속하지 못한다(제214조의3 제1항).
① (O) **체포** 또는 구속된 **피의자** 또는 그 변호인, 법정대리인, 배우자, 직계친족, 형제자매나 가족, 동거인 또는 고용주는 관할법원에 **체포** 또는 구속의 **적부심사를 청구할 수 있다**(제214조의3 제1항). 결국, **체포된 피의자는** 체포영장에 의한 체포, 긴급체포, 현행범체포된 자는 **모두** 체포적부심사를 **청구할 수 있다**.
③ (O) 체포 또는 구속의 적부심사청구에 대한 **결정은** 체포 또는 구속된 피의자에 대한 심문이 종료된 때로부터 **24시간 이내에** 이를 하여야 한다(형사소송규칙 제106조).
④ (O) **법원은** 구속된 피의자(심사청구후 공소제기된 자를 포함한다)에 대하여 피의자의 출석을 보증할 만한 **보증금의 납입을 조건으로 하여 석방결정을 하는 경우에 주거의 제한, 법원 또는 검사가 지정하는 일시·장소에 출석할 의무 기타 적당한 조건을 부가할 수 있다**(제214조의2 제6항).

▼정답 ②

4. 체포・구속적부심사에 대한 설명으로 가장 적절하지 않은 것은?(다툼이 있으면 판례에 의함)

① 체포 또는 구속적부심사결정에 의하여 석방된 피의자가 도망하거나 죄증을 인멸하는 경우를 제외하고는 동일한 범죄사실에 관하여 재차 체포 또는 구속하지 못한다.

② 보증금납입조건부 피의자 석방결정에 따라 석방된 피의자에게 도망한 때, 도망하거나 범죄의 증거를 인멸할 염려가 있다고 믿을 만한 충분한 이유가 있는 때, 출석요구를 받고 정당한 이유없이 출석하지 아니한 때, 다른 중요한 증거를 발견한 경우를 제외하고는 동일한 범죄사실로 재차 체포하거나 구속할 수 없다.

③ 체포・구속적부심사청구에 대한 법원의 결정은 체포 또는 구속된 피의자에 대한 심문이 종료된 때로부터 24시간 이내에 하여야 한다.

④ 구속된 피의자로부터 구속적부심사의 청구를 받은 법원이 피의자의 출석을 보증할 만한 보증금의 납입을 조건으로 하여 석방결정을 하는 경우에 주거의 제한, 법원 또는 검사가 지정하는 일시・장소에 출석할 의무 기타 적당한 조건을 부가할 수 있다.

▼해 설

② (×) 보증금납입조건부 피의자 석방결정에 따라 석방된 피의자가 도망한 때, 도망하거나 범죄의 증거를 인멸할 염려가 있다고 믿을 만한 충분한 이유가 있는 때, 출석요구를 받고 정당한 이유없이 출석하지 아니한 때, **주거의 제한이나 그 밖에 법원이 정한 조건을 위반한 때**를 제외하고는 동일한 범죄사실로 재차 체포하거나 구속할 수 있다(제214조의3 제2항). **(도・도・출・조)**

① (○) 제214조의3 제1항

③ (○) 체포 또는 구속의 적부심사청구에 대한 **결정은** 체포 또는 구속된 피의자에 대한 심문이 종료된 때로부터 **24시간 이내에** 이를 하여야 한다(형사소송규칙 제106조).

④ (○) **법원은** 구속된 피의자(심사청구후 공소제기된 자를 포함한다)에 대하여 피의자의 출석을 보증할 만한 **보증금의 납입을 조건으로 하여 석방결정을 하는 경우에 주거의 제한, 법원 또는 검사가 지정하는 일시・장소에 출석할 의무 기타 적당한 조건을 부가할 수 있다**(제214조의2 제6항).

▼정답 ②

5. 체포・구속적부심사제도에 관한 설명 중 옳지 않은 것은? (다툼이 있는 경우 판례에 의함)

① 법원이 수사 관계 서류와 증거물을 접수한 때부터 결정 후 검찰청에 반환된 때까지의 기간은 형사소송법 제202조・제203조 및 제205조의 적용에 있어서는 그 구속기간에 산입하지 아니한다.

② 구속적부심사를 청구한 피의자에 대해 법원이 석방결정을 한 후, 그 결정서 등본이 검찰청에 송달되기 전에 검사가 공소를 제기(전격기소)할 경우 그 석방결정은 무효가 된다.

③ 구속적부심사절차와는 달리 체포적부심사절차에서는 보증금납입조건부 피의자 석방결정을 할 수 없다.

④ 기소 후 보석결정에 대하여 항고가 인정되는 점에 비추어 그 보석결정과 성질 및 내용이 유사한 법원의 보증금납입조건부 석방결정에 대하여도 항고할 수 있다.

▼해 설

② (×) 법원은 청구서가 접수된 때부터 48시간 이내에 체포 또는 구속된 피의자를 심문하고 수사관계서류와 증거물을 조사하여 그 청구가 이유없다고 인정한 때에는 결정으로 이를 기각하고, 이유있다고 인정한 때에는 결정으로 체포 또는 구속된 피의자의 석방을 명하여야 한다. **심사청구후 피의자에 대하여 공소제기가 있는 경우에도 또한 같다**(제214조의 2 제4항). 결국, **전격기소의 경우에도 석방결정에는 영향이 없다.**

① (○) 제214조의2 제13항
③ (○) 형사소송법은 수사단계에서의 체포와 구속을 명백히 구별하고 있고 이에 따라 체포와 구속의 적부심사를 규정한 같은 법 제214조의2에서 **체포와 구속을 서로 구별되는 개념**으로 사용하고 있는 바, **같은 조 제4항에 기소 전 보증금 납입을 조건으로 한 석방의 대상자가 '구속된 피의자'**라고 명시되어 있다. 따라서 같은 법 제214조의3 제2항의 취지를 체포된 피의자에 대하여도 보증금 납입을 조건으로 한 석방이 허용되어야 한다는 근거로 보기는 어렵다 할 것이어서 현행법상 **체포된 피의자에 대하여는 보증금 납입을 조건으로 한 석방이 허용되지 않는다**(대법원1997. 8. 27.자97모21결정).
④ (○) 체포 또는 구속적부심사절차에서의 법원의 결정에 대한 항고의 허용 여부에 관하여 **같은 법 제214조의2 제7항은 제2항과 제3항의 기각결정 및 석방결정에 대하여 항고하지 못하는 것으로 규정**하고 있을 뿐이고, **제4항에 의한 석방결정(보증금납입조건부 석방결정)에 대하여 항고하지 못한다는 규정은 없을 뿐만 아니라**, 같은 법 제214조의2 제3항의 석방결정은 체포 또는 구속이 불법이거나 이를 계속할 사유가 없는 등 부적법한 경우에 피의자의 석방을 명하는 것임에 비하여, 같은 법 제214조의2 제4항의 석방결정은 구속의 적법을 전제로 하면서 그 단서에서 정한 제한사유가 없는 경우에 한하여 출석을 담보할 만한 보증금의 납입을 조건으로 하여 피의자의 석방을 명하는 것이어서 같은 법 제214조의2 제3항의 석방결정과 제4항의 석방결정은 원래 그 실질적인 취지와 내용을 달리 하는 것이고, **또한 기소 후 보석결정에 대하여 항고가 인정되는 점에 비추어** 그 보석결정과 성질 및 내용이 유사한 **기소 전 보증금 납입 조건부 석방결정에 대하여도 항고할 수 있도록 하는 것이 균형에 맞는 측면도 있다 할 것이므로**, 같은 법 제214조의2 제4항의 석방결정에 대하여는 피의자나 검사가 그 취소의 실익이 있는 한 같은 법 제402조에 의하여 **항고할 수 있다**(대법원1997. 8. 27.자97모21결정). 결국, **보증금 납입을 조건으로 한 석방결정에 대해서는 불복할 수 있다(항고할 수 있다)**.

▶정답 ②

6. 재체포, 재구속의 제한에 관한 내용으로 가장 적절하지 않은 것은?

① 사법경찰관에 의해 구속되었다가 석방된 피의자는 다른 중요한 증거를 발견한 경우를 제외하고는 동일한 범죄사실에 관해 재차 구속하지 못한다.
② 체포・구속적부심을 통해 석방된 자는 도망하거나 증거를 인멸할 염려가 있다고 믿을 만한 충분한 이유가 있을 때를 제외하고 재체포 또는 재구속하지 못한다.
③ 보증금납입조건으로 석방된 피의자는 주거의 제한 기타 법원이 정한 조건을 위반한 때 재구속할 수 있다.
④ 긴급체포되었다가 영장기각으로 석방된 피의자는 영장없이는 동일한 범죄사실에 관하여 체포하지 못한다.

▶해 설

② (×) 체포・구속적부심을 통해 석방된 자는 도망하거나 **증거를 인멸한 경우**를 제외하고는 동일한 범죄사실에 대하여 재차 체포 또는 구속하지 못한다(제214조의3 제1항).
① (○) **검사 또는 사법경찰관에 의하여 구속되었다가 석방된 자는** 다른 중요한 증거를 발견한 경우를 제외하고는 동일한 범죄사실에 관하여 **재차 구속하지 못한다**(제208조 제1항).
③ (○) **보증금납입조건부 피의자 석방결정으로 석방된 피의자**에 대하여는 i) 도망한 때 ii) 도망하거나 죄증을 인멸할 염려가 있다고 믿을만한 충분한 이유가 있는 때 iii) 출석요구를 받고 정당한 이유없이 **출석하지 아니한 때** iv) 주거의 제한 기타 법원이 정한 **조건을 위반한 때**를 제외하고는 동일한 범죄사실에 관하여 재차 체포 또는 구속하지 못한다(제214조의 3 제2항).
④ (○) 긴급체포되었다가 구속영장을 청구하지 아니하거나 발부받지 못하여 피의자를 석방하는 경우 **영장없이는 동일한 범죄사실에 관하여 체포하지 못한다**(제200조의4 제3항).

▶정답 ②

제06절 압수·수색·검증

1. 압수·수색에 대한 설명으로 옳은 것은? (다툼이 있는 경우 판례에 의함) (2024. 경찰대 편입)

① 압수·수색영장은 처분을 받는 자에게 반드시 제시하여야 하고, 처분을 받는 자가 피고인인 경우에는 영장을 제시할 뿐아니라 그 사본을 교부하여야 하며, 이는 처분을 받는 피고인이 영장의 제시나 사본의 교부를 거부한 때에도 예외가 아니다.

② 압수·수색영장의 범죄 혐의사실과 관계있는 범죄라는 것은 압수 수색영장에 기재한 혐의사실과 객관적 관련성이 있고 압수·수색영장 대상자와 피의자 사이에 인적 관련성이 있는 범죄를 의미하는바, 여기에서의 객관적 관련성은 혐의사실과 단순히 동종 또는 유사 범행이라는 사유만으로도 인정된다.

③ 범인으로부터 압수한 물품에 대하여 몰수의 선고가 없어 그 압수가 해제된 것으로 간주되면, 공범자에 대한 범죄수사를 위하여 여전히 그 물품의 압수가 필요하다거나 공범자에 대한 재판에서 그 물품이 몰수될 가능성이 있는 경우라도 검사는 그 물품을 다시 압수할 수는 없다.

④ 압수·수색영장에 야간집행을 할 수 있다는 기재가 없다면, 수사기관은 도박에 상용된다고 인정되는 장소라도 일몰 후에 그 영장을 집행하기 위하여 들어갈 수 없다.

⑤ 압수·수색의 방법으로 소변을 채취하는 경우, 피의자가 압수대상물인 소변을 확보하기 위한 수사기관의 장시간의 설득에도 이를 임의제출하지 않고, 소변 채취에 적합한 인근 병원으로 이동하는 것에 저항하는 등 임의동행을 기대할 수 없는 사정이 있다면, 수사기관이 소변 채취에 적합한 장소로 피의자를 데려가기 위하여 필요최소한의 유형력을 행사하는 것이 허용된다.

해설

⑤ (○) 피고인이 메트암페타민(일명 '필로폰')을 투약하였다는 마약류 관리에 관한 법률 위반(향정) 혐의에 관하여, 피고인의 소변(30cc), 모발(약 80수), 마약류 불법사용 도구 등에 대한 압수·수색·검증영장을 발부받은 다음 경찰관이 피고인의 주거지를 수색하여 사용 흔적이 있는 주사기 4개를 압수하고, 위 영장에 따라 3시간가량 소변과 모발을 제출하도록 설득하였음에도 피고인이 계속 거부하면서 자해를 하자 이를 제압하고 수갑과 포승을 채운 뒤 강제로 병원 응급실로 데리고 가 응급구조사로 하여금 피고인의 신체에서 소변(30cc)을 채취하도록 하여 이를 압수한 사안에서, 피고인에 대한 피의사실이 중대하고 객관적 사실에 근거한 명백한 범죄 혐의가 있었다고 보이고, **경찰관의 장시간에 걸친 설득에도 피고인이 소변의 임의 제출을 거부하면서 판사가 적법하게 발부한 압수영장의 집행에 저항하자 경찰관이 다른 방법으로 수사 목적을 달성하기 곤란하다고 판단하여 강제로 피고인을 소변 채취에 적합한 장소인 인근 병원 응급실로 데리고 가** 의사의 지시를 받은 응급구조사로 하여금 피고인의 신체에서 소변을 채취하도록 하였으며, **그 과정에서 피고인에 대한 강제력의 행사가 필요 최소한도를 벗어나지 않았으므로, 경찰관의 조치는** 형사소송법 제219조, 제120조 제1항에서 정한 '**압수영장의 집행에 필요한 처분**'으로서 허용되고, 한편 경찰관이 압수영장을 집행하기 위하여 피고인을 병원 응급실로 데리고 가는 과정에서 공무집행에 항거하는 피고인을 제지하고 자해 위험을 방지하기 위해 **수갑과 포승을 사용한 것은 경찰관 직무집행법에 따라 허용되는 경찰장구의 사용으로서 적법하므로**, 같은 취지에서 **피고인의 소변에 대한 압수영장 집행이 적법하다**(대판2018.7.12. 2018도6219).

① (×) **압수·수색영장은 처분을 받는 자에게 반드시 제시하여야** 하고, 처분을 받는 자가 **피고인(또는 피의자)인 경우에는 그 사본을 교부하여야** 한다. 다만, 처분을 받는 자가 현장에 없는 등 **영장의 제시나 그 사본의 교부가 현실적으로 불가능한 경우** 또는 처분을 받는 자가 영장의 제시나 사본의 교부를 **거부한 때에는 예외로 한다**(제118조, 제129조). 결국, 제시나 사본교부가 **현실적으로 불가능하거나 거부한 때에는 제시나 사본의 교부를 할 필요가 없다.**

② (×) 영장 발부의 사유로 된 **범죄혐의 사실과 무관한 별개의 증거를 압수하였을 경우** 이는 **원칙적으로 유죄 인정의 증거로 사용할 수 없다.** 그러나 압수·수색의 **목적이 된 범죄나 이와 관련된 범죄의 경우**에는 그 **압수·수색의 결과를 유죄의 증거로 사용할 수 있다.** 압수·수색영장의 **범죄혐의 사실과 관계있는 범죄라는 것**은 압수·수색영장에 기재된 **혐의사실과 객관적 관련성이 있고** 압수·수색영장 대상자와 **피의자 사이에 인적 관련성이 있는 범죄를 의미한다.** 그중 혐의사실과의 객관적 관련성은 압수·수색영장에 기재된 혐의사실 자체 또는 그와 기본적 사실관계가 동일한 범행과 직접 관련되어 있는 경우는 물론 범행 동기와 경위, 범행 수단과 방법, 범행 시간과 장소 등을 증명하기 위한 간접증거나 정황증거 등으로 사용될 수 있는 경우에도 인정될 수 있다. 이러한 **객관적 관련성**은 압수·수색영장에 기재된 혐의사실의 내용과 수사의 대상, 수사 경위 등을 종합하여 **구체적·개별적 연관관계가 있는 경우에만 인정된다**고 보아야 하고, **혐의사실과 단순히 동종 또는 유사 범행이라는 사유만으로 객관적 관련성이 있다고 할 것은 아니다**(대법원2020. 2. 13. 선고2019도14341, 2019전도130판결).

③ (×) [1] 검사는 범죄수사에 필요한 때에는 증거물 또는 몰수할 것으로 사료하는 물건을 법원으로부터 영장을 발부받아서 압수할 수 있는 것이고, **합리적인 의심의 여지가 없을 정도로 범죄사실이 인정되는 경우에만 압수할 수 있는 것은 아니라 할 것이다.**
[2] 한편 **범인으로부터 압수한 물품**에 대하여 **몰수의 선고가 없어 그 압수가 해제된 것으로 간주**된다고 하더라도 **공범자에 대한 범죄수사**를 위하여 여전히 그 물품의 압수가 필요하다거나 공범자에 대한재판에서 그 물품이 몰수될 가능성이 있다면 **검사는 그 압수해제된 물품을 다시 압수할 수도 있다**(대법원1997. 1. 9.자96모34결정).

④ (×) **도박 기타 풍속을 해하는 행위에 상용된다고 인정하는 장소**(언제나 허용)와 **여관, 음식점 기타 야간에 공중이 출입할 수 있는 장소**(공개한 시간 내에 한한다.)는 압수·수색영장에 야간집행을 할 수 있는 기재가 없더라도 이미 발부받은 **압수·수색영장으로 야간**(일출 전, 일몰 후)**에도 집행할 수 있다**(제125조, 제219조).

▶정답 ⑤

2. 압수·수색에 관한 설명으로 옳은 것은 모두 몇 개인가?(다툼이 있는 경우 판례에 의함)

(2024. 경찰간부)

> ㉠ 압수·수색영장의 집행 과정에서 피압수자의 지위가 참고인에서 피의자로 전환될 수 있는 증거가 발견되었더라도 그 증거가 압수·수색영장에 기재된 범죄사실과 객관적으로 관련되어 있다면 이는 압수·수색영장의 집행 범위 내에 있으므로 다시 피압수자에 대하여 영장을 발부받을 필요는 없다.
> ㉡ 수사기관이 압수·수색에 착수하면서 그 장소의 관리책임자에게 압수·수색영장을 제시하였더라도, 물건을 소지하고 있는 다른 사람으로부터 이를 압수하고자 하는 때에는 그 소지자에게 따로 영장을 제시하여야 한다.
> ㉢ 수사기관이 휴대전화 등을 압수할 당시 압수당한 피의자가 수사기관에게 압수·수색영장의 구체적인 확인을 요구하였으나 수사기관이 영장의 범죄사실 기재 부분을 보여주지 않고 겉표지만 보여 주었다 하더라도, 그 후 변호인이 피의자조사에 참여하면서 영장을 확인하였다면 위 압수처분의 위법성은 치유된다.
> ㉣ 수사기관이 압수·수색영장을 제시하고 집행에 착수하여 압수·수색을 실시하고 그 집행을 종료하였으나 동일한 장소 또는 목적물에 대하여 다시 압수·수색할 필요가 있는 경우, 앞서 발부받은 압수·수색영장의 유효기간이 남아있다면 그 영장을 제시하고 다시 압수·수색을 할 수 있다.

① 1개 ② 2개
③ 3개 ④ 4개

▶ 해 설

② ㉠㉡(2개)은 옳은 지문이나, ㉢㉣(2개)은 틀린 지문이다.

㉠ (○) 압수·수색영장의 집행 과정에서 피압수자의 지위가 참고인에서 피의자로 전환될 수 있는 증거가 발견되었더라도 그 증거가 압수·수색영장에 기재된 범죄사실과 객관적으로 관련되어 있다면 이는 압수·수색영장의 집행 범위 내에 있다. 따라서 다시 피압수자에 대하여 영장을 발부받고 헌법상 변호인의 조력을 받을 권리를 고지하거나 압수·수색과정에 참여할 의사를 확인해야 한다고 **보기 어렵다**(대법원2017. 12. 5. 선고2017도13458판결).

㉡ (○) 압수·수색영장은 처분을 받는 자에게 반드시 제시하여야 하는바(형사소송법 제219조, 제118조) **현장에서 압수·수색을 당하는 사람이 여러 명일 경우에는 그 사람들 모두에게 개별적으로 영장을 제시해야 하는 것이 원칙**이고, 수사기관이 압수·수색에 착수하면서 그 장소의 관리책임자에게 영장을 제시하였다고 하더라도 물건을 소지하고 있는 다른 사람으로부터 이를 압수하고자 하는 때에는 그 사람에게 따로 영장을 제시하여야 한다(대법원 2009. 3. 12. 2008도763).

㉢ (×) [1] 수사기관이 재항고인의 휴대전화 등을 압수(이하 '압수처분'이라 한다)할 당시 재항고인에게 압수·수색영장을 제시하였는데 재항고인이 영장의 구체적인 확인을 요구하였으나 수사기관이 영장의 범죄사실 기재 부분을 보여주지 않았고, 그 후 재항고인의 변호인이 재항고인에 대한 조사에 참여하면서 영장을 확인한 사안에서, **수사기관이 압수처분 당시 재항고인으로부터 영장 내용의 구체적인 확인을 요구받았음에도 압수·수색영장의 내용을 보여주지 않았던 것으로 보이므로 형사소송법 제219조, 제118조에 따른 적법한 압수·수색영장의 제시라고 인정하기 어렵다**는 이유로, 압수처분 당시 수사기관이 법령에서 정한 취지에 따라 재항고인에게 압수·수색영장을 제시하였는지 여부를 판단하지 아니한 채 **변호인이 조사에 참여할 당시 영장을 확인하였다는 사정을 들어 압수처분이 위법하지 않다고 본 원심결정에** 헌법과 형사소송법의 관련 규정을 위반한 **잘못이 있다.**

[2] 수사기관이 재항고인의 휴대전화 등을 압수할 당시 재항고인에게 압수·수색영장을 제시하였는데 **재항고인이 영장의 구체적인 확인을 요구하였으나 수사기관이 영장의 범죄사실 기재 부분을 보여주지 않았고,** 그 후 **재항고인의 변호인이 재항고인에 대한 조사에 참여하면서 영장을 확인한 사안에서,** 수사기관이 위 압수처분 당시 재항고인으로부터 영장 내용의 구체적인 확인을 요구받았음에도 압수·수색영장의 내용을 보여주지 않았던 것으로 보이므로 형사소송법 제219조, 제118조에 따른 **적법한 압수·수색영장의 제시라고 인정하기 어렵다**(대판2020. 4. 16. 2019모3526).

㉣ (×) 형사소송법 제215조에 의한 **압수·수색영장**은 수사기관의 압수·수색에 대한 허가장으로서 **거기에 기재되는 유효기간은 집행에 착수할 수 있는 종기를 의미하는 것일 뿐이므로, 수사기관이 압수·수색영장을 제시하고 집행에 착수하여 압수·수색을 실시하고 그 집행을 종료하였다면 이미 그 영장은 목적을 달성하여 효력이 상실되는 것이고**, 동일한 장소 또는 목적물에 대하여 **다시 압수·수색할 필요가 있는 경우라면** 그 필요성을 소명하여 법원으로부터 **새로운 압수·수색영장을 발부 받아야 하는 것이지**, 앞서 발부 받은 압수·수색영장의 유효기간이 남아있다고 하여 이를 제시하고 다시 압수·수색을 할 수는 없다(대법원1999. 12. 1.자99모161결정).

▶ 정답 ②

3. 압수·수색에 관한 설명으로 가장 적절하지 않은 것은?(다툼이 있는 경우 판례에 의함)

(2024. 경찰승진)

① 사법경찰관은 사본을 확보한 경우 등 압수를 계속할 필요가 없다고 인정되는 압수물 및 증거에 사용할 압수물에 대하여 공소제기 전이라도 소유자, 소지자, 보관자 또는 제출인의청구가 있는 때에는 검사의 지휘를 받아 환부 또는 가환부하여야 한다.
② 정보저장매체의 외형적·객관적 지배·관리 등 상태와 별도로 단지 피의자나 그 밖의 제3자가 과거 그 정보저장매체의 이용 내지 개별 전자정보의 생성·이용 등에 관여한 사실이 있다는 사정만으로 그들을 실질적으로 압수·수색을 받는 당사자로 취급하여야 하는 것은 아니다.
③ 피처분자가 현장에 없거나 현장에서 그를 발견할 수 없는 경우등 영장제시가 현실적으로 불가능한 경우에는 영장을 제시하지 아니한 채 압수·수색을 하더라도 위법하다고 볼 수 없다.
④ 정보저장매체를 임의제출한 피압수자에 더하여 임의제출자 아닌 피의자에게도 참여권이 보장되어야 하는 '피의자의 소유·관리에 속하는 정보저장매체'에 해당하는지 여부는 민사법상 권리의 귀속에 따른 법률적 판단을 기준으로 종합적으로 판단하여야 한다.

해 설

④ (×) 정보저장매체를 임의제출한 피압수자에 더하여 **임의제출자 아닌 피의자에게도 참여권이 보장되어야 하는 '피의자의 소유·관리에 속하는 정보저장매체'**란, 피의자가 압수·수색 당시 또는 이와 시간적으로 근접한 시기까지 해당 정보저장매체를 현실적으로 지배·관리하면서 그 정보저장매체 내 전자정보 전반에 관한 전속적인 관리처분권을 보유·행사하고, 달리 이를 자신의 의사에 따라 제3자에게 양도하거나 포기하지 아니한 경우로써, 피의자를 그 정보저장매체에 저장된 전자정보에 대하여 실질적인 피압수자로 평가할 수 있는 경우를 말하는 것이다. 이에 해당하는지 여부는 **민사법상 권리의 귀속**에 따른 **법률적**·사후적 **판단**이 **아니라 압수·수색 당시 외형적·객관적으로 인식 가능한 사실상의 상태를 기준으로 판단하여야** 한다. 이러한 정보저장매체의 외형적·객관적 지배·관리 등 상태와 별도로 단지 피의자나 그 밖의 제3자가 과거 그 정보저장매체의 이용 내지 개별 전자정보의 생성·이용 등에 관여한 사실이 있다거나 그 과정에서 생성된 전자정보에 의해 식별되는 정보주체에 해당한다는 사정만으로 그들을 실질적으로 압수·수색을 받는 당사자로 취급하여야 하는 것은 아니다(대법원2022. 1. 27. 선고2021도11170판결).
① (○) 검사는 사본을 확보한 경우 등 압수를 계속할 필요가 없다고 인정되는 압수물 및 증거에 사용할 압수물에 대하여 공소제기 전이라도 소유자, 소지자, 보관자 또는 제출인의 **청구가 있는 때**에는 환부 또는 가환부**하여야 한다**(제218조의2 제1항).
② (○) 정보저장매체를 임의제출한 피압수자에 더하여 **임의제출자 아닌 피의자에게도 참여권이 보장되어야 하는 '피의자의 소유·관리에 속하는 정보저장매체'**에 해당하는지 여부는 **민사법상 권리의 귀속에 따른 법률적·사후적 판단이 아니라 압수·수색 당시 외형적·객관적으로 인식 가능한 사실상의 상태를 기준으로 판단하여야** 한다. 이러한 정보저장매체의 외형적·객관적 지배·관리 등 상태와 별도로 **단지 피의자나 그 밖의 제3자가 과거 그 정보저장매체의 이용 내지 개별 전자정보의 생성·이용 등에 관여한 사실이 있다거나 그 과정에서 생성된 전자정보에 의해 식별되는 정보주체에 해당한다는 사정만으로 그들을 실질적으로 압수·수색을 받는 당사자로 취급하여야** 하는 것은 **아니다**(대법원2022. 1. 27. 선고2021도11170판결). 결국, **동양대 정경심 교수는 당사자 참여권이 보장되는 실질적인 피압수자도 아니고, 참여권을 보장받을 권리도 없다.**
③ (○) 형사소송법 제219조가 준용하는 제118조는 "압수·수색영장은 처분을 받는 자에게 반드시 제시하여야 한다."고 규정하고 있으나, 이는 영장제시가 현실적으로 가능한 상황을 전제로 한 규정으로 보아야 하고, **피처분자가 현장에 없거나 현장에서 그를 발견할 수 없는 경우 등 영장제시가 현실적으로 불가능한 경우에는 영장을 제시하지 아니한 채 압수·수색을 하더라도 위법하다고 볼 수 없다**(대판 2015.1.22. 2014도10978 전원합의체 판결).

정답 ④

4. 압수·수색영장의 제시 및 교부에 관한 설명으로 가장 적절한 것은? (다툼이 있는 경우 판례에 의함)

(2024. 경찰승진)

① 압수·수색의 처분을 받는 자가 여럿인 경우에는 모두에게 개별적으로 영장을 제시해야 하고, 이 경우 압수할 물건의 소유자·소지자·보관자 기타 이에 준하는 자에게 개별적으로 해당 영장의 사본을 교부해야 한다.

② 사법경찰관이 피압수자에게 영장을 제시하면서 표지에 해당하는 첫 페이지와 혐의사실이 기재된 부분만을 보여 주고, 영장의 내용 중 압수·수색·검증할 물건, 압수·수색·검증할 장소, 압수·수색·검증을 필요로 하는 사유, 압수 대상 및 방법의 제한 등 필요적 기재 사항 및 그와 일체를 이루는 부분을 확인하지 못하게 한 경우에도 해당 영장 제시는 적법한 압수·수색영장의 제시라고 볼 수 있다.

③ 피의자가 영장의 사본을 수령하기를 거부하는 경우에는 검사 또는 사법경찰관이 영장 사본 교부 확인서 끝 부분에 그 사유를 적고 기명날인 또는 서명해야 한다.

④ 수사기관이 압수·수색영장을 제시하고 집행에 착수하여 압수·수색을 실시하고 그 집행을 종료한 후, 동일한 장소 또는 목적물에 대하여 다시 압수·수색할 필요가 있는 경우, 앞서 발부받은 압수·수색영장의 유효기간이 남아 있다면 이를 제시하고 다시 압수·수색을 할 수 있다.

해설

③ (○) 피의자가 **영장의 사본을 수령하기를 거부**하거나 영장 사본 교부 확인서에 기명날인 또는 서명하는 것을 **거부하는 경우**에는 검사 또는 사법경찰관이 **영장 사본 교부 확인서 끝 부분에** 그 **사유를 적고 기명날인 또는 서명해야 한다**(수사준칙 제32조의2 제4항, 제38조 제5항).〈신설 2023. 10. 17.〉

① (×) **압수·수색** 또는 검증의 **처분을 받는 자가 여럿인 경우**에는 모두에게 개별적으로 영장을 **제시해야 한다**. 이 경우 **피의자에게는 개별적으로** 해당 **영장의 사본을 교부해야** 한다(수사준칙 제38조 제2항).

② (×) [1] 형사소송법이 압수·수색영장을 집행하는 경우에 피압수자에게 반드시 압수·수색영장을 제시하도록 규정한 것은 법관이 발부한 영장 없이 압수·수색을 하는 것을 방지하여 영장주의 원칙을 절차적으로 보장하고, 압수·수색영장에 기재된 물건, 장소, 신체에 대해서만 압수·수색을 하도록 하여 개인의 사생활과 재산권의 침해를 최소화하는 한편, 준항고 등 피압수자의 불복신청의 기회를 실질적으로 보장하기 위한 것이다. 위와 같은 관련 규정과 영장 제시 제도의 입법 취지 등을 종합하여 보면, **압수·수색영장을 집행하는 수사기관은 피압수자로 하여금 법관이 발부한 영장에 의한 압수·수색이라는 사실을 확인함과 동시에 형사소송법이 압수·수색영장에 필요적으로 기재하도록 정한 사항이나 그와 일체를 이루는 사항을 충분히 알 수 있도록 압수·수색영장을 제시하여야** 한다.

[2] ○○지방경찰청 소속 **사법경찰관이** 이 사건 영장의 **피압수자인 갑에게** 이 사건 영장을 제시하면서 **표지에 해당하는 첫 페이지와 갑의 혐의사실이 기재된 부분만을 보여 주고**, 이 사건 **영장의 내용 중** 압수·수색·검증할 물건, 압수·수색·검증할 장소, 압수·수색·검증을 필요로 하는 사유, 압수 대상 및 방법의 제한 등 **필요적 기재 사항 및 그와 일체를 이루는 부분을 확인하지 못하게 한** 것은 이 사건 영장을 집행할 때 **피압수자인 갑이 그 내용을 충분히 알 수 있도록 제시한 것으로 보기 어렵다**.

[3] 따라서 **사법경찰관의 갑에 대한 이 사건 영장 제시**는 형사소송법 제219조, 제118조에 따른 **적법한 압수·수색영장의 제시라고 볼 수 없고**, 이 사건 영장에 따라 압수된 이 사건 동향보고 서류, 갑의 휴대전화 역시 **적법한 절차에 따라 수집된 증거라고 보기 어렵다**(대법원 2017. 9. 21. 선고 2015도12400판결).

④ (×) 형사소송법 제215조에 따른 압수·수색영장은 수사기관의 압수·수색에 대한 허가장으로서 거기에 기재되는 유효기간은 집행에 착수할 수 있는 종기를 의미하는 것이므로, **수사기관이 압수·수색영장을 제시하고 집행에 착수하여 압수·수색을 실시하고 그 집행을 종료하였다면 이미 그 영장은 목적을 달성하여 효력이 상실되는 것**이고, 동일한 장소 또는 목적물에 대하여 다시 압수·수색할 필요가 있는 경우라면 그 필요성을 소명하여 법원으로부터 새로운 압수·수색영장을 발부받아야 하는 것이지, **앞서 발부받은 압수·수색영장의 유효기간이 남아있다고 하여** 이를 제시하고 **다시 압수·수색을 할 수 없다**(대법원 2023. 10. 18. 선고 2023도8752판결).

정답 ③

5. 압수·수색에 관한 설명으로 가장 적절하지 <u>않은</u> 것은?(다툼이 있는 경우 판례에 의함)

(2024. 1차 경찰채용)

① 수사기관이 압수·수색영장의 집행에 착수하여 압수·수색을 실시하고 그 집행을 종료하였다면, 동일한 장소 또는 목적물에 대하여 다시 압수·수색할 필요가 있고 그 영장의 유효기간이 남아있다고 하더라도 그 영장에 의하여 다시 압수·수색할 수는 없다.

② 피압수자가 수사기관에 압수·수색영장의 집행에 참여하지 않는다는 의사를 명시하였더라도, 특별한 사정이 없는 한 그 변호인에게는 미리 집행의 일시와 장소를 통지하는 등 압수·수색영장의 집행에 참여할 기회를 별도로 보장하여야 한다.

③ 수사기관이 압수·수색영장을 집행함에 있어 그 처분을 받는 자가 여러 명일 경우, 그 장소의 관리책임자에게 영장을 제시하였다면, 그곳에서 물건을 소지하고 있는 다른 사람에게 따로 영장을 제시하지 않고 그 물건을 압수할 수 있다.

④ 甲이 사법경찰관에게 휴대전화를 임의제출하면서 클라우드 등 제3자가 관리하는 원격지에 저장되어 있는 전자정보를 제출한다는 의사로 사법경찰관에게 클라우드 등에 접속하기 위한 아이디와 비밀번호를 임의로 제공한 경우, 위 클라우드 등에 저장된 전자정보를 임의제출하는 것으로 볼 수 있다.

▼해 설

③ (×) 압수·수색영장을 집행하는 수사기관은 피압수자로 하여금 법관이 발부한 영장에 의한 압수·수색이라는 사실을 확인함과 동시에 형사소송법이 압수·수색영장에 필요적으로 기재하도록 정한 사항이나 그와 일체를 이루는 사항을 충분히 알 수 있도록 압수·수색영장을 제시하여야 한다. 나아가 **압수·수색영장은 현장에서 피압수자가 여러 명일 경우에는 그들 모두에게 개별적으로 영장을 제시해야** 하는 것이 원칙이다. 수사기관이 압수·수색에 착수하면서 **그 장소의 관리책임자에게 영장을 제시하였더라도**, 물건을 **소지하고 있는 다른 사람**으로부터 이를 압수하고자 하는 때에는 **그 사람에게 따로 영장을 제시하여야 한다**(대판2017.9.21. 2015도12400).

① (○) 형사소송법 제215조에 의한 **압수·수색영장**은 수사기관의 압수·수색에 대한 허가장으로서 거기에 기재되는 **유효기간은 집행에 착수할 수 있는 종기를 의미하는 것일 뿐**이므로, 수사기관이 압수·수색영장을 제시하고 집행에 착수하여 압수·수색을 실시하고 **그 집행을 종료하였다면 이미** 그 영장은 목적을 달성하여 **효력이 상실되는 것이고**, 동일한 장소 또는 목적물에 대하여 **다시 압수·수색할 필요가 있는 경우라면** 그 필요성을 소명하여 법원으로부터 **새로운 압수·수색영장을 발부받아야 하는 것이지**, 앞서 발부받은 압수·수색영장의 **유효기간이 남아있다고 하여** 이를 제시하고 **다시 압수·수색을 할 수는 없다**(대법원2023. 3. 16. 선고2020도5336판결).

② (○) 형사소송법 제219조, 제121조가 규정한 **변호인의 참여권은** 피압수자의 보호를 위하여 변호인에게 주어진 **고유권이다**. 따라서 설령 피압수자가 수사기관에 압수·수색영장의 집행에 참여하지 않는다는 의사를 명시하였다고 하더라도, 특별한 사정이 없는 한 **그 변호인에게는** 형사소송법 제219조, 제122조에 따라 미리 집행의 일시와 장소를 통지하는 등으로 **압수·수색영장의 집행에 참여할 기회를 별도로 보장하여야 한다**(대판 2020.11.26. 2020도10729).

④ (○) 피의자가 휴대전화를 임의제출하면서 휴대전화에 저장된 전자정보가 **아닌 클라우드 등 제3자가 관리하는 원격지에 저장되어 있는 전자정보를** 수사기관에 제출한다는 의사로 수사기관에게 클라우드 등에 접속하기 위한 **아이디와 비밀번호를 임의로 제공하였다면 위 클라우드 등에 저장된 전자정보를 임의제출하는 것으로 볼 수 있다**(대법원2021. 7. 29. 선고2020도14654판결).

▼정답 ③

6. 전자정보의 압수에 대한 설명으로 옳지 않은 것은?(다툼이 있는 경우 판례에 의함) (2024. 경찰대 편입)

① 수사기관이 정보저장매체에 기억된 정보 중에서 키워드 또는 확장자 검색 등을 통하여 범죄 혐의사실과 관련 있는 정보를 선별한 다음, 정보저장매체와 동일하게 비트열 방식으로 복제하여 생성한 파일을 제출받아 적법하게 압수하였다면, 이후 수사기관 사무실에서 그 파일을 탐색·복제·출력하는 과정에서 피의자나 변호인에게 참여의 기회를 보장하여야 하는 것은 아니다.

② 전자정보를 압수하고자 하는 수사기관이 정보저장매체와 여기에 저장된 전자정보를 피의자로부터 임의제출의 방법으로 압수할 때, 제출자의 구체적인 제출범위에 관한 의사를 제대로 확인하지 않는 등의 사유로 인해 임의제출자의 의사에 따른 전자정보 압수의 대상과 범위가 명확하지 않거나 이를 알 수 없는 경우에는, 임의제출에 따른 압수의 동기가 된 범죄혐의사실과 관련되고 이를 증명할 수 있는 최소한의 가치가 있는 전자정보에 한하여 압수의 대상이 된다.

③ 압수의 대상이 되는 전자정보와 그렇지 않은 전자정보가 혼재된 정보저장매체나 그 복제본을 압수·수색한 수사기관이 정보저장매체 등을 수사기관 사무실 등으로 옮겨 이를 탐색·복제·출력하는 경우, 압수된 전자정보의 파일 명세가 특정된 압수목록을 작성 교부하여야 하고, 범죄혐의사실과 무관한 전자정보의 임의적인 복제 등을 막기 위한 적절한 조치를 취하여야 한다.

④ 수사기관이 압수·수색영장에 적힌 '수색할 장소'에 있는 컴퓨터 등 정보처리장치에 저장된 전자정보 외에 원격지 서버에 저장된 전자정보를 압수·수색하기 위하여는 그 영장에 적힌 '압수할 물건'에 별도로 원격지 서버 저장 전자정보가 특정되어 있을 것을 요하지 않으므로, 그 영장에 적힌 '압수할 물건'에 컴퓨터 등 정보처리장치 저장 전자정보만 기재되어 있는 경우에도 컴퓨터 등 정보처리장치를 이용하여 원격지 서버 저장 전자정보를 압수할 수 있다.

⑤ 수사기관이 전자정보에 대한 압수·수색이 종료되기 전에 혐의사실과 관련된 전자정보를 적법하게 탐색하는 과정에서 별도의 범죄혐의와 관련된 전자정보를 우연히 발견하여 추가 탐색을 중단하고 별도의 범죄혐의에 대한 압수 수색영장을 발부받은 경우, 전자정보에 대한 피압수·수색 당사자는 최초의 압수·수색 이전부터 해당 전자정보를 관리하고 있던 자이다.

해 설

④ (X) [1] 헌법과 형사소송법이 구현하고자 하는 적법절차와 영장주의의 정신에 비추어 볼 때, 법관이 압수·수색영장을 발부하면서 '**압수할 물건**'을 특정하기 위하여 기재한 문언은 엄격하게 해석해야 하고, 함부로 피압수자 등에게 불리한 내용으로 확장해석 또는 유추해석을 하는 것은 허용될 수 없다.
[2] 압수할 전자정보가 저장된 저장매체로서 **압수·수색영장에 기재된 수색장소에 있는** 컴퓨터, 하드디스크, 휴대전화와 같은 **컴퓨터 등 정보처리장치와 수색장소에 있지는 않으나** 컴퓨터 등 정보처리장치와 정보통신망으로 연결된 **원격지의 서버 등 저장매체**(이하 '원격지서버'라 한다)는 소재지, 관리자, 저장 공간의 용량 측면에서 **서로 구별된다**.
[3] **원격지서버에 저장된 전자정보를 압수·수색하기 위해서는** 컴퓨터 등 정보처리장치를 이용하여 정보통신망을 통해 원격지서버에 접속하고 그곳에 저장되어 있는 전자정보를 컴퓨터 등 정보처리장치로 내려 받거나 화면에 현출시키는 절차가 필요하므로, **컴퓨터 등 정보처리장치 자체에 저장된 전자정보와 비교하여 압수·수색의 방식에 차이가 있다**. 원격지서버에 저장되어 있는 전자정보와 컴퓨터 등 정보처리장치에 저장되어 있는 전자정보는 그 내용이나 질이 다르므로 압수·수색으로 얻을 수 있는 **전자정보의 범위와 그로 인한 기본권 침해 정도도 다르다**.
[4] 따라서 수사기관이 압수·수색영장에 적힌 '수색할 장소'에 있는 컴퓨터 등 정보처리장치에 저장된 전자정보 외에 **원격지서버에 저장된 전자정보를 압수·수색하기 위해서는** 압수·수색영장에 적힌 '압수할 물건'에 **별도로 원격지서버 저장 전자정보가 특정되어 있어야 한다**. 압수·수색영장에 적힌 '**압수할 물건**'에 컴퓨터 등 정보처리장치 저장 전자정보만 기재되어 있다면 컴퓨터 등 정보처리장치를 이용하여 **원격지서버 저장 전자정보를 압수할 수는 없다**(대법원 2022. 6. 30.자 2020모735 결정).

① (○) 형사소송법 제219조, 제121조에 의하면, **수사기관이 압수·수색영장을 집행할 때 피의자 또는 변호인은 그 집행에 참여할 수 있다.** 압수의 목적물이 컴퓨터용디스크 그 밖에 이와 비슷한 **정보저장매체인 경우에는** 영장 발부의 사유로 된 **범죄 혐의사실과 관련 있는 정보의 범위를 정하여 출력하거나 복제하여 이를 제출받아야** 하고, 피의자나 변호인에게 참여의 기회를 보장하여야 한다. 만약 그러한 조치를 취하지 않았다면 이는 형사소송법에 정한 영장주의 원칙과 적법절차를 준수하지 않은 것이다. **수사기관이 정보저장매체에 기억된 정보 중에서 키워드 또는 확장자 검색 등을 통해 범죄 혐의사실과 관련 있는 정보를 선별한 다음 정보저장매체와 동일하게 비트열 방식으로 복제하여 생성한 파일**(이하 '이미지 파일'이라 한다)을 제출받아 압수하였다면 이로써 압수의 목적물에 대한 **압수·수색 절차는 종료된 것**이므로, 수사기관이 수사기관 사무실에서 위와 같이 압수된 이미지 파일을 탐색·복제·출력하는 과정에서도 **피의자 등에게 참여의 기회를 보장하여야 하는 것은 아니다**(대법원2018. 2. 8.선고2017도13263판결).

② (○) [1] 수사기관이 제출자의 의사를 쉽게 확인할 수 있음에도 이를 확인하지 않은 채 특정 범죄혐의사실과 관련된 전자정보와 그렇지 않은 전자정보가 혼재된 정보저장매체를 임의제출받은 경우, 그 정보저장매체에 저장된 전자정보 전부가 임의제출되어 압수된 것으로 취급할 수는 없다.

[2] **전자정보를 압수하고자 하는 수사기관이** 정보저장매체와 거기에 저장된 **전자정보를 임의제출의 방식으로 압수**할 때, 제출자의 구체적인 제출 범위에 관한 의사를 제대로 확인하지 않는 등의 사유로 인해 **임의제출자의 의사에 따른 전자정보 압수의 대상과 범위가 명확하지 않거나 이를 알 수 없는 경우에는 임의제출에 따른 압수의 동기가 된 범죄혐의사실과 관련되고 이를 증명할 수 있는 최소한의 가치가 있는 전자정보에 한하여** 압수의 대상이 된다.

[3] 이때 **범죄혐의사실과 관련된 전자정보**에는 범죄혐의사실 **그 자체 또는 그와 기본적 사실관계가 동일한 범행과 직접 관련되어 있는 것은 물론 범행 동기와 경위, 범행 수단과 방법, 범행 시간과 장소 등을 증명하기 위한 간접증거나 정황증거 등으로 사용될 수 있는 것도 포함**될 수 있다. 다만 그 관련성은 임의제출에 따른 압수의 동기가 된 범죄혐의사실의 내용과 수사의 대상, 수사의 경위, 임의제출의 과정 등을 종합하여 **구체적·개별적 연관관계가 있는 경우에만 인정되고**, 범죄혐의사실과 **단순히 동종 또는 유사 범행이라는 사유만으로 관련성이 있다고 할 것은 아니다0.**

③ (○) [1] [다수의견] ㈎ 정보저장매체 내의 전자정보가 가지는 중요성은 헌법과 형사소송법이 구현하고자 하는 적법절차, 영장주의, 비례의 원칙과 함께 사생활의 비밀과 자유, 정보에 대한 자기결정권 등의 관점에서 유래된다. **압수의 대상이 되는 전자정보와 그렇지 않은 전자정보가 혼재된 정보저장매체나 그 복제본을 임의제출받은 수사기관이** 그 정보저장매체등을 수사기관 사무실 등으로 옮겨 이를 탐색·복제·출력하는 경우, 그와 같은 일련의 과정에서 형사소송법 제219조, 제121조에서 규정하는 압수·수색영장의 집행을 받는 당사자(이하 '피압수자'라 한다)나 그 변호인에게 참여의 기회를 보장하고 압수된 전자정보의 파일 명세가 특정된 **압수목록을 작성·교부하여야 하며**, 범죄혐의사실과 **무관한 전자정보의 임의적인 복제등을 막기 위한 적절한 조치를 취하는 등 영장주의 원칙과 적법절차를 준수하여야 한다.** 만약 그러한 조치가 취해지지 않았다면 피압수자 측이 참여하지 않겠다는 의사를 명시적으로 표시하였거나 임의제출의 취지와 경과 또는 그 절차 위반행위가 이루어진 과정의 성질과 내용 등에 비추어 피압수자 측에 절차 참여를 보장한 취지가 실질적으로 침해되었다고 볼 수 없을 정도에 해당한다는 등의 특별한 사정이 없는 이상 압수·수색이 적법하다고 평가할 수 없고, 비록 수사기관이 정보저장매체 또는 복제본에서 범죄혐의사실과 관련된 전자정보만을 복제·출력하였다고 하더라도 달리 볼 것은 아니다. **피해자 등 제3자가 피의자의 소유·관리에 속하는 정보저장매체를 임의제출한 경우**에는 실질적 피압수자인 피의자가 수사기관으로 하여금 그 전자정보 전부를 무제한 탐색하는 데 동의한 것으로 보기 어려울 뿐만 아니라 피의자 스스로 임의제출한 경우 피의자의 참여권 등이 보장되어야 하는 것과 견주어 보더라도 **특별한 사정이 없는 한 피의자에게 참여권을 보장하고 압수한 전자정보 목록을 교부하는 등 피의자의 절차적 권리를 보장하기 위한 적절한 조치가 이루어져야 한다.**

㈏ 이와 같이 정보저장매체를 임의제출한 피압수자에 더하여 임의제출자 아닌 **피의자에게도 참여권이 보장되어야 하는 '피의자의 소유·관리에 속하는 정보저장매체'란, 피의자가** 압수·수색 당시 또는 이와 시간적으로 근접한 시기까지 해당 정보저장매체를 **현실적으로 지배·관리하면서 그 정보저장매체 내 전자정보 전반에 관한 전속적인 관리처분권을 보유·행사하고**, 달리 이를 자신의 의사에 따라 제3자에게 양도하거나 포기하지 아니한 경우로서, **피의자를 그 정보저장매체에 저장된 전자정보 전반에 대한 실질적인 압수·수색 당사자로 평가할 수 있는 경우를 말하는 것이다.** 이에 해당하는지 여부는 **민사법상 권리의 귀속에 따른 법률적·사후적 판단이 아니라 압수·수색 당시 외형적·객관적으로 인식 가능한 사실상의 상태를 기준으로 판단하여야** 한다. 이러한 정보저장매체의 외형적·객관적 지배·관리 등 상태와 별도로 단지 피의자나 그 밖의 제3자가 과거 그 정보저장매체의 이용 내지 개별전자정보의 생성·이용 등에 관여한 사실이 있다거나 그 과정에서 생성된 전자정보에 의해 식별되는 정보주체에 해당한다는 사정만으로 그들을 실질적으로 압수·수색을 받는 당사자

로 취급하여야 하는 것은 아니다.

[2] 피고인이 허위의 인턴십 확인서를 작성한 후 갑의 자녀 대학원 입시에 활용하도록 하는 방법으로 갑 등과 공모하여 대학원 입학담당자들의 입학사정업무를 방해하였다는 공소사실과 관련하여, **갑 등이 주거지에서 사용하던 컴퓨터 내 정보저장매체(하드디스크)에 인턴십 확인서 등 증거들이 저장되어 있고, 갑은** 자신 등의 혐의에 대한 수사가 본격화되자 **을에게 지시하여 하드디스크를 은닉하였는데,** 이후 수사기관이 乙을 증거은닉혐의 피의자로 입건하자 **을이 이를 임의제출하였고,** 수사기관은 하드디스크 임의제출 및 그에 저장된 전자정보에 관한 탐색·복제·출력 과정에서 **을 측에 참여권을 보장한 반면 갑 등에게는 참여 기회를 부여하지 않아 그 증거능력이 문제 된 사안에서,** 증거은닉범행의 피의자로서 하드디스크를 임의제출한 을에 더하여 **임의제출자가 아닌 갑 등에게도 참여권이 보장되어야 한다고 볼 수 없다**(대법원 2023. 9. 18. 선고 2022도7453 전원합의체 판결). 결국, **증거은닉범이 본범으로부터 은닉을 교사받고 소지·보관 중이던 본범의 정보저장매체를 임의제출하는 경우, 본범의 참여권이 보장되어야 하는 것은 아니다.**

⑤ (○) [1] [다수의견] **검사가 압수·수색영장을 발부받아** 갑 주식회사 빌딩 내 을의 사무실을 압수·수색하였는데, 저장매체에 범죄혐의와 관련된 정보(이하 '유관정보'라 한다)와 범죄혐의와 무관한 정보(이하 '무관정보'라 한다)가 혼재된 것으로 판단하여 **갑 회사의 동의를 받아 저장매체를 수사기관 사무실로 반출한** 다음 **을 측의 참여하에** 저장매체에 저장된 전자정보파일 **전부를 '이미징'의 방법으로 다른 저장매체로 복제(이하 '제1 처분'이라 한다)**하고, 을 측의 참여 없이 이미징한 복제본을 외장 하드디스크에 **재복제(이하 '제2 처분'이라 한다)**하였으며, 을 측의 참여 없이 하드디스크에서 유관정보를 탐색하는 과정에서 갑 회사의 별건 범죄혐의와 관련된 전자정보 등 **무관정보도 함께 출력(이하 '제3 처분'이라 한다)**한 사안에서, **제1 처분은 위법하다고 볼 수 없으나, 제2·3 처분은** 제1 처분 후 피압수·수색 당사자에게 계속적인 **참여권을 보장하는 등의 조치가 이루어지지 아니한 채** 유관정보는 물론 **무관정보까지 재복제·출력한 것으로서 영장이 허용한 범위를 벗어나고 적법절차를 위반한 위법한 처분이며, 제2·3 처분에 해당하는 전자정보의 복제·출력 과정은** 증거물을 획득하는 행위로서 압수·수색의 목적에 해당하는 중요한 과정인 점 등 **위법의 중대성에 비추어 위 영장에 기한 압수·수색이 전체적으로 취소되어야** 한다.

[2] 전자정보에 대한 압수·수색에 있어 저장매체 자체를 외부로 반출하거나 하드카피·이미징 등의 형태로 복제본을 만들어 외부에서 저장매체나 복제본에 대하여 압수·수색이 허용되는 예외적인 경우에도 혐의사실과 관련된 전자정보 이외에 이와 **무관한 전자정보를 탐색·복제·출력하는 것은 원칙적으로 위법한 압수·수색에 해당하므로 허용될 수 없다.** 그러나 전자정보에 대한 압수·수색이 종료되기 전에 혐의사실과 관련된 전자정보를 적법하게 탐색하는 과정에서 **별도의 범죄혐의와 관련된 전자정보를 우연히 발견한 경우라면,** 수사기관은 더 이상의 추가 탐색을 중단하고 **법원에서 별도의 범죄혐의에 대한 압수·수색영장을 발부받은 경우에 한하여** 그러한 정보에 대하여도 적법하게 압수·수색을 할 수 있다. 나아가 이러한 경우에도 **별도의 압수·수색 절차는 최초의 압수·수색 절차와 구별되는 별개의 절차이고,** 별도 범죄혐의와 관련된 전자정보는 **최초의 압수·수색영장에 의한 압수·수색의 대상이 아니어서** 저장매체의 원래 소재지에서 별도의 압수·수색영장에 기해 압수·수색을 진행하는 경우와 마찬가지로 **피압수·수색 당사자(이하 '피압수자'라 한다)는 최초의 압수·수색 이전부터 해당 전자정보를 관리하고 있던 자라 할 것이므로, 특별한 사정이 없는 한 피압수자에게 형사소송법 제219조, 제121조, 제129조에 따라 참여권을 보장하고 압수한 전자정보 목록을 교부하는 등** 피압수자의 이익을 보호하기 위한 **적절한 조치가 이루어져야** 한다.

[3] 검사가 압수·수색영장(이하 '제1 영장'이라 한다)을 발부받아 갑 주식회사 빌딩 내 을의 사무실을 압수·수색하였는데, 저장매체에 범죄혐의와 관련된 정보(이하 '유관정보'라 한다)와 범죄혐의와 무관한 정보(무관정보)가 혼재된 것으로 판단하여 갑 회사의 동의를 받아 저장매체를 수사기관 사무실로 반출한 다음 을 측의 참여하에 저장매체에 저장된 전자정보파일 전부를 '이미징'의 방법으로 다른 저장매체로 복제하고, 을 측의 참여 없이 이미징한 복제본을 외장 하드디스크에 재복제하였으며, 을 측의 참여 없이 하드디스크에서 유관정보를 탐색하던 중 우연히 을 등의 별건 범죄혐의와 관련된 전자정보(이하 '별건 정보'라 한다)를 발견하고 문서로 출력하였고, 그 후 을 측에 참여권 등을 보장하지 않은 채 다른 검사가 별건 정보를 소명자료로 제출하면서 압수·수색영장(이하 '제2 영장'이라 한다)을 발부받아 외장 하드디스크에서 별건 정보를 탐색·출력한 사안에서, 제2 영장 청구 당시 압수할 물건으로 삼은 정보는 제1 영장의 피압수·수색 당사자에게 참여의 기회를 부여하지 않은 채 임의로 재복제한 외장 하드디스크에 저장된 정보로서 그 자체가 위법한 압수물이어서 별건 정보에 대한 영장청구 요건을 충족하지 못하였고, 나아가 **제2 영장에 기한 압수·수색 당시 을 측에 압수·수색 과정에 참여할 기회를 보장하지 않았으므로, 제2 영장에 기한 압수·수색은 전체적으로 위법하다** (대법원 2015. 7. 16.자 2011모1839 전원합의체 결정).

▼**정답** ④

7. 전자정보의 압수·수색절차에 관한 설명으로 옳은 것은 모두 몇 개인가?(다툼이 있는 경우 판례에 의함)
(2024. 경찰간부)

㉠ 수사기관이 임의제출받은 정보저장매체가 대부분 임의제출에 따른 적법한 압수의 대상이 되는 전자정보만이 저장되어 있어서 그렇지 않은 전자정보와 혼재될 여지가 거의 없는 경우라 하더라도, 전자정보인 이상 소지·보관자의 임의제출에 따른 통상의 압수절차 외에 피압수자에게 참여의 기회를 보장하지 않았고 전자정보 압수목록을 작성·교부하지 않았다면 곧바로 증거능력을 인정할 수 없다.

㉡ 압수물 목록은 수사기관의 압수 직후 현장에서 바로 작성하여 교부해야 하는 것이 원칙인데, 압수된 정보의 상세목록에는 정보의 파일명세가 특정되어 있어야 하고 수사기관은 이를 출력한 서면을 교부해야 하며, 이를 전자파일 형태로 복사해 주거나 이메일을 전송하는 등의 방식으로 교부해서는 안 된다.

㉢ 정보저장매체를 임의제출한 피압수자와 임의제출자 아닌 피의자에게도 참여권이 보장되어야 하는 '피의자 소유·관리에 속하는 정보저장매체'에 해당하는지 여부는 압수·수색 당시 외형적·객관적으로 인식가능한 사실상의 상태를 기준으로 판단하는 것이 아니라 민사법상 권리의 귀속에 따른 법률적·사후적 판단을 기준으로 판단하여야 한다.

㉣ 압수·수색영장에 적힌 '압수할 물건'에 컴퓨터 등 정보처리장치 저장 전자정보만 기재되어 있고 별도로 원격지서버 저장의 전정보가 특정되어 있지 않았다 하더라도, 영장에 기재된 해당 컴퓨터 등 정보처리장치를 이용하여 로그인되어 있는 상태의 원격지 서버 저장 전자정보를 압수한 경우는 영장주의 원칙에 반하지 않는다.

㉤ 수사기관이 압수·수색·검증 영장을 발부받은 후 그 집행현장에서 정보저장매체에 기억된 정보 중에서 키워드 또는 확장자 검색 등을 통해 범죄 혐의사실과 관련 있는 정보를 선별한 다음 정보저장매체와 동일하게 비트열 방식으로 복제하여 생성한 파일을 제출받아 적법하게 압수하였다면, 수사기관은 수사기관 사무실에서 위와 같이 압수된 이미지 파일을 탐색·복제·출력하는 과정에서 피의자 등에게 참여의 기회를 보장해야 하는 것은 아니다.

① 1개   ② 2개
③ 3개   ④ 4개

▼ **해 설**

① ㉤(1개)은 옳은 지문이나, ㉠㉡㉢㉣(4개)은 틀린 지문이다.

㉠ (×) [1] 피고인은 2018. 9. 22. 08:30경~10:00경 이 사건 **모텔 각 방실에 총 8개의 위장형 카메라를 설치하고** 그때부터 같은 날 13:00까지 (호실 1 생략)에서 불상의 젊은 남자의 나체를, (호실 2 생략)에서 공소외 3과 그 여자친구 공소외 4의 나체와 그들의 성관계 모습을, (호실 3 생략)에서 불상의 젊은 남녀의 나체와 그들의 성관계 모습을, (호실 4 생략)에서 불상 남녀의 성관계 모습과 여성의 나체를 각각 촬영하였다. 이로써 **피고인은 카메라를 이용하여 성적 욕망을 유발할 수 있는 다른 사람의 신체를 그 의사에 반하여 촬영하였다**(성폭력범죄의처벌등에관한특례법위반(카메라등이용촬영)).
[2] **피의자가 소유·관리하는 정보저장매체를 피의자 아닌 제3자가 임의제출하는 경우**에 그 임의제출 및 그에 따른 수사기관의 압수가 적법하더라도 임의제출의 동기가 된 범죄혐의사실과 구체적·개별적 연관관계가 있는 전자정보에 한하여 압수의 대상이 되는 것은 **더욱 제한적으로 해석하여야 하는 것은, 정보저장매체에는** 그의 사생활의 비밀과 자유, 정보에 대한 자기결정권 등 인격적 법익에 관한 모든 것이 저장되어 있어, **임의제출의 주체가 소유자 아닌 소지자·보관자에 불과함에도** 아무런 제한 없이 압수·수색이 허용되면 피의자의

인격적 법익이 현저히 침해될 우려가 있음을 고려하여, 그 제출행위로 소유자의 사생활의 비밀 기타 **인격적 법익이 현저히 침해될 우려가 있는 경우**에는 임의제출에 따른 압수·수색의 필요성과 함께 **임의제출에 동의하지 않은 소유자(핸드폰 주인)의 법익에 대한 특별한 배려도 필요**하기 때문이다(위 대법원 2016도348 전원합의체 판결등 참조).

[3] **반면, 임의제출된** 이 사건 **각 위장형 카메라 및 그 메모리카드에 저장된 전자정보처럼 오직 불법촬영을 목적으로** 방실 내 나체나 성행위 모습을 촬영할 수 있는 벽 등에 은밀히 설치되고, 촬영대상 목표물의 동작이 감지될 때에만 카메라가 작동하여 촬영이 이루어지는 등, 그 설치 목적과 장소, 방법, 기능, 작동원리상 소유자의 사생활의 비밀 기타 인격적 법익의 관점에서 그 소지·보관자의 임의제출에 따른 적법한 압수의 대상이 되는 전자정보와 구별되는 별도의 보호 가치 있는 전자정보의 혼재 가능성을 상정하기 어려운 경우에는 **위 소지·보관자(모텔주인)의 임의제출에 따른 통상의 압수절차 외에 별도의 조치가 따로 요구된다고 보기는 어렵다.** 따라서 피고인 내지 변호인에게 참여의 기회를 보장하지 않고 전자정보 압수목록을 작성·교부하지 않았다는 점만으로 곧바로 증거능력을 부정할 것은 아니다.

[4] **수사기관이 임의제출받은 정보저장매체**(모텔에 몰래 설치한 각 위장형 카메라 및 그 메모리카드)가 그 기능과 속성상 임의제출에 따른 적법한 압수의 대상이 되는 전자정보와 그렇지 않은 전자정보가 **혼재될 여지가 거의없어** 사실상 **대부분 압수의 대상이 되는 전자정보만이 저장되어 있는 경우**에는 소지·보관자의 임의제출에 따른 통상의 압수절차 외에 **피압수자에게 참여의 기회를 보장하지 않고 전자정보 압수목록을 작성·교부하지 않았다는 점만으로 곧바로 증거능력을 부정할 것은 아니다.** 따라서 수사기관이 이 사건 **각 위장형 카메라에 저장된** (호실 1 생략), (호실 3 생략), (호실 4 생략)에서 **각 촬영된 영상은 그 증거능력이 인정된다**(대법원 2021. 11. 25. 선고2019도7342판결). 위장형 카메라 등 특수한 정보저장매체의 경우, **피고인 내지 변호인에게 참여의 기회를 보장하지 않고 전자정보 압수목록을 작성·교부하지 않았다는 점만으로 곧바로 증거능력을 부정할 것은 아니다.**

ⓛ (×) 형사소송법 제219조, 제129조에 의하면, 압수한 경우에는 목록을 작성하여 소유자, 소지자, 보관자 기타 이에 준할 자에게 교부하여야 한다. 그리고 법원은 압수·수색영장의 집행에 관하여 **범죄 혐의사실과 관련 있는 정보의 탐색·복제·출력이 완료된 때(압수의 완료시점)에는 지체 없이 압수된 정보의 상세목록을 피의자 등에게 교부할 것을 정할 수 있다. 압수물 목록은** 피압수자 등이 압수처분에 대한 준항고를 하는 등 권리행사절차를 밟는 가장 기초적인 자료가 되므로, 수사기관은 이러한 권리행사에 지장이 없도록 **압수 직후 현장에서 압수물 목록을 바로 작성하여 교부해야 하는 것이 원칙이다.** 이러한 압수물 목록 교부 취지에 비추어 볼 때, **압수된 정보의 상세목록에는 정보의 파일 명세가 특정되어 있어야** 하고, **수사기관은 이를 ① 출력한 서면을 교부하거나 ② 전자파일 형태로 복사해 주거나 ③ 이메일을 전송하는 등의 방식으로도 할 수 있다(교부방법 : 출력, 복사, 전송(e-mail) 어느 것으로해도 무방하다).**

ⓒ (×) [1] 피해자 등 제3자가 피의자의 소유·관리에 속하는 정보저장매체를 영장에 의하지 않고 임의제출한 경우에는 실질적 피압수·수색 당사자(이하 '피압수자'라 한다)인 피의자가 수사기관으로 하여금 그 전자정보 전부를 무제한 탐색하는 데 동의한 것으로 보기 어려울 뿐만 아니라 피의자 스스로 임의제출한 경우 피의자의 참여권 등이 보장되어야 하는 것과 견주어 보더라도 특별한 사정이 없는 한 형사소송법 제219조, 제121조, 제129조에 따라 피의자에게 참여권을 보장하고 압수한 전자정보 목록을 교부하는 등 피의자의 절차적 권리를 보장하기 위한 적절한 조치가 이루어져야 한다.

[2] 이와 같이 정보저장매체를 임의제출한 피압수자에 더하여 **임의제출자 아닌 피의자에게도 참여권이 보장되어야 하는 '피의자의 소유·관리에 속하는 정보저장매체'란,** 피의자가 압수·수색 당시 또는 이와 시간적으로 근접한 시기까지 해당 정보저장매체를 **현실적으로 지배·관리하면서 그 정보저장매체 내 전자정보 전반에 관한 전속적인 관리처분권을 보유·행사하고,** 달리 이를 자신의 의사에 따라 제3자에게 양도하거나 포기하지 아니한 경우로써, 피의자를 그 정보저장매체에 저장된 전자정보에 대하여 **실질적인 피압수자로 평가할 수 있는 경우를 말하는 것이다.**

[3] 이에 해당하는지 여부는 **민사법상 권리의 귀속에 따른 법률적·사후적 판단이 아니라 압수·수색 당시 외형적·객관적으로 인식 가능한 사실상의 상태를 기준으로 판단하여야** 한다. 이러한 정보저장매체의 외형적·객관적 지배·관리 등 상태와 별도로 단지 피의자나 그 밖의 제3자가 과거 그 정보저장매체의 이용 내지 개별 전자정보의 생성·이용 등에 관여한 사실이 있다거나 그 과정에서 생성된 전자정보에 의해 식별되는 정보주체에 해당한다는 사정만으로 그들을 실질적으로 압수·수색을 받는 당사자로 취급하여야 하는 것은 아니다(대법원2022. 1. 27. 선고2021도11170판결).

② (×) [1] 헌법과 형사소송법이 구현하고자 하는 적법절차와 영장주의의 정신에 비추어 볼 때, 법관이 압수·수색영장을 발부하면서 **'압수할 물건'을 특정하기** 위하여 기재한 문언은 엄격하게 해석해야 하고, 함부로 피압수자 등에게 불리한 내용으로 확장해석 또는 유추해석을 하는 것은 허용될 수 없다.
[2] 압수할 전자정보가 저장된 저장매체로서 **압수·수색영장에 기재된 수색장소에 있는** 컴퓨터, 하드디스크, 휴대전화와 같은 **컴퓨터 등 정보처리장치와 수색장소에 있지는 않으나 컴퓨터 등 정보처리장치와 정보통신망으로 연결된 원격지의 서버 등 저장매체**(이하 '원격지서버'라 한다)는 소재지, 관리자, 저장 공간의 용량 측면에서 **서로 구별된다.**
[3] 원격지서버에 저장된 전자정보를 압수·수색하기 위해서는 컴퓨터 등 정보처리장치를 이용하여 정보통신망을 통해 원격지서버에 접속하고 그곳에 저장되어 있는 전자정보를 컴퓨터 등 정보처리장치로 내려 받거나 화면에 현출시키는 절차가 필요하므로, 컴퓨터 등 정보처리장치 자체에 저장된 전자정보와 비교하여 압수·수색의 방식에 차이가 있다. 원격지서버에 저장되어 있는 전자정보와 컴퓨터 등 정보처리장치에 저장되어 있는 전자정보는 그 내용이나 질이 다르므로 압수·수색으로 얻을 수 있는 **전자정보의 범위와 그로 인한 기본권 침해 정도도 다르다.**
[4] 따라서 수사기관이 압수·수색영장에 적힌 '수색할 장소'에 있는 컴퓨터 등 정보처리장치에 저장된 전자정보 외에 **원격지서버에 저장된 전자정보를 압수·수색하기 위해서는** 압수·수색영장에 적힌 '압수할 물건'에 **별도로 원격지서버 저장 전자정보가 특정되어 있어야 한다.** 압수·수색영장에 적힌 '압수할 물건'에 컴퓨터 등 정보처리장치 저장 전자정보만 기재되어 있다면 컴퓨터 등 정보처리장치를 이용하여 **원격지서버 저장 전자정보를 압수할 수는 없다**(대법원 2022. 6. 30.자 2020모735 결정).

⑩ (○) 형사소송법 제219조, 제121조에 의하면, **수사기관이 압수·수색영장을 집행할 때 피의자 또는 변호인은 그 집행에 참여할 수 있다.** 압수의 목적물이 컴퓨터용디스크 그 밖에 이와 비슷한 **정보저장매체인 경우**에는 영장 발부의 사유로 된 **범죄 혐의사실과 관련 있는 정보의 범위를 정하여 출력하거나 복제하여 이를 제출받아야** 하고, **피의자나 변호인에게 참여의 기회를 보장하여야** 한다. 만약 그러한 조치를 취하지 않았다면 이는 형사소송법에 정한 영장주의 원칙과 적법절차를 준수하지 않은 것이다. **수사기관이** 정보저장매체에 기억된 정보 중에서 키워드 또는 확장자 검색 등을 통해 **범죄 혐의사실과 관련 있는 정보를 선별한 다음** 정보저장매체와 동일하게 비트열 방식으로 복제하여 생성한 파일(이하 '이미지 파일'이라 한다)을 제출받아 압수하였다면 이로써 압수의 목적물에 대한 **압수·수색 절차는 종료된** 것이므로, 수사기관이 수사기관 사무실에서 위와 같이 압수된 이미지 파일을 탐색·복제·출력하는 과정에서도 **피의자 등에게 참여의 기회를 보장하여야 하는 것은 아니다**(대법원 2018. 2. 8. 선고 2017도13263 판결).

▶ 정답 ①

8. 정보저장매체의 압수·수색에 관한 설명으로 가장 적절하지 않은 것은? (다툼이 있는 경우 판례에 의함)
(2024. 1차 경찰채용)

① 수사기관의 전자정보에 대한 압수·수색은 원칙적으로 영장 발부의 사유로 된 범죄 혐의사실과 관련된 부분만을 문서 출력물로 수집하거나 수사기관이 휴대한 저장매체에 해당 파일을 복제하는 방식으로 이루어져야 하고, 수사기관 사무실 등 외부로 저장매체자체를 직접 반출하는 방식으로 압수·수색하는 것은 예외적으로만 허용된다.
② 압수의 목적을 달성하기에 현저히 곤란한 사정이 인정되어 전자정보가 담긴 저장매체를 수사기관 사무실 등으로 옮겨 혐의사실과 관련된 전자정보만을 복제·탐색·출력하는 경우에도, 피압수·수색 당사자나 변호인에게 참여의 기회를 보장하여야 한다.
③ 수사기관이 범죄 혐의사실과 관련 있는 전자정보를 선별 압수한 후 그와 관련이 없는 나머지 정보를 삭제·폐기·반환하지 아니한 채 보관하고 있더라도, 사후에 위 나머지 정보에 대하여 법원으로부터 압수·수색영장을 발부받거나 피고인 또는 변호인이 이를 증거로 함에 동의하였다면 증거로 사용할 수 있다.

④ 수사기관이 압수·수색영장에 적힌 '수색할 장소'에 있는 컴퓨터 등 정보처리장치에 저장된 전자정보 외에 원격지 서버에 저장된 전자정보를 압수·수색하기 위해서는 그 영장에 적힌 '압수할 물건'에 별도로 원격지 서버 저장 전자정보가 특정되어 있어야 하고, '압수할 물건'에 컴퓨터 등 정보처리장치 저장 전자정보만 기재되어 있다면 컴퓨터 등 정보처리장치를 이용하여 원격지 서버 저장전자정보를 압수할 수는 없다.

해설

③ (×) [1] **법원은** 압수·수색영장의 집행에 관하여 **범죄 혐의사실과 관련 있는 전자정보의 탐색·복제·출력이 완료된 때에는 지체 없이** 영장 기재 범죄 혐의사실과 **관련이 없는 나머지 전자정보에 대해 삭제·폐기 또는 피압수자 등에게 반환할 것을 정할 수 있다.**
[2] **수사기관이 범죄 혐의사실과 관련 있는 정보를 선별하여 압수한 후에도 그와 관련이 없는 나머지 정보를 삭제·폐기·반환하지 아니한 채 그대로 보관하고 있다면 범죄 혐의사실과 관련이 없는 부분에 대하여는** 압수의 대상이 되는 전자정보의 범위를 넘어서는 전자정보를 **영장 없이 압수·수색하여 취득한 것이어서 위법**하고, **사후에** 법원으로부터 압수·수색영장이 발부되었다거나 피고인이나 변호인이 이를 **증거로 함에 동의하였다고 하여 그 위법성이 치유된다고 볼 수 없다**(대법원2022. 1. 14.자2021모1586결정).

① (○) **수사기관의 전자정보에 대한 압수·수색은 원칙적으로** 영장 발부의 사유로 된 범죄 **혐의사실과 관련된 부분만을** 문서 **출력물로 수집하거나 수사기관이 휴대한 저장매체에 해당 파일을 복제하는 방식으로 이루어져야 하고, 저장매체 자체를 직접 반출**하거나 저장매체에 들어 있는 전자파일 전부를 하드카피나 이미징 등 형태(이하 '**복제본**'이라 한다)로 **수사기관 사무실 등 외부로 반출하는 방식으로 압수·수색하는 것은** 현장의 사정이나 전자정보의 대량성으로 관련 정보 획득에 긴 시간이 소요되거나 전문 인력에 의한 기술적 조치가 필요한 경우 등 범위를 정하여 출력 또는 복제하는 방법이 **불가능하거나 압수의 목적을 달성하기에 현저히 곤란하다고 인정되는 때에 한하여 예외적으로 허용될 수 있을 뿐이다**(대법원2015. 7. 16.자2011모1839전원합의체 결정).

② (○) [1] 수사기관이 압수·수색영장을 집행할 때에는 피압수자 또는 변호인은 그 집행에 참여할 수 있다(형사소송법 제219조, 제121조). 저장매체에 대한 압수·수색 과정에서 **범위를 정하여 출력·복제하는 방법이 불가능하거나 압수의 목적을 달성하기에 현저히 곤란한 예외적인 사정이 인정되어 전자정보가 담긴 저장매체, 하드카피나 이미징(imaging) 등 형태(이하 '복제본'이라 한다)를 수사기관 사무실등으로 옮겨 복제·탐색·출력하는 경우에도, 피압수자나 변호인에게 참여 기회를 보장하고 혐의사실과 무관한 전자정보의 임의적인 복제 등을 막기 위한 적절한 조치를 취하는 등** 영장주의 원칙과 적법절차를 준수하여야 한다.
[2] 만일 그러한 조치를 취하지 않았다면 피압수자 측이 위와 같은 절차나 과정에 참여하지 않는다는 의사를 명시적으로 표시하였거나 절차 위반행위가 이루어진 과정의 성질과 내용 등에 비추어 피압수자에게 절차 참여를 보장한 취지가 실질적으로 침해되었다고 볼 수 없을 정도에 해당한다는 등의 특별한 사정이 없는 이상 압수·수색이 적법하다고 할 수 없다. 이는 **수사기관이 저장매체 또는 복제본에서 혐의사실과 관련된 전자정보만을 복제·출력한 경우에도 마찬가지이다**(대법원2020. 11. 26. 선고2020도10729판결).

④ (○) [1] 원격지 서버에 저장되어 있는 전자정보와 컴퓨터 등 정보처리장치에 저장되어 있는 전자정보는 그 내용이나 질이 다르므로 압수·수색으로 얻을 수 있는 전자정보의 범위와 그로 인한 기본권 침해 정도도 다르다.
[2] 따라서 수사기관이 압수·수색영장에 적힌 '수색할 장소'에 있는 컴퓨터 등 정보처리장치에 저장된 전자정보 외에 **원격지 서버에 저장된 전자정보를 압수·수색하기 위해서는 압수·수색영장에 적힌 '압수할 물건'에 별도로 원격지 서버 저장 전자정보가 특정되어 있어야 한다.**
[3] 압수·수색영장에 적힌 '압수할 물건'에 컴퓨터 등 정보처리장치 저장 전자정보만 기재되어 있다면 컴퓨터 등 정보처리장치를 이용하여 **원격지 서버 저장 전자정보를 압수할 수는 없다**(대법원2022. 6. 30. 선고2022도1452판결).

▼정답 ③

9. 압수·수색에 관한 설명 중 가장 적절하지 않은 것은?(다툼이 있으면 판례에 의함) (2023. 경찰대편입)

① 경찰관이 전화사기죄 범행의 혐의자를 긴급체포하면서 그가 보관하고 있던 다른 사람의 주민등록증, 운전면허증 등을 압수한 사안에서, 이는 해당 범죄사실의 수사에 필요한 범위내의 압수로서 적법하므로, 이를 위 혐의자의 점유이탈물횡령죄 범행에 대한 증거로 사용할 수 있다.

② 압수·수색영장의 범죄 혐의사실과 객관적 관련성이 있는 범죄라는 것은 압수·수색영장에 기재된 혐의사실 자체 또는 그와 기본적 사실관계가 동일한 범행과 직접 관련되어 있는 경우는 포함되지만 단지 범행 동기와 경위, 범행 수단과 방법, 범행 시간과 장소 등을 증명하기 위한 간접증거나 정황증거등으로 사용될 수 있는 경우는 인정되지 않는다.

③ 수사기관이 압수·수색에 착수하면서 그 장소의 관리책임자에게 영장을 제시하였더라도, 물건을 소지하고 있는 다른 사람으로부터 이를 압수하고자 하는 때에는 그 사람에게 따로 영장을 제시하여야 한다.

④ 전자정보에 대한 압수·수색이 종료되기 전에 혐의사실과 관련된 전자정보를 적법하게 탐색하는 과정에서 별도의 범죄혐의와 관련된 전자정보를 우연히 발견하면, 수사기관은 더이상의 추가 탐색을 중단하고 법원에서 별도의 범죄혐의에 대한 압수·수색영장을 발부받은 경우에 한하여 그러한 정보를 적법하게 압수·수색할 수 있다.

⑤ 수사기관이 압수·수색영장을 집행하면서 甲회사에 팩스로 영장 사본을 송신하기만 하고 영장 원본을 제시하거나 압수조서와 압수물 목록을 작성하여 피압수·수색 당사자에게 교부하지도 않았다면 그 압수·수색은 위법하다.

해 설

② (×) [1] 형사소송법 제215조 제1항은 "검사는 범죄수사에 필요한 때에는 피의자가 죄를 범하였다고 의심할 만한 정황이 있고 해당 사건과 관계가 있다고 인정할 수 있는 것에 한정하여 지방법원판사에게 청구하여 발부받은 영장에 의하여 압수, 수색 또는 검증을 할 수 있다."라고 정하고 있다. 따라서 영장 발부의 사유로 된 범죄 혐의사실과 무관한 별개의 증거를 압수하였을 경우 이는 원칙적으로 유죄 인정의 증거로 사용할 수 없다.

[2] 그러나 압수·수색의 목적이 된 범죄나 이와 관련된 범죄의 경우에는 그 압수·수색의 결과를 유죄의 증거로 사용할 수 있다. 압수·수색영장의 범죄 혐의사실과 관계있는 범죄라는 것은 압수·수색영장에 기재한 혐의사실과 객관적 관련성이 있고 압수·수색영장 대상자와 피의자 사이에 인적 관련성이 있는 범죄를 의미한다.

[3] 그 중 **혐의사실과의 객관적 관련성**은 ㉠ 압수·수색영장에 **기재된 혐의사실 자체** 또는 ㉡ **그와 기본적 사실관계가 동일한 범행과 직접 관련되어 있는 경우**는 물론 ㉢ **범행 동기와 경위, 범행 수단과 방법, 범행 시간과 장소 등을 증명**하기 위한 **간접증거나 정황증거 등으로 사용될 수 있는 경우에도 인정될 수 있다.**

[4] 그 관련성은 압수·수색영장에 기재된 혐의사실의 내용과 수사의 대상, 수사 경위 등을 종합하여 구체적·개별적 연관관계가 있는 경우에만 인정되고, 혐의사실과 단순히 동종 또는 유사 범행이라는 사유만으로 관련성이 있다고 할 것은 아니다. 그리고 피의자와 사이의 인적 관련성은 압수·수색영장에 기재된 대상자의 공동정범이나 교사범 등 공범이나 간접정범은 물론 필요적 공범 등에 대한 피고사건에 대해서도 인정될 수 있다(대판2017.12.5. 2017도13458).

① (○) **경찰관이** 이른바 **전화사기죄 범행의 혐의자를 긴급체포**하면서 **그가 보관하고 있던 다른 사람의 주민등록증, 운전면허증 등을 압수**한 사안에서, 이는 구 형사소송법(2007. 6. 1. 법률 제8496호로 개정되기 전의 것) 제217조 제1항에서 규정한 **해당 범죄사실의 수사에 필요한 범위 내의 압수로서 적법하므로**, 이를 위 혐의자의 **점유이탈물횡령죄 범행에 대한 증거로 인정한다**(대판2008.7.10 2008도2245)

③ (○) 압수·수색영장을 집행하는 수사기관은 피압수자로 하여금 법관이 발부한 영장에 의한 압수·수색이라는 사실을 확인함과 동시에 형사소송법이 압수·수색영장에 필요적으로 기재하도록 정한 사항이나 그와 일

체를 이루는 사항을 충분히 알 수 있도록 압수·수색영장을 제시하여야 한다. 나아가 압수·수색영장은 현장에서 **피압수자가 여러 명일 경우에는** 그들 모두에게 **개별적으로** 영장을 **제시해야 하는 것이 원칙**이다. 수사기관이 압수·수색에 착수하면서 그 장소의 관리책임자에게 영장을 제시하였더라도, 물건을 소지하고 있는 **다른 사람**으로부터 이를 압수하고자 하는 때에는 **그 사람에게 따로 영장을 제시하여야 한다**(대판2017.9.21. 2015도12400).

④ (○) [1] 임의제출된 정보저장매체에서 압수의 대상이 되는 전자정보의 범위를 **초과하여** 수사기관이 **임의로 전자정보를 탐색·복제·출력하는 것은** 원칙적으로 위법한 압수·수색에 해당하므로 허용될 수 없다.
[2] 만약 전자정보에 대한 압수·수색이 종료되기 전에 범죄혐의 사실과 관련된 전자정보를 적법하게 탐색하는 과정에서 **별도의 범죄혐의와 관련된 전자정보를 우연히 발견한 경우**라면, 수사기관은 더 이상의 추가 탐색을 중단하고 **법원으로부터 별도의 범죄혐의에 대한 압수·수색영장을 발부받은 경우**에 한하여 그러한 정보에 대하여도 **적법하게 압수·수색을 할 수 있다**.
[3] 따라서 임의제출된 정보저장매체에서 압수의 대상이 되는 전자정보의 범위를 **넘어서는** 전자정보에 대해 수사기관이 **영장 없이 압수·수색하여 취득한 증거는 위법수집증거에 해당하고, 사후에 법원으로부터 영장이 발부되었다거나 피고인이나 변호인이 이를 증거로 함에 동의하였다고 하여 그 위법성이 치유되는 것도 아니다**(대법원2021. 11. 18.선고2016도348전원합의체 판결).

⑤ (○) **수사기관이** 2010. 1. 11. A주식회사에서 압수수색영장을 집행하여 피고인이 B에게 발송한 이메일을 압수한 후 이를 증거로 제출하였으나, 수사기관은 위 압수수색영장을 집행할 당시 A주식회사에 **팩스로 영장 사본을 송신한 사실은 있으나 영장 원본을 제시하지 않았고** 또한 **압수조서와 압수물 목록을 작성하여** 이를 피압수·수색 당사자에게 **교부하였다고 볼 수도 없다고** 전제한 다음, **위와 같은 방법으로 압수된 위 각 이메일**은 헌법과 형사소송법 제219조, 제118조, 제129조가 정한 절차를 위반하여 수집한 **위법수집증거로 원칙적으로 유죄의 증거로 삼을 수 없고**, 이러한 절차 위반은 헌법과 형사소송법이 보장하는 적법절차 원칙의 실질적인 내용을 침해하는 경우에 해당하고 위법수집증거의 증거능력을 인정할 수 있는 **예외적인 경우에 해당한다고 볼 수도 없어 증거능력이 없다**(대법원2017. 9. 7.선고2015도10648판결). 결국, 수사기관이 갑 주식회사에서 압수수색영장을 집행하면서 갑 회사에 팩스로 영장 사본을 송신하기만 하고 **영장 원본을 제시하거나 압수조서와 압수물 목록을 작성하여** 피압수·수색 당사자에게 **교부하지도 않은 채** 피고인의 **이메일을 압수한 후 이를 증거로 제출한** 사안에서, 위와 같은 방법으로 압수된 **이메일은 위법수집증거로서 증거능력이 없다**.

▼정답 ②

10. 압수·수색 절차에 관한 설명으로 가장 적절하지 <u>않은</u> 것은?(다툼이 있는 경우 판례에 의함)

(2023. 2차 경찰채용)

① 압수·수색영장은 원칙적으로 처분을 받는 자에게 반드시 제시하고, 처분을 받는 자가 피의자인 경우에는 그 사본을 교부해야 하는데, 이는 준항고 등 피압수자의 불복신청의 기회를 실질적으로 보장하기 위한 것이다.

② 압수·수색영장을 소지하지 아니한 경우에 급속을 요하는 때에는 피의자에 대하여 공소사실의 요지와 영장이 발부되었음을 고지하고 집행할 수 있다.

③ 압수·수색영장 통지의 예외 사유인 '급속을 요하는 때'란 압수·수색영장 집행 사실을 미리 알려주면 증거물을 은닉할 염려등이 있어 압수·수색의 실효를 거두기 어려울 경우를 의미한다.

④ 수사기관이 A 회사에서 압수·수색영장을 집행하면서 A회사에 팩스로 영장 사본을 송신하기만 하고 영장 원본을 제시하지 않았고 또한 압수조서와 압수물 목록을 작성하여 피압수·수색 당사자에게 교부하지 않은 채 피고인의 이메일을 압수한 후 이를 증거로 제출한 것은 적법절차 원칙의 실질적인 내용을 침해한 것이다.

▼해설

② (×) 검사 또는 사법경찰관이 **체포영장 또는 구속영장**을 **소지하지 아니한 경우**에 **급속을 요하는 때에는** 피의자에 대하여 공소사실의 요지와 영장이 발부되었음을 **고하고 집행할 수 있다**(제85조 제3항, 제00조의6, 제209조). **체포영장 또는 구속영장**의 집행을 **완료한 후에는 신속히 구속영장을 제시**하고 **그 사본을 교부하여야 한다**(제85조 제4항, 제209조). 결국, 긴급집행은 체포와 구속에서만 허용되고, **압수·수색에서는 허용되지 않는다.** 즉, 긴급집행제도는 체포영장과 구속영장(대인적 강제처분)을 집행할 때만 허용될 뿐이고, 대물적 강제처분인 압수·수색영장을 소지하지 아니한 경우에는 긴급집행이 허용되지 아니하므로 **급속을 요하는 경우에도 반드시 압수·수색영장을 사전에 제시하여야 한다.**

① (○) [1] **압수·수색영장은** 처분을 받는 자에게 **반드시 제시하여야** 하고, **처분을 받는 자가 피의자인 경우에는 그 사본을 교부하여야** 한다. **다만,** 처분을 받는 자가 현장에 없는 등 영장의 제시나 그 사본의 교부가 현실적으로 **불가능한 경우** 또는 처분을 받는 자가 영장의 제시나 사본의 교부를 **거부한 때에는 예외로 한다**(제118조, 219조).
[2] **수사기관이 재항고인의 휴대전화 등을 압수할 당시 재항고인에게 압수·수색영장을 제시하였는데** 재항고인이 영장의 구체적인 확인을 요구하였으나 **수사기관이 영장의 범죄사실 기재 부분을 보여주지 않았고,** 그 후 재항고인의 **변호인이 재항고인에 대한 조사에 참여하면서 영장을 확인한 사안**에서, 수사기관이 위 압수처분 당시 재항고인으로부터 영장 내용의 구체적인 확인을 요구받았음에도 압수·수색영장의 내용을 보여주지 않았던 것으로 보이므로 형사소송법 제219조,제118조에 따른 **적법한 압수·수색영장의 제시라고 인정하기 어렵다.**
[3] 헌법 제12조 제3항 본문, 형사소송법 제219조, 제118조는 '**수사기관이 압수·수색영장을 집행할 때에는 처분을 받는 자에게 반드시 압수·수색영장을 제시하여야 한다**'는 취지로 규정하고 있다. 그리고 형사소송법 제219조, 제114조 제1항본문, 형사소송규칙 제58조는 **압수·수색영장에 피의자의 성명, 죄명, 압수할 물건, 수색할 장소, 신체, 물건, 발부연월일, 유효기간, 압수·수색의 사유 등이 기재되어야 한다**는 취지로 규정하고 있다. 그 취지는 **영장주의의 절차적 보장**과 더불어 압수·수색영장에 기재된 물건, 장소, 신체에 대해서만 압수·수색을 하도록 하여 **개인의 사생활과 재산권의 침해를 최소화**하는 한편, **준항고 등 피압수자의 불복신청의 기회를 실질적으로 보장하기 위한 것이다.**
[4] 따라서 **압수·수색영장을 집행하는 수사기관은** 피압수자로 하여금 법관이 발부한 영장에 의한 압수·수색이라는 사실을 확인함과 동시에 형사소송법이 압수·수색영장에 필요적으로 기재하도록 정한 사항이나 그와 일체를 이루는 사항을 충분히 알 수 있도록 **압수·수색영장을 제시하여야 한다**(대법원2020. 4. 16.자2019모3526결정).

③ (○) 피의자 또는 변호인은 압수·수색영장의 집행에 참여할 수 있고(형사소송법 제219조, 제121조), 압수·수색영장을 집행함에는 원칙적으로 미리 집행의 일시와 장소를 피의자 등에게 통지하여야 하나(형사소송법 제122조 본문), '**급속을 요하는 때**'에는 위와 같은 통지를 생략할 수 있다(형사소송법 제122조 단서). 여기서 '**급속을 요하는 때**'라고 함은 압수·수색영장 집행 사실을 미리 알려주면 **증거물을 은닉할 염려 등이 있어 압수·수색의 실효를 거두기 어려울 경우**라고 해석함이 옳고, 그와 같이 합리적인 해석이 가능하므로 **형사소송법 제122조 단서가 명확성의 원칙 등에 반하여 위헌이라고 볼 수 없다**(대판2012.10.11. 2012도7455).

④ (○) [1] 수사기관의 압수·수색은 법관이 발부한 압수수색영장에 의하여야 하는 것이 원칙이고, 그 영장에는 피의자의 성명, 압수할 물건, 수색할 장소·신체·물건과 압수수색의 사유 등이 특정되어야 하며, 영장은 처분을 받는 자에게 반드시 제시되어야 하고, 압수물을 압수한 경우에는 목록을 작성하여 소유자, 소지자 등에게 교부하여야 한다. 이러한 형사소송법과 형사소송규칙의 절차 조항은 헌법에서 선언하고 있는 적법절차와 영장주의를 구현하기 위한 것으로서 그 규범력은 확고히 유지되어야 한다. 그러므로 **형사소송법 등에서 정한 절차에 따르지 않고 수집된 증거는 기본적 인권 보장을 위해 마련된 적법한 절차에 따르지 않은 것으로서 원칙적으로 유죄 인정의 증거로 삼을 수 없다.**
[2] 수사기관이 2010. 1. 11. A주식회사에서 압수수색영장을 집행하여 **피고인 갑이 을에게 발송한 이메일**(증거목록 순번 314-1, 3, 5)을 **압수한 후 이를 증거로 제출하였으나,** 수사기관은 **위 압수수색영장을 집행할 당시** A주식회사에 팩스로 영장 사본을 송신한 사실은 있으나 **영장 원본을 제시하지 않았고** 또한 **압수조서와 압수물 목록을 작성하여 이를 피압수·수색 당사자에게 교부하였다고 볼 수도 없다고** 전제한 다음, **위와 같은 방법으로 압수된 위 각 이메일**은 헌법과 형사소송법 제219조, 제118조, 제129조가 정한 절차를 위반하여 수집한 **위법수집증거로 원칙적으로 유죄의 증거로 삼을 수 없고,** 이러한 절차 위반은 헌법과 형사소송법이 보장하는 적법절차 원칙의 실질적인 내용을 침해하는 경우에 해당하고 위법수집증거의 증거능력을 인정할 수 있는 예외적인 경우에 해당한다고 볼 수도 없어 **증거능력이 없다**(대법원2017. 9. 7.선고2015도10648판결).

▼정답 ②

11. 전자정보 압수·수색에 관한 다음 설명 중 옳지 않은 것은 모두 몇 개인가? (다툼이 있는 경우 판례에 의함)

(2023. 2차 경찰채용)

> ㉠ 수사기관이 압수·수색영장에 적힌 '수색할 장소'에 있는 컴퓨터 등 정보처리장치에 저장된 전자정보 외에 원격지 클라우드에 저장된 전자정보를 압수·수색하기 위해서는 압수·수색영장에 적힌 '압수할 물건'에 별도로 원격지 클라우드저장 전자정보가 특정되어 있어야 한다.
>
> ㉡ 수사기관이 전자정보에 대한 압수·수색이 종료되기전에 혐의사실과 관련된 전자정보를 적법하게 탐색하는 과정에서 별도 범죄혐의와 관련된 전자정보를 우연히 발견한 경우, 대법원은 '우연한 육안발견 원칙(plain view doctrine)'에 의해 별도의 영장 없이 우연히 발견한 별도 범죄혐의와 관련된 전자정보를 압수·수색할 수 있다고 판시하였다.
>
> ㉢ 수사기관이 피의자의 이메일 계정에 대한 접근권한에 갈음하여 발부받은 압수·수색영장에 따라, 원격지의 저장매체에 적법하게 접속하여 내려받거나 현출된 전자정보를 대상으로 하여 범죄 혐의사실과 관련된 부분에 대하여 압수·수색하는 것은 특별한 사정이 없는 한 허용되지만, 원격지 저장매체가 국외에 있는 경우에는 허용되지 않는다.
>
> ㉣ 수사기관이 범죄 혐의사실과 관련 있는 정보를 선별하여 압수한 후에도 그와 관련이 없는 나머지 정보를 법원의 영장내용에 반하여 삭제·폐기·반환하지 아니한 채 그대로 보관하고 있다면, 범죄 혐의사실과 관련이 없는 부분에 대하여는 압수의 대상이 되는 전자정보의 범위를 넘어서는 전자정보를 영장없이 압수·수색하여 취득한 것이어서 위법하다.
>
> ㉤ 피의자가 휴대전화를 임의제출하면서 휴대전화에 저장된 전자정보가 아닌 클라우드 등 제3자가 관리하는 원격지에 저장되어 있는 전자정보를 수사기관에 제출한다는 의사로 수사기관에게 클라우드 등에 접속하기 위한 아이디와 비밀번호를 임의로 제공하였다면 위 클라우드 등에 저장된 전자정보를 임의제출하는 것으로 볼 수 있다.

① 1개 ② 2개
③ 3개 ④ 4개

▼ **해 설**

② ㉠㉣㉤(2개)은 옳은 지문이나, ㉡㉢(2개)은 틀린 지문이다.

㉠ (O) 따라서 수사기관이 압수·수색영장에 적힌 '수색할 장소'에 있는 컴퓨터 등 정보처리장치에 저장된 전자정보 외에 **원격지서버에 저장된 전자정보를 압수·수색하기 위해서는** 압수·수색영장에 적힌 '압수할 물건'에 **별도로 원격지서버 저장 전자정보가 특정되어 있어야 한다.** 압수·수색영장에 적힌 '**압수할 물건**'에 컴퓨터 등 정보처리장치 저장 전자정보만 기재되어 있다면 컴퓨터 등 정보처리장치를 이용하여 **원격지서버 저장 전자정보를 압수할 수는 없다**(대법원2022. 6. 30.자2020모735결정)

㉡ (×) [1] **검사가** 압수·수색영장을 발부받아 갑 주식회사 빌딩 내 을의 사무실을 압수·수색하였는데, 저장매체에 범죄혐의와 관련된 정보(이하 '유관정보'라 한다)와 범죄혐의와 무관한 정보(이하 '무관정보'라 한다)가 혼재된 것으로 판단하여 ⓐ **갑 회사의 동의를 받아 저장매체를** 수사기관 사무실로 반출한 다음 **을 측의 참여** 하에 저장매체에 저장된 **전자정보파일 전부를 '이미징'의 방법으로 다른 저장매체로 복제**(이하 '제1 처분'이라 한다)하고, ⓑ **을 측의 참여 없이 이미징한 복제본을** 외장 하드디스크에 **재복제**(이하 '제2 처분'이라 한다)하였으며, ⓒ **을 측의 참여 없이** 하드디스크에서 유관정보를 탐색하는 과정에서 **갑 회사의 별건 범죄혐의와 관련된 전자정보 등 무관정보도 함께 출력**(이하 '제3 처분'이라 한다)한 사안에서, **제1 처분은 위법하다고 볼 수 없으나, 제2·3 처분은** 제1 처분 후 피압수·수색 당사자에게 계속적인 참여권을 보장하는 등의 조치가 이루어지지 아니한 채 유관정보는 물론 **무관정보까지 재복제·출력한 것으로서 영장이 허용한 범위를 벗어나**

고 적법절차를 위반한 위법한 처분이며, 제2·3 처분에 해당하는 **전자정보의 복제·출력** 과정은 증거물을 획득하는 행위로서 압수·수색의 목적에 해당하는 중요한 과정인 점 등 위법의 중대성에 비추어 **위 영장에 기한 압수·수색이 전체적으로 취소되어야 한다.**

[2] 전자정보에 대한 압수·수색에 있어 저장매체 자체를 외부로 반출하거나 하드카피·이미징 등의 형태로 복제본을 만들어 외부에서 저장매체나 복제본에 대하여 압수·수색이 허용되는 예외적인 경우에도 혐의사실과 관련된 전자정보 이외에 **이와 무관한 전자정보를 탐색·복제·출력하는 것은 원칙적으로 위법한 압수·수색에 해당하므로 허용될 수 없다.** 그러나 전자정보에 대한 압수·수색이 종료되기 전에 혐의사실과 관련된 전자정보를 적법하게 탐색하는 과정에서 **별도의 범죄혐의와 관련된 전자정보를 우연히 발견한 경우라면,** 수사기관은 더 이상의 추가 탐색을 중단하고 법원에서 별도의 범죄혐의에 대한 압수·수색영장을 발부받은 경우에 한하여 그러한 **정보에 대하여도 적법하게 압수·수색을 할 수 있다.** 나아가 이러한 경우에도 별도의 압수·수색 절차는 최초의 압수·수색 절차와 구별되는 별개의 절차이고, 별도 범죄혐의와 관련된 전자정보는 최초의 압수·수색영장에 의한 압수·수색의 대상이 아니어서 저장매체의 원래 소재지에서 별도의 압수·수색영장에 기해 압수·수색을 진행하는 경우와 마찬가지로 피압수·수색 당사자(이하 '피압수자'라 한다)는 최초의 압수·수색 이전부터 해당 전자정보를 관리하고 있던 자라 할 것이므로, **특별한 사정이 없는 한 피압수자에게 형사소송법 제219조,**제121조,제129조에 따라 **참여권을 보장하고 압수한 전자정보 목록을 교부하는 등 피압수자의 이익을 보호하기 위한 적절한 조치가 이루어져야 한다.**

[3] 검사가 압수·수색영장(이하 '제1 영장'이라 한다)을 발부받아 갑 주식회사 빌딩 내 을의 사무실을 압수·수색하였는데, 저장매체에 범죄혐의와 관련된 정보(이하 '유관정보'라 한다)와 범죄혐의와 무관한 정보(무관정보)가 혼재된 것으로 판단하여 갑 회사의 동의를 받아 저장매체를 수사기관 사무실로 반출한 다음 을 측의 참여하에 저장매체에 저장된 전자정보파일 전부를 '이미징'의 방법으로 다른 저장매체로 복제하고, 을 측의 참여 없이 이미징한 복제본을 외장 하드디스크에 재복제하였으며, **을 측의 참여 없이 하드디스크에서 유관정보를 탐색하던 중 우연히 을 등의 별건 범죄혐의와 관련된 전자정보(이하 '별건 정보'라 한다)를 발견하고 문서로 출력하였고,** 그 후 을 측에 참여권 등을 보장하지 않은 채 다른 검사가 별건 정보를 소명자료로 제출하면서 압수·수색영장(이하 '제2 영장'이라 한다)을 발부받아 외장 하드디스크에서 별건 정보를 탐색·출력한 사안에서, 제2 영장 청구 당시 압수할 물건으로 삼은 정보는 제1 영장의 피압수·수색 당사자에게 참여의 기회를 부여하지 않은 채 임의로 재복제한 외장 하드디스크에 저장된 정보로서 그 자체가 위법한 압수물이어서 별건 정보에 대한 영장청구 요건을 충족하지 못하였고, 나아가 제2 영장에 기한 압수·수색 당시 을 측에 압수·수색 과정에 참여할 기회를 보장하지 않았으므로, **제2 영장에 기한 압수·수색은 전체적으로 위법하다**(대법원 2015. 7. 16.자 2011모1839 전원합의체 결정).

ⓒ (×) 피의자의 이메일 계정에 대한 접근권한에 갈음하여 발부받은 압수·수색영장에 따라 **원격지의 저장매체에 적법하게 접속하여 내려받거나 현출된 전자정보를 대상으로 하여 범죄 혐의사실과 관련된 부분에 대하여 압수·수색하는 것은,** 압수·수색영장의 집행을 원활하고 적정하게 행하기 위하여 필요한 최소한도의 범위 내에서 이루어지며 그 수단과 목적에 비추어 사회통념상 타당하다고 인정되는 **대물적 강제처분 행위로서 허용되며,** 형사소송법 제120조 제1항에서 정한 압수·수색영장의 집행에 필요한 처분에 해당한다. 그리고 이러한 법리는 원격지의 저장매체가 국외에 있는 경우라 하더라도 그 사정만으로 달리 볼 것은 아니다(**압수·수색이 허용된다**)(대판2017.11.29. 2017도9747).

ⓔ (○) [1] **법원은** 압수·수색영장의 집행에 관하여 **범죄 혐의사실과 관련 있는 전자정보의 탐색·복제·출력이 완료된 때에는** 지체 없이 영장 기재 범죄 혐의사실과 **관련이 없는 나머지 전자정보에 대해 삭제·폐기 또는 피압수자 등에게 반환할 것을 정할 수 있다.** 수사기관이 범죄 혐의사실과 관련 있는 정보를 선별하여 압수한 후에도 그와 관련이 없는 **나머지 정보를 삭제·폐기·반환하지 아니한 채 그대로 보관하고 있다면** 범죄 혐의사실과 관련이 없는 부분에 대하여는 압수의 대상이 되는 전자정보의 범위를 **넘어서는 전자정보를 영장 없이 압수·수색하여 취득한 것이어서 위법하고, 사후에 법원으로부터 압수·수색영장이 발부되었다거나** 피고인이나 변호인이 이를 증거로 함에 동의하였다고 하여 **그 위법성이 치유된다고 볼 수 없다.**

[2] 수사기관이 **휴대전화 등에 대한 제1 압수·수색영장을 집행하면서** 기술적인 문제를 이유로 혐의사실 관련성에 대한 구분 없이 임의로 이 사건 휴대전화 내의 전자정보 전부를 1개의 압축파일인 이 사건 파일로 생성·복제하고, 이후 이 사건 파일에서 혐의사실과 관련된 전자정보만을 탐색·선별하여 출력 또는 복제하는 절차를 밟지 아니한 채 이 사건 파일 1개 그대로에 대해 압수조서를 작성하고, 그 1개의 파일만을 기재한 것을 상세목록이라는 이름으로 준항고인에게 교부하였으며, **범죄혐의와 관련 없는 정보를 삭제·폐기·반환하는 등의 조치 역시 취하지 아니하고 오히려 이 사건 파일을 경찰청 내의 저장매체에 복제된 상태 그대로 보관하여 둔 이상,** 결국 수사기관은 영장주의와 적법절차의 원칙, 제1 압수·수색영장에 기재된 압수

의 대상과 방법의 제한을 중대하게 위반하여 이 사건 파일을 압수·취득한 것이므로, 결국 이 사건 **파일 전체에 대한 압수는 취소되어야 한다**고 봄이 상당하다. 나아가 수사기관이 위와 같이 **위법하게 압수하여 취득한** 이 사건 파일에 대해 별도의 범죄 혐의사실로 제2 압수·수색영장, 제3 압수·수색영장이 발부되었다고 하더라도 그 위법성은 치유된다고 보기 어렵고, 따라서 다른 점에 관하여 더 나아가 살펴볼 필요 없이 **제2 압수·수색영장, 제3 압수·수색영장에 의하여 이루어진 압수 역시 취소되어야** 한다(대법원2022. 1. 14.자2021모1586결정). 결국, **휴대전화에 대한 압수처분이 위법함을 이유로 파일 전체에 대한 압수는 취소되어야** 한다.

ⓜ (○) 피의자가 휴대전화를 임의제출하면서 휴대전화에 저장된 전자정보가 아닌 클라우드 등 제3자가 관리하는 원격지에 저장되어 있는 전자정보를 수사기관에 제출한다는 의사로 수사기관에게 클라우드 등에 접속하기 위한 아이디와 비밀번호를 임의로 제공하였다면 위 클라우드 등에 저장된 전자정보를 임의제출하는 것으로 볼 수 있다(대법원2021. 7. 29.선고2020도14654판결).

▼정답 ②

12. 압수 수색에 대한 설명으로 가장 적절하지 <u>않은</u> 것은?(다툼이 있는 경우 판례에 의함) (2023. 경찰승진)

① 형사소송법 제216조(영장에 의하지 아니한 강제처분)의 규정에 의하면 범행 중 또는 범행 직후의 범죄 장소에서 긴급을 요하여 법원 판사의 영장을 받을 수 없는 때에는 영장 없이 압수할 수 있으며, 이 경우에는 사후 48시간 이내에 영장을 받아야 한다.

② 형사소송법 제200조의3(긴급체포)에 따라 체포된 자가 소유하는 물건에 대하여 긴급히 압수할 필요가 있는 경우에 사법경찰관은 체포한 때부터 24시간 이내에 한하여 영장없이 압수할 수 있다.

③ 수사기관이 압수·수색영장을 집행하면서 팩스로 영장 사본을 송신하기만 하고 영장 원본을 제시하거나 압수조서와 압수물 목록을 작성하여 피압수·수색 당사자에게 교부하지도 않은 채 피고인의 이메일을 압수했다면, 그 압수·수색은 위법하다.

④ 영장 발부의 사유로 된 범죄 혐의사실과 무관한 별개의 증거를 압수하였을 경우 이는 원칙적으로 유죄 인정의 증거로 사용할 수 없으나, 압수·수색의 목적이 된 범죄나 이와 관련된 범죄의 경우에는 그 압수·수색의 결과를 유죄의 증거로 사용할 수 있다.

▼해 설

① (×) 범행 중 또는 범행직후의 범죄 장소에서 긴급을 요하여 법원판사의 영장을 받을 수 없는 때에는 **영장없이** 압수, 수색 또는 검증을 할 수 있다. 이 경우에는 **사후에 지체없이 영장을 받아야 한다**(제216조 제3항).

② (○) 제217조 제1항

③ (○) **수사기관이** 갑 주식회사에서 압수·수색영장을 집행하면서 **갑 회사에 팩스로 영장사본을 송신하기만** 하고 **영장원본을 제시하거나** 압수조서와 압수물 목록을 작성하여 피압수·수색 당사자에게 교부하지도 않은 채 피고인의 **이메일을 압수한 후 이를 증거로 제출**한 사안에서, 위와 같은 방법으로 **압수된 이메일은 증거능력이 없다**(대법원2017. 9. 7.선고2015도10648판결).

④ (○) [1] 영장 발부의 사유로 된 **범죄혐의 사실과 무관한 별개의 증거를 압수하였을 경우** 이는 **원칙적으로 유죄 인정의 증거로 사용할 수 없다**.
[2] 그러나 압수·수색의 목적이 된 범죄나 이와 관련된 범죄의 경우에는 그 압수·수색의 결과를 유죄의 증거로 사용할 수 있다.
[3] 압수·수색영장의 **범죄혐의 사실과 관계있는 범죄**라는 것은 압수·수색영장에 기재한 **혐의사실과 객관적 관련성**이 있고 압수·수색영장 대상자와 피의자 사이에 **인적 관련성이 있는 범죄**를 의미한다. [4] 그중 혐의사실과의 **객관적 관련성**은 압수·수색영장에 기재된 혐의사실 자체 또는 그와 기본적 사실관계가 동일한 범행과 직접 관련되어 있는 경우는 물론 범행 동기와 경위, 범행 수단과 방법, 범행 시간과 장소 등을 증명하기

위한 간접증거나 정황증거 등으로 사용될 수 있는 경우에도 인정될 수 있다. 이러한 **객관적 관련성**은 압수·수색영장에 기재된 혐의사실의 내용과 수사의 대상, 수사 경위 등을 종합하여 **구체적·개별적 연관관계가 있는 경우에만 인정된다**고 보아야 하고, **혐의사실과 단순히 동종 또는 유사 범행이라는 사유만으로 객관적 관련성이 있다고 할 것은 아니다**(대법원2020. 2. 13.선고2019도14341, 2019전도130판결).

▼정답 ①

13. 다음은 전자정보의 압수 수색에 대한 설명이다. 아래 ㉠부터 ㉣까지의 설명 중 옳고 그름의 표시(O, ×)가 바르게 된 것은?(다툼이 있는 경우 판례에 의함) (2023. 경찰승진)

㉠ 피의자의 이메일 계정에 대한 접근권한에 갈음하여 발부받은 압수 수색영장의 효력은 대한민국의 사법관할권이 미치지 아니하는 해외 이메일 서비스 제공자의 해외서버 및 그 해외서버에 소재하는 저장매체 속 피의자의 전자정보에 대하여까지 미치지는 않는다.

㉡ 수사기관 사무실 등으로 반출된 저장매체 또는 복제본에서 혐의사실 관련성에 대한 구분 없이 임의로 저장된 전자정보를 문서로 출력하거나 파일로 복제하는 행위는 원칙적으로 영장주의 원칙에 반하는 위법한 압수가 된다.

㉢ 임의제출된 정보저장매체에서 압수의 대상이 되는 전자정보의 범위를 넘어서는 전자정보에 대해 수사기관이 영장없이 압수 수색하여 취득한 증거는 위법수집증거에 해당하고, 사후에 법원으로부터 영장이 발부되었다거나 피고인이나 변호인이 이를 증거로 함에 동의하였다고 하여 그 위법성이 치유되는 것도 아니다.

㉣ 전자정보에 대한 압수 수색영장을 집행할 때에는 원칙적으로 영장 발부의 사유인 혐의사실과 관련된 부분만을 문서출력물로 수집하거나 수사기관이 휴대한 저장매체에 해당파일을 복사하는 방식으로 이루어져야 하지만, 집행현장 사정상 이러한 방식에 의한 집행이 현저히 곤란한 부득이한 사정이 존재하는 경우에는 영장에의 기재 여부와 상관없이 저장매체 자체를 직접 혹은 하드카피나 이미징 등 형태로 수사기관 사무실 등 외부로 반출하여 해당 파일을 압수수색할 수 있다.

① ㉠(O) ㉡(×) ㉢(×) ㉣(×)
② ㉠(O) ㉡(×) ㉢(×) ㉣(O)
③ ㉠(×) ㉡(O) ㉢(O) ㉣(×)
④ ㉠(×) ㉡(O) ㉢(O) ㉣(O)

▼해 설

③ ㉡㉢(2개)은 옳은 지문이나, ㉠㉣(2개)은 틀린 지문이다.
㉠ (×) [1] 피의자의 이메일 계정에 대한 접근권한에 갈음하여 **발부받은 압수·수색영장에 따라 원격지의 저장매체에 적법하게 접속하여 내려받거나 현출된 전자정보를 대상으로 하여 범죄 혐의사실과 관련된 부분에 대하여 압수·수색하는 것은**, 압수·수색영장의 집행을 원활하고 적정하게 행하기 위하여 필요한 최소한도의 범위 내에서 이루어지며 그 수단과 목적에 비추어 사회통념상 타당하다고 인정되는 **대물적 강제처분 행위로서 허용되며**, 형사소송법 제120조 제1항에서 정한 **압수·수색영장의 집행에 필요한 처분에 해당한다.**
[2] 그리고 이러한 법리는 **원격지의 저장매체가 국외에 있는 경우라 하더라도 그 사정만으로 달리 볼 것은 아니다**(대법원2017. 11. 29.선고2017도9747판결).

ⓒ (○) [1] 수사기관은 압수의 목적물이 전자정보가 저장된 저장매체인 경우에는 압수·수색영장 발부의 사유로 된 범죄혐의사실과 관련 있는 정보의 범위를 정하여 출력하거나 복제하여 이를 제출받아야 하고, 이러한 과정에서 혐의사실과 무관한 전자정보의 임의적인 복제 등을 막기 위한 적절한 조치를 취하는 등 **영장주의 원칙과 적법절차를 준수하여야 한다.**

[2] 따라서 저장매체의 소재지에서 **압수·수색이 이루어지는 경우**는 물론 예외적으로 저장매체에 들어 있는 전자파일 전부를 하드카피나 이미징(imaging) 등의 형태(이하 '복제본'이라 한다)로 수사기관 사무실 등으로 **반출한 경우**에도 반출한 저장매체 또는 복제본에서 혐의사실 관련성에 대한 **구분없이** 임의로 저장된 전자정보를 문서로 출력하거나 파일로 복제하는 행위는 **원칙적으로 영장주의 원칙에 반하는 위법한 압수가 된다**(대법원2022. 1. 14.자2021모1586결정).

ⓒ (○) [1] 임의제출된 정보저장매체에서 압수의 대상이 되는 전자정보의 범위를 **초과하여** 수사기관이 **임의로 전자정보를 탐색·복제·출력하는 것은 원칙적으로 위법한 압수·수색에 해당하므로 허용될 수 없다.**

[2] **만약** 전자정보에 대한 압수·수색이 종료되기 전에 범죄혐의사실과 관련된 전자정보를 적법하게 탐색하는 과정에서 **별도의 범죄혐의와 관련된 전자정보를 우연히 발견한 경우**라면, 수사기관은 더 이상의 **추가 탐색을 중단하고 법원으로부터 별도의 범죄혐의에 대한 압수·수색영장을 발부받은 경우에 한하여** 그러한 정보에 대하여도 **적법하게 압수·수색을 할 수 있다.**

[3] 따라서 임의제출된 정보저장매체에서 압수의 대상이 되는 전자정보의 범위를 **넘어서는** 전자정보에 대해 수사기관이 영장 없이 압수·수색하여 취득한 증거는 위법수집증거에 해당하고, 사후에 법원으로부터 영장이 발부되었다거나 피고인이나 변호인이 이를 증거로 함에 동의하였다고 하여 **그 위법성이 치유되는 것도 아니다**(대법원2021. 11. 18.선고2016도348전원합의체 판결).

ⓔ (×) [1] 전자정보에 대한 압수·수색영장의 집행에 있어서는 **원칙적으로** 영장 발부의 사유로 된 혐의사실과 관련된 부분만을 문서 출력물로 수집하거나 수사기관이 휴대한 저장매체에 해당 파일을 복사하는 방식으로 이루어져야 하고, **집행현장의 사정상 위와 같은 방식에 의한 집행이 불가능하거나 현저히 곤란한 부득이한 사정이 있더라도** 그와 같은 경우에 그 저장매체 자체를 직접 또는 하드카피나 이미징 등 형태로 수사기관 사무실 등 외부로 반출하여 해당 파일을 압수·수색할 수 있도록 **영장에 기재되어 있고** 실제 그와 같은 사정이 발생한 때에 한하여 **예외적으로 허용될 수 있을 뿐이다.**

[2] 나아가 이처럼 저장매체 자체를 수사기관 사무실 등으로 옮긴 후 **영장에 기재된 범죄 혐의 관련 전자정보를 탐색하여 해당 전자정보를 문서로 출력하거나 파일을 복사하는 과정 역시 전체적으로 압수·수색영장 집행에 포함된다**고 보아야 한다. 따라서 그러한 경우 문서출력 또는 파일복사의 대상 역시 혐의사실과 관련된 부분으로 한정되어야 함은 헌법 제12조 제1항, 제3항, 형사소송법 제114조, 제215조의 적법절차 및 영장주의의 원칙상 당연하다. 그러므로 수사기관 사무실 등으로 옮긴 저장매체에서 범죄혐의와의 관련성에 관한 **구분 없이 저장된 전자정보 중 임의로 문서출력 또는 파일복사를 하는 행위**는 특별한 사정이 없는 한 **영장주의 등 원칙에 반하는 위법한 집행이 된다**(대법원2014. 2. 27.선고2013도12155판결).

정답 ③

14. 전자정보의 압수 수색에 대한 설명으로 가장 적절하지 않은 것은?(다툼이 있는 경우 판례에 의함)

(2023. 경찰승진)

① 수사기관이 인터넷서비스이용자인 피의자를 상대로 피의자의 컴퓨터 등 정보처리장치 내에 저장되어 있는 이메일 등 전자정보를 압수 수색하는 것은 전자정보의 소유자 내지 소지자를 상대로 해당 전자정보를 압수·수색하는 대물적 강제처분으로 형사소송법의 해석상 허용된다.

② 전자정보에 대한 압수·수색이 종료되기 전에 혐의 사실과 관련된 전자정보를 적법하게 탐색하는 과정에서 별도의 범죄혐의와 관련된 전자정보를 우연히 발견한 경우, 수사기관은 더 이상의 추가 탐색을 중단하고 법원에서 그 별도의 범죄혐의에 대한 압수·수색영장을 발부받아야만 그 별도의 범죄혐의와 관련된 전자정보를 유죄의 증거로 인정할 수 있다.

③ 수사기관이 피의자 甲의 공직선거법위반 범행을 영장 범죄사실로 하여 발부받은 압수·수색영장의 집행 과정에서 乙, 丙 사이의 대화가 녹음된 녹음파일을 압수하여 乙, 丙의 공직선거법위반 혐의사실을 발견한 경우, 압수·수색영장에 기재된 피의자인 甲이 녹음파일에 의하여 의심되는 혐의사실과 무관한 이상, 별도의 압수·수색영장을 발부받지 않고 압수한 乙, 丙 사이의 대화가 녹음된 녹음 파일은 乙, 丙의 공직선거법위반 혐의사실과 관련된 부분에 한정하여 증거능력이 있다.

④ 수사기관이 정보저장매체에 기억된 정보 중에서 키워드 또는 확장자 검색 등을 통해 범죄 혐의사실과 관련 있는 정보를 선별한 다음 정보저장매체와 동일하게 비트열 방식으로 복제하여 생성한 파일을 제출받아 압수하였다면 이로써 압수의 목적물에 대한 압수·수색 절차는 종료된 것이므로, 수사기관이 수사기관 사무실에서 위와 같이 압수된 파일을 탐색·복제·출력하는 과정에서도 피의자 등에게 참여의 기회를 보장하여야 하는 것은 아니다.

▼ 해 설

③ (×) 수사기관이 **피의자 갑의** 공직선거법 위반범행을 영장 범죄사실로 하여 발부받은 **압수·수색영장의 집행 과정에서 을, 병 사이의 대화가 녹음된 녹음파일**(이하 '녹음파일'이라 한다)을 압수하여 을, 병의 공직선거법 **위반 혐의사실을 발견한** 사안에서, 압수·수색영장에 기재된 '피의자'인 갑이 녹음파일에 의하여 의심되는 **혐의사실과 무관한 이상**, 수사기관이 **별도의 압수·수색영장을 발부받지 아니한 채 압수한 녹음파일**은 형사소송법 제219조에 의하여 수사기관의 압수에 준용되는 형사소송법 제106조 제1항이 규정하는 '피고사건' 내지 같은 법 제215조 제1항이 규정하는 **'해당 사건'과 '관계가 있다고 인정할 수 있는 것'에 해당하지 않으며**, 이와 같은 압수에는 헌법 제12조 제1항 후문, 제3항 본문이 규정하는 **영장주의를 위반한 절차적 위법**이 있으므로, **녹음파일**은 형사소송법 제308조의2에서 정한 '적법한 절차에 따르지 아니하고 수집한 증거'로서 증거로 쓸 수 없고, 그 절차적 위법은 헌법상 영장주의 내지 적법절차의 실질적 내용을 침해하는 **중대한 위법에 해당**하여 **예외적으로 증거능력을 인정할 수도 없다**(대법원2014. 1. 16.선고2013도7101판결).

① (O) [1] 수사기관이 인터넷서비스이용자인 피의자를 상대로 피의자의 컴퓨터 등 정보처리장치 내에 저장되어 있는 **이메일 등 전자정보를 압수·수색하는 것은** 전자정보의 소유자 내지 소지자를 상대로 해당 **전자정보를 압수·수색하는 대물적 강제처분으로 형사소송법의 해석상 허용된다.**

[2] **압수·수색할 전자정보가** 압수·수색영장에 기재된 수색장소에 있는 컴퓨터 등 정보처리장치 내에 있지 아니하고 그 정보처리장치와 정보통신망으로 연결되어 **제3자가 관리하는 원격지의 서버 등 저장매체에 저장되어 있는 경우에도**, 수사기관이 피의자의 이메일 계정에 대한 접근권한에 갈음하여 발부받은 영장에 따라 영장 기재 수색장소에 있는 컴퓨터 등 정보처리장치를 이용하여 적법하게 취득한 피의자의 이메일 계정 아이디와 비밀번호를 입력하는 등 피의자가 접근하는 통상적인 방법에 따라 그 원격지의 저장매체에 접속하고 그곳에 저장되어 있는 피의자의 이메일 관련 전자정보를 수색장소의 정보처리장치로 내려 받거나 그 화면에 현출시키는 것 역시 피의자의 소유에 속하거나 소지하는 전자정보를 대상으로 이루어지는 것이므로 **그 전자정보에 대한 압수·수색을 위와 달리 볼 필요가 없다.**

[3] 피의자가 휴대전화를 임의제출하면서 휴대전화에 저장된 전자정보가 아닌 클라우드 등 제3자가 관리하는 원격지에 저장되어 있는 전자정보를 수사기관에 제출한다는 의사로 수사기관에게 **클라우드 등에 접속하기 위한 아이디와 비밀번호를 임의로 제공하였다면 위 클라우드 등에 저장된 전자정보를 임의제출하는 것으로 볼 수 있다**(대법원2021. 7. 29.선고2020도14654판결).

② (O) [1] 임의제출된 정보저장매체에서 압수의 대상이 되는 전자정보의 범위를 **초과하여** 수사기관이 **임의로 전자정보를 탐색·복제·출력하는 것은 원칙적으로 위법한 압수·수색에 해당하므로 허용될 수 없다.**

[2] **만약** 전자정보에 대한 압수·수색이 종료되기 전에 범죄혐의사실과 관련된 전자정보를 적법하게 탐색하는 과정에서 **별도의 범죄혐의와 관련된 전자정보를 우연히 발견한 경우라면**, 수사기관은 더 이상의 **추가 탐색을 중단**하고 법원으로부터 별도의 범죄혐의에 대한 압수·수색영장을 발부받은 경우에 한하여 그러한 정보에 대하여도 **적법하게 압수·수색을 할 수 있다.**

[3] 따라서 임의제출된 정보저장매체에서 압수의 대상이 되는 전자정보의 범위를 **넘어서는** 전자정보에 대해 수사기관이 **영장 없이 압수·수색하여 취득한 증거는 위법수집증거에 해당하고**, **사후에 법원으로부터 영장이**

발부되었다거나 피고인이나 변호인이 이를 증거로 함에 동의하였다고 하여 그 위법성이 치유되는 것도 아니다 (대법원2021. 11. 18. 선고2016도348전원합의체 판결). 결국, 경찰이 「성폭력범죄의 처벌 등에 관한 특례법」위반 (카메라등이용촬영)죄의 피해자가 임의제출한 피고인 소유·관리의 휴대전화 2대의 전자정보를 탐색하다가 **피해자를 촬영한 휴대전화가 아닌** 다른 휴대전화에서 다른 피해자 2명에 대한 동종 범행 등에 관한 **1년 전 사진·동영상을 발견하고 영장 없이 이를 복제한 CD를 증거로 제출한 사안에서 증거능력을 부정**하였다.

④ (○) [1] 형사소송법 제219조, 제121조에 의하면, 수사기관이 압수·수색영장을 집행할 때 피의자 또는 변호인은 그 집행에 참여할 수 있다. 압수의 목적물이 컴퓨터용디스크 그 밖에 이와 비슷한 **정보저장매체인 경우**에는 영장 발부의 사유로 된 **범죄 혐의사실과 관련 있는 정보의 범위를 정하여 출력하거나 복제하여 이를 제출받아야** 하고, **피의자나 변호인에게 참여의 기회를 보장하여야** 한다. 만약 그러한 조치를 취하지 않았다면 이는 형사소송법에 정한 영장주의 원칙과 적법절차를 준수하지 않은 것이다.

[2] **수사기관이** 정보저장매체에 기억된 정보 중에서 키워드 또는 확장자 검색 등을 통해 **범죄 혐의사실과 관련 있는 정보를 선별한 다음** 정보저장매체와 동일하게 **비트열 방식으로 복제하여 생성한 파일(이하 '이미지 파일'이라 한다)을 제출받아 압수하였다면** 이로써 압수의 목적물에 대한 **압수·수색 절차는 종료된 것**이므로, 수사기관이 수사기관 사무실에서 위와 같이 압수된 이미지 파일을 탐색·복제·출력하는 과정에서도 **피의자 등에게 참여의 기회를 보장하여야 하는 것은 아니다**(대법원2018. 2. 8. 선고2017도13263판결).

▶정답 ③

15. 저장매체의 임의제출에 관한 설명 중 가장 적절하지 않은 것은? (다툼이 있는 경우 판례에 의함)

(2023. 1차 경찰채용)

① 임의제출된 정보저장매체에서 압수의 대상이 되는 전자정보의 범위를 넘어서는 전자정보에 대해 수사기관이 영장 없이 압수·수색하여 취득한 증거는 위법수집증거에 해당하지만, 피고인이나 변호인이 이를 증거로 함에 동의하였다면 그 위법성이 치유된다.

② 제3자가 피의자의 소유·관리에 속하는 정보저장매체를 영장에 의하지 않고 임의제출하는 경우, 특별한 사정이 없는 한 피의자에게 참여권을 보장하고 압수한 전자정보 목록을 교부하는 등 피의자의 절차적 권리를 보장하기 위한 적절한 조치가 이루어져야 한다.

③ 피의자가 자기 소유의 휴대전화를 임의제출하면서 클라우드 등 제3자가 관리하는 원격지에 저장되어 있는 전자정보를 수사기관에게 제출한다는 의사로 수사기관에 클라우드 등에 접속하기 위한 자신의 아이디와 비밀번호를 임의로 제공한 경우, 위 클라우드 등에 저장된 전자정보를 임의제출하는 것으로 볼 수 있다.

④ 현행범 체포현장이나 범죄현장에서도 소지자 등이 임의로 제출하는 저장매체는 「형사소송법」 제218조에 의하여 영장 없이 압수하는 것이 허용된다.

▶해 설

① (×) **임의제출된 정보저장매체에서 압수의 대상이 되는 전자정보의 범위를 넘어서는** 전자정보에 대해 수사기관이 **영장 없이 압수·수색하여 취득한 증거는 위법수집증거에 해당하고, 사후에 법원으로부터 영장이 발부되었거나** 피고인이나 변호인이 이를 증거로 함에 동의하였다고 하여 그 위법성이 치유되는 것도 아니다(대법원2021. 11. 18. 선고2016도348전원합의체 판결).

② (○) 피해자 등 제3자가 **피의자의 소유·관리에 속하는 정보저장매체를 영장에 의하지 않고 임의제출한 경우**에는 **실질적 피압수·수색 당사자**(이하 '피압수자'라 한다)인 피의자가 수사기관으로 하여금 **그 전자정보 전부를 무제한 탐색하는 데 동의한 것으로 보기 어려울 뿐만 아니라** 피의자 스스로 임의제출한 경우 피의자의 참여권 등이 보장되어야 하는 것과 견주어 보더라도 특별한 사정이 없는 한 형사소송법 제219조, 제121조, 제

129조에 따라 **피의자에게 참여권을 보장하고 압수한 전자정보 목록을 교부하는 등 피의자의 절차적 권리를 보장하기 위한 적절한 조치가 이루어져야 한다**(대법원2022. 1. 27.선고2021도11170판결).

③ (O) [1] 수사기관이 인터넷서비스이용자인 피의자를 상대로 피의자의 컴퓨터 등 정보처리장치 내에 저장되어 있는 이메일 등 전자정보를 압수·수색하는 것은 **전자정보의 소유자 내지 소지자를 상대로 해당 전자정보를 압수·수색하는 대물적 강제처분으로 형사소송법의 해석상 허용된다.**

[2] **압수·수색할 전자정보가** 압수·수색영장에 기재된 수색장소에 있는 **컴퓨터 등 정보처리장치 내에 있지 아니하고** 그 정보처리장치와 정보통신망으로 연결되어 **제3자가 관리하는 원격지의 서버 등 저장매체에 저장되어 있는 경우에도,** 수사기관이 피의자의 이메일 계정에 대한 접근권한에 갈음하여 발부받은 영장에 따라 영장 기재 수색장소에 있는 컴퓨터 등 정보처리장치를 이용하여 적법하게 취득한 피의자의 이메일 계정 아이디와 비밀번호를 입력하는 등 피의자가 접근하는 통상적인 방법에 따라 그 원격지의 저장매체에 접속하고 그곳에 저장되어 있는 피의자의 이메일 관련 전자정보를 수색장소의 정보처리장치로 내려 받거나 그 화면에 현출시키는 것 역시 **피의자의 소유에 속하거나 소지하는 전자정보를 대상으로 이루어지는 것이므로 그 전자정보에 대한 압수·수색을 위와 달리 볼 필요가 없다.**

[3] **피의자가 휴대전화를 임의제출하면서** 휴대전화에 저장된 전자정보가 아닌 클라우드 등 제3자가 관리하는 원격지에 저장되어 있는 전자정보를 수사기관에 제출한다는 의사로 수사기관에게 클라우드 등에 접속하기 위한 **아이디와 비밀번호를 임의로 제공하였다면** 위 클라우드 등에 저장된 **전자정보를 임의제출하는 것으로 볼 수 있다**(대법원2021. 7. 29.선고2020도14654판결).

④ (O) 죄를 실행 중이거나 실행 직후의 현행범인은 누구든지 영장 없이 체포할 수 있고(형사소송법 제212조), 검사 또는 사법경찰관은 피의자 등이 유류한 물건이나 소유자·소지자 또는 보관자가 임의로 제출한 물건은 영장 없이 압수할 수 있으므로(제218조), **현행범 체포현장이나 범죄 현장에서도 소지자 등이 임의로 제출하는 물건은** 형사소송법 제218조에 의하여 **영장 없이 압수하는 것이 허용되고,** 이 경우 검사나 사법경찰관은 **별도로 사후에 영장을 받을 필요가 없다**(대법원2019. 11. 14.선고2019도13290판결).

▼정답 ①

16. 수사기관의 강제처분에 관한 설명으로 가장 적절하지 않은 것은? (다툼이 있는 경우 판례에 의함)

(2022. 1차 경찰채용)

① 통신비밀보호법 에 규정된 통신제한조치상의 '전기통신의 감청'은 '감청'의 개념 규정에 비추어 이미 수신이 완료된 전기통신에 관하여 남아 있는 기록이나 내용을 열어보는 등의 행위는 포함하지 않는다.

② 공무원에게 금품을 제공한 혐의로 발부된 통신사실 확인자료제공요청 허가서에 대상자로 기재되어 있는 피고인 甲이 피고인 乙의 뇌물수수 범행의 증뢰자라면, 위 허가서에 의하여 제공받은 甲과 乙의 통화내역을 乙의 수뢰사실의 증명을 위한 증거로 사용할 수 있다.

③ 임의제출물의 압수는 압수물에 대한 수사기관의 점유취득이 제출자의 의사에 따라 이루어지므로, 임의제출된 정보저장매체에서 압수의 대상이 되는 전자정보의 범위를 초과하여 수사기관이 임의로 전자정보를 탐색 복제 출력하는 것은 원칙적으로 위법한 압수 수색에 해당한다고 할 수 없다.

④ 수사기관이 범죄증거를 수집할 목적으로 피의자의 동의 없이 피의자의 소변을 채취하기 위해서는 법원으로부터 감정허가장을 받아 형사소송법 제221조의4 제1항, 제173조 제1항에서 정한 '감정에 필요한 처분'으로 할 수 있지만, 형사소송법 제219조, 제106조 제1항, 제109조에 따른 압수 수색의 방법으로도 할 수 있다.

▶해 설

③ (×) 임의제출된 정보저장매체에서 압수의 대상이 되는 전자정보의 범위를 **초과하여** 수사기관이 임의로 전자정보를 탐색·복제·출력하는 것은 **원칙적으로 위법한 압수·수색에 해당하므로 허용될 수 없다**(대법원 2021. 11. 18. 2016도348 전원합의체판결).

① (○) 통신비밀보호법상 '감청'이란 대상이 되는 전기통신의 송·수신과 동시에 이루어지는 경우만을 의미하고, **이미 수신이 완료된** 전기통신의 내용을 지득하는 등의 행위는 **포함되지 않는다**(대법원2012. 10. 25. 선고2012도4644판결).

② (○) [1] 통신사실확인자료 제공요청에 의하여 취득한 **통화내역 등 통신사실확인자료를 범죄의 수사·소추를 위하여 사용하는 경우 대상 범죄**는 통신사실확인자료 **제공요청의 목적이 된 범죄 및 이와 관련된 범죄에 한정되어야** 한다. 여기서 통신사실확인자료 제공요청의 목적이 된 범죄와 관련된 범죄란 통신사실 확인자료제공요청 허가서에 기재한 혐의사실과 객관적 관련성이 있고 자료제공 요청대상자와 피의자 사이에 인적 관련성이 있는 범죄를 의미한다.

[2] 그중 **혐의사실과의 객관적 관련성**은, 통신사실 확인자료제공요청 허가서에 기재된 혐의사실 자체 또는 그와 기본적 사실관계가 동일한 범행과 직접 관련되어 있는 경우는 물론 **범행 동기와 경위, 범행 수단 및 방법, 범행 시간과 장소 등을** 증명하기 위한 간접증거나 정황증거 등으로 사용될 수 있는 경우에도 **인정될 수 있다**. 다만 통신비밀보호법이 통신사실확인자료의 사용 범위를 제한하고 있는 것은 특정한 혐의사실을 전제로 제공된 통신사실확인자료가 별건의 범죄사실을 수사하거나 소추하는 데 이용되는 것을 방지함으로써 통신의 비밀과 자유에 대한 제한을 최소화하는 데 입법 취지가 있다. 따라서 그 관련성은 통신사실 확인자료제공요청 허가서에 기재된 혐의사실의 내용과 수사의 대상 및 수사 경위 등을 종합하여 **구체적·개별적 연관관계가 있는 경우에만 인정되고**, 혐의사실과 **단순히 동종 또는 유사 범행이라는 사유만으로 관련성이 있는 것은 아니다.**

[3] 그리고 **피의자와 사이의 인적 관련성**은 통신사실 확인자료제공요청 허가서에 기재된 대상자의 공동정범이나 교사범 등 공범이나 간접정범은 물론 **필요적 공범 등**에 대한 피고사건에 대해서도 **인정될 수 있다**(대법원 2017. 1. 25. 선고2016도13489판결). 따라서 피고인 甲이 피고인 乙의 뇌물수수 범행의 **증뢰자라면, 필요적 공범 관계에 있으므로 증거로 할 수 있다.**

④ (○) [1] **수사기관이 범죄 증거를 수집할 목적으로 피의자의 동의 없이 피의자의 소변을 채취하는 것은** 법원으로부터 **감정허가장을 받아** 형사소송법 제221조의4 제1항, 제173조 제1항에서 정한 '**감정에 필요한 처분**'으로 할 수 있지만(피의자를 병원 등에 유치할 필요가 있는 경우에는 형사소송법 제221조의3에 따라 **법원으로부터 감정유치장을 받아야 한다**), 형사소송법 제219조, 제106조 제1항, 제109조에 따른 **압수·수색의 방법으로도 할 수 있다**. 이러한 압수·수색의 경우에도 수사기관은 원칙적으로 형사소송법 제215조에 따라 판사로부터 압수·수색영장을 적법하게 발부받아 집행해야 한다. 압수·수색의 방법으로 소변을 채취하는 경우 압수대상물인 피의자의 소변을 확보하기 위한 수사기관의 노력에도 불구하고, **피의자가** 인근 병원 응급실 등 소변 채취에 적합한 장소로 이동하는 것에 **동의하지 않거나 저항하는 등 임의동행을 기대할 수 없는 사정이 있을 때에는 수사기관으로서는 소변 채취에 적합한 장소로 피의자를 데려가기 위해서 필요 최소한의 유형력을 행사하는 것이 허용된다.** 이는 형사소송법 제219조, 제120조 제1항에서 정한 '**압수·수색영장의 집행에 필요한 처분**'에 해당한다고 보아야 한다.

[2] 피고인이 메트암페타민(일명 '필로폰')을 투약하였다는 마약류 관리에 관한 법률 위반(향정) 혐의에 관하여, **피고인의 소변(30cc), 모발(약 80수), 마약류 불법사용 도구 등에 대한 압수·수색·검증영장을 발부받은** 다음 경찰관이 피고인의 주거지를 수색하여 사용 흔적이 있는 주사기 4개를 압수하고, 위 영장에 따라 3시간가량 소변과 모발을 제출하도록 설득하였음에도 피고인이 계속 거부하면서 자해를 하자 이를 제압하고 수갑과 포승을 채운 뒤 강제로 병원 응급실로 데리고 가 응급구조사로 하여금 피고인의 신체에서 소변(30cc)을 채취하도록 하여 이를 압수한 사안에서, 피고인에 대한 피의사실이 중대하고 객관적 사실에 근거한 명백한 범죄 혐의가 있었다고 보이고, 경찰관의 장시간에 걸친 설득에도 피고인이 소변의 임의 제출을 거부하면서 판사가 적법하게 발부한 압수영장의 집행에 저항하자 경찰관이 다른 방법으로 수사 목적을 달성하기 곤란하다고 판단하여 강제로 피고인을 소변 채취에 적합한 장소인 인근 병원 응급실로 데리고 가 의사의 지시를 받은 응급구조사로 하여금 피고인의 신체에서 소변을 채취하도록 하였으며, **그 과정에서 피고인에 대한 강제력의 행사가 필요 최소한도를 벗어나지 않았으므로, 경찰관의 조치는** 형사소송법 제219조, 제120조 제1항에서 정한 '**압수영장의 집행에 필요한 처분**'으로서 허용되고, 한편 경찰관이 압수영장을 집행하기 위하여 피고인을 병원 응급실로 데리고 가는 과정에서 공무집행에 항거하는 피고인을 제지하고 자해 위험을 방지하기 위해 **수갑과 포승을 사용한 것은 경찰관 직무집행법에 따라 허용되는 경찰장구의 사용으로서 적법하며**, 같은 취지에서 **피고인의 소변에 대한 압수영장 집행이 적법하다**(대판2018. 7. 12. 2018도6219).

▶정답 ③

17. 영장의 집행에 관한 설명으로 가장 적절하지 않은 것은? (다툼이 있는 경우 판례에 의함)

(2022. 1차 경찰채용)

① 수사기관이 압수 수색에 착수하면서 그 장소의 관리책임자에게 영장을 제시하였더라도, 물건을 소지하고 있는 다른 사람으로 부터 이를 압수하고자 하는 때에는 그 사람에게 따로 영장을 제시하여야 한다.
② 체포된 피의자에 대한 수사기관의 구속영장의 제시와 집행이 그 발부 시로부터 정당한 사유 없이 시간이 지체되어 이루어졌다 하더라도, 구속영장이 그 유효기간 내에 집행되었다면 위 기간 동안의 체포 내지 구금 상태를 위법하다고 할 수 없다.
③ 압수 수색영장을 집행함에 있어 '급속을 요하는 때'에는 집행의 일시와 장소를 피의자 등에게 통지하지 않아도 되는데, 여기서 '급속을 요하는 때'라고 함은 압수 수색영장 집행 사실을 미리 알려주면 증거물을 은닉할 염려 등이 있어 압수 수색의 실효를 거두기 어려울 경우를 의미한다.
④ 구속영장을 집행함에 있어 사법경찰관이 구속영장을 소지하지 아니한 경우에 급속을 요하는 때에는 피고인에 대하여 공소사실의 요지와 영장이 발부되었음을 고하고 집행할 수 있다.

▼해 설

② (×) 헌법이 정한 적법절차와 영장주의 원칙, 형사소송법이 정한 체포된 피의자의 구금을 위한 구속영장의 청구, 발부, 집행절차에 관한 규정을 종합하면, 법관이 검사의 청구에 의하여 체포된 피의자의 구금을 위한 구속영장을 발부하면 검사와 사법경찰관리는 지체 없이 신속하게 구속영장을 집행하여야 한다. **피의자에 대한 구속영장의 제시와 집행이 그 발부 시로부터 정당한 사유 없이 시간이 지체되어 이루어졌다면**, 구속영장이 그 유효기간 내에 집행되었다고 하더라도 위 기간 동안의 체포 내지 구금 상태는 **위법하다**(대법원2021. 4. 29. 선고2020도16438판결).

① (○) [1] **압수·수색영장을 집행하는 수사기관은** 피압수자로 하여금 **법관이 발부한 영장에 의한 압수·수색이**라는 사실을 확인함과 동시에 **형사소송법이 압수·수색영장에 필요적으로 기재하도록 정한 사항이나 그와 일체를 이루는 사항을 충분히 알 수 있도록 압수·수색영장을 제시하여야 한다.**
[2] 나아가 압수·수색영장은 현장에서 피압수자가 여러 명일 경우에는 그들 모두에게 개별적으로 영장을 제시해야 하는 것이 원칙이다. 수사기관이 압수·수색에 착수하면서 **그 장소의 관리책임자에게 영장을 제시하였더라도**, 물건을 **소지하고 있는 다른 사람**으로부터 이를 압수하고자 하는 때에는 **그 사람에게 따로 영장을 제시하여야 한다**(대판2017. 9. 21. 2015도12400).

③ (○) [1] 피의자 또는 변호인은 압수·수색영장의 집행에 참여할 수 있고(형사소송법 제219조, 제121조), 압수·수색영장을 집행함에는 원칙적으로 미리 집행의 일시와 장소를 피의자 등에게 통지하여야 하나(형사소송법 제122조 본문), '**급속을 요하는 때**'에는 위와 같은 통지를 생략할 수 있다(형사소송법 제122조 단서).
[2] 여기서 '**급속을 요하는 때**'라고 함은 압수·수색영장 집행 사실을 미리 알려주면 **증거물을 은닉할 염려 등이 있어 압수·수색의 실효를 거두기 어려울 경우**라고 **해석함이** 옳고, 그와 같이 합리적인 해석이 가능하므로 형사소송법 제122조 단서가 명확성의 원칙 등에 반하여 위헌이라고 볼 수 없다(대판2012. 10. 11. 2012도7455).

④ (○) [1] 검사 또는 사법경찰관이 구속영장을 집행함에는 피의자에게 **반드시 이를 제시하고 그 사본을 교부하여야 하며** 신속히 지정된 법원 기타 장소에 인치하여야 한다(제85조 제1항, 제209조). [2] 검사 또는 사법경찰관이 구속영장을 소지하지 아니한 경우에 **급속을 요하는 때에는** 피의자에 대하여 공소사실의 요지와 영장이 발부되었음을 **고하고 집행할 수 있다**(제85조 제3항, 제209조). 구속영장의 집행을 완료한 후에는 **신속히 구속영장을 제시하고 그 사본을 교부하여야 한다**(제85조 제4항, 제209조).

▼정답 ②

18. 압수·수색에 관한 설명 중 가장 적절하지 않은 것은? (다툼이 있는 경우 판례에 의함)

(2022. 2차 경찰채용)

① 검사 또는 사법경찰관이 피의자를 영장에 의하여 체포하는 경우에 필요한 때에는 영장없이 타인의 주거나 타인이 간수하는 가옥, 건조물, 항공기, 선차 안에서의 피의자 수색이 허용된다.

② 검사 또는 사법경찰관은 피의자를 현행범인으로 체포하는 경우에 필요한 때에는 영장 없이 체포현장에서 압수, 수색을 할 수 있다.

③ 수사기관이 범죄 혐의사실과 관련 있는 정보를 선별하여 압수한 후에도 그와 관련이 없는 나머지 정보를 삭제·폐기·반환하지 아니한 채 그대로 보관하고 있다면, 범죄 혐의사실과 관련이 없는 부분에 대하여는 압수의 대상이 되는 전자정보의 범위를 넘어서는 전자정보를 영장 없이 압수·수색하여 취득한 것이어서 위법하고, 사후에 압수·수색영장이 발부되었다거나 피고인이나 변호인이 이를 증거로 함에 동의하였다고 하여 그 위법성이 치유된다고 볼 수 없다.

④ 검사는 사본을 확보한 경우 등 압수를 계속할 필요가 없다고 인정되는 압수물 및 증거에 사용할 압수물에 대하여 공소제기 전이라도 소유자, 소지자, 보관자 또는 제출인의 청구가 있는 때에는 환부 또는 가환부하여야 한다.

해설

① (×) [1] 검사 또는 사법경찰관은 피의자를 체포 또는 구속하는 경우에 필요한 때에는 영장없이 타인의 주거나 타인이 간수하는 가옥, 건조물, 항공기, 선차 내에서의 피의자를 수색할 수 있다. 다만, **체포영장** 또는 구속영**장에 따라 피의자를 체포** 또는 구속하는 **경우의 피의자 수색**은 미리 수색영장을 발부받기 어려운 **긴급한 사정이 있는 때에 한정한다**(제216조 제1항 제1호 단서).

[2] 그러나 검사 또는 사법경찰관이 **긴급 체포나 현행범 체포하는 경우**에는 영장없이 피의자를 체포를 위해 타인의 주거등을 수색할 수 있고, 이때에는 미리 영장을 발부받기 어려운 긴급한 사정을 필요로 하지 아니한다.

② (○) 검사 또는 사법경찰관은 피의자를 체포 또는 구속하는 경우에 필요한 때에는 **영장없이 체포현장에서 압수, 수색, 검증을 할 수 있다**(제216조 제1항 제2호).

③ (○) [1] 법원은 압수·수색영장의 집행에 관하여 **범죄 혐의사실과 관련 있는 전자정보의 탐색·복제·출력이 완료된 때에는** 지체 없이 영장 기재 **범죄 혐의사실과 관련이 없는 나머지 전자정보에 대해 삭제·폐기 또는 피압수자 등에게 반환할 것을 정할 수 있다**. 수사기관이 범죄 혐의사실과 관련 있는 정보를 선별하여 압수한 후에도 **그와 관련이 없는 나머지 정보를 삭제·폐기·반환하지 아니한 채 그대로 보관하고 있다면** 범죄 혐의사실과 관련이 없는 부분에 대하여는 압수의 대상이 되는 전자정보의 범위를 넘어서는 **전자정보를 영장 없이 압수·수색하여 취득한 것이어서** 위법하고, 사후에 법원으로부터 압수·수색영장이 **발부되었다**거나 피고인이나 변호인이 이를 증거로 함에 동의하였다고 하여 **그 위법성이 치유된다고 볼 수 없다**

[2] 따라서 영장 기재 범죄 혐의사실과의 관련성 유무와 상관없이 수사기관이 임의로 전자정보를 복제·출력하여 취득한 정보 전체에 대해 **그 휴대전화에 대한 압수는 위법한 것으로 취소되어야 한다**고 봄이 타당하고, 사후에 법원으로부터 그와 같이 수사기관이 취득하여 보관하고 있는 전자정보 자체에 대해 **다시 압수·수색영장이 발부되었다고 하여 달리 볼 수 없다**(대법원 2022. 1. 14.자 2021모1586 결정).

④ (○) 제218조의2 제1항

정답 ①

19. 다음 사례에 대한 설명 중 가장 적절한 것은? (다툼이 있는 경우 판례에 의함) (2022. 2차 경찰채용)

> A는 2022. 2. 10. 甲의 집에서 자고 있는 사이 甲이 자신의 의사에 반해 나체를 촬영한 범행을 저질렀다며 경찰에 甲을 신고하였다. A는 甲을 신고하면서 甲의 집에서 가지고 나온 甲 소유의 휴대폰 2대(휴대폰1, 휴대폰2)를 사법경찰관 P에게 임의제출하였고, P는 휴대폰 1에 저장된 동영상 파일을 통해 甲의 A에 대한 범행을 확인한 후, 휴대폰2에서도 甲의 범행의 증거를 찾던 중 2021. 1. 경 A가 아닌 B와 C의 나체를 불법 촬영한 동영상 30개와 사진을 발견하였다. P는 발견한 동영상과 사진을 CD에 복제한 후, 압수·수색 영장을 발부받아 이 CD를 압수하였다.

① 휴대폰은 임의제출물이기 때문에 2대의 휴대폰에 저장된 전자정보 전부가 임의제출되어 압수된 것으로 취급할 수 있다.

② 2021. 1. 경 범행 동영상은 2022. 2. 10. 범행과 동종·유사한 범행이므로 2022. 2. 10. 범행과 구체적·개별적 연관관계가 없다하더라도 2022. 2. 10. 범행 혐의사실과 관련성이 있다.

③ A가 제출한 휴대폰이 임의제출물이라 하더라도 휴대폰을 탐색하는 과정에서 갑에게 참여권을 보장하고 압수목록을 교부해야 한다.

④ 압수된 CD에 저장된 동영상과 휴대폰2에 저장된 원본 동영상과의 동일성은 검사가 주장·입증해야 하며, 엄격한 증명의 방법으로 증명되어야 한다.

해설

③ (○) 본 사안은 경찰이 「성폭력범죄의 처벌 등에 관한 특례법」위반(카메라등이용촬영)죄의 피해자가 임의제출한 피고인 소유·관리의 휴대전화 2대의 전자정보를 탐색하다가 피해자를 촬영한 휴대전화가 아닌 다른 휴대전화에서 다른 피해자 2명에 대한 동종 범행 등에 관한 1년 전 사진·동영상을 발견하고 영장 없이 이를 복제한 CD를 증거로 제출한 사안이다(대법원2021. 11. 18. 선고2016도348전원합의체 판결). 이 사안에서 **2021년 범행과 관련하여 발견된 동영상**이 **위법수집증거로서** 설령 **사후에 압수·수색영장을 발부받아 이를 압수하였더라도** 2021년 범행의 증거로서는 증거능력이 없고 이를 기초로 한 2차 증거 역시 증거능력이 없다고하여 **2021년 범행은 무죄판결이 확정되었다.** 피해자 등 제3자가 피의자의 소유·관리에 속하는 정보저장매체를 영장에 의하지 않고 **임의제출한 경우에는** 실질적 피압수자인 피의자가 수사기관으로 하여금 그 전자정보 전부를 무제한 탐색하는 데 동의한 것으로 보기 어려울 뿐만 아니라 **피의자 스스로 임의제출한 경우 피의자의 참여권 등이 보장되어야 하는 것과 견주어 보더라도** 특별한 사정이 없는 한 형사소송법 제219조, 제121조, 제129조에 따라 **피의자에게 참여권을 보장하고 압수한 전자정보 목록을 교부**하는 등 피의자의 절차적 권리를 보장하기 위한 적절한 조치가 이루어져야 한다.

① (×) 위 휴대전화에 담긴 전자정보 중 **임의제출을 통해 적법하게 압수된 범위**는 임의제출 및 압수의 동기가 된 피고인의 **2022. 2. 10. 범행 자체와 구체적·개별적 연관관계가 있는 전자정보**로 제한적으로 해석하는 것이 타당하다. 따라서 전부가 적법한 것이 아니라 **2022년 범행의 임의제출물 압수만 적법**하나, **2021년 범행은 위법하다(증거능력이 없으므로 무죄이다).**

② (×) 2022년 범행과 2021년 범행의 **범죄발생 시점 사이에 상당한 간격이 있고 피해자 및 범행에 이용한 휴대전화도 전혀 달라** 두 범행은 **구체적·개별적 연관관계도 없고** 범행 **혐의사실과도 관련성이 없다.**

④ (×) 본 사안의 **동일성** 문제는 검사가 **주장·입증해야** 하나(대법원2018. 2. 8. 선고2017도13263판결), 범죄사실이 아니라 **소송법적 사실이므로 자유로운 증명으로 족하다.**

정답 ③

20. 다음 사례에 대한 설명 중 가장 적절한 것은? (다툼이 있는 경우 판례에 의함) (2022. 2차 경찰채용)

> 사법경찰관 P는 甲을 「정보통신망 이용촉진 및 정보보호 등에 관한 법률」상 명예훼손 혐의로 수사하면서 압수·수색 영장을 발부받아 갑의 집에서 그의 컴퓨터를 압수·수색 하였다. P는 갑의 컴퓨터 하드디스크를 하드카피 방법으로 복제본을 생성한 후, 수사기관 사무실로 가지고 나왔다. P는 갑에게 참여권을 고지하지 않은 채 甲의 참여 없이 반출한 복제본을 탐색하는 과정에서 우연히 성폭력범죄의 처벌 등에 관한 특례법 위반죄에 해당하는 성폭력범죄 동영상 파일을 발견하였다. 이후 P는 압수·수색영장을 발부받아 이 동영상 파일을 압수하였다.

① 사법경찰관 P는 압수목록에 컴퓨터 하드디스크 규격과 개수를 기재한 후, 하드카피 방법으로 복제본을 생성한 때 지체없이 갑에게 교부하여야 한다.
② 압수·수색 영장집행은 甲의 집에서 하드디스크 복제본을 생성한 때 종료된 것이므로 탐색과정에서는 甲에게 참여권을 보장하지 않아도 된다.
③ 甲의 컴퓨터를 압수·수색함에 있어서 압수·수색영장 집행사실을 미리 알려주면 컴퓨터에 저장된 파일을 삭제할 염려 등이 있더라도 사전에 집행의 일시와 장소를 갑에게 통지하여 참여권을 보장해야 한다.
④ 성폭력범죄 동영상 파일을 우연히 발견하고, 사후에 영장을 발부받았다 하더라도 이 동영상 파일은 증거능력이 인정되지 않는다.

> **해 설**

④ (○) 수사기관이 피압수자 측에게 참여의 기회를 보장하거나 압수한 전자정보목록을 교부하지 않는 등 영장주의 원칙과 적법절차를 준수하지 않은 **위법한 압수·수색 과정을 통하여 취득한 증거**는 위법수집증거에 해당하고, **사후에 법원으로부터 영장이 발부되었다거나** 피고인이나 변호인이 이를 **증거로 함에 동의하였다고 하여 위법성이 치유되는 것도 아니다**(대법원2022. 7. 28.선고 2022도2960판결).

① (×) [1] 형사소송법 제219조, 제129조에 의하면, 압수한 경우에는 목록을 작성하여 소유자, 소지자, 보관자 기타 이에 준할 자에게 교부하여야 한다. 그리고 법원은 압수·수색영장의 집행에 관하여 범죄 혐의사실과 관련 있는 **정보의 탐색·복제·출력이 완료된 때(복제본을 생성한 때 ×)**에는 **지체 없이 압수된 정보의 상세목록을 피의자 등에게 교부**할 것을 정할 수 있다.
[2] **압수물 목록**은 피압수자 등이 압수처분에 대한 준항고를 하는 등 권리행사절차를 밟는 가장 기초적인 자료가 되므로, 수사기관은 이러한 권리행사에 지장이 없도록 **압수 직후 현장에서** 압수물 목록을 **바로 작성하여 교부해야 하는 것이 원칙**이다.
[3] 이러한 압수물 목록 교부 취지에 비추어 볼 때, **압수된 정보의 상세목록에는 정보의 파일 명세가 특정되어 있어야 하고**, 수사기관은 이를 ⊙ **출력한 서면을 교부**하거나 ⓒ **전자파일 형태로 복사**해 주거나 ⓒ **이메일을 전송하는 등의 방식으로도 할 수 있다**(대법원2018. 2. 8.선고2017도13263판결).

② (×) [1] 압수의 대상이 되는 전자정보와 그렇지 않은 전자정보가 혼재된 정보저장매체나 그 복제본을 압수·수색한 **수사기관이 정보저장매체 등을 수사기관 사무실 등으로 옮겨 이를 탐색·복제·출력하는 경우**, 그와 같은 일련의 과정에서 형사소송법 제219조, 제121조에서 규정하는 **피압수·수색 당사자나 변호인에게 참여의 기회를 보장하고** 압수된 전자정보의 파일 명세가 특정된 압수목록을 작성·교부하여야 하며 범죄혐의사실과 무관한 전자정보의 임의적인 복제 등을 막기 위한 적절한 조치를 취하는 등 영장주의 원칙과 적법절차를 준수하여야 한다.
[2] 따라서 **압수·수색 영장집행은 갑의 집에서 하드디스크 복제본을 생성한 때 종료되는 것이 아니라 수사기관 사무실 등으로 옮겨 정보를 탐색·복제·출력한 때에도 계속되므로 탐색과정에서도 참여권을 보장하여야 한다**.

③ (×) [1] 피의자 또는 변호인은 압수·수색영장의 집행에 참여할 수 있고(형사소송법 제219조, 제121조), 압수·수색영장을 집행함에는 원칙적으로 미리 집행의 일시와 장소를 피의자 등에게 통지하여야 하나(형사소송법 제122조 본문), '**급속을 요하는 때**'에는 위와 같은 통지를 생략할 수 있다(형사소송법 제122조 단서).
[2] 여기서 '**급속을 요하는 때**'라고 함은 압수·수색영장 집행 사실을 미리 알려주면 **증거물을 은닉할 염려 등이 있어 압수·수색의 실효를 거두기 어려울 경우**라고 **해석함**이 옳고, 그와 같이 합리적인 해석이 가능하므로 형사소송법 제122조 단서가 명확성의 원칙 등에 반하여 위헌이라고 볼 수 없다(대판2012.10.11. 2012도7455). 따라서 갑의 컴퓨터를 압수·수색함에 있어서 압수·수색영장 집행사실을 **미리 알려주면** 컴퓨터에 저장된 **파일을 삭제할 염려 등이 있다면** 사전에 집행의 일시와 장소를 **갑에게 통지하여 참여권을 보장할 필요가 없다.**

▼정답 ④

21. 전자정보의 압수·수색에 대한 설명으로 가장 적절하지 않은 것은? (다툼이 있는 경우 판례에 의함)

① 수사기관이 정보저장매체에 기억된 정보 중에서 범죄 혐의사실과 관련 있는 정보를 선별한 다음 '이미지 파일'을 제출받아 압수하고, 수사기관 사무실에서 그 압수된 이미지 파일을 탐색·복제·출력하는 과정을 거치는 경우, 이 모든 과정에 피의자나 변호인 등에게 참여의 기회를 보장하여야 한다.
② 수사기관이 정보저장매체에 기억된 정보의 압수 직후 현장에서 작성하여 교부하는 압수된 정보의 상세목록에는 정보의 파일 명세가 특정되어 있어야 하고, 수사기관은 이를 출력한 서면을 교부하거나 전자파일 형태로 복사해 주거나 이메일을 전송하는 등의 방식으로도 할 수 있다.
③ 수사기관이 인터넷서비스이용자인 피의자를 상대로 피의자의 컴퓨터 등 정보처리장치 내에 저장되어 있는 이메일 등 전자정보를 압수·수색하는 것은 전자정보의 소유자 내지 소지자를 상대로 해당 전자정보를 압수·수색하는 대물적 강제처분으로 형사소송법의 해석상 허용된다.
④ 압수·수색할 전자정보가 수색장소에 있지 않고 제3자가 관리하는 원격지의 서버 등 저장매체에 저장되어 있는 경우, 수사기관이 발부받은 영장에 따라 피의자가 접근하는 통상적인 방법으로 원격지의 저장매체에 접속하여 그곳에 저장되어 있는 피의자의 이메일 관련 전자정보를 수색장소의 정보처리장치로 내려받는 것이 허용된다.

▼해 설

① (×) [1] 형사소송법 제219조, 제121조에 의하면, **수사기관이 압수·수색영장을 집행할 때 피의자 또는 변호인은 그 집행에 참여할 수 있다.**
[2] 압수의 목적물이 컴퓨터용디스크 그 밖에 이와 비슷한 정보저장매체인 경우에는 영장 발부의 사유로 된 범죄 혐의사실과 관련 있는 정보의 범위를 정하여 출력하거나 복제하여 이를 제출받아야 하고, 피의자나 변호인에게 참여의 기회를 보장하여야 한다. 만약 그러한 조치를 취하지 않았다면 이는 형사소송법에 정한 영장주의 원칙과 적법절차를 준수하지 않은 것이다.
[3] 수사기관이 정보저장매체에 기억된 정보 중에서 **키워드 또는 확장자 검색 등을 통해 범죄 혐의사실과 관련 있는 정보를 선별한 다음** 정보저장매체와 동일하게 **비트열 방식으로 복제하여 생성한 파일**(이하 '이미지 파일'이라 한다)**을 제출받아 압수**하였다면 **이로써 압수의 목적물에 대한 압수·수색 절차는 종료된 것이므로, 수사기관이 수사기관 사무실에서 위와 같이 압수된 이미지 파일을 탐색·복제·출력하는 과정에서도 피의자 등에게 참여의 기회를 보장하여야 하는 것은 아니다**(대판2018.2.8. 2017도13263).
② (○) [1] 형사소송법 제219조, 제129조에 의하면, 압수한 경우에는 목록을 작성하여 소유자, 소지자, 보관자 기타 이에 준할 자에게 교부하여야 한다. 그리고 법원은 압수·수색영장의 집행에 관하여 범죄 혐의사실과

관련 있는 **정보의 탐색·복제·출력이 완료된 때(복제본을 생성한 때 ×)**에는 **지체 없이 압수된 정보의 상세목록을 피의자 등에게 교부**할 것을 정할 수 있다.
[2] **압수물 목록**은 피압수자 등이 압수처분에 대한 준항고를 하는 등 권리행사절차를 밟는 가장 기초적인 자료가 되므로, 수사기관은 이러한 권리행사에 지장이 없도록 **압수 직후 현장에서** 압수물 목록을 **바로 작성하여 교부해야 하는 것이 원칙**이다.
[3] 이러한 압수물 목록 교부 취지에 비추어 볼 때, **압수된 정보의 상세목록**에는 **정보의 파일 명세가 특정되어 있어야 하고, 수사기관은 이를 ㉠ 출력한 서면을 교부**하거나 ㉡ **전자파일 형태로 복사**해 주거나 ㉢ **이메일을 전송하는 등의 방식으로도 할 수 있다**(대법원2018. 2. 8.선고2017도13263판결).
③ (○) 대판2017.11.29. 2017도9747
④ (○) [1] 피의자의 이메일 계정에 대한 접근권한에 갈음하여 발부받은 압수·수색영장에 따라 **원격지의 저장매체에 적법하게 접속하여 내려받거나 현출된 전자정보를 대상으로 하여 범죄 혐의사실과 관련된 부분에 대하여 압수·수색하는 것은**, 압수·수색영장의 집행을 원활하고 적정하게 하기 위하여 필요한 최소한도의 범위 내에서 이루어지며 그 수단과 목적에 비추어 사회통념상 타당하다고 인정되는 **대물적 강제처분 행위로서 허용되며**, 형사소송법 제120조 제1항에서 정한 압수·수색영장의 집행에 필요한 처분에 해당한다.
[2] 그리고 이러한 법리는 **원격지의 저장매체가 국외에 있는 경우라 하더라도** 그 사정만으로 **달리 볼 것은 아니다**(대판2017.11.29. 2017도9747).

▼정답 ①

22. 수사기관의 강제처분에 관한 설명으로 가장 적절하지 <u>않은</u> 것은?(다툼이 있는 경우 판례에 의함)

① 경찰청장이 일선 경찰서 및 그 직원에 대하여 그 직무권한 행사의 지침을 발한 피의자유치및호송규칙에 따른 신체검사가 당연히 적법한 것이라고는 할 수 없다.
② 여자경찰관 갑이 공직선거법위반의 현행범으로 체포된 여자들로 하여금 갑에게 등을 보인 채 상의를 속옷과 함께 겨드랑이까지 올리고 하의를 속옷과 함께 무릎까지 내린 상태에서 3회에 걸쳐 앉았다 일어서게 하는 방법으로 실시한 정밀신체수색은 헌법 제10조의 인간의 존엄과 가치로부터 유래하는 인격권 및 제12조의 신체의 자유를 침해하는 정도에 이르렀다.
③ 검사 또는 사법경찰관이 구속영장을 소지하지 아니한 경우에 급속을 요하는 때에는 피의자에 대하여 공소사실의 요지와 영장이 발부되었음을 고하고 집행할 수 있는데, 구속영장의 집행을 완료한 후에는 신속히 구속영장을 제시하고 그 사본을 교부하여야 한다.
④ 수사기관이 법원으로부터 영장 또는 감정처분허가장을 발부받지 아니한 채 피의자의 동의 없이 피의자의 신체로부터 혈액을 채취하고 사후적으로도 지체 없이 이에 대한 영장을 발부받지도 아니한 채 강제채혈한 피의자의 혈액 중 알콜농도에 관한 감정이 이루진 경우, 이러한 감정결과보고서 등은 피고인이나 변호인의 증거동의가 있는 때에 한하여 유죄의 증거로 사용할 수 있다.

▼해 설

④ (×) 수사기관이 법원으로부터 영장 또는 감정처분허가장을 발부받지 아니한 채 피의자의 동의 없이 피의사의 신체로부터 혈액을 채취하고 **사후적으로도 지체 없이 이에 대한 영장을 발부받지도 아니한 채 강제채혈한 피의자의 혈액 중 알콜농도에 관한 감정이 이루어졌다면**, 이러한 **감정결과보고서 등은** 형사소송법상 영장주의 원칙을 위반하여 수집되거나 그에 기초한 증거로서 그 절차 위반행위가 적법절차의 실질적인 내용을 침해하는 정도에 해당하고, 이러한 증거는 피고인이나 변호인의 **증거동의가 있다고 하더라도 유죄의 증거로 사용할 수 없다**(대법원2011. 4. 28.선고2009도2109판결(나주 세지 사건); 대법원2012. 11. 15.선고2011도15258판결(서울 구로 사건); 대법원2014. 11. 13.선고2013도1228판결(경기 남양주 사건)).

①② (○) [1] **피청구인이 유치장에 수용되는 자에게 실시하는 신체검사**는 수용자의 생명·신체에 대한 위해를 방지하고 유치장 내의 안전과 질서를 유지하기 위하여 흉기 등 위험물이나 반입금지물품의 소지·은닉 여부를 조사하는 것으로서, 위 목적에 비추어 **일정한 범위 내에서 신체수색의 필요성과 타당성은 인정된다** 할 것이나, 이러한 행정목적을 달성하기 위하여 **경찰청장이 일선 경찰서 및 그 직원에 대하여** 그 직무권한 행사의 지침을 발한 피의자유치및호송규칙에 따른 신체검사가 당연히 적법한 것이라고는 할 수 없고, 그 목적 달성을 위하여 필요한 최소한도의 범위 내에서 또한 수용자의 명예나 수치심을 포함한 기본권이 침해되는 일이 없도록 충분히 배려한 상당한 방법으로 이루어져야 한다.

[2] 그런데 청구인들은 **공직선거및선거부정방지법위반의 현행범으로 체포된 여자들로서** 처음 유치장에 수용될 당시 신체검사를 통하여 위험물 및 반입금지물품의 소지·은닉 여부를 조사하여 그러한 물품이 없다는 사실을 이미 확인하였으며, 청구인들이 변호인 접견실에서 변호인을 접견할 당시 경찰관이 가시거리에서 그 접견과정을 일일이 육안으로 감시하면서 일부 청구인의 휴대폰 사용을 제지하기도 하였던 점 등에 비추어 **청구인들이 유치장에 재수용되는 과정에서 흉기 등 위험물이나 반입금지물품을 소지·은닉할 가능성이 극히 낮았던 한편**, 특히 **청구인들의 옷을 전부 벗긴 상태에서 청구인들에 대하여 실시한 이 사건 신체수색**은 그 수단과 방법에 있어서 필요 최소한의 범위를 명백하게 벗어난 조치로서 이로 말미암아 **청구인들에게 심한 모욕감과 수치심만을 안겨주었다고 인정하기에 충분하다.** 따라서 **피청구인의 청구인들에 대한 이러한 과도한 이 사건 신체수색**은 헌법 제10조의 인간의 존엄과 가치로부터 유래하는 **인격권 및 제12조의 신체의 자유를 침해하는 정도에 이르렀다**고 판단된다(헌재 2002.07.18. 2000헌마327).

③ (○) 검사 또는 사법경찰관이 구속영장을 집행함에는 피의자에게 **반드시 이를 제시하고 그 사본을 교부하여야 하며** 신속히 지정된 법원 기타 장소에 인치하여야 한다(제85조 제1항, 제209조). 검사 또는 사법경찰관이 구속영장을 소지하지 아니한 경우에 **급속을 요하는 때에는** 피의자에 대하여 공소사실의 요지와 영장이 발부되었음을 **고하고 집행할 수 있다**(제85조 제3항, 제209조). 구속영장의 집행을 완료한 후에는 **신속히 구속영장을 제시하고 그 사본을 교부하여야 한다**(제85조 제4항, 제209조).

▼정답 ④

23. 압수·수색의 절차에 대한 설명으로 가장 적절하지 않은 것은? (다툼이 있는 경우 판례에 의함)

① 수사기관이 압수·수색에 착수하면서 그 장소의 관리책임자에게 영장을 제시하였더라도, 물건을 소지하고 있는 다른 사람으로부터 이를 압수하고자 하는 때에는 그 사람에게 따로 영장을 제시하여야 한다.

② 세관공무원이 「마약류 불법거래 방지에 관한 특례법」 제4조 제1항에 따른 조치의 일환으로 검사의 요청에 따라 특정한 수출입물품을 개봉하여 검사하고 그 내용물의 점유를 취득한 행위는 범죄수사인 압수 또는 수색에 해당하여 사전 또는 사후에 영장을 받아야 한다.

③ 수사기관이 압수·수색영장을 제시하고 집행에 착수하여 압수·수색을 실시하고 그 집행을 종료하였다면 동일한 장소 또는 목적물에 대하여 다시 압수·수색할 필요가 있는 경우, 법원으로부터 새로운 압수·수색영장을 발부받아야 하고 앞서 발부받은 압수·수색영장의 유효기간이 남아 있다고 하여 이를 제시하고 다시 압수·수색을 할 수는 없다.

④ 압수·수색영장에서 압수할 물건을 '압수장소에 보관중인 물건'이라고 기재하고 있는 것을 '압수장소에 현존하는 물건'으로 해석할 수 있다.

▼해 설

④ (×) [1] 헌법과 형사소송법이 구현하고자 하는 적법절차와 영장주의의 정신에 비추어 볼 때, 법관이 압수·수색영장을 발부하면서 '압수할 물건'을 특정하기 위하여 기재한 문언은 엄격하게 해석하여야 하고, 함부로 피압수자 등에게 불리한 내용으로 확장 또는 유추 해석하여서는 안 된다.

[2] 따라서 압수·수색영장에서 압수할 물건을 '압수장소에 **보관중인** 물건'이라고 기재하고 있는 것을 '압수장소에 **현존하는** 물건'으로 **해석할 수는 없다**(대법원 2009. 3. 12. 2008도763).

① (○) [1] 압수·수색영장은 처분을 받는 자에게 반드시 제시하여야 하는바, 현장에서 압수·수색을 당하는 사람이 여러 명일 경우에는 그 사람들 모두에게 개별적으로 영장을 제시해야 하는 것이 원칙이다. 수사기관이 압수·수색에 착수하면서 **그 장소의 관리책임자에게 영장을 제시하였다고 하더라도, 물건을 소지하고 있는 다른 사람으로부터 이를 압수하고자 하는 때에는 그 사람에게 따로 영장을 제시하여야 한다.**

[2] 수사기관이 이 사건 압수·수색에 착수하면서 이 사건 사무실에 있던 **제주도지사 비서실장 갑에게 압수·수색영장을 제시하였다고 하더라도** 그 뒤 그 사무실로 이 사건 압수물을 들고 온 **제주도지사 비서관 을로부터 이를 압수하면서 따로 압수·수색영장을 제시하지 않은 이상, 위 압수절차는 형사소송법이 정한 바에 따르지 않은 것으로서 위법하다**(대판2009. 3. 12. 2008도763).

② (○) [1] 세관공무원이 수출입물품을 검사하는 과정에서 마약류가 감추어져 있다고 밝혀지거나 그러한 의심이 드는 경우, 검사는 마약류의 분산을 방지하기 위하여 충분한 감시체제를 확보하고 있어 수사를 위하여 이를 외국으로 반출하거나 대한민국으로 반입할 필요가 있다는 요청을 세관장에게 할 수 있고, 세관장은 그 요청에 응하기 위하여 필요한 조치를 할 수 있다(마약류 불법거래 방지에 관한 특례법 제4조 제1항). 그러나 **이러한 조치가 수사기관에 의한 압수·수색에 해당하는 경우에는 영장주의 원칙이 적용된다.**

[2] 물론 수출입물품 통관검사절차에서 이루어지는 **물품의 개봉, 시료채취, 성분분석 등의 검사는 수출입물품에 대한 적정한 통관 등을 목적으로 조사를 하는 것으로서 이를 수사기관의 강제처분이라고 할 수 없으므로, 세관공무원은 압수·수색영장 없이 이러한 검사를 진행할 수 있다.** 세관공무원이 통관검사를 위하여 직무상 소지하거나 보관하는 물품을 수사기관에 임의로 제출한 경우에는 비록 소유자의 동의를 받지 않았더라도 수사기관이 강제로 점유를 취득하지 않은 이상 해당 물품을 압수하였다고 할 수 없다.

[3] **그러나** 마약류 불법거래 방지에 관한 특례법 제4조 제1항에 따른 조치의 일환으로 **특정한 수출입물품을 개봉하여 검사하고 그 내용물의 점유를 취득한 행위는** 위에서 본 수출입물품에 대한 적정한 **통관 등을 목적으로 조사를 하는 경우와는 달리, 범죄수사인 압수 또는 수색에 해당하여 사전 또는 사후에 영장을 받아야 한다**(대판2017. 7. 18. 2014도8719).

③ (○) [1] 형사소송법 제215조에 의한 **압수·수색영장은** 수사기관의 압수·수색에 대한 허가장으로서 거기에 기재되는 **유효기간은 집행에 착수할 수 있는 종기를 의미하는 것일 뿐**이므로, 수사기관이 압수·수색영장을 제시하고 집행에 착수하여 압수·수색을 실시하고 그 집행을 종료하였다면 이미 그 영장은 목적을 달성하여 효력이 상실되는 것이고, **동일한 장소 또는 목적물에 대하여 다시 압수·수색할 필요가 있는 경우라면** 그 필요성을 소명하여 **법원으로부터 새로운 압수·수색영장을 발부받아야 하는 것이지**, 앞서 **발부받은** 압수·수색영장의 **유효기간이 남아** 있다고 하여 이를 **제시하고 다시 압수·수색을 할 수는 없다.**

[2] 경찰은 2019. 3. 5. 피의자가 甲으로, 혐의사실이 대마 광고 및 대마 매매로, 압수할 물건이 '피의자가 소지, 소유, 보관하고 있는 휴대전화에 저장된 마약류 취급 관련자료 등'으로, **유효기간이 '2019. 3. 31.'로 된 압수·수색·검증영장**(이하 '이 사건 영장')을 발부받아, 2019. 3. 7. 그에 기해 **甲으로부터 휴대전화 3대 등을 압수하였다.** 그 후 **경찰은 2019. 4. 8.** 甲의 휴대전화 메신저에서 대마 구입 희망의사를 밝히는 피고인의 메시지(이하 '이 사건 메시지')를 확인한 후, **甲 행세를 하면서 위 메신저로 메시지를 주고받는 방법으로 위장수사를 진행하여, 2019. 4. 10. 피고인을 현행범으로 체포하고 그 휴대전화를 비롯한 소지품 등을 영장 없이 압수한 다음 2019. 4. 12. 사후 압수·수색·검증영장을 발부받았다.**

[3] 피고인이 이 사건 메시지를 보낸 시점까지 경찰이 이 사건 영장 집행을 계속하고 있었다고 볼 만한 자료가 없으므로 **경찰의 이 사건 메시지 등의 정보 취득은 영장 집행 종료 후의 위법한 재집행**이고, 그 외에 경찰이 甲의 휴대전화 메신저 계정을 이용할 정당한 접근권한도 없으므로, **이 사건 메시지 등을 기초로 피고인을 현행범으로 체포하면서 수집한 증거는 위법수집증거로서 증거능력이 없다.** 따라서 피고인의 「마약류 불법거래 방지에 관한 특례법」위반 부분에 대해서는 무죄를 선고하여야 한다(대판2023. 3. 16. 2020도5336).

▼**정답** ④

24. 전자정보의 압수·수색·검증 방법과 전자정보의 압수·수색·검증 시 유의사항에 관한 「검사와 사법경찰관의 상호협력과 일반적 수사준칙에 관한 규정」의 설명으로 적절하지 <u>않은</u> 것을 모두 고른 것은?

> ㉠ 검사 또는 사법경찰관은 컴퓨터용디스크 및 그 밖에 이와 비슷한 정보저장매체(이하 이 항에서 "정보저장매체등"이라 한다)에 기억된 정보(이하 "전자정보"라 한다)를 압수하는 경우에는 해당 정보저장매체등의 소재지에서 수색 또는 검증한 후 범죄사실과 관련된 전자정보의 범위를 정하여 출력하거나 복제하는 방법으로 한다.
> ㉡ 위 ㉠에 따른 압수 방법의 실행이 불가능하거나 그 방법으로는 압수의 목적을 달성하는 것이 현저히 곤란한 경우에는 압수·수색 또는 검증 현장에서 정보저장매체등에 들어 있는 전자정보 전부를 복제하여 그 복제본을 정보저장매체등의 소재지 외의 장소로 반출할 수 있다.
> ㉢ 위 ㉠과 ㉡에 따른 압수 방법의 실행이 불가능하거나 그 방법으로는 압수의 목적을 달성하는 것이 현저히 곤란한 경우에는 피압수자 또는 압수·수색영장을 집행할 때 참여하게 해야 하는 사람(이하 "피압수자등"이라 한다)이 참여한 상태에서 정보저장매체등의 원본을 봉인(封印)하여 정보저장매체등의 소재지 외의 장소로 반출할 수 있다.
> ㉣ 검사 또는 사법경찰관은 전자정보의 탐색·복제·출력을 완료한 경우에는 지체 없이 피압수자등에게 압수한 전자정보의 목록을 교부해야 한다. 검사 또는 사법경찰관은 위 목록에 포함되지 않은 전자정보가 있는 경우에는 해당 전자정보를 지체 없이 삭제 또는 폐기하거나 반환해야 한다. 이 경우 삭제·폐기 또는 반환확인서를 작성하여 피압수자등에게 교부해야 한다.
> ㉤ 검사 또는 사법경찰관은 압수·수색 또는 검증의 전 과정에 걸쳐 피압수자등이나 변호인의 참여권을 보장해야 하며, 피압수자등과 변호인이 참여를 거부하는 경우에는 압수·수색 또는 검증을 즉시 중단해야 한다.

① 0개 ② 1개
③ 2개 ④ 3개

▼해 설

② ㉠㉡㉢㉣(4개)은 옳은 지문이고, ㉤(1개)은 틀린 지문이다.
㉠ (○) 수사준칙 제41조(전자정보의 압수·수색·검증 방법) 제1항
㉡ (○) 수사준칙 제41조 제2항
㉢ (○) 수사준칙 제41조 제3항
㉣ (○) 수사준칙 제42조(전자정보의 압수·수색 또는 검증 시 유의사항) 제1항, 제2항
㉤ (×) 검사 또는 사법경찰관은 압수·수색 또는 검증의 **전 과정에 걸쳐** 피압수자등이나 변호인의 **참여권을 보장해야** 하며, **피압수자등과 변호인이 참여를 거부하는 경우**에는 신뢰성과 전문성을 담보할 수 있는 **상당한 방법으로 압수·수색 또는 검증을 해야 한다**(수사준칙 제42조 제4항).

▼정답 ②

25. 압수·수색에 관한 다음 설명 중 옳고 그름의 표시(O, X)가 모두 바르게 된 것은? (다툼이 있는 경우 판례에 의함)

> ㉠ 정보저장매체를 임의제출한 피압수자에 더하여 임의제출자 아닌 피의자에게도 참여권이 보장되어야 하는 '피의자의 소유·관리에 속하는 정보저장매체'란, 피의자가 압수·수색 당시 또는 이와 시간적으로 근접한 시기까지 해당 정보저장매체를 현실적으로 지배·관리하면서 그 정보저장매체 내 전자정보 전반에 관한 전속적인 관리처분권을 보유·행사하고, 달리 이를 자신의 의사에 따라 제3자에게 양도하거나 포기하지 아니한 경우로서, 피의자를 그 정보저장매체에 저장된 전자정보에 대하여 실질적인 피압수자로 평가할 수 있는 경우를 말하는 것이다.
>
> ㉡ 형사소송법에서 법문에 수사기관이 압수·수색을 하기 위해서는 "해당 사건과 관계가 있다고 인정할 수 있는 것에 한정"할 것을 요구하고 있기 때문에 압수의 대상을 압수·수색영장의 범죄사실 자체와 직접적으로 연관된 물건에 한정해야 한다.
>
> ㉢ 수사기관이 금융기관에 금융실명거래 및 비밀보장에 관한 법률(이하 '금융실명법'이라 한다) 제4조 제2항에 따라서 금융기관으로부터 처음에는 영장 사본을 첨부하여 금융거래자료를 요구하여 팩스로 받았으나, 혐의와 관련된 자료를 선별한 후 최종적으로 직접 찾아가 영장 원본을 제시후 선별된 금융거래자료를 압수집행했다면, 이 사건 각 금융계좌추적용 압수·수색영장의 집행 과정에서 확보된 금융거래자료의 증거능력이 인정된다.
>
> ㉣ 수사기관이 압수·수색영장에 적힌 '수색할 장소'에 있는 컴퓨터 등 정보처리장치에 저장된 전자정보 외에 원격지서버에 저장된 전자정보를 압수·수색하기 위해서는 압수·수색영장에 적힌 '압수할 물건'에 별도로 원격지서버 저장 전자정보가 특정되어 있어야 한다. 압수·수색영장에 적힌 '압수할 물건'에 컴퓨터 등 정보처리장치 저장 전자정보만 기재되어 있다면 컴퓨터 등 정보처리장치를 이용하여 원격지서버 저장 전자정보를 압수할 수는 없다.
>
> ㉤ 수사기관이 범죄 혐의사실과 관련 있는 정보를 선별하여 압수한 후에도 그와 관련이 없는 나머지 정보를 삭제·폐기·반환하지 아니한 채 그대로 보관하고 있다면 범죄 혐의사실과 관련이 없는 부분에 대하여는 압수의 대상이 되는 전자정보의 범위를 넘어서는 전자정보를 영장 없이 압수·수색하여 취득한 것이어서 위법하고, 사후에 법원으로부터 압수·수색영장이 발부되었다거나 피고인이나 변호인이 이를 증거로 함에 동의하였다고 하여 그 위법성이 치유된다고 볼 수 없다.

① ㉠(O) ㉡(X) ㉢(O) ㉣(O) ㉤(O)
② ㉠(O) ㉡(X) ㉢(O) ㉣(X) ㉤(O)
③ ㉠(X) ㉡(O) ㉢(X) ㉣(O) ㉤(X)
④ ㉠(O) ㉡(O) ㉢(O) ㉣(O) ㉤(O)

▶해 설

① ㉠㉢㉣㉤(4개)은 옳은 지문이나, ㉡(1개)만 틀린 지문이다.
㉠ (O) [1] 검찰은 2019. 9. 10.경까지 피고인 갑에 대한 2012. 9. 7. A대학교 총장 명의 표창장에 관한 사문서위조, 을의 B대학교 및 C대학교 의학전문대학원 지원 과정에서의 위 표창장의 제출로 인한 위조사문서행사, 위 표창장 및 그 밖에 허위 경력의 기재로 인한 C학교 의학전문대학원 입학사정 업무에 관한 위계공무집행방

해 등 을의 의학전문대학원 부정지원 관련 범행을 범죄혐의사실로 하여 갑의 A대학교 교수연구실등에 대한 압수·수색영장 집행 등의 수사를 진행하였다. 검찰수사관은 A대학교 강사휴게실 관리자인 조교 병의 동의를 얻어 강사휴게실에 있는 공용 PC에 저장된 전자정보에 대하여 그 탐색이 계속되던 중 위 PC에서 '퍽' 소리가 나면서 전원이 꺼지는 사태가 발생하자, 검찰수사관은 병과 정(A대학교의 물품 관리를 총괄하는 행정지원처장)에게 위 현장에서의 탐색을 중단하고 이 사건 각 PC를 검찰에 제출하여 줄 수 있는지 문의·요청하였다. 이에 병과 정은 검찰수사관의 요청에 응하여 이 사건 각 PC를 임의제출하였다. 검찰수사관은 병과 정에게 이 사건 각 PC의 이미징 및 탐색, 전자정보 추출 등 과정에 참관할 의사가 있는지 확인하였으나, 병과 정은 참관하지 않겠다고 대답하였다. 이 사건 각 PC에 대한 이미징 및 포렌식 작업을 하여 전자정보를 추출하였고, 이에 따라 A대학교 총장 명의 표창장에 관한 사문서위조 범행이 2013. 6. 16.경 이 사건 각 PC 중 1대를 이용하여 이루어진 정황이 발견되었다. 검찰은 2020. 2. 11. 병과 정에게 이 사건 각 PC에서 추출되어 압수된 전자정보의 파일 명세가 특정된 목록을 교부하였다. 이 사건 각 PC에 저장된 전자정보는 2013. 6. 16. 사문서위조 등 이 사건 공소사실 중 을의 의학전문대학원 부정지원 관련 범행의 증거로 사용되었다.

[2] 이 사건 각 PC의 임의제출에 따른 압수·수색 당시 외형적·객관적으로 인식 가능한 사실상의 상태를 기준으로 볼 때, **이 사건 각 PC나 거기에 저장된 전자정보가 피고인 갑(정경심교수)의 소유·관리에 속한 경우에 해당한다고 인정되지 않는다.** 오히려 A대학교측이 이 사건 각 PC를 2016. 12.경 이후 3년 가까이 강사휴게실 내에 보관하면서 **현실적으로 지배·관리하는 한편,** 이를 공용PC로 사용하거나 임의처리 등의 조치를 할 수 있었던 것으로 보이는 등의 객관적인 사정에 비추어 이 사건 **각 PC에 저장된 전자정보 전반에 관하여** 당시 **A대학교측이 포괄적인 관리처분권을 사실상 보유·행사하고 있는 상태에 있었다고 인정된다.**

[3] 피고인의 이 사건 각 PC에 대한 현실적 지배·관리 상태와 이에 저장된 전자정보 전반에 관한 관리처분권이 이 사건 압수·수색 당시까지 유지되고 있었다고 볼 수 없으므로, 피고인을 이 사건 압수·수색에 관하여 **실질적인 피압수자로 평가할 수 있는 경우에 해당하지 아니한다.** 따라서 이 사건 각 PC에 저장된 전자정보의 압수·수색은 위 대법원 2016도348 전원합의체 판결이 설시한 법리에 따르더라도 **피고인에게 참여권을 보장하여야 하는 경우에는 해당하지 아니한다**(대법원2022. 1. 27.선고2021도11170판결). 결국, **피고인(정경심교수)은 실질적인 피압수자가 아니므로 참여권을 보장해야 하는 것도 아니므로,** 제3자(조교와 행정지원처장)가 임의제출한 정보저장매체에 저장된 전자정보의 증거능력을 인정하였다(정경심교수 사건).

ⓛ (×) [1] **압수의 대상을 압수·수색영장의 범죄사실 자체와 직접적으로 연관된 물건에 한정할 것은 아니고(한정해야 한다(×)),** 압수수색영장의 범죄사실과 기본적 사실관계가 동일한 범행 또는 동종·유사의 범행과 관련된다고 의심할 만한 상당한 이유가 있는 범위 내에서는 압수를 실시할 수 있다. 그리고 피의자와 사이의 인적 관련성은 압수수색영장에 기재된 대상자의 공동정범이나 교사범 등 공범이나 간접정범은 물론 필요적 공범 등에 대한 피고사건에 대해서도 인정될 수 있다.

[2] 따라서 피고인 갑을 피의자로 하여 2016. 9. 6. 발부된 압수수색영장에 기재된 범죄사실과 피고인 을의 금품제공으로 인한 당내경선 운동방법 위반의 점 사이에 인적, 객관적 관련성이 인정된다고 보아 을의 주거지에서 압수된 금전집행내역에 관한 문서의 증거능력은 인정된다(대법원2018. 10. 12.선고2018도6252판결). 결국, 위법수집증거능력배제법칙을 위반한 위법은 없다.

ⓒ (○) [1] 수사기관의 압수·수색은 법관이 발부한 압수·수색영장에 의하여야 하는 것이 원칙이고, **영장의 원본은 처분을 받는 자에게 반드시 제시되어야 하므로,** 금융계좌추적용 압수·수색영장의 집행에 있어서도 수사기관이 금융기관으로부터 금융거래자료를 수신하기에 앞서 **금융기관에 영장 원본을 사전에 제시하지 않았다면 원칙적으로 적법한 집행 방법이라고 볼 수는 없다.**

[2] 다만 수사기관이 금융기관에금융실명거래 및 비밀보장에 관한 법률(이하 '금융실명법'이라 한다) 제4조 제2항에 따라서 **금융거래정보에 대하여 영장 사본을 첨부하여 그 제공을 요구한 결과 금융기관으로부터 회신받은 금융거래자료가 해당 영장의 집행 대상과 범위에 포함되어 있고,** 이러한 모사전송 내지 전자적 송수신 방식의 금융거래정보 제공요구 및 자료 회신의 전 과정이 해당 금융기관의 자발적 협조의사에 따른 것이며, 그 자료 중 **범죄혐의사실과 관련된 금융거래를 선별하는 절차를 거친 후 최종적으로 영장 원본을 제시하고 위와 같이 선별된 금융거래자료에 대한 압수절차가 집행된 경우로서,** 그 과정이 금융실명법에서 정한 방식에 따라 이루어지고 달리 적법절차와 영장주의 원칙을 잠탈하기 위한 의도에서 이루어진 것이라고 볼 만한 사정이 없어, 이러한 일련의 과정을 전체적으로 '하나의 영장에 기하여 적시에 원본을 제시하고 이를 토대로 압수·수색하는 것'으로 평가할 수 있는 경우에 한하여, 예외적으로 영장의 적법한 집행 방법에 해당한다고 볼 수 있다(대법원2022. 1. 27.선고2021도11170판결).

㉣ (○) [1] 압수할 전자정보가 저장된 저장매체로서 **압수·수색영장에 기재된 수색장소에 있는** 컴퓨터, 하드디스크, 휴대전화와 같은 **컴퓨터 등 정보처리장치**와 수색장소에 있지는 않으나 컴퓨터 등 정보처리장치와 정보통신망으로 연결된 **원격지의 서버 등 저장매체**(이하 '원격지서버'라 한다)는 소재지, 관리자, 저장 공간의 용량 측면에서 **서로 구별된다**.

[2] **원격지서버에 저장된 전자정보를 압수·수색하기 위해서는** 컴퓨터 등 정보처리장치를 이용하여 정보통신망을 통해 원격지서버에 접속하고 그곳에 저장되어 있는 전자정보를 컴퓨터 등 정보처리장치로 내려 받거나 화면에 현출시키는 절차가 필요하므로, **컴퓨터 등 정보처리장치 자체에 저장된 전자정보와 비교하여 압수·수색의 방식에 차이가 있다.** 원격지서버에 저장되어 있는 전자정보와 컴퓨터 등 정보처리장치에 저장되어 있는 전자정보는 그 내용이나 질이 다르므로 압수·수색으로 얻을 수 있는 **전자정보의 범위와 그로 인한 기본권 침해 정도도 다르다.**

[3] 따라서 수사기관이 압수·수색영장에 적힌 '수색할 장소'에 있는 컴퓨터 등 정보처리장치에 저장된 전자정보 외에 **원격지서버에 저장된 전자정보를 압수·수색하기 위해서는** 압수·수색영장에 적힌 '압수할 물건'에 **별도로 원격지서버 저장 전자정보가 특정되어 있어야 한다.** 압수·수색영장에 적힌 '**압수할 물건**'에 **컴퓨터 등 정보처리장치 저장 전자정보만 기재되어 있다면** 컴퓨터 등 정보처리장치를 이용하여 **원격지서버 저장 전자정보를 압수할 수는 없다**(대법원2022. 6. 30.자2020모735결정).

㉤ (○) 따라서 영장 기재 범죄 **혐의사실과의 관련성 유무와 상관없이 수사기관이 임의로 전자정보를 복제·출력하여 취득한 정보 전체에 대해 그 휴대전화에 대한 압수는 위법한 것으로 취소되어야 한다**고 봄이 타당하고, **사후에 법원으로부터 그와 같이 수사기관이 취득하여 보관하고 있는 전자정보 자체에 대해 다시 압수·수색영장이 발부되었다고 하여 달리 볼 수 없다**(대법원 2022. 1. 14.자 2021모1586 결정).

▶정답 ①

26. 아래 사례에 대한 설명 중 가장 적절하지 <u>않은</u> 것은?(다툼이 있으면 판례에 의함)

> 검사가 압수·수색영장을 발부받아 甲 주식회사 빌딩 내 乙의 사무실을 압수·수색하였는데, 저장매체에 범죄혐의와 관련된 정보(이하 '유관정보')와 범죄혐의와 무관한 정보(이하 '무관정보')가 혼재된 것으로 판단하여 甲 회사의 동의를 받아 저장매체를 수사기관 사무실로 반출한 다음 乙 측의 참여하에 저장매체에 저장된 전자정보파일 전부를 '이미징'의 방법으로 다른 저장매체로 복제(이하 '제1처분')하고, 乙 측의 참여 없이 이미징한 복제본을 외장 하드디스크에 재복제(이하 '제2처분')하였으며, 乙 측의 참여 없이 하드디스크에서 유관정보를 탐색하는 과정에서 甲 회사의 별선 범죄혐의와 관련된 전자정보 등 무관정보도 함께 출력(이하 '제3처분')하였다.

① 수사기관의 전자정보에 대한 압수·수색은 원칙적으로 영장 발부의 사유로 된 범죄혐의사실과 관련된 부분만을 문서 출력물로 수집하거나 수사기관이 휴대한 저장매체에 해당 파일을 복제하는 방식으로 이루어져야 하고, 저장매체 자체를 직접 반출하거나 저장매체에 들어있는 전자파일 전부를 하드카피나 이미징 등 형태(이하 '복제본')로 수사기관 사무실 등 외부로 반출하는 방식으로 압수·수색하는 것은 현장의 사정이나 전자정보의 대량성으로 관련 정보 획득에 긴 시간이 소요되거나 전문인력에 의한 기술적 조치가 필요한 경우 등 범위를 정하여 출력 또는 복제하는 방법이 불가능하거나 압수의 목적을 달성하기에 현저히 곤란하다고 인정되는 때에 한하여 예외적으로 허용될 수 있을 뿐이다.

② 저장매체 자체 또는 적법하게 획득한 복제본을 탐색하여 혐의사실과 관련된 전자정보를 문서로 출력하거나 파일로 복제하는 일련의 과정 역시 전체적으로 하나의 영장에 기한 압수·수색에 해당하므로, 그러한 경우의 문서출력 또는 파일복제의 대상 역시 저장매체 소재지에서의 압수·수색과 마찬가지로 혐의사실과 관련된 부분으로 한정되어야 한다.

③ 위 사례에서 준항고인이 전체 압수·수색 과정을 단계적·개별적으로 구분하여 각 단계의 개별 처분의 취소를 구할 경우 준항고법원은 특별한 사정이 없는 한 구분된 개별 처분의 위법이나 취소 여부를 판단하여야 한다.
④ 위 사례에서 제1처분은 위법하다고 볼 수 없으나, 제2처분·제3처분은 제1처분 후 피압수·수색 당사자에게 계속적인 참여권을 보장하는 등의 조치가 이루어지지 아니한 채 유관정보는 물론 무관정보까지 재복제·출력한 것으로서 영장이 허용한 범위를 벗어나고 적법절차를 위반한 위법한 처분이다.

▶해 설

③ (×) [1] 전자정보에 대한 압수·수색 과정에서 이루어진 현장에서의 저장매체 압수·이미징·탐색·복제 및 출력행위 등 수사기관의 처분은 하나의 영장에 의한 압수·수색 과정에서 이루어진다. 그러한 일련의 행위가 모두 진행되어 압수·수색이 종료된 이후에는 특정단계의 처분만을 취소하더라도 그 이후의 압수·수색을 저지한다는 것을 상정할 수 없고 수사기관에게 압수·수색의 결과물을 보유하도록 할 것인지가 문제 될 뿐이다. 그러므로 이 경우에는 준항고인이 전체 압수·수색 과정을 단계적·개별적으로 구분하여 각 단계의 개별 처분의 취소를 구하더라도 **준항고법원은 특별한 사정이 없는 한 구분된 개별 처분의 위법이나 취소 여부를 판단할 것이 아니라** 당해 **압수·수색 과정 전체를 하나의 절차로 파악하여** 그 과정에서 나타난 위법이 압수·수색 절차 전체를 위법하게 할 정도로 중대한지 여부에 따라 **전체적으로** 압수·수색 처분을 취소할 것인지를 가려야 한다
[2] 검사가 압수·수색영장을 발부받아 갑 주식회사 빌딩 내 을의 사무실을 압수·수색하였는데, 저장매체에 범죄혐의와 관련된 정보(이하 '유관정보'라 한다)와 범죄혐의와 무관한 정보(이하 '무관정보'라 한다)가 혼재된 것으로 판단하여 갑 회사의 동의를 받아 저장매체를 수사기관 사무실로 반출한 다음 을 측의 참여하에 저장매체에 저장된 전자정보파일 전부를 '이미징'의 방법으로 다른 저장매체로 복제(이하 '제1 처분'이라 한다)하고, 을 측의 참여 없이 이미징한 복제본을 외장 하드디스크에 재복제(이하 '제2 처분'이라 한다)하였으며, 을 측의 참여 없이 하드디스크에서 유관정보를 탐색하는 과정에서 갑 회사의 별건 범죄혐의와 관련된 전자정보 등 무관정보도 함께 출력(이하 '제3 처분'이라 한다)한 사안에서, 제1 처분은 위법하다고 볼 수 없으나, 제2·3 처분은 제1 처분 후 피압수·수색 당사자에게 계속적인 참여권을 보장하는 등의 조치가 이루어지지 아니한 채 유관정보는 물론 무관정보까지 재복제·출력한 것으로서 영장이 허용한 범위를 벗어나고 적법절차를 위반한 위법한 처분이며, 제2·3 처분에 해당하는 전자정보의 복제·출력 과정은 증거물을 획득하는 행위로서 압수·수색의 목적에 해당하는 중요한 과정인 점 등 위법의 중대성에 비추어 위 **영장에 기한 압수·수색이 전체적으로 취소되어야** 한다(대판2015.7.16. 2011모1839 전원합의체 결정).
① (○) 대판2015.7.16. 2011모1839 전원합의체결정
② (○) 대판2015.7.16. 2011모1839 전원합의체결정
④ (○) 대판2015.7.16. 2011모1839 전원합의체결정

▶정답 ③

27. 압수·수색에 관한 판례의 태도 중 옳지 않은 것은 몇 개인가?

㉠ 검사가 압수·수색영장의 청구 등 강제처분을 위한 조치를 취하지 아니한 것 그 자체를 형사소송법 제417조 소정의 '압수에 관한 처분'으로 보아 이에 대해 준항고로써 불복할 수는 없다.
㉡ 검사가 폐수무단방류 혐의가 인정된다는 이유로 피의자들의 공장부지, 건물, 기계류 일체 및 폐수운반차량 7대에 대하여 한 압수처분은 수사상의 필요에서 행하는 압수의 본래의

취지를 넘는 것으로 상당성이 없을 뿐만 아니라, 수사상의 필요와 그로 인한 개인의 재산권 침해의 정도를 비교형량해 보면 비례성의 원칙에 위배되어 위법하다.

ⓒ 음란물 유포의 범죄혐의를 이유로 압수·수색영장을 발부받은 사법경찰관이 피고인의 주거지를 수색하는 과정에서 대마를 발견하자, 피고인을 마약류관리에 관한 법률 위반죄의 현행범으로 체포하면서 대마를 압수하였으나 그 다음날 피고인을 석방하면서 사후 압수·수색영장을 발부받지 않은 경우, 압수한 대마 및 그 압수조서 중 "위 대마를 피고인에게서 압수하였다"는 취지의 기재 등은 형사소송법상 증거능력이 있으므로 위 대마소지의 점에 관한 공소사실의 증거로 사용할 수 있다.

ⓔ 압수물 목록은 피압수자 등이 압수물에 대한 환부·가환부신청을 하거나 압수처분에 대한 준항고를 하는 등 권리행사절차를 밟는 가장 기초적인 자료가 되므로, 이러한 권리행사에 지장이 없도록 압수 직후 현장에서 바로 작성하여 교부해야 하는 것이 원칙이다.

ⓜ 경찰관이 이른바 전화사기죄 범행의 혐의자를 긴급체포하면서 그가 주거지에 보관하고 있던 다른 사람의 주민등록증, 운전면허증 등을 압수한 경우 이는 그 압수 당시 위 범죄사실의 수사에 필요한 범위 내의 것으로서 전화사기 범행과 관련된다고 의심할 만한 상당한 이유가 있었다고 보이므로, 적법하게 압수되었다고 할 것이다.

① 0개 ② 1개
③ 2개 ④ 3개

▼해 설

② ㉠㉡㉣㉤(4개)은 옳은 지문이나, ㉢(1개)만 틀린 지문이다.

㉠ (O) 검사가 증거수집을 위한 압수·수색영장의 청구 등을 위한 조치를 취하지 아니하여 증거를 확보하지 못하고 불기소처분에 이르렀다면, 그 불기소처분에 대하여 형사소송법상의 재정신청이나 검찰청법상의 항고·재항고 등으로써 불복하는 것은 별론으로 하고, **검사가 압수·수색영장의 청구 등 강제처분을 위한 조치를 취하지 아니한 것 그 자체를 형사소송법 제417조 소정의 '압수에 관한 처분'으로 보아 이에 대해 준항고로써 불복할 수는 없다**(대판2007.5.25. 2007모82).

㉡ (O) 형사소송법 제215조에 의하면 검사나 사법경찰관이 범죄수사에 필요한 때에는 영장에 의하여 압수를 할 수 있으나, 여기서 **'범죄수사에 필요한 때'라 함은 단지 수사를 위해 필요할 뿐만 아니라 강제처분으로서 압수를 행하지 않으면 수사의 목적을 달성할 수 없는 경우를 말하고**, 그 필요성이 인정되는 경우에도 무제한적으로 허용되는 것은 아니며, 압수물이 증거물 내지 몰수하여야 할 물건으로 보이는 것이라 하더라도, 범죄의 형태나 경중, 압수물의 증거가치 및 중요성, 증거인멸의 우려 유무, 압수로 인하여 피압수자가 받을 불이익의 정도 등 **제반 사정을 종합적으로 고려하여 판단해야 한다**. 따라서 **폐수무단방류 혐의가 인정된다는 이유로 공장부지, 건물, 기계류 일체 및 폐수운반차량 7대에 대하여 한 압수처분은** 수사상의 필요에서 행하는 압수의 본래의 취지를 넘는 것으로 상당성이 없을 뿐만 아니라, 수사상의 필요와 그로 인한 개인의 재산권 침해의 정도를 비교형량해 보면 **비례성의 원칙에 위배되어 위법하다**(대결2004.3.23. 2003모126).

㉢ (×) 구 정보통신망 이용촉진 및 정보보호 등에 관한 법률상 음란물 유포의 범죄혐의를 이유로 압수·수색영장을 발부받은 사법경찰리가 피고인의 주거지를 수색하는 과정에서 대마를 발견하자, 피고인을 마약류관리에 관한 법률 위반죄의 현행범으로 체포하면서 대마를 압수하였으나, **그 다음날 피고인을 석방하였음에도 사후 압수·수색영장을 발부받지 않은 사안**에서, 위 압수물과 압수조서는 **형사소송법상 영장주의를 위반하여 수집한 증거로서 증거능력이 부정된다**(대판2009.5.14. 2008도10914).

㉣ (O) **압수물 목록은** 피압수자 등이 압수물에 대한 환부·가환부신청을 하거나 압수처분에 대한 준항고를 하는 등 권리행사절차를 밟는 가장 기초적인 자료가 되므로, 이러한 권리행사에 지장이 없도록 **압수 직후 현장에서 바로 작성하여 교부해야 하는 것이 원칙이다**(대판2009.3.12. 2008도763).

◎ (○) 경찰관이 이른바 전화사기죄 범행의 혐의자를 긴급체포하면서 그가 주거지에 보관하고 있던 다른 사람의 주민등록증, 운전면허증 등을 압수한 경우 이는 그 압수 당시 위 범죄사실의 수사에 필요한 범위 내의 것으로서 **전화사기 범행과 관련된다고 의심할 만한 상당한 이유가 있었다**고 보이므로, **적법하게 압수되었다고** 할 것이므로, 이를 위 혐의자의 **점유이탈물횡령죄 범행에 대한 증거로 인정한다**(대판2008.7.10. 2008도2245).

▼정답 ②

28. 압수·수색에 관한 다음 설명 중 옳지 않은 것은 모두 몇 개인가?(다툼이 있으면 판례에 의함)

㉠ 정보저장매체를 임의제출한 피압수자에 더하여 임의제출자 아닌 피의자에게도 참여권이 보장되어야 하는 '피의자의 소유·관리에 속하는 정보저장매체'에 해당하는지 여부는 민사법상 권리의 귀속에 따른 법률적 판단을 기준으로 종합적으로 판단하여야 한다.

㉡ 소유자, 소지자 또는 보관자가 아닌 자로부터 제출받은 물건을 영장없이 압수한 '압수물' 및 '압수물을 찍은 사진'은 이를 유죄 인정의 증거로 사용할 수 없지만 피고인이나 변호인이 이를 증거로 함에 동의하였다면 증거능력이 인정된다.

㉢ 정보저장매체의 외형적·객관적 지배·관리 등 상태와 별도로 단지 피의자나 그 밖의 제3자가 과거 그 정보저장매체의 이용 내지 개별 전자정보의 생성·이용 등에 관여한 사실이 있다는 사정만으로 그들을 실질적으로 압수·수색을 받는 당사자로 취급하여야 하는 것은 아니다.

㉣ 피처분자가 현장에 없거나 현장에서 그를 발견할 수 없는 경우등 영장제시가 현실적으로 불가능한 경우에는 영장을 제시하지 아니한 채 압수·수색을 하더라도 위법하다고 볼 수 없다.

㉤ 전자정보에 대한 압수·수색에 있어 저장매체 자체를 외부로 반출하거나 하드카피·이미징 등의 형태로 복제본을 만들어 외부에서 저장매체나 복제본에 대하여 압수·수색이 허용되는 예외적인 경우에도 혐의사실과 관련된 전자정보 이외에 이와 무관한 전자정보를 탐색·복제·출력하는 것은 원칙적으로 위법한 압수·수색에 해당하므로 허용될 수 없다.

① 1개　　　　　② 2개
③ 3개　　　　　④ 4개

▼해 설

② ㉢㉣㉤(3개)은 옳은 지문이나, ㉠㉡(2개)은 틀린 지문이다.

㉠ (×) 정보저장매체를 임의제출한 피압수자에 더하여 **임의제출자 아닌 피의자에게도 참여권이 보장되어야** 하는 '**피의자의 소유·관리에 속하는 정보저장매체**'란, 피의자가 압수·수색 당시 또는 이와 시간적으로 근접한 시기까지 해당 정보저장매체를 현실적으로 지배·관리하면서 그 정보저장매체 내 전자정보 전반에 관한 전속적인 관리처분권을 보유·행사하고, 달리 이를 자신의 의사에 따라 제3자에게 양도하거나 포기하지 아니한 경우로써, 피의자를 그 정보저장매체에 저장된 전자정보에 대하여 실질적인 피압수자로 평가할 수 있는 경우를 말하는 것이다. **이에 해당하는지 여부는 민사법상 권리의 귀속에 따른 법률적·사후적 판단이 아니라 압수·수색 당시 외형적·객관적으로 인식 가능한 사실상의 상태를 기준으로** 판단하여야 한다. 이러한 정보저장매체의 외형적·객관적 지배·관리 등 상태와 별도로 단지 피의자나 그 밖의 제3자가 과거 그 정보저장매체의 이용 내지 개별 전자정보의 생성·이용 등에 관여한 사실이 있다거나 그 과정에서 생성된 전자정보에

ⓛ 의해 식별되는 정보주체에 해당한다는 사정만으로 그들을 실질적으로 압수·수색을 받는 당사자로 취급하여야 하는 것은 아니다(대법원2022. 1. 27.선고2021도11170판결).

ⓒ (×) 형사소송법 제218조는 "사법경찰관은 소유자, 소지자 또는 보관자가 임의로 제출한 물건을 영장없이 압수할 수 있다"고 규정하고 있는바, **위 규정을 위반하여** 소유자, 소지자 또는 보관자가 **아닌 자로부터** 제출받은 물건을 **영장없이 압수한 경우** 그 **'압수물' 및 '압수물을 찍은 사진'은 이를 유죄 인정의 증거로 사용할 수 없는 것**이고, 헌법과 형사소송법이 선언한 영장주의의 중요성에 비추어 볼 때 피고인이나 변호인이 이를 증거로 함에 **동의하였다고 하더라도 달리 볼 것은 아니다**(대판2010.1.28. 2009도10092).

ⓒ (○) 정보저장매체를 임의제출한 피압수자에 더하여 **임의제출자 아닌 피의자에게도 참여권이 보장되어야** 하는 **'피의자의 소유·관리에 속하는 정보저장매체'에 해당하는지** 여부는 민사법상 권리의 귀속에 따른 **법률적·사후적 판단이 아니라 압수·수색 당시 외형적·객관적으로 인식 가능한 사실상의 상태를 기준으로 판단하여야** 한다. 이러한 정보저장매체의 외형적·객관적 지배·관리 등 상태와 별도로 **단지 피의자나 그 밖의 제3자가 과거 그 정보저장매체의 이용 내지 개별 전자정보의 생성·이용 등에 관여한 사실이 있다거나 그 과정에서 생성된 전자정보에 의해 식별되는 정보주체에 해당한다는 사정만으로 그들을 실질적으로** 압수·수색을 받는 **당사자로 취급하여야** 하는 것은 **아니다**(대법원2022. 1. 27.선고2021도11170판결). 결국, 동양대 정경심 교수는 당사자 참여권이 보장되는 **실질적인 피압수자도 아니고, 참여권을 보장받을 권리도 없다.**

ⓔ (○) 형사소송법 제219조가 준용하는 제118조는 "압수·수색영장은 처분을 받는 자에게 반드시 제시하여야 한다."고 규정하고 있으나, 이는 **영장제시가 현실적으로 가능한 상황을 전제로 한 규정으로 보아야** 하고, 피처분자가 현장에 없거나 현장에서 그를 발견할 수 없는 경우 등 **영장제시가 현실적으로 불가능한 경우에는 영장을 제시하지 아니한 채 압수·수색을 하더라도 위법하다고 볼 수 없다**(대판 2015.1.22. 2014도10978 전원합의체 판결).

ⓜ (○) [1] 수사기관의 전자정보에 대한 압수·수색은 원칙적으로 영장 발부의 사유로 된 범죄 혐의사실과 관련된 부분만을 문서 출력물로 수집하거나 수사기관이 휴대한 저장매체에 해당 파일을 복제하는 방식으로 이루어져야 하고, 저장매체 자체를 직접 반출하거나 저장매체에 들어 있는 전자파일 전부를 하드카피나 이미징 등 형태(이하 '복제본'이라 한다)로 수사기관 사무실 등 외부로 반출하는 방식으로 압수·수색하는 것은 현장의 사정이나 전자정보의 대량성으로 관련 정보 획득에 긴 시간이 소요되거나 전문 인력에 의한 기술적 조치가 필요한 경우 등 범위를 정하여 출력 또는 복제하는 방법이 불가능하거나 압수의 목적을 달성하기에 현저히 곤란하다고 인정되는 때에 한하여 예외적으로 허용될 수 있을 뿐이다. 따라서 수사기관 사무실 등으로 반출된 저장매체 또는 복제본에서 혐의사실 관련성에 대한 구분 없이 임의로 저장된 전자정보를 문서로 출력하거나 파일로 복제하는 행위는 원칙적으로 영장주의 원칙에 반하는 위법한 압수가 된다.

[2] 전자정보에 대한 압수·수색에 있어 저장매체 자체를 외부로 반출하거나 하드카피·이미징 등의 형태로 복제본을 만들어 외부에서 저장매체나 복제본에 대하여 압수·수색이 허용되는 **예외적인 경우에도 혐의사실과 관련된 전자정보 이외에 이와 무관한 전자정보를 탐색·복제·출력하는 것은 원칙적으로 위법한 압수·수색에 해당하므로 허용될 수 없다.** 그러나 전자정보에 대한 압수·수색이 종료되기 전에 혐의사실과 관련된 전자정보를 적법하게 탐색하는 과정에서 별도의 범죄혐의와 관련된 전자정보를 우연히 발견한 경우라면, 수사기관은 더 이상의 추가 탐색을 중단하고 법원에서 별도의 범죄혐의에 대한 압수·수색영장을 발부받은 경우에 한하여 그러한 정보에 대하여도 적법하게 압수·수색을 할 수 있다. 나아가 이러한 경우에도 별도의 압수·수색 절차는 최초의 압수·수색 절차와 구별되는 별개의 절차이고, 별도 범죄혐의와 관련된 전자정보는 최초의 압수·수색영장에 의한 압수·수색의 대상이 아니어서 저장매체의 원래 소재지에서 별도의 압수·수색영장에 기해 압수·수색을 진행하는 경우와 마찬가지로 피압수·수색 당사자(이하 '피압수자'라 한다)는 최초의 압수·수색 이전부터 해당 전자정보를 관리하고 있던 자라 할 것이므로, **특별한 사정이 없는 한 피압수자에게 형사소송법 제219조, 제121조, 제129조에 따라 참여권을 보장하고 압수한 전자정보 목록을 교부하는 등 피압수자의 이익을 보호하기 위한 적절한 조치가 이루어져야 한다.**

[3] 검사가 압수·수색영장(이하 '제1 영장'이라 한다)을 발부받아 갑 주식회사 빌딩 내 을의 사무실을 압수·수색하였는데, 저장매체에 범죄혐의와 관련된 정보(이하 '유관정보'라 한다)와 범죄혐의와 무관한 정보(무관정보)가 혼재된 것으로 판단하여 갑 회사의 동의를 받아 저장매체를 수사기관 사무실로 반출한 다음 을 측의 참여하에 저장매체에 저장된 전자정보파일 전부를 '이미징'의 방법으로 다른 저장매체로 복제하고, 을 측의 참여 없이 이미징한 복제본을 외장 하드디스크에 재복제하였으며, 을 측의 참여 없이 하드디스크에서 유관정보를 탐색하던 중 우연히 을 등의 별건 범죄혐의와 관련된 전자정보(이하 '별건 정보'라 한다)를 발견하고 문서로 출력하였고, 그 후 을 측에 참여권 등을 보장하지 않은 채 다른 검사가 별건 정보를 소명자료로 제출하면서 압수·수색영장(이하 '제2 영장'이라 한다)을 발부받아 외장 하드디스크에서 별건 정보를 탐색·출력한

사안에서, 제2 영장 청구 당시 압수할 물건으로 삼은 정보는 제1 영장의 피압수·수색 당사자에게 참여의 기회를 부여하지 않은 채 임의로 재복제한 외장 하드디스크에 저장된 정보로서 그 자체가 위법한 압수물이어서 별건 정보에 대한 영장청구 요건을 충족하지 못하였고, **나아가 제2 영장에 기한 압수·수색 당시 을 측에 압수·수색 과정에 참여할 기회를 보장하지 않았으므로, 제2 영장에 기한 압수·수색은 전체적으로 위법하다** (대결2015.7.16. 2011모1839전합).

▼정답 ②

29. 압수·수색에 관한 다음 설명으로 옳지 않은 것은 모두 몇 개인가? (다툼이 있는 경우 판례에 의함)

㉠ 사법경찰관이 범죄수사에 필요한 때에는 피의자가 죄를 범하였다고 의심할 만한 정황이 있고 해당 사건과 관계가 있다고 인정할 수 있는 것에 한정하여 검사에게 신청하여 검사의 청구로 지방법원판사가 발부한 영장에 의하여 압수, 수색 또는 검증을 할 수 있다.

㉡ 검사가 공소제기 후 형사소송법 제215조에 따라 수소법원 이외의 지방법원 판사에게 청구하여 발부받은 영장에 의하여 압수·수색을 하였다면, 그와 같이 수집된 증거는 원칙적으로 유죄의 증거로 삼을 수 없다.

㉢ 수사기관이 피의자 갑의 공직선거법 위반 범행을 영장 범죄사실로 하여 발부받은 압수·수색영장의 집행 과정에서 을, 병 사이의 대화가 녹음된 녹음파일을 압수하여 을, 병의 공직선거법 위반 혐의사실을 발견한 사안에서, 녹음파일은 형사소송법 제308조의2에서 정한 '적법한 절차에 따르지 아니하고 수집한 증거'로서 증거로 쓸 수 없고, 그 절차적 위법은 헌법상 영장주의 내지 적법절차의 실질적 내용을 침해하는 중대한 위법에 해당하여 예외적으로 증거능력을 인정할 수도 없다.

㉣ 피고인이 2014. 12. 11. 피해자 갑을 상대로 저지른 성폭력범죄의 처벌 등에 관한 특례법 위반(카메라등이용촬영) 범행(이하 '2014년 범행'이라 한다)에 대하여 갑이 즉시 피해 사실을 경찰에 신고하면서 피고인의 집에서 가지고 나온 피고인 소유의 휴대전화 2대(아이폰 및 삼성휴대폰)에 피고인이 촬영한 동영상과 사진이 저장되어 있다는 취지로 말하고 이를 범행의 증거물로 임의제출하였는데, 경찰이 이를 압수한 다음 그 안에 저장된 전자정보를 탐색하다가 갑을 촬영한 휴대전화가 아닌 다른 휴대전화에서 피고인이 2013. 12.경 피해자 을, 병을 상대로 저지른 같은 법 위반(카메라등이용촬영) 범행(이하 '2013년 범행'이라 한다)을 발견하고 그에 관한 동영상·사진 등을 영장 없이 복제한 CD를 증거로 제출한 사안에서, 휴대전화에 담긴 전자정보 중 임의제출을 통해 적법하게 압수된 범위는 임의제출 및 압수의 동기가 된 피고인의 2014년 범행 자체와 구체적·개별적 연관관계가 있는 전자정보로 제한적으로 해석하는 것이 타당하고, 범죄발생 시점 사이에 상당한 간격이 있고 피해자 및 범행에 이용한 휴대전화도 전혀 다른 피고인의 2013년 범행에 관한 동영상은 임의제출에 따른 압수의 동기가 된 범죄혐의사실(2014년 범행)과 구체적·개별적 연관관계 있는 전자정보로 보기 어려워 수사기관이 사전영장 없이 이를 취득한 이상 증거능력이 없고, 사후에 압수·수색영장을 받아 압수절차가 진행되었더라도 달리 볼 수 없으므로, 피고인의 2013년 범행은 무죄이다.

① 0개 ② 1개
③ 2개 ④ 3개

▼해 설

① ㉠㉡㉢㉣(4개)은 모두 옳은 지문이다.

㉠ (O) 사법경찰관이 범죄수사에 **필요**한 때에는 피의자가 죄를 범하였다고 의심할 만한 **정황**이 있고 해당 사건과 **관계**가 있다고 인정할 수 있는 것에 **한정하여** 검사에게 신청하여 검사의 청구로 지방법원판사가 발부한 **영장**에 의하여 **압수, 수색 또는 검증을 할 수 있다**(제215조).

㉡ (O) 형사소송법은 제215조에서 검사가 압수·수색 영장을 청구할 수 있는 시기를 공소제기 전으로 명시적으로 한정하고 있지는 아니하나, 헌법상 보장된 적법절차의 원칙과 재판받을 권리, 공판중심주의·당사자주의·직접주의를 지향하는 현행 형사소송법의 소송구조, 관련 법규의 체계, 문언 형식, 내용 등을 종합하여 보면, **일단 공소가 제기된 후에는** 피고사건에 관하여 **검사로서는** 형사소송법 제215조에 의하여 **압수·수색을 할 수 없다고 보아야** 하며, 그럼에도 검사가 공소제기 후 형사소송법 제215조에 따라 수소법원 이외의 지방법원 판사에게 청구하여 발부받은 영장에 의하여 압수·수색을 **하였다면**, 그와 같이 수집된 증거는 기본적 인권보장을 위해 마련된 **적법한 절차에 따르지 않은 것으로서 원칙적으로 유죄의 증거로 삼을 수 없다**(대판 2011.4.28. 2009도10412).

㉢ (O) 수사기관이 피의자 갑의 공직선거법 위반 범행을 영장 범죄사실로 하여 발부받은 압수·수색영장의 집행 과정에서 을, 병 사이의 대화가 녹음된 녹음파일을 압수하여 을, 병의 공직선거법 위반 혐의사실을 발견한 사안에서, **압수·수색영장에 기재된 '피의자'인 갑이 녹음파일에 의하여 의심되는 혐의사실과 무관한 이상, 수사기관이 별도의 압수·수색영장을 발부받지 아니한 채 압수한 녹음파일은** 형사소송법 제219조에 의하여 수사기관의 압수에 준용되는 형사소송법 제106조 제1항이 규정하는 '피고사건' 내지 같은 법 제215조 제1항이 **규정하는 '해당 사건'과 '관계가 있다고 인정할 수 있는 것'에 해당하지 않으며**, 이와 같은 압수에는 헌법 제12조 제1항후문, 제3항본문이 규정하는 영장주의를 위반한 절차적 위법이 있으므로, **녹음파일은 형사소송법 제308조의2에서 정한 '적법한 절차에 따르지 아니하고 수집한 증거'로서 증거로 쓸 수 없고**, 그 절차적 위법은 헌법상 영장주의 내지 적법절차의 실질적 내용을 침해하는 중대한 위법에 해당하여 **예외적으로 증거능력을 인정할 수도 없다**(대판2014.1.16. 2013도7101).

㉣ (O) 위 사안에서 **갑은 경찰에 피고인의 휴대전화를 증거물로 제출할 당시 그 안에 수록된 전자정보의 제출 범위를 명확히 밝히지 않았고, 담당 경찰관들도 제출자로부터 그에 관한 확인절차를 거치지 않은 이상 휴대전화에 담긴 전자정보의 제출 범위에 관한 제출자의 의사가 명확하지 않거나 이를 알 수 없는 경우에 해당하므로**, 휴대전화에 담긴 전자정보 중 임의제출을 통해 적법하게 압수된 범위는 임의제출 및 압수의 동기가 된 피고인의 2014년 범행 자체와 구체적·개별적 연관관계가 있는 전자정보로 제한적으로 해석하는 것이 타당하고, 이에 비추어 볼 때 범죄발생 시점 사이에 상당한 간격이 있고 피해자 및 범행에 이용한 휴대전화도 전혀 다른 피고인의 2013년 범행에 관한 동영상은 임의제출에 따른 압수의 동기가 된 **범죄혐의사실(2014년 범행)과 구체적·개별적 연관관계 있는 전자정보로 보기 어려워 수사기관이 사전영장 없이 이를 취득한 이상 증거능력이 없고**, 사후에 압수·수색영장을 받아 압수절차가 진행되었더라도 달리 볼 수 없으므로, 피고인의 2013년 범행을 무죄로 판단한 원심의 결론은 정당하다(대법원 2021.11.18. 2016도348 전원합의체판결).

▼정답 ①

30. 전자정보의 압수·수색에 관한 다음 설명으로 옳지 <u>않은</u> 것은 모두 몇 개인가? (다툼이 있는 경우 판례에 의함)

㉠ 수사기관이 피압수자 측에 참여의 기회를 보장하거나 압수한 전자정보 목록을 교부하지 않는 등 영장주의 원칙과 적법절차를 준수하지 않은 위법한 압수·수색 과정을 통하여 취득한 증거는 위법수집증거에 해당하고, 사후에 법원으로부터 영장이 발부되었다거나 피고인이나 변호인이 이를 증거로 함에 동의하였다고 하여 위법성이 치유되는 것도 아니다.

㉡ 피의자가 휴대전화를 임의제출하면서 휴대전화에 저장된 전자정보가 아닌 클라우드 등 제3자가 관리하는 원격지에 저장되어 있는 전자정보를 수사기관에 제출한다는 의사로 수사기관에게 클라우드 등에 접속하기 위한 아이디와 비밀번호를 임의로 제공하였다면 위 클라우드 등에 저장된 전자정보를 임의제출하는 것으로 볼 수 있다.

㉢ 피고인이 휴대전화로 성명 불상 피해자들의 신체를 그 의사에 반하여 촬영하거나('1~7번 범행'), 짧은 치마를 입고 횡단보도 앞에서 신호를 기다리던 피해자의 다리를 몰래 촬영하여('8번 범행') 성폭력범죄의 처벌 등에 관한 특례법 위반(카메라등이용촬영)으로 기소된 경우, 8번 범행 피해자의 신고를 받고 출동한 경찰관이 현장에서 피고인으로부터 임의제출받아 압수한 휴대전화를 사무실에서 탐색하는 과정에서 1~7번 범행의 영상을 발견한 경우, 1~7번은 8번과 범행 일시도 가깝고, 버스정류장 등 공공장소에서 촬영되어 범죄혐의사실과 관련성 있는 증거이며, 피고인이 탐색에 참여하여 범죄사실을 구체적으로 진술하였으므로, 비록 피고인에게 압수된 전자정보가 특정된 목록이 교부되지 않았더라도 절차상 권리가 실질적으로 침해되었다고 보기 어려워 1~7번 범행으로 촬영한 영상의 출력물과 파일 복사본을 담은 시디(CD)는 임의제출에 의해 적법하게 압수된 전자정보에서 생성된 것으로서 증거능력이 인정되므로 1~7번 범행 부분도 성폭력범죄의 처벌 등에 관한 특례법 위반(카메라등이용촬영)죄가 성립한다.

㉣ 갑은 2014. 8.경 상호불상의 안마시술소에서 갑 소유의 베가아이언2 휴대전화의 카메라를 이용하여 위 안마시술소의 여종업원인 을의 의사에 반하여 피해자의 음부, 가슴, 엉덩이 등 피해자의 신체를 몰래 촬영하였다('2014년범행'). 또한 갑은 2015. 6. 7. ○○고속도로 하행선 휴게소에서 동일한 방법으로 의자에 앉아 있던 병녀의 치마 밑 허벅지와 다리를 몰래 촬영하였다('2015년범행'). 경찰관 P는 2015. 6. 7. 병녀의 남자친구 정의 신고로 현장에 출동하여 갑으로부터 이 사건 휴대전화를 임의제출받아 이를 영장 없이 압수하였다. 2014년 범행에 관한 영상은 임의제출에 의해 적법하게 압수된 전자정보로서 그 증거능력을 인정할 수 있다. 2014년 범행에 관한 영상을 비롯한 이 사건 휴대전화에서 발견된 약 2,000개의 영상은 2년여에 걸쳐 이 사건 휴대전화로 촬영된 것으로, 범죄의 속성상 해당범행의 상습성이 의심되어, 2015년 범죄혐의사실과 구체적·개별적 연관관계를 인정할 수 있다. 따라서 2014년 범행에 관한 영상은 임의제출에 따른 압수의 동기가 된 2015년 범죄혐의사실과 관련성이 인정될 수 있으므로 증거능력이 인정되어 성폭력범죄의처벌등에관한특례법위반(카메라등이용촬영)죄가 성립한다.

① 0개　　　　　　　　　　　② 1개
③ 2개　　　　　　　　　　　④ 3개

▼해 설

① ㉠㉡㉢㉣(4개)은 모두 옳은 지문이다.
㉠ (O) [1] 수사기관이 피압수자 측에 참여의 기회를 보장하거나 압수한 전자정보 목록을 교부하지 않는 등 영장주의 원칙과 적법절차를 준수하지 않은 **위법한 압수·수색 과정을 통하여 취득한 증거는 위법수집증거에 해당**하고, **사후에 법원으로부터 영장이 발부되었다거나 피고인이나 변호인이 이를 증거로 함에 동의하였다고 하여 위법성이 치유되는 것도 아니다**.
[2] 성매매알선등 혐의로 **압수된 피고인이 사용·보관 중인 휴대전화**(성매매여성 등 정보가 보관되어 있는 저장장치 포함)에서 **탐색된 이 사건 엑셀파일을 출력한 출력물 및 위 엑셀파일을 복사한 시디**(검사는 이를 증거로 제출하였다)는 **경찰**이 피압수자인 **피고인에게 참여의 기회를 부여하지 않은 상태에서 임의로 탐색·복제·출력한 전자정보로서**, 피고인에게 압수한 전자정보 목록을 교부하거나 피고인이 그 과정에 참여하지 아니할 의사를 가지고 있는지 여부를 확인한 바가 없으므로, 이는 위법하게 수집된 증거로서 증거능력이 없고, 사후에 압수·수색영장을 발부받아 압수절차가 진행되었더라도 위법성이 치유되지 않는다(대법원2022. 7. 28.선고2022도2960판결).
㉡ (O) **피의자가 휴대전화를 임의제출하면서 휴대전화에 저장된 전자정보가 아닌 클라우드 등 제3자가 관리하는 원격지에 저장되어 있는 전자정보를 수사기관에 제출한다는 의사로 수사기관에게 클라우드 등에 접속하기 위한 아이디와 비밀번호를 임의로 제공하였다면 위 클라우드 등에 저장된 전자정보를 임의제출하는 것으로 볼 수 있다**(대법원2021. 7. 29.선고2020도14654판결).
㉢ (O) 대법원2022. 2. 17.선고2019도4938판결
㉣ (O) 대법원2022. 1. 13.선고2016도9596판결

▼정답 ①

제07절 압수·수색·검증에 있어서의 영장주의의 예외
(영장없이 압수·수색·검증할 수 있는 경우)

1. 영장주의에 관한 설명 중 가장 적절하지 <u>않은</u> 것은? (다툼이 있는 경우 판례에 의함)

(2023. 1차 경찰채용)

① 수사기관이 甲 주식회사에서 압수수색영장을 집행하면서 甲 회사에 팩스로 영장 사본을 송신하기만 하고 영장 원본을 제시하거나 압수조서와 압수물 목록을 작성하여 피압수·수색 당사자에게 교부하지도 않은 채 피고인의 이메일을 압수한 후 이를 증거로 제출한 사안에서, 위와 같은 방법으로 압수된 이메일은 「형사소송법」등에서 정한 절차를 위반한 것으로 유죄 인정의 증거로 사용할 수 없다.
② 법원이 피고인에 대하여 구속영장을 발부하기 전에 형사소송법 제72조에서 규정한 절차를 거치지 아니하였다 하더라도 같은 규정에 따른 절차적 권리가 실질적으로 보장되었다면, 위 사전 청문절차를 거치지 않은 것만으로 그 구속영장 발부결정이 위법하다고 볼 것은 아니다.
③ 「형사소송법」제88조는 피고인을 구속한 때에는 즉시 공소사실의 요지와 변호인을 선임할 수 있음을 알려야 한다"고 규정하고 있는바, 이는 사후 청문절차에 관한 규정으로서 이를 위반한 경우 구속영장의 효력에 어떠한 영향을 미치는 것은 아니다.
④ 「형사소송법」제217조 제2항, 제3항에 위반하여 압수수색영장을 발부받지 아니하고도 즉시 반환하지 아니한 압수물은 이를 유죄 인정의 증거로 사용할 수 없지만, 피고인이나 변호인이 이를 증거로 함에 동의하였다면 유죄 인정의 증거로 사용할 수 있다.

▼해 설

④ (×) 형사소송법 제217조 제2항, 제3항(영장없이 긴급체포된 자의 소유·소지 또는 보관하는 물건에 대하여 긴급히 압수한 경우)에 위반하여 압수수색영장을 청구하여 이를 발부받지 아니하고도즉시 반환하지 아니한 압수물은 **이를 유죄 인정의 증거로 사용할 수 없는 것이고**, 헌법과 형사소송법이 선언한 영장주의의 중요성에 비추어 볼 때 **피고인이나 변호인이 이를 증거로 함에 동의하였다고 하더라도 달리 볼 것은 아니다**(대법원2009. 12. 24.선고2009도11401판결). 결국, 피고인이나 변호인이 이를 증거로 함에 동의하였어도 유죄 인정의 증거로 사용할 수 없다.

① (○) [1] 수사기관의 압수·수색은 법관이 발부한 압수수색영장에 의하여야 하는 것이 원칙이고, **그 영장에는** 피의자의 성명, 압수할 물건, 수색할 장소·신체·물건과 압수수색의 사유 등이 **특정되어야** 하며, **영장은 처분을 받는 자에게 반드시 제시되어야** 하고, **압수물을 압수한 경우에는 목록을 작성하여** 소유자, 소지자 등에게 **교부하여야** 한다. 이러한 형사소송법과 형사소송규칙의 절차 조항은 헌법에서 선언하고 있는 적법절차와 영장주의를 구현하기 위한 것으로서 그 규범력은 확고히 유지되어야 한다. 그러므로 **형사소송법 등에서 정한 절차에 따르지 않고 수집된 증거**는 기본적 인권 보장을 위해 마련된 적법한 절차에 따르지 않은 것으로서 **원칙적으로 유죄 인정의 증거로 삼을 수 없다.**
[2] 수사기관이 甲 주식회사에서 압수수색영장을 집행하면서 **甲 회사에 팩스로 영장 사본을 송신하기만 하고 영장 원본을 제시하거나 압수조서와 압수물 목록을 작성하여 피압수·수색 당사자에게 교부하지도 않은 채** 피고인의 이메일을 압수한 후 이를 증거로 제출한 사안에서, **위와 같은 방법으로 압수된 이메일은 「형사소송법」 등에서 정한 절차를 위반한 것으로 유죄 인정의 증거로 사용할 수 없다**(대법원2017. 9. 7.선고2015도10648판결).

② (○) 형사소송법 제72조는 "피고인에 대하여 범죄사실의 요지, 구속의 이유와 변호인을 선임할 수 있음을 말하고 변명할 기회를 준 후가 아니면 구속할 수 없다."고 규정하고 있는바, 이는 **피고인을 구속함에 있어 법관에 의한 사전청문절차를 규정한 것**으로서, 구속영장을 집행함에 있어 집행기관이 취하여야 하는 절차가 아니라 구속영장 발부함에 있어 수소법원 등 법관이 취하여야 하는 절차라 할 것이므로, **법원이 피고인에 대하여 구속영장을 발부함에 있어사전에 위 규정에 따른 절차를 거치지 아니한 채 구속영장을 발부하였다면 그 발부결정은 위법하다**고 할 것이나, 위 규정은 피고인의 절차적 권리를 보장하기 위한 규정이므로 **이미 변호인을 선정하여 공판절차에서 변명과 증거의 제출을 다하고 그의 변호 아래 판결을 선고받은 경우** 등과 같이 위 규정에서 정한 절차적 권리가 실질적으로 보장되었다고 볼 수 있는 경우에는, 이에 해당하는 절차의 전부 또는 일부를 거치지 아니한 채 **구속영장을 발부하였다 하더라도** 이러한 점만으로 **그 발부결정이 위법하다고 볼 것은 아니다**(대법원2000. 11. 10.자2000모134결정).

③ (○) 대법원2000. 11. 10.자2000모134결정

▼정답 ④

2. 영장에 의하지 않는 압수·수색·검증에 대한 설명으로 가장 적절한 것은? (다툼이 있는 경우 판례에 의함)

① 사고발생 직후 사고장소에서 사법경찰관 사무취급이 작성한 실황조서가 긴급을 요하여 판사의 영장 없이 작성된 것이어서 「형사소송법」 제216조 제3항에 의한 검증에 해당한다면, 이 조서는 적법한 절차에 따라 작성된 것이므로 특별한 사유가 없는 한 증거능력이 있다.

② 범행 직후의 범죄 장소에서는 수사상 필요가 있는 경우라면, 긴급한 경우가 아니더라도, 수사기관은 영장 없이 압수·수색 또는 검증을 할 수 있으나, 사후에 지체없이 영장을 받아야 한다.

③ 교통사고로 의식을 잃어 응급실에 실려온 운전자에게서 담당의사가 응급수술을 목적으로 이미 채취한 혈액 중 일부를 주취운전 여부의 감정을 목적으로 출동한 경찰관이 담당의사로부터 임의로 제출받아 이를 압수한 경우, 담당의사에게 혈액제출권한이 없었다고 볼 특별한 사정이 없는 한 사후영장을 받지 않아도 이러한 압수는 위법하지 않다.

④ 경찰관이 피고인 소유의 쇠파이프를 피고인의 주거지 앞마당에서 발견하였음에도 그 소유자, 소지자 또는 보관자가 아닌 피해자로부터 임의로 제출받는 형식으로 그 쇠파이프를 압수하였고 그 후 압수물의 사진을 찍은 경우, 그 '압수물' 및 '압수물을 찍은 사진'은 피고인이 증거로 사용함에 동의한 경우에만 유죄인정의 증거로 사용할 수 있다.

▼해 설

③ (○) **경찰관이 간호사로부터 진료 목적으로 이미 채혈되어 있던 피고인의 혈액 중 일부를 임의로 제출 받아 이를 압수한 것으로 보이므로** 당시 **간호사가** 위 혈액의 소지자 겸 보관자인 공주의료원 또는 담당의사를 대리하여 **혈액을 경찰관에게 임의로 제출할 수 있는 권한이 없었다고 볼 특별한 사정이 없는 이상**, 그 압수절차가 피고인 또는 피고인의 가족의 동의 및 영장 없이 행하여졌다고 하더라도 **이에 적법절차를 위반한 위법이 있다고 할 수 없다**(대판1999.9.3. 98도968).
① (×) 사법경찰관 사무취급이 작성한 실황조서가 사고발생 직후 사고장소에서 긴급을 요하여 판사의 영장없이 시행된 것으로서 형사소송법 제216조 제3항에 의한 검증에 따라 작성된 것이라면 **사후영장을 받지 않는 한 유죄의 증거로 삼을 수 없다**. 따라서 **사법경찰관 사무취급이 작성한 실황조서는** 이 사건 사고가 발생한 1985.10.26. 19 : 30직후인 1985.10.27. 10 : 00에 사고장소에서 긴급을 요하여 판사의 영장없이 시행된 것이므로 이는 **형사소송법 제216조 제3항에 의한 검증에 해당한다 할 것**이고 기록상 사후영장을 받은 흔적이 없으므로 **이 실황조서는 유죄의 증거로 삼을 수 없다**(대판1989.3.14. 88도1399).
② (×) 범행 중 또는 범행직후의 범죄 장소에서 **긴급을 요하여 법원판사의 영장을 받을 수 없는 때**에는 영장없이 압수, 수색 또는 검증을 할 수 있다. 이 경우에는 사후에 지체없이 영장을 받아야 한다(제216조 제3항).
④ (×) 형사소송법 제218조는 "사법경찰관은 소유자, 소지자 또는 보관자가 임의로 제출한 물건을 영장없이 압수할 수 있다"고 규정하고 있는바, 위 규정을 위반하여 소유자, 소지자 또는 보관자가 **아닌 자로부터** 제출받은 물건을 **영장없이 압수한 경우** 그 '압수물' 및 '압수물을 찍은 사진'은 **이를 유죄 인정의 증거로 사용할 수 없는** 것이고, 헌법과 형사소송법이 선언한 영장주의 중요성에 비추어 볼 때 **피고인이나 변호인이 이를 증거로 함에 동의하였다고 하더라도 달리 볼 것은 아니다**(대판2010.1.28. 2009도10092).

▼정답 ③

3. 다음은 압수·수색·검증에 있어 영장주의 예외를 설명한 것으로 가장 적절하지 않은 것은?(다툼이 있으면 판례에 의함)

① 피고인이 운전 중 교통사고를 내고 의식을 잃은 채 병원 응급실로 호송되자, 출동한 경찰관이 법원으로부터 압수·수색 또는 검증 영장을 발부받지 아니한 채 피고인의 동서로부터 채혈동의를 받고 의사로 하여금 채혈을 하도록 한 사안에서, 위 혈액을 이용한 혈중알콜농도에 관한 감정서 등의 증거능력은 인정되지 않는다.
② 수사기관이 법원으로부터 영장 또는 감정처분허가장을 발부받지 아니한 채 피의자의 동의 없이 피의자의 신체로부터 혈액을 채취하고 사후에도 지체 없이 영장을 발부받지 아니한 채 그 혈액 중 알콜농도에 관한 감정을 의뢰하였다면, 이러한 과정을 거쳐 얻은 감정의뢰회보 등은 형사소송법상 영장주의 원칙을 위반하여 수집하거나 그에 기초하여 획득한 증거로서, 원칙적으로 그 절차위반행위가 적법절차의 실질적인 내용을 침해하여 피고인이나 변호인의 동의가 있더라도 유죄의 증거로 사용할 수 없다고 할 것이다.
③ 수사기관은 긴급체포된 자가 소유·소지 또는 보관하는 물건에 대하여 긴급히 압수할 필요가 있는 경우에는 체포한 때부터 24시간 이내에 한하여 영장 없이 압수·수색 또는 검증을 할 수 있다.

④ 범행중 또는 범행직후의 범죄장소에서 긴급을 요하여 법원판사의 영장을 받을 수 없는 때에는 영장없이 압수, 수색 또는 검증을 할 수 있다. 이 경우에 압수한 물건을 계속 압수할 필요가 있는 경우에는 지체없이 압수수색영장을 청구하여야 하며, 체포한 때부터 48시간 이내에 하여야 하나, 검사 또는 사법경찰관은 압수수색영장을 발부받지 못한 때에는 압수한 물건을 즉시 반환하여야 한다.

▼해 설

④ (×) 범행중 또는 범행직후의 **범죄장소에서** 긴급을 요하여 법원판사의 영장을 받을 수 없는 때에는 **영장없이** 압수, 수색 또는 검증을 할 수 있다. 이 경우에는 **사후에 지체없이** 영장을 받아야 한다(제216조 제3항).

① (○) 피고인이 운전 중 교통사고를 내고 의식을 잃은 채 병원 응급실로 호송되자, 출동한 경찰관이 법원으로부터 압수·수색 또는 검증 영장을 발부받지 아니한 채 피고인의 **동서로부터 채혈동의를 받고 의사로 하여금 채혈을 하도록 한 사안**에서, 원심이 **적법한 절차에 따르지 아니하고 수집된 피고인의 혈액을 이용한 혈중알콜농도에 관한 국립과학수사연구소 감정서 및 이에 기초한 주취운전자적발보고서의 증거능력을 부정한 것은 정당하고**, 음주운전자에 대한 채혈에 관하여 영장주의를 요구할 경우 증거가치가 없게 될 위험성이 있다거나 음주운전 중 교통사고를 야기하고 의식불명 상태에 빠져 병원에 후송된 자에 대해 수사기관이 수사의 목적으로 의료진에게 요청하여 혈액을 채취한 사정이 있다고 하더라도 이러한 증거의 **증거능력을 배제하는 것이 형사사법 정의를 실현하려고 한 취지에 반하는 결과를 초래하는 예외적인 경우에 해당한다고 볼 수 없다**(대법원2011. 4. 28. 선고2009도2109판결). 결국, 피고인에 대하여 구 도로교통법위반(음주운전)의 공소사실을 무죄로 판단하였다.

② (○) 2012.11.15. 2011도15258
③ (○) 제217조 제1항

▼정답 ④

4. 영장 없는 압수·수색·검증에 관한 설명 중 옳지 <u>않은</u> 것은? (다툼이 있는 경우 판례에 의함)

① 체포영장이 발부된 피의자를 체포하기 위하여 경찰관이 타인의 주거 등을 수색하는 경우에는 그 피의자가 그 장소에 소재할 개연성이외에도 별도로 사전에 수색영장을 발부받기 어려운 긴급한 사정이 있는 경우에만 제한적으로 이루어져야 한다.

② 음주운전 중 교통사고를 야기하고 의식불명 상태에 빠져 병원응급실에 후송된 피의자의 신체 내지 의복류에 주취로 인한 냄새가 강하게 나고, 교통사고 발생 시각으로부터 사회통념상 범행 직후라고 볼 수 있는 시간 내라면 경찰관은 의료진에게 요청하여 피의자의 혈액을 채취하도록 하여 압수할 수 있다.

③ 경찰관이 음주운전과 관련한 도로교통법 위반죄의 수사를 목적으로 미성년자인 피의자의 혈액을 채취해야 할 경우, 피의자에게 의사능력이 있다면 피의자 본인의 동의를 받아서 하면 되고, 별도로 법정대리인의 동의를 받을 필요는 없다.

④ 경찰관이 2020. 10. 5. 20:00 도로에서 마약류 거래를 하고 있는 피의자를 긴급체포한 뒤 같은 날 20:24경 영장 없이 체포현장에서 약 2km 떨어진 피의자의 주거지에 대한 수색을 실시해서 작은 방 서랍장 등에서 메트암페타민 약 10g을 압수한 것은 위법하다.

▼해 설

④ (×) 경찰관들은 2016.10.5. 20:00 경기 광주시 앞 도로에서 위장거래자와 만나서 마약류 거래를 하고 있는 피고인을 긴급체포한 뒤 현장에서 피고인이 위장거래자에게 건네준 메트암페타민 약 9.50g이 들어 있는 비닐

팩 1개(증제1호)를 압수하였다. 위 경찰관들은 같은 날 20 : 24경 영장 없이 체포현장에서 약 2km 떨어진 경기 광주시에 있는 피고인의 주거지에 대한 수색을 실시해서 작은 방 서랍장 등에서 메트암페타민 약 4.82g이 들어 있는 비닐팩 1개(증제2호) 등을 추가로 찾아내어 이를 압수하였다. 이후 사법경찰관은 압수한 위 메트암페타민 약 4.82g이 들어 있는 비닐팩 1개(증제2호)에 대하여 감정의뢰 등 계속 압수의 필요성을 이유로 검사에게 사후 압수수색영장 청구를 신청하였고, 검사의 청구로 서울중앙지방법원 영장전담판사로부터 2016. 10. 7. 사후 압수수색영장을 발부받았다. 위와 같은 피고인에 대한 긴급체포 사유, 압수·수색의 시각과 경위, 사후 영장의 발부 내역 등에 비추어 보면, **수사기관이 피고인의 주거지에서 긴급 압수한 메트암페타민 4.82g은** 긴급체포의 사유가 된 범죄사실 수사에 필요한 범위 내의 것으로서 형사소송법 제217조에 따라 **적법하게 압수되었다**고 할 것이다(대판2017. 9. 12. 2017도10309).

① (○) 체포영장을 발부받아 피의자를 체포하는 경우에 필요한 때에는 영장 없이 타인의 주거 등 내에서 피의자 수사를 할 수 있다고 규정함으로써, 별도로 영장을 발부받기 어려운 긴급한 사정이 있는지 여부를 구별하지 아니하고 피의자가 소재할 개연성만 소명되면 영장 없이 타인의 주거 등을 수색할 수 있도록 허용하고 있다. 이는 체포영장이 발부된 피의자가 타인의 주거 등에 소재할 개연성은 소명되나, **수색에 앞서 영장을 발부받기 어려운 긴급한 사정이 인정되지 않는 경우에도 영장 없이 피의자 수색을 할 수 있다는** 것이므로, 헌법 제16조의 영장주의 예외 요건을 벗어나는 것으로서 **영장주의에 위반된다**(헌재2018. 4. 26. 2015헌바370 등)

② (○) 2012. 11. 15. 2011도15258

③ (○) 음주운전과 관련한 도로교통법 위반죄의 범죄수사를 위하여 미성년자인 피의자의 혈액채취가 필요한 경우에도 **피의자에게 의사능력이 있다면 피의자 본인만이 혈액채취에 관한 유효한 동의를 할 수 있고**, 피의자에게 **의사능력이 없는 경우에도** 명문의 규정이 없는 이상 **법정대리인이 피의자를 대리하여 동의할 수는 없다** (대판2014. 11. 13. 2013도1228).

▼정답 ④

5. 「형사소송법」상 압수·수색에 대한 설명으로 가장 적절하지 않은 것은?

① 사법경찰관은 제200조의2(영장에 의한 체포)의 규정에 의하여 피의자를 체포하는 경우에 필요한 때에는 영장 없이 타인의 주거 내에서 피의자를 수색할 수 있으나, 미리 수색영장을 발부받기 어려운 긴급한 사정이 있는 때에 한정한다.

② 사법경찰관은 제200조의3(긴급체포)에 따라 체포된 자가 소유하는 물건에 대하여 긴급히 압수할 필요가 있는 경우에는 체포한 때부터 24시간 이내에 한하여 영장 없이 압수할 수 있다.

③ 사법경찰관은 제212조(현행범인의 체포)의 규정에 의하여 피의자를 체포하는 경우에 필요한 때에는 영장 없이 체포현장에서 압수할 수 있다.

④ 경찰관이 간호사로부터 진료 목적으로 채혈된 피고인의 혈액 중 일부를 주취운전 여부에 대한 감정을 목적으로 제출받아 압수한 경우, 그 압수절차가 피고인 또는 피고인의 가족의 동의 및 영장 없이 행하여졌다고 할 것이므로 적법절차를 위반한 위법이 있다.

▼해 설

④ (×) [1] 형사소송법 및 기타 법령상 의료인이 진료 목적으로 채혈한 혈액을 수사기관이 수사 목적으로 압수하는 절차에 관하여 특별한 절차적 제한을 두고 있지 않으므로, 의료인이 진료 목적으로 채혈한 환자의 혈액을 수사기관에 임의로 제출하였다면 그 혈액의 증거사용에 대하여도 환자의 사생활의 비밀 기타 인격적 법익이 침해되는 등의 특별한 사정이 없는 한 반드시 그 환자의 동의를 받아야 하는 것이 아니다.
[2] 따라서 **경찰관이 간호사로부터 진료 목적으로 이미 채혈되어 있던 피고인의 혈액 중 일부를 주취운전 여부에 대한 감정을 목적으로 임의로 제출 받아 이를 압수한 경우**, 당시 간호사가 위 혈액의 소지자 겸 보관자인 병원 또는 담당의사를 대리하여 혈액을 경찰관에게 임의로 제출할 수 있는 권한이 없었다고 볼 특별한 사정이 **없는 이상**, 그 압수절차가 피고인 또는 피고인의 가족의 동의 및 영장 없이 행하여졌다고 하더라도 이에 **적법**

절차를 위반한 위법이 있다고 할 수 없다(대법원1999. 9. 3.선고98도968판결). 결국, 위 **혈액**을 이용한 **혈액감정 의뢰회보**의 **증거능력**은 **인정된다**.

① (○) 검사 또는 사법경찰관은 제200조의2(영장에 의한 체포)·제200조의3(긴급체포)·제201조(피의자 구속) 또는 제212조(현행범인의 체포)의 규정에 의하여 피의자를 체포 또는 구속하는 경우에 필요한 때에는 **영장없이 타인의 주거나 타인이 간수하는 가옥, 건조물, 항공기, 선차 내에서의 피의자를 수색할 수 있다**(제216조 제1항 제1호). 다만, **체포영장 또는 구속영장에 따라** 피의자를 체포 또는 구속하는 경우의 **피의자 수색**은 **미리 수색영장을 발부받기 어려운 긴급한 사정이 있는 때에 한정**한다.

② (○) 검사 또는 사법경찰관은 제200조의3(긴급체포)에 따라 체포된 자가 소유·소지 또는 보관하는 물건에 대하여 긴급히 압수할 필요가 있는 경우에는 **체포한 때**부터 **24시간 이내**에 한하여 영장 없이 압수·수색 또는 검증을 할 수 있다(제217조 제1항).

③ (○) 검사 또는 사법경찰관은 제200조의2(영장에 의한 체포)·제200조의3(긴급체포)·제201조(피의자 구속) 또는 제212조(현행범인의 체포)의 규정에 의하여 피의자를 체포 또는 구속하는 경우에 필요한 때에는 **영장없이 체포현장에서 압수, 수색, 검증을 할 수 있다**(제216조 제1항 제2호).

▼정답 ④

6. 甲은 혈중알코올농도 0.12%의 술에 취한 상태로 승용차를 운전하다가 편도 2차선 도로에서 중앙선을 침범한 과실로 다른 승용차를 충격하여 상대 차량 운전자인 A에게 상해를 입혔다. 교통사고로 인한 부상자들은 구급차에 실려 병원으로 후송되었는데, 甲은 의식이 없는 상태에 있었다. 교통사고 신고를 받은 사법경찰관 P는 교통사고 현장을 점검하고, 곧바로 甲이 치료를 받고 있는 병원으로 출동하였으며, 甲의 신체나 의복류에 술 냄새가 강하게 나서 甲이 음주운전을 하다가 교통사고를 낸 것으로 보고 甲의 병원 후송 직후에 그에 관한 증거를 수집하고자 한다. 이에 관한 설명 중 옳은 것은? (다툼이 있는 경우 판례에 의함)

① 만약 甲이 교통사고 당시 음주의 영향으로 정상적인 운전이 곤란한 상태였음이 인정된다면, 甲은 도로교통법위반(음주운전) 및 특정범죄가중처벌등에관한법률위반(위험운전치상)의 죄책을 지게 되고, 양 죄는 상상적 경합 관계에 있다.

② 강제채혈에 비해 강제채뇨는 피의자에게 더 큰 신체적 고통이나 수치심, 굴욕감을 줄 수 있으므로, 수사기관이 범죄증거를 수집할 목적으로 피의자의 동의 없이 피의자의 소변을 채취하는 것은 법원으로부터 감정처분허가장을 받아 '감정에 필요한 처분'으로는 할 수 있지만, 압수·수색영장을 받아 '압수·수색의 방법'으로는 할 수 없다.

③ 호흡조사에 의한 甲의 음주측정이 불가능하고 혈액채취에 대한 동의를 받을 수도 없을 뿐만 아니라 법원으로부터 혈액채취에 관한 감정처분허가장이나 압수영장을 발부받을 시간적 여유가 없는 경우에 P는 교통사고 발생시각으로부터 사회통념상 범행직후라고 볼 수 있는 시간 내에 증거수집을 위해 「의료법」상 의료인의 자격이 있는 자로 하여금 의료용 기구로 의학적인 방법에 따라 필요최소한의 혈액을 채취하게 하여 이를 압수할 수 있는데, 다만 이때에는 사후에 압수영장을 발부받아야 한다.

④ 만약 P가 교통사고 소식을 듣고 달려온 甲의 배우자 동의를 받아 「의료법」상 의료인의 자격이 있는 자로 하여금 甲의 혈액을 채취하도록 하였다면 사후에 압수영장을 발부받았는지 여부와 상관없이 이는 적법한 수사이다.

해설

③ (O) [1] 수사기관이 범죄 증거를 수집할 목적으로 **피의자의 동의 없이 피의자의 혈액을 취득·보관하는 행위**는 법원으로부터 감정처분허가장을 받아 형사소송법 제221조의4 제1항, 제173조 제1항에 의한 **'감정에 필요한 처분'으로도 할 수 있지만**, 형사소송법 제219조, 제106조 제1항에 정한 **압수의 방법으로도 할 수 있고**, 압수의 방법에 의하는 경우 혈액의 취득을 위하여 피의자의 신체로부터 혈액을 채취하는 행위는 그 혈액의 압수를 위한 것으로서 형사소송법 제219조, 제120조 제1항에 정한 **'압수영장의 집행에 있어 필요한 처분'에 해당한다**고 할 것이다.

[2] **음주운전 중 교통사고를 야기한 후 피의자가 의식불명 상태에 빠져 있는 등으로 도로교통법이 음주운전의 제1차적 수사방법으로 규정한 호흡조사에 의한 음주측정이 불가능하고 혈액 채취에 대한 동의를 받을 수도 없을 뿐만 아니라 법원으로부터 혈액 채취에 대한 감정처분허가장이나 사전 압수영장을 발부받을 시간적 여유도 없는 긴급한 상황이 생길 수 있다.** 이러한 경우 피의자의 신체 내지 의복류에 주로로 인한 냄새가 강하게 나는 등 **형사소송법 제211조 제2항 제3호가 정하는 범죄의 증적이 현저한 준현행범인으로서의 요건이 갖추어져 있고** 교통사고 발생 시각으로부터 사회통념상 범행 직후라고 볼 수 있는 시간 내라면, 피의자의 생명·신체를 구조하기 위하여 사고현장으로부터 곧바로 후송된 **병원 응급실 등의 장소는 형사소송법 제216조 제3항의 범죄 장소에 준한다** 할 것이므로, **검사 또는 사법경찰관은** 피의자의 혈중알코올농도 등 증거의 수집을 위하여 **의료법상 의료인의 자격이 있는 자로 하여금** 의료용 기구로 의학적인 방법에 따라 필요최소한의 한도 내에서 **피의자의 혈액을 채취하게 한 후 그 혈액을 영장 없이 압수할 수 있다고 할 것이다.** 다만 이 경우에도 형사소송법 제216조 제3항 단서, 형사소송규칙 제58조, 제107조 제1항 제3호에 따라 **사후에 지체 없이** 강제채혈에 의한 압수의 사유 등을 기재한 영장청구서에 의하여 **법원으로부터 압수영장을 받아야 함은 물론이다.**

[3] **이 사건 강제채혈은** 법관으로부터 영장을 발부받지 않은 상태에서 이루어졌고 **사후에 영장을 발부받지도 아니하였으므로** 피고인의 혈중알코올농도에 대한 **국립과학수사연구소의 감정의뢰회보 및 이에 기초한 주취운전자 적발보고서, 주취운전자 정황보고서 등의 증거는 위법수집증거로서 증거능력이 없다.**

[4] 수사기관이 법원으로부터 영장 또는 감정처분허가장을 발부받지 아니한 채 피의자의 동의 없이 피의자의 신체로부터 혈액을 채취하고 **사후적으로도 지체 없이 이에 대한 영장을 발부받지도 아니한 채 강제채혈한 피의자의 혈액 중 알콜농도에 관한 감정이 이루어졌다면**, 이러한 **감정결과보고서 등은** 형사소송법상 영장주의 원칙을 위반하여 수집되거나 그에 기초한 증거로서 그 절차 위반행위가 적법절차의 실질적인 내용을 침해하는 정도에 해당하고, 이러한 증거는 피고인이나 변호인의 **증거동의가 있다고 하더라도 유죄의 증거로 사용할 수 없다**(대법원2011. 4. 28.선고2009도2109판결(나주 세지 사건); 대법원2012. 11. 15.선고2011도15258판결(서울 구로 사건); 대법원2014. 11. 13.선고2013도1228판결(경기 남양주 사건)).

① (×) 음주로 인한 특정범죄가중처벌 등에 관한 법률 위반**(위험운전치사상)**죄와 도로교통법 위반**(음주운전)**죄는 입법 취지와 보호법익 및 적용영역을 달리하는 별개의 범죄이므로, 양 죄가 모두 성립하는 경우 두 죄는 **실체적 경합관계에 있다**(대법원2008. 11. 13.선고2008도7143판결).

② (×) **수사기관이 범죄 증거를 수집할 목적으로 피의자의 동의 없이 피의자의 소변을 채취하는 것(강제채뇨)은** 법원으로부터 감정허가장을 받아 형사소송법 제221조의4 제1항, 제173조 제1항에서 정한 **'감정에 필요한 처분'으로 할 수 있지만**(피의사를 병원 등에 유치할 필요가 있는 경우에는 형사소송법 제221조의3에 따라 법원으로부터 감정유치장을 받아야 한다), 형사소송법 제219조, 제106조 제1항, 제109조에 따른 **압수·수색의 방법으로도 할 수 있다.** 이러한 압수·수색의 경우에도 수사기관은 원칙적으로 형사소송법 제215조에 따라 판사로부터 압수·수색영장을 적법하게 발부받아 집행해야 한다. **압수·수색의 방법으로 소변을 채취하는 경우** 압수대상물인 피의자의 소변을 확보하기 위한 수사기관의 노력에도 불구하고, 피의자가 인근 병원 응급실 등 소변 채취에 적합한 장소로 이동하는 것에 동의하지 않거나 저항하는 등 임의동행을 기대할 수 없는 사정이 있는 때에는 **수사기관으로서는 소변 채취에 적합한 장소로 피의자를 데려가기 위해서 필요 최소한의 유형력을 행사하는 것이 허용된다.** 이는 형사소송법 제219조, 제120조 제1항에서 정한 **'압수·수색영장의 집행에 필요한 처분'에 해당한다고** 보아야 한다. 그렇지 않으면 피의자의 신체와 건강을 해칠 위험이 적고 피의자의 굴욕감을 최소화하기 위하여 마련된 절차에 따른 강제채뇨가 불가능하여 압수영장의 목적을 달성할 방법이 없기 때문이다(대법원2018. 7. 12.선고2018도6219판결).

④ (×) **강제채혈은 법관으로부터 영장을 발부받지 않은 상태에서 이루어졌고 사후에 영장을 발부받지 않았다면** 사전에 **피의자 가족(배우자, 부모, 자녀)의 동의를 얻었다 하더라도 위법한 수사이고,** 혈중알코올농도에 대한 **국립과학수사연구소의 감정의뢰회보 등 증거는 위법수집증거로서 증거능력이 없다**(대법원2011. 4. 28.선고2009도2109판결; 대법원2012. 11. 15.선고2011도15258판결; 대법원2014. 11. 13.선고2013도1228판결).

▶ **정답** ③

7. 다음 사례에 관한 설명으로 가장 적절하지 않은 것은?(다툼이 있는 경우 판례에 의함)

(2024. 1차 경찰채용)

> 甲은 2022. 1. 10.경 관할법원에 피해자 A를 상대로 허위의 지급명령을 신청하고 이에 속은 그 법원 판사로부터 위 신청서와 같은 취지의 지급명령을 송달받은 후 지급명령정본에 집행문을 부여받아 A로부터 1,000만 원을 편취하였다. 신고를 받은 사법경찰관 P는 2023. 3. 10. 15 : 00경 甲이 운영하는 회사 사무실에서 甲을 사기죄로 적법하게 긴급체포하였고, 'A와 주고받은 대화내용'이 기재된 수첩(증 제1호)을 발견하자 임의제출을 거부하는 甲으로부터 영장없이 이를 압수하였다. P는 체포 당일 경찰서에서 甲을 조사하였고, 甲은 "자신의 집에 A가 자신을 무고한 것임을 증명할 자료가 있다"라고 주장하며 범행을 부인하였다. P는 자료를 확보하기 위하여 2023. 3. 11. 16 : 00경 甲과 함께 甲의 집으로 갔으나 이를 발견하지 못하고 오히려 '甲이 A로부터 돈을 받은 내역'이 기재된 통장(증 제2호)을 발견하자 임의제출을 거부하는 甲으로부터 영장 없이 이를 압수하였다. 이후 P는 甲에 대하여 검사를 통해 적법하게 구속영장만을 청구하였으나, 지방법원 판사는 2023. 3. 12. 17 : 00경 甲의 방어권 보장이 필요하다며 구속영장을 기각하였다. 이에 甲은 즉시 석방되었고, P는 위 통장(증 제2호)만을 환부하였다. 이후 甲은 위 사기죄로 불구속 기소되었다.

① 만약 위 사기 혐의가 인정되고 甲이 허위의 내용으로 신청한 지급명령이 그대로 확정되었다면, 소송사기의 방법으로 승소판결을 받아 확정된 경우와 마찬가지로 사기죄는 이미 기수에 이른 것이다.

② P가 통장(증 제2호)을 환부한 후에도 수첩(증 제1호)을 계속 보관하는 것은 「형사소송법」 제216조 제1항 제2호의 '체포현장에서의 압수'에 의한 것이므로 적법하다.

③ P가 통장(증 제2호)을 압수한 것은 「형사소송법」 제217조의 요건을 갖추지 못하여 위법하다.

④ 만약 검찰송치 전 P가 甲의 사기 혐의에 대한 결정적인 객관적 증거를 추가로 확보하였다면, 甲이 외국으로 출국하려 하는 등 긴급한 사정이 있더라도, P는 甲을 위 사기 혐의를 이유로 재차 긴급체포할 수 없다.

▼ 해 설

② (×) [1] **형사소송법 제216조 제1항 제2호**, 제217조 제2항, 제3항은 **사법경찰관**은 형사소송법 제200조의3(**긴급체포**)의 규정에 의하여 피의자를 체포하는 경우에 필요한 때에는 **영장 없이 체포현장에서 압수·수색을 할 수 있고**(수첩; 증 제1호), 압수한 물건(수첩; 증 제1호)을 **계속 압수할 필요가 있는 경우에는 지체 없이** 압수·수색영장을 **청구하여야** 하며, 청구한 압수·수색영장을 **발부받지 못한 때에는 압수한 물건**(수첩; 증 제1호)을 **즉시 반환하여야 한다**고 규정하고 있는바, 형사소송법 제217조 제2항, 제3항에 위반하여 압수수색영장을 청구하여 이를 발부받지 아니하고도 **즉시 반환하지 아니한 압수물**(수첩; 증 제1호)은 이를 유죄 인정의 증거로 **사용할 수 없는 것이다**.
[2] 헌법과 형사소송법이 선언한 영장주의의 중요성에 비추어 볼 때 피고인이나 변호인이 이를 증거로 함에 **동의하였다고** 하더라도 **달리 볼 것은 아니다**(대법원2009. 12. 24. 선고2009도11401판결). 결국, **수첩(증 제1호)**을 계속 보관하려면 **사후에 압수·수색영장을 발부받아야** 하는데, 사후 압수·수색영장을 발부받은 사실이 **없으므로 위법하므로**, 수첩(증 제1호)는 **유죄 인정의 증거로 사용할 수 없다**.

① (O) [1] **소송사기**는 법원을 기망하여 제3자의 재물을 편취할 것을 기도하는 것을 내용으로 하는 것으로서, **사기죄로 인정**하기 위하여는 **제소 당시 그 주장과 같은 권리가 존재하지 않는다는 것만으로는 부족**하고, 그 주장의 **권리가 존재하지 않는** 사실을 잘 알고 있으면서도 허위의 주장과 입증으로 **법원을 기망한다는 인식을 요한다**.

[2] 허위의 내용으로 지급명령을 신청하여 법원을 기망한다는 고의가 있는 경우에 법원을 기망하는 것은 반드시 허위의 증거를 이용하지 않더라도 당사자의 주장이 법원을 기만하기 충분한 것이라면 기망수단이 된다.

[3] 지급명령신청에 대해 상대방이 이의신청을 하면 지급명령은 이의의 범위 안에서 그 효력을 잃게 되고 **지급명령을 신청한 때에 소를 제기한 것으로 보게 되는 것**이지만 이로써 이미 실행에 착수한 사기의 범행 자체가 없었던 것으로 되는 것은 아니다.

[4] 지급명령을 송달받은 채무자가 2주일 이내에 이의신청을 하지 않는 경우에는 구 민사소송법 제445조에 따라 지급명령은 확정되고, 이와 같이 확정된 지급명령에 대해서는 항고를 제기하는 등 동일한 절차 내에서는 불복절차가 따로 없어서 이를 취소하기 위해서는 재심의 소를 제기하거나 위 법 제505조에 따라 청구이의의 소로써 강제집행의 불허를 소구할 길이 열려 있을 뿐인데, 이는 피해자가 별도의 소로써 피해구제를 받을 수 있는 것에 불과하므로 **허위의 내용으로 신청한 지급명령이 그대로 확정된 경우에는 소송사기의 방법으로 승소 판결을 받아 확정된 경우와 마찬가지로 사기죄는 이미 기수에 이르렀다**고 볼 것이다(대법원2004. 6. 24. 선고2002도4151판결).

③ (○) [1] 검사 또는 사법경찰관은 제200조의3(긴급체포)에 따라 체포된 자가 **소유·소지 또는 보관하는 물건**에 대하여 긴급히 압수할 필요가 있는 경우에는 **체포한 때부터 24시간 이내에 한하여 영장 없이** 압수·수색 또는 검증을 **할 수 있다**(제217조 제1항).

[2] 검사 또는 사법경찰관은 **제217조 제1항** 또는 **제216조 제1항 제2호**(체포현장에서의 영장없이 압수, 수색, 검증한 경우)에 따라 **압수한 물건을 계속 압수할 필요가 있는 경우**에는 **지체 없이** 압수·수색영장을 **청구하여야** 한다. 이 경우 압수·수색영장의 **청구는 체포한 때부터 48시간 이내에 하여야** 한다(동조 제2항).

[3] 검사 또는 사법경찰관은 제217조 제2항에 따라 청구한 **압수·수색영장을 발부받지 못한 때**에는 압수한 물건을 **즉시 반환하여야** 한다(동조 제3항).

[4] 이 사안에서 P는 **긴급체포된 자가 소유·소지 또는 보관하는 물건**에 대하여 **체포한 때부터 24시간 이내에 한해서만 영장 없이 압수할 수 있다.** 따라서 P는 2023. 3. 10. 15 : 00경 甲을 사기죄로 **긴급체포하였고** 3. 11. 15 : 00경 이내에 한하여 통장(증 제2호)을 영장없이 압수할 수 있을 뿐이다. 그런데, **24시간이 경과한 2023. 3. 11. 16 : 00경에 영장 없이 통장(증 제2호)를 압수하였으므로, P가 통장(증 제2호)을 압수한 것은** 「형사소송법」 제217조의 요건을 갖추지 못하여 **위법하다.**

④ (○) [1] 검사 또는 사법경찰관이 피의자를 긴급체포한 경우 피의자를 구속하고자 할 때에는 지체 없이 검사는 관할지방법원판사에게 구속영장을 청구하여야 하고, 사법경찰관은 검사에게 신청하여 검사의 청구로 관할지방법원판사에게 구속영장을 청구하여야 한다. 이 경우 구속영장은 피의자를 체포한 때부터 48시간 이내에 청구하여야 하며, 제200조의3 제3항에 따른 긴급체포서를 첨부하여야 한다(제200조의4 제1항).

[2] 긴급체포한 후 구속영장을 청구하지 아니하거나 발부받지 못한 때에는 피의자를 즉시 석방하여야 한다(동조 제2항).

[3] 긴급체포한 후 구속영장을 청구하지 아니하거나 발부받지 못하여 즉시 **석방된 자는 영장없이는(★)** 동일한 범죄사실에 관하여 **다시 체포하지 못한다**(농소 제3항).

[4] **긴급체포되어 석방된 자를 다시 체포하려면 반드시 판사가 발부한 체포영장이나 구속영장을 발부받아야** 하므로, 이 사안에서 P는 甲의 사기 혐의에 대한 **결정적인 객관적 증거를 추가로 확보하였거나** 甲이 외국으로 출국하려 하는 등 **긴급한 사정이 있더라도 긴급체포할 수는 없다**(재긴급체포의 제한; 긴급체포는 영장주의의 예외이므로 **두 번 긴급체포할 수는 없다**).

제08절 압수물의 처리

1. 압수물의 처리에 대한 설명으로 가장 적절하지 않은 것은? (2020. 경찰채용)

① 검사는 증거에 사용할 압수물에 대하여 가환부의 청구가 있는 경우 거부할 수 있는 특별한 사정이 없는 한 이에 응하여야 한다.
② 외국산 물품을 관세장물의 혐의가 있다고 보아 압수하였다 하더라도 그것이 언제, 누구에 의하여 관세포탈된 물건인지 알 수 없어 기소중지 처분을 한 경우에는 그 압수물은 관세장물이라고 단정할 수 없으므로 이를 국고에 귀속시킬 수 없으나, 압수는 계속할 필요가 있다.
③ 법원은 압수를 계속할 필요가 없다고 인정되는 압수물은 피고사건 종결 전이라도 결정으로 환부하여야 하고, 증거에 공할 압수물은 소유자, 소지자, 보관자 또는 제출인의 청구에 의하여 가환부할 수 있다.
④ 법령상 생산·제조·소지·소유 또는 유통이 금지된 압수물로서 부패의 염려가 있거나 보관하기 어려운 압수물은 소유자 등 권한 있는 자의 동의를 받아 폐기할 수 있다.

해 설

② (×) 외국산 물품을 관세장물의 혐의가 있다고 보아 압수하였다 하더라도 **그것이 언제, 누구에 의하여 관세포탈된 물건인지 알 수 없어** 기소중지 처분을 한 경우에는 **그 압수물은 관세장물이라고 단정할 수 없어** 이를 국고에 귀속시킬 수 없을 뿐만 아니라 **압수를 더 이상 계속할 필요도 없다**(대결1996.8.16. 94모51 전원합의체 결정).
① (○) **검사는** 사본을 확보한 경우 등 압수를 계속할 필요가 없다고 인정되는 압수물 및 **증거에 사용할 압수물에 대하여** 공소제기 전이라도 소유자, 소지자, 보관자 또는 제출인의 **청구가 있는 때**에는 환부 또는 가환부하여야 한다(제218조의2 제1항).
③ (○) 제133조 제1항
④ (○) 제130조 제3항, 제219조

정답 ②

2. 수사기관의 압수 및 압수물 처리에 대한 설명으로 다음 중 옳지 않은 것은 모두 몇 개인가?

㉠ 검사는 사본을 확보한 경우 등 압수를 계속할 필요가 없다고 인정되는 압수물 및 증거에 사용할 압수물에 대하여 공소제기 전이라도 소유자, 소지자, 보관자 또는 제출인의 청구가 있는 때에는 환부 또는 가환부하여야 한다.
㉡ 위 ㉠의 청구에 대하여 검사가 이를 거부하는 경우에는 신청인은 해당 검사의 소속 검찰청에 대응한 법원에 압수물의 환부 또는 가환부 결정을 청구할 수 있다.
㉢ 법원이 환부 또는 가환부를 결정하면 검사는 신청인에게 압수물을 환부 또는 가환부하여야 한다.
㉣ 사법경찰관의 환부 또는 가환부 처분에 관하여는 위 ㉠㉡㉢의 규정을 준용하고, 이 경우 사법경찰관은 검사의 지휘를 받아야 한다.

㉑ 압수에 관하여는 조서를 작성하여야 하고, 압수조서에는 품종, 외형상의 특징과 수량을 기재하여야 한다.

① 0개
② 1개
③ 2개
④ 3개

▼해 설

① ㉠~㉑ 모두 옳은 지문이다.
㉠ (O) 제218조의2 제1항
㉡ (O) 동조 제2항
㉢ (O) 동조 제3항
㉣ (O) 동조 제4항
㉑ (O) 제49조 제1항, 제3항

▼정답 ①

3. 압수물 처리에 대한 설명으로 다음 중 옳지 않은 것은 모두 몇 개인가? (다툼이 있으면 판례에 의함)

㉠ 위조문서인 약속어음은 검사가 몰수의 선고가 있은 뒤에 형사소송법 제485조에 의하여 위조의 표시를 하여 환부할 수 있다.
㉡ 피압수자 등 환부를 받을 자가 압수 후에 그 소유권을 포기하는 등 실체법상의 권리를 상실하면, 이는 압수를 계속할 필요가 없는 압수물을 환부해야 하는 수사기관의 의무에도 영향을 미치므로 결국 그에 대응하는 압수물 환부를 청구할 수 있는 절차법상의 권리도 함께 소멸하게 된다.
㉢ 피압수자 등 환부를 받을 자가 수사기관에 대하여「형사소송법」상의 환부청구권을 포기한다는 의사표시를 하면 수사기관의 필요적 환부의무가 면제되므로 위 환부의무에 대응하는 압수물 환부를 청구할 수 있는 절차법상의 권리가 소멸한다.
㉣ 수사단계에서 소유권을 포기한 압수물에 대하여 형사재판에서 몰수형이 선고되지 않은 경우, 피압수자는 국가에 대하여 민사소송으로 그 반환을 청구할 수 있다.
㉑ 범인으로부터 압수한 물품에 대하여 몰수의 선고가 없어 그 압수가 해제된 것으로 간주된다고 하더라도 공범자에 대한 범죄수사를 위하여 여전히 그 물품의 압수가 필요하다면 검사는 그 압수해제된 물품을 다시 압수할 수 있다.

① 1개
② 2개
③ 3개
④ 4개

▼해 설

② ㉠㉣㉑(3개)는 옳은 지문이나, ㉡㉢(2개)는 틀린 지문이다.
㉠ (O) 형사소송법 제133조의 규정에 의하면, 압수를 계속할 필요가 없다고 인정되는 압수물 또는 증거에 공할 압수물은 환부 또는 가환부할 수 있도록 되어 있는 바, **본건 약속어음은 범죄행위로 인하여 생긴 위조문서로**

서 아무도 이를 소유하는 것이 허용되지 않는 물건이므로 몰수가 될 뿐 환부나 가환부할 수 없고 다만, 검사는 몰수의 선고가 있은 뒤에 형사소송법 제485조에 의하여 위조의 표시를 하여 환부할 수 있다.

ⓒⓓ (×) [1] 압수물에 대하여 더 이상 압수를 계속할 필요가 없어진 때에는 수사기관은 환부가 불가능하여 국고에 귀속시키는 경우를 제외하고는 반드시 그 압수물을 환부하여야 하고, 환부를 받을 자로 하여금 그 환부청구권을 포기하게 하는 등의 방법으로 압수물의 환부의무를 면할 수는 없다.

[2] 따라서 피압수자 등 환부를 받을 자가 압수 후 그 소유권을 포기하는 등에 의하여 실체법상의 권리를 상실하더라도 그 때문에 압수물을 환부하여야 하는 수사기관의 의무에 어떠한 영향을 미칠 수 없고, 또한 수사기관에 대하여 형사소송법상의 환부청구권을 포기한다는 의사표시를 하더라도 그 효력이 없어 그에 의하여 수사기관의 필요적 환부의무가 면제된다고 볼 수는 없으므로, 압수물의 소유권이나 그 환부청구권을 포기하는 의사표시로 인하여 위 환부의무에 대응하는 압수물에 대한 환부청구권이 소멸하는 것은 아니다.

[3] 외국산 물품을 관세장물의 혐의가 있다고 보아 압수하였다 하더라도 그것이 언제, 누구에 의하여 관세포탈된 물건인지 알 수 없어 기소중지 처분을 한 경우에는 그 압수물은 관세장물이라고 단정할 수 없어 이를 국고에 귀속시킬 수 없을 뿐만 아니라 압수를 더 이상 계속할 필요도 없다(대결1996. 8. 16. 94모51 전원합의체 결정).

ⓔ (○) 수사단계에서 소유권을 포기한 압수물에 대하여 형사재판에서 몰수형이 선고되지 않은 경우, 피압수자는 국가에 대하여 민사소송으로 그 반환을 청구할 수 있다(대판2000. 12. 22. 2000다27725).

ⓕ (○) 대결1997. 1. 9. 96모34

▼정답 ②

4. 압수물 처리에 관한 다음 설명 중 옳지 않은 것은? (다툼이 있으면 판례에 의함)

① 압수한 서류 또는 물품에 대하여 몰수의 선고가 없는 때에는 압수를 해제한 것으로 간주한다.
② 압수한 장물은 피해자에게 환부할 이유가 명백할 때에는 피의사건이나 피고사건의 종결 전이라도 피해자에게 환부할 수 있다.
③ 사법경찰관은 압수물을 피압수자에게 환부하기에 앞서 피해자뿐만 아니라 피의자에게도 통지하여야 한다.
④ 수사단계에서 소유권을 포기한 압수물에 대하여는 형사재판에서 몰수형이 선고되지 않은 경우라도, 피압수자는 국가에 대하여 민사소송으로 그 반환을 청구할 수 없다.

▼해 설

④ (×) [1] 수사단계에서 소유권을 포기한 압수물에 대하여 형사재판에서 몰수형이 선고되지 않은 경우, 피압수자는 국가에 대하여 민사소송으로 그 반환을 청구할 수 있다.

[2] 검사가 피의자들로부터 압수된 이 사건 압수물(불법경마대금)은 형사재판에서 몰수의 선고가 없는 상태로 확정되어 압수가 해제된 것으로 간주되므로, 피압수자는 국가에 대하여 민사소송으로 그 압수물의 반환(인도)을 청구할 수 있다(대법원2000. 12. 22. 선고2000다27725판결).

① (○) 제332조

② (○) 제134조, 제219조

③ (○) [1] 법원은 제132조(압수물의 대가보관), 제133조(압수물의 환부, 가환부), 제134조(압수장물의 피해자환부)의 결정을 함에는 검사, 피해자, 피고인 또는 변호인에게 미리 통지하여야 한다(제134조).

[2] 검사 또는 사법경찰관이 위 처분을 할 경우에도 피해자, 피의자 또는 변호인에게 미리 통지하여야 한다(제219조).

[3] 피고인에게 의견을 진술할 기회를 주지 아니한 채 한 가환부 결정은 형사소송법 제135조에 위배하여 위법하고 이 위법은 재판의 결과에 영향을 미쳤다 할 것이다(대법원1994. 8. 18. 자94모42결정).

▼정답 ④

5. 압수물의 환부 및 가환부에 대한 설명으로 가장 적절하지 않은 것은? (다툼이 있으면 판례에 의함)

① 압수한 장물로서 피해자에게 환부할 이유가 명백한 것은 판결로써 피해자에게 환부하는 선고를 하여야 하지만, 그 장물을 처분하였을 때에는 판결로써 그 대가로 취득한 것을 피해자에게 교부하는 선고를 하여야 한다.
② 피고인에게 의견을 진술할 기회를 주지 아니한 채 한 가환부 결정은 형사소송법 제135조에 위배하여 위법하고 이 위법은 재판의 결과에 영향을 미쳤다 할 것이다.
③ 가환부한 장물에 대하여 별단의 선고가 없는 때에는 압수를 해제한 것으로 간주한다.
④ 증거에 공할 압수물을 가환부할 것인지의 여부는 범죄의 태양, 경중, 압수물의 증거로서의 가치, 압수물의 은닉, 인멸, 훼손될 위험, 수사나 공판수행상의 지장 유무, 압수에 의하여 받는 피압수자 등의 불이익의 정도 등 여러 사정을 검토하여 종합적으로 판단하여야 할 것이다.

▼해 설

③ (×) 가환부한 장물에 대하여 별단의 선고가 없는 때에는 **환부의 선고가 있는 것으로 간주한다**(제333조 제3항).
① (○) 제333조 제1항, 제2항
② (○) [1] **법원이 압수물의 가환부결정을 함에는 미리** 검사, 피해자, 피고인 또는 변호인에 **통지를 한 연후에 하도록** 형사소송법 제135조에 규정하고 있는 바, 이는 그들로 하여금 **압수물의 가환부에 대한 의견을 진술할 기회를 주기 위한 조치라 할 것이다.**
[2] 도리켜 본건에 관하여 살피건대, **신청인의 본건 압수물 가환부 신청**에 대하여 원심은 검사에게는 그에 대한 의견요청을 하였으나, **피고인에 대하여는 통지를 하여 의견진술의 기회를 준 흔적을 찾아볼 수 없다.**
[3] 그렇다면 **원심이 피고인(재항고인)에게 의견을 진술할 기회를 부여하지 아니한 채 가환부결정을 하였음은** 위 법조에 위배하여 **위법하다 아니할 수 없고 이의 위법은 재판의 결과에 영향을 미쳤다 할 것이다**(대법원1980. 2. 5.자80모3결정).
④ (○) 형사소송법 제219조에 의하여 준용되는 같은 법 제133조 제1항에서 규정하고 있는 **증거에 공할 압수물을 가환부할 것인지의 여부**는 범죄의 태양, 경중, 압수물의 증거로서의 가치, 압수물의 은닉, 인멸, 훼손될 위험, 수사나 공판수행상의 지장 유무, 압수에 의하여 받는 피압수자 등의 불이익의 정도 등 여러사정을 검토하여 **종합적으로 판단하여야 할 것이다**(대법원1994. 8. 18.자94모42결정).

▼정답 ③

6. 압수물 처리에 관한 다음 설명 중 옳지 않은 것은? (다툼이 있으면 판례에 의함)

① 압수물의 환부는 환부를 받는 자에게 환부된 물건에 대한 실체법상의 권리를 확인하는 효력을 부여하는 것이다.
② 사법경찰관이 위탁보관처분, 폐기처분, 대가보관처분(환가처분)을 함에는 검사의 지휘를 받아야 한다.
③ 사법경찰관이 압수물의 환부처분, 가환부처분을 함에는 검사의 지휘를 받아야 한다.
④ 사법경찰관의 압수장물의 피해자 환부처분을 함에는 검사의 지휘를 받아야 한다.

▼해 설

① (×) 압수물의 **환부는 압수를 해제할 뿐**이며, **환부를 받는 자에게 환부된 물건에 대한 소유권** 기타 **실체법상의 권리를 부여하거나 확정하는 것이 아니므로**, 이해관계인은 **민사소송절차에 의하여 그 권리를 주장할 수 있다** (제333조 제4항).

② (○) 사법경찰관이 **제130조(압수물의 위탁보관 및 폐기처분)**, **제132조(압수물의 대가보관)**에 따른 처분을 함에는 검사의 지휘를 받아야 한다(제219조 단서).
③ (○) 사법경찰관이 **환부 또는 가환부 처분**을 함에는 검사의 지휘를 받아야 한다(제218조의2 제4항).
④ (○) 사법경찰관이 **제134조(압수장물의 피해자 환부)**에 따른 처분을 함에는 **검사의 지휘를 받아야 한다**(제219조 단서).

▶정답 ①

제09절 수사상 감정유치

1. 수사상 감정유치에 관한 다음 설명 중 옳은 것은 모두 몇 개인가?(다툼이 있는 경우 판례에 의함)

> ㉠ 피의자에 대한 감정유치기간은 피의자의 구속기간에 산입한다.
> ㉡ 구속의 취소에 관한 규정도 준용되므로 감정유치의 취소를 청구할 수 있다.
> ㉢ 보석에 관한 규정도 수사상 감정유치에 준용된다.
> ㉣ 검사는 감정을 위촉하는 경우에 피의자의 정신 또는 신체에 관한 감정을 위하여 유치처분이 필요한 때에는 판사에게 이를 청구하여야 한다.
> ㉤ 판사는 청구가 상당하다고 인정할 때에는 유치처분을 하여야 하며 이 경우에는 감정유치장을 발부하여야 한다.

① 2개 ② 3개
③ 4개 ④ 5개

▶해설

② ㉡㉣㉤(3개)가 옳은 지문이나, ㉠㉢(2개)은 틀린지문이다.
㉠ (×) 구속중인 피의자에 대하여 감정유치장이 집행되었을 때에는 피의자가 유치되어 있는 기간 구속은 그 집행이 정지된 것으로 간주한다(제172조의2 제1항 ; 제221조의3 제2항). 결국, 감정유치기간은 **구속기간에 산입되지 않는다.**
㉡ (○) **구속에 관한 규정**은 이 법률에 특별한 규정이 없는 경우에는 제3항의 **유치에 관하여 이를 준용한다.**(제172조 제7항) **구속에 관한 규정은 이 규칙에 특별한 규정이 없는 경우에는 감정하기 위한 피고인의 유치에 이를 준용**한다.(규칙 제88조)
㉢ (×) 구속에 관한 규정은 이 법률에 특별한 규정이 없는 경우에는 제3항의 유치에 관하여 이를 **준용한다. 단, 보석에 관한 규정은 그러하지 아니하다.**(제172조 제7항 단서, 제88조 단서)
㉣ (○) **검사는** 제221조의 규정에 의하여 감정을 위촉하는 경우에 제172조 제3항의 유치처분이 필요할 때에는 **판사에게 이를 청구하여야** 한다.(제221조의3 제1항)
㉤ (○) 판사는 청구가 상당하다고 인정할 때에는 유치처분을 하여야한다.(제221조의3 제2항) 유치를 함에는 **감정유치장을 발부하여야** 한다.(제172조 제4항 ; 제221조의3 제2항)

▶정답 ②

CHAPTER 06 | 판사가 행하는 강제처분

제01절 수사상 증거보전

1. 수사상 증거보전절차에 대한 설명으로 가장 적절하지 않은 것은?(다툼이 있는 경우 판례에 의함)

(2023. 경찰승진)

① 증거보전의 청구권자는 검사, 피고인, 피의자 또는 변호인이며, 형사입건되기 전의 자는 피의자가 아니므로 증거보전을 청구할 수 없다.
② 범죄의 수사에 없어서는 아니될 사실을 안다고 명백히 인정되는 자가 형사소송법 제221조에 의한 출석 또는 진술을 거부한 경우에는 검사는 제1회 공판기일 전에 한하여 판사에게 그에 대한 증인신문을 청구할 수 있다.
③ 증거보전은 제1심 제1회 공판기일 전에 한하여 허용되는 것이므로 재심청구사건에서는 증거보전절차는 허용되지 아니한다.
④ 증거보전절차에서 피고인과 공동피고인이 뇌물을 주고받은 사이로 필요적 공범관계에 있는 경우 검사는 판사에게 공동피고인을 증인으로 신문할 것을 청구할 수 없다.

▼해 설

④ (×) 공동피고인과 피고인이 뇌물을 주고 받은 사이로 **필요적 공범관계에 있다고 하더라도** 검사는 수사단계에서 피고인에 대한 증거를 미리 보전하기 위하여 필요한 경우에는 판사에게 공동피고인을 증인으로 신문할 것을 청구할 수 **있다**(대법원1988. 11. 8.선고86도1646판결).
① (○) 형사소송법 제184조에 의한 증거보전은 피고인 또는 피의자가 **형사입건도 되기 전에는 청구할 수 없고, 또 피의자신문에 해당하는 사항을 증거보전의 방법으로 청구할 수 없다**(대법원1979. 6. 12.선고79도792판결).
② (○) 제221조의2 제1항
③ (○) 증거보전이란 장차 공판에 있어서 사용하여야 할 증거가 멸실되거나 또는 그 사용하기 곤란한 사정이 있을 경우에 당사자의 청구에 의하여 공판전에 미리 그 증거를 수집보전하여 두는 제도로서 **제1심 제1회 공판기일전에 한하여 허용되는 것**이므로 **재심청구사건에서는 증거보전절차는 허용되지 아니한다**(대법원1984. 3. 29.자84모15결정).

▼정답 ④

2. 증거보전절차에 관한 다음 설명으로 가장 적절하지 않은 것은?

① 검사, 피고인, 피의자 또는 변호인은 미리 증거를 보전하지 아니하면 그 증거를 사용하기 곤란한 사정이 있는 때에는 제1회 공판기일 전이라도 판사에게 압수, 수색, 검증, 증인신문 또는 감정을 청구할 수 있다.
② 증거보전절차에서 작성된 증인신문조서·검증조서는 당연히 증거능력이 인정된다.
③ 제1회 공판기일 전에 한하여 인정되므로 항소심에서는 물론 파기환송 후의 절차에서는 증거보전청구를 할 수 없으나, 재심청구사건에서는 증거보전청구가 인정된다는 것이 판례의 입장이다.
④ 증거보전절차에서는 공동피고인 또는 공범자를 증인으로 신문하는 것은 허용된다.

▼해 설

③ (×) 증거보전이란 장차 공판에 있어서 사용하여야 할 증거가 멸실되거나 또는 그 사용하기 곤란한 사정이 있을 경우에 당사자의 청구에 의하여 공판전에 미리 그 증거를 수집보전하여 두는 제도로서 제1심 제1회 공판기일전에 한하여 허용되는 것이므로 **재심청구사건에서는 증거보전절차는 허용되지 아니한다**(대법원1984. 3. 29.자84모15결정). 결국, 증거보전은 **제1심 제1회 공판기일 전에 한하여 인정되므로 항소심에서는 물론 파기환송후의 절차 및 재심청구사건에서도 증거보전은 인정되지 않는다**(84모15).
① (○) 제184조 제1항
② (○) 제311조
④ (○) 공동피고인과 피고인이 뇌물을 주고 받은 사이로 필요적 공범관계에 있다고 하더라도 검사는 수사단계에서 피고인에 대한 증거를 미리 보전하기 위하여 필요한 경우에는 **판사에게 공동피고인을 증인으로 신문할 것을 청구할 수 있다**(대법원1988. 11. 8.선고86도1646판결).

▼정답 ③

3. 증거보전에 관한 판례의 내용으로 적절하지 <u>않은</u> 것은?

① 피의자신문 또는 피고인신문에 해당하는 사항을 증거보전의 방법으로 청구할 수 없다.
② 공동피고인과 피고인이 뇌물을 주고 받은 사이로 필요적 공범관계에 있다고 하더라도 검사는 수사단계에서 피고인에 대한 증거를 미리 보전하기 위하여 필요한 경우에는 판사에게 공동피고인을 증인으로 신문할 것을 청구할 수 있다.
③ 증거보전청구를 기각하는 결정에 대하여는 3일 이내에 항고할 수 있다.
④ 형사소송법 제184조에 의한 증거보전절차에서 증인신문을 하면서, 위 증인신문의 일시와 장소를 피의자 및 변호인에게 미리 통지하지 아니하여 증인신문에 참여할 수 있는 기회를 주지 아니하였고 또 변호인이 제1심 공판기일에서 위 증인신문조서의 증거조사에 관하여 이의신청을 하였지만 후에 증인이 법정에서 증인신문조서의 진정성립을 인정한 경우에는 증거능력이 인정된다.

▼해 설

④ (×) 제1회 공판기일 전에 형사소송법 제184조에 의한 증거보전절차에서 증인신문을 하면서, 위 증인신문의 일시와 장소를 **피의자 및 변호인에게 미리 통지하지 아니하여 증인신문에 참여할 수 있는 기회를 주지 아니하**였고 또 **변호인이** 제1심 공판기일에 위 증인신문조서의 증거조사에 관하여 **이의신청을 하였다면 위 증인신문조서는 증거능력이 없다** 할 것이고, 그 증인이 후에 법정에서 그 조서의 진정성립을 인정한다 하여 다시 그 증거능력을 취득한다고 볼 수도 없다(대법원1992. 2. 28.선고91도2337판결).
① (○) 증거보전절차에서 **피의자 또는 피고인의 신문을 청구할 수는 없다**(대판72도2104).
② (○) 대판86도1646
③ (○) 제184조 제4항

▼정답 ④

4. 증거보전절차에 대한 설명으로 가장 적절하지 않은 것은? (다툼이 있으면 판례에 의함)

(2015. 경찰채용)

① 검사는 증거보전을 청구할 때에는 서면 또는 구술로 그 사유를 소명할 수 있다.
② 검사, 피고인, 피의자 또는 변호인은 미리 증거를 보전하지 아니하면 그 증거를 사용하기 곤란한 사정이 있는 때에는 제1회공판기일 전이라도 판사에게 압수·수색·검증은 물론 증인신문 또는 감정을 청구할 수 있다.
③ 검사는 증거보전절차에서 피의자 신문을 청구할 수 없다.
④ 검사, 피고인, 피의자 또는 변호인은 판사의 허가를 얻어 증거보전의 처분에 관한 서류와 증거물을 열람 또는 등사할 수 있다.

▼해 설
① (×) 증거보전의 청구를 함에는 **서면으로** 그 사유를 소명하여야 한다(제184조 제3항).
② (○) 제184조 제1항
③ (○) 피의자신문에 해당하는 사항을 증거보전의 방법으로 청구할 수 없다(대판1979.6.12. 79도792).
④ (○) 검사, 피고인, 피의자 또는 변호인은 **판사(법원 ×)**의 허가를 얻어 증거보전의 처분에 관한 서류와 증거물을 열람 또는 등사할 수 있다(제185조).

▼정답 ①

제02절 수사상 증인신문청구

1. 「형사소송법」제184조의 수사상 증거보전과 「형사소송법」제221조의2의 증인신문에 관한 설명으로 가장 적절하지 않은 것은? (다툼이 있는 경우 판례에 의함) (2023. 2차 경찰채용)

① 증거보전은 수사단계뿐 아니라 공소제기 이후에도 제1심 제1회공판기일 전에 한하여 허용되지만, 재심청구사건에서는 증거보전절차가 허용되지 않는다.
② 「형사소송법」제221조의2의 증인신문청구를 하려면 증인의 진술로서 증명할 대상인 피의사실이 존재해야 하는데, 피의사실은 수사기관 내심의 혐의만으로는 존재한다고 할 수 없고, 고소·고발 또는 자수를 받는 등 수사의 대상으로 삼고 있음을 외부로 표현한 때에 비로소 그 존재를 인정할 수 있다.
③ 증거보전을 청구할 수 있는 것은 압수·수색·검증·증인신문·감정이어서 피의자의 신문을 구하는 청구는 할 수 없지만, 필요적 공범관계에 있는 공동피고인을 증인으로 신문할 것을 청구할 수 있다.
④ 「형사소송법」제221조의2의 증인신문에 관한 서류는 증인신문을 한 법원이 보관하므로, 공소제기 이전에도 피의자 또는 변호인은 판사의 허가를 얻어 서류와 증거물을 열람 또는 등사할 수 있다.

▼해 설

④ (×) **판사는** 검사의 청구에 의한 **증인신문을** 한 때에는 **지체없이** 이에 관한 **서류를 검사에게 송부하여야** 한다(제221의2 제6항). **제221조의2의 증인신문의 경우는 검사가 증인신문서류를 보관하고 있기 때문에** 제184조의 증거보전과는 달리 **피고인·피의자·변호인에게 증인신문에 관한 서류의 열람·등사권은 인정되지 않는다.**

① (○) [1] **검사, 피고인, 피의자 또는 변호인은** 미리 증거를 보전하지 아니하면 그 증거를 사용하기 곤란한 사정이 있는 때에는 **제1회 공판기일 전이라도 판사에게 압수, 수색, 검증, 증인신문 또는 감정을 청구할 수 있다**(제184조 제1항).
[2] 증거보전이란 장차 공판에 있어서 사용하여야 할 증거가 멸실되거나 또는 그 사용하기 곤란한 사정이 있을 경우에 당사자의 청구에 의하여 공판 전에 미리 그 증거를 수집보전하여 두는 제도로서 **제1심 제1회 공판기일전에 한하여 허용되는 것이므로, 재심청구사건에서는 증거보전절차는 허용되지 아니한다**(대법원1984. 3. 29.자84모15결정).

② (○) **형사소송법 제221조의2 제2항에 의한 검사의 증인신문청구는** 수사단계에서의 피의자 이외의 자의 진술이 범죄의 증명에 없어서는 안될 것으로 인정되는 경우에 공소유지를 위하여 이를 보전하려는데 그 목적이 있으므로 이 증인신문청구를 하려면 증인의 진술로서 증명할 대상인 **피의사실이 존재하여야** 하고, **피의사실은** 수사기관이 어떤 자에 대하여 **내심으로 혐의를 품고 있는 정도의 상태만으로는 존재한다고 할 수 없고 고소, 고발 또는 자수를 받거나** 또는 **수사기관 스스로 범죄의 혐의가 있다고 보아 수사를 개시하는 범죄의 인지 등 수사의 대상으로 삼고 있음을 외부적으로 표현한 때에 비로소 그 존재를 인정할 수 있다**(대법원1989. 6. 20.선고89도648판결).

③ (○) [1] 증거보전의 방법으로 **피고인신문을 청구할 수 없다**(대법원1972. 11. 28.선고72도2104판결). 왜냐하면 **피고인신문은 공판기일의 절차(정식재판절차)에서 행하여지므로** 증거보전을 청구할 수 없다. 또한 **피의자신문은 수사기관만이 할 수 있으므로** 판사에게 증거보전을 청구할 수 없다.
[2] 가. 공동피고인과 피고인이 뇌물을 주고 받은 사이로 **필요적 공범관계에 있다고 하더라도** 검사는 수사단계에서 **피고인에 대한 증거를 미리 보전하기 위하여 필요한 경우에는 판사에게 공동피고인을 증인으로 신문할 것을 청구할 수 있다.**
나. **판사가 형사소송법 제184조에 의한 증거보전절차로 증인신문을 하는 경우**에는 동법 제163조에 따라 검사, 피의자 또는 변호인에게 증인신문의 시일과 장소를 미리 통지하여 증인신문에 참여할 수 있는 기회를 주어야 하나 참여의 기회를 주지 아니한 경우라도 **피고인과 변호인이 증인신문조서를 증거로 할 수 있음에 동의하여 별다른 이의없이 적법하게 증거조사를 거친 경우에는 위 증인신문조서는 증인신문절차가 위법하였는지의 여부에 관계없이 증거능력이 부여된다**(대법원1988. 11. 8.선고86도1646판결).

▼정답 ④

2. 형사소송법 증거보전(제184조)과 증인신문(제221조의2)에 관한 설명으로 가장 적절하지 않은 것은?(다툼이 있으면 판례에 의함)

① 증거보전절차에서 작성된 증인신문조서 중 증인에 대한 반대신문과정에서 피의자였던 피고인이 당사자로 참여하여 자신의 범행사실을 시인하는 전제하에 증인에게 반대신문한 내용이 기재되어 있는 경우, 그 조서 중 피의자진술부분에 대하여는 형사소송법 제311조에 의한 증거능력을 인정할 수 있다.
② 증거보전 청구를 기각하는 결정에 대하여는 항고할 수 있으나, 증인신문 청구를 기각하는 결정에 대하여는 불복할 수 없다.
③ 증거보전은 피고인 또는 피의자가 형사입건도 되기 전에는 청구할 수 없고, 또 피의자신문에 해당하는 사항을 증거보전의 방법으로 청구할 수 없다.
④ 증인신문(제221조의2)을 한 때에는 판사는 지체 없이 이에 관한 서류를 검사에게 송부하여야 한다. 증거보전의 경우와는 이 점에서 구별된다.

▼해 설

① (×) **증인신문조서가** 증거보전절차에서 피고인이 증인으로서 증언한 내용을 기재한 것이 아니라 **증인(갑)의 증언내용을 기재한 것**이고 다만 피의자였던 피고인이 당사자로 참여하여 자신의 범행사실을 시인하는 전제하에 위 증인에게 반대신문한 내용이 기재되어 있을 뿐이라면, 위 조서는 ㉠ **공판준비 또는 공판기일에 피고인 등의 진술을 기재한 조서도 아니고**, ㉡ **반대신문과정에서 피의자가 한 진술에 관한 한 형사소송법 제184조에 의한 증인신문조서도 아니므로** 위 조서중 ㉢ **피의자의 진술기재부분**에 대하여는 **형사소송법 제311조에 의한 증거능력을 인정할 수 없다**(대법원1984. 5. 15.선고84도508판결).

② (○) 증거보전의 청구를 **기각하는 결정에 대하여는 3일 이내에 항고할 수 있다**(제184조 제4항). 그러나 **증인신문의 청구를 기각하는 결정에 대하여는 불복할 수 없다.**

③ (○) 형사소송법 제184조에 의한 **증거보전은** 피고인 또는 피의자가 **형사입건도 되기 전에는 청구할 수 없고, 또 피의자신문에 해당하는 사항을 증거보전의 방법으로 청구할 수 없다**(대법원1979. 6. 12.선고79도792판결).

④ (○) 판사는 **증인신문의 청구에 의한 증인신문을 한 때에는 지체없이 이에 관한 서류를 검사에게 송부하여야 한다**(제221조의2 제6항). 그러나 증거보전절차에 의하여 압수한 물건이나 작성한 조서는 증거보전을 한 판사가 소속한 법원에서 보관한다.

▼정답 ①

3. 형사소송법상 증거보전(제184조)과 증인신문(제221조의2)에 관한 다음 설명 중 가장 옳은 것은? (다툼이 있는 경우 판례에 의함)

① 증거보전(제184조)은 제1심 제1회 공판기일 전에 허용되는 것이나, 재심청구사건에서도 실체적 진실발견을 위하여 증거보전청구가 예외적으로 허용된다.
② 수사단계에서 검사는 증거보전(제184조)을 위하여 필요적 공범관계에 있는 공동피고인을 증인으로 신문할 수 없다.
③ 판사가 형사소송법 제184조에 의한 증거보전절차로 증인신문을 하는 경우에 동법 제163조의 참여의 기회를 주지 아니한 경우라도 피고인과 변호인이 증인신문조서를 증거로 할 수 있음에 동의하여 별다른 이의없이 적법하게 증거조사를 거친 경우에는 위 증인신문조서는 증인신문절차가 위법하였는지의 여부에 관계없이 증거능력이 부여된다.
④ 증거보전(제184조)청구를 기각하는 결정에 대하여는 항고할 수 없으나, 증인신문(제221조의2) 청구를 기각하는 결정에 대하여는 불복할 수 있다.

▼해 설

③ (○) [1] 증거보전의 방법으로 **피고인신문을 청구할 수 없다**(대법원1972. 11. 28.선고72도2104판결). 왜냐하면 **피고인신문은 공판기일의 절차(정식재판절차)에서 행하여지므로** 증거보전을 청구할 수 없다. 또한 **피의자신문은 수사기관만이 할 수 있으므로** 판사에게 증거보전을 청구할 수 없다.
[2] 가. 공동피고인과 피고인이 뇌물을 주고 받은 사이로 **필요적 공범관계에 있다고 하더라도** 검사는 수사단계에서 **피고인에 대한 증거를 미리 보전하기 위하여 필요한 경우에는 판사에게 공동피고인을 증인으로 신문할 것을 청구할 수 있다.**
나. 판사가 형사소송법 제184조에 의한 증거보전절차로 증인신문을 하는 경우에는 동법 제163조에 따라 검사, 피의자 또는 변호인에게 증인신문의 시일과 장소를 미리 통지하여 증인신문에 참여할 수 있는 기회를 주어야 하나 참여의 기회를 주지 아니한 경우라도 피고인과 변호인이 증인신문조서를 증거로 할 수 있음에 동의하여 별다른 이의없이 적법하게 증거조사를 거친 경우에는 위 **증인신문조서는 증인신문절차가 위법하였는지의 여부에 관계없이 증거능력이 부여된다**(대법원1988. 11. 8.선고86도1646판결).

① (×) 증거보전이란 장차 공판에 있어서 사용하여야 할 증거가 멸실되거나 또는 그 사용하기 곤란한 사정이 있을 경우에 당사자의 청구에 의하여 공판 전에 미리 그 증거를 수집보전하여 두는 제도로서 제1심 제1회 공판기일전에 한하여 허용되는 것이므로, **재심청구사건에서는 증거보전절차는 허용되지 아니한다**(대결84모15).

② (×) 공동피고인과 피고인이 뇌물을 주고 받은 사이로 필요적 공범관계에 있다고 하더라도 **검사는 수사단계에서 피고인에 대한 증거를 미리 보전하기 위하여 필요한 경우에는 판사에게 공동피고인을 증인으로 신문할 것을 청구할 수 있다**(대판86도1646).

④ (×) 반대로 설명이 되어있다. **증거보전청구를 기각하는 결정**에 대하여는 **3일 이내에 항고할 수 있으나**(제184조 제4항), **증인신문청구를 기각하는 결정**에 대하여는 **불복할 수 없다**.

▼정답 ③

CHAPTER 07 수사의 종결

제01절 수사의 종결

1. 수사의 종결에 관한 설명으로 옳고 그름의 표시(O, ×)가 바르게 된 것은?(다툼이 있는 경우 판례에 의함)
(2024. 경찰간부)

> ㉠ 고소인과 고발인은 사법경찰관으로부터 사건불송치 통지를 받은 경우에 해당 사법경찰관의 소속 관서의 장에게 이의를 신청할 수 있다.
> ㉡ 사법경찰관은 범죄혐의가 인정되지 않는다고 판단하는 경우 검사에게 사건을 송치할 필요는 없으나, 불송치결정서와 함께 압수물 총목록, 기록목록 등 관계서류와 증거물을 검사에게 송부하여야 한다.
> ㉢ 검사의 불기소처분에 의해 기본권을 침해받은 자는 헌법소원을 제기할 수 있으므로 고소하지 않은 피해자 및 기소유예 처분을 받은 피의자는 헌법소원을 제기할 수 있으나 고발인은 특별한 사정이 없는 한 자기관련성이 없으므로 헌법소원심판을 청구할 수 없다.
> ㉣ 검사의 불기소처분에 대한 헌법소원에 있어서 그 대상이 된 범죄에 대하여 공소시효가 완성되었더라도 헌법소원을 제기할 수 있다.

① ㉠(O) ㉡(×) ㉢(O) ㉣(O)
② ㉠(O) ㉡(×) ㉢(×) ㉣(×)
③ ㉠(×) ㉡(O) ㉢(O) ㉣(×)
④ ㉠(×) ㉡(O) ㉢(×) ㉣(O)

해 설

③ ㉡㉢(2개)은 옳은 지문이나, ㉠㉣(2개)은 틀린 지문이다.
㉠ (×) 사법경찰관으로부터 사건 불송치결정의 통지를 받은 사람(**고발인을 제외한다**)은 해당 사법경찰관의 **소속 관서의 장에게 이의를 신청할 수 있다**(제245조의7 제1항). 결국, 2022.5.9. 개정 형사소송법에서는 **이의신청권자에서** 이의신청의 남용을 막기위해 **고발인은 제외시켰다**.
㉡ (O) **사법경찰관은 불송치 결정**을 하는 경우 불송치의 이유를 적은 **불송치 결정서와** 함께 **압수물 총목록, 기록목록 등** 관계 서류와 증거물을 검사에게 송부해야 한다(수사준칙 제62조 제1항).
㉢ (O) 불기소처분에 대한 **헌법소원을 청구할 수 있는 자는 고소하지 아니한 피해자와 피의자**이다. **고소하지 아니한 피해자는 고소인이 아니므로** 검찰항고와 재정신청을 할 수 없기 때문에 재판절차진술권을 가지므로 **불기소처분에 대한 헌법소원을 청구할 수 있다**. 피의자도 범죄혐의가 인정되지 아니함에도 **검사가 기소유예 처분을 하는 경우에** 가능하다. 그러나 **고소인은** 모든 사건을 재정신청할 수 있고 고등법원의 결정은 법원의 재판이므로 **헌법소원을 청구할 수 없다**. 또한 고발인도 헌법소원청구의 요건인 사건이 **자기관련성이 없기 때문에** 검사의 불기소처분에 의해 기본권을 침해받은 자가 아니므로 **헌법소원청구권이 인정되지 않는다**(헌재 89헌마145).
㉣ (×) 불기소처분의 대상이 된 피의사실에 대한 **공소시효가 완성된 경우** 그 불기소처분에 대한 헌법소원심판청구는 **권리보호의 이익이 없어 부적법하다**(헌재2007.11.13. 2007헌마1192). 결국, 검사의 불기소처분에 대한 헌법소원에 있어서 그 대상이 된 범죄에 대하여 **공소시효가 완성된 경우에는 헌법소원을 제기할 수 없다.**

정답 ③

2. 검사와 사법경찰관의 상호협력과 일반적 수사준칙에 관한 규정에 따른 수사의 종결에 대한 설명으로 가장 적절하지 않은 것은?

(2023. 경찰승진)

① 사법경찰관은 사건을 수사한 경우에는 피의자중지, 참고인중지와 같은 수사중지결정을 할 수 있으며, 이 경우 7일 이내에 사건기록을 검사에게 송부해야 한다.
② 사법경찰관은 피의자중지 결정 후 그 내용을 고소인·고발인·피해자 또는 그 법정대리인(피해자가 사망한 경우에는 그 배우자·직계친족·형제자매를 포함한다)에게 통지해야 한다.
③ 사법경찰관으로부터 수사중지 결정의 통지를 받은 사람은 해당 사법경찰관이 소속된 바로 위 상급경찰관서의 장에게 이의를 제기할 수 있다.
④ 사법경찰관으로부터 수사중지 결정의 통지를 받은 사람은 해당 수사중지 결정이 법령에 위반되는 경우에 한하여 검사에게 형사소송법 제197조의3 제1항에 따른 신고를 할 수 있다.

▼ 해 설

④ (×) 사법경찰관으로부터 **수사중지 결정의 통지를 받은 사람**은 해당 수사중지 결정이 **법령위반, 인권침해 또는 현저한 수사권 남용(3개)**이라고 의심되는 경우 **검사에게** 법 제197조의3 제1항(**사법경찰관리가 수사과정에서 법령위반, 인권침해 또는 현저한 수사권 남용이 의심되는 사실있다고**)에 따른 **신고**를 할 수 있다(수사준칙 제54조 제3항).

① (○) 사법경찰관은 제51조 제1항 제4호(피의자중지·참고인중지)에 따른 **수사중지 결정을 한 경우 7일 이내에 사건기록을 검사에게 송부해야** 한다. 이 경우 검사는 사건기록을 송부받은 날부터 30일 이내에 반환해야 하며, 그 기간 내에법 제197조의3에 따라 시정조치요구를 할 수 있다(수사준칙 제51조 제4항).

② (○) 검사 또는 **사법경찰관은** 제51조(사법경찰관의 결정) 또는 제52조(검사의 결정)에 따른 **결정을 한 경우**에는 **그 내용을** 고소인·고발인·피해자 또는 그 법정대리인(피해자가 사망한 경우에는 그 배우자·직계친족·형제자매를 포함한다. 이하 "**고소인등**"이라 한다)과 피의자에게 **통지해야 한다**. 다만, **다음 각 호의** 어느 하나에 해당하는 **경우에는 고소인등에게만 통지**한다(수사준칙 제53조 제1항). 〈개정 2023. 10. 17.〉

1. 제51조 제1항 제4호 가목에 따른 **사법경찰관의 피의자중지 결정** 또는 제52조 제1항 제3호에 따른 검사의 기소중지 결정을 **한 경우**(사법경찰관이 피의자중지 결정을 한 경우에는 **피의자가 소재불명이므로 고소인 등에게만 통지하고, 피의자에게는 통지하지 않는다.**)
2. 제51조 제1항 제5호(사법경찰관의 이송결정) 또는 제52조 제1항 제7호(검사의 이송결정)에 따른 **이송**(법 제256조에 따른 송치는 제외한다) **결정을 한 경우로서** 검사 또는 사법경찰관이 **해당 피의자에 대해 출석요구** 또는 제16조 제1항 **각 호의 어느 하나에 해당하는 행위**(해당사건을 수사 개시(입건))를 **하지 않은 경우**

③ (○) 제53조(수사결과의 통지)에 따라 사법경찰관으로부터 제51조 제1항 제4호에 따른 **수사중지 결정의 통지를 받은 사람**은 해당 사법경찰관이 소속된 **바로 위 상급**경찰관서의 장에게 **이의를 제기**할 수 있다(수사준칙 제54조 제1항). **(구별)** 사법경찰관의 불송치결정의 통지를 받은 사람(고발인을 제외한다)은 해당 사법경찰관의 **소속 관서의 장**에게 이의를 신청할 수 있다(형사소송법 제245조의7 제1항).

▼ 정답 ④

3. 수사의 종결에 관한 설명으로 가장 적절하지 않은 것은? (다툼이 있는 경우 판례에 의함)

(2022. 1차 경찰채용)

① 사법경찰관은 사건을 수사한 경우에는 혐의없음, 죄가안됨, 공소권없음, 각하와 같은 불송치 결정을 할 수 있지만 기소유예는 할 수 없다.

② 검사와 사법경찰관의 상호협력과 일반적 수사준칙에 관한 규정 제53조 및 제54조에 의하면 사법경찰관은 수사종결 후 그 내용을 고소인등과 피의자에게 통지해야 하는데, 특히 수사중지 결정 통지를 받은 사람은 해당 사법경찰관이 소속된 경찰관서의 장에게 이의를 제기할 수 있다.

③ 검사가 수사를 종결하고 공소제기한 이후 형사소송법 제215조에 따라 수소법원 이외의 지방법원 판사에게 청구하여 발부받은 영장에 의하여 압수·수색을 하였다면 이는 위법한 압수·수색에 해당한다.

④ 검사의 무혐의 불기소처분에 대해 재정신청을 받은 법원은 당해 불기소처분이 위법하다 하더라도 기록에 나타난 제반사정을 고려하여 기소유예의 불기소처분을 할 만한 사건이라고 인정되는 경우에는 재정신청을 기각할 수 있다.

▶ 해 설

② (×) 제53조(수사결과의 통지)에 따라 사법경찰관으로부터 제51조 제1항 제4호에 따른 **수사중지 결정의 통지를 받은 사람**은 해당 사법경찰관이 소속된 **바로 위 상급**경찰관서의 장에게 **이의를 제기**할 수 있다(수사준칙 제54조 제1항).

(구별) 사법경찰관의 **불송치결정의 통지를 받은 사람(고발인을 제외한다)**은 해당 사법경찰관의 **소속 관서의 장**에게 **이의를 신청**할 수 있다(형사소송법 제245조의7 제1항).

☞ (암기) 제 · 상 (상급에 이의 제기)은 소 · 신 (이의 신청은 소속에)이 있어야 한다.

① (○) **기소유예**는 검사만 할 수 있고, **사법경찰관은 할 수 없다**(수사준칙 제51조 제1항).

③ (○) 형사소송법은 제215조에서 **검사가 압수·수색 영장을 청구할 수 있는 시기를 공소제기 전으로 명시적으로 한정하고 있지는 아니하나**, 헌법상 보장된 적법절차의 원칙과 재판받을 권리, 공판중심주의·당사자주의·직접주의를 지향하는 현행 형사소송법의 소송구조, 관련 법규의 체계, 문언 형식, 내용 등을 종합하여 보면, **일단 공소가 제기된 후에는 피고사건에 관하여 검사로서는 형사소송법 제215조에 의하여 압수·수색을 할 수 없다**고 보아야 하며, 그럼에도 **검사가 공소제기 후 형사소송법 제215조에 따라 수소법원 이외의 지방법원 판사에게 청구하여 발부받은 영장에 의하여 압수·수색을 하였다면**, 그와 같이 수집된 증거는 기본적 인권 보장을 위해 마련된 **적법한 절차에 따르지 않은 것으로서 원칙적으로 유죄의 증거로 삼을 수 없다**(대판 2011.4.28. 2009도10412). 결국, **공정거래위원회 소속 공무원인 피고인 갑이 을로부터 뇌물을 수수하였다고 하여 기소된 사안**에서, 검사 제출의 증거들은 모두 공소제기 후 적법한 절차에 따르지 아니하고 수집한 것이거나 이를 기초로 획득한 2차적 증거에 불과하여 유죄 인정의 증거로 사용할 수 없다는 이유로, 피고인 갑에게 무죄를 선고하였다.

④ (○) 공소를 제기하지 아니하는 검사의 처분의 당부에 관한 재정신청이 있는 경우에 법원은 **검사의 무혐의 불기소처분이 위법하다 하더라도** 기록에 나타난 여러 가지 사정을 고려하여 **기소유예의 불기소처분을 할 만한 사건이라고 인정되는 경우**에는 재정신청을 **기각할 수 있다**(대법원1997. 4. 22.자97모30결정).

▶ 정답 ②

4. 「검사와 사법경찰관의 상호협력과 일반적 수사준칙에 관한 규정」상 사법경찰관의 사건송치에 관한 설명으로 가장 적절하지 않은 것은? (2022. 제1차 경찰채용)

① 사법경찰관이 사건을 수사한 결과, 불송치 결정 중 죄가안됨에 해당하여 형법 제10조 제1항에 따라 피의자를 벌할 수 없는 경우에는 해당 사건을 검사에게 이송한다.

② 검사는 사법경찰관의 불송치 결정이 위법 또는 부당한 경우에는 관계 서류와 증거물을 송부받은 날로부터 90일 이내에 재수사를 요청할 수 있는데, 만약 불송치 결정에 영향을 줄 수 있는 명백히 새로운 증거 또는 사실이 발견된 경우에는 90일이 지난 후에도 재수사를 요청할 수 있다.

③ 사법경찰관은 수사결과에 따라 범죄의 혐의가 있다고 인정되는 경우에는 지체 없이 검사에게 사건을 송치하고 관계 서류와 증거물을 검사에게 송부하여야 하는데, 이 때 보완수사가 필요하다고 인정되는 경우에도 검사는 직접 보완수사할 수 없으며 사법경찰관에 대한 보완수사요구만 가능하다.

④ 사법경찰관이 재수사 중인 사건에 대해 형사소송법 제245조의7 제1항에 따른 고소인 등의 이의신청이 있는 경우에는 사법경찰관은 재수사를 중단해야 하며, 같은 조 제2항에 따라 해당 사건을 지체없이 검사에게 송치하고 관계 서류와 증거물을 송부해야 한다.

▶ 해 설

③ (×) [1] **검사는 다음 각 호의 어느 하나에 해당하는 경우에 사법경찰관에게 보완수사를 요구할 수 있다**(제197조의2 제1항).

> 1. 송치사건의 공소제기 여부 결정 또는 공소의 유지에 관하여 필요한 경우
> 2. 사법경찰관이 신청한 영장의 청구 여부 결정에 관하여 필요한 경우

[2] **검사**는 사법경찰관으로부터 **송치받은 사건**에 대해 **보완수사가 필요하다**고 인정하는 경우에는 **직접 보완수사를 하거나** 법 제197조의2 제1항 제1호에 따라 **사법경찰관에게 보완수사를 요구**할 수 있다. 다만, 송치사건의 공소제기 여부 결정에 필요한 경우로서 **다음 각 호의 어느 하나에 해당하는 경우**에는 특별히 사법경찰관에게 보완수사를 요구할 필요가 있다고 인정되는 경우를 제외하고는 **검사가 직접 보완수사를 하는 것을 원칙으로 한다**(수사준칙 제59조 제1항).〈개정 2023. 10. 17.〉

> 1. **사건을 수리한 날**(이미 보완수사요구가 있었던 사건의 경우 보완수사 이행 결과를 통보받은 날을 말한다)부터 **1개월이 경과한 경우**
> 2. 사건이 **송치된 이후 검사가** 해당 피의자 및 피의사실에 대해 **상당한 정도의 보완수사를 한 경우**
> 3. 법 제197조의3 제5항(검사의 시정조치 요구가 정당한 이유 없이 이행되지 않아 송치를 요구받은 경우), 제197조의4 제1항(검사가 사법경찰관과 동일한 범죄사실을 수사하게 되어 송치할 것을 요구한 경우) 또는 제198조의2 제2항(검사의 체포·구속장소감찰에 의하여 체포 또는 구속된 자의 사건의 송치를 명받은 경우)에 따라 **사법경찰관으로부터 사건을 송치받은 경우**
> 4. 제7조(중요사건 협력절차) 또는 제8조(검사와 사법경찰관의 협의)에 따라 **검사와 사법경찰관이** 사건 송치 전에 수사할 사항, 증거수집의 대상 및 법령의 적용 등에 대해 **협의를 마치고 송치한 경우**

① (○) 사법경찰관은 제1항 제3호 나목(죄가안됨) 또는 다목(공소권없음)에 해당하는 사건이 **다음 각 호의 어느 하나에 해당하는 경우에는** 해당 사건을 **검사에게 이송한다**(수사준칙 제51조 제3항).〈개정 2023. 10. 17.〉

> 1. 「형법」 제10조 제1항(심신상실자)에 따라 벌할 수 없는 경우
> 2. 기소되어 사실심 계속 중인 사건과 포괄일죄를 구성하는 관계에 있거나 「형법」 제40조에 따른 상상적 경합 관계에 있는 경우

② (○) **검사는** 형사소송법 제245조의8에 따라 **사법경찰관에게 재수사를 요청하려는 경우에는** 형사소송법 제245조의5 제2호에 따라 관계 서류와 증거물을 송부받은 날부터 **90일 이내에 해야 한다.** 다만, 다음 각 호의 **어느 하나에 해당하는 경우**에는 관계 서류와 증거물을 송부받은 날부터 **90일이 지난 후에도 재수사를 요청할 수 있다**(수사준칙 제63조 제1항).

> 1. 불송치 결정에 영향을 줄 수 있는 **명백히 새로운 증거 또는 사실이 발견된 경우**
> 2. **증거 등의 허위, 위조 또는 변조**를 인정할 만한 상당한 **정황이 있는 경우**

④ (○) **사법경찰관**은 형사소송법 제245조의8 제2항에 따라 **재수사 중인 사건에 대해** 형사소송법 제245조의7 제1항에 따른 **이의신청이 있는 경우에는 재수사를 중단해야 하며**, 같은 조 제2항에 따라 **해당 사건을 지체 없이 검사에게 송치하고 관계 서류와 증거물을 송부해야 한다**(수사준칙 제65조).

▶ 정답 ③

제02절 불기소 처분에 대한 불복

1. 재정신청에 관한 다음 설명 중 옳은 것은 모두 몇 개인가? (다툼이 있는 경우 판례에 의함)

> ㉠ 재정신청은 대리인에 의하여 할 수 있으며 공동신청권자 중 1인의 신청은 그 전원을 위하여 효력을 발생한다.
> ㉡ 재정신청사건의 심리는 특별한 사정이 없는 한 공개하지 아니하고, 재정신청인에 대한 비용부담 결정에 대하여는 즉시항고를 할 수 있다.
> ㉢ 법원이 재정신청서에 재정신청을 이유 있게 하는 사유가 기재되어 있지 않음에도 이를 간과한 채 공소제기결정을 한 관계로 그에 따른 공소가 제기되어 본안사건의 절차가 개시된 후에는, 다른 특별한 사정이 없는 한 이제 그 본안사건에서 위와 같은 잘못을 다툴 수 없다.
> ㉣ 검사는 법원의 결정에 따라 공소를 제기한 때에도 공소취소를 할 수 있다.
> ㉤ 법원은 재정신청서를 송부받은 때에는 송부받은 날로부터 10일 이내에 피의자 이외에 재정신청인에게도 그 사유를 통지하여야 한다.

① 2개　　　　　　　　② 3개
③ 4개　　　　　　　　④ 5개

해 설

③ ㉠㉡㉢㉤(4개)가 옳은 지문이나 ㉣(1개)은 틀린지문이다.

㉠ (○) 제264조 제1항

㉡ (○) **재정신청사건의 심리**는 특별한 사정이 없는 한 **공개하지 아니한다**(제262조 제3항). 또한 재정신청인에게 비용의 부담, 비용의 지급을 명하는 결정을 할 수 있는데 이 결정에 대하여는 **즉시항고를 할 수 있다**(제262의3 제3항).

㉢ (○) 재정신청서에 형사소송법 제260조 제4항에 정한 사항의 기재가 없어서 법원으로서는 그 재정신청이 법률상의 방식에 위배된 것으로서 이를 **기각하여야 함에도**, 심판대상인 사기 부분을 포함한 고소사실 전부에 관하여 **공소제기결정을 한 잘못이 있고** 나아가 그 결정에 따라 공소제기가 이루어졌다 하더라도, 공소사실에 대한 실체판단에 나아간 제1심판결을 유지한 원심의 조치는 **정당하다**(2009도224)

㉣ (×) **검사는** 제262조 제2항 제2호의 결정(공소제기결정)에 따라 공소를 제기한 때에는 이를 **취소할 수 없다**(264조의2).

㉤ (○) 법원은 재정신청서를 송부받은 때에는 송부받은 날부터 10일 이내에 **피의자에게** 그 사실을 **통지하여야 한다**(제262조 제1항). 또한 법원은 재정신청서를 송부받은 때에는 송부받은 날로부터 10일 이내에 피의자 이외에 **재정신청인에게도 그 사유를 통지하여야** 한다(규칙 제120조).

▼정답 ③

2. 재정신청과 헌법소원에 관한 다음 설명 중 옳은 것은 모두 몇 개인가? (다툼이 있으면 판례에 의함)

㉠ 검사가 공소시효 만료일 30일 전까지 공소를 제기하지 아니하는 경우에는 검찰항고를 거치지 않고 공소시효 만료일 전날까지 재정신청서를 제출할 수 있다.
㉡ 코로나 19 확진자가 참석한 종교행사 출입자명단 등에 대한 이 사건 방역당국의 제출요구는 감염병예방법상의 '역학조사'로 볼 수 없으므로, 청구인과 그 공범이 그 명단제출요구를 거부하거나 거짓의 명단을 제출하였다고 하더라도 '역학조사'를 거부하거나 '역학조사'에서 거짓자료를 제출하였다고 할 수 없음에도 그 혐의가 인정됨을 전제로 한 이 사건 기소유예처분은 자의적인 검찰권 행사로서 청구인의 평등권과 행복추구권을 침해한 것이다.
㉢ 재정신청 기각결정에 대하여는 불복할 수 없다.
㉣ 구 형사소송법 제262조 제1항에 20일 이내에 재정결정을 하도록 규정한 것은 훈시적 규정에 불과하므로 원심법원이 그 기간이 지난 후에 재정결정을 하였다 하여 재정결정 자체가 위법한 것이라고 할 수는 없다.
㉤ 법원은 직권 또는 피의자의 신청에 따라 재정신청인에게 피의자가 재정신청절차에서 부담하였거나 부담할 변호인선임료 등 비용의 전부 또는 일부의 지급을 명할 수 있다.

① 1개   ② 2개
③ 3개   ④ 4개

해설

④ ㉠㉡㉣㉤(3개)은 **옳은 지문**이나, ㉢(1개)은 **틀린 지문**이다.

㉠ (O) 제260조 제2항, 제3항

㉡ (O) [1] **피청구인(검사)**이 2021. 6. 16. 대구지방검찰청 상주지청 2021년 형제717호 사건에서 청구인에 대하여 **한 기소유예처분**(감염병의예방및관리에관한법률(이하 '**감염병예방법**'이라 한다)**위반과 위계공무집행방해 등 범죄사실**)은 **청구인의 평등권과 행복추구권을 침해한 것**이므로 이를 **취소한다**. 즉, 피청구인은 적법한 '역학조사'가 있었음을 전제로 청구인에 대하여 기소유예처분을 하였는바, 위 기소유예처분에 사실오인 또는 법리오해의 잘못이 있으므로 이를 취소한다.
[2] 감염병의 전파를 방지할 필요성 또는 긴급성이 있다는 이유만으로 **역학조사의 개념을 감염병예방법 관련 법령 문언을 벗어나 확장해석하거나 유추해석하여서는 안 되며**, 국민의 자유와 권리가 지나치게 침해되지 않도록 **엄격한 해석을 하여야 한다**.
[3] "역학조사를 거부하는 행위"를 하였다는 이유 등으로 **형사처벌하기 위해서는 그 전제가 되는 '역학조사'가 감염병예방법 등에 따른 적법한 것이어야 한다**(대법원 2022. 11. 17. 선고 2022도7290 판결 등 참조). 따라서 **이 사건 명단 제출 요구는 감염병예방법에서 규정하는 역학조사에 해당하지 않으므로,** 그에 응하지 않았다거나 사실과 다른 자료를 제출하였다고 하여 '역학조사'를 **거부하였다거나** '역학조사'에 **거짓자료를 제출하였다고 할 수 없다**.
[4] 형벌법규의 해석은 엄격하여야 하고, 처벌의 대상이 되는 행위는 수범자의 예견가능성을 보장하기 위해 그 범위가 명확히 정해져야 하기 때문에 감염병예방법 제18조 제3항의 '역학조사'는 시행령이 정한 요건을 충족하는 적법한 역학조사를 의미하고 그 해당여부는 엄격히 판단해야 한다는 취지의 대법원 판례(대법원 2022도7290 판결)에 따라 **방역당국의 이 사건 명단 제출요구**는 그 내용과 방법에 비추어 감염병예방법상의 **'역학조사'라고 볼 수 없어 청구인의 혐의가 인정되지 않는다**.
[4] 이 사건 명단은 이 사건 센터 직원이 참석자들을 대신하여 작성한 것으로 보이고 **청구인 등 이 사건 센터** 측에 명단 내용의 진위여부를 확인할 권한이 없었던 점 등을 고려할 때 청구인이 그 내용이 허위였음을 알고 있었다고 보기 어려워 **위계공무집행방해의 고의도 인정하기 어렵다**(헌재2024. 4. 25. 2021헌마1174).

ⓒ (×) **재정신청 기각결정**에 대하여는 제415조(재항고)에 따른 **즉시항고를 할 수 있다**(제262조 제4항).
ⓔ (○) 구 형사소송법 제262조 제1항에 **20일 이내**(현행, 제262조 제항에 3개월 이내)에 재정결정을 하도록 규정한 것은 **훈시적 규정에 불과**하므로 원심법원이 **그 기간이 지난 후에 재정결정을 하였다** 하여 재정결정 자체가 **위법한 것이라고 할 수는 없다**(대법원1990. 12. 13.자90모58결정).
ⓕ (○) 제262조의3 제2항

▶정답 ④

제03절 공소제기 후의 수사

1. 공소제기 후의 수사에 관한 설명 중 가장 적절하지 <u>않은</u> 것은?(다툼이 있으면 판례에 의함)

(2023. 경찰대편입)

① 공판준비 또는 공판기일에서 이미 증언을 마친 증인을 검사가 소환한 후 피고인에게 유리한 그 증언 내용을 추궁하여 이를 일방적으로 번복시키는 방식으로 작성한 진술조서는 피고인이 증거로 할 수 있음에 동의한다고 하더라도 그 증거능력이 없다.
② 검사작성의 피고인에 대한 진술조서가 공소제기 후에 작성된 것이라는 이유만으로는 곧 그 증거능력이 없다고 할 수 없다.
③ 검사가 공소제기 후「형사소송법」제215조에 따라 수소법원 이외의 지방법원 판사에게 청구하여 발부받은 영장에 의하여 압수·수색을 하였다면, 그와 같이 수집된 증거는 기본적인권보장을 위해 마련된 적법한 절차에 따르지 않은 것으로서 원칙적으로 유죄의 증거로 삼을 수 없다.
④ 검사 또는 사법경찰관이 피고인에 대한 구속영장을 집행하는 경우, 그 집행의 현장에서는 영장 없이 압수·수색·검증을 할 수 있다.
⑤ 공소제기 후 피고인의 구속은 수소법원이 권한에 속하며 수사기관에 의한 피고인 구속은 허용되지 않는다.

▶해 설

① (×) [1] 공판준비 또는 공판기일에서 이미 증언을 마친 증인을 검사가 소환한 후 피고인에게 유리한 그 증언 내용을 추궁하여 이를 일방적으로 번복시키는 방식으로 작성한 진술조서를 유죄의 증거로 삼는 것은 당사자주의·공판중심주의·직접주의를 지향하는 현행 형사소송법의 소송구조에 어긋나는 것일 뿐만 아니라, 헌법 제27조가 보장하는 기본권, 즉 법관의 면전에서 모든 증거자료가 조사·진술되고 이에 대하여 피고인이 공격·방어할 수 있는 기회가 실질적으로 부여되는 재판을 받을 권리를 침해하는 것이므로, **이러한 진술조서는 피고인이 증거로 할 수 있음에 동의하지 아니하는 한 그 증거능력이 없다**고 하여야 할 것이고, 그 후 원진술자인 종전 증인이 다시 법정에 출석하여 증언을 하면서 그 진술조서의 성립의 진정함을 인정하고 피고인측에 반대신문의 기회가 부여되었다고 하더라도 그 증언 자체를 유죄의 증거로 할 수 있음은 별론으로 하고 위와 같은 진술조서의 증거능력이 없다는 결론은 달리할 것이 아니다(대법원2000. 6. 15.선고99도1108전원합의체 판결). 결국, 피고인이 증거로 할 수 있음에 **동의한다면 그 증거능력이 있다.**
② (○) (○) 검사작성의 피고인에 대한 진술조서가 **공소제기 후에 작성된 것이라는 이유만으로** 곧 **그 증거능력이 없다고 할 수는 없으므로** 원심이 이를 증거로 채택하였다고 하여 **공판중심주의 내지 재판공개의 원칙에 위배된 것이라고도 할 수 없다**(대법원1984. 9. 25.선고84도1646판결).

③ (○) 헌법상 보장된 적법절차의 원칙과 재판받을 권리, 공판중심주의·당사자주의·직접주의를 지향하는 현행 형사소송법의 소송구조, 관련 법규의 체계, 문언 형식, 내용 등을 종합하여 보면, **일단 공소가 제기된 후에는** 피고사건에 관하여 **검사로서는** 형사소송법 제215조에 의하여 **압수·수색을 할 수 없다고 보아야 하며**, 그럼에도 검사가 공소제기 후 형사소송법 제215조에 따라 수소법원 이외의 지방법원 판사에게 청구하여 발부받은 영장에 의하여 압수·수색을 하였다면, 그와 같이 수집된 증거는 기본적 인권 보장을 위해 마련된 적법한 절차에 따르지 않은 것으로서 **원칙적으로 유죄의 증거로 삼을 수 없다**(대법원2011. 4. 28. 선고2009도10412 판결).

④ (○) 검사 또는 사법경찰관이 **피고인에 대한 구속영장을 집행**하는 경우, 그 **집행현장에서는 영장없이 압수·수색·검증을 할 수 있다**(제216조 제2항).

⑤ (○) **공소제기 후의 피고인 구속은 법원의 권한에 속하고**, 공판절차에서의 피고인은 검사와 대등한 지위를 가지는 당사자이므로 반대당사자인 검사에게 피고인을 구속할 권한을 줄 수는 없다. 따라서 **공소제기 후에 수사기관이 피고인을 구속할 수는 없다**(통설).

▼정답 ①

2. 공소제기 후의 수사에 대한 설명으로 가장 적절한 것은?(다툼이 있는 경우 판례에 의함)

(2023. 경찰승진)

① 검사가 공소제기 후 형사소송법 제215조에 따라 수소법원 이외의 지방법원 판사에게 청구하여 발부받은 영장에 의하여 압수·수색을 하였다면, 원칙적으로 유죄의 증거로 삼을 수 있다.

② 형사소송법 제215조는 검사가 압수·수색 영장을 청구할 수 있는 시기를 공소제기 전으로 명시적으로 한정하고 있다.

③ 제1심에서 피고인에 대하여 무죄판결이 선고되어 검사가 항소한 후 수사기관이 항소심 공판기일에 증인으로 신청하여 신문할 수 있는 사람을 특별한 사정 없이 미리 수사기관에 소환하여 작성한 진술조서는 피고인이 증거로 할 수 있음에 동의하지 않는 한 증거능력이 없지만, 참고인이 나중에 법정에 증인으로 출석하여 진술조서의 성립의 진정을 인정하고 피고인 측에 반대신문의 기회가 부여된 경우에는 그 진술조서를 증거로 할 수 있다.

④ 검사작성의 피고인에 대한 진술조서가 공소제기 후에 작성된 것이라는 이유만으로는 곧 그 증거능력이 없다고 할 수 없다.

▼해 설

④ (○) 검사작성의 피고인에 대한 진술조서가 **공소제기 후에 작성된 것이라는 이유만으로 곧 그 증거능력이 없다고 할 수는 없으므로** 원심이 이를 증거로 채택하였다고 하여 **공판중심주의 내지 재판공개의 원칙에 위배된 것이라고도 할 수 없다**(대법원1984. 9. 25. 선고84도1646판결).

① (×) 헌법상 보장된 적법절차의 원칙과 재판받을 권리, 공판중심주의·당사자주의·직접주의를 지향하는 현행 형사소송법의 소송구조, 관련 법규의 체계, 문언 형식, 내용 등을 종합하여 보면, **일단 공소가 제기된 후에는** 피고사건에 관하여 **검사로서는** 형사소송법 제215조에 의하여 **압수·수색을 할 수 없다고 보아야 하며**, 그럼에도 검사가 공소제기 후 형사소송법 제215조에 따라 수소법원 이외의 지방법원 판사에게 청구하여 발부받은 영장에 의하여 압수·수색을 하였다면, 그와 같이 수집된 증거는 기본적 인권 보장을 위해 마련된 적법한 절차에 따르지 않은 것으로서 **원칙적으로 유죄의 증거로 삼을 수 없다**(대법원2011. 4. 28. 선고2009도10412판결).

② (×) 형사소송법은 제215조에서 **검사가 압수·수색 영장을 청구할 수 있는 시기를 공소제기 전으로 명시적으로 한정하고 있지는 아니하다**(대법원2011. 4. 28. 선고2009도10412판결).

③ (×) [1] 제1심에서 피고인에 대하여 무죄판결이 선고되어 검사가 항소한 후, 수사기관이 항소심 공판기일에 **증인으로 신청하여 신문할 수 있는 사람을 특별한 사정 없이 미리 수사기관에 소환하여 작성한 진술조서는**

피고인이 증거로 할 수 있음에 동의하지 않는 한 증거능력이 없다. 검사가 공소를 제기한 후 참고인을 소환하여 피고인에게 불리한 진술을 기재한 진술조서를 작성하여 이를 공판절차에 증거로 제출할 수 있게 한다면, **피고인과 대등한 당사자의 지위에 있는 검사가 수사기관으로서의 권한을 이용하여 일방적으로 법정 밖에서 유리한 증거를 만들 수 있게 하는 것이므로 당사자주의·공판중심주의·직접심리주의에 반하고 피고인의 공정한 재판을 받을 권리를 침해하기 때문**이다.

[2] 위 참고인이 나중에 법정에 증인으로 출석하여 **위 진술조서의 성립의 진정을 인정**하고 피고인 측에 반대신문의 기회가 부여된다 하더라도 위 진술조서의 **증거능력을 인정할 수 없음**은 마찬가지이다(대법원2019. 11. 28. 선고2013도6825판결).

▼정답 ④

CHAPTER 08 공소시효

1. 형사소송법 제249조(공소시효의기간)제1항의 규정에 의할 때 다음 범죄의 공소시효기간의 합산은 얼마인가?

〈보기〉
ㄱ. 무기징역 또는 무기금고에 해당하는 범죄
ㄴ. 장기 10년 이상의 징역 또는 금고에 해당하는 범죄
ㄷ. 벌금에 해당하는 범죄
ㄹ. 장기 5년 미만의 자격정지, 구류, 과료 또는 몰수에 해당하는 범죄

① 21년　　　　　　　　② 25년
③ 28년　　　　　　　　④ 31년

▼해 설
(1) 법정형을 기준으로 다음 기간이 경과하면 완성된다.(제249조 제1항)

① 사형에 해당하는 범죄 : 25년
② 무기징역·무기금고 : 15년
③ 장기 10년 이상의 징역·금고 : 10년
④ 장기 10년 미만의　〃　: 7년
⑤ 장기 5년　미만의　〃　: 5년
　장기 10년 이상의 자격정지 : 5년
　벌　　금　　　　　　: 5년
⑥ 장기 5년 이상의 자격정지 : 3년
⑦ 장기 5년 미만의 자격정지 : 1년
　구류·과료·몰수　　　: 1년

(2) 의제공소시효
공소제기된 범죄가 판결이 확정되지 않고 공소제기한 때로부터 **25년**을 경과 하면 공소시효가 완성된 것으로 간주한다.(제249조 제2항)

▼정답 ④

2. 다음 각 ( ) 안에 들어갈 숫자를 합산하면 얼마인가?

> ㉠ 장기 10년 이상의 자격정지에 해당하는 범죄에 대한 공소시효 기간은 ( )년이다.
> ㉡ 벌금에 해당하는 범죄에 대한 공소시효 기간은 ( )년이다.
> ㉢ 장기 10년 이상 징역 또는 금고에 해당하는 범죄에 대한 공소시효 기간은 ( )년이다.
> ㉣ 장기 5년 미만의 징역 또는 금고에 해당하는 범죄에 대한 공소시효 기간은 ( )년이다.

① 21
② 23
③ 25
④ 28

해 설

③ 5+5+10+5 = 25년이다.
공소시효는 **법정형**을 기준으로 **다음 기간이 경과하면 완성**된다(제249조 제1항).

> ① 사형에 해당하는 범죄 : 25년
> ② 무기징역·무기금고 : 15년
> ③ **장기 10년 이상의 징역·금고** : 10년 ㉢
> ④ 장기 10년 미만의 〃 : 7년
> ⑤ **장기 5년 미만의 〃** : 5년 ㉣
>   장기 10년 이상의 자격정지 : 5년 ㉠
>   벌   금 : 5년 ㉡
> ⑥ 장기 5년 이상의 자격정지 : 3년
> ⑦ 장기 5년 미만의 자격정지 : 1년
>   구류·과료·몰수 : 1년

▼정답 ③

3. 공소시효에 대한 설명으로 가장 적절하지 않은 것은? (다툼이 있으면 판례에 의함)

① 아동학대처벌법은 제34조 제1항의 규정은 완성되지 않은 공소시효의 진행을 일정한 요건에서 장래를 향하여 정지시키는 것으로서, 그 시행일인 2014. 9. 29. 당시 범죄행위가 종료되었으나 아직 공소시효가 완성되지 않은 아동학대범죄에 대해서도 적용된다.
② 아동·청소년에 대한 강간·강제추행의 죄는 디엔에이(DNA) 증거 등 그 죄를 증명할 수 있는 과학적인 증거가 있는 때에는 공소시효가 10년 연장된다.
③ 2015년에 개정된 「형사소송법」에 따르면, 사람을 살해한 범죄 (종범을 포함한다) 로 사형에 해당하는 범죄에 대하여는 「형사소송법」 제249조부터 제253조까지에 규정된 공소시효를 적용하지 아니한다. 이때 위 개정내용은 개정 「형사소송법」 부칙에 따라 개정법 시행 전에 범한 범죄로 공소시효가 완성된 범죄에 대하여도 적용된다.
④ 공범 중 1인에 대한 공소제기로 공소시효가 정지될 경우 그 공소정지의 효력은 다른 공범자에 대하여도 미치고 당해 사건의 재판이 확정된 때로부터 진행한다. 이때 뇌물공여죄와 뇌물수수죄 사이와 같은 대향범 관계에 있는 자는 여기의 공범에 포함되지 않는다.

▼해 설

③ (×) 사람을 살해한 범죄(**종범은 제외**한다)로 사형에 해당하는 범죄에 대하여는 제249조부터 제253조까지에 규정된 **공소시효를 적용하지 아니하며**(제253조의2), **제253조의2의 개정규정**은 이 법 시행 전에 범한 범죄로 **아직 공소시효가 완성되지 아니한 범죄**에 대하여도 **적용한다**(부칙 제2조).

① (○) [1] **아동학대범죄의 공소시효**는 「형사소송법」 제252조에도 불구하고 해당 아동학대범죄의 **피해아동이 성년에 달한 날부터 진행한다**(아동학대범죄의 처벌 등에 관한 특례법(아동학대처벌법) 제34조 제1항).
[2] 아동학대처벌법은 제34조 제1항의 소급적용에 관하여 명시적인 경과규정을 두고 있지는 않다. 그러나 이 규정의 문언과 취지, 아동학대처벌법의 입법 목적, 공소시효를 정지하는 특례조항의 신설·소급에 관한 법리에 비추어 보면, **이 규정은 완성되지 않은 공소시효의 진행을 일정한 요건에서 장래를 향하여 정지시키는 것**으로서, 그 시행일인 2014. 9. 29. 당시 범죄행위가 종료되었으나 **아직 공소시효가 완성되지 않은 아동학대범죄에 대해서도 적용된다**고 봄이 타당하다(대법원2021. 2. 25.선고2020도3694판결).

② (○) 아동·청소년에 대한 강간·강제추행 등의 죄는 디엔에이(DNA)증거 등 그 죄를 증명할 수 있는 과학적인 증거가 있는 때에는 **공소시효가 10년 연장된다**(청소년성보호법 제20조 제1항).

④ (○) 뇌물공여죄와 뇌물수수죄 사이와 같은 이른바 대향범 관계에 있는 자는 강학상으로는 필요적 공범이라고 불리고 있으나, 서로 대향된 행위의 존재를 필요로 할 뿐 각자 자신의 구성요건을 실현하고 별도의 형벌규정에 따라 처벌되는 것이어서, 2인 이상이 가공하여 공동의 구성요건을 실현하는 공범관계에 있는 자와는 본질적으로 다르며, 대향범 관계에 있는 자 사이에서는 각자 상대방의 범행에 대하여 형법 총칙의 공범규정이 적용되지 아니한다. 따라서 형사소송법 제253조 제2항(공범의 1인에 대한 전항의 시효정지는 다른 공범자에게 대하여 효력이 미치고 당해사건의 재판이 확정된 때로부터 진행한다.)에서 말하는 '**공범**'에는 **뇌물공여죄와 뇌물수수죄 사이와 같은 대향범 관계에 있는 자는 포함되지 않는다**(대판 2015.2.12. 2012도4842).

▼정답 ③

4. 공소시효에 관한 다음 설명 중 가장 적절한 것은?(다툼이 있으면 판례에 의함)

① 공소시효를 정지·연장·배제하는 내용의 특례조항을 신설하면서 소급적용에 관한 명시적인 경과규정을 두지 아니한 경우에도 그 조항을 소급하여 적용할 수 있다고 볼 것인지에 관하여는 이를 해결할 보편타당한 일반원칙이 존재한다.
② 공소시효의 정지를 위해서는 '형사처분을 면할 목적'이 있을 것을 요구한다. 여기에서 '형사처분을 면할 목적'은 국외 체류의 유일한 목적으로 되는 것에 한정된다.
③ 형사소송법 제253조 제3항의 '범인이 형사처분을 면할 목적으로 국외에 있는 경우'는 범인이 국내에서 범죄를 저지르고 형사처분을 면할 목적으로 국외로 도피한 경우에 한정되고, 범인이 국외에서 범죄를 저지르고 형사처분을 면할 목적으로 국외에서 체류를 계속하는 경우는 포함되지 않는다.
④ 피고인이 당해 사건으로 처벌받을 가능성이 있음을 인지하였다고 보기 어려운 경우라면 피고인이 다른 고소사건과 관련하여 형사처분을 면할 목적으로 국외에 있은 경우라고 하더라도 당해 사건의 형사처분을 면할 목적으로 국외에 있었다고 볼 수 없다.

▼해 설

④ (○) 대판2014.4.24. 2013도9162

① (×) 법원이 어떠한 법률조항을 해석·적용함에 있어서 한 가지 해석방법에 의하면 헌법에 위배되는 결과가 되고 다른 해석방법에 의하면 헌법에 합치하는 것으로 볼 수 있을 때에는 위헌적인 해석을 피하고 헌법에 합치하는 해석방법을 택하여야 한다. 이는 입법방식에 다소 부족한 점이 있어 어느 법률조항의 적용 범위

등에 관하여 불명확한 부분이 있는 경우에도 마찬가지이다. 이러한 관점에서 보면, 공소시효를 정지·연장·배제하는 내용의 특례조항을 신설하면서 소급적용에 관한 명시적인 경과규정을 두지 아니한 경우에 **그 조항을 소급하여 적용할 수 있다고 볼 것인지에 관하여는 이를 해결할 보편타당한 일반원칙이 존재할 수 없는 터이므로 적법절차원칙과 소급금지원칙을 천명한 헌법 제12조 제1항과 제13조 제1항의 정신을 바탕으로 하여 법적 안정성과 신뢰보호원칙을 포함한 법치주의 이념을 훼손하지 아니하도록 신중히 판단하여야 한다**(대판 2015.5.28. 2015도1362).

② (×) 공소시효 정지에 관한 형사소송법 제253조 제3항의 입법 취지는 범인이 우리나라의 사법권이 실질적으로 미치지 못하는 국외에 체류한 것이 도피의 수단으로 이용된 경우에 그 체류기간 동안은 공소시효가 진행되는 것을 저지하여 범인을 처벌할 수 있도록 하여 형벌권을 적정하게 실현하고자 하는 데 있다. 따라서 위 규정이 정한 '**형사처분을 면할 목적**'은 국외 체류의 유일한 목적으로 되는 것에 한정되지 않고 **범인이 가지는 여러 국외 체류 목적 중에 포함되어 있으면 족하다**. 범인이 국외에 있는 것이 형사처분을 면하기 위한 방편이었다면 '형사처분을 면할 목적'이 있었다고 볼 수 있고, 위 '형사처분을 면할 목적'과 양립할 수 없는 범인의 주관적 의사가 명백히 드러나는 객관적 사정이 존재하지 않는 한 국외 체류기간 동안 '형사처분을 면할 목적'은 계속 유지된다(대판 2008.12.11. 2008도4101).

③ (×) 형사소송법 제253조 제3항이 정한 '범인이 형사처분을 면할 목적으로 국외에 있는 경우'는 범인이 국내에서 범죄를 저지르고 형사처분을 면할 목적으로 국외로 도피한 경우에 한정되지 아니하고, **범인이 국외에서 범죄를 저지르고 형사처분을 면할 목적으로 국외에서 체류를 계속하는 경우도 포함된다**(대판2015.6.24. 2015도5916).

▼정답 ④

PART 02

증거

제1장 증거의 의의
제2장 증명의 기본원칙
제3장 증거능력
제4장 증명력

증거의 의의

1. 증거 또는 증명에 대한 설명으로 옳지 않은 것은?(다툼이 있는 경우 판례에 의함) (2024. 경찰대 편입)

① 혈중알코올농도의 측정 없이 '위드마크 공식'을 사용하여 피고인의 운전 당시 혈중알코올농도를 추산하는 경우, 알코올의 분해소멸에 따른 혈중알코올농도의 감소기(위드마크 제2공식, 하강기)에 운전이 이루어진 것으로 인정되면, 피고인에게 가장 유리한 음주 시작 시점부터 곧바로 생리작용에 의하여 분해소멸이 시작되는 것으로 보아야 한다.

② 자백에 대한 보강증거는 범죄사실의 전부 또는 중요 부분을 인정할 수 있는 정도가 되지 않더라도, 피고인의 자백이 가공적인 것이 아닌 진실한 것임을 인정할 수 있는 정도가 되면 충분하고, 직접증거가 아닌 간접증거나 정황증거도 보강증거가 될 수 있다.

③ 공모공동정범에 있어서 공모 또는 모의는 '범죄될 사실'에 해당하므로, 이를 인정하기 위하여는 엄격한 증명에 의하여야 한다.

④ 형사소송법 제310조의 '피고인의 자백'에 공범인 공동피고인의 진술이 포함되고, 공범인 공동피고인의 진술은 다른 공동피고인에 대한 범죄사실을 인정하는 증거로 사용할 수 없으며, 공범인 공동피고인들의 각각의 진술은 상호 간에 보강증거가 될 수 없다.

⑤ 피고인에게 불리한 증거인 증인으로서 피해자가 검사의 주신문의 경우와 달리 반대신문에 대하여는 답변을 하지 않아서, 진술 내용의 모순이나 불합리를 그 증인신문 과정에서 드러내어 이를 탄핵하는 것이 사실상 곤란하였고, 그것이 피고인 또는 변호인에게 책임 있는 사유로 인한 것이 아닌 경우라면, 이를 정당화할 수 있는 특별한 사정이 없는 이상, 그와 같이 실질적 반대신문권의 기회가 부여되지 않고서 이루어진 증인의 법정진술은 위법한 증거이다.

▼ 해 설

④ (×) 「형사소송법」 제310조 소정의 **"피고인의 자백"**에 공범인 공동피고인의 진술은 **포함되지 아니하므로**, **공범인 공동피고인의 진술**은 다른 공동피고인에 대한 범죄사실을 인정하는 **증거로 할 수 있는 것**일 뿐만 아니라 공범인 공동피고인들의 각 진술은 상호간에 **서로 보강증거가 될 수 있다**(대판1990.10.30. 90도1939).

① (○) 혈중알코올농도 측정 없이 위드마크 공식을 사용해 피고인이 마신 술의 양을 기초로 피고인의 운전 당시 혈중알코올농도를 추산하는 경우로서 알코올의 분해소멸에 따른 혈중알코올농도의 감소기(위드마크 제2공식, 하강기)에 운전이 이루어진 것으로 인정되는 경우에는 피고인에게 가장 유리한 **음주 시작 시점부터** 곧바로 생리작용에 의하여 **분해소멸이 시작되는 것으로 보아야** 한다. 이와 다르게 음주 개시 후 특정 시점부터 알코올의 분해소멸이 시작된다고 인정하려면 알코올의 분해소멸이 시작되는 시점이 다르다는 점에 관한 과학적 증명 또는 객관적인 반대 증거가 있거나, 음주 시작 시점부터 알코올의 분해소멸이 시작된다고 보는 것이 그렇지 않은 경우보다 피고인에게 불이익하게 작용되는 특별한 사정이 있어야 한다(대법원2022. 5. 12. 선고2021도14074판결).

② (○) 자백에 대한 보강증거는 **범죄사실의 전부 또는 중요 부분을 인정할 수 있는 정도가 되지 않더라도 피고인의 자백이 가공적인 것이 아닌 진실한 것임을 인정할 수 있는 정도만 되면 충분하다**. 또한 **직접증거가 아닌 간접증거나 정황증거도 보강증거가 될 수 있고**, 자백과 보강증거가 서로 어울려서 전체로서 범죄사실을 인정할 수 있으면 유죄의 증거가 된다(대법원2017. 6. 8.선고2017도4827판결).

③ (○) **공모공동정범에 있어서의 공모나 모의는 범죄사실을 구성하는 것으로서 이를 인정하기 위하여는 엄격한 증명이 요구**되지만, 피고인이 그 실행행위에 직접 관여한 사실을 인정하면서도 **공모의 점과 함께 범의를 부인하는 경우**에는, 이러한 주관적 요소로 되는 사실은 사물의 성질상 범의와 상당한 관련성이 있는 **간접사실 또는 정황사실을 증명하는 방법에 의하여 이를 입증할 수 밖에 없다**(대법원2003. 1. 24.선고2002도6103판결).

⑤ (○) [1] 형사소송법은 제161조의2에서 피고인의 반대신문권을 포함한 교호신문제도를 규정하는 한편, 제310조의2(전문법칙)에서 **법관의 면전에서 진술되지 아니하고 피고인에 의한 반대신문의 기회가 부여되지 아니한 진술에 대하여는 원칙적으로 그 증거능력을 부여하지 아니함**으로써, 형사재판에서 증거는 법관의 면전에서 진술·심리되어야 한다는 직접주의와 피고인에게 불리한 증거에 대하여 반대신문할 수 있는 권리를 원칙적으로 보장하고 있는데, **이러한 반대신문권의 보장은 피고인에게 불리한 주된 증거의 증명력을 탄핵할 수 있는 기회가 보장되어야 한다는 점**에서 형식적·절차적인 것이 아니라 **실질적·효과적인 것이어야** 한다.
[2] 따라서 **피고인에게 불리한 증거인 증인이** 주신문의 경우와 달리 **반대신문에 대하여는 답변을 하지 아니하는 등** 진술 내용의 모순이나 불합리를 그 증인신문 과정에서 드러내어 **이를 탄핵하는 것이 사실상 곤란하였고, 그것이 피고인 또는 변호인에게 책임 있는 사유에 기인한 것이 아닌 경우라면,** 관계 법령의 규정 혹은 증인의 특성 기타 공판절차의 특수성에 비추어 이를 정당화할 수 있는 특별한 사정이 존재하지 아니하는 이상, 이와 같이 **실질적 반대신문권의 기회가 부여되지 아니한 채 이루어진 증인의 법정진술은 위법한 증거로서 증거능력을 인정하기 어렵다.** 이 경우 피고인의 책문권 포기로 그 하자가 치유될 수 있으나, **책문권 포기의 의사는 명시적인 것이어야** 한다(대법원2022. 3. 17. 선고2016도17054판결).

▼정답 ④

2. 증거에 관한 설명으로 가장 적절하지 <u>않은</u> 것은? (다툼이 있는 경우 판례에 의함) (2024. 1차 경찰채용)

① 「형사소송법」이 수사기관에서 작성된 조서 등 서면증거에 대하여 일정한 요건을 충족하는 경우에 증거능력을 인정하는 것은 실체적 진실발견의 이념과 소송경제의 요청을 고려하여 예외적으로 허용하는 것일 뿐이므로 증거능력 인정 요건에 관한 규정은 엄격하게 해석·적용하여야 한다.
② 수사기관은 영장 발부의 사유로 된 범죄 혐의사실과 관계가 없는 증거를 압수할 수 없고, 별도의 영장을 발부받지 아니하고서는 압수물 또는 압수 정보를 그 압수의 근거가 된 압수·수색영장 혐의사실과 관계가 없는 범죄의 유죄 증거로 사용할 수 없다.
③ 법원은 범죄의 구성요건이나 법률상 규정된 형의 가중·감면의 사유가되는 경우를 제외하고는, 법률이 규정한 증거로서의 자격이나 증거조사방식에 구애됨이 없이 상당한 방법으로 조사하여 양형의 조건이 되는 사항을 인정할 수 있다. 다만, 당사자가 직접 수집하여 제출하기 곤란하다고 하여 직권으로 양형조건에 관한 「형법」 제51조의 사항을 수집·조사할 수 있는 것은 아니다.
④ 자백에 대한 보강증거는 범죄사실의 전부 또는 중요 부분을 인정할 수 있는 정도가 되지 않더라도, 피고인의 자백이 가공적인 것이 아닌 진실한 것임을 인정할 수 있는 정도만 되면 충분하다. 또한 직접증거가 아닌 간접증거나 정황증거도 보강증거가 될 수 있고, 자백과 보강증거가 서로 어울려서 전체로서 범죄사실을 인정할 수 있으면 유죄의 증거로 충분하다.

▼해 설

③ (×) [1] **양형의 조건**에 관하여 규정한 형법 제51조**의 사항**은 널리 형의 양정에 관한 **법원의 재량사항에 속한다**고 해석되므로, **법원은 범죄의 구성요건**이나 법률상 규정된 **형의 가중·감면의 사유가 되는 경우를 제외하**고는, 법률이 규정한 증거로서의 자격이나 증거조사방식에 **구애됨이 없이 상당한 방법으로 조사하여 양형의 조건이 되는 사항을 인정할 수 있다.**

[2] 나아가 **형의 양정에 관한 절차**는 범죄사실을 인정하는 단계와 달리 취급하여야 하므로, **당사자가 직접 수집하여 제출하기 곤란하거나 필요하다고 인정되는 경우** 등에는 **직권으로** 양형조건에 관한 형법 제51조의 사항을 수집·조사할 수 있다.

[3] **제1심 법원**이 법원조직법 제54조의3**에 의하여** 심판에 필요한 자료의 수집·조사 등의 업무를 담당하는 **법원 소속 조사관에게 양형의 조건이 되는 사항을 수집·조사하여 제출하게** 하고, 이를 피고인에 대한 정상관계 사실과 함께 **참작하여 피고인에게 유죄를 선고한 사안에서, 조사관에 의한 양형조사가 현행법상 위법이라거나 양형조사가 위법하게 행하여졌다고 볼 수 없다**(대법원2010. 4. 29. 선고2010도750판결).

① (O) [1] **형사소송법은** 수사기관에서 작성된 조서 등 서면증거에 대하여 **일정한 요건 아래 증거능력을 인정하는데**, 이는 실체적 진실발견의 이념과 소송경제의 요청을 고려하여 **예외적으로 허용하는 것**이므로, 그 증거능력 인정 요건에 관한 규정은 **엄격하게 해석·적용하여야** 한다.

[2] 형사소송법 제312조, 제313조는 진술조서 등에 대하여 피고인 또는 변호인의 반대신문권이 보장되는 등 엄격한 요건이 충족될 경우에 한하여 증거능력을 인정할 수 있도록 함으로써 직접심리주의 등 기본원칙에 대한 예외를 정하고 있는데, **형사소송법 제314조는** 원진술자 또는 작성자가 사망·질병·외국거주·소재불명 등의 사유로 공판준비 또는 공판기일에 출석하여 진술할 수 없는 경우에 그 진술이 특히 신빙할 수 있는 상태에서 행하여졌다는 점이 증명되면 원진술자 등에 대한 반대신문의 기회조차도 없이 증거능력을 부여할 수 있도록 함으로써 보다 중대한 예외를 인정한 것이므로, **그 요건을 더욱 엄격하게 해석·적용하여야 한다** (대법원2022. 3. 17. 선고2016도17054판결).

② (O) [1] **수사기관은** 영장 발부의 사유로 된 **범죄 혐의사실과 관계가 없는 증거를 압수할 수 없고, 별도의 영장을 발부받지 아니하고서는** 압수물 또는 압수한 정보를 그 압수의 근거가 된 압수·수색영장 혐의사실과 관계가 없는 **범죄의 유죄 증거로 사용할 수 없다.**

[2] 형사소송법 제215조 제1항은 "검사는 범죄수사에 **필요한 때에는** 피의자가 죄를 범하였다고 의심할 만한 **정황**이 있고 해당 사건과 **관계가 있다고 인정할 수 있는 것에 한정하여** 지방법원판사에게 청구하여 발부받은 **영장에 의하여 압수·수색 또는 검증을 할 수 있다.**"라고 규정한다. 여기에서 '**해당 사건과 관계가 있다**'는 것은 압수·수색영장에 기재한 혐의사실과 관련되고 이를 증명할 수 있는 최소한의 가치가 있는 것으로서 **압수·수색영장의 혐의사실과 사이에 객관적, 인적 관련성이 인정되는 것을 말한다.**

[3] 혐의사실과의 **객관적 관련성은** 압수·수색영장에 기재된 **혐의사실 자체** 또는 그와 **기본적 사실관계가 동일한 범행과 직접 관련되어 있는 경우**를 의미하지만, **범행 동기와 경위, 범행 수단과 방법, 범행 시간과 장소 등을 증명하기 위한 간접증거나 정황증거 등으로 사용될 수 있는 경우**에도 **인정할 수 있다.** 이때 객관적 관련성은 압수·수색영장에 기재된 혐의사실의 내용과 수사의 대상, 수사 경위 등을 종합하여 **구체적·개별적 연관관계가 있는 경우에만** 인정할 수 있고, **혐의사실과 단순히 동종 또는 유사 범행이라는 사유만으로 객관적 관련성이 있다고 볼 수는 없다.**

[4] 그리고 **피의자 또는 피고인과의 인적 관련성은** 압수·수색영장에 기재된 대상자의 공동정범이나 교사범 등 공범이나 간접정범은 물론 필요적 공범 등에 대한 사건에 대해서도 인정할 수 있다(대법원 2023. 6. 1. 선고 2018도18866판결).

④ (O) 자백에 대한 보강증거는 범죄사실의 전부 또는 중요 부분을 인정할 수 있는 정도가 되지 않더라도 **피고인의 자백이 가공적인 것이 아닌 진실한 것임을 인정할 수 있는 정도만 되면 충분하다.** 또한 직접증거가 아닌 **간접증거나 정황증거도 보강증거가 될 수 있고,** 자백과 보강증거가 서로 어울려서 전체로서 범죄사실을 인정할 수 있으면 유죄의 증거가 된다(대법원2017. 6. 8. 선고2017도4827판결).

▶정답 ③

3. 증거와 증명에 관한 설명 중 가장 적절하지 않은 것은?(다툼이 있으면 판례에 의함) (2023. 경찰대편입)

① 살인죄와 같이 법정형이 무거운 범죄의 경우에도 직접증거없이 간접증거만으로도 유죄를 인정할 수 있다.

② 증명력이란 요증사실을 증명하는 증거의 힘, 증거의 실질적 가치를 말하여 이는 법관의 자유심증에 의해 결정된다.

③ 형사재판에서 이와 관련된 다른 형사사건의 확정판결에서 인정된 사실은 특별한 사정이 없는 한 유력한 증거자료가 되는 것이나, 당해 형사재판에서 제출된 다른 증거 내용에 비추어 관련 형사사건 확정판결의 사실판단을 그대로 채택하기 어렵다고 인정될 경우에는 이를 배척할 수 있다.

④ 사실을 적시하여 사람의 명예를 훼손한 행위가 「형법」 제310조의 규정에 따라서 위법성이 조각되어 처벌대상이 되지 않기 위하여는 그것이 진실한 사실로서 오로지 공공의 이익에관한 때에 해당된다는 점을 행위자가 증명하여야 하는 것이나, 그 증명은 엄격한 증명을 요하는 것은 아니지만, 전문증거의 사용까지 허용되는 것은 아니다.

⑤ 법관의 자유심증에 요구되는 합리적 의심은 모든 의문, 불신을 포함하는 것이 아니라 논리와 경험칙에 기하여 요증사실과 양립할 수 없는 사실의 개연성에 대한 합리적 의문을 의미하는 것으로서, 피고인에게 유리한 정황을 사실인정과 관련하여 파악한 이성적 추론에 그 근거를 두어야 하는 것이므로, 단순히 관념적인 의심이나 추상적인 가능성에 기초한 의심은합리적 의심에 포함된다고 할 수 없다.

해 설

④ (×) 공연히 사실을 적시하여 사람의 명예를 훼손한 행위가 **형법 제310조의 규정에 따라서 위법성이 조각되어 처벌대상이 되지 않기 위하여는** 그것이 **진실한 사실로서 오로지 공공의 이익에 관한 때에 해당된다는 점을 행위자(검사×)가** 증명하여야 하는 것이나, 그 증명은 **유죄의 인정에 있어 요구되는 것과 같이** 법관으로 하여금 의심할 여지가 없을 정도의 확신을 가지게 하는 증명력을 가진 **엄격한 증거에 의하여야 하는 것은 아니므로**, 이 때에는 **전문증거에 대한 증거능력의 제한을 규정한 형사소송법 제310조의2는 적용될 여지가 없다(자유로운증명으로 족하므로 범죄사실을 증명하는 것이 아니어서 증거능력이 없는 전문증거로도 증명이 허용된다)**(대법원1996. 10. 25.선고95도1473판결).

① (○) **살인죄 등과 같이 법정형이 무거운 범죄의 경우에도** 직접증거 없이 **간접증거만으로 유죄를 인정할 수 있으나**, 그러한 유죄 인정에는 공소사실에 대한 관련성이 깊은 간접증거들에 의하여 신중한 판단이 요구되므로, **간접증거에 의하여 주요사실의 전제가 되는 간접사실을 인정할 때에는** 증명이 합리적인 의심을 허용하지 않을 정도에 이르러야 하고, 하나하나의 간접사실 사이에 모순·저촉이 없어야 하는 것은 물론 간접사실이 논리와 경험칙·과학법칙에 의하여 뒷받침되어야 한다(대판2011.5.26. 2011도1902; 대판2017.5.30. 2017도1549 등).

② (○) **증명력은 증거의 실질적 가치**를 말하여 **법관의 자유판단(자유심증)에 의한다.** 증명력은 증거능력을 전제로 하기 때문에 아무리 증거의 실질적 가치가 있는 증거라도 증거능력이 없는 증거(법률이 정한 일정한 요건을 갖추지 못한 증거)는 사실인정의 자료로 사용할 수 없다.

③ (○) [1] 형사재판(피고인의 위증죄 재판)에서 이와 관련된 다른 형사사건의 확정판결(피고인의 폭행치사죄의 확정판결)에서 인정된 사실은 특별한 사정이 없는 한 유력한 증거자료가 되는 것이나, **당해 형사재판(피고인의 위증죄 재판)에서 제출된** 다른 증거 내용에 비추어 **관련 형사사건 확정판결(피고인의 폭행치사죄의 확정판결)의 사실판단을 그대로 채택하기 어렵다고 인정될 경우에는 이를 배척할 수 있다.**
[2] **피고인이** '갑 등과 공동하여 을을 폭행하고, 피고인은 을을 마구 때려 사망에 이르게 하였다'는 내용의 **유죄판결(폭행치사죄)이 확정된 후, 관련 형사사건(다른 공범자의 폭행치사죄의 재판)의 증인으로 출석하여** '을을 때린 사실이 없고, 피고인과 갑은 을의 사망과 관련이 없다'는 취지로 **허위 진술을 하여 위증하였다는 내용으로 기소된** 사안에서, **유죄 확정판결(피고인의 폭행치사죄의 확정판결)이 내려지게 된 결정적 증거인 피고인과 갑의 수사기관 및 제1심 법정에서의 자백 진술과** 갑의 항소심 증언은 범행에 이르게 된 동기, 범행 장소까지 가게 된 경위 내지 과정, 범행 장소에 도착한 이후부터 사건 현장에 이르기까지 이동 방식 및 경로, 폭행 당시 구체적인 행동 양태와 범행 이후의 제반 정황, 폭행 시각과 사망추정 시각의 불일치, **피고인과 갑이 자백을 번복하게 된 경위** 등 여러 사정에 비추어 **신빙성을 인정하기 어렵다**(대법원2012. 6. 14.선고2011도15653판결). 결국, 폭행치사죄의 확정판결을 받은 피고인이라 하더라도 그 확정판결의 결정적 증거들에 대한 신빙성을 인정하기 어려우므로 **그 확정판결의 사실인정만으로 피고인이 다른 공범자의 재판에서의 증언이 허위라고 인정할 만한 증거가 없으므로 위증죄**가 **성립하지 않는다.**

⑤ (○) [1] **증거의 증명력은** 법관의 자유판단에 맡겨져 있으나 **그 판단은 논리와 경험칙에 합치하여야 하고**, 형사재판에서 **유죄로 인정하기 위한 심증형성의 정도는 합리적인 의심을 할 여지가 없을 정도여야** 하나 이는 모든 가능한 의심을 배제할 정도에 이를 것까지 요구하는 것은 아니며 증명력이 있는 것으로 인정되는 증거를 합리적인 근거가 없는 의심을 일으켜 이를 배척하는 것은 자유심증주의의 한계를 벗어나는 것으로 허용될 수 없다. 여기에서 말하는 **합리적 의심이란 모든 의문, 불신을 포함하는 것이 아니라** 논리와 경험칙에 기하여 요증사실과 양립할 수 없는 사실의 개연성에 대한 합리성 있는 의문을 의미하는 것으로서 **피고인에게 유리한 정황을 사실인정과 관련하여 파악한 이성적 추론에 그 근거를 두어야 하는 것이므로 단순히 관념적인 의심이나 추상적인 가능성에 기초한 의심은 합리적의심에 포함된다고 할 수 없다.**

[2] 피고인이 휴대전화를 이용하여 인터넷 커뮤니티사이트에 '한국야동'이라는 제목의 글과 함께 불상의 남녀가 나체모습으로 침대에 앉아있는 모습을 촬영한 사진 파일 1개를 게시한 경우, 촬영대상자의 신원이 파악되지 않는 등 **촬영대상자의 의사를 명확히 확인할 수 없는 경우에도** 촬영대상자의 의사에 반하여 반포등을 하였다고 볼 수 있으므로,「성폭력범죄의 처벌 등에 관한 특례법」제14조 제2항 위반죄(**카메라등이용촬영·반포등죄**)가 성립한다.

[3] 이 사건 사진은 남녀의 성관계를 촬영한 원본동영상 중 일부를 캡처한 것인데 원본동영상은 남성이 여성의 동의 없이 몰래 촬영한 것으로 보이고 이 사건 사진에서도 촬영 각도, 남녀의 자세 및 시선 등을 통해 그러한 사정을 확인할 수 있는 점, 이 사건 사진의 내용은 나체의 남성과 짧은 치마를 입고 있는 여성이 침대 위에 나란히 앉아 있는 것으로 남성의 나신과 여성의 허벅지 부분이 적나라하게 드러나 있고 **성관계 직전 또는 직후를 암시하는 모습을 담고 있어 상당한 성적 욕망 또는 수치심을 유발하는 점**, 이 사건 사진에 나타난 남녀의 얼굴이나 신체적 특징으로 촬영대상자들의 특정이 가능하므로 이 사건 사진이 이들의 의사에 반하여 반포될 경우 피해와 고통을 야기할 가능성이 상당한 점, 피고인이 이 사건 사진에 등장하는 남녀를 전혀 알지 못하고 이들로부터 위 사진의 반포에 관하여 어떠한 동의나 양해를 받은 사실도 없이 인터넷 검색을 통해 위 사진을 취득한 다음 **불특정다수인이 쉽게 접근할 수 있는 인터넷 사이트에 이를 게시하였던 점** 등에 비추어 볼 때, 이 사건 사진의 촬영대상자들, 적어도 여성이 그 반포에 동의하리라고는 도저히 기대하기 어려우므로, 피고인의 이 사건 사진 반포는 촬영대상자들의 의사에 반하여 이루어졌고 피고인도 그러한 사정을 인식하고 있었다고 볼 여지가 충분하다(대법원2023.6.15.선고 2022도15414판결). 결국,「성폭력범죄의 처벌 등에 관한 특례법」제14조 제2항 위반죄에서 촬영대상자의 신원이 파악되지 않는 등 **촬영대상자의 의사를 명확히 확인할 수 없는 경우에도 촬영대상자의 의사에 반하여 반포등을 하였다고 볼 수 있으므로**, 성폭력범죄의처벌등에관한특례법위반(카메라등이용촬영·반포등)가 성립한다.

▶정답 ④

4. 증거에 대한 설명으로 가장 적절한 것은? (다툼이 있는 경우 판례에 의함) (2021. 경찰승진)

① 간접증거가 개별적으로는 범죄사실에 대한 완전한 증명력을 가지지 못한다면, 전체 증거를 상호 관련하여 종합적으로 고찰하여 증명력이 있는 것으로 판단되더라도 그에 의하여 범죄사실을 인정할 수 없다.

② 살인죄와 같이 법정형이 무거운 범죄의 경우에도 직접증거 없이 간접증거만으로도 유죄를 인정할 수 있다.

③ 상해사건에서 피해자 진단서는 상해 사실자체에 대한 직접증거에 해당한다.

④ 증거능력이란 요증사실을 증명하는 증거의 힘, 증거의 실질적 가치를 말하며, 이는 법관의 자유심증에 의해 결정된다.

▶해 설

② (○) **살인죄와 같이 법정형이 무거운 범죄의 경우에도** 직접증거 없이 **간접증거만으로도 유죄를 인정할 수 있다**(대판2017.5.30. 2017도1549).

① (×) 간접증거가 개별적으로는 범죄사실에 대한 완전한 증명력을 가지지 못하더라도 전체 증거를 상호 관련하에 종합적으로 고찰할 경우 그 단독으로는 가지지 못하는 종합적 증명력이 있는 것으로 판단되면 그에 의하여도 범죄사실을 인정할 수 **있다**(대판2001.11.27. 2001도4392).

③ (×) **상해죄의 피해자가 제출하는 상해진단서는** 거기에 기재된 상해가 곧 피고인의 범죄행위로 인하여 발생한 것이라는 사실을 **직접 증명하는 증거가 되기에 부족한 것이지만**, 그 **상해진단서는 피해자의 진술과 더불어 피고인의 상해 사실에 대한 유력한 증거가 되고, 합리적인 근거 없이 그 증명력을 함부로 배척할 수 없다**(대판 2011.1.27. 2010도12728).

④ (×) **증거능력이란** 증거가 엄격한 증명의 자료로 사용될 수 있는 법률상의 **자격**을 말하고, **증명력은** 증거가 가지는 **실질적 가치**를 말한다. 또한 **증거능력 유무는 법률에 형식적으로 규정**하고 있으나, 증명력은 법관의 자유심증에 의해 결정된다.

▶정답 ②

5. 간접증거에 관한 다음 설명 중 적절하지 않은 것은 모두 몇 개인가?(다툼이 있는 경우 판례에 의함)

㉠ 법정형이 무거운 범죄의 경우에도 직접증거 없이 간접증거만으로 유죄를 인정할 수 있으나, 간접증거에 의하여 주요사실의 전제가 되는 간접사실을 인정할 때에는 증명이 합리적인 의심을 허용하지 않을 정도에 이르러야 하고, 하나하나의 간접사실 사이에 모순, 저촉이 없어야 하는 것은 물론 간접사실이 논리와 경험칙, 과학법칙에 의하여 뒷받침되어야 한다.

㉡ 유죄의 인정은 범행 동기, 범행수단의 선택, 범행에 이르는 과정, 범행 전후 피고인의 태도 등 여러 간접사실로 보아 피고인이 범행한 것으로 보기에 충분할 만큼 압도적으로 우월한 증명이 있어야 한다.

㉢ 그리고 범행에 관한 간접증거만이 존재하고 더구나 그 간접증거의 증명력에 한계가 있는 경우, 범인으로 지목되고 있는 자에게 범행을 저지를 만한 동기가 발견되지 않는다면, 반대로 간접증거의 증명력이 그만큼 떨어진다고 평가하는 것이 형사증거법의 이념에 부합하는 것이다.

㉣ 형사소송법 제308조의 자유심증주의는 증거의 증명력은 법률에 규정하지 않고 법관의 자유로운 판단에 맡긴다는 원칙이므로, 유전자검사나 혈액형검사 등 과학적 증거방법이라도 법관이 사실인정을 할 때 상당한 정도로 구속력을 가지는 것은 아니다.

㉤ 갑은 자신이 낳은 여아 A를 데리고 산부인과의원으로 가서 신생아실에 있던 자신의 외손녀인 피해자 B의 자리에 A를 놓아두고, 그 자리에 있던 B를 몰래 데리고 가 미성년자 약취죄로 기소된 경우, 유죄 인정의 결정적 증거는 유전자 감정 결과일 뿐 목격자의 진술이나 CCTV 영상 등 직접적인 증거가 없고, 추가로 심리할 점들이 있는 이 사건에서, 유진자 감정 결과만으로 쟁점 공소사실이 증명되었다고 보기어려워 추가 심리 없이 미성년자 약취죄 인정을 그대로 유지하기는 어렵다.

① 0개 ② 1개
③ 2개 ④ 3개

▼해 설

② ㉠㉡㉢㉤(4개)가 옳은 지문이나 ㉣(1개)은 틀린 지문이다.
㉠ (○) 대법원2022. 6. 16.선고2022도2236판결
㉡ (○) 대법원2022. 6. 16.선고2022도2236판결
㉢ (○) 대법원2022. 6. 16.선고2022도2236판결
㉣ (×) **유전자검사나 혈액형검사 등 과학적 증거방법**은 전제로 하는 사실이 모두 진실임이 증명되고 추론의 방법이 과학적으로 정당하여 오류의 가능성이 없거나 무시할 정도로 극소하다고 인정되는 경우에는 **법관이**

사실인정을 할 때 상당한 정도로 구속력을 가진다. 그러나 이 경우 법관은 과학적 증거방법이 증명하는 대상이 무엇인지, 즉 증거방법과 쟁점이 어떠한 관련성을 갖는지를 면밀히 살펴 신중하게 사실인정을 하여야 한다(대법원2022. 6. 16. 선고2022도2236판결).

ⓗ (○) [1] 이 사건 쟁점 공소사실은, 피고인이 자신이 낳은 이 사건 여아를 데리고 산부인과의원으로 가서 신생아실에 있던 자신의 외손녀인 피해자의 자리에 이 사건 여아를 놓아두고, 그 자리에 있던 피해자를 몰래 데리고 가 약취하였다는 것이다(피고인 갑은 자신의 딸 을이 출산하여 을의 보호·감독을 받는 피해자인 외손녀 병을 약취하였다는 것이다). **증거에 의하면 범행 전까지** 이 사건 여아의 존재에 대하여 아는 사람이 피고인 외에 아무도 없었고, **범행 이후** 피해자의 생존 여부에 대하여 아는 사람은 아무도 없다. **공소사실에 기재된 범행의 방법은 추측에 의한 것이고, 수긍할 만한 범행의 동기나 목적은 확인되지 않는다. 유죄 인정의 결정적 증거는 유전자 감정 결과이다.** 이에 따르면 이 사건 여아는 피고인의 딸 공소외 1과는 친자관계가 없고, 피고인과 친자관계가 있다. 이를 전제로 보면 **피고인이 자신이 낳은 이 사건 여아를 피해자와 바꿔치기하였다고 보는 데에 별다른 무리가 없다고 보이기는 한다.** 그러나 이 사건과 같이 유례를 찾아보기 어려운 사건에 관하여 유전자 감정 결과에도 불구하고 쟁점 공소사실에 대하여 **유죄로 확신하는 것을 주저하게 하는 의문점들이 남아 있고,** 그에 대하여 추가적으로 심리하는 것이 가능하다고 보이는 이상 **추가 심리 없이 원심의 결론(원심은 미성년자 약취죄 인정)을 그대로 유지하기는 어렵다**

[2] 수사기관이 국립과학수사연구원 등에 의뢰하여 한 유전자 감정 결과, 이 사건 여아는 99.9999% 이상의 확률로 피고인과 친자관계가 성립하고, 자신의 딸 을과 외손녀 병과는 친자관계가 성립하지 않는다고 판단된 사실은 원심이 설시한 바와 같다. 그런데 위와 같은 **유전자 감정 결과가 증명하는 대상은 이 사건 여아를 을과 병의 친자가 아닌 피고인의 친자로 볼 수 있다는 사실에 불과하고,** 피고인이 쟁점 공소사실 기재 일시 및 장소에서 **이 사건 여아를 피해자와 바꾸는 방법으로 약취하였다는 사실이 아니다.** 피고인이 유전자 감정 결과에도 불구하고 자신이 범행을 저지르지 않았다는 점에 대하여 개연성 있는 설명을 하고 있지는 못하지만, **목격자의 진술이나 CCTV 영상 등 직접적인 증거가 없고,** 뒤에서 보는 바와 같이 **추가로 심리할 점들이 있는 이 사건에서, 유전자 감정 결과만으로 쟁점 공소사실이 증명되었다고 보기에는 어려움이 있다.**

[3] 한편 형법 제287조 미성년자약취죄의 '약취'란 폭행, 협박 또는 불법적인 사실상의 힘을 수단으로 사용하여 피해자를 그 의사에 반하여 자유로운 생활관계 또는 보호관계로부터 이탈시켜 자기 또는 제3자의 사실상 지배하에 옮기는 행위를 의미하고, 어떤 행위가 약취에 해당하는지 여부는 행위의 목적과 의도, 행위 당시의 정황, 행위의 태양과 종류, 수단과 방법, 피해자의 상태 등 관련 사정을 종합하여 판단하여야 한다(대법원 2013. 6. 20. 선고 2010도14328 전원합의체 판결참조). 특히 피고인은 피해자의 외할머니이므로, 설사 피고인이 쟁점 공소사실 기재와 같이 피해자를 이 사건 여아와 바꿔치기한 후 데리고 간 사실관계가 인정된다고 하더라도, **그러한 행위가 피해자의 친권자인 을과 병의 의사에 반하지 않고 피해자의 자유와 안전을 침해하는 것으로 볼 수 없는 어떤 사정이 있다면, 이는 약취행위로 평가되지 않을 가능성도 있다.** 따라서 피고인의 행위가 약취에 해당하는지를 판단하기 위해서는 위와 같은 구체적인 관련 사정들, 즉 피고인의 목적과 의도, 행위 당시의 정황, 행위의 태양과 종류, 수단과 방법, 피해자의 상태 등에 관한 **추가적인 심리가 필요하다**(대법원2022. 6. 16. 선고2022도2236판결). 이 사건의 경우, 대법원의 파기환송에 따라 **원심은** 피고인이 산부인과의원에서 피고인의 딸이 출산한 피해자를 자신이 출산한 이 사건 여아와 바꿔치기 하는 방법으로 피해자를 데리고 가 미성년자를 약취하였다고 기소된 사안에서 **미성년자약취죄가 성립하지 않는다(무죄)**고 보았으나, **검찰은 다시 대법원에 상고하였다.**

▼ 정답 ②

6. 증거와 증명에 관한 설명 중 가장 적절한 것은?(다툼이 있으면 판례에 의함)

① 살인죄 등과 같이 법정형이 무거운 범죄의 경우에도 직접증거 없이 간접증거만으로 유죄를 인정할 수 있으나, 그러한 유죄 인정에는 공소사실에 대한 관련성이 깊은 간접증거들에 의하여 신중한 판단이 요구되므로, 간접증거에 의하여 주요사실의 전제가 되는 간접사실을 인정할 때에는 증명이 합리적인 의심을 허용하지 않을 정도에 이르러야 하고, 하나하나의 간접사실 사이에 모순·저촉이 없어야 하는 것은 물론 간접사실이 논리와 경험칙·과학법칙에 의하여 뒷받침되어야 한다.

② 의사에게 의료행위로 인한 업무상과실치상죄가 문제되는 사안에서 공소사실에 기재된 업무상 과실의 존재와 그러한 업무상 과실로 인하여 환자에게 상해의 결과가 발생한 점은 자유로운 증명의 대상이다.
③ 형사재판에서 이와 관련된 다른 형사사건의 확정판결에서 인정된 사실은 특별한 사정이 없는 한 유력한 증거자료가 되는 것이므로, 당해 형사재판에서 제출된 다른 증거 내용에 비추어 관련 형사사건 확정판결의 사실판단은 그대로 채택하여야 하고 이를 배척할 수 없다.
④ 사실을 적시하여 사람의 명예를 훼손한 행위가 「형법」제310조의 규정에 따라서 위법성이 조각되어 처벌대상이 되지 않기 위하여는 그것이 진실한 사실로서 오로지 공공의 이익에관한 때에 해당된다는 점을 행위자가 증명하여야 하는 것이나, 그 증명은 엄격한 증거에 의하여야 하는 것은 아니므로, 전문증거에 대한 증거능력의 제한을 규정한 형사소송법 제310조의2가 적용된다.

해 설

① (○) **살인죄 등과 같이 법정형이 무거운 범죄의 경우에도** 직접증거 없이 **간접증거만으로 유죄를 인정할 수 있으나**, 그러한 유죄 인정에는 공소사실에 대한 관련성이 깊은 간접증거들에 의하여 신중한 판단이 요구되므로, **간접증거에 의하여 주요사실의 전제가 되는 간접사실을 인정할 때에는** 증명이 합리적인 의심을 허용하지 않을 정도에 이르러야 하고, 하나하나의 간접사실 사이에 모순·저촉이 없어야 하는 것은 물론 간접사실이 논리와 경험칙·과학법칙에 의하여 뒷받침되어야 한다(대판2011.5.26. 2011도1902; 대판2017.5.30. 2017도1549 등).

② (×) [1] 의료사고에서 의사의 과실 유무를 판단할 때에는 같은 업무·직무에 종사하는 일반적 평균인의 주의 정도를 표준으로 하여 사고 당시의 일반적 의학의 수준과 의료 환경 및 조건, 의료행위의 특수성 등을 고려하여야 한다. **의사에게 의료행위로 인한 업무상과실치사상죄를 인정하기 위해서는**, 의료행위 과정에서 업무상과실의 존재는 물론 그러한 업무상과실로 인하여 환자에게 상해·사망 등 결과가 발생한 점에 대하여도 **엄격한 증거에 따라 합리적 의심의 여지가 없을 정도로 증명이 이루어져야 한다**.
[2] 설령 의료행위와 환자에게 발생한 상해·사망 등 결과 사이에 **인과관계가 인정되는 경우에도**, 검사가 공소사실에 기재한 바와 같은 업무상과실로 평가할 수 있는 행위의 존재 또는 **그 업무상과실의 내용을 구체적으로 증명하지 못하였다면**, 의료행위로 인하여 환자에게 상해·사망 등 결과가 발생하였다는 사정만으로 **의사의 업무상과실을 추정하거나 단순한 가능성·개연성 등 막연한 사정을 근거로 함부로 이를 인정할 수는 없다**.(대법원2023. 1. 12. 선고2022도11163판결).

③ (×) [1] 형사재판(피고인의 위증죄 재판)에서 이와 관련된 다른 형사사건의 확정판결(피고인의 폭행치사죄의 확정판결)에서 인정된 사실은 특별한 사정이 없는 한 유력한 증거자료가 되는 것이나, **당해 형사재판(피고인의 위증죄 재판)에서** 제출된 다른 증거 내용에 비추어 **관련 형사사건 확정판결(피고인의 폭행치사죄의 확정판결)의 사실판단을 그대로 채택하기 어렵다고 인정될 경우에는 이를 배척할 수 있다**.
[2] 피고인이 '갑 등과 공동하여 을을 폭행하고, 피고인은 을을 마구 때려 사망에 이르게 하였다'는 내용의 **유죄판결(폭행치사죄)이 확정된 후**, 관련 형사사건(다른 공범자의 폭행치사죄의 재판)의 증인으로 출석하여 '을을 때린 사실이 없고, 피고인과 갑은 을의 사망과 관련이 없다'는 취지로 **허위 진술을 하여 위증하였다는 내용으로 기소된 사안**에서, 유죄 확정판결(피고인의 폭행치사죄의 확정판결)이 내려지게 된 결정적 증거인 **피고인과 갑의 수사기관 및 제1심 법정에서의 자백 진술과 갑의 항소심 증언은** 범행에 이르게 된 동기, 범행 장소까지 가게 된 경위 내지 과정, 범행 장소에 도착한 이후부터 사건 현장에 이르기까지 이동 방식 및 경로, 폭행 당시 구체적인 행동 양태와 범행 이후의 제반 정황, 폭행 시각과 사망추정 시각의 불일치, **피고인과 갑이 자백을 번복하게 된 경위** 등 여러 사정에 비추어 **신빙성을 인정하기 어렵다**(대법원2012. 6. 14.선고2011도15653판결). 결국, 폭행치사죄의 확정판결을 받은 피고인이라 하더라도 그 확정판결의 결정적 증거들에 대한 신빙성을 인정하기 어려우므로 **그 확정판결의 사실인정만으로 피고인이 다른 공범자의 재판에서의 증언이 허위라고 인정할 만한 증거가 없으므로 위증죄가 성립하지 않는다**.

④ (×) 공연히 사실을 적시하여 사람의 명예를 훼손한 행위가 **형법 제310조의 규정에 따라서 위법성이 조각되어 처벌대상이 되지 않기 위하여는** 그것이 **진실한 사실로서 오로지 공공의 이익에 관한 때에 해당된다는 점을 행위자(검사×)가** 증명하여야 하는 것이나, 그 증명은 **유죄의 인정에 있어 요구되는 것과 같이** 법관으로 하여

금 의심할 여지가 없을 정도의 확신을 가지게 하는 증명력을 가진 **엄격한 증거에 의하여야 하는 것은 아니므로**, 이 때에는 **전문증거에 대한 증거능력의 제한을 규정한 형사소송법 제310조의2는 적용될 여지가 없다**(자유로운증명으로 족하므로 범죄사실을 증명하는 것이 아니어서 **증거능력이 없는 전문증거로도 증명이 허용된다**)(대법원1996. 10. 25. 선고95도1473판결).

▼정답 ①

7. 증거에 관한 다음 설명 중 가장 적절하지 않은 것은?(다툼이 있으면 판례에 의함)

① 출입국사범 사건에서 지방출입국·외국인관서의 장의 적법한 고발이 있었는지 여부가 문제 되는 경우에 법원은 증거조사의 방법이나 증거능력의 제한을 받지 아니하고 제반 사정을 종합하여 적당하다고 인정되는 방법에 의하여 자유로운 증명으로 그 고발 유무를 판단하면 된다.

② 범죄구성요건사실을 인정하기 위하여 과학공식 등의 경험칙을 이용하는 경우에 그 법칙 적용의 전제가 되는 개별적·구체적 사실에 대하여는 엄격한 증명을 요한다.

③ 위드마크 공식의 적용을 위한 자료로 섭취한 알코올의 양·음주시각·체중 등이 필요하고 이에 관하여는 엄격한 증명이 필요하다.

④ 혈중알코올농도 측정 없이 위드마크 공식을 사용해 피고인이 마신 술의 양을 기초로 피고인의 운전 당시 혈중알코올농도를 추산하는 경우로서 알코올의 분해소멸에 따른 혈중알코올농도의 감소기(위드마크 제2공식, 하강기)에 운전이 이루어진 것으로 인정되는 경우에는 피고인에게 가장 유리한 음주 종료 시점부터 곧바로 생리작용에 의하여 분해소멸이 시작되는 것으로 보아야 한다.

▼해 설

④ (×) 혈중알코올농도 측정 없이 위드마크 공식을 사용해 피고인이 마신 술의 양을 기초로 피고인의 운전 당시 혈중알코올농도를 추산하는 경우로서 알코올의 분해소멸에 따른 혈중알코올농도의 감소기(위드마크 제2공식, 하강기)에 운전이 이루어진 것으로 인정되는 경우에는 **피고인에게 가장 유리한 음주 시작 시점부터** 곧바로 생리작용에 의하여 **분해소멸이 시작되는 것으로 보아야** 한다. 이와 다르게 음주 개시 후 특정 시점부터 알코올의 분해소멸이 시작된다고 인정하려면 알코올의 분해소멸이 시작되는 시점이 다르다는 점에 관한 과학적 증명 또는 객관적인 반대 증거가 있거나, 음주 시작 시점부터 알코올의 분해소멸이 시작된다고 보는 것이 그렇지 않은 경우보다 피고인에게 불이익하게 작용되는 특별한 사정이 있어야 한다(대법원2022. 5. 12. 선고2021도14074판결).

① (○) **출입국사범** 사건에서 지방출입국·외국인관서의 장의 **적법한 고발이 있었는지 여부가 문제 되는 경우**에 법원은 증거조사의 방법이나 증거능력의 제한을 받지 아니하고 제반 사정을 종합하여 적당하다고 인정되는 방법에 의하여 **자유로운 증명으로** 그 고발 유무를 판단하면 된다(대법원2021. 10. 28. 선고2021도404판결).

②③ (○) [1] **범죄구성요건사실을 인정하기 위하여 과학공식 등의 경험칙을 이용하는 경우에 그 법칙 적용의 전제가 되는 개별적·구체적 사실에 대하여는 엄격한 증명을 요한다**. 위드마크 공식은 알코올을 섭취하면 최고 혈중알코올농도가 높아지고, 흡수된 알코올은 시간의 경과에 따라 일정하게 분해된다는 과학적 사실에 근거한 수학적인 방법에 따른 계산결과를 통해 **운전 당시 혈중알코올농도를 추정하는 경험칙의 하나이므로**, 그 적용을 위한 자료로 섭취한 알코올의 양·음주시각·체중 등이 필요하고 이에 관하여는 **엄격한 증명이 필요하다**. 한편 형사재판에서 유죄의 인정은 법관으로 하여금 합리적인 의심을 할 여지가 없을 정도로 공소사실이 진실한 것이라는 확신을 가지게 할 수 있는 증명이 필요하므로, 위 영향요소를 적용할 때 피고인이 평균인이라고 쉽게 단정하여서는 아니 되고, 필요하다면 전문적인 학식이나 경험이 있는 자의 도움을 받아 객관적이고 합리적으로 혈중알코올농도에 영향을 줄 수 있는 요소를 확정하여야 한다. 만일 위드마크 공식의 적용에 관해서 불확실한 점이 남아 있고 그것이 피고인에게 불이익하게 작용한다면, 그 계산결과는 합리적인 의심을 품게 하지 않을 정도의 증명력이 있다고 할 수 없다(대법원2022. 5. 12. 선고2021도14074판결).

▼정답 ④

CHAPTER 02 | 증명의 기본원칙

1. 증명에 관한 설명으로 가장 적절한 것은? (다툼이 있는경우 판례에 의함) (2024. 경찰승진)

① 구성요건에 해당하는 사실은 엄격한 증명에 의하여 이를 인정하여야 하나, 증거능력이 인정되지 않는 증거라도 구성요건사실을 입증하는 직접증거의 증명력을 보강하는 보조사실의 인정자료로서는 허용된다.

② 공모공동정범에 있어서 공모나 모의를 인정하기 위하여는 엄격한 증명에 의하여야 하고, 그 증거는 판결에 표시되어야 한다.

③ 의사에게 의료행위로 인한 업무상과실치상죄가 문제되는 사안에서 공소사실에 기재된 업무상 과실의 존재와 그러한 업무상 과실로 인하여 환자에게 상해의 결과가 발생한 점은 자유로운 증명의 대상이다.

④ 친고죄에서 고소 유무에 대한 사실은 자유로운 증명의 대상이나, 반의사불벌죄에서 피고인 또는 피의자의 처벌불원 의사표시또는 처벌희망 의사표시 철회의 유무나 그 효력 여부에 관한 사실은 엄격한 증명의 대상이다.

해 설

② (○) **공모나 모의**는 공모공동정범에 있어서의 **"범죄될 사실"**이라 할 것이므로 이를 인정하기 위하여는 **엄격한 증명에 의하지 않으면 아니되고 그 증거는 판결에 표시되어야** 한다(대법원1988. 9. 13. 선고88도1114판결).

① (×) 구성요건에 해당하는 사실은 엄격한 증명에 의하여 이를 인정하여야 하고, **증거능력이 없는 증거는 구성요건 사실을 추인하게 하는 간접사실이나** 구성요건사실을 입증하는 **직접증거의 증명력을 보강하는 보조사실의 인정자료로도 사용할 수 없다**(대법원2010. 5. 27. 선고2008도2344판결).

③ (×) [1] 의료사고에서 의사의 과실 유무를 판단할 때에는 같은 업무·직무에 종사하는 일반적 평균인의 주의 정도를 표준으로 하여 사고 당시의 일반적 의학의 수준과 의료 환경 및 조건, 의료행위의 특수성 등을 고려하여야 한다. **의사에게 의료행위로 인한 업무상과실치사상죄를 인정하기 위해서는**, 의료행위 과정에서 업무상 과실의 존재는 물론 그러한 업무상과실로 인하여 환자에게 상해·사망 등 결과가 발생한 점에 대하여도 **엄격한 증거에 따라 합리적 의심의 여지가 없을 정도로 증명이 이루어져야 한다.**
[2] 설령 의료행위와 환자에게 발생한 상해·사망 등 결과 사이에 **인과관계가 인정되는 경우에도**, 검사가 공소사실에 기재한 바와 같은 업무상과실로 평가할 수 있는 행위의 존재 또는 그 업무상과실의 내용을 **구체적으로 증명하지 못하였다면**, 의료행위로 인하여 환자에게 상해·사망 등 결과가 발생하였다는 사정만으로 의사의 업무상과실을 추정하거나 단순한 가능성·개연성 등 막연한 사정을 근거로 함부로 이를 인정할 수는 없다.(대법원2023. 1. 12. 선고2022도11163판결).

④ (×) [1] **친고죄에서의 고소 유무**에 대한 사실은 **자유로운 증명의 대상이 된다**(대판1999.2.9. 98도2074).
[2] **반의사불벌죄에서** 피고인 또는 피의자의 **처벌을 희망하지 않는다는 의사표시** 또는 **처벌희망 의사표시 철회의 유무**나 그 효력 여부에 관한 사실은 **엄격한 증명의 대상이 아니라** 증거능력이 없는 증거나 법률이 규정한 증거조사방법을 거치지 아니한 증거에 의한 증명, 이른바 **자유로운 증명의 대상이다**(대판2010.10.14. 2010도5610, 2010전도31).

정답 ②

2. 증명에 관한 설명으로 가장 적절하지 않은 것은? (다툼이 있는 경우 판례에 의함) (2024. 1차 경찰채용)

① 증거위조죄의 적용대상인 '증거'에는 범죄의 성립에 관한 증거외에 양형의 기초가 되는 정상관계 사실에 관한 증거도 포함된다. 그런데 양형의 기초가 되는 정상관계 사실은 매우 복잡하고 비유형적일뿐만 아니라 「형사소송법」 제307조가 규정한 엄격한 증명의 대상에도 해당하지 않는다.

② 탄핵증거의 제출에 있어서도 상대방에게 이에 대한 공격방어의 수단을 강구할 기회를 사전에 부여하여야 한다는 점에서 그 증거와 증명하고자 하는 사실과의 관계 및 입증취지 등을 미리 구체적으로 명시하여야 할 것이나, 증명력을 다투고자 하는 증거의 어느 부분에 의하여 진술의 어느 부분을 다투려고 한다는 것을 사전에 상대방에게 알려야 하는 것은 아니다.

③ 어떤 소송절차가 진행된 내용이 공판조서에 기재되지 않았다고 하여 당연히 그 소송절차가 당해 공판기일에 행하여지지 않은 것으로 추정되는 것은 아니고 공판조서에 기재되지 않은 소송절차의 존재가 공판조서에 기재된 다른 내용이나 공판조서 이외의 자료로 증명될 수 있고, 이는 소송법적 사실이므로 자유로운 증명의 대상이 된다.

④ 범행에 관한 간접증거만이 존재하고 더구나 그 간접증거의 증명력에 한계가 있는 경우, 범인으로 지목되고 있는 자에게 범행을 저지를 만한 동기가 발견되지 않는다면, 만연히 무엇인가 동기가 분명히 있는데도 이를 범인이 숨기고 있다고 단정할 것이 아니라 반대로 간접증거의 증명력이 그만큼 떨어진다고 평가하는 것이 형사증거법의 이념에 부합하는 것이다.

▼ **해 설**

② (×) 탄핵증거의 제출에 있어서도 상대방에게 이에 대한 공격방어의 수단을 강구할 기회를 사전에 부여하여야 한다는 점에서 그 증거와 증명하고자 하는 사실과의 관계 및 입증취지 등을 미리 구체적으로 명시하여야 할 것이므로, 증명력을 다투고자 하는 증거의 어느 부분에 의하여 진술의 어느 부분을 다투려고 한다는 것을 **사전에 상대방에게 알려야 한다**(대법원2005. 8. 19. 선고2005도2617판결).

① (O) [1] 형법 제155조 제1항의 **증거위조죄에서 말하는 '증거'**란 타인의 형사사건 또는 징계사건에 관하여 수사기관이나 법원 또는 징계기관이 국가의 형벌권 또는 징계권의 유무를 확인하는 데 관계있다고 인정되는 일체의 자료를 뜻한다. 따라서 범죄 또는 징계사유의 **성립 여부에 관한 것뿐만** 아니라 형 또는 징계의 **경중에 관계있는 정상을 인정하는 데 도움이 될 자료까지도** 본조가 규정한 **증거에 포함된다**.

[2] 증거위조죄의 적용대상인 '증거'에는 범죄의 성립에 관한 증거 외에 양형의 기초가 되는 정상관계사실에 관한 증거도 포함된다. 그런데 **양형의 기초가 되는 정상관계사실은** 매우 복잡하고 비유형적일 뿐만 아니라 형사소송법 제307조가 규정한 **엄격한 증명의 대상에도 해당하지 않는다**(대법원2021. 1. 28. 선고2020도2642판결).

③ (O) [1] 공판기일의 소송절차로서 판결 기타의 재판을 선고 또는 고지한 사실은 공판조서에 기재되어야 하는데(형사소송법 제51조 제1항, 제2항 제14호), 공판조서의 기재가 명백한 오기인 경우를 제외하고는, 공판기일의 소송절차로서 공판조서에 **기재된 것은 조서만으로써 증명하여야** 하고 **그 증명력은** 공판조서 이외의 자료에 의한 반증이 허용되지 않는 **절대적인 것**이다.

[2] **반면** 어떤 소송절차가 진행된 내용이 **공판조서에 기재되지 않았다고** 하여 **당연히 그 소송절차가 당해 공판기일에 행하여지지 않은 것으로 추정되는 것은 아니고** 공판조서에 기재되지 않은 소송절차의 존재가 **공판조서에 기재된 다른 내용**이나 **공판조서 이외의 자료로 증명될 수 있고,** 이는 **소송법적 사실**이므로 **자유로운 증명의 대상이 된다**(대법원2023. 6. 15. 선고2023도3038판결).

④ (O) [1] **법정형이 무거운 범죄의 경우에도** 직접증거 없이 **간접증거만으로 유죄를 인정할 수 있으나**, 간접증거에 의하여 주요사실의 전제가 되는 간접사실을 인정할 때에는 증명이 합리적인 의심을 허용하지 않을 정도에 이르러야 하고, 하나하나의 간접사실 사이에 모순, 저촉이 없어야 하는 것은 물론 간접사실이 논리와 경험칙, 과학법칙에 의하여 뒷받침되어야 한다.

[2] **그러므로 유죄의 인정**은 범행 동기, 범행수단의 선택, 범행에 이르는 과정, 범행 전후 피고인의 태도 등 **여러 간접사실로 보아** 피고인이 범행한 것으로 보기에 충분할 만큼 **압도적으로 우월한 증명이 있어야** 한다.

[3] 그리고 범행에 관한 간접증거만이 존재하고 더구나 그 간접증거의 증명력에 한계가 있는 경우, **범인으로 지목되고 있는 자에게 범행을 저지를 만한 동기가 발견되지 않는다면**, 반대로 간접증거의 증명력이 그만큼 떨어진다고 평가하는 것이 **형사증거법의 이념에 부합하는 것이다**.

[4] **유전자검사나 혈액형검사 등 과학적 증거방법**은 전제로 하는 사실이 모두 진실임이 증명되고 추론의 방법이 과학적으로 정당하여 오류의 가능성이 없거나 무시할 정도로 극소하다고 인정되는 경우에는 **법관이 사실인정을 할 때 상당한 정도로 구속력을 가진다**.

[5] 갑은 자신이 낳은 여아 A를 데리고 산부인과의원으로 가서 신생아실에 있던 자신의 외손녀인 피해자 B의 자리에 A를 놓아두고, 그 자리에 있던 B를 몰래 데리고 가 미성년자 약취죄로 기소된 경우, 유죄 인정의 결정적 증거는 유전자 감정 결과일 뿐 목격자의 진술이나 CCTV 영상 등 직접적인 증거가 없고, 추가로 심리할 점들이 있는 이 사건에서, **유전자 감정 결과만**으로 쟁점 공소사실이 증명되었다고 보기어려워 **추가 심리 없이 미성년자 약취죄 인정을 그대로 유지하기는 어렵다**(대법원2022. 6. 16.선고2022도2236판결).

▼정답 ②

3. 거증책임에 관한 설명으로 가장 적절하지 <u>않은</u> 것은? (다툼이 있는 경우 판례에 의함)

(2023. 2차 경찰채용)

① 법 위반에 대한 정당한 사유가 없다는 사실은 범죄구성요건이므로 검사가 증명해야 하는데, 다만 진정한 양심의 부존재와 같은 사실을 증명하는 것은 사회통념상 불가능한 반면 그존재를 주장·증명하는 것이 좀 더 쉬우므로 이러한 사정은 검사가 증명책임을 다하였는지 판단할 때 고려해야 한다.

② 진술증거의 증거능력 인정 여부와 관련하여 진술의 임의성에 다툼이 있을 때에는 그 임의성을 의심할 만한 합리적이고 구체적인 사실을 피고인이 증명할 것이 아니고 검사가 그 임의성의 의문점을 없애는 증명을 하여야 한다.

③ 「공직선거법」상 허위사실공표죄에서 공표된 사실이 실제로 존재한다고 주장하는 자는 그러한 사실의 존재를 수긍할만한 소명자료를 제시할 부담을 지고, 이때 제시하여야 할 소명자료는 적어도 허위성에 관한 검사의 증명활동이 현실적으로 가능할 정도의 구체성은 갖추어야 한다.

④ 공연성은 명예훼손죄의 구성요건으로서, 특정 소수에 대한 사실적시의 경우 공연성이 부정되는 유력한 사정이 될 수 있으므로 전파될 가능성에 관하여는 검사에게 증명의 책임이 있음이 원칙이나, 전파될 가능성은 특정되지 않은 기간과 공간에서 아직 구체화되지 않은 사실이므로 그 증명의 정도는 자유로운 증명으로 족하다.

▼해 설

④ (×) **공연성**은 명예훼손죄와 모욕죄의 **구성요건으로서**, 명예훼손이나 모욕에 해당하는 표현을 특정 소수에게 한 경우 공연성이 부정되는 유력한 사정이 될 수 있으므로, 전파될 가능성에 관해서는 검사의 **엄격한 증명이 필요하다**. 명예훼손죄와 모욕죄에서 **전파가능성을 이유로 공연성을 인정하는 경우**에는 적어도 범죄구성요건의 주관적 요소로서 미필적 고의가 필요하므로, **전파가능성에 대한 인식이 있음은 물론 나아가 위험을 용인하는 내심의 의사가 있어야 한다**(대법원2022. 7. 28. 선고2020도8336판결).

① (○) [1] **병역법 제88조 제1항**은 국방의 의무를 실현하기 위하여 현역입영 또는 소집통지서를 받고도 **정당한 사유 없이 이에 응하지 않은 사람을 처벌함**으로써 입영기피를 억제하고 병력구성을 확보하기 위한 규정이다. 위 조항에 따르면 **정당한 사유가 있는 경우에는 피고인을 벌할 수 없는데**, 여기에서 **정당한 사유는 구성요건해당성을 조각하는 사유**이다. 이는 형법상 위법성조각사유인 정당행위나 책임조각사유인 기대불가능성과는 구별된다. **정당한 사유**는 구체적인 사안에서 **법관이 개별적으로 판단해야 하는 불확정개념**으로서, 실정법의 엄

격한 적용으로 생길 수 있는 불합리한 결과를 막고 구체적 타당성을 실현하기 위한 것이다. **위 조항에서 정한 정당한 사유가 있는지를 판단할 때에는** 병역법의 목적과 기능, 병역의무의 이행이 헌법을 비롯한 전체 법질서에서 가지는 위치, 사회적 현실과 시대적 상황의 변화 등은 물론 피고인이 처한 **구체적이고 개별적인 사정도 고려해야 한다.**

[3] **정당한 사유가 없다는 사실은 범죄구성요건**이므로 검사가 증명하여야 한다. 다만 **진정한 양심의 부존재를 증명한다는** 것은 마치 특정되지 않은 기간과 공간에서 구체화되지 않은 사실의 부존재를 증명하는 것과 유사하다. 위와 같은 **불명확한 사실의 부존재를 증명하는 것은 사회통념상 불가능한 반면 그 존재를 주장·증명하는 것이 좀 더 쉬우므로**, 이러한 사정은 **검사가 증명책임을 다하였는지를 판단할 때 고려하여야 한다**(대법원 2018. 11. 1.선고2016도10912전원합의체 판결).

② (○) 임의성 없는 진술의 증거능력을 부정하는 취지는, 허위진술을 유발 또는 강요할 위험성이 있는 상태하에서 행하여진 진술은 그 자체가 실체적 진실에 부합하지 아니하여 오판을 일으킬 소지가 있을 뿐만 아니라 그 진위를 떠나서 진술자의 기본적 인권을 침해하는 위법·부당한 압박이 가하여지는 것을 사전에 막기 위한 것이므로, **그 임의성에 다툼이 있을 때에는 그 임의성을 의심할 만한 합리적이고 구체적인 사실을 피고인이 증명할 것이 아니고 검사가** 그 임의성의 의문점을 없애는 **증명을 하여야 하며**, 검사가 그 임의성의 의문점을 없애는 증명을 하지 못한 경우에는 그 진술증거는 증거능력이 부정된다(대법원2012. 11. 29.선고2010도3029판결).

③ (○) [1] 허위사실공표죄에서 **의혹을 받을 일을 한 사실이 없다고 주장하는 사람에 대하여 의혹을 받을 사실이 존재한다고 적극적으로 주장하는 자는** 그러한 사실이 **존재한다고 수긍할 만한 소명자료를 제시할 부담을** 지고, **검사는 제시된 자료의 신빙성을 탄핵하는 방법으로 허위성의 증명을 할 수 있다.** 이때 **제시하여야 할 소명자료는** 단순히 소문을 제시하는 것만으로는 부족하고, **적어도 허위성에 관한 검사의 증명활동이 현실적으로 가능할 정도의 구체성은 갖추어야** 하며, 이러한 소명자료의 제시가 없거나 **제시된 소명자료의 신빙성이 탄핵된 때에는 허위사실 공표로서 책임을 져야 한다.**

[2] 갑 정당 소속 국회의원인 피고인이 제17대 대통령 선거와 관련하여 **을 정당의 병 후보자에게 불리하도록 병 후보자에 관하여 허위의 사실을 공표하였다**는 내용으로 기소된 사안에서, **피고인이 제시한 소명자료의 신빙성이 탄핵된 반면,** 직접적 또는 간접적·우회적인 표현 방법으로 **공표한 '병 후보자가 정과 공모하여 주가 조작 및 횡령을 하였다는 사실' 등이 허위임이 증명**되었고, 피고인의 병 후보자에 대한 의혹 제기가 진실인 것으로 믿을 만한 상당한 이유가 있는 근거에 기초하여 이루어진 경우에 해당되지 않는다(대법원2011. 12. 22.선고2008도11847판결).

▶정답 ④

4. 엄격한 증명과 자유로운 증명에 대한 설명으로 가장 적절하지 않은 것은?(다툼이 있는 경우 판례에 의함)
(2023. 경찰승진)

① 범죄구성요건에 해당하는 사실을 증명하기 위한 근거가 되는 과학적인 연구결과는 엄격한 증명을 요한다.

② 증거조사를 거치지 아니하였고 피고인이 이를 증거로 사용함에 동의를 한 바도 없기 때문에 증거능력이 인정되지 않는 증거라도 구성요건 사실을 추인하게 하는 간접사실의 인정자료로는 허용된다.

③ 대한민국 영역 외에서 대한민국 국민에 대하여 범죄를 저지른 외국인에 대하여 우리나라 형법을 적용하여 처벌함에 있어 행위지의 법률에 의하여 범죄를 구성하는지는 엄격한 증명을 요한다.

④ 공모관계를 인정하기 위해서는 엄격한 증명이 요구되지만, 피고인이 범죄의 주관적 요소인 공모관계를 부인하는 경우에는 사물의 성질상 이와 상당한 관련성이 있는 간접사실 또는 정황사실을 증명하는 방법으로 이를 증명할 수 밖에 없다.

▼해 설

② (×) 구성요건에 해당하는 사실은 엄격한 증명에 의하여 이를 인정하여야 하고, **증거능력이 없는 증거는 구성요건 사실을 추인하게 하는 간접사실이나** 구성요건사실을 입증하는 직접증거의 증명력을 보강하는 **보조사실의 인정자료로도 사용할 수 없다**(대법원2010. 5. 27. 선고2008도2344판결).

① (○) 범죄구성요건에 해당하는 사실을 증명하기 위한 근거가 되는 **과학적인 연구 결과는** 적법한 증거조사를 거친 증거능력 있는 증거에 의하여 **엄격한 증명으로 증명되어야 한다**(대법원2010. 2. 11. 선고2009도2338판결).

③ (○) 형법 제6조 본문에 의하여 외국인이 대한민국 영역 외에서 대한민국 국민에 대하여 범죄를 저지른 경우 우리 형법이 적용되지만, 같은 조 단서에 의하여 행위지 법률에 의하여 범죄를 구성하지 아니하거나 소추 또는 형의 집행을 면제할 경우에는 우리 형법을 적용하여 처벌할 수 없고, 이 경우 **행위지 법률에 의하여 범죄를 구성하는지는 엄격한 증명**에 의하여 검사가 이를 증명하여야 한다(대법원2011. 8. 25. 선고2011도6507판결).

④ (○) **공모관계를 인정하기 위해서는 엄격한 증명**이 요구되지만, 피고인이 범죄의 주관적 요소인 **공모관계를 부인하는 경우**에는 사물의 성질상 이와 상당한 관련성이 있는 **간접사실 또는 정황사실을 증명하는 방법으로 이를 증명할 수밖에 없다**(대법원2018. 4. 19. 선고2017도14322전원합의체 판결).

▼정답 ②

5. 증명책임에 대한 설명으로 가장 적절하지 <u>않은</u> 것은? (다툼이있는 경우 판례에 의함) (2023. 경찰승진)

① 성폭력범죄의 처벌 등에 관한 특례법 제7조 제1항에서 정하는 13세 미만의 미성년자에 대한 강간죄의 성립이 인정되려면, 피고인이 피해자가 13세 미만의 미성년자임을 알면서 그를 강간했다는 사실이 검사에 의하여 입증되어야 한다.

② 영장 발부의 사유로 된 범죄 혐의사실과 무관한 별개의 증거를 압수하였을 경우 수사기관이 그 별개의 증거를 피압수자 등에게 환부하고 후에 임의제출받아 다시 압수하였다면, 그 제출에 임의성이 있었다는 점에 관하여 검사가 합리적 의심을 배제할 수 있을 정도로 증명하지 못하는 경우 그 증거능력을 인정할 수 없다.

③ 민사재판에서의 입증책임 분배의 원칙은 형사재판에도 동일하게 적용되므로, 피고인은 자신에게 유리한 사항을 입증할 책임을 진다.

④ 명예를 훼손한 행위가 형법 제310조의 규정에 따라서 위법성이 조각되기 위해서는 그것이 진실한 사실로서 오로지 공공의 이익에 관한 때에 해당된다는 점을 검사가 아닌 행위자가 증명하여야 한다.

▼해 설

③ (×) **형사재판에 있어서** 공소가 제기된 범죄사실에 대한 **입증책임은 검사에 있고, 유죄의 인정은 법관으로 하여금** 합리적인 의심을 할 여지가 없을 정도로 공소사실이 진실한 것이라는 **확신을 가지게 하는 증명력을 가진 증거에 의하여야** 하므로, **그와 같은 증거가 없다면** 설령 피고인에게 유죄의 의심이 간다 하더라도 **피고인의 이익으로 판단할 수밖에 없으며**, 민사재판이었더라면 입증책임을 지게 되었을 피고인이 그 쟁점이 된 **사항**에 대하여 **자신에게 유리한 입증을 하지 못하고 있다** 하여 위와 같은 **원칙이 달리 적용되는 것은 아니다**(대법원2003. 12. 26. 선고2003도5255판결). **민사소송의 이념은** 형식적 진실주의로서 법원이 당사자(원고와 피고)의 주장이나 입증에 구속되므로 **당사자 일방에게 입증책임이 있다.** 그러나 형사소송의 이념은 실체적 진실주의로서 법원이 당사자의 사실상의 주장이나 제출한 증거에 구속되지 않고 객관적 진실을 규명하고자 한다. 따라서 **형사소송은 원칙적으로 검사에게 거증책임이 있고** 검사가 적극적으로 그 사실을 증명하지 못하면 피고인의 이익으로 돌아가므로 **피고인은 자신에게 유리한 사항을 입증할 책임은 없다.**

① (○) 대법원2012. 8. 30. 선고2012도7377판결

② (○) 검사 또는 사법경찰관은 범죄수사에 필요한 때에는 피의자가 죄를 범하였다고 의심할 만한 정황이 있는 경우에 판사로부터 발부받은 영장에 의하여 압수·수색을 할 수 있으나, **압수·수색은 영장 발부의 사유로 된 범죄 혐의사실과 관련된 증거에 한하여 할 수 있으므로**, 영장 발부의 사유로 된 범죄 혐의사실과 무관한 별개의 증거를 압수하였을 경우 이는 원칙적으로 유죄 인정의 증거로 사용할 수 없다. 다만 **수사기관이 별개의 증거를 피압수자 등에게 환부하고 후에 임의제출받아 다시 압수하였다면** 증거를 압수한 최초의 절차 위반 행위와 최종적인 증거수집 사이의 **인과관계가 단절되었다고 평가할 수 있으나**, 환부 후 다시 제출하는 과정에서 수사기관의 우월적 지위에 의하여 임의제출 명목으로 실질적으로 강제적인 압수가 행하여질 수 있으므로, **제출에 임의성이 있다는 점에 관하여는 검사가 합리적 의심을 배제할 수 있을 정도로 증명하여야 하고, 임의로 제출된 것이라고 볼 수 없는 경우에는 증거능력을 인정할 수 없다**(대법원 2016. 3. 10. 선고 2013도11233 판결).

④ (○) 방송 등 언론매체가 사실을 적시하여 타인의 명예를 훼손하는 행위를 한 경우 **형법 제310조에 의하여 처벌되지 않기 위해서는** 적시된 사실이 객관적으로 볼 때 공공의 이익에 관한 것으로서 행위자도 공공의 이익을 위하여 그 사실을 적시한 것이어야 될 뿐만 아니라, 그 적시된 사실이 진실한 것이거나 적어도 행위자가 그 사실을 진실한 것으로 믿었고, 또 그렇게 믿을 만한 상당한 이유가 있어야 할 것이며, 한편 **그것이 진실한 사실로서 오로지 공공의 이익에 관한 때에 해당된다는 점**은 행위자가 **증명**하여야 한다(대법원 2007. 5. 10. 선고 2006도8544 판결).

▼정답 ③

6. 엄격한 증명과 자유로운 증명에 관한 설명 중 가장 적절하지 않은 것은? (다툼이 있는 경우 판례에 의함)
(2022. 2차 경찰채용)

① 양자는 증거능력의 유무와 증거조사방식에 차이가 있을 뿐 심증의 정도에는 차이가 없다.
② 자유로운 증명은 증거능력이 없는 증거나 적법한 증거조사절차를 거치지 아니한 증거에 의한 증명을 의미한다.
③ 법원은 전과조회서가 변론종결 후에 회보되었다 하더라도 변론재개 없이 전과조회서에 기재된 누범전과의 사실을 근거로 형을 가중할 수는 있다.
④ 친고죄에서 적법한 고소유무는 자유로운 증명의 대상이다.

▼해 설

③ (×) **사실심 변론종결** 후 검사나 피해자 등에 의해 피고인에게 **불리한** 새로운 양형조건에 관한 **자료가 법원에 제출되었다면**, 사실심법원으로서는 **변론을 재개하여** 그 양형자료에 대하여 피고인에게 의견진술 기회를 주는 등 필요한 양형심리절차를 거침으로써 **피고인의 방어권을 실질적으로 보장해야 한다**. 따라서 변론종결 후에 새로운 누범전과가 발견되었다면 다시 변론을 재개하여 형을 가중할 수 있다. 그럼에도 **변론재개 없이 누범전과 사실을 근거로 형을 가중할 수는 없다**.

① (○) 엄격한 증명과 자유로운 증명은 법관으로 하여금 **확신을 갖는 정도**의 입증을 해야한다는 점에서 **심증정도에는 차이가 없다**. 다만, 증거능력의 유무와 증거조사방법에 차이가 있을 뿐이다. 즉, 형식상, 절차상 차이가 있을 뿐이다.

② (○) 옳은 설명이다. 엄격한 증명은 자유로운 증명과 반대의 경우이다.

④ (○) **친고죄에서 적법한 고소**가 있었는지는 **자유로운 증명의 대상이 된다**(대법원 2011. 6. 24. 선고 2011도4451, 2011전도76 판결).

▼정답 ③

7. 증명의 대상과 방법에 관한 설명 중 가장 적절하지 않은 것은? (다툼이 있는 경우 판례에 의함)

(2023. 1차 경찰채용)

① 「형법」제6조 단서에 따라 "행위지의 법률에 의하여 범죄를 구성"하는가 여부는 법원의 직권조사사항이므로 증명의 대상이 될 수 없다.
② 출입국사범 사건에서 지방출입국·외국인관서의 장의 적법한 고발이 있었는지 여부가 문제 되는 경우에 법원은 증거조사의 방법이나 증거능력의 제한을 받지 아니하고 제반 사정을 종합하여 적당하다고 인정되는 방법에 의하여 자유로운 증명으로 그 고발 유무를 판단하면 된다.
③ 공동정범에 있어 공모관계를 인정하기 위해서는 엄격한 증명이 요구되지만, 피고인이 범죄의 주관적 요소인 공모관계를 부인하는 경우에는 사물의 성질상 이와 상당한 관련성이 있는 간접사실 또는 정황사실을 증명하는 방법으로 이를 증명할 수밖에 없다.
④ 「형사소송법」제313조 제1항 단서의 특신상태는 증거능력의 요건에 해당하므로 검사가 그 존재에 대하여 구체적으로 주장·입금하여야 하는 것이지만, 이는 소송상의 사실에 관한 것이므로, 엄격한 증명을 요하지 아니하고 자유로운 증명으로 족하다.

▼해 설

① (×) 형법 제6조 본문에 의하여 외국인이 대한민국 영역 외에서 대한민국 국민에 대하여 범죄를 저지른 경우에도 우리 형법이 적용되지만, 같은 조 단서에 의하여 행위지의 법률에 의하여 범죄를 구성하지 아니하거나 소추 또는 형의 집행을 면제할 경우에는 우리 형법을 적용하여 처벌할 수 없다고 할 것이고, 이 경우 **행위지의 법률에 의하여 범죄를 구성하는지 여부**에 대해서는 **엄격한 증명**에 의하여 **검사가 이를 입증하여야** 할 것이다(대법원2008. 7. 24. 선고2008도4085판결).
② (○) **출입국사범 사건에서** 지방출입국·외국인관서의장의 **적법한 고발이 있었는지 여부**가 문제 되는 경우에 법원은 증거조사의 방법이나 증거능력의 제한을 받지 아니하고 제반 사정을 종합하여 적당하다고 인정되는 방법에 의하여 **자유로운 증명으로 그 고발유무를 판단하면** 된다(대법원2021. 10. 28. 선고2021도404판결).
③ (○) **공모공동정범에 있어서의 공모나 모의는** 범죄사실을 구성하는 것으로서 이를 인정하기 위하여는 **엄격한 증명이 요구**되지만, **피고인이** 그 실행행위에 직접 관여한 사실을 인정하면서도 **공모의 점과 함께 범의를 부인하는 경우에는**, 이러한 **주관적 요소로 되는 사실**은 사물의 성질상 범의와 상당한 관련성이 있는 **간접사실 또는 정황사실을 증명하는 방법에 의하여 이를 입증할 수밖에 없다**(대법원2003. 1. 24. 선고2002도6103판결).
④ (○) 피고인의 자필로 작성된 진술서의 경우에는 서류의 작성자가 동시에 진술자이므로 진정하게 성립된 것으로 인정되어 **형사소송법 제313조 단서에 의하여** 그 진술이 특히 신빙할 수 있는 상태하에서 행하여진 때에는 증거능력이 있고, 이러한 **특신상태는** 증거능력의 요건에 해당하므로 검사가 그 존재에 대하여 구체적으로 주장·입증하여야 하는 것이지만, 이는 **소송상의 사실**에 관한 것이므로, **엄격한 증명을 요하지 아니하고 자유로운 증명으로 족하다**(대법원2001. 9. 4. 선고2000도1743판결).

▼정답 ①

8. 다음 중 판례에 의할 때 엄격한 증명을 요하지 <u>않는</u> 것은 모두 몇 개인가?

> ㉠ 불법영득의사를 실현하는 행위로서의 횡령행위가 있다는 점
> ㉡ 민간인이 군입대하여 군인신분을 취득하였는가의 여부
> ㉢ 공소사실에 특정된 범죄의 일시
> ㉣ 형법 제6조 단서의 행위지의 법률에 의하여 범죄를 구성하는지 여부(형법 제6조의 외국법 규의 존재)
> ㉤ 알선수재죄에 있어 범의(犯意)
> ㉥ 공모공동정범에 있어서의 공모나 모의
> ㉦ 구 독점규제 및 공정거래에 관한 법률상 부당한 공동행위의 '합의'에 대한 증명
> ㉧ 위드마크(Widmark) 공식을 사용하여 주취 정도를 계산하는 경우, 그 전제사실을 인정하기 위한 증명의 정도와 방법
> ㉨ 도로법 제54조 제2항의 측정요구가 있었다는 점
> ㉩ 범죄단체의 구성·가입행위 자체
> ㉪ 뇌물죄의 수뢰액
> ㉫ 범죄구성요건에 해당하는 사실을 증명하기 위한 근거가 되는 과학적인 연구 결과
> ㉬ 특정범죄 가중처벌 등에 관한 법률 제5조의9 제1항 위반의 죄의 보복의 목적
> ㉭ 횡령죄에 있어서 피해자 등이 목적과 용도를 특정하여 위탁한 사실 및 그 용도 내용

① 0개　　② 1개
③ 2개　　④ 3개

▼해 설

① ㉠ ~ ㉭ 모두 엄격한 증명을 요한다.
㉠ (엄격한 증명 ○) **불법영득의사를 실현하는 행위로서의 횡령행위가 있다는 사실**은 검사가 증명하여야 하고, 그 증명은 법관으로 하여금 합리적인 의심을 할 여지가 없을 정도의 확신을 생기게 하는 증명력을 가진 **엄격한 증거**에 의하여야 한다(대판2017.2.15. 2013도14777).
㉡ (엄격한 증명 ○) 민간인이 군에 입대하여 군인신분을 취득하였는가의 여부를 판단함에는 **엄격한 증명을 요한다**(70도 1936).
㉢ (엄격한 증명 ○) 공소사실에 특정된 **범죄의 일시**는 피고인의 방어권 행사의 주된 대상이 되므로 **엄격한 증명을 통해 그 특정한 대로 범죄사실이 인정되어야** 한다(2010도14487).
㉣ (엄격한 증명 ○) 한편 **형법 제6조 단서**에 의하여 행위지의 법률에 의하여 범죄를 구성하지 아니하거나 소추 또는 형의 집행을 면제할 경우에는 **우리 형법을 적용하여 처벌할 수 없다고 할 것이고**, 이 경우 **행위지의 법률에 의하여 범죄를 구성하는지 여부**에 대해서는 **엄격한 증명에 의하여** 검사가 이를 입증하여야 할 것이다(대판2008.7.24. 2008도4085).
㉤ (엄격한 증명 ○) 구 특정범죄 가중처벌 등에 관한 법률 제3조의 **알선수재죄**는 '공무원의 직무에 속한 사항을 알선한다는 명목'으로 '금품 등을 수수'함으로써 성립하는 범죄로서, '알선'은 일반적으로 '일정한 사항에 관하여 어떤 사람과 그 상대방의 사이에 서서 중개하거나 편의를 도모하는 것'을 의미하고, '공무원의 직무에 속한 사항을 알선한다는 명목으로 금품 등을 수수하였다는 **범의**는 범죄사실을 구성하는 것으로서 이를 인정하기 위하여는 **엄격한 증명이 요구된다**(대판2013.9.12. 2013도6570).
㉥ (엄격한 증명 ○) **공모공동정범의 공모나 모의**는 범죄사실을 구성하는 것이므로, **엄격한 증명을 요한다**(2002도 6103).
㉦ (엄격한 증명 ○) 구 독점규제 및 공정거래에 관한 법률(2004. 12. 31. 법률 7315호로 개정되기 전의 것) 제66조 제1항 제9호, 제19조 제1항 위반의 경우 **부당한 공동행위의 '합의'에 대한 입증의 정도**는 법관으로 하여금 합리적 의심을 할 여지가 없을 정도로 **엄격한 증명을 요한다**(대판2008.5.29. 2006도6625).

ⓞ (엄격한 증명 ○) 범죄구성요건사실의 존부를 알아내기 위해 과학공식 등의 경험칙을 이용하는 경우에 그 법칙 적용의 전제가 되는 개별적이고 구체적인 사실에 대하여는 엄격한 증명을 요하는바, **위드마크 공식의 경우 그 적용을 위한 자료로 섭취한 알코올의 양, 음주 시각, 체중 등이 필요하므로 그런 전제사실에 대한 엄격한 증명이 요구된다**(대판2008.8.21. 2008도5531). **위드마크 공식은** 알코올을 섭취하면 최고 혈중알코올농도가 높아지고, 흡수된 알코올은 시간의 경과에 따라 일정하게 분해된다는 과학적 사실에 근거한 수학적인 방법에 따른 계산결과를 통해 운전 당시 혈중알코올농도를 추정하는 경험칙의 하나이므로, 그 적용을 위한 자료로 **섭취한 알코올의 양·음주시각·체중 등이 필요하고** 이에 관하여는 **엄격한 증명이** 필요하다(대법원 2022. 5. 12. 선고2021도14074판결).

ⓩ (엄격한 증명 ○) **측정요구가 있었다는 점은** 범죄사실을 구성하는 중요부분으로서 이를 인정하기 위하여는 **엄격한 증명이 요구된다**(대판2005.6.24. 2004도7212).

ⓒ (엄격한 증명 ○) **범죄단체의 구성·가입행위 자체는 엄격한 증명을 요하는** 범죄의 구성요건이다(2005도3857).

ⓚ (엄격한 증명 ○) **뇌물죄에서 수뢰액은** 다과에 따라 범죄구성요건이 되므로 **엄격한 증명의 대상이 되고,** 특정범죄 가중처벌 등에 관한 법률에서 정한 범죄구성요건이 되지 않는 단순 뇌물죄의 경우에도 몰수·추징의 대상이 되는 까닭에 역시 증거에 의하여 인정되어야 하며, 수뢰액을 특정할 수 없는 경우에는 가액을 추징할 수 없다(2009도2453).

ⓔ (엄격한 증명 ○) 범죄구성요건에 해당하는 사실을 증명하기 위한 근거가 되는 **과학적인 연구 결과는** 적법한 증거조사를 거친 증거능력 있는 증거에 의하여 **엄격한 증명으로 증명되어야 한다**(2009도2338).

ⓟ (엄격한 증명 ○) 형사재판에서 공소가 제기된 범죄의 구성요건을 이루는 사실에 대한 증명책임은 검사에게 있으므로 **특정범죄 가중처벌 등에 관한 법률 제5조의9 제1항 위반의 죄(보복살인등)의 행위자에게 보복의 목적이 있었다는 점** 또한 검사가 증명하여야 하고 그러한 증명은 법관으로 하여금 합리적인 의심을 할 여지가 없을 정도의 확신을 생기게 하는 **엄격한 증명에 의하여야 하며** 이와 같은 증명이 없다면 피고인의 이익으로 판단할 수밖에 없다(대판2014.9.26. 2014도9030).

ⓗ (엄격한 증명 ○) 목적과 용도를 정하여 위탁한 금전을 수탁자가 임의로 소비하면 횡령죄를 구성할 수 있으나, 이 경우 **피해자 등이 목적과 용도를 정하여 금전을 위탁한 사실 및 그 목적과 용도가 무엇인지는 엄격한 증명의 대상**이라고 보아야 한다(대판2013.11.14. 2013도8121).

▼정답 ①

9. 다음 중 판례에 의할 때 자유로운 증명의 대상에 해당하지 않은 것은 모두 몇 개인가?

㉠ 몰수나 추징 대상여부 및 추징액의 인정
㉡ 소추조건인 친고죄에 있어서 고소의 유무
㉢ 즉시고발사건에서 적법한 고발이 있었는지 여부
㉣ 반의사불벌죄에서 처벌을 희망하지 않는다는 의사표시 또는 처벌희망 의사표시 철회의 유무
㉤ 형사소송법 제318조의 2에 규정된 탄핵증거(증언의 증명력을 감쇄하기 위한 사실)
㉥ 명예훼손죄에 있어서 형법 제310조의 위법성조각사유인 진실한 사실로서 오로지 공공의 이익에 관한 것인지 여부
㉦ 심신장애나 심신미약이 유무 및 정도
㉧ 「형사소송법」 제313조 단시의 '특히 신빙힐 수 있는 상태(특신상태)'와 「형사소송법」 제312조 제4항에서 '특히 신빙할 수 있는 상태'

① 0개 ② 1개
③ 2개 ④ 3개

해 설

① ㉠~㉣은 모두 자유로운 증명으로 족하다.

㉠ (O) **몰수대상이 되는지 여부나 추징액의 인정 등** 몰수·추징의 사유는 범죄구성요건 사실에 관한 것이 아니어서 **엄격한 증명은 필요 없지만** 역시 증거에 의하여 인정되어야 한다(대판2006. 4. 7. 2005도9858 전원합의체 판결).

㉡ (O) **친고죄에서** 적법한 **고소가 있었는지는 자유로운 증명의 대상이 된다**(대판2011. 6. 24. 2011도4451, 2011전도76). 친고죄에서의 **고소 유무**에 대한 사실은 **자유로운 증명의 대상이 된다**(대판1999. 2. 9. 98도2074).

㉢ (O) **출입국사범 사건에서** 지방출입국·외국인관서의장의 **적법한 고발이 있었는지 여부**가 문제 되는 경우에 법원은 증거조사의 방법이나 증거능력의 제한을 받지 아니하고 제반 사정을 종합하여 적당하다고 인정되는 방법에 의하여 **자유로운 증명으로 그 고발유무를 판단하면** 된다(대법원2021. 10. 28. 선고2021도404판결).

㉣ (O) **반의사불벌죄에서** 피고인 또는 피의자의 **처벌을 희망하지 않는다는 의사표시** 또는 **처벌희망 의사표시 철회의 유무**나 그 효력 여부에 관한 사실은 **엄격한 증명의 대상이 아니라** 증거능력이 없는 증거나 법률이 규정한 증거조사방법을 거치지 아니한 증거에 의한 증명, 이른바 **자유로운 증명의 대상이다**(대판2010. 10. 14. 2010도5610, 2010전도31).

㉤ (O) 형사소송법 제318조의 2에 규정된 소위 **탄핵증거**는 범죄사실을 인정하는 증거가 아니므로 그것이 증거서류이던 진술이던간에 유죄증거에 관한 소송법상의 **엄격한 증거능력을 요하지 아니한다**(대판1985. 5. 14. 85도441). 증언의 **증명력을 감쇄하기 위한 사실**(증거의 증명력을 **탄핵하는 사실**)은 **자유로운 증명으로 족하다**(83도1718).

㉥ (O) 공연히 사실을 적시하여 사람의 명예를 훼손한 행위가 형법 제310조의 규정에 따라서 위법성이 조각되어 처벌대상이 되지 않기 위하여는 그것이 진실한 사실로서 오로지 공공의 이익에 관한 때에 해당된다는 점을 **행위자**가 증명하여야 하는 것이나, 그 증명은 유죄의 인정에 있어 요구되는 것과 같이 법관으로 하여금 의심할 여지가 없을 정도의 확신을 가지게 하는 증명력을 가진 **엄격한 증거에 의하여야 하는 것은 아니다**(대판1996. 10. 25. 95도1473).

㉦ (O) 피고인의 범행 당시의 정신상태가 **심신상실이었는지 또는 심신미약이었는지의 문제**는 법률적 판단이지 범죄 될 사실은 아니므로 **엄격한 증명의 대상은 아니다**(대판1961. 10. 36. 4294형상590). 또한 **형법 제10조에 규정된 심신장애의 유무 및 정도의 판단**은 **법률적 판단**으로서 반드시 전문감정인의 의견에 기속되어야 하는 것은 아니고, 정신질환의 종류와 정도, 범행의 동기, 경위, 수단과 태양, 범행 전후의 피고인의 행동, 반성의 정도 등 여러 사정을 종합하여 **법원이 독자적으로 판단할 수 있다**(대판2007. 11. 29. 2007도8333, 2007감도22).

㉧ (O) **피고인의 자필로 작성된 진술서의 경우**에는 서류의 작성자가 동시에 진술자이므로 진정하게 성립된 것으로 인정되어 **형사소송법 제313조 단서에 의하여 그 진술이 특히 신빙할 수 있는 상태하에서 행하여진 때에는 증거능력이 있고, 이러한 특신상태는** 증거능력의 요건에 해당하므로 검사가 그 존재에 대하여 구체적으로 주장·입증하여야 하는 것이지만, 이는 **소송상의 사실에 관한 것이므로,** 엄격한 증명을 요하지 아니하고 **자유로운 증명으로 족하다**(대판2000도1743). 또한 형사소송법 제312조 제4항에서 '**특히 신빙할 수 있는 상태**'란 진술 내용이나 조서 작성에 허위개입의 여지가 거의 없고, 진술 내용의 신빙성이나 임의성을 담보할 구체적이고 외부적인 정황이 있는 것을 말한다. 그리고 이러한 '특히 신빙할 수 있는 상태'는 증거능력의 요건에 해당하므로 검사가 그 존재에 대하여 구체적으로 주장·증명하여야 하지만, 이는 **소송상의 사실에 관한 것이**므로 엄격한 증명을 요하지 아니하고 **자유로운 증명으로 족하다**(대판2012. 7. 26. 2012도2937).

▼정답 ①

10. 엄격한 증명의 대상에 해당하지 <u>않은</u> 것은 모두 몇 개인가? (다툼이 있는 경우 판례에 의함)

> ㉠ 내란선동죄의 국헌문란의 목적
> ㉡ 교사범에 있어서의 교사사실
> ㉢ 「형법」제334조 제2항 소정의 합동범에 있어서의 공모나 모의
> ㉣ 범죄의 구성요건과 관련된 간접사실이나 보조사실
> ㉤ 명예훼손죄의 공연성
> ㉥ '공무원의 직무에 속한 사항을 알선한다는 명목'으로 수수하였다는 범의

① 0개 ② 1개
③ 2개 ④ 3개

해 설

① ㉠㉡㉢㉣㉤㉥(6개)은 모두 엄격한 증명에 해당한다.
㉠ (엄격한 증명 ○) **국헌문란의 목적**은 **범죄 성립**을 위하여 고의 외에 요구되는 초과주관적 위법요소로서 **엄격한 증명사항에 속하나**, 확정적 인식임을 요하지 아니하며, 다만 미필적 인식이 있으면 족하다(대법원 2015. 1. 22. 선고 2014도10978 전원합의체 판결).
㉡ (엄격한 증명 ○) 교사범에 있어서의 **교사사실**은 **범죄사실을 구성하는 것**으로서 이를 인정하기 위해서는 **엄격한 증명을 요한다**(대판 2000. 2. 25. 99도1252).
㉢ (엄격한 증명 ○) **공연성**은 **명예훼손죄의 구성요건**으로서, **특정 소수**에 대한 사실적시의 경우 **공연성이 부정되는 유력한 사정**이 될 수 있으므로, **전파될 가능성**에 관하여는 검사의 **엄격한 증명이 필요하다**. 형법 제334조 제2항 소정(특수강도)의 **합동범에 있어서의 공모나 모의**는 반드시 사전에 이루어진 것만을 필요로 하는 것이 아니고, 범행현장에서 암묵리에 의사상통하는 것도 포함되나, 이와 같은 공모나 모의는 그 **'범죄될 사실'**이라 할 것이므로 이를 인정하기 위하여는 **엄격한 증명에 의하지 않으면 안된다**(대판 2001. 12. 11. 2001도4013).
㉣ (엄격한 증명 ○) **구성요건에 해당하는 사실**은 엄격한 증명에 의하여 이를 인정하여야 하고, **증거능력이 없는 증거**는 구성요건 사실을 추인하게 하는 **간접사실이나** 구성요건 사실을 입증하는 직접증거의 증명력을 보강하는 **보조사실의 인정자료로도 사용할 수 없으며**, 이러한 **간접사실이나 보조사실도** 범죄의 구성요건과 관련된 것인 이상 합리적인 의심의 여지가 없는 **엄격한 증명을 요한다**(대법원 2015. 1. 22. 선고 2014도10978 전원합의체 판결).
㉤ (엄격한 증명 ○) **공연성**은 **명예훼손죄의 구성요건**으로서, **특정 소수**에 대한 사실적시의 경우 **공연성이 부정되는 유력한 사정**이 될 수 있으므로, **전파될 가능성**에 관하여는 검사의 **엄격한 증명이 필요하다**.
㉥ (엄격한 증명 ○) 구 특정범죄 가중처벌 등에 관한 법률 제3조의 알선수재죄는 '공무원의 직무에 속한 사항을 알선한다는 명목'으로 '금품 등을 수수'함으로써 성립하는 범죄로서, '알선'은 일반적으로 '일정한 사항에 관하여 어떤 사람과 그 상대방의 사이에 서서 중개하거나 편의를 도모하는 것'을 의미하고, **'공무원의 직무에 속한 사항을 알선한다는 명목'으로 금품 등을 수수하였다는 범의**는 범죄사실을 구성하는 것으로서 이를 인정하기 위하여는 **엄격한 증명이 요구된다**(대판 2013. 9. 12. 2013도6570).

▼정답 ①

11. 다음 중 판례에 의할 때 자유로운 증명의 대상에 해당하지 않은 것은 모두 몇 개인가?

> ㉠ 몰수나 추징 대상여부 및 추징액의 인정
> ㉡ 소추조건인 친고죄에 있어서 고소의 유무, 반의사불벌죄에서 처벌을 희망하지 않는다는 의사표시 또는 처벌희망 의사표시 철회의 유무, 출입국관리법위반의 출입국사범 사건에서 적법한 고발이 있었는지 여부
> ㉢ 피의자신문조서에 기재된 피고인 진술 및 공판기일에서 한 피고인 진술의 임의성
> ㉣ 심신장애나 심신미약의 유무 및 정도
> ㉤ 「형사소송법」 제313조 단서의 '특히 신빙할 수 있는 상태(특신상태)'와 「형사소송법」제312조 제4항에서 '특히 신빙할 수 있는 상태' 및 「형사소송법」 제316조 제2항에서 '특히 신빙할 수 있는 상태'

① 0개   ② 1개
③ 2개   ④ 3개

▼해 설

① ㉠㉡㉢㉣㉤은 모두 자유로운 증명으로 족하다.

㉠ (자유로운 증명 O) **몰수대상이 되는지 여부나 추징액의 인정 등** 몰수·추징의 사유는 범죄구성요건 사실에 관한 것이 아니어서 **엄격한 증명은 필요 없지만** 역시 증거에 의하여 인정되어야 한다(대판2006.4.7. 2005도 9858 전원합의체 판결).

㉡ (자유로운 증명 O) [1] **친고죄에서 적법한 고소가 있었는지는 자유로운 증명의 대상이 된다**(대판2011.6.24. 2011도4451, 2011전도76).

[2] 또한 **반의사불벌죄에서** 피고인 또는 피의자의 **처벌을 희망하지 않는다는 의사표시** 또는 **처벌희망 의사표시 철회의 유무**와 그 효력 여부에 관한 사실은 **엄격한 증명의 대상이 아니라** 증거능력이 없는 증거나 법률이 규정한 증거조사방법을 거치지 아니한 증거에 의한 증명, 이른바 **자유로운 증명의 대상이다**(대판2010.10.14. 2010도5610, 2010전도31).

[3] 한편 출입국관리법위반의 **출입국사범 사건**에서 지방출입국·외국인관서의 장의 **적법한 고발이 있었는지 여부가 문제 되는 경우**에 법원은 증거조사의 방법이나 증거능력의 제한을 받지 아니하고 제반 사정을 종합하여 적당하다고 인정되는 방법에 의하여 **자유로운 증명으로** 그 고발 유무를 판단하면 된다(대법원2021.10. 28. 선고2021도404판결).

㉢ (자유로운 증명 O) 피고인이 피의자신문조서에 기재된 피고인 진술 및 공판기일에서 한 피고인 **진술의 임의성**을 다투면서 그것이 허위자백이라고 다투는 경우, 법원은 구체적인 사건에 따라 피고인의 학력, 경력, 직업, 사회적 지위, 지능 정도, 진술의 내용, 피의자신문조서의 경우 조서의 형식 등 제반 사정을 참작하여 **자유로운 심증으로** 위 진술이 임의로 된 것인지 여부를 판단할 수 있다(대판2011.2.24. 2010도14720).

㉣ (자유로운 증명 O) 피고인의 범행 당시의 정신상태가 **심신상실이었는지 또는 심신미약이었는지의 문제**는 법률적 판단이지 범죄 될 사실은 아니므로 **엄격한 증명의 대상은 아니다**(대판1961.10.36. 4294형상590). 또한 **형법 제10조에 규정된 심신장애의 유무 및 정도의 판단은 법률적 판단으로서** 반드시 전문감정인의 의견에 기속되어야 하는 것은 아니고, 정신질환의 종류와 정도, 범행의 동기, 경위, 수단과 태양, 범행 전후의 피고인의 행동, 반성의 정도 등 여러 사정을 종합하여 **법원이 독자적으로 판단할 수 있다**(대판2007.11.29. 2007도8333, 2007감도22).

㉤ (자유로운 증명 O) [1] **피고인의 자필로 작성된 진술서의 경우**에는 서류의 작성자가 동시에 진술자이므로 진정하게 성립된 것으로 인정되어 **형사소송법 제313조 단서에 의하여** 그 진술이 특히 신빙할 수 있는 상태하에서 행하여진 때에는 증거능력이 있고, 이러한 **특신상태는 증거능력의 요건에 해당하므로** 검사가 그 존재에

대하여 구체적으로 주장·입증하여야 하는 것이지만, 이는 **소송상의 사실에 관한 것이므로**, 엄격한 증명을 요하지 아니하고 **자유로운 증명으로 족하다**(대판2000도1743).

[2] 또한 형사소송법 제312조 제4항에서 '**특히 신빙할 수 있는 상태**'란 진술 내용이나 조서 작성에 허위개입의 여지가 거의 없고, 진술 내용의 신빙성이나 임의성을 담보할 구체적이고 외부적인 정황이 있는 것을 말한다. 그리고 이러한 '특히 신빙할 수 있는 상태'는 증거능력의 요건에 해당하므로 검사가 그 존재에 대하여 구체적으로 주장·증명하여야 하지만, 이는 **소송상의 사실에 관한 것이므로 엄격한 증명을 요하지 아니하고 자유로운 증명으로 족하다**(대판2012.7.26. 2012도2937).

[3] 가. 형사소송법 제314조가 참고인의 소재불명 등의 경우에 그 참고인이 진술하거나 작성한 진술조서나 진술서에 대하여 증거능력을 인정하는 것은, 형사소송법이 제312조 또는 제313조에서 참고인 진술조서 등 서면증거에 대하여 피고인 또는 변호인의 반대신문권이 보장되는 등 엄격한 요건이 충족될 경우에 한하여 증거능력을 인정할 수 있도록 함으로써 직접심리주의 등 기본원칙에 대한 예외를 인정한 데 대하여 다시 중대한 예외를 인정하여 원진술자 등에 대한 반대신문의 기회조차 없이 증거능력을 부여할 수 있도록 한 것이므로, 그 경우 참고인의 진술 또는 작성이 '특히 신빙할 수 있는 상태하에서 행하여졌음에 대한 증명(**특신상태의 증명**)'은 단지 그러할 개연성이 있다는 정도로는 부족하고 **합리적인 의심의 여지를 배제할 정도에 이르러야 한다**.

나. 그리고 **형사소송법 제314조의 '특신상태'와 관련된 법리**는 마찬가지로 원진술자의 소재불명 등을 전제로 하고 있는 형사소송법 제316조 제2항**의 '특신상태'에 관한 해석에도 그대로 적용된다**(대법원2014. 4. 30. 선고 2012도725판결).

▼정답 ①

CHAPTER 03 | 증거능력

제01절 자백배제법칙

1. 자백의 임의성에 대한 설명으로 옳은 것만을 모두 고른 것은? (다툼이 있는 경우 판례에 의함)

(2024. 경찰대 편입)

> ㉠ 검사 작성의 당해 피고인에 대한 피의자신문조서에 기재된 진술의 임의성에 다툼이 있는 경우, 검사가 그 임의성의 의문점을 없애는 증명을 하지 못하면 그 진술증거는 증거능력이 부정되고, 이는 피고인이 증거로 함에 동의하더라도 마찬가지이다.
> ㉡ 피고인이 검사 이전의 수사기관에서 고문 등 가혹행위로 인하여 임의성 없는 자백을 하고, 그 후 검사의 조사단계에서도 임의성 없는 심리상태가 계속되어 동일한 내용의 자백을 한 경우라도, 검사의 조사단계에서 고문 등 자백의 강요행위가 없었다면, 검사 앞에서의 자백은 임의성이 인정된다.
> ㉢ 피고인의 자백이 임의성이 없다고 의심할 만한 이유가 있는 경우라도 그 자백과 임의성이 없다고 의심하게 된 사유 사이에 인과관계가 존재하지 않는 것이 명백하여 그 자백이 임의성 있는 것임이 인정되는 때에는 그 자백은 증거능력이 있다.
> ㉣ 피고인의 검찰 진술의 임의성의 유무가 다투어지는 경우에는 법원은 구체적인 사건에 따라 증거조사의 방법이나 증거능력의 제한을 받지 아니하고 제반 사정을 종합 참작하여 적당하다고 인정되는 방법에 의하여 자유로운 증명으로 그 임의성 유무를 판단하면 된다.
> ㉤ 일정한 증거가 발견되면 피의자가 자백하겠다고 한 약속이, 검사의 강요나 위계에 의하여 이루어졌다거나 또는 불기소처분이나 가벼운 죄의 소추 등 이익과 교환조건으로 이루어진 것으로 인정되지 않는다면, 그러한 약속 하에 행하여진 자백이라고 해서 임의성 없는 자백이라고 단정할 수 없다.

① ㉠, ㉡
② ㉠, ㉢
③ ㉢, ㉤
④ ㉠, ㉣, ㉤
⑤ ㉠, ㉢, ㉣, ㉤

해설

⑤ ㉠㉢㉣㉤(4개)은 옳은 지문이다. ㉡(1개)은 틀린 지문이다.

㉠ (O) [1] **임의성 없는 진술의 증거능력을 부정하는 취지**는, 허위진술을 유발 또는 강요할 위험성이 있는 상태하에서 행하여진 진술은 그 자체가 실체적 진실에 부합하지 아니하여 오판을 일으킬 소지가 있을 뿐만 아니라 그 진위를 떠나서 진술자의 기본적 인권을 침해하는 위법·부당한 압박이 가하여지는 것을 사전에 막기 위한 것이므로, **그 임의성에 다툼이 있을 때에는** 그 임의성을 의심할 만한 합리적이고 구체적인 사실을 피고인이 증명할 것이 아니고 **검사가 그 임의성의 의문점을 없애는 증명을 하여야 할 것이고, 검사가 그 임의성의 의문점을 없애는 증명을 하지 못한 경우에는 그 진술증거는 증거능력이 부정된다** 할 것이다.

ⓒ [2] 또한, 기록상 진술증거의 임의성에 관하여 의심할 만한 사정이 나타나 있는 경우에는 법원은 직권으로 그 임의성 여부에 관하여 조사를 하여야 하고, **임의성이 인정되지 아니하여 증거능력이 없는 진술증거는 피고인이** 증거로 함에 **동의하더라도 증거로 삼을 수 없다** 할 것이다(대법원2006. 11. 23.선고2004도7900판결).

ⓛ (×) [1] **피고인이 검사 이전의 수사기관의 조사과정에서 고문 등으로 임의성 없는 진술을 하고**, 그 후 검사의 조사단계에서도 임의성 없는 심리상태가 **계속되어 동일한 내용의 진술을 하였다면 비록 검사 앞에서 조사받을 당시는 고문 등 자백 강요를 당한 바가 없었다고 하여도 검사 앞에서의 자백은 결국 임의성 없는 진술이 될 수 밖에 없으니,** 피고인이 검사 이전의 수사기관에서 고문으로 임의성 없는 자백을 하였음을 주장하면서 검사 앞에서의 동일한 내용의 자백을 부인하고 있다면, 이는 결국 **검사 작성의 피의자신문조서의 임의성을 부인하는 취지라고 보아야 한다**(대법원1981. 10. 13.선고81도2160판결).

[2] 피고인이 검사 이전의 수사기관에서 고문 등 가혹행위로 인하여 임의성 없는 자백을 하고 그 후 검사의 조사단계에서도 임의성 없는 심리상태가 **계속되어 동일한 내용의 자백을 하였다면 검사의 조사단계에서 고문 등 자백의 강요행위가 없었다고 하여도 검사 앞에서의 자백도 임의성 없는 자백이라고 보아야 한다**(대법원 2013. 7. 11.선고2011도14044판결).

ⓒ (○) 피고인의 자백이 임의성이 없다고 의심할 만한 사유가 있는 때에 해당한다 할지라도 **그 임의성이 없다고 의심하게 된 사유들과 피고인의 자백과의 사이에 인과관계가 존재하지 않은 것이 명백한 때에는 그 자백은 임의성이 있는 것으로 인정된다**(대법원1984. 11. 27.선고84도2252판결). 결국, 임의성이 없다고 의심할 만한 사유가 있으나 **그 사유와 자백 간에 인과관계가 없는 경우**, 그 자백의 **임의성은 인정된다**.

ⓔ (○) [1] **피고인의 검찰진술의 임의성의 유무가 다투어지는 경우**에는 법원은 구체적인 사건에 따라 증거조사의 방법이나 증거능력의 제한을 받지 아니하고 제반 사정을 종합 참작하여 적당하다고 인정되는 방법에 의하여 **자유로운 증명으로 그 임의성 유무를 판단하면 된다**(대법원2001. 2. 9.선고2000도1216판결).

[2] 피고인의 검찰진술의 임의성의 유무가 다투어지는 경우, 법원은 구체적인 사건에 따라 피고인의 학력, 경력, 직업, 사회적 지위, 지능 정도, 진술의 내용, 피의자신문조서의 형식 등 제반 사정을 참작하여 **자유로운 심증으로** 위 진술이 임의로 된 것인지의 여부를 판단하면 된다(대법원2004. 3. 26.선고2003도8077판결).

ⓜ (○) **일정한 증거가 발견되면 피의자가 자백하겠다고 한 약속**이 검사의 강요나 위계에 의하여 이루어졌다던가 또는 불기소나 경한 죄의 소추등 **이익과 교환조건으로 된 것으로 인정되지 않는다면** 위와 같은 자백의 약속하에 된 자백이라 하여 곧 **임의성 없는 자백이라고 단정할 수는 없다**(대판1983.9.13. 83도712).

▶정답 ⑤

2. 자백 또는 그 증거능력에 관한 설명으로 가장 적절한 것은?(다툼이 있는 경우 판례에 의함)

(2024. 경찰승진)

① 피고인이 제출한 항소이유서에 '돈이 급해 지어서는 안될 죄를 지었습니다', '진심으로 뉘우치고 있습니다'라고 기재되어 있고 피고인이 항소심 공판기일에 항소이유서를 진술하였다면, 곧이어 있는 검사와 재판장 및 변호인의 각 심문에 대하여 피고인이 범죄사실을 부인하였고, 수사단계에서도 범죄사실을 일관되게 부인하여 왔더라도 항소이유서의 기재만으로 범죄사실을 자백한 것으로 볼 수 있다.

② 자백은 피고인의 진술이나 피의자의 지위에서 행한 진술을 말하며, 피의자의 지위가 발생하기 이전의 참고인으로서 행한 진술은 자백에 해당하지 않는다.

③ 검찰에서의 피고인이 자백이 임의성이 있어 그 증거능력이 인정된다면 자백의 진실성과 신빙성은 당연히 인정된다.

④ 임의성 없는 자백은 증거동의의 대상이 아니고 탄핵증거로도 사용될 수 없다.

▼해 설

④ (○) **임의성의 의심이 있는 자백**(마음에서 우러나오지 아니한 자백)은 절대적으로 증거능력이 부정된다. 따라서 본증, 반증, 보강증거, **탄핵증거 등으로 사용할 수 없고**, 또한 당사자가 증거로 함에 **동의를 하여도 증거능력이 부정된다**.

① (×) 피고인이 제출한 항소이유서에 '피고인은 돈이 급해 지어서는 안될 죄를 지었습니다.', '진심으로 뉘우치고 있습니다.'라고 기재되어 있고 피고인은 항소심 제2회 공판기일에 **위 항소이유서를 진술하였으나**, 곧 이어서 있은 검사와 재판장 및 변호인의 각 심문에 대하여 **피고인은 범죄사실을 부인하였고**, **수사단계에서도 일관되게** 그와 같이 **범죄사실을 부인하여 온 점**에 비추어 볼 때, 위와 같이 **추상적인 항소이유서의 기재만을 가지고** 범죄사실을 **자백한 것으로 볼 수 없다**(대법원1999. 11. 12. 선고99도3341판결). 결국, 피고인이 공판기일에서 진술한 항소이유서에 범죄사실을 인정하는 취지의 **추상적인 문구가 기재된 사실만**으로는 범죄사실을 **자백한 것으로 볼 수 없다**.

② (×) [1] **자백**은 **자기의 범죄사실의 전부 또는 일부를 인정하는 진술**을 말한다. 자백은 직접증거 · 진술증거 · 원본증거이다.
[2] 자백은 진술을 하는 자의 **법률적 지위는 불문**한다. 따라서 피고인, 피의자, **참고인**, 증인 **등의 지위에서 한 진술이 모두 자백에 해당한다**.
[3] **진술의 형식이나 상대방도 불문**한다. 따라서 구두 또는 서면에 의한 진술도 자백에 해당하고, 법원이나 법관에게 하던 수사기관이나 사인에 대하여 자백을 하던 불문한다. **상대방이 없는 경우도 자백에 해당한다**. 즉, 피고인이 자기의 범죄사실을 일기장에 기재하는 것도 자백에 해당한다.
[4] 자백은 자기의 범죄사실을 승인하는 진술이며, **형사책임을 긍정하는 진술임을 요하지 아니한다**. 따라서 **구성요건해당사실을 인정하면서 위법성 · 책임조각사유를 주장하는 것도 자백이다**.

③ (×) **검찰에서의 피고인의 자백이 임의성이 있어 그 증거능력이 부여된다** 하여 **자백의 진실성과 신빙성까지도 당연히 인정되어야 하는 것은 아니므로** 그 자백이 증명력이 있다고 하기 위해서는 그 자백의 진술내용 자체가 객관적인 합리성을 띠고 있는가, 그 자백의 동기나 이유 및 자백에 이르게 된 경위가 어떠한가, 자백 외의 정황증거 중 자백과 저촉되거나 모순되는 것이 없는가 하는 점을 **합리적으로 따져 보아야 한다**(대판2007. 9. 6. 2007도4959).

▼정답 ④

3. **자백배제법칙과 증거능력에 관한 설명으로 가장 적절하지 않은 것은?** (다툼이 있는 경우 판례에 의함)

(2024. 1차 경찰채용)

① 수사기관은 수사 중인 사건의 범죄 혐의를 밝히기 위한 목적으로 합리적인 근거 없이 별개의 사건을 부당하게 수사하여서는 아니되고, 다른 사건의 수사를 통하여 확보된 증거 또는 자료를 내세워 관련 없는 사건에 대한 자백이나 진술을 강요하여서도 아니된다.
② 피고인의 자백이 임의성이 없다고 의심할 만한 사유가 있는 때에 해당한다 할지라도 그 임의성이 없다고 의심하게 된 사유들과 피고인의 자백과의 사이에 인과관계가 존재하지 않은 것이 명백한 때에는 그 자백은 임의성이 있는 것으로 인정된다.
③ 피고인의 자백의 신빙성 유무를 판단할 때에는 그 자백에 「형사소송법」 제309조에 정한 사유 또는 자백의 동기나 과정에 합리적인 의심을 갖게 할 상황이 있었는지를 판단하여야 한다.
④ 증거조사를 마친 증거가 증거능력이 없음을 이유로 한 이의신청을 이유있다고 인정할 경우에 법원은 그 증거의 일부가 아니라 전부를 배제하는 결정을 하여야 한다.

▼해 설

④ (×) [1] **시기에 늦은** 이의신청, **소송지연만을 목적**으로 하는 것임이 **명백한 이의신청**은 **결정으로** 이를 **기각하여야** 한다. 다만, 시기에 늦은 이의신청이 중요한 사항을 대상으로 하고 있는 경우에는 시기에 늦은 것만을 이유로 하여 기각하여서는 아니된다(형사소송규칙 제139조 제1항).
[2] 증거조사를 마친 증거가 **증거능력이 없음**을 이유로 한 **이의신청**을 **이유있다고 인정할 경우**에는 그 증거의 **전부** 또는 **일부**를 배제한다는 취지의 **결정을 하여야 한다**(동규칙 제139조 제4항). 결국, 당사자가 **일부만을** 증거능력이 없다고 이의신청한 경우에 법원은 그 이의신청이 **이유있다고** 인정할 때에 증거능력이 없는 **일부만을 배제하는 결정을 하여야** 한다.

① (○) 수사기관은 수사 중인 사건의 범죄 혐의를 밝히기 위한 목적으로 합리적인 근거 없이 **별개의 사건을 부당하게 수사하여서는 아니 되고**, 다른 사건의 수사를 통하여 확보된 증거 또는 자료를 내세워 **관련 없는 사건에 대한 자백이나 진술을 강요하여서도 아니 된다**(제198조 제4항).〈신설 2022. 5. 9.〉

② (○) 피고인의 자백이 임의성이 없다고 의심할 만한 사유가 있는 때에 해당한다 할지라도 **그 임의성이 없다고 의심하게 된 사유들과 피고인의 자백과의 사이에 인과관계가 존재하지 않은 것이 명백한 때에는 그 자백은 임의성이 있는 것으로 인정된다**(대법원1984. 11. 27.선고84도2252판결).

③ (○) [1] 검찰에서의 피고인의 자백이 법정진술과 다르다거나 피고인에게 지나치게 불리한 내용이라는 사유만으로는 그 자백의 신빙성이 의심스럽다고 할 수는 없다.
[2] **자백의 신빙성 유무를 판단할 때에는** 자백의 진술 내용 자체가 객관적으로 합리성을 띠고 있는지, 자백의 동기나 이유가 무엇이며, 자백에 이르게 된 경위는 어떠한지 그리고 자백 이외의 정황증거 중 자백과 저촉되거나 모순되는 것이 없는지 하는 점 등을 고려하여 **피고인의 자백에 형사소송법 제309조에 정한 사유 또는 자백의 동기나 과정에 합리적인 의심을 갖게 할 상황이 있었는지를 판단하여야** 한다(대법원2019. 10. 31.선고 2018도2642판결).

▼정답 ④

4. 자백 및 자백배제법칙에 관한 설명 중 가장 적절하지 않은 것은?(다툼이 있으면 판례에 의함)

(2023. 경찰대편입)

① 수사기관에서 가혹행위 등으로 임의성 없는 자백을 하고, 그후 법정에서도 그러한 심리상태가 계속되어 동일한 내용의 자백을 하였다면 그러한 자백도 임의성 없는 자백에 해당한다.
② 피고인이 직접 고문당하지 않았더라도 가족이나 다른 피고인이 고문당하는 것을 보고 자백한 경우도 증거능력이 배제된다.
③ 자백의 임의성은 자유로운 증명으로 족하고, 검사에게 거증책임이 있다.
④ 임의성이 인정되지 아니하여 증거능력이 없는 진술증거는 피고인이 증거로 함에 동의하더라도 증거로 삼을 수 없다.
⑤ 일정한 증거가 발견되면 피의자가 자백하겠다고 한 약속이 검사의 강요나 위계에 의하여 이루어졌다던가 또는 불기소나 경한 죄의 소추등 이익과 교환조건으로 된 것으로 인정되지않는다 하더라도 임의성 없는 자백이라고 보아야 한다.

▼해 설

⑤ (×) 일정한 증거가 발견되면 피의자가 자백하겠다고 한 약속이 검사의 강요나 위계에 의하여 이루어졌다던가 또는 불기소나 경한 죄의 소추등 **이익과 교환조건으로 된 것으로 인정되지 않는다면** 위와 같은 자백의 약속하에 된 자백이라 하여 **곧 임의성 없는 자백이라고 단정할 수는 없다**(대판1983. 9. 13. 83도712).

① (○) 피고인이 수사기관에서 가혹행위 등으로 인하여 임의성 없는 자백을 하고 **그 후 법정에서도 임의성 없는 심리상태가 계속되어 동일한 내용의 자백을 하였다면 그 법정에서의 자백도 임의성 없는 자백이라고 보아야** 한다(대법원2012. 11. 29.선고2010도3029판결).

② (○) 피고인이 직접 고문당하지 않았으나 **다른 피고인이 고문당하는 것을 보고 한 자백도** 역시 **고문에 의한 자백에 해당한다**(대판77도463). 결국, 그 자백은 증거능력이 부정된다.

③ (○) 피고인의 검찰 진술의 **임의성의 유무가 다투어지는 경우**에는 법원은 구체적인 사건에 따라 증거조사의 방법이나 증거능력의 제한을 받지 아니하고 제반 사정을 종합 참작하여 적당하다고 인정되는 방법에 의하여 **자유로운 증명**으로 그 임의성 유무를 판단하면 된다(대법원2001. 2. 9.선고2000도1216판결).

④ (○) **임의성의 의심이 있는 자백**은 절대적으로 증거능력이 부정된다. 따라서 본증, 반증, 보강증거, 탄핵증거 등으로 사용할 수 없고, 또한 **당사자가 증거로 함에 동의를** 하여도 **증거능력이 부정된다**.

▼정답 ⑤

5. 자백배제법칙에 관한 설명으로 가장 적절하지 <u>않은</u> 것은?(다툼이 있는 경우 판례에 의함)

(2023. 2차 경찰채용)

① 피고인의 자백이 임의로 진술한 것이 아니라고 의심할 만한 이유가 있는 때에는 유죄의 증거가 될 수 없으며, 자백의 임의성이 인정되는 경우라도 수사기관에서의 신문절차에서 미리 진술거부권을 고지받지 아니하고 행한 것이라면 이는 위법하게 수집된 증거로서 증거능력이 부인되어야 한다.

② 자백은 일단 자백하였다가 이를 번복 내지 취소하더라도 그 효력이 없어지는 것은 아니기에, 피고인이 항소이유서에 '돈이 급해 지어서는 안될 죄를 지었습니다.', '진심으로 뉘우치고 있습니다.'라고 기재하였고 항소심 공판기일에 그 항소이유서를 진술하였다면, 이어진 검사의 신문에 범죄사실을 부인하였고 수사단계에서도 일관되게 범죄사실을 부인하여 온 사정이 있다고 하더라도 피고인이 자백한 것으로 볼 수 있다.

③ 피고인의 자백이 신문에 참여한 검찰주사가 피의사실을 자백하면 피의사실 부분은 가볍게 처리하고 부가적인 보안처분의 청구를 하지 않겠다는 각서를 작성하여 주면서 자백을 유도한 것에 기인한 것이라면 그 자백은 증거로 할 수 없다.

④ 「형사소송법」 제309조 소정의 사유로 임의성이 없다고 의심할 만한 이유가 있는 자백은 그 인과관계의 존재가 추정되는 것이므로 이를 유죄의 증거로 하려면 적극적으로 그 인과관계가 존재하지 아니하는 것이 인정되어야 할 것이다.

▼해 설

② (×) **피고인이 제출한 항소이유서에 '피고인은 돈이 급해 지어서는 안될 죄를 지었습니다.', '진심으로 뉘우치고 있습니다.'라고 기재되어** 있고 피고인은 항소심 제2회 공판기일에 **위 항소이유서를 진술하였으나**, 곧 이어서 있는 검사와 재판장 및 변호인의 각 심문에 대하여 **피고인은 범죄사실을 부인하였고, 수사단계에서도 일관되게** 그와 같이 **범죄사실을 부인하여 온 점**에 비추어 볼 때, 위와 같이 **추상적인 항소이유서의 기재만을 가지고** 범죄사실을 **자백한 것으로 볼 수 없다**(대법원1999. 11. 12.선고99도3341판결). 결국, 피고인이 공판기일에서 진술한 **항소이유서에 범죄사실을 인정하는 취지의 추상적인 문구가 기재된 사실만으로는 범죄사실을 자백한 것으로 볼 수 없다**.

① (○) 형사소송법이 보장하는 피의자의 진술거부권은 헌법이 보장하는 형사상 자기에 불리한 진술을 강요당하지 않는 자기부죄거부의 권리에 터 잡은 것이므로 **수사기관이 피의자를 신문함에 있어서 피의자에게 미리**

진술거부권을 고지하지 않은 때에는 그 피의자의 진술은 **위법하게 수집된 증거**로서 진술의 **임의성이 인정되는 경우라도 증거능력이 부인되어야** 한다(대법원2014. 4. 30.선고2012도725판결).

③ (○) 피고인의 자백이 심문에 참여한 검찰주사가 피의사실을 자백하면 피의사실부분은 가볍게 처리하고 보호감호의 청구를 하지 않겠다는 각서를 작성하여 주면서 자백을 유도한 것에 기인한 것이라면 **위 자백은 기망에 의하여 임의로 진술한 것이 아니라고 의심할 만한 이유가 있는 때에 해당**하여 형사소송법 제309조 및 제312조 제1항의 규정에 따라 **증거로 할 수 없다**(대법원1985. 12. 10.선고85도2182, 85감도313판결).

④ (○) [1] 피고인의 자백이 임의성이 없다고 의심할 만한 사유가 있는 때에 해당한다 할지라도 그 **임의성이 없다고 의심하게 된 사유들과 피고인의 자백과의 사이에 인과관계가 존재하지 않은 것이 명백한 때**에는 그 자백은 임의성이 있는 것으로 인정된다.

[2] 형사소송법 제309조의 취지는 피고인의 자백이 고문, 폭행, 협박, 신체구속의 부당한 장기화 또는 기망, 기타의 방법으로 임의로 진술한 것이 아닌지의 여부를 밝히기가 매우 어려운 점을 고려하여 **자백이 동조 소정의 사유로 임의성이 없다고 의심할 만한 이유가 있는 한** 그 **자백과 위 사유와 사이에 인과관계가 있음이 밝혀지지 않더라도 그 자백은 증거능력을 가지지 못하는 것**이다.

[3] **반면 피고인의 자백이 동조 소정의 사유로 임의성이 없다고 의심할 만한 이유가 있는 경우라도 그 자백과 임의성이 없다고 의심하게 된 사유와 사이에 인과관계가 존재하지 않는 것이 명백하여** 그 자백이 임의성있는 것임이 인정되는 때에는 그 자백은 증거능력을 가진다 할 것이지만 이와 같이 **임의성이 없다고 의심할 만한 이유가 있는 자백**은 **그 인과관계의 존재가 추정되는 것**이므로 이를 유죄의 증거로 하려면 **적극적으로 그 인과관계가 존재하지 아니하는 것이 인정되어야 할 것이다**(대법원1984. 11. 27.선고84도2252판결).

▶정답 ②

6. 자백의 임의성에 대한 설명으로 가장 적절하지 않은 것은?(다툼이 있는 경우 판례에 의함)

(2023. 경찰승진)

① 피고인이 수사기관에서 가혹행위 등으로 인하여 임의성 없는 자백을 하고 그 후 법정에서도 임의성 없는 심리상태가 계속되어 동일한 내용의 자백을 하였다면 그 법정에서의 자백도 임의성 없는 자백이라고 보아야 한다.
② 피고인이 자백의 임의성을 다투면서 그것이 허위자백이라고 다투는 경우, 검사가 그 임의성의 의문점을 없애는 증명을 해야하는 것이 아니고, 피고인이 그 임의성을 의심할 만한 합리적이고 구체적인 사실을 증명해야 한다.
③ 피고인이 피의자신문조서에 기재된 피고인의 진술이 임의성없는 허위자백이라고 다투는 경우, 법원은 구체적인 사건에 따라 피고인의 학력, 경력, 직업, 사회적 지위, 지능 정도, 진술의 내용, 피의자신문조서의 경우 그 조서의 형식 등 제반 사정을 참작하여 자유로운 심증으로 위 진술이 임의로 된 것인지 여부를 판단하면 된다.
④ 임의성 없는 자백은 피고인의 증거동의가 있는 경우에도 증거능력이 없다.

▶해 설

② (×) 임의성 없는 진술의 증거능력을 부정하는 취지는, 허위진술을 유발 또는 강요할 위험성이 있는 상태하에서 행하여진 진술은 그 자체가 실체적 진실에 부합하지 아니하여 오판을 일으킬 소지가 있을 뿐만 아니라 그 진위를 떠나서 진술자의 기본적 인권을 침해하는 위법·부당한 압박이 가하여지는 것을 사전에 막기 위한 것이므로, **그 임의성에 다툼이 있을 때에는 그 임의성을 의심할 만한 합리적이고 구체적인 사실을 피고인이 증명할 것이 아니고 검사가 그 임의성의 의문점을 없애는 증명을 하여야 하며**, 검사가 그 임의성의 의문점을 없애는 증명을 하지 못한 경우에는 그 진술증거는 증거능력이 부정된다(대법원2012. 11. 29. 선고2010도3029판결).

① (○) 대법원2012. 11. 29.선고2010도3029판결

③ (○) 대법원2013. 7. 11. 선고2011도14044판결
④ (○) **임의성의 의심이 있는 자백은 절대적으로 증거능력이 부정된다.** 따라서 본증, 반증, 보강증거, **탄핵증거** 등으로 사용할 수 없고, 또한 당사자가 증거로 함에 **동의를 하여도 증거능력이 부정된다.**

▶정답 ②

7. 자백배제법칙에 대한 설명으로 가장 적절하지 <u>않은</u> 것은? (다툼이 있는 경우 판례에 의함)

① 일정한 증거가 발견되면 피의자가 자백하겠다고 한 약속이 검사의 강요나 위계에 의하여 이루어졌다던가 또는 불기소나 경한 죄의 소추등 이익과 교환조건으로 된 것으로 인정되지 않는다면 위와 같은 자백의 약속하에 된 자백이라 하여 곧 임의성 없는 자백이라고 단정할 수는 없다.
② 피고인이나 그 변호인이 검사 작성의 당해 피고인에 대한 피의자신문조서의 임의성을 인정하는 진술을 하였다가 이를 번복하는 경우에도 검사가 그 임의성의 의문점을 없애는 증명을 하여야 한다.
③ 진술의 임의성에 다툼이 있을 때에는 검사가 그 임의성의 의문점을 없애는 증명을 하여야 하며, 검사가 이를 증명하지 못하면 그 진술증거의 증거능력은 부정된다.
④ 검찰에서의 피고인의 자백이 임의성이 있어 그 증거능력이 부여된다면 자백의 진실성과 신빙성까지도 당연히 인정된다.

▶해 설

④ (×) **검찰에서의 피고인의 자백이 임의성이 있어 그 증거능력이 부여된다** 하여 **자백의 진실성과 신빙성까지도 당연히 인정되어야 하는 것은 아니므로** 그 자백이 증명력이 있다고 하기 위해서는 그 자백의 진술내용 자체가 객관적인 합리성을 띠고 있는가, 그 자백의 동기나 이유 및 자백에 이르게 된 경위가 어떠한가, 자백 외의 정황증거 중 자백과 저촉되거나 모순되는 것이 없는가 하는 점을 합리적으로 따져 보아야 한다(대판2007. 9. 6. 2007도4959).
① (○) 대판1983. 9. 13. 83도712
② (○) **검사 작성의 당해 피고인에 대한 피의자신문조서에 기재된 진술의 임의성에 다툼이 있을 때에는** 그 임의성을 의심할 만한 합리적이고 구체적인 사실을 피고인이 증명할 것이 아니라 **검사가 그 임의성의 의문점을 없애는 증명을 하여야 하고,** 검사가 그 임의성의 의문점을 없애는 증명을 하지 못한 경우에는 그 조서는 유죄 인정의 증거로 사용할 수 없는데, 이러한 법리는 **피고인이나 그 변호인이 검사 작성의 당해 피고인에 대한 피의자신문조서의 임의성을 인정하는 진술을 하였다가 이를 번복하는 경우에도 마찬가지로 적용되어야 한다** (대판2008. 7. 10. 2007도7760).
③ (○) 임의성 없는 진술의 증거능력을 부정하는 취지는, 허위진술을 유발 또는 강요할 위험성이 있는 상태하에서 행하여진 진술은 그 자체가 실체적 진실에 부합하지 아니하여 오판을 일으킬 소지가 있을 뿐만 아니라 그 진위를 떠나서 진술자의 기본적 인권을 침해하는 위법·부당한 압박이 가하여지는 것을 사전에 막기 위한 것이므로, **그 임의성에 다툼이 있을 때에는** 그 임의성을 의심할 만한 합리적이고 구체적인 사실을 피고인이 증명할 것이 아니고 **검사가 그 임의성의 의문점을 없애는 증명을 하여야 하며,** 검사가 그 임의성의 의문점을 없애는 증명을 하지 못한 경우에는 **그 진술증거는 증거능력이 부정된다**(대법원2012. 11. 29. 선고2010도3029판결).

▶정답 ④

8. 피고인의 자백이 고문, 폭행, 협박, 신체구속의 부당한 장기화 또는 기망 기타의 방법으로 임의로 진술한 것이 아니라고 의심할 만한 이유가 있는 때에는 이를 유죄의 증거로 하지 못한다는 형사소송법 제309조의 내용과 관련된 설명으로 옳은 것은?

① 피고인이 피의자의 지위에서 행한 진술은 피고인의 자백에 해당하지 않는다.
② 가벼운 형으로 처벌받도록 유도한 결과 얻어진 자백은 유죄의 증거로 하지 못한다.
③ 진술의 임의성을 잃게 하는 사정은 이례적인 것이 아니므로 피고인의 진술은 임의성이 없다고 추정된다.
④ 피고인이 경찰수사단계에서 임의성 없는 자백을 하고 그 후 검사의 조사단계에서도 임의성 없는 심리상태가 계속되어 동일한 내용의 자백을 하였더라도 검사의 조사단계에서 고문 등 자백의 강요행위가 없었다면 검사 앞에서의 자백은 임의성 없는 자백이라고 볼 수 없다.

▼해 설

② (○) 피고인이 처음 검찰조사시에 범행을 부인하다가 뒤에 자백을 하는 과정에서 금 200만원을 뇌물로 받은 것으로 하면 특정범죄가중처벌등에관한법률 위반으로 중형을 받게 되니 금 200만원 중 금 30만원을 술값을 갚은 것으로 조서를 허위작성한 것이라면 이는 **단순 수뢰죄의 가벼운 형으로 처벌되도록 하겠다고 약속하고 자백을 유도한 것**으로 위와 같은 상황하에서 한 자백은 그 **임의성에 의심**이 가고 따라서 진실성이 없다는 취지에서 이를 배척하였다 하여 자유심증주의의 한계를 벗어난 위법이 있다고는 할 수 없다(대판83도2782). 결국, **가벼운 형으로 처벌받도록 유도한 결과 얻어진 자백**은 **임의성이 없다**고 할 것이다.
① (×) 피의자의 지위에서 행한 진술도 제309조의 피고인의 자백에 **해당한다**.
③ (×) 진술의 임의성이라는 것은 고문, 폭행, 협박, 신체구속의 부당한 장기화 또는 기망 기타 진술의 임의성을 잃게 하는 사정이 있다는 것 즉 증거의 수집과정에 위법성이 없다는 것인데 진술의 임의성을 잃게 하는 그와 같은 사정은 헌법이나 형사소송법의 규정에 비추어 볼 때 **이례에 속한다고 할 것이므로 진술의 임의성은 추정된다**고 볼 것이다(대판82도3248).
④ (×) 피고인이 **검사 이전의 수사기관의 조사과정에서 고문 등으로 임의성 없는 진술을 하고, 그 후 검사의 조사단계에서도** 임의성 없는 심리상태가 **계속**되어 동일한 내용의 진술을 하였다면 비록 검사 앞에서 조사받을 당시는 고문 등 자백 강요를 당한 바가 없었다고 하여도 **검사 앞에서의 자백은 결국 임의성 없는 진술이 될 수 밖에 없으니**, 피고인이 검사 이전의 수사기관에서 고문으로 임의성 없는 자백을 하였음을 주장하면서 검사 앞에서의 동일한 내용의 자백을 부인하고 있다면, 이는 결국 **검사 작성의 피의자신문조서의 임의성을 부인하는 취지라고 보아야 한다**(대판81도2160).

▼정답 ②

9. 다음에 설명한 내용 중 증거능력이 인정되는 경우는 모두 몇 개인가?(다툼이 있으면 판례에 의함)

㉠ 피고인 신문에 참여한 검찰주사가 "자백하면 보호감호를 청구하지 않게 해 주겠다"는 각서를 작성하면서 받아낸 자백
㉡ 특정범죄가중처벌등에관한법률을 적용하지 않고 그 보다 가벼운 수뢰죄를 적용하겠다고 약속하고서 받아낸 자백
㉢ 검찰에서 30시간 동안 잠을 재우지 않은 상태에서 받아낸 피고인의 자백

① 0개　　　　　　② 1개
③ 2개　　　　　　④ 3개

▼해 설

① ㉠㉡㉢(3개)은 모두 증거능력이 없다.
㉠ (증거능력 ×) 피고인의 자백이 신문에 참여한 **검찰주사가 피의사실을 자백하면** 피의사실 부분은 **가볍게 처리하고 보호감호의 청구를 하지 않겠다는 각서를 작성**하여 주면서 자백을 유도한 것에 기인한 것이라면 위 자백은 기망에 의하여 임의로 진술한 것이 아니라고 의심할 만한 이유가 있으므로 **증거로 할 수 없다**(대판85도2182, 85감도313).
㉡ (증거능력 ×) 특정범죄가중처벌등에관한법률위반(수뢰)대신 **단순 수뢰죄의 가벼운 형으로 처벌되도록 하겠다고 약속하고 자백을 얻은 경우에는 그 자백의 임의성에 의심이 간다**(대판83도2782). 결국, 증거능력이 없다.
㉢ (증거능력 ×) 피고인의 자백이 검찰에 연행된 때로부터 **약 30시간 동안 잠을 재우지 아니한 채** 검사2명이 교대로 신문하면서 회유한 끝에 **획득한 자백**은 그 임의성이 부정되어 그 피의자신문조서는 **증거능력이 없다**(대판95도1964).

▼정답 ①

10. 다음의 증거법칙 중 성격이 나머지와 다른 하나는?

① 전문법칙
② 자백배제법칙
③ 위법수집증거배제법칙
④ 자백의 보강법칙

▼해 설

④ (O) [1] **자백의 보강법칙**은 **증명력**에 관한 증거법칙이다.
　　　[2] 그러나 ①②③은 **증거능력**에 관한 증거법칙이다.

▼정답 ④

제02절 위법수집증거배제법칙

1. 위법수집증거의 배제에 대한 설명으로 옳지 않은 것만을 모두 고른 것은? (다툼이 있는 경우 판례에 의함)

(2024. 경찰대 편입)

㉠ 수사기관이 피의자를 신문하면서 피의자에게 미리 진술거부권을 고지하지 않은 때에는 그 피의자의 진술은 위법하게 수집된 증거로서 증거능력이 부정된다.
㉡ 영장담당판사가 발부한 압수·수색영장의 서명날인란에 서명만 있고 날인이 없는 경우, 그 영장은 「형사소송법」이 정한 요건을 갖추지 못하여 적법하게 발부되었다고 볼수는 없으나, 그 영장에 의하여 압수한 파일 출력물과 이에 기초하여 획득한 2차적 증거인 피의자신문조서와 법정진술은 유죄인정의 증거로 사용할 수 있다.

ⓒ 피의자의 동의 없이 혈액을 채취하고, 사후적으로도 이에 대한 영장을 발부받지 않고 강제 채혈한 혈액 일부에 관한 감정이 이루어진 경우라도, 이러한 감정결과보고서는 영장주의 원칙을 위반하여 수집되거나 그에 기초한 증거로서 그 절차 위반행위가 적법절차의 실질적인 내용을 침해하는 정도에 해당하지 않으므로, 이러한 증거는 피고인이나 변호인의 증거동의가 있다면 유죄의 증거로 사용할 수 있다.
ⓔ 군검사가 피의자를 뇌물수수 혐의로 공소제기한 후 형사사법공조절차를 거치지 않고 외국 현지로 출장을 가서 그곳에서 뇌물공여자를 상대로 참고인 진술조서를 작성한 경우, 참고인 조사는 증거수집을 위한 수사행위이고, 조사장소가 외국이기는 하지만 조사의 상대방이 우리나라 국민이고 조사에 스스로 응하였다면, 그 참고인 진술조서는 위법하게 수집한 증거가 아니다.

① ㉠
② ㉡
③ ㉢
④ ㉢㉣
⑤ ㉡㉢㉣

▶해 설

③ ㉠㉡㉣(3개)은 옳은 지문이다. ㉢(1개)은 틀린 지문이다.

㉠ (○) [1] **피의자의 진술을 녹취 내지 기재한 서류 또는 문서**가 수사기관에서의 **조사 과정에서 작성된 것이라면, 그것이 '진술조서, 진술서, 자술서'라는 형식을 취하였다고** 하더라도 **피의자신문조서와 달리 볼 수 없다.** 형사소송법이 보장하는 피의자의 진술거부권은 헌법이 보장하는 형사상 자기에게 불리한 진술을 강요당하지 않는 자기부죄거부의 권리에 터 잡은 것이므로, **수사기관이 피의자를 신문함에 있어서 피의자에게 미리 진술거부권을 고지하지 않은 때에는 그 피의자의 진술은 위법하게 수집된 증거로서 진술의 임의성이 인정되는 경우라도 증거능력이 부인되어야 한다.**
[2] 검사가 국가보안법 위반죄로 구속영장을 발부받아 피의자신문을 한 다음, 구속 기소한 후 다시 피의자를 소환하여 공범들과의 조직구성 및 활동 등에 관한 신문을 하면서 피의자신문조서가 아닌 일반적인 진술조서의 형식으로 조서를 작성한 사안에서, **진술조서의 내용이 피의자신문조서와 실질적으로 같고**, 진술의 임의성이 인정되는 경우라도 미리 피의자에게 **진술거부권을 고지하지 않았다면 위법수집증거에 해당**하므로, **유죄인정의 증거로 사용할 수 없다**(대법원 2009. 8. 20. 선고 2008도8213 판결).

㉡ (○) 신지의 경우, **판사의 날인이 누락된 압수·수색영장에 기초하여 수집한 증거의 증거능력을 인정할 것인가**의 문제인데, **대법원 판결의 내용**은 다음과 같다.
[1] **압수·수색영장에는** 피의자의 성명, 죄명, 압수할 물건, 수색할 장소, 신체, 물건, 발부 연월일, 유효기간과 그 기간을 경과하면 집행에 착수하지 못하며 영장을 반환하여야 한다는 취지, 그 밖에 대법원규칙으로 정한 사항을 기재하고 **영장을 발부하는 법관이 서명날인하여야 한다**(형사소송법 제219조, 제114조 제1항 본문). **이 사건 영장**은 법관의 **서명날인란에 서명만 있고 날인이 없으므로**, 형사소송법이 정한 요건을 갖추지 못하여 **적법하게 발부되었다고 볼 수 없다.** 그런데도 **원심이** 이와 달리 이 사건 영장이 법관의 진정한 의사에 따라 발부되었다는 등의 이유만으로 **이 사건 영장이 유효하고 판단한 것은 잘못이다.**
[2] 그러나 여러 사정을 전체적·종합적으로 고려하면, **이 사건 영장에 따라 압수한 이 사건 파일 출력물과** 이에 기초하여 획득한 **2차적 증거인** 검사 작성의 피고인 갑에 대한 피의자신문조서, 경찰 작성의 공소외 을에 대한 피의자신문조서, 공소외 병 등의 **각 법정진술은 유죄 인정의 증거로 사용할 수 있는 경우에 해당한다.**
[3] **이 사건 파일 출력물이 적법하지 않은 영장에 기초하여 수집되었다는 절차상의 결함이 있지만**, 이는 법관이 공소사실과 관련성이 있다고 판단하여 발부한 영장에 기초하여 취득된 것이고, 위와 같은 결함은 피고인 갑의 기본적 인권보장 등 법익 침해 방지와 관련성이 적다. 이 사건 파일 출력물의 **취득 과정에서 절차 조항 위반의 내용과 정도가 중대하지 않고 절차 조항이 보호하고자 하는 권리나 법익을 본질적으로 침해하였다고 볼 수 없다.** 오히려 이러한 경우에까지 공소사실과 관련성이 높은 **이 사건 파일 출력물의 증거능력을 배제하**

는 것은 **적법절차의 원칙**과 **실체적 진실 규명**의 조화를 도모하고 이를 통하여 **형사 사법 정의를 실현하려는 취지에 반하는 결과를 초래할 수 있다.**

[4] 요컨대, **이 사건 영장이 형사소송법이 정한 요건을 갖추지 못하여 적법하게 발부되지 못하였다고 하더라도, 그 영장에 따라 수집한 이 사건 파일 출력물의 증거능력을 인정할 수 있다. 이에 기초하여 획득한 2차적 증거인 위 각 증거 역시 증거능력을 인정할 수 있다**(대법원2019. 7. 11.선고2018도20504판결). 결국, 영장담당**판사가 발부한 압수·수색영장의 서명날인란에 서명만 있고 날인이 없는 경우, 그 영장은 「형사소송법」이 정한 요건을 갖추지 못하여 적법하게 발부되었다고 볼 수는 없으나, 그 영장에 의하여 압수한 파일 출력물과 이에 기초하여 획득한 2차적 증거인 피의자신문조서와 법정진술은 유죄인정의 증거로 사용할 수 있다.**

ⓒ (×) [1] 형사소송법에 위반하여 수사기관이 법원으로부터 영장 또는 감정처분허가장을 발부받지 아니한 채 피의자의 동의 없이 피의자의 신체로부터 **혈액을 채취**하고 사후적으로도 지체 없이 이에 대한 영장을 발부받지도 아니한 채 강제채혈한 피의자의 혈액 중 알콜농도에 관한 감정이 이루어졌다면, 이러한 **감정결과보고서 등은 형사소송법상 영장주의 원칙을 위반하여 수집되거나 그에 기초한 증거로서 그 절차 위반행위가 적법절차의 실질적인 내용을 침해하는 정도에 해당**하고, 이러한 증거는 피고인이나 변호인의 증거동의가 있다고 하더라도 **유죄의 증거로 사용할 수 없다.**

[2] 피고인이 운전 중 교통사고를 내고 의식을 잃은 채 병원 응급실로 호송되자, 출동한 경찰관이 법원으로부터 압수·수색 또는 검증 영장을 발부받지 아니한 채 **피고인의 동서로부터 채혈동의를 받고 의사로 하여금 채혈을 하도록 한 사안**에서, 원심이 적법한 절차에 따르지 아니하고 수집된 피고인의 혈액을 이용한 혈중알콜농도에 관한 **국립과학수사연구소 감정서 및 이에 기초한 주취운전자적발보고서의 증거능력을 부정한 것은 정당하고,** 음주운전자에 대한 채혈에 관하여 영장주의를 요구할 경우 증거가치가 없게 될 위험성이 있다거나 음주운전 중 교통사고를 야기하고 의식불명 상태에 빠져 병원에 후송된 자에 대해 수사기관이 수사의 목적으로 의료진에게 요청하여 혈액을 채취한 사정이 있다고 하더라도 **이러한 증거의 증거능력을 배제하는 것이 형사사법 정의를 실현하려고 한 취지에 반하는 결과를 초래하는 예외적인 경우에 해당한다고 볼 수 없다**(대법원2011. 4. 28.선고2009도2109판결). 결국, 피고인에 대한 구 도로교통법 위반(음주운전)의 공소사실을 무죄로 판단하였다.

ⓓ (○) [1] **검찰관이 피고인을 뇌물수수 혐의로 기소한 후,** 형사사법공조절차를 거치지 아니한 채 과테말라공화국에 현지출장하여 그곳 호텔에서 **뇌물공여자 갑을 상대로 참고인 진술조서를 작성한 사안**에서, 검찰관의 갑에 대한 참고인조사가 증거수집을 위한 수사행위에 해당하고 그 조사 장소가 우리나라가 아닌 과테말라공화국의 영역에 속하기는 하나, 조사의 상대방이 우리나라 국민이고 그가 조사에 스스로 응함으로써 **조사의 방식이나 절차에 강제력이나 위력은 물론 어떠한 비자발적 요소도 개입될 여지가 없었음이 기록상 분명한 이상**, 피고인에 대한 국내 형사소송절차에서 위와 같은 사유로 인하여 **위법수집증거배제법칙이 적용된다고 볼 수 없다**(위법수집증거에는 해당하지 않는다).

[2] 검찰관이 피고인을 뇌물수수 혐의로 기소한 후, 형사사법공조절차를 거치지 아니한 채 과테말라공화국에 현지출장하여 그곳 호텔에서 뇌물공여자 갑을 상대로 참고인 진술조서를 작성한 사안에서, **갑이 자유스러운 분위기에서 임의수사 형태로 조사에 응하였고 조서에 직접 서명·무인하였다는 사정만으로 특신상태를 인정하기에 부족할 뿐만 아니라**, 검찰관이 군사법원의 증거조사절차 외에서, 그것도 형사사법공조절차나 과테말라공화국 주재 우리나라 영사를 통한 조사 등의 방법을 택하지 않고 직접 현지에 가서 조사를 실시한 것은 **수사의 정형적 형태를 벗어난 것이라고 볼 수 있는 점 등 제반 사정에 비추어 볼 때, 진술이 특별히 신빙할 수 있는 상태에서 이루어졌다는 점에 관한 증명이 있다고 보기 어려워 갑의 진술조서는 증거능력이 인정되지 아니하므로, 이를 유죄의 증거로 삼을 수 없다**(특신상태가 증명되지 않아 증거능력이 없다).

[3] 검찰관이 공판기일에 제출한 증거 중 뇌물공여자 갑이 작성한 고발장에 대하여 피고인의 변호인이 증거 부동의 의견을 밝히고, 같은 고발장을 첨부문서로 포함하고 있는 검찰주사보 작성의 수사보고에 대하여는 증거에 동의하여 증거조사가 행하여졌는데, 원심법원이 수사보고에 대한 증거동의의 효력이 첨부된 고발장에도 당연히 미친다고 보아 이를 유죄의 증거로 삼은 사안에서, 수사기관이 수사과정에서 수집한 자료를 기록에 현출시키는 방법으로 자료의 의미, 성격, 혐의사실과의 관련성 등을 수사보고의 형태로 요약·설명하고 해당 자료를 수사보고에 첨부하는 경우, 수사보고에 기재된 내용은 수사기관이 첨부한 자료를 통하여 얻은 인식·판단·추론이거나 자료의 단순한 요약에 불과하여 원 자료로부터 독립하여 공소사실에 대한 증명력을 가질 수 없고, 피고인이나 변호인도 수사보고의 증명력을 위와 같은 취지로 이해하여 공소사실을 부인하면서도 수사보고의 증거능력을 다투지 않은 것으로 보이는 등의 제반 사정에 비추어, **위 고발장은 군사법원법에 따른 적법한 증거신청·증거결정·증거조사 절차를 거쳤다고 볼 수 없거나 공소사실을 뒷받침하는 증명력을 가진 증거가 아니므로 이를 유죄의 증거로 삼을 수 없다.**

[4] 해병대 소속 장교로서 군부대 시설공사를 담당하는 피고인이 직무와 관련하여 건설업자 갑에게서 뇌물을 수수하였다고 하여 특정범죄 가중처벌 등에 관한 법률 위반(뇌물)으로 기소된 사안에서, **검찰관 작성의 뇌물 공여자 갑에 대한 참고인 진술조서와 검찰주사보 작성의 수사보고에 첨부된 갑의 고발장은 이를 유죄의 증거로 삼을 수 없다**(대법원2011. 7. 14. 선고2011도3809판결). 결국, 이 **참고인 진술조서는 위법하게 수집한 증거가 아니지만, 특신상태가 증명되지 않아 증거능력이 없다.**

▼정답 ③

2. 위법수집증거의 배제에 관한 설명으로 옳은 것은 모두 몇 개인가? (다툼이 있는 경우 판례에 의함)

(2024. 경찰승진)

㉠ 수사기관이 범행현장에서 지문채취 대상물인 유리컵에서 지문을 채취하고, 그 후 그 유리컵을 적법한 절차에 의하지 않고 압수했다고 하더라도, 채취된 지문은 위법하게 압수한 지문채취 대상물로부터 획득한 2차적 증거에 해당하지 않으므로 위법수집증거에 해당하지 않는다.

㉡ 경찰관들이 피고인 甲, 乙, 丙의 나이트클럽 내에서의 음란행위 영업에 관한 범죄 혐의가 포착된 상태에서 그 증거를 보전하기 위하여 불특정 다수에게 공개된 장소인 클럽에 통상적인 방법으로 출입하여 손님들에게 공개된 丙의 성행위를 묘사하는 장면이 포함된 공연에 대한 촬영이 영장없이 이루어졌다면, 이 촬영물과 이를 캡처한 영상사진은 증거능력이 없다.

㉢ 호텔 투숙객 甲이 마약을 투약하였다는 신고를 받고 출동한 경찰관이 임의동행을 거부하는 甲을 강제로 경찰서로 데리고가서 채뇨 요구를 하자 이에 甲이 응하여 소변검사가 이루어진 경우, 그 결과물인 '소변검사시인서'는 증거능력이 없다.

㉣ 甲이 휴대전화기로 乙과 약 8분간의 통화를 마친 후 乙에 대한 예우 차원에서 바로 전화를 끊지 않고 乙이 먼저 전화를 끊기를 기다리던 중, 그 휴대전화기로부터 乙과 丙이 대화하는 내용이 들리자 이를 그 휴대전화기의 수신 및 녹음기능을 이용하여 대화를 몰래 청취하면서 녹음한 경우에 이 녹음은 위법하다고 할 수 있다.

---

① 1개 ② 2개
③ 3개 ④ 4개

▼해 설

③ ㉠㉢㉣(3개)은 맞는 지문이나, ㉡(1개)만 틀린 지문이다.

㉠ (○) 범행 현장에서 지문채취 대상물에 대한 지문채취가 먼저 이루어진 이상, 수사기관이 그 이후에 지문채취 대상물을 적법한 절차에 의하지 아니한 채 압수하였다고 하더라도(한편, 이 사건 지문채취 대상물인 맥주컵, 물컵, 맥주병 등은 피해자 공소외 1이 운영하는 주점 내에 있던 **피해자 공소외 1의 소유로서 이를 수거한 행위가 피해자 공소외 1의 의사에 반한 것이라고 볼 수 없으므로, 이를 가리켜 위법한 압수라고 보기도 어렵다**), 위와 같이 **채취된 지문은 위법하게 압수한 지문채취 대상물로부터 획득한 2차적 증거에 해당하지 아니함이 분명하여, 이를 가리켜 위법수집증거라고 할 수 없으므로, 원심이 이를 증거로 채택한 것이 위법하다고 할 수 없다**(대법원2008. 10. 23. 선고2008도7471판결).

㉡ (×) [1] 수사기관이 범죄를 수사하면서 현재 범행이 행하여지고 있거나 행하여진 직후이고, 증거보전의 필요성 및 긴급성이 있으며, 일반적으로 허용되는 상당한 방법으로 촬영한 경우라면 위 촬영이 영장 없이 이루어졌다 하여 이를 위법하다고 할 수 없다. 다만 촬영으로 인하여 초상권, 사생활의 비밀과 자유, 주거의 자유 등이 침해될 수 있으므로 수사기관이 일반적으로 허용되는 상당한 방법으로 촬영하였는지 여부는 수사기관

이 촬영장소에 통상적인 방법으로 출입하였는지 또 촬영장소와 대상이 사생활의 비밀과 자유 등에 대한 보호가 합리적으로 기대되는 영역에 속하는지 등을 종합적으로 고려하여 신중하게 판단하여야 한다.

[2] 나이트클럽(이하 '클럽'이라 한다)의 운영자 피고인 갑, 연예부장 피고인 을, 남성무용수 피고인 병이 공모하여 클럽 내에서 성행위를 묘사하는 공연을 하는 등 음란행위영업을 하여 풍속영업의 규제에 관한 법률 위반으로 기소되었는데, 당시 경찰관들이 클럽에 출입하여 피고인 병의 공연을 촬영한 영상물 및 이를 캡처한 영상사진이 증거로 제출된 사안에서, 경찰관들은 국민신문고 인터넷사이트에 '클럽에서 남성무용수의 음란한 나체쇼가 계속되고 있다.'는 민원이 제기되자 그에 관한 증거수집을 목적으로 클럽에 출입한 점, 클럽은 영업시간 중에는 출입자격 등의 제한 없이 성인이라면 누구나 출입이 가능한 일반적으로 개방되어 있는 장소인 점, 경찰관들은 클럽의 영업시간 중에 손님들이 이용하는 출입문을 통과하여 출입하였고, 출입 과정에서 보안요원 등에게 제지를 받거나 보안요원이 자리를 비운 때를 노려 몰래 들어가는 등 특별한 사정이 발견되지 않는 점, 피고인 병은 클럽 내 무대에서 성행위를 묘사하는 장면이 포함된 공연을 하였고, 경찰관들은 다른 손님들과 함께 객석에 앉아 공연을 보면서 불특정 다수의 손님들에게 공개된 피고인 병의 모습을 촬영한 점에 비추어 보면, **위 촬영물은 경찰관들이** 피고인들에 대한 범죄 혐의가 포착된 상태에서 클럽내에서의 음란행위 영업에 관한 **증거를 보전하기 위하여**, 불특정 다수에게 공개된 장소인 클럽에 **통상적인 방법으로 출입하여 손님들에게 공개된 모습을 촬영한 것이므로, 영장 없이 촬영이 이루어졌더라도 위 촬영물과 이를 캡처한 영상사진은 증거능력이 인정된다**(대법원2023. 4. 27. 선고2018도8161판결).

ⓒ (O) [1] **피의자가 동행을 거부하는 의사를 표시하였음에도 불구하고 경찰관들이 영장에 의하지 아니하고 피의자를 강제로 연행한 행위는** 수사상의 강제처분에 관한 형사소송법상의 절차를 무시한 채 이루어진 것으로 **위법한 체포에 해당**하고, 이와 같이 위법한 체포상태에서 마약 투약 혐의를 확인하기 위한 채뇨 요구가 이루어진 경우, 채뇨 요구를 위한 위법한 체포와 그에 이은 채뇨 요구는 마약 투약이라는 범죄행위에 대한 증거수집을 위하여 연속하여 이루어진 것으로서 개별적으로 그 적법 여부를 평가하는 것은 적절하지 아니하므로 그 일련의 과정을 **전체적으로 보아 위법한 채뇨 요구가 있었던 것으로 볼 수밖에 없다.**

[2] 마약 투약 혐의를 받고 있던 피고인이 임의동행을 거부하겠다는 의사를 표시하였는데도 경찰관들이 피고인을 영장 없이 강제로 연행한 상태에서 마약 투약 여부의 확인을 위한 1차 채뇨절차가 이루어졌는데, 그 후 피고인의 소변 등 채취에 관한 압수영장에 기하여 2차 채뇨절차가 이루어지고 그 결과를 분석한 소변감정서 등이 증거로 제출된 사안에서, **피고인을 강제로 연행한 조치는 위법한 체포에 해당**하고, **위법한 체포 상태에서 이루어진 채뇨 요구 또한 위법**하므로 그에 의하여 수집된 **'소변검사시인서'는 유죄 인정의 증거로 삼을 수 없다.**

[3] 한편 연행 당시 피고인이 마약을 투약한 것이거나 자살할지도 모른다는 취지의 구체적 제보가 있었던 데다가, 피고인이 경찰관 앞에서 바지와 팬티를 내리는 등 비상식적인 행동을 하였던 사정 등에 비추어 피고인에 대한 긴급한 구호의 필요성이 전혀 없었다고 볼 수 없는 점, 경찰관들은 임의동행시점으로부터 얼마 지나지 아니하여 체포의 이유와 변호인 선임권 등을 고지하면서 피고인에 대한 긴급체포의 절차를 밟는 등 절차의 잘못을 시정하려고 한 바 있어, **경찰관들의 위와 같은 임의동행조치는 단지 수사의 순서를 잘못 선택한 것이라고 할 수 있지만** 관련 **법규정으로부터의 실질적 이탈 정도가 헌법에 규정된 영장주의 원칙을 현저히 침해할 정도에 이르렀다고 보기 어려운 점** 등에 비추어 볼 때, 위와 같은 2차적 증거 수집이 위법한 체포·구금절차에 의하여 형성된 상태를 직접 이용하여 행하여진 것으로는 쉽사리 평가할 수 없으므로, **이와 같은 사정은 체포과정에서의 절차적 위법과 2차적 증거 수집 사이의 인과관계를 희석하게 할 만한 정황에 속하고,** 메스암페타민 **투약 범행의 중대성도 아울러 참작될 필요가 있는 점** 등 제반 사정을 고려할 때 **2차적 증거인 소변 감정서 등은 증거능력이 인정된다**(대법원2013. 3. 14. 선고2012도13611판결).

ⓔ (O) [1] 구 통신비밀보호법(2014. 1. 14. 법률 제12229호로 개정되기 전의 것) 제3조 제1항이 공개되지 아니한 타인간의 대화를 녹음 또는 청취하지 못하도록 한 것은, **대화에 원래부터 참여하지 않는 제3자가 그 대화를 하는 타인간의 발언을 녹음 또는 청취해서는 아니 된다**는 취지이다. 따라서 대화에 원래부터 참여하지 않는 **제3자가 일반 공중이 알 수 있도록 공개되지 아니한 타인간의 발언을 녹음하거나 전자장치 또는 기계적 수단을 이용하여 청취하는 것은** 특별한 사정이 없는 한 같은 법 제3조 제1항**에 위반된다.**

[2] 한편 어떠한 범죄가 적극적 작위에 의하여 이루어질 수 있음은 물론 결과의 발생을 방지하지 아니하는 소극적 부작위에 의하여도 실현될 수 있는 경우에, 행위자가 자신의 신체적 활동이나 물리적·화학적 작용을 통하여 적극적으로 타인의 법익 상황을 악화시킴으로써 결국 그 타인의 법익을 침해하기에 이르렀다면, 이는 **작위에 의한 범죄로 봄이 원칙이다.**

[3] 피고인이 ○○○신문사 빌딩에서 휴대폰의 녹음기능을 작동시킨 상태로 공소외 1 재단법인(이하 '공소외 1 법인'이라고 한다)의 이사장실에서 집무중이던 공소외 1 법인 이사장인 공소외 2의 휴대폰으로 전화를걸어 공소외 2와 약 8분간의 전화통화를 마친 후 상대방에 대한 예우 차원에서 바로 전화통화를 끊지 않고 공소외 2가 전화를 먼저 끊기를 기다리던중, 평소 친분이 있는 △△방송 기획홍보본부장 공소외 3이 공소외 2와 인사를 나누면서 △△방송 전략기획부장 공소외 4를 소개하는 목소리가 피고인의 휴대폰을 통해 들려오고, 때마침 공소외 2가 실수로 휴대폰의 통화종료 버튼을 누르지 아니한 채 이를 이사장실 내의 탁자 위에 놓아두자, **공소외 2의 휴대폰과 통화연결상태에 있는 자신의 휴대폰 수신 및 녹음기능을 이용하여** 이 사건 **대화를 몰래 청취하면서 녹음한 사실을 인정**한 다음, **피고인은 이 사건 대화에 원래부터 참여하지 아니한 제3자이므로, 통화연결상태에 있는 휴대폰을 이용하여 이 사건 대화를 청취·녹음하는 행위는 작위에 의한** 구 통신비밀보호법 제3조의 **위반행위로서** 같은 법 제16조 제1항 제1호에 의하여 **처벌된다**(대법원2016. 5. 12. 선고2013도15616판결).

▼정답 ③

3. 위법수집증거배제법칙에 관한 설명으로 가장 적절하지 <u>않은</u> 것은? (다툼이 있는 경우 판례에 의함)

(2024. 1차 경찰채용)

① 피의자에 대한 진술거부권 고지는 피의자의 진술거부권을 실효적으로 보장하여 진술이 강요되는 것을 막기 위한 것인데, 이러한 진술거부권 고지에 관한 「형사소송법」 규정 내용 및 진술거부권 고지가 갖는 실질적인 의미를 고려하면, 수사기관이 수사를 개시하는 행위를 하기 전이어서 피의자 지위에 있지 아니한 자에 대하여 진술거부권이 고지되지 아니한 때에도 그 진술의 증거능력은 인정할 수 없다.

② 수사기관이 피압수자 측에 참여의 기회를 보장하거나 압수한 전자정보 목록을 교부하지 않는 등 영장주의 원칙과 적법절차를 준수하지 않은 위법한 압수·수색 과정을 통하여 취득한 증거는 위법수집증거에 해당하고, 사후에 법원으로부터 영장이 발부되었다거나 피고인이나 변호인이 이를 증거로 함에 동의하였다고하여 위법성이 치유되는 것도 아니다.

③ 수사기관이 네트워크 카메라 등을 설치·이용하여 피고인의 행동과 피고인이 본 태블릿 개인용 컴퓨터 화면내용을 일반적으로 허용되는 상당한 방법에 의하지 않고 영장 없이 촬영한 것은 수사의 비례성·상당성 원칙과 영장주의 등을 위반한 것이므로 그로 인해 취득한 영상물 등의 증거는 증거능력이 없다.

④ 수사기관의 절차 위반 행위가 적법절차의 실질적인 내용을 침해하지 아니하고, 오히려 그 증거의 증거능력을 배제하는 것이 헌법과 「형사소송법」이 형사소송에 관한 절차 조항을 마련하여 적법절차의원칙과 실체적 진실 규명의 조화를 도모하고, 이를 통하여 형사 사법정의를 실현하려고 한 취지에 반하는 결과를 초래하는 것으로 평가되는 예외적인 경우라면, 법원은 그 증거를 유죄 인정의 증거로 사용할 수 있다.

▶해 설

① (×) [1] 피의자에 대한 진술거부권 고지는 피의자의 진술거부권을 실효적으로 보장하여 진술이 강요되는 것을 막기 위해 인정되는 것인데, 이러한 진술거부권 고지에 관한 형사소송법 규정내용 및 진술거부권 고지가 갖는 실질적인 의미를 고려하면 **수사기관에 의한 진술거부권 고지 대상이 되는 피의자 지위**는 수사기관이 조사대상자에 대한 범죄혐의를 인정하여 **수사를 개시하는 행위를 한 때** 인정되는 것으로 보아야 한다. **따라서 이러한 피의자 지위에 있지 아니한 자에 대하여는 진술거부권이 고지되지 아니하였더라도 진술의 증거능력을 부정할 것은 아니다.**

[2] 피고인들이 중국에 있는 갑과 공모한 후 **중국에서 입국하는 乙을 통하여** 필로폰이 들어 있는 곡물포대를 **배달받는 방법으로** 필로폰을 수입하였다고 하여 주위적으로 기소되었는데 검사가 을에게서 곡물포대를 건네받아 피고인들에게 전달하는 역할을 한 참고인 병에 대한 검사 작성 진술조서를 증거로 신청한 사안에서, 피고인들과 공범관계에 있을 가능성만으로 **병이 참고인으로서 검찰 조사를 받을 당시 또는 그 후라도 검사가 병에 대한 범죄혐의를 인정하고 수사를 개시하여 피의자 지위에 있게 되었다고 단정할 수 없고**, 검사가 병에 대한 수사를 개시할 수 있는 상태이었는데도 진술거부권 고지를 잠탈할 의도로 피의자 신문이 아닌 참고인 조사의 형식을 취한 것으로 볼 만한 사정도 기록상 찾을 수 없으며, 오히려 피고인들이 수사과정에서 필로폰이 중국으로부터 수입되는 것인지 몰랐다는 취지로 변소하였기 때문에 **피고인들의 수입에 관한 범의를 명백하게 하기 위하여 병을 참고인으로 조사한 것이라면**, **병은 수사기관에 의해 범죄혐의를 인정받아 수사가 개시된 피의자의 지위에 있었다고 할 수 없고 참고인으로서 조사를 받으면서 수사기관에게서 진술거부권을 고지받지 않았다는 이유만으로** 그 진술조서가 위법수집증거로서 증거능력이 없다고 할 수 없다(대법원2011. 11. 10. 선고 2011도8125판결).

② (O) [1] 압수의 대상이 되는 전자정보와 그렇지 않은 전자정보가 **혼재된 정보저장매체나 그 복제본을 압수·수색한 수사기관이 정보저장매체 등을 수사기관 사무실 등으로 옮겨 이를 탐색·복제·출력하는 경우**, 그와 같은 일련의 과정에서 형사소송법 제219조, 제121조에서 규정하는 **피압수·수색 당사자(이하 '피압수자'라 한다)나 변호인에게 참여의 기회를 보장**하고 압수된 전자정보의 파일 명세가 특정된 압수목록을 작성·교부하여야 하며 범죄혐의사실과 **무관한 전자정보의 임의적인 복제 등을 막기 위한 적절한 조치를 취하는 등 영장주의 원칙과 적법절차를 준수하여야 한다.**

[2] **만약 그러한 조치가 취해지지 않았다면** 피압수자 측이 참여하지 아니한다는 의사를 명시적으로 표시하였거나 절차 위반행위가 이루어진 과정의 성질과 내용 등에 비추어 피압수자 측에 절차 참여를 보장한 취지가 실질적으로 침해되었다고 볼 수 없을 정도에 해당한다는 등의 특별한 사정이 없는 이상 **압수·수색이 적법하다고 평가할 수 없고**, 비록 수사기관이 정보저장매체 또는 복제본에서 **범죄혐의사실과 관련된 전자정보만을 복제·출력하였다 하더라도 달리 볼 것은 아니다.**

[3] 따라서 **수사기관이** 피압수자 측에 **참여의 기회를 보장하거나 압수한 전자정보 목록을 교부하지 않는 등** 영장주의 원칙과 적법절차를 준수하지 않은 **위법한 압수·수색 과정을 통하여 취득한 증거는 위법수집증거에 해당하고**, **사후에** 법원으로부터 영장이 **발부되었다거나** 피고인이나 변호인이 이를 증거로 함에 동의하였다고 하여 **위법성이 치유되는 것도 아니다**(대법원2022. 7. 28. 선고2022도2960판결).

③ (O) [1] 누구든지 자기의 얼굴 기타 모습을 함부로 촬영당하지 않을 자유를 가지나 이러한 자유도 국가권력의 행사로부터 무제한으로 보호되는 것은 아니고 국가의 안전보장·질서유지·공공복리를 위하여 필요한 경우에는 상당한 제한이 따르는 것이고, 수사기관이 범죄를 수사함에 있어 **현재 범행이 행하여지고 있거나 행하여진 직후이고, 증거보전의 필요성 및 긴급성이 있으며, 일반적으로 허용되는 상당한 방법에 의하여 촬영을 한 경우라면 위 촬영이 영장 없이 이루어졌다 하여 이를 위법하다고 단정할 수 없다.** 이 사건 비디오 촬영은 피고인들에 대한 범죄의 혐의가 상당히 포착된 상태에서 **그 회합의 증거를 보전하기 위한 필요에서 이루어진 것이고 공소외 갑의 주거지 외부에서 담장 밖 및 2층 계단을 통하여 갑의 집에 출입하는 피고인들의 모습을 촬영한 것으로 그 촬영방법 또한 반드시 상당성이 결여된 것이라고는 할 수 없다** 할 것인바, 위와 같은 사정 아래서 **이 사건 비디오 촬영행위가 위법하지 않고 그로 인하여 취득한 비디오테이프의 증거능력을 인정한 것은 정당하다**(대법원1999. 9. 3. 선고99도2317판결). 결국, **현·필·긴·상**의 요건을 갖추었다면 영장없이 촬영하였더라도 **국가보안법위반(회합)에 있어서 비디오테이프의 증거능력이 인정된다.** 다만, 위 비디오테이프만으로 피고인들에 대한 공소사실을 유죄로 인정할 수 있는가(증명력이 있는가)는 별개의 문제이다.

[2] 수사기관이 2013. 11. 2. 네트워크 카메라등을 설치·이용하여 피고인의 행동과 피고인이 본 태블릿 개인용 컴퓨터(PC) 화면내용을 촬영한 것이 수사의 비례성·상당성 원칙과 영장주의등을 위반한 것이므로 **그로 인해 취득한 영상물등의 증거는 증거능력이 없다.** 그리고 위 촬영이 일반적으로 허용되는 상당한 방법에 의한 것이 아니므로 영장 없이 이루어져 위법하다(대법원2017. 11. 29. 선고2017도9747판결). 결국, 2013. 11. 2.의 이적표현물 소지에 관하여 영장주의에 위반하여 취득한 **영상물 등의 증거는 증거능력이 없으므로**, 무죄를 선고하였다.

④ (O) [1] 헌법과 형사소송법이 정한 절차에 따르지 아니하고 수집한 증거는 기본적 인권 보장을 위해 마련된 적법한 절차에 따르지 않은 것으로서 원칙적으로 유죄 인정의 증거로 삼을 수 없다.

[2] 다만, **형식적으로 보아 정해진 절차에 따르지 아니하고 수집한 증거라는 이유만을 내세워 획일적으로 그 증거의 증거능력을 부정하는 것 역시 헌법과 형사소송법이 형사소송에 관한 절차 조항을 마련한 취지에 맞는**

다고 볼 수 없다. 따라서 수사기관의 증거 수집 과정에서 이루어진 절차 위반행위와 관련된 모든 사정 즉, 절차 조항의 취지와 그 위반의 내용 및 정도, 구체적인 위반 경위와 회피가능성, 절차 조항이 보호하고자 하는 권리 또는 법익의 성질과 침해 정도 및 피고인과의 관련성, 절차 위반행위와 증거수집 사이의 인과관계 등 관련성의 정도, 수사기관의 인식과 의도 등을 전체적·종합적으로 살펴 볼 때, **수사기관의 절차 위반행위가 적법절차의 실질적인 내용을 침해하는 경우에 해당하지 아니하고, 오히려 그 증거의 증거능력을 배제하는 것이** 헌법과 형사소송법이 형사소송에 관한 절차 조항을 마련하여 **적법절차의 원칙과 실체적 진실 규명의 조화를 도모하고 이를 통하여 형사 사법 정의를 실현하려 한 취지에 반하는 결과를 초래하는 것으로 평가되는 예외적인 경우라면,** 법원은 그 증거를 유죄 인정의 증거로 사용할 수 있다고 보아야 한다(대법원 2007. 11. 15. 선고 2007도3061 전원합의체 판결).

▶정답 ①

4. 위법수집증거배제법칙에 관한 설명 중 가장 적절한 것은?(다툼이 있으면 판례에 의함)

(2023. 경찰대편입)

① 수사기관이 영장 또는 감정처분허가장을 발부받지 아니한 채 피의자의 동의 없이 피의자의 신체로부터 혈액을 채취하고 사후에도 지체없이 영장을 발부받지 아니하였다면, 그 혈액중 알코올농도에 대한 감정의뢰회보 등은 원칙적으로 유죄의 증거로 사용할 수 없으며, 이는 피고인이나 변호인의 동의가 있더라도 마찬가지이다.

② 진술증거와 달리 비진술증거인 압수물은 압수절차가 위법하다 하더라도 그 물건자체의 성질과 형태에 변경을 가져오는 것이 아니어서 그 형태 등에 대한 증거가치에는 변함이 없으므로 증거능력이 있다.

③ 「형사소송법」 제219조가 준용하는 같은 법 제118조는 "압수·수색영장은 처분을 받는 자에게 반드시 제시하여야 한다"고 규정하고 있으므로 피처분자가 현장에 없거나 현장에서 그를 발견할 수 없는 경우 등 영장제시가 현실적으로 불가능한 경우라도 영장을 제시하지 아니한 채 압수·수색을 하면 위법하다.

④ 수사기관이 강도 현행범으로 체포된 피고인에게 진술거부권을 고지하지 아니한 채 자백을 받은 후, 몇 시간 뒤 바로 수사기관의 진술거부권 고지가 이루어졌고, 최초 자백 후 40여일이 지난 후에 피고인이 변호인의 충분한 조력을 받으면서 공개된 법정에서 임의로 자백을 하였다면 이는 유죄의 증거로 사용할 수 없다.

⑤ 소송사기의 피해자가 제3자로부터 대가를 지급하고 취득한 업무일지가 그것이 제3자에 의하여 절취된 것이고 그로 인해 피고인의 사생활의 영역을 침해하는 결과가 초래된다면 형사소추와 진실발견이라는 공익의 실현을 위한 것이라고 하여도 이 사건 업무일지를 범죄의 증거로 제출하는 것은 위법하며 허용되지 않는다.

▶해 설

① (○) 수사기관이 법원으로부터 영장 또는 감정처분허가장을 발부받지 아니한 채 피의자의 동의 없이 피의자의 신체로부터 혈액을 채취하고 **사후에도 지체 없이 영장을 발부받지 아니한 채** 혈액 중 알코올농도에 관한감정을 의뢰하였다면, 이러한 과정을 거쳐 얻은 **감정의뢰회보 등은 형사소송법상 영장주의 원칙을 위반하여 수집하거나 그에 기초하여 획득한 증거로서,** 원칙적으로 절차위반행위가 적법절차의 실질적인 내용을 침해하여 **피고인이나 변호인의 동의가** 있더라도 유죄의 증거로 사용할 수 없다(대법원 2012. 11. 15. 선고 2011도15258판결).

② (×) 구 판례는 진술증거와 달리 **비진술증거인 압수물은 압수절차가 위법하다** 하더라도 **물건자체의 성상에 변경이 없고 증거가치에도 변함이 없어 증거능력을 인정된다고 하였다**(대판 87도705; 대판 93도3318 등). 그러나

최근 판례(대판2007.11.15. 2007도3061 전원합의체판결)는 헌법과 형사소송법이 정한 절차에 따르지 아니하고 수집된 증거(위법수집증거)의 증거능력을 **원칙적으로 부정**하고, **예외적인 경우에만** 유죄 인정의 증거로 사용할 수 있다고 판시하였다. 이제는 선지의 경우, 옛날 판례의 내용으로폐기되었으므로 틀린 지문이다.

③ (×) 형사소송법 제219조가 준용하는 제118조는 "압수·수색영장은 처분을 받는 자에게 반드시 제시하여야 한다."고 규정하고 있으나, 이는 **영장제시가 현실적으로 가능한 상황을 전제로 한 규정으로 보아야** 하고, 피처분자가 현장에 없거나 현장에서 그를 발견할 수 없는 경우 등 영장제시가 현실적으로 불가능한 경우에는 영장을 제시하지 아니한 채 압수·수색을 하더라도 **위법하다고 볼 수 없다**(대판 2015.1.22. 2014도10978 전원합의체판결).

④ (×) [1] 형사소송법 제308조의2는 "적법한 절차에 따르지 아니하고 수집한 증거는 증거로 할 수 없다"고 규정하고 있는바, 수사기관이 헌법과 형사소송법이 정한 절차에 따르지 아니하고 수집한 증거는 물론, **이를 기초로 하여 획득한 2차적 증거 역시 유죄 인정의 증거로 삼을 수 없는 것이 원칙이다. 다만,** 수사기관의 절차 위반 행위가 적법절차의 실질적인 내용을 침해하는 경우에 해당하지 아니하고, **오히려 그 증거의 증거능력을 배제하는 것이** 헌법과 형사소송법이 형사소송에 관한 절차 조항을 마련하여 적법절차의 원칙과 실체적 진실 규명의 조화를 도모하고 이를 통하여 형사 사법 정의를 실현하려 한 취지에 반하는 결과를 초래하는 것으로 평가되는 예외적인 경우라면, 법원은 그 증거를 유죄 인정의 증거로 사용할 수 있다.
[2] 강도 현행범으로 체포된 피고인에게 **진술거부권을 고지하지 아니한 채 강도범행에 대한 자백을 받고, 이를 기초로 여죄에 대한 진술과 증거물을 확보**한 후 진술거부권을 고지하여 피고인의 임의자백 및 피해자의 피해사실에 대한 진술을 수집한 사안에서, **제1심 법정에서의 피고인의 자백**은 진술거부권을 고지받지 않은 상태에서 이루어진 최초 자백 이후 40여 일이 지난 후에 변호인의 충분한 조력을 받으면서 공개된 법정에서 임의로 이루어진 것이고, 피해자의 진술은 법원의 적법한 소환에 따라 자발적으로 출석하여 위증의 벌을 경고받고 선서한 후 공개된 법정에서 임의로 이루어진 것이어서, **예외적으로 유죄 인정의 증거로 사용할 수 있는 2차적 증거에 해당한다**(대판2009.3.12. 2008도11437).

⑤ (×) 설령 그것이 제3자에 의하여 절취된 것으로서 위 소송사기 등의 피해자측이 이를 수사기관에 **증거자료로 제출하기 위하여 대가를 지급하였다** 하더라도, 공익의 실현을 위하여는 이 사건 업무일지를 범죄의 증거로 제출하는 것이 허용되어야 하고, 이로 말미암아 피고인의 사생활 영역을 침해하는 결과가 초래된다 하더라도 이는 피고인이 수인하여야 할 기본권의 제한에 해당된다(대법원2008. 6. 26.선고2008도1584판결). 결국, 소송사기의 피해자가 제3자로부터 대가를 지급하고 취득한, 절취된 업무일지를 사기죄에 대한 증거로 사용할 수 있다.

▼정답 ①

5. 위법수집증거배제법칙에 관한 설명으로 가장 적절한 것은?(다툼이 있는 경우 판례에 의함)

(2023. 2차 경찰채용)

① 사법경찰관이 「형사소송법」 제215조 제2항을 위반하여 영장없이 물건을 압수한 경우라도, 그러한 압수 직후 피고인으로부터 그 압수물에 대한 임의제출 동의서를 작성받았고 그 동의서를 작성 받음에 사법경찰관에 의한 강요나 기망의 정황이 없었다면, 그 압수물은 임의제출의 법리에 따라 유죄의 증거로 할 수 있다.
② 기본권의 본질적 영역에 대한 보호는 국가의 기본적 책무이고 사인 간의 공개되지 않은 대화에 대한 도청 및 감청을 불법으로 간주하는 「통신비밀보호법」의 취지 등을 종합적으로 고려하면 제3자가 권한 없이 개인의 전자우편을 무단으로 수집한 것은 비록 그 전자우편 서비스가 공공적 성격을 가지는 것이라고 하더라도 증거로 제출하는 것이 허용될 수 없다.
③ 「형사소송법」 제218조에 의하여 영장 없이 압수할 수 있는 유류물의 압수 후 압수조서의 작성 및 압수목록의 작성 교부절차가 제대로 이행되지 아니한 잘못이 있더라도 이는 위법수집증거의 배제법칙에 비추어 증거능력의 배제가 요구되는 경우에 해당한다고 볼 수는 없다.

④ 경찰이 영장에 의해 압수된 피고인의 휴대전화를 탐색하던 중 영장에 기재된 범죄사실이 기록된 파일을 발견하여 이를 별도의 저장매체에 복제·출력한 경우, 이러한 탐색·복제·출력의 과정에서 피고인에게 참여의 기회를 부여하지 않았어도 사후에 그 파일에 대한 압수·수색영장을 발부받아 절차가 진행되었다면 적법하게 수집된 증거이다.

해 설

③ (○) [1] **살인죄 등과 같이 법정형이 무거운 범죄의 경우에도 직접증거 없이 간접증거만으로 유죄를 인정할 수 있으나**, 그러한 유죄 인정에는 공소사실에 대한 관련성이 깊은 간접증거들에 의하여 신중한 판단이 요구되므로, 간접증거에 의하여 주요사실의 전제가 되는 간접사실을 인정할 때에는 증명이 합리적인 의심을 허용하지 않을 정도에 이르러야 하고, **하나하나의 간접사실 사이에 모순, 저촉이 없어야 하는 것은 물론** 간접사실이 **논리와 경험칙, 과학법칙에 의하여 뒷받침되어야** 한다.

[2] **공소사실을 뒷받침하는 과학적 증거방법은 전제로 하는 사실이 모두 진실인 것이 입증되고 추론의 방법이 과학적으로 정당하여 오류 가능성이 전혀 없거나 무시할 정도로 극소한 것으로 인정되는 경우라야** 법관이 사실인정을 하는 데 **상당한 정도로 구속력을 가진다** 할 것인데, 이를 위해서는 그 증거방법이 전문적인 지식·기술·경험을 가진 감정인에 의하여 공인된 표준 검사기법으로 분석을 거쳐 법원에 제출된 것이어야 할 뿐만 아니라, 채취·보관·분석 등 모든 과정에서 자료의 동일성이 인정되고 인위적인 조작·훼손·첨가가 없었다는 것이 담보되어야 한다.

[3] 피고인이 자신의 처인 피해자를 승용차 조수석에 태우고 운전하던 중 교통사고를 가장하여 살해하기로 마음먹고, 도로 옆에 설치된 대전차 방호벽의 안쪽 벽면을 차량 우측 부분으로 들이받아 피해자가 차에서 탈출하거나 저항할 수 없는 상태가 되자(이하 '1차 사고'라 한다), 사고 장소로 되돌아와 다시 차량 앞범퍼 부분으로 위 방호벽 중 진행방향 오른쪽에 돌출된 부분의 모서리를 들이받아(이하 '2차 사고'라 한다) 피해자를 살해하였다는 내용으로 기소되었는데, **피고인이 범행을 강력히 부인하고 있고 달리 그에 관한 직접증거가 없는 사안**에서, 제1심과 원심이 들고 있는 **간접증거와 그에 기초한 인정 사실만으로는** 위 공소사실 인정의 전제가 되는 '살인의 범의에 기한 1차 사고'의 존재가 **합리적인 의심을 할 여지가 없을 정도로 증명되었다고 보기 어려운데도**, 피고인에게 **살인죄를 인정한 원심판결**에 객관적·과학적인 분석을 필요로 하는 증거의 증명력에 관한 법리를 오해하거나 논리와 경험법칙을 위반한 **위법이 있다**.

[4] 이 사건 **강판조각은 형사소송법 제218조에 규정된 유류물**에, 이 사건 차량에서 탈거 또는 채취된 이 사건 보강용 강판과 페인트는 위 차량의 보관자가 감정을 위하여 임의로 제출한 물건에 각 해당함을 알 수 있다. 따라서 **이 사건 강판조각과 보강용 강판 및 차량에서 채취된 페인트는 형사소송법 제218조에 의하여 영장 없이 압수할 수 있으므로** 위 각 증서의 수집 과정에 영장주의를 위반한 잘못이 있다 할 수 없고, **비록 위 각 증거의 압수 후 압수조서의 작성 및 압수목록의 작성·교부 절차가 제대로 이행되지 아니한 잘못이 있다 하더라도**, 그것이 적법절차의 실질적인 내용을 침해하는 경우에 해당한다거나 앞서 본 **위법수집증거의 배제 법칙에 비추어 그 증거능력의 배제가 요구되는 경우에 해당한다고 볼 수는 없다**(대법원2011. 5. 26.선고2011도1902판결). 결국, **위 강판조각은 위법수집증거에 해당하지 아니한다.**

① (×) [1] **형사소송법 제215조 제2항은** "사법경찰관이 범죄수사에 필요한 때에는 검사에게 신청하여 검사의 청구로 지방법원 판사가 발부한 영장에 의하여 압수, 수색 또는 검증을 할 수 있다."고 규정하고 있는바, **사법경찰관이 위 규정을 위반하여 영장없이 물건을 압수한 경우 그 압수물은 물론 이를 기초로 하여 획득한 2차적 증거 역시 유죄 인정의 증거로 사용할 수 없는 것이고, 이와 같은 법리는 헌법과 형사소송법이 선언한 영장주의의 중요성에 비추어 볼 때 위법한 압수가 있은 직후에 피고인으로부터 작성받은 그 압수물에 대한 임의제출 동의서도 특별한 사정이 없는 한 마찬가지라고 할 것이다.**

[2] 경찰이 피고인의 집에서 20m 떨어진 곳에서 피고인을 체포하여 수갑을 채운 후 피고인의 집으로 가서 집안을 수색하여 칼과 합의서를 압수하였을 뿐만 아니라 **적법한 시간 내에 압수수색영장을 청구하여 발부받지도 않았음**을 알 수 있는바, 이를 위 법리에 비추어 보면 **위 칼과 합의서는 임의제출물이 아니라 영장없이 위법하게 압수된 것으로서 증거능력이 없고**, 따라서 이를 기초로 한 2차 증거인 임의제출동의서, 압수조서 및 목록, 압수품 사진 역시 증거능력이 없다고 할 것이다(대법원2010. 7. 22.선고2009도14376판결). 결국, **사법경찰관이 형사소송법 제215조 제2항을 위반하여 영장없이 물건을 압수한 직후** 피고인으로부터 **작성받은 그 압수물에 대한 '임의제출동의서'의 증거능력은 없다.**

② (×) [1] **국민의 사생활 영역에 관계된** 모든 증거의 제출이 곧바로 금지되는 것으로 볼 수는 없으므로 **법원으로서는** 효과적인 형사소추 및 형사소송에서의 **진실발견이라는 공익**과 **개인의 인격적 이익** 등의 보호이익을 **비교형량하여 그 허용 여부를 결정하여야** 한다. 이때 법원이 그 비교형량을 함에 있어서는 증거수집 절차와 **관련된 모든 사정** 즉, 사생활 내지 인격적 이익을 보호하여야 할 필요성 여부 및 그 정도, 증거수집 과정에서 사생활 기타 인격적 이익을 침해하게 된 경위와 그 침해의 내용 및 정도, 형사소추의 대상이 되는 범죄의 경중 및 성격, 피고인의 증거동의 여부 등을 **전체적·종합적으로 고려하여야** 하고, 단지 형사소추에 필요한 증거라는 사정만을 들어 곧바로 형사소송에서의 진실발견이라는 공익이 개인의 인격적 이익 등의 보호이익보다 우월한 것으로 섣불리 단정하여서는 아니 된다.

[2] ○○시 △△동장 직무대리의 지위에 있던 피고인 갑이 ○○시장 乙에게 ○○시청 전자문서시스템을 통하여 △△1통장인 병에게 ○○시장 乙을 도와 달라고 부탁하였다는 등의 내용을 담고 있는 **이 사건 전자우편을 보낸 사실**, 그런데 ○○시청 소속 공무원인 제3자가 권한 없이 전자우편에 대한 비밀 보호조치를 해제하는 방법을 통하여 이 사건 전자우편을 수집한 사실을 알 수 있다.

앞서 본 법리에 비추어 볼 때, **제3자가 위와 같은 방법으로 이 사건 전자우편을 수집한 행위**는 정보통신망 이용촉진 및 정보보호 등에 관한 법률 제71조 제11호, 제49조 소정의 '정보통신망에 의하여 처리·보관 또는 전송되는 타인의 비밀을 침해 또는 누설하는 행위'로서 형사처벌되는 범죄행위에 해당할 수 있을 뿐만 아니라, 이 사건 전자우편을 발송한 피고인의 사생활의 비밀 내지 통신의 자유 등의 기본권을 침해하는 행위에 해당한다는 점에서 일응 그 증거능력을 부인하여야 할 측면도 있어 보인다. [3] 그러나 **이 사건 전자우편은** ○○시청의 업무상 필요에 의하여 설치된 전자관리시스템에 의하여 전송·보관되는 것으로서 **그 공공적 성격을 완전히 배제할 수는 없다**고 할 것이다. 또한 이 사건 형사소추의 대상이 된 행위는 **구 공직선거법** 제255조 제3항, 제85조 제1항에 의하여 **처벌되는 공무원의 지위를 이용한 선거운동행위로서** 공무원의 정치적 중립의무를 정면으로 위반하고 이른바 **관권선거를 조장할 우려가 있는 중대한 범죄에 해당한다.** 여기에 피고인이 제1심에서 이 사건 전자우편을 이 사건 공소사실에 대한 증거로 함에 동의한 점 등을 종합하면, **이 사건 전자우편을 이 사건 공소사실에 대한 증거로 제출하는 것은 허용되어야 할 것**이고, 이로 말미암아 피고인의 사생활의 비밀이나 통신의 자유가 일정 정도 침해되는 결과를 초래한다 하더라도 이는 피고인이 수인하여야 할 기본권의 제한에 해당한다고 보아야 할 것이다.

[4] 따라서 **이 사건 전자우편과 그 내용에 터 잡아 수사기관이 참고인으로 소환하여 작성한 공소외 A, B, C에 대한 각 진술조서들의 증거능력을 인정한다**(대법원2013. 11. 28. 선고2010도12244판결).

④ (×) [1] 압수의 대상이 되는 전자정보와 그렇지 않은 전자정보가 **혼재된** 정보저장매체나 그 복제본을 압수·수색한 수사기관이 정보저장매체 등을 수사기관 사무실 등으로 옮겨 이를 탐색·복제·출력하는 경우, 그와 같은 일련의 과정에서 형사소송법 제219조, 제121조에서 규정하는 ㉠ **피압수·수색 당사자**(이하 '피압수자'라 한다)나 변호인에게 **참여의 기회를 보장**하고 ㉡압수된 전자정보의 파일 명세가 특정된 **압수목록을 작성·교부하여야** 하며 ㉢ 범죄혐의사실과 **무관한 전자정보의 임의적인 복제 등을 막기 위한 적절한 조치를 취하는** 등 영장주의 원칙과 적법절차를 준수하여야 한다.

[2] 만약 **그러한 조치가 취해지지 않았다면** 피압수자 측이 참여하지 아니한다는 의사를 명시적으로 표시하였거나 절차 위반행위가 이루어진 과정의 성질과 내용 등에 비추어 피압수자 측에 절차 참여를 보장한 취지가 실질적으로 침해되었다고 볼 수 없을 정도에 해당한다는 등의 **특별한 사정이 없는 이상 압수·수색이 적법하다고 평가할 수 없고**, 비록 **수사기관이** 정보저장매체 또는 복제본에서 **범죄혐의사실과 관련된 전자정보만을 복제·출력하였다** 하더라도 달리 볼 것은 아니다.

[3] 따라서 수사기관이 피압수자 측에 **참여의 기회를 보장**하거나 압수한 전자정보 **목록을 교부하지 않는 등 영장주의 원칙과 적법절차를 준수하지 않은 위법한 압수·수색 과정을 통하여 취득한 증거는 위법수집증거에 해당하고, 사후에 법원으로부터 영장이 발부되었다거나** 피고인이나 변호인이 이를 증거로 함에 **동의하였다고 하여 위법성이 치유되는 것도 아니다.**

[4] 성매매알선등 혐의로 **압수된 피고인이 사용·보관 중인 휴대전화**(성매매여성 등 정보가 보관되어 있는 저장장치 포함)에서 **탐색된** 이 사건 **엑셀파일을 출력한 출력물 및 위 엑셀파일을 복사한 시디**(검사는 이를 증거로 제출하였다)는 **경찰이** 피압수자인 **피고인에게 참여의 기회를 부여하지 않은 상태에서 임의로 탐색·복제·출력한 전자정보로서**, 피고인에게 압수한 전자정보 **목록을 교부하거나** 피고인이 그 과정에 **참여하지 아니할 의사를 가지고 있는지 여부를 확인한 바가 없으므로**, 이는 위법하게 수집된 증거로서 증거능력이 없고, **사후에 압수·수색영장을 발부받아 압수절차가 진행되었더라도 위법성이 치유되지 않는다**(대법원2022. 7. 28. 선고2022도2960판결). 결국, **압수·수색 영장집행은** 갑의 집에서 하드디스크 **복제본을 생성한 때 종료되**

는 것이 아니라 수사기관 사무실 등으로 옮겨 정보를 탐색·복제·출력한 때에도 **계속되므로 탐색과정에서도 참여권을 보장하여야 한다.**

정답 ③

6. 위법수집증거배제법칙에 관한 설명 중 옳은 것은 모두 몇 개인가? (다툼이 있는 경우 판례에 의함)
(2023. 1차 경찰채용)

> ㉠ 사기죄의 증거인 업무일지가 피고인의 사생활 영역과 관계된 자유로운 인격권의 발현물이라고 볼 수 없고 피고인을 형사소추하기 위해서는 이 사건 업무일지가 반드시 필요한 증거라 하더라도, 그것이 제3자에 의하여 절취된 것으로서 피해자측이 이를 수사기관에 증거자료로 제출하기 위하여 대가를 지급하였다면, 위 업무일지는 위법수집증거로서 증거로 사용할 수 없다.
> ㉡ 사법경찰관이 체포 당시 외국인인 피고인에게 영사통보권을 지체 없이 고지하지 않았다면 피고인에게 영사조력이 가능한지 여부나 실질적인 불이익이 있었는지 여부와 상관없이 국제협약에 따른 피고인의 권리나 법익을 본질적으로 침해하였다고 볼 수 있으므로, 체포나 구속 이후 수집된 증거와 이에 기초한 증거들은 유죄인정의 증거로 사용할 수 없다.
> ㉢ 특별한 사정이 존재하지 아니하는 이상 피고인에게 실질적 반대신문권의 기회가 부여되지 아니한 채 이루어진 증인의 법정진술은 위법한 증거로서 증거능력을 인정하기 어렵지만, 피고인의 책문권 포기로 그 하자가 치유될 수 있고, 이 경우 피고인의 책문권 포기의 의사는 명시적인 것이어야 한다.
> ㉣ 검사가 공소제기 후 「형사소송법」 제215조에 따라 수소법원 이외의 지방법원 판사에게 청구하여 발부받은 영장에 의하여 압수·수색을 하였다면, 그와 같이 수집된 증거는 적법한 절차에 따른 것으로서 원칙적으로 유죄의 증거로 삼을 수 있다.

① 1개
② 2개
③ 3개
④ 4개

해 설

① ㉢(1개)은 옳은 지문이나, ㉠㉡㉣(3개)은 틀린 지문이다.
㉠ (×) 이 사건 업무일지 그 자체는 피고인 경영의 주식회사가 그날그날 현장 및 사무실에서 수행한 업무내용 등을 담당직원이 기재한 것이고, 이를 피고인의 사생활 영역과 관계된 자유로운 인격권의 발현물이라고 볼 수는 없고, **사문서위조·위조사문서행사 및 소송사기로 이어지는 일련의 범행에 대하여 피고인을 형사소추하기 위해서는 이 사건 업무일지가 반드시 필요한 증거**로 보이므로, 설령 **그것이 제3자에 의하여 절취된 것으로서 위 소송사기 등의 피해자측이 이를 수사기관에 증거자료로 제출하기 위하여 대가를 지급하였다 하더라도, 공익의 실현을 위하여는 이 사건 업무일지를 범죄의 증거로 제출하는 것이 허용되어야** 하고, 이로 말미암아 피고인의 사생활 영역을 침해하는 결과가 초래된다 하더라도 이는 피고인이 수인하여야 할 기본권의 제한에 해당된다(대법원2008. 6. 26.선고2008도1584판결).
㉡ (×) 사법경찰관이 인도네시아 국적의 외국인인 피고인을 출입국관리법 위반의 **현행범인으로 체포하면서 소변과 모발을 임의제출 받아 압수**하였고, 소변검사 결과에서 향정신성의약품인 MDMA(일명 엑스터시) **양성반응이 나오자 피고인은** 출입국관리법 위반과 마약류 관리에 관한 법률 위반(향정) 범행을 모두 **자백한 후 구속**되었는데, **피고인이 검찰 수사 단계에서 자신의 구금 사실을 자국 영사관에 통보할 수 있음을 알게 되었음에도**

수사기관에 영사기관 통보를 요구하지 않은 사안에서, **사법경찰관이 체포 당시 피고인에게 영사통보권등을 지체 없이 고지하지 않았으므로 체포나 구속 절차에 영사관계에 관한 비엔나협약**(Vienna Convention on Consular Relations, 1977. 4. 6. 대한민국에 대하여 발효된 조약 제594호) **제36조 제1항 (b)호를 위반한 위법이 있으나**, 제반 사정을 종합하면 피고인이 영사통보권등을 고지받았더라도 영사의 조력을 구하였으리라고 보기 어렵고, **수사기관이 피고인에게 영사통보권등을 고지하지 않았더라도** 그로 인해 **피고인에게 실질적인 불이익이 초래되었다고 볼 수 없어** 피고인에게 영사통보권등을 고지하지 않은 사정이 수사기관의 증거수집이나 이후 공판절차에 상당한 영향을 미쳤다고 보기 어려우므로, 절차 위반의 내용과 정도가 중대하거나 절차 조항이 보호하고자 하는 **외국인 피고인의 권리나 법익을 본질적으로 침해하였다고 볼 수 없어 체포나 구속 이후 수집된 증거와 이에 기초한 증거들은 유죄 인정의 증거로 사용할 수 있다**(대법원2022. 4. 28.선고 2021도17103판결).

ⓒ (○) 피고인에게 불리한 증거인 증인이 주신문의 경우와 달리 반대신문에 대하여는 답변을 하지 아니하는 등 진술 내용의 모순이나 불합리를 그 증인신문 과정에서 드러내어 이를 탄핵하는 것이 사실상 곤란하였고, 그것이 피고인 또는 변호인에게 책임 있는 사유에 기인한 것이 아닌 경우라면, 관계 법령의 규정 혹은 증인의 특성 기타 공판절차의 특수성에 비추어 이를 정당화할 수 있는 특별한 사정이 존재하지 아니하는 이상, 이와 같이 **실질적 반대신문권의 기회가 부여되지 아니한 채 이루어진 증인의 법정진술은 위법한 증거로서 증거능력을 인정하기 어렵다.** 이 경우 **피고인의 책문권 포기로 그 하자가 치유될 수 있으나**, 책문권 포기의 의사는 **명시적인 것이어야** 한다(대법원2022. 3. 17.선고2016도17054판결).

ⓓ (×) 일단 공소가 제기된 후에는 피고사건에 관하여 검사로서는 형사소송법 제215조에 의하여 압수·수색을 할 수 없다고 보아야 하며, 그럼에도 **검사가 공소제기 후** 형사소송법 제215조에 따라 **수소법원 이외의 지방법원판사에게 청구하여 발부받은 영장에 의하여 압수·수색을 하였다면**, 그와 같이 **수집된 증거는** 기본적 인권 보장을 위해 마련된 **적법한 절차에 따르지 않은 것으로서 원칙적으로 유죄의 증거로 삼을 수 없다**(대법원2011. 4. 28.선고2009도10412판결).

▶정답 ①

7. 위법수집증거에 대한 설명으로 가장 적절하지 <u>않은</u> 것은?(다툼이 있는 경우 판례에 의함)

(2023. 경찰승진)

① 수사기관이 甲으로부터 피고인의 범행에 대한 진술을 듣고, 추가적인 증거를 확보할 목적으로 구속수감되어 있던 甲에게 그의 압수된 휴대전화를 제공하여 피고인과 통화하고 위 범행에 관한 통화 내용을 녹음하게 한 행위는 불법감청에 해당하므로, 그 녹음 자체는 물론 이를 근거로 작성된 녹취록 첨부 수사보고는 피고인의 증거동의에 상관없이 그 증거능력이 없다.

② 검사 작성의 피의자신문조서가 검사에 의하여 피의자에 대한 변호인의 접견이 부당하게 제한되고 있는 동안에 작성된 경우 그 피의자신문조서는 증거능력이 없다.

③ 수사기관으로부터 통신제한조치의 집행을 위탁받은 통신기관 등이 집행에 필요한 설비가 없는 때에는, 일단 수사기관의 위탁을 받은 이상, 그 통신기관이 수사기관에 설비제공을 요청하지 않고 통신제한조치허가서에 기재된 사항을 준수하지 아니한 채 통신제한조치를 집행하였다고 하더라도 이를 통하여 취득한 전기통신의 내용 등을 유죄의 증거로 사용할 수 있다.

④ 피고인이 범행 후 피해자에게 전화를 걸어오자 피해자가 증거를 수집하려고 그 전화내용을 녹음한 경우, 그 녹음테이프가 피고인 모르게 녹음된 것이라 하여 이를 위법하게 수집된증거라고 할 수 없다.

▼해 설

③ (×) [1] 통신제한조치허가서에는 통신제한조치의 종류·목적·대상·범위·기간 및 집행장소와 방법을 특정하여 기재하여야 하고(통신비밀보호법 제6조 제6항), 수사기관은 허가서에 기재된 허가의 내용과 범위 및 집행방법 등을 준수하여 통신제한조치를 집행하여야 한다. 이때 수사기관은 통신기관등에 통신제한조치허가서의 사본을 교부하고 집행을위탁할 수 있으나(통신비밀보호법 제9조 제1항,제2항), 그 경우에도 **집행의 위탁을 받은통신기관등은 수사기관이 직접 집행할 경우와 마찬가지로 허가서에 기재된 집행방법 등을 준수하여야 함**은 당연하다. 따라서 허가된 통신제한조치의 종류가 전기통신의 '감청'인 경우, 수사기관 또는 수사기관으로부터 통신제한조치의 집행을 위탁받은 통신기관등은 통신비밀보호법이 정한 감청의 방식으로 집행하여야 하고 그와 다른 방식으로 집행하여서는 아니 된다.

[2] 한편 **수사기관이 통신기관등에 통신제한조치의 집행을 위탁하는 경우에는 집행에 필요한 설비를 제공하여야 한다**(통신비밀보호법 시행령 제21조 제3항). 그러므로 수사기관으로부터 통신제한조치의집행을 위탁받은 통신기관등이 집행에 필요한 설비가 없을 때에는 수사기관에 설비의 제공을 요청하여야 하고, **그러한 요청 없이 통신제한조치허가서에 기재된 사항을 준수하지 아니한 채 통신제한조치를 집행하였다면**, 그러한 집행으로 취득한 전기통신의 내용 등은 헌법과 통신비밀보호법이 국민의 기본권인 통신의 비밀을 보장하기 위해 마련한 **적법한 절차를 따르지 아니하고 수집한 증거에 해당하므로**(형사소송법 제308조의2), 이는 **유죄 인정의 증거로 할 수 없다**(대법원2016. 10. 13.선고2016도8137판결).

① (○) 수사기관이 갑으로부터 피고인의 마약류관리에 관한 법률 위반(향정) 범행에 대한 진술을 듣고 추가적인 증거를 확보할 목적으로, **구속수감되어 있던 갑에게 그의 압수된 휴대전화를 제공하여 피고인과 통화하고 위 범행에 관한 통화 내용을 녹음하게 한 행위는 불법감청에 해당하므로, 그 녹음 자체는 물론 이를 근거로 작성된 녹취록 첨부 수사보고는 피고인의 증거동의에 상관없이 그 증거능력이 없다**(대판2010.10.14. 2010도9016). 결국, **제3자가 녹음한 경우이므로 불법감청에 해당하고, 통신비밀보호법 제3조 제1항 위반**이 된다.

② (○) **검사 작성의 피의자신문조서가** 검사에 의하여 피의자에 대한 **변호인의 접견이 부당하게 제한되고있는 동안에 작성된 경우에는 증거능력이 없다**(대법원1990. 8. 24.선고90도1285판결).

④ (○) [1] **피고인이 범행후 피해자에게 전화를 걸어오자 피해자가 증거를 수집하려고 그 전화내용을 녹음한 경우**, 그 녹음테이프가 피고인 모르게 녹음된 것이라 하여 **이를 위법하게 수집된 증거라고 할 수 없다**.

[2] 피고인이 범행후 피해자에게 전화를 걸어오자 피해자가 증거를 수집하려고 그 전화내용을 녹음한 이 사건에 있어서는 그것이 피고인 모르게 녹음된 것이라 하여 **이를 위법하게 수집된 증거라고 할 수 없고 나아가서 그 녹음테이프에 대한 검증조서가 증거능력이 없다고 할 수 없다**(뿐만 아니라 피고인은 피해자가 녹음한 이 사건 녹음테이프에 대하여 제1심 법정에서 이를 증거로 함에 동의하였다)(대법원1997. 3. 28.선고97도240판결).

▼정답 ③

8. 위법수집증거배제법칙에 대한 설명으로 가장 적절하지 <u>않은</u> 것은? (다툼이 있는 경우 판례에 의함)

(2023. 경찰승진)

① 수사기관이 피고인 아닌 자를 상대로 적법한 절차에 따르지 아니하고 수집한 증거는 원칙적으로 피고인에 대한 유죄 인정의 증거로 삼을 수 없다.

② 형식적으로 보아 헌법과 형사소송법이 정한 절차에 따르지 아니하고 수집한 증거라고 한다면, 위반의 내용 및 정도 등을 고려하지 않고 일률적으로 그 증거의 증거능력을 부정하더라도, 헌법과 형사소송법이 형사소송 절차를 통하여 달성하려는 실체적 진실 규명을 통한 정당한 형벌권의 실현이라는 중요한 목표에 어긋난다고 할 수 없다.

③ 수사기관이 법원으로부터 영장 또는 감정처분허가장을 발부받지 아니한 채 피의자의 동의 없이 피의자의 신체로부터 혈액을 채취하고 사후에도 지체 없이 영장을 발부받지 아니한 채 혈액 중알코올농도에 관한 감정을 의뢰하였다면, 그 감정의뢰회보 등은 피고인이나 변호인의 동의가 있더라도 유죄의 증거로 사용할 수 없다.

④ 적법한 절차에 따르지 아니하고 수집한 증거를 기초로 하여 획득한 2차적 증거의 경우, 절차에 따르지 아니한 증거수집과 2차적 증거 수집 사이 인과관계의 희석 또는 단절 여부를 중심으로 2차적 증거 수집과 관련된 모든 사정을 전체적 종합적으로 고려하여 예외적인 경우에는 유죄 인정의 증거로 사용할 수 있다.

해 설

② (×) [1] 헌법과 형사소송법이 정한 절차에 따르지 아니하고 수집한 증거는 기본적 인권 보장을 위해 마련된 적법한 절차에 따르지 않은 것으로서 원칙적으로 유죄 인정의 증거로 삼을 수 없다.

[2] 다만, **형식적으로 보아 정해진 절차에 따르지 아니하고 수집한 증거라는 이유만을 내세워 획일적으로 그 증거의 증거능력을 부정하는 것 역시 헌법과 형사소송법이 형사소송에 관한 절차 조항을 마련한 취지에 맞는다고 볼 수 없다.** 따라서 수사기관의 증거 수집 과정에서 이루어진 절차 위반행위와 관련된 모든 사정 즉, 절차 조항의 취지와 그 위반의 내용 및 정도, 구체적인 위반 경위와 회피가능성, 절차 조항이 보호하고자 하는 권리 또는 법익의 성질과 침해 정도 및 피고인과의 관련성, 절차 위반행위와 증거수집 사이의 인과관계 등 관련성의 정도, 수사기관의 인식과 의도 등을 전체적·종합적으로 살펴 볼 때, 수사기관의 절차 위반행위가 적법절차의 실질적인 내용을 침해하는 경우에 해당하지 아니하고, **오히려 그 증거의 증거능력을 배제하는 것이** 헌법과 형사소송법이 형사소송에 관한 절차 조항을 마련하여 **적법절차의 원칙과 실체적 진실 규명의 조화를 도모하고 이를 통하여 형사 사법 정의를 실현하려 한 취지에 반하는 결과를 초래하는 것으로** 평가되는 **예외적인 경우라면,** 법원은 **그 증거를 유죄 인정의 증거로 사용할 수 있다고** 보아야 한다(대법원2007. 11. 15.선고2007도3061전원합의체 판결).

① (○) [1] 수사기관이 피고인 아닌 자를 상대로 적법한 절차에 따르지 아니하고 수집한 증거는 원칙적으로 피고인에 대한 유죄 인정의 증거로 삼을 수 없다.

[2] 유흥주점 업주와 종업원인 피고인들이 영업장을 벗어나 시간적 소요의 대가로 금품을 받아서는 아니되는데도, 이른바 '티켓영업' 형태로 성매매를 하면서 금품을 수수하였다고 하여 구 식품위생법 위반으로 기소된 사안에서, **경찰이 피고인 아닌 갑, 을을 사실상 강제연행하여 불법체포한 상태에서** 갑, 을 간의 성매매행위나 피고인들의 유흥업소 영업행위를 처벌하기 위하여 **갑, 을에게서 자술서를 받고 갑, 을에 대한 진술조서를 작성한 경우, 위 각 자술서와 진술조서는 헌법과 형사소송법이 규정한 체포·구속에 관한 영장주의 원칙에 위배하여 수집된 것으로서 수사기관이 피고인 아닌 자를 상대로 적법한 절차에 따르지 아니하고 수집한 증거에 해당하여 형사소송법 제308조의2에 따라 증거능력이 부정된다**는 이유로, 이를 피고인들에 대한 유죄 인정의 증거로 삼을 수 없다(대법원2011. 6. 30.선고2009도6717판결).

③ (○) 수사기관이 법원으로부터 영장 또는 감정처분허가장을 발부받지 아니한 채 피의자의 동의 없이 피의자의 신체로부터 혈액을 채취하고 사후에도 지체 없이 영장을 발부받지 아니한 채 혈액 중 알코올농도에 관한감정을 의뢰하였다면, 이러한 과정을 거쳐 얻은 **감정의뢰회보 등은 형사소송법상 영장주의 원칙을 위반하여 수집하거나 그에 기초하여 획득한 증거로서,** 원칙적으로 절차위반행위가 적법절차의 실질적인 내용을 침해하여 **피고인이나 변호인의 동의가 있더라도 유죄의 증거로 사용할 수 없다**(대법원2012. 11. 15. 선고2011도15258판결).

④ (○) **적법한 절차에 따르지 아니하고 수집한 증거를 기초로 하여 획득한 2차적 증거의 경우에도 마찬가지여서,** 절차에 따르지 아니한 증거 수집과 2차적 증거 수집 사이 인과관계의 희석 또는 단절 여부를 중심으로 2차적 증거 수집과 관련된 모든 사정을 전체적·종합적으로 고려하여 예외적인 경우에는 유죄 인정의 증거로 사용할 수 있다(대법원2007. 11. 15. 선고2007도3061전원합의체 판결).

▶정답 ②

9. 위법수집증거배제법칙에 대한 설명으로 가장 적절한 것은? (다툼이 있는 경우 판례에 의함)

① 위법수집증거배제법칙은 영미법상 판례에 의해 확립된 증거법칙으로, 우리나라 「형사소송법」에는 명문의 규정이 없지만 일반적인 형사법의 대원칙으로 자리잡고 있다.
② 교도관이 재소자가 맡긴 비망록을 수사기관에 임의로 제출하였다면 그 비망록의 증거사용에 대하여도 재소자의 사생활의 비밀 기타 인격적 법익이 침해되는 등의 특별한 사정이 없는 한 반드시 그 재소자의 동의를 받아야 하는 것은 아니며, 검사가 교도관으로부터 그가 보관하고 있던 피고인의 비망록을 임의로 제출받아 이를 압수한 경우, 피고인의 승낙 및 영장이 없더라도 적법절차를 위반한 위법이 있다고 할 수 없다.
③ 사법경찰관이 피의자를 긴급체포하는 현장에서 영장 없이 압수한 물건을 계속 압수할 필요가 있어 압수·수색영장을 청구하였으나 이를 발부받지 못하고도 즉시 반환하지 아니한 압수물은 이를 유죄 인정의 증거로 사용할 수 없지만, 피고인이나 변호인이 이를 증거로 함에 동의하였다면 유죄의 증거로 사용할 수 있다.
④ 비진술증거인 압수물은 압수절차가 위법하다 하더라도 그 물건 자체의 성질, 형태에 변경을 가져오는 것은 아니어서 그 형태 등에 관한 증거가치에는 변함이 없으므로 증거능력이 인정된다.

▼해 설

② (○) <u>검사가 교도관으로부터 그가 보관하고 있던 피고인의 비망록을</u> 뇌물수수 등의 증거자료로 <u>임의로 제출받아 이를 압수한 경우</u>, 그 압수절차가 피고인의 승낙 및 영장 없이 행하여졌다고 하더라도 이에 <u>적법절차를 위반한 위법이 있다고 할 수 없다</u>(대판2008.5.15. 2008도1097).
① (×) <u>종래에 우리 형사소송법에는</u> 위법수집증거배제법칙에 관한 <u>명문규정이 없어서</u> 학설과 판례로 인정하여 왔으나, <u>2007년 6월 1일 개정 형사소송법 제308조의2</u>에 「적법한 절차에 따르지 아니하고 수집한 증거는 증거로 할 수 없다」는 <u>위법수집증거배제법칙을 신설하여 명문화하였다</u>.
③ (×) 형사소송법 제216조 제1항 제2호, 제217조 제2항, 제3항은 사법경찰관은 형사소송법 제200조의3(긴급체포)의 규정에 의하여 피의자를 체포하는 경우에 필요한 때에는 영장 없이 체포현장에서 압수·수색을 할 수 있고, 압수한 물건을 계속 압수할 필요가 있는 경우에는 지체 없이 압수수색영장을 청구하여야 하며, 청구한 압수수색영장을 발부받지 못한 때에는 압수한 물건을 즉시 반환하여야 한다고 규정하고 있는바, 형사소송법 제217조 제2항, 제3항에 위반하여 <u>압수수색영장을 청구하여 이를 발부받지 아니하고도 즉시 반환하지 아니한 압수물은 이를 유죄 인정의 증거로 사용할 수 없는 것이고</u>, 헌법과 형사소송법이 선언한 영장주의의 중요성에 비추어 볼 때 <u>피고인이나 변호인이 이를 증거로 함에 동의하였다고 하더라도 달리 볼 것은 아니다</u>(대판2009.12.24. 2009도11401).
④ (×) 비진술증거인 압수물은 그 압수절차가 위법이라 하더라도 물건 자체의 성질, 형상에 변경을 가져오는 것은 아니므로 그 형상 등에 관한 증거가치에는 변함이 없다 할 것이므로 증거능력이 있다는 과거의 판례(68도932, 87도705, 93도3318, 2000도1513, 2006도3194 등)는 대판2007.11.15. 2007도3061 전원합의체 판결에 의하여 변경·폐기되었다. 이제는 <u>헌법과 형사소송법이 정한 절차를 위반하여 수집한 압수물(위법수집한 압수물)과 이를 기초로 획득한 2차적 증거는 원칙적으로 증거능력이 부정된다</u>(대판2007.11.15. 2007도3061 전원합의체 판결).

▼정답 ②

10. 위법수집증거배제법칙에 대한 설명으로 틀린 것은 모두 몇 개인가?(다툼이 있는 경우 판례에 의함)

⊙ 범행 현장에서 지문채취 대상물에 대한 지문채취가 먼저 이루어진 이상, 수사기관이 그 이후에 지문채취 대상물을 적법한 절차에 의하지 아니한 채 압수하였다고 하더라도 위와 같이 채취된 지문은 위법하게 압수한 지문채취 대상물로부터 획득한 2차적 증거에 해당하지 아니함이 분명하여, 이를 가리켜 위법수집증거라고 할 수 없다.

ⓒ 선거관리위원회 위원·직원이 관계인에게 진술이 녹음된다는 사실을 미리 알려 주지 아니한 채 진술을 녹음하였다면, 그와 같은 조사절차에 의하여 수집한 녹음파일 내지 그에 터 잡아 작성된 녹취록은 「형사소송법」 제308조의2에서 정하는 '적법한 절차에 따르지 아니하고 수집한 증거'에 해당하여 원칙적으로 유죄의 증거로 쓸 수 없다.

ⓒ 범죄의 피해자인 검사가 그 사건의 수사에 관여하거나, 압수·수색영장의 집행에 참여한 검사가 다시 수사에 관여하였다는 이유만으로 바로 그 수사가 위법하다거나 그에 따른 참고인이나 피의자의 진술에 임의성이 없다고 볼 수는 없다.

ⓔ 수사기관이 영장없이 범죄 수사를 목적으로 금융회사로부터 획득한 「금융실명거래 및 비밀보장에 관한 법률(이하 '금융실명법'이라 한다)」 제4조 제1항의 '거래정보 등'은 원칙적으로 「형사소송법」 제308조의2에서 정하는 '적법한 절차에 따르지 아니하고 수집한 증거'에 해당하여 유죄의 증거로 삼을 수 없다.

ⓜ 「형사소송법」 제218조를 위반하여 소유자, 소지자 또는 보관자가 아닌 자로부터 제출받은 물건을 영장없이 압수한 경우 그 '압수물' 및 '압수물을 찍은 사진'은 피고인이나 변호인이 이를 증거로 함에 동의하였다고 하더라도 유죄 인정의 증거로 사용할 수 없다.

① 0개 ② 1개
③ 2개 ④ 3개

▼해 설

① ⊙ⓒⓒⓔⓜ(5개)는 모두 옳은 지문이다.

⊙ (○) 범행 현장에서 지문채취 대상물에 대한 지문채취가 먼저 이루어진 이상, 수사기관이 그 이후에 지문채취 대상물을 적법한 절차에 의하지 아니한 채 압수하였다고 하더라도(한편, 이 사건 지문채취 대상물인 맥주컵, 물컵, 맥주병 등은 피해자 공소외 1이 운영하는 주점 내에 있던 **피해자 공소외 1의 소유로서 이를 수거한 행위가 피해자 공소외 1의 의사에 반한 것이라고 볼 수 없으므로, 이를 가리켜 위법한 압수라고 보기도 어렵다**), 위와 같이 **채취된 지문**은 위법하게 압수한 지문채취 대상물로부터 획득한 2차적 증거에 해당하지 아니함이 분명하여, 이를 가리켜 **위법수집증거라고 할 수 없으므로, 원심이 이를 증거로 채택한 것이 위법하다고 할 수 없다**(대판2008도7471).

ⓒ (○) 대판2014.10.15. 2011도3509

ⓒ (○) 대판2013.9.12. 2011도12918

ⓔ (○) **수사기관이 범죄 수사를 목적으로** 금융실명거래 및 비밀보장에 관한 법률(이하 '금융실명법'이라 한다) 제4조 제1항에 정한 **'거래정보 등'을 획득하기 위해서는 법관의 영장이 필요하고**, 신용카드에 의하여 물품을 거래할 때 '금융회사 등'이 발행하는 매출전표의 거래명의자에 관한 정보 또한 금융실명법에서 정하는 '거래정보 등'에 해당하므로, 수사기관이 금융회사 등에 그와 같은 정보를 요구하는 경우에도 법관이 발부한 영장에 의하여야 한다. **그럼에도 수사기관이 영장에 의하지 아니하고 매출전표의 거래명의자에 관한 정보를 획득하였다면**, 그와 같이 수집된 증거는 원칙적으로 형사소송법 **제308조의2에서 정하는 '적법한 절차에 따르지 아니하고 수집한 증거'에 해당하여 유죄의 증거로 삼을 수 없다**(대판2013.3.28. 2012도13607).

㉤ (○) 형사소송법 제218조는 "사법경찰관은 소유자, 소지자 또는 보관자가 임의로 제출한 물건을 영장없이 압수할 수 있다"고 규정하고 있는바, 위 규정을 위반하여 소유자, 소지자 또는 보관자가 **아닌 자로부터 제출받은 물건을 영장없이 압수한 경우** 그 '**압수물**' 및 '**압수물을 찍은 사진**'은 이를 유죄 인정의 증거로 사용할 수 없는 것이고, 헌법과 형사소송법이 선언한 영장주의의 중요성에 비추어 볼 때 피고인이나 변호인이 이를 증거로 함에 **동의하였다고 하더라도 달리 볼 것은 아니다**(대판2010.1.28. 2009도10092).

▼정답 ①

11. 증거능력에 관한 다음 설명으로 가장 적절한 것은?(다툼이 있으면 판례에 의함)

① 피고인 또는 피고인 아닌 사람의 진술을 녹음한 녹음파일은 그 녹음파일에 담긴 진술 내용의 진실성이 증명의 대상이 되는 때뿐만 아니라, 그와 같은 진술이 존재하는 것 자체가 증명의 대상이 되는 경우에도 전문법칙이 적용된다고 할 것이다.

② 대화 내용을 녹음한 파일 등의 전자매체는 성질상 작성자나 진술자의 서명 혹은 날인이 없을 뿐만 아니라, 녹음자의 의도나 특정한 기술에 의하여 내용이 편집·조작될 위험성이 있음을 고려할 때 대화 내용을 녹음한 원본일 경우에만 증거능력이 인정된다.

③ 3인 간의 대화에서 그 중 한 사람이 그 대화를 녹음 또는 청취하는 경우에 다른 두 사람의 발언은 그 녹음자 또는 청취자에 대한 관계에서 통신비밀보호법 제3조 제1항에서 정한 '타인 간의 대화'에 해당하여 위법수집증거가 된다.

④ 마약 투약 혐의를 받고 있던 피고인이 임의동행을 거부하겠다는 의사를 표시하였는데도 경찰관들이 피고인을 영장 없이 강제로 연행한 상태에서 마약 투약 여부의 확인을 위한 1차 채뇨절차가 이루어졌는데, 그 후 압수영장에 기하여 2차 채뇨절차가 이루어지고 그 결과를 분석한 소변 감정서 등이 증거로 제출된 경우, 1차 채뇨 요구에 의하여 수집된 증거는 증거능력이 없으나, 제반 사정을 고려할 때 2차적 증거인 소변 감정서 등은 증거능력이 인정된다.

▼해 설

④ (○) 마약 투약 혐의를 받고 있던 피고인이 임의동행을 거부하겠다는 의사를 표시하였는데도 경찰관들이 피고인을 영장 없이 강제로 연행한 상태에서 마약 투약 여부의 확인을 위한 1차 채뇨절차가 이루어졌는데, 그 후 피고인의 소변 등 채취에 관한 압수영장에 기하여 2차 채뇨절차가 이루어지고 그 결과를 분석한 소변 감정서 등이 증거로 제출된 사안에서, 피고인을 강제로 연행한 조치는 위법한 체포에 해당하고, 위법한 체포 상태에서 이루어진 채뇨 요구 또한 위법하므로 그에 의하여 수집된 '소변검사시인서'는 유죄 인정의 증거로 삼을 수 없으나, 한편 연행 당시 피고인이 마약을 투약한 것이거나 자살할지도 모른다는 취지의 구체적 제보가 있었던 데다가, 피고인이 경찰관 앞에서 바지와 팬티를 내리는 등 비상식적인 행동을 하였던 사정 등에 비추어 피고인에 대한 긴급한 구호의 필요성이 전혀 없었다고 볼 수 없는 점, 경찰관들은 임의동행시점으로부터 얼마 지나지 아니하여 체포의 이유와 변호인 선임권 등을 고지하면서 피고인에 대한 긴급체포의 절차를 밟는 등 절차의 잘못을 시정하려고 한 바 있어, **경찰관들의 위와 같은 임의동행조치는 단지 수사의 순서를 잘못 선택한 것이라고 할 수 있지만** 관련 **법규정으로부터의 실질적 일탈 정도가 헌법에 규정된 영장주의 원칙을 현저히 침해할 정도에 이르렀다고 보기 어려운 점** 등에 비추어 볼 때, 위와 같은 2차적 증거 수집이 위법한 **체포·구금절차에 의하여 형성된 상태를 직접 이용하여 행하여진 것으로는 쉽사리 평가할 수 없으므로**, 이와 같은 사정은 체포과정에서의 절차적 위법과 **2차적 증거 수집 사이의 인과관계를 희석하게 할 만한 정황에** 속하고, 메스암페타민 투약 범행의 중대성도 아울러 참작될 필요가 있는 점 등 제반 사정을 고려할 때 **2차적 증거인 소변 감정서 등은 증거능력이 인정된다**(대법원 2013.3.14. 선고 2012도13611 판결).

① (×) 피고인 또는 피고인 아닌 사람의 진술을 녹음한 녹음파일은 실질에 있어서 피고인 또는 피고인 아닌 사람이 작성한 진술서나 그 진술을 기재한 서류와 크게 다를 바 없어 그 녹음파일에 담긴 **진술 내용의 진실성**

이 증명의 대상이 되는 때에는 **전문법칙이 적용된다**고 할 것이나, 녹음파일에 담긴 진술 내용의 진실성이 아닌 그와 같은 **진술이 존재하는 것 자체**가 증명의 대상이 되는 경우에는 **전문법칙이 적용되지 아니한다(본래 증거에 해당한다)**(대법원 2015.01.22. 선고 2014도10978 전원합의체 판결).**(내전+자본)**

② (×) 대화 내용을 녹음한 파일 등의 전자매체는 성질상 작성자나 진술자의 서명 혹은 날인이 없을 뿐만 아니라, 녹음자의 의도나 특정한 기술에 의하여 내용이 편집·조작될 위험성이 있음을 고려하여 대화 내용을 **녹음한 원본이거나 혹은 원본으로부터 복사한 사본일 경우에는 복사 과정에서 편집되는 등 인위적 개작 없이 원본의 내용 그대로 복사된 사본임이 입증되어야만** 하고, 그러한 입증이 없는 경우에는 쉽게 그 증거능력을 인정할 수 없다(대법원 2015.01.22. 선고 2014도10978 전원합의체 판결).

③ (×) 3인 간의 대화에서 그중 한 사람이 그 대화를 녹음 또는 청취하는 경우에 다른 두 사람의 발언은 그 녹음자 또는 청취자에 대한 관계에서 통신비밀보호법 제3조 제1항에서 정한 '타인 간의 대화'라고 할 수 없으므로, 이러한 녹음 또는 청취하는 행위 및 그 내용을 공개하거나 누설하는 행위가 **통신비밀보호법 제16조 제1항에 해당한다고 볼 수 없다**(대법원 2014.05.16. 선고 2013도16404 판결).

▶정답 ④

12. 독수의 과실이론에 관한 다음 설명 중 가장 적절하지 않은 것은?(다툼이 있으면 판례에 의함)

① 독수의 과실이론이란 위법하게 수집된 제1차 증거에 의하여 발견된 제2차 증거도 증거능력이 부정된다는 이론을 말한다.

② 적법한 절차에 따르지 아니하고 수집된 증거를 기초로 하여 획득된 2차적 증거의 경우에 원칙적으로 유죄 인정의 증거로 삼을 수 없다 할 것이나, 절차에 따르지 아니한 증거수집과 2차적 증거 수집사이의 인과관계 희석 또는 단절 여부를 중심으로 2차적 증거 수집과 관련된 모든 사정을 전체적·종합적으로 고려하여 예외적인 경우에는 유죄인정의 증거로 사용할 수 있다.

③ 강도 현행범으로 체포된 피고인에게 진술거부권을 고지하지 아니한 채 강도범행에 대한 자백을 받고, 이를 기초로 여죄에 대한 진술과 증거물을 확보한 후 진술거부권을 고지하여 피고인의 임의자백 및 피해자의 피해사실에 대한 진술을 수집한 경우, 진술거부권을 고지하지 않은 상태에서 임의로 행해진 피고인의 자백을 기초로 한 2차적 증거 중 피고인 및 피해자의 법정진술은 공개된 법정에서 임의로 이루어진 것이라 하더라도 유죄 인정의 증거로 사용할 수 있는 2차적 증거에 해당하지 않는다.

④ 독수의 과실이론에 관한 미국에서의 제한이론(독수의 과실이론의 예외)으로는 ⅰ) 오염순화의 예외이론(희석이론) ⅱ) 불가피한 발견의 예외이론 ⅲ) 독립된 오염원의 예외이론이 있다.

▶해 설

③ (×) **강도 현행범으로 체포된 피고인에게 진술거부권을 고지하지 아니한 채 강도범행에 대한 자백을 받고,** 이를 기초로 여죄에 대한 진술과 증거물을 확보한 후 진술거부권을 고지하여 피고인의 임의자백 및 피해자의 피해사실에 대한 진술을 수집한 사안에서, **제1심 법정에서의 피고인의 자백**은 진술거부권을 고지받지 않은 상태에서 이루어진 최초 자백 이후 40여 일이 지난 후에 변호인의 충분한 조력을 받으면서 공개된 법정에서 임의로 이루어진 것이고, 피해자의 진술은 **법원의 적법한 소환에 따라 자발적으로 출석하여 위증의 벌을 경고받고 선서한 후 공개된 법정에서 임의로 이루어진 것이어서, 예외적으로 유죄 인정의 증거로 사용할 수 있는 2차적 증거에 해당한다**(대판2009.3.12. 2008도11437).

① (○) **독수의 과실이론의 개념**이다.

② (○) 헌법과 형사소송법이 정한 절차에 따르지 아니하고 수집된 증거는 기본적 인권 보장을 위해 마련된 적법한 절차에 따르지 않은 것으로서 **원칙적으로 유죄 인정의 증거로 삼을 수 없다 할 것이다.** 다만, **오히려 그 증거의 증거능력을 배제하는 것이** 헌법과 형사소송법이 형사소송에 관한 절차 조항을 마련하여 **적법절차의**

원칙과 실체적 진실 규명의 조화를 도모하고 이를 통하여 형사사법 정의를 실현하려 한 취지에 반하는 결과를 초래하는 것으로 평가되는 예외적인 경우라면, 법원은 그 증거를 유죄 인정의 증거로 사용할 수 있다고 보아야 할 것이다. 이는 적법한 절차에 따르지 아니하고 수집된 증거를 기초로 하여 획득된 **2차적 증거**의 경우에도 마찬가지여서, 절차에 따르지 아니한 증거수집과 2차적 증거 수집사이의 **인과관계 희석 또는 단절 여부를 중심으로** 2차적 증거 수집과 관련된 모든 사정을 전체적·종합적으로 고려하여 **예외적인 경우에는 유죄인정의 증거로 사용할 수 있는 것이다**(대판2007도3061 전원합의체판결).

④ (○) 독수의 과실이라도 증거능력이 인정되는 **독수의 과실이론 예외**이다.

▼정답 ③

13. 위법수집증거배제법칙에 관한 설명 중 가장 적절한 것은?(다툼이 있으면 판례에 의함)

① 수사기관의 증거 수집 과정에서 이루어진 절차 위반행위와 관련된 모든 사정 즉, 절차 조항의 취지와 그 위반의 내용 및 정도, 구체적인 위반 경위와 회피가능성, 절차 조항이 보호하고자 하는 권리 또는 법익의 성질과 침해 정도 및 피고인과의 관련성, 절차 위반행위와 증거수집 사이의 인과관계 등 관련성의 정도, 법원의 인식과 의도 등을 전체적·종합적으로 살펴 볼 때, 수사기관의 절차 위반행위가 적법절차의 실질적인 내용을 침해하는 경우에 해당하지 아니하고, 오히려 그 증거의 증거능력을 배제하는 것이 헌법과 형사소송법이 형사소송에 관한 절차 조항을 마련하여 적법절차의 원칙과 실체적 진실 규명의 조화를 도모하고 이를 통하여 형사 사법 정의를 실현하려 한 취지에 반하는 결과를 초래하는 것으로 평가되는 예외적인 경우라면, 법원은 그 증거를 유죄 인정의 증거로 사용할 수 있다고 보아야 한다.

② 소송사기의 피해자가 제3자로부터 대가를 지급하고 취득한 업무일지가 설령 그것이 제3자에 의하여 절취된 것으로서 위 소송사기 등의 피해자측이 이를 수사기관에 증거자료로 제출하기 위하여 대가를 지급하였다 하더라도, 공익의 실현을 위하여는 이 사건 업무일지를 범죄의 증거로 제출하는 것이 허용되어야 한다.

③ 「형사소송법」 제219조가 준용하는 같은 법 제118조는 "압수·수색영장은 처분을 받는 자에게 반드시 제시하여야 한다"고 규정하고 있으므로 피처분자가 현장에 없거나 현장에서 그를 발견할 수 없는 경우 등 영장제시가 현실적으로 불가능한 경우라도 영장을 제시하지 아니한 채 압수·수색을 하면 위법하다.

④ 수사기관이 강도 현행범으로 체포된 피고인에게 진술거부권을 고지하지 아니한 채 자백을 받은 후, 몇 시간 뒤 바로 수사기관의 진술거부권 고지가 이루어졌고, 최초 자백 후 40여일이 지난 후에 피고인이 변호인의 충분한 조력을 받으면서 공개된 법정에서 임의로 자백을 하였다면 이는 유죄의 증거로 사용할 수 없다.

▼해 설

② (○) 설령 그것이 제3자에 의하여 절취된 것으로서 위 소송사기 등의 피해자측이 이를 수사기관에 **증거자료로 제출하기 위하여 대가를 지급하였다** 하더라도, 공익의 실현을 위하여는 이 사건 업무일지를 범죄의 **증거로 제출하는 것이 허용되어야** 하고, 이로 말미암아 피고인의 사생활 영역을 침해하는 결과가 초래된다 하더라도 이는 피고인이 수인하여야 할 기본권의 제한에 해당된다(대법원2008. 6. 26.선고2008도1584판결). 결국, **소송사기의 피해자가 제3자로부터 대가를 지급하고 취득한, 절취된 업무일지를 사기죄에 대한 증거로 사용할 수 있다.**

① (×) 수사기관의 증거 수집 과정에서 이루어진 절차 위반행위와 관련된 모든 사정 즉, 절차 조항의 취지와 그 위반의 내용 및 정도, 구체적인 위반 경위와 회피가능성, 절차 조항이 보호하고자 하는 권리 또는 법익의 성질과 침해 정도 및 피고인과의 관련성, 절차 위반행위와 증거수집 사이의 인과관계 등 관련성의 정도, **수사기관(법원×)**의 인식과 의도 등을 전체적·종합적으로 살펴 볼 때, 수사기관의 절차 위반행위가 적법절차의 실질적인 내용을 침해하는 경우에 해당하지 아니하고, **오히려 그 증거의 증거능력을 배제하는 것이 헌법과 형사소송법이 형사소송에 관한 절차 조항을 마련하여 적법절차의 원칙과 실체적 진실 규명의 조화를 도모하고 이를 통하여 형사 사법 정의를 실현하려 한 취지에 반하는 결과를 초래하는 것으로 평가되는 예외적인 경우라면**, 법원은 그 증거를 유죄 인정의 증거로 사용할 수 있다고 보아야 한다(대법원2007. 11. 15. 선고2007도3061전원합의체 판결).

③ (×) 형사소송법 제219조가 준용하는 제118조는 "압수·수색영장은 처분을 받는 자에게 반드시 제시하여야 한다."고 규정하고 있으나, 이는 **영장제시가 현실적으로 가능한 상황을 전제로 한 규정으로 보아야** 하고, **피처분자가 현장에 없거나 현장에서 그를 발견할 수 없는 경우 등 영장제시가 현실적으로 불가능한 경우에는 영장을 제시하지 아니한 채** 압수·수색을 하더라도 **위법하다고 볼 수 없다**(대판 2015.1.22. 2014도10978 전원합의체 판결).

④ (×) [1] 형사소송법 제308조의2는 "적법한 절차에 따르지 아니하고 수집한 증거는 증거로 할 수 없다"고 규정하고 있는바, 수사기관이 헌법과 형사소송법이 정한 절차에 따르지 아니하고 수집한 증거는 물론, **이를 기초로 하여 획득한 2차적 증거 역시 유죄 인정의 증거로 삼을 수 없는 것이 원칙이다**. 다만, 수사기관의 절차 위반 행위가 적법절차의 실질적인 내용을 침해하는 경우에 해당하지 아니하고, **오히려 그 증거의 증거능력을 배제하는 것이** 헌법과 형사소송법이 형사소송에 관한 절차 조항을 마련하여 **적법절차의 원칙과 실체적 진실 규명의 조화를 도모하고 이를 통하여 형사 사법 정의를 실현하려 한 취지에 반하는 결과를 초래하는 것으로 평가되는 예외적인 경우라면**, 법원은 그 증거를 유죄 인정의 증거로 사용할 수 있다.
[2] 강도 현행범으로 체포된 피고인에게 **진술거부권을 고지하지 아니한 채 강도범행에 대한 자백을 받고, 이를 기초로 여죄에 대한 진술과 증거물을 확보**한 후 진술거부권을 고지하여 피고인의 임의자백 및 피해자의 피해사실에 대한 진술을 수집한 사안에서, **제1심 법정에서의 피고인의 자백**은 진술거부권을 고지받지 않은 상태에서 이루어진 최초 자백 이후 **40여 일이 지난 후에 변호인의 충분한 조력을 받으면서 공개된 법정에서 임의로 이루어진 것이고**, 피해자의 진술은 법원의 적법한 소환에 따라 자발적으로 출석하여 위증의 벌을 경고받고 선서한 후 공개된 법정에서 임의로 이루어진 것이어서, **예외적으로 유죄 인정의 증거로 사용할 수 있는 2차적 증거에 해당한다**(대판2009.3.12. 2008도11437).

▶정답 ②

제03절 전문법칙과 전문법칙의 예외

1. 전문증거 또는 그 증거능력에 대한 설명으로 옳지 <u>않은</u> 것은? (다툼이 있는 경우 판례에 의함)

(2024. 경찰대 편입)

① 형사소송법 제314조가 말하는 그 진술이 '특히 신빙할 수 있는 상태하에서 행하여졌음'이란 그 진술 내용이나 조서의 작성에 허위 개입의 여지가 거의 없고, 그 진술 내용의 신빙성이나 임의성을 담보할 구체적이고 외부적인 정황이 있는 경우를 말하고, 이에 대한 증명은 합리적 의심의 여지를 배제할 정도에 이를 것을 요하지 않고, 그러한 개연성이 있다는 정도만으로도 충분하다.

② 검사 또는 사법경찰관이 피고인이 아닌 자의 진술을 기재한 조서의 증거능력을 인정하려면 적법한 절차와 방식에 따라 작성된 것이어야 한다는 법리는 피고인이 아닌 자가 수사과정에서 작성한 진술서의 증거능력에 관하여도 적용된다.

③ 수사기관이 작성한 피고인이 아닌 자의 진술을 기재한 조서에 대하여 실질적 진정성립을 증명하기 위해 영상녹화물의 조사를 신청하려면 영상녹화를 시작하기 전에 피고인 아닌 자의 동의를 받고 그에 관하여 피고인 아닌 자가 기명날인 또는 서명한 영상녹화 동의서를 첨부하여야 하고, 조사가 개시된 시점부터 조사가 종료되어 참고인이 조서에 기명날인 또는 서명을 마치는 시점까지 조사 전(全) 과정이 영상녹화되어야 한다.

④ 타인의 진술을 내용으로 하는 진술이 전문증거인지 여부는 요증사실과의 관계에서 정하여지고, 원진술의 내용인 사실이 요증사실인 경우에는 전문증거이나, 원진술의 존재 자체가 요증사실인 경우에는 전문증거가 아니다.

⑤ 형사소송법 제312조 제1항에 따라 검사 작성 피의자신문조서가 증거능력이 있기 위하여는 공판준비 또는 공판기일에 피고인 또는 변호인의 내용의 인정을 요하는바, 공판정에서 피고인이 공소사실을 부인하는 경우 검사가 작성한 피의자신문조서 중 공소사실을 인정하는 취지의 진술 부분은 피고인 또는 변호인이 그 내용을 인정하지 않은 것으로 보아야 한다.

해설

① (×) [1] 형사소송법 제314조가 참고인의 소재불명 등의 경우에 그 참고인이 진술하거나 작성한 진술조서나 진술서에 대하여 증거능력을 인정하는 것은, 형사소송법이 제312조 또는 제313조에서 참고인 진술조서 등 서면증거에 대하여 피고인 또는 변호인의 반대신문권이 보장되는 등 엄격한 요건이 충족될 경우에 한하여 증거능력을 인정할 수 있도록 함으로써 직접심리주의 등 기본원칙에 대한 예외를 인정한 데 대하여 다시 중대한 예외를 인정하여 원진술자 등에 대한 반대신문의 기회조차 없이 증거능력을 부여할 수 있도록 한 것이므로, 그 경우 참고인의 진술 또는 작성이 **특히 신빙할 수 있는 상태**하에서 행하여졌음에 대한 **증명**은 **단지 그러할 개연성이 있다는 정도로는 부족하고 합리적인 의심의 여지를 배제할 정도에 이르러야** 한다.
[2] 형사소송법 제314조의 '특신상태'와 관련된 법리는 마찬가지로 원진술자의 소재불명 등을 전제로 하고 있는 형사소송법 제316조 제2항의 '특신상태'에 관한 해석에도 그대로 적용된다(대법원2014. 4. 30.선고2012도725판결).

② (○) [1] 형사소송법 제312조 제5항은 피고인 또는 피고인이 아닌 자가 수사과정에서 작성한 진술서의 증거능력에 관하여 형사소송법 제312조 제1항부터 제4항까지 준용하도록 규정하고 있으므로, **검사 또는 사법경찰관이 피고인이 아닌 자의 진술을 기재한 조서의 증거능력이 인정되려면 '적법한 절차와 방식에 따라 작성된 것'이어야 한다는 법리가 피고인이 아닌 자가 수사과정에서 작성한 진술서의 증거능력에 관하여도 적용된다.**
[2] 한편 검사 또는 사법경찰관이 피의자가 아닌 자의 출석을 요구하여 조사하는 경우에는 피의자를 조사하는 경우와 마찬가지로 조사장소에 도착한 시각, 조사를 시작하고 마친 시각, 그 밖에 조사과정의 진행경과를 확인하기 위하여 필요한 사항을 조서에 기록하거나 별도의 서면에 기록한 후 수사기록에 편철하도록 하는 등 조사과정을 기록하게 한 **형사소송법 제221조 제1항, 제244조의4 제1항, 제3항의 취지는 수사기관이 조사과정에서 피조사자로부터 진술증거를 취득하는 과정을 투명하게 함으로써 그 과정에서의 절차적 적법성을 제도적으로 보장하려는 것이다.**
[3] 따라서 **수사기관이** 수사에 필요하여 피의자가 아닌 자로부터 진술서를 작성·제출받는 경우에도 그 절차는 준수되어야 하므로, 피고인이 아닌 자가 수사과정에서 진술서를 작성하였지만 수사기관이 조사과정의 진행경과를 확인하기 위하여 필요한 사항을 그 진술서에 기록하거나 별도의 서면에 기록한 후 수사기록에 편철하는 등 적절한 조치를 취하지 아니하여 **형사소송법 제244조의4 제1항,제3항에서 정한 절차를 위반한 경우에는**, 그 진술증거 취득과정의 절차적 적법성의 제도적 보장이 침해되지 않았다고 볼 만한 특별한 사정이 없는 한 '적법한 절차와 방식'에 따라 수사과정에서 진술서가 작성되었다고 할 수 없어 증거능력을 **인정할 수 없다.**
[4] 이러한 형사소송법 규정 및 문언과 그 입법 목적 등에 비추어 보면, **형사소송법 제312조 제5항의 적용대상인 '수사과정에서 작성한 진술서'란 수사가 시작된 이후에 수사기관의 관여 아래 작성된 것이거나, 개시된 수사와 관련하여 수사과정에 제출할 목적으로 작성한 것으로**, 작성 시기와 경위 등 여러 사정에 비추어 그 실질이 이에 해당하는 이상 **명칭이나 작성된 장소 여부를 불문한다**(대법원2022. 10. 27.선고2022도9510판결).

③ (○) **수사기관이 작성한 피고인이 아닌 자의 진술을 기재한 조서에 대하여 실질적 진정성립을 증명하기 위해 영상녹화물의 조사를 신청하려면** 영상녹화를 시작하기 전에 피고인 아닌 자의 동의를 받고 그에 관해서 피고인 아닌 자가 기명날인 또는 서명한 **영상녹화 동의서를 첨부하여야** 하고, 조사가 개시된 시점부터 조사가 종료되어 참고인이 조서에 기명날인 또는 서명을 마치는 시점까지 조사 **전 과정이 영상녹화되어야** 하므로 **이를 위반한 영상녹화물에 의하여는** 특별한 사정이 없는 한 **피고인 아닌 자의 진술을 기재한 조서의 실질적 진정성립을 증명할 수 없다**(대법원 2022. 6. 16. 선고 2022도364 판결).

④ (○) [1] 다른 사람의 진술을 내용으로 하는 진술이 전문증거인지는 요증사실이 무엇인지에 따라 정해진다. 다른 사람의 진술, 즉 원진술의 **내용**인 사실이 요증사실인 경우에는 **전문증거**이지만, 원진술의 존재 **자체**가 요증사실인 경우에는 **본래증거**이지 전문증거가 아니다(대법원 2019. 8. 29. 선고 2018도14303 전원합의체 판결). (**내·전 + 자·본**)

⑤ (○) 2020. 2. 4. 법률 제16924호로 개정되어 2022. 1. 1.부터 시행된 형사소송법 제312조 제1항은 **검사가 작성한 피의자신문조서는 공판준비, 공판기일에 그 피의자였던 피고인 또는 변호인이 그 내용을 인정할 때에 한정하여 증거로 할 수 있다**고 규정하고 있다. 여기서 '그 내용을 인정할 때'라 함은 피의자신문조서의 기재 내용이 진술 내용대로 기재되어 있다는 의미가 아니고 그와 같이 진술한 내용이 실제 사실과 부합한다는 것을 의미한다. **따라서 피고인이 공소사실을 부인하는 경우** 검사가 작성한 피의자신문조서 중 공소사실을 인정하는 취지의 진술 부분은 **그 내용을 인정하지 않았다**고 보아야 한다(대법원 2023. 4. 27. 선고 2023도2102 판결).

▼정답 ①

2. 전문증거에 관한 설명으로 가장 적절하지 않은 것은?(다툼이 있는 경우 판례에 의함) (2024. 경찰간부)

① 현장사진 중 '사진 가운데에 위치한 촬영일자' 부분이 조작된 것이라고 다투는 경우, 위 '현장사진의 촬영일자'는 전문법칙이 적용된다.

② 어떤 진술이 기재된 서류가 그 내용의 진술을 하였다는 사실 자체에 대한 정황증거로 사용되었다 하더라도, 그 서류가 다시 진술내용이나 그 진실성을 증명하는 간접사실로 사용되는 경우에는 전문증거에 해당하므로 전문법칙이 적용된다.

③ 피고인 아닌 자의 공판기일에서의 진술이 피고인 아닌 타인의 진술을 그 내용으로 하는 경우 「형사소송법」 제316조 제2항이 요구하는 특히 신빙할 수 있는 상태하에서 행하여졌음에 대한 증명은 단지 그러한 개연성이 있다는 정도로 족하며 합리적인 의심의 여지를 배제하는 정도에 이를 필요는 없다.

④ 피고인 아닌 자의 진술이 기재된 조서에 원진술자가 실질적 진정 성립을 부인하더라도 영상녹화물 또는 그 밖의 객관적인 방법에 의하여 증명하는 방법이 있는데, 여기서 '그 밖의 객관적인 방법'이라 함은 영상녹화물에 준할 정도로 피고인의 진술을 과학적·기계적·객관적으로 재현해 낼 수 있는 방법만을 의미하며 조사관 또는 조사과정에 참여한 통역인 등의 증언은 이에 해당한다고 볼 수 없다.

▼해 설

③ (×) [1] 형사소송법 제314조가 참고인의 진술 또는 작성이 '**특히 신빙할 수 있는 상태하에서 행하여졌음에 대한 증명**'은 단지 그러할 **개연성이 있다는 정도로는 부족**하고 **합리적인 의심의 여지를 배제할 정도에 이르러야** 한다.

[2] 형사소송법 제314조의 '특신상태'와 관련된 법리는 마찬가지로 원진술자의 소재불명 등을 전제로 하고 있는 형사소송법 제316조 제2항의 '특신상태'에 관한 해석에도 그대로 적용된다(대법원 2014. 4. 30. 선고 2012도725 판결).

① (O) [1] 제3자가 공갈목적을 숨기고 피고인의 동의하에 나체사진을 찍은 경우, 피고인에 대한 간통죄에 있어 **위법수집증거로서 증거능력이 배제된다고 볼 수 없다.**
[2] 피고인이 이 사건 **사진의 촬영 일자부분**에 대하여 **조작된 것이라고 다툰다고 하더라도** 이 부분은 **전문증거에 해당되어 별도로 증거능력이 있는지를 살펴보면 족한 것**이므로, 원심과 같이 피고인의 변소에 비추어 위 증거동의의 의사표시가 단순히 사진 속의 인물이 피고인이 맞다는 취지의 진술에 불과하다고 단정할 수는 없다 할 것이고, 피고인이 원심에 이르러 증거동의를 철회하였다고 하더라도 증거조사를 마친 후의 증거에 대하여는 동의의 철회로 인하여 적법하게 부여된 증거능력이 상실되는 것이 아니므로, **이 사건 사진이 진정한 것으로 인정되는 한** 이로써 **이 사건 사진은 증거능력을 취득한 것이라 할 것이다**(대법원1997. 9. 30.선고97도1230판결).
② (O) 대판2019. 8. 29. 2018도13792 전원합의체 판결
④ (O) 대법원2016. 2. 18.선고2015도16586판결

▼정답 ③

3. 전문증거에 관한 설명으로 옳은 것은 모두 몇 개인가? (다툼이 있는 경우 판례에 의함)
(2024. 1차 경찰채용)

㉠ 어떤 진술이 기재된 서류가 그 내용의 진실성이 범죄사실에 대한 직접증거로 사용될 때는 전문증거가 되지만, 그와 같은 진술을 하였다는 것 자체 또는 진술의 진실성과 관계없는 간접사실에 대한 정황증거로 사용될 때는 반드시 전문증거가 되는 것이 아니다.

㉡ 「형사소송법」 제312조 제1항은 검사가 작성한 피의자신문조서는 공판준비, 공판기일에 그 피의자였던 피고인 또는 변호인이 그 내용을 인정할 때에 한정하여 증거로 할 수 있다고 규정하고 있다. 여기서 '그 내용을 인정할 때'라 함은 피의자신문조서의 기재 내용이 진술 내용대로 기재되어 있다는 의미가 아니고 그와 같이 진술한 내용이 실제 사실과 부합한다는 것을 의미한다.

㉢ 피고인이 자신과 공범관계에 있는 다른 피고인이나 피의자에 대하여 검사가 작성한 피의자신문조서의 내용을 부인하는 경우에는 「형사소송법」 제312조 제1항이 적용되지 아니하므로 이를 유죄의 증거로 쓸 수 있다.

㉣ 재전문진술이 기재된 조서는 「형사소송법」 제312조 또는 제314조에 따라 증거능력이 인정될 수 있는 경우에 해당하여야 함은 물론 「형사소송법」 제316조 제2항에 따른 요건을 갖추어야 예외적으로 증거능력이 있다.

㉤ 「형사소송법」은 전문진술에 대하여 제316조에서 실질상 단순한 전문의 형태를 취하는 경우에 한하여 예외적으로 그 증거능력을 인정하는 규정을 두고 있을 뿐, 재전문진술이나 재전문진술을 기재한 조서에 대하여는 달리 그 증거능력을 인정하는 규정을 두고 있지 아니하므로, 피고인이 증거로 하는 데 동의하더라도 「형사소송법」 제310조의2의 규정에 의하여 이를 증거로 할 수 없다.

① 2개 ② 3개
③ 4개 ④ 5개

▶해 설

① ㉠㉡(2개)은 옳은 지문이나, ㉢㉣㉤(3개)은 틀린 지문이다.

㉠ (O) [1] 다른 사람의 진술을 내용으로 하는 진술이 전문증거인지는 요증사실이 무엇인지에 따라 정해진다. 다른 사람의 진술, 즉 원진술의 **내용**인 사실이 요증사실인 경우에는 **전문증거이지만**, 원진술의 존재 **자체**가 요증사실인 경우에는 **본래증거이지** 전문증거가 아니다.

[2] 어떤 진술이 기재된 서류가 그 **내용**의 진실성이 범죄사실에 대한 직접증거로 사용될 때는 **전문증거가 되지만**, 그와 같은 진술을 하였다는 것 **자체** 또는 **진술의 진실성과 관계없는** 간접사실에 대한 정황증거로 사용될 때는 **반드시 전문증거가 되는 것이 아니다**.

[3] 그러나 어떠한 내용의 진술을 하였다는 사실 자체에 대한 정황증거로 사용될 것이라는 이유로 서류의 증거능력을 인정한 다음 그 사실을 다시 진술 **내용**이나 그 **진실성**을 증명하는 간접사실로 사용하는 경우에 그 서류는 **전문증거에 해당한다**. 서류가 그곳에 기재된 원진술의 내용인 사실을 증명하는 데 사용되어 원진술의 내용인 사실이 요증사실이 되기 때문이다. 이러한 경우 형사소송법 제311조부터 제316조까지 정한 요건을 충족하지 못한다면 증거능력이 없다(대법원2019. 8. 29.선고2018도14303전원합의체 판결).

㉡ (O) 2020. 2. 4. 법률 제16924호로 개정되어 2022. 1. 1.부터 시행된 형사소송법 제312조 제1항은 검사가 작성한 피의자신문조서의 증거능력에 대하여 '적법한 절차와 방식에 따라 작성된 것으로서 공판준비, 공판기일에 그 피의자였던 피고인 또는 변호인이 그 내용을 인정할 때에 한정하여 증거로 할 수 있다.'고 규정하였다. 여기서 **'그 내용을 인정할 때'라 함**은 피의자신문조서의 기재 내용이 진술 내용대로 기재되어 있다는 의미가 아니고 그와 같이 **진술한 내용**이 **실제 사실과 부합한다는 것을 의미한다**(대법원2023. 6. 1.선고2023도3741판결).

㉢ (×) [1] 형사소송법 제312조 제1항**에서 정한 '검사가 작성한 피의자신문조서'란** 당해 피고인에 대한 피의자신문조서만이 아니라 **당해 피고인과 공범관계에 있는 다른 피고인이나 피의자에 대하여 검사가 작성한 피의자신문조서도 포함**되고, 여기서 말하는 '공범'에는 형법 총칙의 공범 이외에도 서로 대향된 행위의 존재를 필요로 할 뿐 각자의 구성요건을 실현하고 별도의 형벌 규정에 따라 처벌되는 강학상 필요적 공범 또는 대향범까지 포함한다. 따라서 **피고인이 자신과 공범관계에 있는 다른 피고인이나 피의자에 대하여 검사가 작성한 피의자신문조서의 내용을 부인하는 경우**에는 형사소송법 제312조 제1항에 따라 **유죄의 증거로 쓸 수 없다**.

[2] 피고인과 변호인이 '**공소외인에 대한 검찰 피의자신문조서 사본**'에 관하여 내용 부인 취지에서 '**증거로 사용함에 동의하지 않는다**.'는 의견을 밝혔음에도 이를 유죄인정의 증거로 사용한 것은 형사소송법 제312조 제1항**에 관한 법리를 오해한 것이다**(대법원2023. 6. 1.선고2023도3741판결).

㉣ (×) [1] **재전문진술이나 재전문진술을 기재한 조서**에 대하여는 달리 그 증거능력을 인정하는 규정을 두고 있지 아니하고 있으므로, **피고인이 증거로 하는 데 동의하지 아니하는 한** 형사소송법 제310조의2의 규정에 의하여 **이를 증거로 할 수 없다**(대법원2000. 3. 10.선고2000도159판결; 대법원2004. 3. 11.선고2003도171판결 등).(재·동이 증거능력이 있다.)

[2] **전문진술이 기재된 조서는 형사소송법 제312조 또는 제314조에 따라 증거능력이 인정될 수 있는 경우에 해당하여야 함은 물론 형사소송법 제316조 제2항에 따른 요건을 갖추어야 예외적으로 증거능력이 있다**(대법원 2017. 7. 18.선고2015도12981, 2015전도218판결). 결국, **전문진술을 기재한 조서 = 제312조 또는 제314조 + 제316조**

㉤ (×) [1] 형사소송법은 전문진술에 대하여 제316조에서 실질상 단순한 전문의 형태를 취하는 경우에 한하여 예외적으로 그 증거능력을 인정하는 규정을 두고 있을 뿐, **재전문진술이나 재전문진술을 기재한 조서에 대하여는 달리 그 증거능력을 인정하는 규정을 두고 있지 아니하고 있으므로, 피고인이 증거로 하는 데 동의하지 아니하는 한** 형사소송법 제310조의2의 규정에 의하여 이를 **증거로 할 수 없다**.

[2] **재전문진술을 기재한 조서에 대하여 피고인이 이를 증거로 함에 동의하여 증거능력이 있다**(대법원2004. 3. 11.선고2003도171판결). 결국, **재전문진술이나 재전문진술을 기재한 조서는 피고인이 동의하면 증거능력이 있다**.

▶정답 ①

4. 증거 또는 증거능력에 관한 설명으로 가장 적절하지 않은 것은? (다툼이 있는 경우 판례에 의함)

(2024. 경찰승진)

① 피의자가 휴대전화를 임의제출하면서 휴대전화에 저장된 전자정보가 아닌 클라우드 등 제3자가 관리하는 원격지에 저장되어있는 전자정보를 수사기관에 제출한다는 의사로 수사기관에게 클라우드 등에 접속하기 위한 아이디와 비밀번호를 임의로 제공하였다면, 이는 해당 클라우드 등에 저장된 전자정보를 임의제출한 것으로 볼 수 있다.

② 긴급체포되어 조사를 받고 구속영장이 청구되지 않아서 석방된 후 검사가 그 석방일로부터 30일 이내에 석방통지를 법원에 하지않더라도 긴급체포 당시 상황과 경위, 긴급체포 후 조사과정 등에 특별한 위법이 없는 이상, 그 긴급체포에 의한 유치 중에 작성된 피의자신문조서가 위법하게 작성되었다고 볼 수는 없다.

③ 범죄의 피해자인 검사가 그 사건의 수사에 관여하거나, 압수·수색영장의 집행에 참여한 검사가 다시 수사에 관여하였다는 이유만으로도 바로 그 수사가 위법한 것이 되고, 그에 따른 참고인의 진술에 임의성이 있다고 볼 수 없으므로, 그 검사가 작성한 참고인 진술조서의 증거능력이 인정될 수 없다.

④ 구속적부심문조서는 「형사소송법」 제311조가 규정한 문서에는 해당하지 않지만, 특히 신용할 만한 정황에 의하여 작성된 문서이므로 특별한 사정이 없는 한 피고인의 증거동의가없더라도 「형사소송법」 제315조 제3호에 의하여 당연히 증거능력이 인정된다.

해설

③ (×) [1] **범죄의 피해자인 검사가 그 사건의 수사에 관여**하거나, **압수·수색영장의 집행에 참여한 검사가 다시 수사에 관여하였다는 이유만으로** 바로 그 수사가 위법하다거나 그에 따른 **참고인이나 피의자의 진술에 임의성이 없다고 볼 수는 없다.**
[2] 이 사건 압수·수색영장의 집행과정에서 폭행 등의 피해를 당한 검사 등이 수사에 관여하였다는 이유만으로 그 검사 등이 작성한 **참고인 진술조서 등의 증거능력이 부정될 수 없다**(대법원 2013. 9. 12. 선고 2011도12918판결).

① (○) **피의자가 휴대전화를 임의제출하면서** 휴대전화에 저장된 전자정보가 아닌 클라우드 등 제3자가 관리하는 원격지에 저장되어 있는 전자정보를 수사기관에 제출한다는 의사로 **수사기관에게 클라우드 등에 접속하기 위한 아이디와 비밀번호를 임의로 제공하였다면** 위 **클라우드 등에 저장된 전자정보를 임의제출하는 것으로 볼 수 있다**(대법원 2021. 7. 29. 선고 2020도14654판결).

② (○) 갑이 2009. 11. 2. 22:00경 **긴급체포되어 조사를 받고** 구속영장이 청구되지 아니하여 2009. 11. 4. 20:10경 **석방되었음에도 검사가 그로부터 30일 이내에** 법 제200조의4에 따른 **석방통지를 법원에 하지 아니한 사실**을 알 수 있으나, 갑에 대한 긴급체포 당시의 상황과 경위, 긴급체포 후 조사 과정 등에 특별한 위법이 있다고 볼 수 없는 이상, **단지 사후에 석방통지가 법에 따라 이루어지지 않았다는 사정만으로 그 긴급체포에 의한 유치 중에 작성된 갑에 대한 피의자신문조서들의 작성이 소급하여 위법하게 된다고 볼 수는 없다**(대법원 2014. 8. 26. 선고 2011도6035판결).

④ (○) **구속적부심문조서는 형사소송법 제311조가 규정한 문서에는 해당하지 않는다** 할 것이나, 특히 신용할 만한 정황에 의하여 작성된 문서라고 할 것이므로 특별한 사정이 없는 한, 피고인이 증거로 함에 부동의하더라도 **형사소송법 제315조 제3호에 의하여 당연히 그 증거능력이 인정된다**(대법원 2004. 1. 16. 선고 2003도5693판결).

정답 ③

5. 전문증거에 관한 설명으로 가장 적절하지 않은 것은? (다툼이있는 경우 판례에 의함) (2024. 경찰승진)

① 피고인의 범행을 직접 목격하고 현행범으로 체포한 경찰관의 법정진술은 전문증거에 해당하지 않는다.
② 어떠한 내용의 진술을 하였다는 사실 자체에 대한 정황증거로 사용될 것이라는 이유로 진술의 증거능력을 인정한 다음 그 사실을 다시 진술 내용이나 그 진실성을 증명하는 간접사실로 사용하는 경우에 그 진술은 전문증거에 해당한다.
③ 다른 피고인에 대한 형사사건의 공판조서는 「형사소송법」 제311조에 따라 당해 사건에서의 증거능력이 인정된다.
④ 「형사소송법」 제312조 제1항에서 정한 '검사가 작성한 피의자신문조서'란 당해 피고인에 대한 피의자신문조서만이 아니라 당해 피고인과 공범관계에 있는 다른 피고인이나 피의자에대하여 검사가 작성한 피의자신문조서도 포함된다.

해 설

③ (×) **다른 피고인에 대한 형사사건의 공판조서**는 형사소송법 제315조 제3호에 정한 서류로서 **당연히 증거능력이 있는바**, 공판조서 중 일부인 증인신문조서 역시 형사소송법 제315조 제3호에 정한 서류로서 **당연히 증거능력이 있다고** 보아야 할 것이다(대법원2005. 4. 28. 선고2004도4428판결).

① (○) [1] **현행범을 체포한 경찰관의 진술**이라 하더라도 **범행을 목격한 부분**에 관하여는 **여느 목격자와 다름없이 증거능력이 있고**, 다만 그 증거의 신빙성만 문제되는 것이라 할 것이다. 위와 같은 경찰관의 체포행위를 도운 자가 범인의 범행을 목격하였다는 취지의 진술은 그 사람이 경찰정보원이라 하더라도 그 증거능력을 부인할 아무런 이유가 없다 할 것이므로, **피고인을 현행범으로 체포한 경찰관 갑**과 위 체포행위를 도운 경찰정보원 을의 수사기관에서의 각 진술 및 **법정에서의 각 증언은 증거능력이 있다**.
[2] 형사재판에 있어서 유죄로 인정하기 위한 심증형성의 정도는 합리적인 의심을 할 여지가 없을 정도이어야 하나, 합리성이 없는 모든 가능한 의심을 배제할 정도에 이를 것까지 요구하는 것은 아니며, 증명력이 있는 것으로 인정되는 증거를 합리적인 근거가 없는 의심을 일으켜 이를 배척하는 것은 자유심증주의의 한계를 벗어나는 것으로 허용될 수 없으므로, 소매치기의 현행범을 검거한 경찰관과 경찰정보원의 **진술이라 하더라도** 그 증명력에 있어서 **합리적인 근거가 있는 의심을 할만한 사정이 없는 한 그 신빙성을 배척할 수는 없다 할 것이다**(대법원1995. 5. 9.선고95도535판결). 결국, 피고인의 **범행을 직접 목격하고 현행범으로 체포한 경찰관의 법정진술**은 전문증거에 해당하지 아니하고 **직접(본래)증거에 해당한다**.

② (○) [1] 어떠한 내용의 진술을 하였다는 사실 자체에 대한 정황증거로 사용될 것이라는 이유로 진술의 증거능력을 인정한 다음 그 사실을 다시 **진술 내용**이나 **그 진실성**을 증명하는 간접사실로 사용하는 경우에 **그 진술은 전문증거에 해당한다**(대법원2021. 2. 25. 선고2020도17109판결).
[2] 어떠한 내용의 진술을 하였다는 사실 자체에 대한 정황증거로 사용될 것이라는 이유로 서류의 증거능력을 인정한 다음 그 사실을 다시 **진술 내용**이나 그 진실성을 증명하는 간접사실로 사용하는 경우에 **그 서류는 전문증거에 해당한다**(대법원2019. 8. 29. 선고2018도14303전원합의체 판결).

④ (○) [1] 2020. 2. 4. 법률 제16924호로 개정되어 2022. 1. 1.부터 시행된 형사소송법 제312조 제1항은 검사가 작성한 피의자신문조서의 증거능력에 대하여 '적법한 절차와 방식에 따라 작성된 것으로서 공판준비, 공판기일에 그 피의자였던 피고인 또는 변호인이 그 내용을 인정할 때에 한정하여 증거로 할 수 있다.'고 규정하였다. 여기서 '그 내용을 인정할 때'라 함은 피의자신문조서의 기재 내용이 진술 내용대로 기재되어 있다는 의미가 아니고 그와 같이 진술한 내용이 실제 사실과 부합한다는 것을 의미한다.
[2] **형사소송법 제312조 제1항에서 정한 '검사가 작성한 피의자신문조서'**란 **당해** 피고인에 대한 피의자신문조서만이 아니라 당해 피고인과 공범관계에 있는 **다른 피고인이나 피의자에 대하여** 검사가 작성한 피의자신문조서도 **포함되고**, 여기서 말하는 '공범'에는 형법 총칙의 공범 이외에도 서로 대향적 행위의 존재를 필요로 할 뿐 각자의 구성요건을 실현하고 별도의 형벌 규정에 따라 처벌되는 강학상 필요적 공범 또는 대향범까지 포함한다. 따라서 **피고인이 자신과 공범관계에 있는 다른 피고인이나 피의자에 대하여 검사가 작성한 피의자신문조서의 내용을 부인하는 경우에는** 형사소송법 제312조 제1항에 **따라 유죄의 증거로 쓸 수 없다**(대법원 2023. 6. 1. 선고2023도3741판결).

▼ 정답 ③

6. 전문법칙 또는 그 예외에 관한 설명으로 옳고 그름의 표시(○, ×)가 바르게 된 것은? (다툼이 있는 경우 판례에 의함)
(2024. 경찰승진)

> ㉠ 대한민국 영사가 작성한 사실확인서 중 공인 부분을 제외한 나머지 부분이 공적인 증명보다는 상급자 등에 대한 보고를 목적으로 하는 경우에는 「형사소송법」 제315조 제1호에 정한 '공무원의 직무상 증명할 수 있는 사항에 관하여 작성한 문서'라고 할 수 없다.
> ㉡ 법원·법관의 공판기일에서의 검증의 결과를 기재한 조서와 수사기관이 작성한 검증조서는 당연히 증거능력이 인정된다.
> ㉢ 법관의 면전에서 조사·진술되지 않고 그에 대하여 피고인이 공격·방어할 수 있는 반대신문의 기회가 실질적으로 부여되지 않은 진술은 원칙적으로 증거로 할 수 없다.
> ㉣ 사인(私人)이 피고인 아닌 자의 전화 대화를 녹음한 녹음테이프에 대하여 법원이 실시한 검증의 내용이 그 진술 당시 진술자의 상태 등을 확인하기 위한 것인 경우에는 그 내용을 기재한 검증조서는 「형사소송법」 제313조 제1항에 따른 요건을 갖추어야 증거능력이 인정될 수 있다.
> ㉤ 감정의 경과와 결과를 기재한 서류는 공판준비 또는 공판기일에서 그 작성자가 성립의 진정을 부인하면 과학적 분석결과에 기초한 디지털포렌식 자료, 감정 등 객관적 방법으로 성립의 진정함이 증명되더라도 증거로 할 수 없다.

① ㉠(×) ㉡(×) ㉢(○) ㉣(×) ㉤(×)
② ㉠(○) ㉡(×) ㉢(○) ㉣(×) ㉤(×)
③ ㉠(○) ㉡(×) ㉢(○) ㉣(○) ㉤(×)
④ ㉠(×) ㉡(○) ㉢(×) ㉣(×) ㉤(○)

해 설

② ㉠㉢(2개)은 맞는 지문이나, ㉡㉣㉤(3개)은 틀린 지문이다.

㉠ (○) 대한민국 주중국 대사관 영사가 작성한 사실확인서 중 공인부분을 제외한 나머지 부분이 비록 영사의 **공부수행 과정중** 작성되었지만 **공적인 증명보다는** 상급자 등에 대한 **보고를 목적으로 하는** 것인 경우, **형사소송법 제315조 제1호**의 '공무원의 직무상 증명할 수 있는 사항에 관하여 작성한 문서' 또는 제3호의 '기타 특히 신뢰할 만한 정황에 의하여 작성된 문서'라고 볼 수 없으므로 증거능력이 없다(대법원 2007. 12. 13. 선고 2007도7257 판결).

㉡ (×) 법원·법관의 공판기일에서의 검증의 결과를 기재한 조서는 제311조에 의하여 **당연히 증거능력이 인정된다**. 그러나 수사기관이 작성한 검증조서는 제312조 제6항의 요건을 갖추어야 증거능력이 인정된다. 즉 "검사 또는 사법경찰관이 검증의 결과를 기재한 조서는 적법한 절차와 방식에 따라 작성된 것으로서 공판준비 또는 공판기일에서의 **작성자(★★)**의 진술에 따라 그 성립의 진정함이 증명된 때에는 증거로 할 수 있다."고 규정하고 있다(제312조 제6항).

㉢ (○) [1] 공판준비 또는 공판기일에서 이미 증언을 마친 증인을 검사가 소환한 후 피고인에게 유리한 그 증언 내용을 추궁하여 이를 일방적으로 번복시키는 방식으로 작성한 진술조서를 유죄의 증거로 삼는 것은 당사자주의·공판중심주의·직접주의를 지향하는 현행 형사소송법의 소송구조에 어긋나는 것일 뿐만 아니라, 헌법 제27조가 보장하는 기본권, 즉 **법관의 면전에서 모든 증거자료가 조사·진술되고 이에 대하여 피고인이 공격·방어할 수 있는 기회가 실질적으로 부여되는** 재판을 받을 권리를 침해하는 것이므로, 이러한 진술조서는 피고인이 증거로 할 수 있음에 동의하지 아니하는 한 그 증거능력이 없다고 하여야 할 것이고, 그 후 원진술자인 종전 증인이 다시 법정에 출석하여 증언을 하면서 그 진술조서의 성립의 진정함을 인정하고 피고인측에 반대신문의 기회가 부여되었다고 하더라도 그 증언 자체를 유죄의 증거로 할 수 있음은 별론으로 하고 위와 같은 진술조서의 증거능력이 없다는 결론은 달리할 것이 아니다(대법원 2000. 6. 15. 선고 99도1108 전원합의체 판결).

② [2] 형사소송법은 헌법 제12조 제1항이 규정한 적법절차의 원칙, 그리고 헌법 제27조가 보장하는 공정한 재판을 받을 권리를 구현하기 위하여 공판중심주의·구두변론주의·직접심리주의를 기본원칙으로 하고 있다. 따라서 **법관의 면전에서 조사·진술되지 아니하고 그에 대하여 피고인이 공격·방어할 수 있는 반대신문의 기회가 실질적으로 부여되지 아니한 진술은 원칙적으로 증거로 할 수 없다**(대법원2014. 2. 21.선고2013도12652판결).

㉣ (×) [1] 수사기관이 아닌 사인(私人)이 피고인 아닌 자와의 전화대화를 녹음한 녹음테이프에 대하여 법원이 실시한 검증의 내용이 녹음테이프에 녹음된 전화대화의 내용이 검증조서에 첨부된 녹취서에 기재된 내용과 같다는 것에 불과한 경우에는 증거자료가 되는 것은 여전히 녹음테이프에 녹음된 대화 내용이므로, 그 중 피고인 아닌 자와의 대화의 내용은 실질적으로 형사소송법 제311조, 제312조규정 이외의 피고인 아닌 자의 진술을 기재한 서류와 다를 바 없어서, 피고인이 그 녹음테이프를 증거로 할 수 있음에 동의하지 않은 이상 **그 녹음테이프 검증조서의 기재 중 피고인 아닌 자의 진술내용을 증거로 사용하기 위해서는** 형사소송법 제313조 제1항에 따라 공판준비나 공판기일에서 **원진술자의 진술에 의하여 그 녹음테이프에 녹음된 진술내용이 자신이 진술한 대로 녹음된 것이라는 점이 인정되어야 하는 것이다.**

[2] 그러나 이와는 달리 **녹음테이프에 대한 검증의 내용**이 그 진술 당시 진술자의 **상태등을 확인**하기위한 것인 경우에는, 녹음테이프에 대한 검증조서의 기재 중 **진술내용을 증거로 사용하는 경우에 관한 위 법리는 적용되지 아니하고,** 따라서 **위 검증조서는 법원의 검증의 결과를 기재한 조서로서 형사소송법 제311조에 의하여 당연히 증거로 할 수 있다**(대법원2008. 7. 10.선고2007도10755판결).

㉤ (×) [1] 제313조 제1항 본문에도 불구하고 **진술서의 작성자가** 공판준비나 공판기일에서 그 성립의 진정을 **부인하는 경우에는 과학적 분석결과에 기초한 디지털포렌식 자료, 감정 등 객관적 방법으로 성립의 진정함이 증명되는 때에는 증거로 할 수 있다.** 다만, 피고인 아닌 자가 작성한 진술서는 피고인 또는 변호인이 공판준비 또는 공판기일에 그 기재 내용에 관하여 작성자를 신문할 수 있었을 것을 요한다(제313조 제2항).

[2] **감정의 경과와 결과를 기재한 서류도 제1항 및 제2항과 같다**(제313조 제3항). 따라서 **감정의 경과와 결과를 기재한 서류도** 공판준비 또는 공판기일에서 그 작성자가 성립의 진정을 **부인하면 과학적 분석결과에 기초한** 디지털포렌식 자료, 감정 등 **객관적 방법으로 성립의 진정함이 증명된 때에는 증거로 할 수 있다.**

▼정답 ②

7. 전문진술에 관한 설명으로 가장 적절하지 <u>않은</u> 것은? (다툼이있는 경우 판례에 의함) (2024. 경찰승진)

① 공소제기 전에 피고인 아닌 타인을 조사한 자의 증언은 원진술자가 법정에 출석하여 수사기관에서 한 진술을 부인하는 취지로 증언하였다면「형사소송법」제316조 제2항에 따라증거능력이 인정되지 않는다.

② 전문의 진술을 증거로 함에 있어서는 전문진술자가 원진술자로부터 진술을 들을 당시 원진술자가 증언능력에 준하는 능력을 갖춘상태에 있어야 할 것인데, 그 능력의 유무는 단지공술자의 연령에 의하므로 만 3세 3개월 내지 만 3세 7개월 가량된 유아의 증언능력은 부인된다.

③「형사소송법」제316조 제2항에서 말하는 '원진술자가 진술을 할 수 없는 때'에는 사망, 질병 등 명시적으로 열거된 사유 외에도 원진술자가 공판정에서 진술을 한 경우라도 증인신문당시 일정한 사항에 관하여 기억이 나지 않는다는 취지로 진술하여 그 진술의 일부가 재현 불가능하게 된 경우도 포함한다.

④「형사소송법」제316조 제2항에서 말하는 '그 진술이 특히 신빙할 수 있는 상태하에서 행하여진 때'라 함은 그진술을 하였다는 것에 허위개입의 여지가 거의 없고, 그 진술내용의신빙성이나 임의성을 담보할 구체적이고 외부적인 정황이 있는 경우를 가리킨다.

▶해설

② (×) [1] 전문의 진술을 증거로 함에 있어서는 **전문진술자**가 원진술자로부터 진술을 들을 당시 **원진술자가 증언능력에 준하는 능력을 갖춘 상태에 있어야 할 것**인데, 증인의 증언능력은 증인 자신이 과거에 경험한 사실을 그 기억에 따라 공술할 수 있는 정신적인 능력이라 할 것이므로, **유아의 증언능력에 관해서도 그 유무는 단지 공술자의 연령만에 의할 것이 아니라 그의 지적수준에 따라 개별적이고 구체적으로 결정되어야 함은** 물론 공술의 태도 및 내용 등을 구체적으로 검토하고, 경험한 과거의 사실이 공술자의 이해력, 판단력 등에 의하여 변식될 수 있는 범위 내에 속하는가의 여부도 충분히 고려하여 판단하여야 한다.
[2] **사고 당시 만3세 3개월** 내지만 **3세7개월 가량**이던 **피해자인 여아의 증언능력 및 그 진술의 신빙성을 인정한다**(대법원2006. 4. 14. 선고2005도9561판결).

① (○) [1] 형사소송법 제316조 제2항은 "피고인 아닌자의 공판준비 또는 공판기일에서의 진술이 피고인 아닌 타인의 진술을 그 내용으로 하는 것인 때에는 원진술자가 사망, 질병, 외국거주, 소재불명, 그 밖에 이에 준하는 사유로 인하여 진술할 수 없고, 그 진술이 특히 신빙할 수 있는 상태하에서 행하여졌음이 증명된 때에 한하여 이를 증거로 할 수 있다"고 규정하고 있고, 같은 조 제1항에 따르면 위 '피고인 아닌 자'에는 공소제기 전에 피고인 아닌 타인을 조사하였거나 그 조사에 참여하였던 자(이하 '조사자'라고 한다)도 포함된다.
[2] 따라서 **조사자의 증언에 증거능력이 인정되기 위해서는 원진술자가 사망, 질병, 외국거주, 소재불명, 그 밖에 이에 준하는 사유로 인하여 진술할 수 없어야 하는 것**이라서, **원진술자가 법정에 출석하여 수사기관에서 한 진술을 부인하는 취지로 증언한 이상** 원진술자의 진술을 내용으로 하는 **조사자의증언은 증거능력이 없다** (대법원2008. 9. 25. 선고2008도6985판결).

③ (○) 수사기관에서 진술한 피해자인 **유아가 공판정에서 진술을 하였더라도** 증인신문 당시 일정한 사항에 관하여 기억이 나지 않는다는 취지로 진술하여 **그 진술의 일부가 재현 불가능하게 된 경우**, 형사소송법 **제314조**, **제316조 제2항**에서 말하는 **'원진술자가 진술을 할 수 없는 때'에 해당한다**(대법원2006. 4. 14. 선고2005도9561판결).

④ (○) 형사소송법 **제314조**, **제316조 제2항**에서 말하는 '원진술자가 진술을 할 수 없는 때'에는 사망, 질병 등 명시적으로 열거된 사유 외에도 원진술자가 공판정에서 진술을 한 경우라도 증인신문 당시 일정한 사항에 관하여 기억이 나지 않는다는 취지로 진술하여 그 진술의 일부가 재현 불가능하게 된 경우도 포함하는 것이고, 위 규정들에서 **'그 진술 또는 작성이 특히 신빙할 수 있는 상태하에서 행하여진 때'라 함**은 그 진술내용이나 조서 또는 서류의 작성에 **허위개입의 여지가 거의 없고**, 그 진술내용의 **신빙성이나 임의성을 담보할** 구체적이고 외부적인 **정황이 있는 경우**를 가리킨다(대법원2006. 4. 14. 선고2005도9561판결). (**특신**은 **허+정**이)

▶정답 ②

8. 증거능력에 관한 설명으로 가장 직질하지 않은 것은? (다툼이 있는 경우 판례에 의함) (2024. 경찰승진)

① 수표를 발행한 후 예금부족 등으로 지급되지 아니하게 하였다는 부정수표단속법위반 공소사실을 증명하기 위하여 제출되는 증거물인 수표에 대하여 수표 원본이 아닌 복사한 사본이 증거로 제출되었고 피고인이 이를 증거로 하는 데 부동의한 경우, 사본을 증거로 사용하기 위해서는 원본을 법정에 제출할 수 없거나 제출이 곤란한 사정이 있고 원본이 존재하거나 존재하였으며 증거로 제출된 수표 사본이 이를 정확하게 전사한 것이라는 사실이 증명되어야 한다.

② 개인의 사생활 영역에 관계된 모든 증거의 제출이 금지되는 것은 아니며, 형사소추 및 형사소송에서의 진실발견이라는 공익과 개인의 인격적 이익 등 보호이익을 비교형량하여 그 허용여부를 결정하여야 한다.

③ 정보저장매체로부터 출력된 문서에 대하여 정보저장매체원본에 저장된 전자기록과 출력문서의 동일성이 인정되고, 정보저장매체원본이 압수된 이후부터 문건 출력에 이르기까지 변경되지 않았다는 무결성이 담보되는 것만으로 출력된 문서의 내용을 전문증거로 사용할 수 있다.

④ 거짓말탐지기 검사결과는 항상 진실에 부합한다고 단정할 수 없을 뿐 아니라, 검사를 받는 사람의 진술의 신빙성을 가늠하는 정황증거로서 기능하는데 그친다.

▼해 설

③ (×) [1] 압수물인 디지털 저장매체로부터 출력한 문건을 증거로 사용하기 위해서는 디지털 저장매체 **원본에 저장된 내용과 출력한 문건의 동일성이 인정되어야 하고(동일성)**, 이를 위해서는 디지털 저장매체 원본이 압수시부터 문건출력시까지 변경되지 않았음(**무결성**)이 담보되어야 한다. 특히 디지털 저장매체 원본을 대신하여 저장매체에 저장된 자료를 '하드카피' 또는 '이미징'한 매체로부터출력한문건의 경우에는 디지털 저장매체 원본과 '하드카피' 또는 '이미징'한 매체 사이에 자료의 동일성도 인정되어야 할 뿐만 아니라, 이를 확인하는 과정에서 이용한 컴퓨터의 기계적 정확성, 프로그램의 신뢰성, 입력·처리·출력의 각 단계에서 조작자의 전문적인 기술능력과 정확성이 담보되어야 한다.

[2] 그리고 압수된 디지털 저장매체로부터 출력한 문건을 진술증거로 사용하는 경우, 그 기재 **내용의 진실성**에 관하여는 **전문법칙이 적용되므로**, 형사소송법 제313조 제1항에 따라 그 작성자 또는 진술자의 진술에 의하여 그 **성립의 진정함이 증명된 때에 한하여 이를 증거로 사용할 수 있다**(대법원2007. 12. 13.선고2007도7257판결). (**동 +무 +제313조 제1항**을 갖추어야 한다).

① (○) [1] 피고인이 수표를 발행하였으나 예금부족 또는 거래정지처분으로 지급되지 아니하게 하였다는 **부정수표단속법위반의 공소사실을 증명하기 위하여 제출되는 수표는 그 서류의 존재 또는 상태 자체가 증거가 되는 것**이어서 증거물인 서면에 해당하고 어떠한 사실을 직접 경험한 사람의 진술에 갈음하는 **대체물이 아니므로**, 증거능력은 증거물의 예에 의하여 **판단하여야** 하고, 이에 대하여는 형사소송법 제310조의2에서 정한 **전문법칙이 적용될 여지가 없다**.

[2] 이때 수표 원본이 아니라 전자복사기를 사용하여 복사한 사본이 증거로 제출되었고 피고인이 이를 증거로 하는 데 부동의한 경우 위 **수표 사본을 증거로 사용하기 위해서는 수표 원본을 법정에 제출할 수 없거나 제출이 곤란한 사정이 있고 수표 원본이 존재하거나 존재하였으며 증거로 제출된 수표 사본이 이를 정확하게 전사한 것이라는 사실이 증명되어야 한다**(대법원2015. 4. 23.선고2015도2275판결). 결국, 수표는 전문법칙이 적용되지 않는다.

② (○) [1] 국민의 인간으로서의 존엄과 가치를 보장하는 것은 국가기관의 기본적인 의무에 속하고 이는 형사절차에서도 당연히 구현되어야 하지만, **국민의 사생활 영역에 관계된 모든 증거의 제출이 곧바로 금지되는 것으로 볼 수는 없으므로 법원으로서는** 효과적인 형사소추 및 형사소송에서 진실발견이라는 공익과 개인의 인격적 이익 등 보호이익(사익)을 비교형량하여 그 허용 여부를 결정하여야 한다.

[2] **이때 법원이** 그 비교형량을 함에 있어서는 증거수집 절차와 관련된 **모든 사정 등을 전체적·종합적으로 고려하여야** 하고, 단지 형사소추에 필요한 증거라는 사정만을 들어 곧바로 **형사소송에서 진실발견이라는 공익이 개인의 인격적 이익 등 보호이익보다 우월한 것으로 섣불리 단정하여서는 아니 된다**(대법원2013. 11. 28. 선고2010도12244판결).

④ (○) **거짓말탐지기 검사 결과가 항상 진실에 부합한다고 단정할 수 없을 뿐 아니라**, 검사를 받는 사람의 진술의 신빙성을 가늠하는 **정황증거로서 기능을 하는 데 그친다**(대법원2017. 1. 25.선고2016도15526판결).

▼정답 ③

9. 검증 및 검증조서에 대한 설명으로 옳지 않은 것은?(다툼이 있는 경우 판례에 의함) (2024. 경찰대 편입)

① 수사기관이 아닌 사인(私人)이 피고인 아닌 자와의 전화 대화를 녹음한 녹음테이프에 대하여 법원이 실시한 검증의 내용이, 녹음테이프에 녹음된 전화 대화의 내용이 검증조서에 첨부된 녹취서에 기재된 내용과 같다는 것인 경우, 피고인이 그 녹음테이프를 증거로 할 수 있음에 동의하지 않은 이상 그 녹음테이프 검증조서의 기재 중 피고인 아닌 자의 진술내용을 증거로 사용하기 위해서는, 진술서 등의 증거능력에 관한「형사소송법」제313조 제1항 또는 제2항의 요건이 충족되어야 한다.

② 사법경찰관 작성의 검증조서 중 피고인의 진술 기재 부분과 범행 재연의 사진영상에 관한 부분에 대하여 원진술자이며 행위자인 피고인이 그 성립의 진정 및 내용을 인정하지 않을 때는 그 부분은 증거능력이 없다.

③ 사법경찰관이 행한 검증이 사건 발생 후 범행 장소에서 긴급을 요하여 판사의 영장 없이 시행되었다면 사후영장을 받지않았더라도 이러한 검증조서는 유죄의 증거로 할 수 있다.
④ 서류를 검증하면서 피의자신문조서나 증인신문조서 중의 일부만을 발췌하여 검증조서를 작성하였다면 적법한 검증조서로서의 증거능력이 인정되지 않는다.
⑤ 당해 사건의 재판부가 공판기일에 법정에서 검증을 한 경우에는 그 검증 결과 자체에 관해서는 전문법칙이 적용되지 않는다.

▼해 설

③ (×) [1] 수사에 관하여는 그 목적을 달성하기 위하여 필요한 조사를 할 수 있는 것이나 강제처분은 형사소송법에 특별한 규정이 없으면 하지 못한다 할 것이고(형사소송법 제199조 제1항), 사법경찰관이 범죄수사에 필요한 때에는 검사에게 신청하여 검사의 청구로 지방법원 판사가 발부한영장에 의하여 압수, 수색 또는 검증을 할 수 있으며(형사소송법 제215조 제2항), **범행중 또는 범행직후의 범행장소에서 긴급을 요하여 법원판사의 영장을 받을 수 없는 때에는 영장없이 압수, 수색 또는 검증을 할 수 있는 것이나 이 경우에는 사후에 지체없이 영장을 받아야 하는 것**이다(형사소송법 제216조 제3항).
[2] **이 사건 사법경찰관 사무취급 작성의 검증조서에 의하면 동 검증은 이 사건 발생후 범행장소에서긴급을 요하여 법원판사의 영장을 받을 수 없으므로 영장없이 시행한다**고 기재되어 있으므로(동 검증조서중 검증연월일 1983.1.16은 1983.1.6의 오기로 인정된다), **이 검증은 형사소송법 제216조 제3항에 의한 검증이라 할 것임에도 불구하고 기록상 사후영장을 받은 흔적이 없는 이러한 검증조서는 피고인에 대한 유죄의 증거로 할 수 없다** 할 것이다.
[3] 사법경찰관 사무취급이 행한 검증이 사건발생 후 범행장소에서 긴급을 요하여 판사의 영장없이 시행된 것이라면 이는 형사소송법 제216조 제3항에 의한 검증이라 할 것임에도 불구하고 **기록상 사후영장을 받은 흔적이 없다면 이러한 검증조서는 유죄의 증거로 할 수 없다**(대법원1984. 3. 13.선고83도3006판결). 결국, 사후영장을 발부받지 아니한, 긴급처분으로서 한 검증조서의 증거능력은 부정된다.

① (○) [1] **수사기관이 아닌 사인(私人)이 피고인 아닌 자와의 전화대화를 녹음한 녹음테이프에 대하여 법원이 실시한 검증의 내용이 녹음테이프에 녹음된 전화대화의 내용이 검증조서에 첨부된 녹취서에 기재된 내용과 같다는 것에 불과한 경우에는 증거자료가 되는 것은 여전히 녹음테이프에 녹음된 대화 내용이므로, 그 중 피고인 아닌 자와의 대화의 내용은 실질적으로 형사소송법 제311조, 제312조규정 이외의 피고인 아닌 자의 진술을 기재한 서류와 다를 바 없어서, 피고인이 그 녹음테이프를 증거로 할 수 있음에 동의하지 않은 이상 그 녹음테이프 검증조서의 기재 중 피고인 아닌 자의 진술내용을 증거로 사용하기 위해서는 형사소송법 제313조 제1항에 따라 공판준비나 공판기일에서 원진술자의 진술에 의하여 그 녹음테이프에 녹음된 진술내용이 자신이 진술한 대로 녹음된 것이라는 점이 인정되어야** 하는 것이다.
[2] **이와는 달리 녹음테이프에 대한 검증의 내용이 그 진술 당시 진술자의 상태 등을 확인**하기 위한 것인 경우에는, 녹음테이프에 대한 검증조서의 기재 중 진술내용을 증거로 사용하는 경우에 관한 위 법리는 적용되지 아니하고, 따라서 **위 검증조서는 법원의 검증의 결과를 기재한 조서로서 형사소송법 제311조에 의하여 당연히 증거로 할 수 있다**(대법원2008. 7. 10.선고2007도10755판결).

② (○) [1] **사법경찰관 작성의 검증조서에 대하여 피고인이 증거로 함에 동의만 하였을 뿐 공판정에서 검증조서에 기재된 진술내용 및 범행을 재연한 부분에 대하여 그 성립의 진정 및 내용을 인정한 흔적을 찾아 볼 수 없고 오히려 이를 부인하고 있는 경우에는 그 증거능력을 인정할 수 없으므로**, 위 검증조서 중범행에 부합되는 피고인의 진술을 기재한 부분과 범행을 재연한 부분을 제외한 나머지 부분만을 증거로 채용하여야 함에도 이를 구분하지 아니한 채 그 전부를 유죄의 증거로 인용한 항소심의 조치는 위법하다(대법원1998. 3. 13.선고98도159판결).
[2] **사법경찰관작성의 검증조서를 검토하면 이 사건 범행에 부합되는 피고인의 진술이라는 기재부분과 범행을 재연하는 사진이 첨부되어 있으나** 이에 관하여는 **원진술자이며 행위자인 피고인에 의하여 그 진술 내지 재연의 진정함이 인정되지 아니하였을 뿐만 아니라 피고인은 경찰수사과정에서 엄문을 받았던 사실을 엿볼 수 있다는** 원판결 설시 취지에 따라 검증현장에서의 피고인의 진술 및 범행재연은 특히 신빙할 수 있는 상태하에서 행하여진 것이라 볼 수 없다 할 것이니 위 **검증조서 중 피고인의 진술 및 범행 재연의 사진영상에 관한 부분은 증거능력이 없다**(대법원1984. 1. 24.선고83도3032판결).

④ (O) **서증은 일체로서 증거가 된다** 할 것이므로 **서류를 검증 함**에 있어 피의자 신문조서나 증인신문조서 중의 **일부 만을 발췌 검증조서를 작성하였다면** 이는 적법한 검증조서의 **증거능력이 없다** 할 것이다(대법원1969. 9. 23. 선고69도1235판결).

⑤ (O) [1] **수소법원이 공판기일에 검증**(엘리베이터 CCTV 동영상; 엘리베이터 앞에서 폭행과 상해행위가 있었는지의 여부)을 **행한 경우**에는 **그 검증결과** 즉 법원이 오관의 작용에 의하여 판단한 결과가 **바로 증거가 되고**, 그 검증의 결과를 기재한 검증조서가 서증으로서 증거가 되는 것은 아니다(**전문법칙이 적용되지 않는다**).
[2] 원심이 2009. 1. 21.자로 실시한 **CCTV 동영상에 대한 검증**은 서울중앙지방법원 제370호 영상실에서 **제6회 공판기일을 진행**하면서 **재판부 전원**, 참여 사무관, 피고인, 검사, 피고인의 변호인, 공소외 2 대리인 등이 **참석한 가운데 진행하였음**을 알 수 있다. 따라서 **위 검증은 검증결과가 바로 증거가 된다고 할 것**이므로 설령 그 검증의 결과를 검증조서에 일부 기재하지 않았다고 하더라도 이에 관하여 원심에 심리미진의 위법이 있다고 할 수 없다(대법원2009. 11. 12.선고2009도8949판결).

▼정답 ③

10. 진술 또는 서류의 증거능력에 대한 설명으로 옳지 **않은** 것은? (다툼이 있는 경우 판례에 의함)
(2024. 경찰대 편입)

① 피고인이 아닌 원진술자가 법정에 출석하여 수사기관에서 한 진술을 부인하는 취지로 증언하였다면 그 원진술자의 진술을 내용으로 하는 조사자의 증언은 증거능력이 없다.

② 어떤 진술을 하였다는 사실 자체에 대한 정황증거로 사용될 것이라는 이유로 서류의 증거능력을 인정한 때에는, 그 사실을 다시 진술 내용이나 그 진실성을 증명하는 간접사실로 사용하는 경우라도, 그 서류의 증거능력이 인정되기 위하여 형사소송법에서 규정한 전문법칙의 예외 요건이 충족될 필요는 없다.

③ 조세범칙조사를 담당하는 세무공무원이 피고인이 된 혐의자 또는 참고인에 대하여 심문한 내용을 기재한 조서는 그 증거능력을 논함에 있어서 형사소송법 제313조에서의 '피고인 또는 피고인이 아닌 자가 작성한 진술서나 그 진술을 기재한 서류'에 해당한다.

④ 특별한 자격이 있지는 않더라도 범칙물자에 대한 시가감정업무에 4~5년 종사해온 세관공무원이 세관에 비치된 기준과 수입신고서에 기재된 가격을 참작하여 작성한 감정서에 대해서는 피고인의 동의 여부와 상관없이 형사소송법에 따라 당연히 증거능력이 인정된다.

⑤ 형사소송법 제314조는 진술조서 등의 증거능력에 관해, '공판준비 또는 공판기일에 진술을 요하는 자가 사망·질병·외국거주·소재불명 그 밖에 이에 준하는 사유로 인하여 진술할 수 없는 때'를 규정하고 있는데, 수사기관에서 진술한 참고인이 법정에서 증언을 거부하여 피고인이 반대신문을 하지 못하였으나 정당하게 증언거부권을 행사한 것이 아닌 경우도, 피고인이 증인의 증언거부 상황을 초래한 경우라면, '그 밖에 이에 준하는 사유로 인하여 진술할 수 없는 때'에 해당한다.

▼해 설

② (×) [1] 어떤 진술이 기재된 서류가 그 **내용의 진실성**이 범죄사실에 대한 직접증거로 사용될 때는 **전문증거가 되지만**, 그와 같은 진술을 하였다는 것 **자체** 또는 **진술의 진실성과 관계없는** 간접사실에 대한 정황증거로 사용될 때는 **반드시 전문증거가 되는 것이 아니다**.
[2] 그러나 어떠한 내용의 진술을 하였다는 사실 자체에 대한 정황증거로 사용될 것이라는 이유로 서류의 증거능력을 인정한 다음 그 사실을 다시 진술 **내용**이나 그 **진실성**을 증명하는 간접사실로 사용하는 경우에 그 서류는 **전문증거에 해당한다**. 서류가 그곳에 기재된 원진술의 내용인 사실을 증명하는 데 사용되어 원진술의

내용인 사실이 요증사실이 되기 때문이다. 이러한 경우 형사소송법 제311조부터 제316조까지 정한 **요건(전문법칙의 예외요건)**을 충족하지 못한다면 증거능력이 없다(대법원2019. 8. 29.선고2018도14303전원합의체 판결).

① (O) [1] **형사소송법 제316조 제2항은** "피고인 아닌 자의 공판준비 또는 공판기일에서의 진술이 피고인 아닌 타인의 진술을 그 내용으로 하는 것인 때에는 원진술자가 사망, 질병, 외국거주, 소재불명, 그 밖에 이에 준하는 사유로 인하여 진술할 수 없고, 그 진술이 특히 신빙할 수 있는 상태에서 행하여졌음이 증명된 때에 한하여 이를 증거로 할 수 있다"고 규정하고 있고, 같은 조 제1항에 따르면 위 '피고인 아닌 자'에는 공소제기 전에 피고인 아닌 타인을 조사하였거나 그 조사에 참여하였던 자(이하 '조사자'라고 한다)도 포함된다. 따라서 **조사자의 증언에 증거능력이 인정되기 위해서는 원진술자가** 사망, 질병, 외국거주, 소재불명, 그 밖에 이에 준하는 사유로 인하여 **진술할 수 없어야 하는 것이다.**

[2] 따라서 **원진술자가 법정에 출석**하여 수사기관에서 한 진술을 부인하는 취지로 증언한 이상 원진술자의 진술을 내용으로 하는 **조사자의 증언은 증거능력이 없다**(대법원2008. 9. 25.선고2008도6985판결).

③ (O) [1] 조세범칙조사를 담당하는 **세무공무원**이 피고인이 된 혐의자 또는 참고인에 대하여 **심문한 내용을 기재한 조서**는 검사·사법경찰관 등 수사기관이 작성한 조서와 동일하게 볼 수 없으므로 **형사소송법 제312조에 따라** 증거능력의 존부를 판단할 수는 없고, 피고인 또는 피고인이 아닌 자가 작성한 진술서나 그 진술을 기재한 서류에 해당하므로 **형사소송법 제313조에 따라** 공판준비 또는 공판기일에서 작성자·진술자의 진술에 따라 **성립의 진정함이 증명되고** 나아가 그 **진술이 특히 신빙할 수 있는 상태** 아래에서 행하여진 때에 한하여 **증거능력이 인정된다**(대법원2022. 12. 15.선고2022도8824판결). 결국, 조세범칙조사를 담당하는 **세무공무원**이 피고인이 된 혐의자 또는 참고인에 대하여 심문한 내용을 기재한 조서(세무공무원이 작성한 심문조서)가 증거능력이 인정되기 위해서는 **형사소송법 제312조(검사 또는 사법경찰관 작성의 피의자 신문조서)가 아닌** 피고인 또는 피고인이 아닌 자가 작성한 진술서나 그 진술을 기재한 서류에 해당하므로**제313조 제1항의 증거능력요건**을 갖추어야 한다.

④ (O) 특별한 자격이 있지는 아니하나 범칙물자에 대한 **시가감정업무에 4~5년 종사해온 세관공무원**이 세관에 비치된 기준과 수입신고서에 기재된 가격을 참작하여 **작성한 감정서는 공무원이 그 직무상 작성한 공문서**라 할 것이므로 피고인의 동의여부에 불구하고 **형사소송법 제315조 제1호에 의하여 당연히 증거능력이 있다고** 할 것이며 또 그 증명력에 무슨 하자가 있다고도 할 수 없다(대법원1985. 4. 9.선고85도225판결). 결국, **세관공무원이 작성한** 범칙물자에 대한 **시가 감정서**는 제315조 제1호에 의하여 **당연히 증거능력이 있다.**

⑤ (O) [1] 수사기관에서 진술한 참고인이 법정에서 증언을 거부하여 피고인이 반대신문을 하지 못한 경우에는 정당하게 증언거부권을 행사한 것이 아니라도, **피고인이 증인의 증언거부상황을 초래하였다는 등의 특별한 사정이 없는 한** 형사소송법 제314조의 '그 밖에 이에 준하는 사유로 인하여 진술할 수 없는 때'에 **해당하지 않는다고 보아야 한다.** 따라서 증인이 정당하게 증언거부권을 행사하여 증언을 거부한 경우와 마찬가지로 수사기관에서 그 증인의 진술을 기재한 서류는 증거능력이 없다.

[2] 다만, **피고인이 증인의 증언거부상황을 초래하였다는 등의 특별한 사정이 있는 경우에는 형사소송법 제314조의 적용을 배제할 이유가 없다.** 이러한 경우까지 형사소송법 제314조의 '그 밖에 이에 준하는 사유로 인하여 진술할 수 없는 때'에 해당하지 않는다고 보면 사건의 실체에 대한 심증 형성은 법관의 면전에서 본래 증거에 대한 반대신문이 보장된 증거조사를 통하여 이루어져야 한다는 실질적 직접심리주의와 전문법칙에 대하여 예외를 정한 형사소송법 제314조의 취지에 반하고 정의의 관념에도 맞지 않기 때문이다(대법원2019. 11. 21.선고2018도13945전원합의체 판결). 결국, **피고인이 증인의 증언거부상황을 초래하였다는 등의 특별한 사정이 있는 경우**에는 형사소송법 제314조의 '그 밖에 이에 준하는 사유로 인하여 진술할 수 없는 때'에 **해당한다.**

▶정답 ②

11. 전문증거 및 전문법칙에 관한 설명 중 가장 적절하지 않은 것은?(다툼이 있으면 판례에 의함)

(2023. 경찰대편입)

① 정보통신망을 통하여 공포심이나 불안감을 유발하는 글을 반복적으로 상대방에게 도달하게 하는 행위를 하였다는 공소사실에 대하여 휴대전화기에 저장된 문자정보가 그 증거가 되는 경우, 그 문자정보가 범행의 직접적인 수단이 될 뿐 경험자의 진술에 갈음하는 대체물에 해당하지 않으므로 전문법칙이 적용될 여지가 없다.

② 법정에 출석한 증인이 「형사소송법」 제148조, 제149조 등에서 정한 바에 따라 정당하게 증언거부권을 행사하여 증언을 거부한 경우는 「형사소송법」 제314조의 '그 밖에 이에 준하는 사유로 인하여 진술할 수 없는 때'에 해당하지 아니한다.

③ 피고인과 공범관계가 있는 다른 피의자에 대한 검사 이외의 수사기관 작성의 피의자신문조서는 그 피의자의 법정진술에 의하여 성립의 진정이 인정되더라도 당해 피고인이 공판기일에서 그 조서의 내용을 부인하면 증거능력이 부정된다.

④ 검찰주사 등이 검사의 지시에 따라 검사가 참석하지 않은 상태에서 피의자였던 피고인을 신문하여 작성하고 검사는 검찰주사 등의 조사 직후 피고인에게 개괄적으로 질문한 사실이 있을 뿐인데도 검사가 작성한 것으로 되어있는 피의자신문조서는 「형사소송법」 제312조 제1항 소정의 검사작성 피의자신문조서에 해당하지 않는다.

⑤ 재전문진술이나 전문진술을 기재한 조서에 대하여는 달리 그 증거능력을 인정하는 규정을 두고 있지 아니하고 있으므로, 피고인이 증거로 하는데 동의하지 아니하는 한 이를 증거로 할 수 없다.

▼ 해 설

⑤ (×) [1] **재전문진술이나 재전문진술을 기재한 조서**에 대하여는 달리 그 증거능력을 인정하는 규정을 두고 있지 아니하고 있으므로, **피고인이 증거로 하는 데 동의하지 아니하는 한** 형사소송법 제310조의2의 규정에 의하여 **이를 증거로 할 수 없다**(대판2000도159; 대판2003도171 등).(재·동이)

[2] **전문진술이 기재된 조서는 형사소송법 제312조 또는 제314조에 따라 증거능력이 인정될 수 있는 경우에 해당하여야 함은 물론 형사소송법 제316조 제2항에 따른 요건을 갖추어야 예외적으로 증거능력이 있다**(대법원 2017. 7. 18.선고2015도12981, 2015전도218판결). 결국, **전문진술을 기재한 조서 = 제312조 또는 제314조 + 제316조**

① (○) [1] 구 정보통신망법 제65조 제1항 제3호는 **정보통신망을 통하여 공포심이나 불안감을 유발하는 글을 반복적으로 상대방에게 도달하게 하는 행위를 처벌하고 있다**. 검사가 위 죄에 대한 유죄의 증거로 문자정보가 저장되어 있는 휴대전화기를 법정에 제출하는 경우, **휴대전화기에 저장된 문자정보 그 자체**가 범행의 **직접적인 수단으로서 증거(직접증거, 본래증거)**로 사용될 수 있다. 또한, 검사는 휴대전화기 이용자가 그 문자정보를 읽을 수 있도록 한 휴대전화기의 화면을 촬영한 사진을 증거로 제출할 수도 있는데, 이를 증거로 사용하려면 문자정보가 저장된 휴대전화기를 법정에 제출할 수 없거나 그 제출이 곤란한 사정이 있고, 그 사진의 영상이 휴대전화기의 화면에 표시된 문자정보와 정확하게 같다는 사실이 증명되어야 한다.

[2] 형사소송법 제310조의2는 사실을 직접 경험한 사람의 진술이 법정에 직접 제출되어야 하고 이에 갈음하는 대체물인 진술 또는 서류가 제출되어서는 안 된다는 이른바 전문법칙을 선언한 것이다. 그런데 **정보통신망을 통하여 공포심이나 불안감을 유발하는 글을 반복적으로 상대방에게 도달하게 하는 행위를 하였다는** 공소사실에 대하여 **휴대전화기에 저장된 문자정보가 그 증거가 되는 경우, 그 문자정보**는 범행의 직접적인 수단이고 **경험자의 진술에 갈음하는 대체물에 해당하지 않으므로(전문증거가 아니므로)**, 형사소송법 제310조의2에서 정한 **전문법칙이 적용되지 않는다**.

[3] 구 정보통신망법 제65조 제1항 제3호 위반죄와 관련하여 **문자메시지로 전송된 문자정보를 휴대전화기 화면에 띄워 촬영한 사진**에 대하여, **피고인이 성립 및 내용의 진정을 부인하여도 증거능력이 인정된다**(대법원 2008. 11. 13. 선고2006도2556판결).

② (○) **법정에 출석한 증인**이 형사소송법 제148조, 제149조 등에서 정한 바에 따라 **정당하게 증언거부권을 행사하여 증언을 거부한 경우**는 형사소송법 제314조의 '그 밖에 이에 준하는 사유로 인하여 진술할 수 없는 때'에 **해당하지 아니한다**(대법원2012. 5. 17. 선고2009도6788전원합의체 판결). 왜냐하면 현행 형사소송법(2007. 6. 1. 개정)은 제314조의 예외사유 범위를 더욱 엄격하게 제한하고 있는데, 이는 직접심리주의와 공판중심주의의 요소를 강화하려는 취지가 반영된 것이다.

③ (○) **형사소송법 제312조 제3항**은 검사 이외의 수사기관이 작성한 당해 피고인에 대한 피의자신문조서를 유죄의 증거로 하는 경우뿐만 아니라 **검사 이외의 수사기관이 작성한 당해 피고인과 공범관계에 있는 다른 피고인이나 피의자에 대한 피의자신문조서를 당해 피고인에 대한 유죄의 증거로 채택할 경우에도 적용된다**. 따라서 당해 피고인과 공범관계가 있는 **다른 피의자에 대하여 검사 이외의 수사기관이 작성한 피의자신문조서는, 그 피의자의 법정진술에 의하여 그 성립의 진정이 인정되는 등 형사소송법 제312조 제4항의 요건을 갖춘 경우**라고 하더라도 **당해 피고인이 공판기일에서 그 조서의 내용을 부인한 이상 이를 유죄 인정의 증거로 사용할 수 없다**(대판2009.7.9. 2009도2865). 결국, 당해 피고인과 공범관계가 있는 다른 피의자에 대하여 검사 이외의 수사기관이 작성한 피의자신문조서는, 그 피의자의 법정진술에 의하여 그 성립의 진정이 인정되는 등 형사소송법 제312조 제4항(참고인의 진술조서)의 요건을 갖춘 경우라도 당해 피고인이 공판기일에서 그 조서의 내용을 부인하면 이를 유죄 인정의 증거로 사용할 수 없다.

④ (○) [1] **검찰주사등이** 검사의 지시에 따라 **검사가 참석하지 않은 상태에서 피의자였던 피고인을 신문하여 작성**하고 **검사**는 검찰주사등의 **조사 직후 피고인에게 개괄적으로 질문한 사실이 있을 뿐인데도 검사가 작성한 것으로 되어 있는 피의자신문조서는** 형사소송법 제312조 제1항 소정의 '**검사가 피의자나 피의자 아닌 자의 진술을 기재한 조서**'에 **해당하지 않는다**.
[2] 위 피의자신문조서를 형사소송법 제312조 제1항 소정의 '검사가 피의자나 피의자 아닌 자의 진술을 기재한 조서'로 볼 수 없으므로 **그 증거능력 유무**는 검사 이외의 수사기관이 작성한 피의자신문조서와 마찬가지 기준에 의하여 **결정되어야 할 것이다**(대법원2003. 10. 9. 선고2002도4372판결).

▶정답 ⑤

12. 전문증거에 관한 설명으로 가장 적절하지 않은 것은? (다툼이 있는 경우 판례에 의함)

(2023. 2차 경찰채용)

① A가 B에게 행한 진술이 기재된 서류가 A가 그러한 내용의 진술을 하였다는 사실 자체에 대한 정황증거로 사용될 것이라는 이유로 서류의 증거능력을 인정한 다음 그 사실을 다시 A의 B에 대한 진술 내용이나 그 진실성을 증명하는 간접사실로 사용하는 경우, 그 서류는 전문증거에 해당한다.

② 알선자인 피고인으로부터 전화를 통해 "건축허가 담당 공무원이 외국연수를 가므로 사례비를 주어야 한다."는 말을 들은 증인이 피고인의 알선수재 피고사건에 대해 그러한 말을 들었다고 법정에서 진술한 것은 전문증거에 해당한다.

③ 피고인이 피해자에게 보낸 협박문자를 피해자가 화면 캡쳐의 방식으로 촬영한 사진은 피고인의 협박죄 피고사건에 대해서는 전문증거에 해당하지 않는다.

④ A가 피해자들을 흉기로 살해하면서 "이것은 신의 명령을 집행하는 것이다."라고 말하였는데 이 말을 들은 B가 법정에서 A의 정신상태를 증명하기 위해 그 내용을 증언하는 경우이 진술은 전문증거에 해당하지 않는다.

▶해 설

② (×) [1] 타인의 진술을 내용으로 하는 진술이 전문증거인지 여부는 요증사실과의 관계에서 정하여지는바, 원진술의 내용인 사실이 요증사실인 경우에는 **전문증거이나**, 원진술의 존재 **자체**가 요증사실인 경우에는 **본래증거이지** 전문증거가 아니다.

[2] **A는 전화를 통하여** 피고인으로부터 2005. 8.경 **건축허가 담당 공무원이 외국연수를 가므로 사례비를 주어야 한다는** 말과 2006. 2.경 건축허가 담당 공무원이 4,000만 원을 요구하는데 **사례비로 2,000만 원을 주어야 한다는 말을 들었다는** 취지로 **수사기관, 제1심 및 원심 법정에서 진술하였음**을 알 수 있는데, 피고인의 위와 같은 원진술의 존재 **자체**가 이 사건 **알선수재죄에 있어서의 요증사실이므로, 이를 직접 경험한 갑이** 피고인으로부터 **위와 같은 말들을 들었다고 하는 진술들은** 전문증거가 아니라 **본래증거에 해당된다(알+본)**(대판 2019. 8. 29. 2018도13792 전원합의체 판결). 결국, A가 특정범죄가중처벌등에관한법률(알선수재)죄로 기소된 피고인으로부터 건축허가를 받으려면 담당공무원에게 사례비를 주어야 한다는 말을 들었다는 취지의 법정진술을 한 경우, 원진술의 존재**자체**가 알선수재죄에서의 요증사실이므로 A의 진술은 전문증거가 아니라 **본래증거에 해당한다.**

① (○) [1] 형사소송법은 제310조의2에서 원칙적으로 전문증거의 증거능력을 인정하지 않고, 제311조부터 제316조까지에서 정한 요건을 충족하는 경우에만 예외적으로 증거능력을 인정한다. **다른 사람의 진술을 내용으로 하는 진술이 전문증거인지는 요증사실이 무엇인지에 따라 정해진다.** 다른 사람의 진술, 즉 **원진술의 내용인 사실이 요증사실인 경우에는 전문증거**이지만, **원진술의 존재 자체가 요증사실인 경우에는 본래증거이지 전문증거가 아니다.(내+전/ 자+본)**

[2] 어떤 진술이 기재된 서류가 그 내용의 진실성이 범죄사실에 대한 직접증거로 사용될 때는 전문증거가 되지만, 그와 같은 진술을 하였다는 것 자체 또는 진술의 진실성과 관계없는 간접사실에 대한 정황증거로 사용될 때는 반드시 전문증거가 되는 것이 아니다. 그러나 **어떠한 내용의 진술을 하였다는 사실 자체에 대한 정황증거로 사용될 것이라는 이유로 서류의 증거능력을 인정한 다음 그 사실을 다시 진술 내용이나 그 진실성을 증명하는 간접사실로 사용하는 경우에 그 서류는 전문증거에 해당한다.** 서류가 그곳에 기재된 원진술의 내용인 사실을 증명하는 데 사용되어 원진술의 내용인 사실이 요증사실이 되기 때문이다. 이러한 경우 형사소송법 제311조부터 제316조까지 정한 요건을 충족하지 못한다면 증거능력이 없다

[3] 증인 갑의 제1심 법정진술 중 "**피해자로부터 '피고인이 추행했다.'는 취지의 말을 들었다.**"는 **부분**은 '피고인이 피해자를 **추행**한 사실의 **존부**'에 대한 증거로 사용되는 경우에는 **전문증거에 해당하나** 피해자가 갑에게 위와 같은 진술을 하였다는 것 **자체**에 대한 증거로 사용되는 경우에는 갑이 경험한 사실에 관한 진술에 해당하여 **전문법칙이 적용되지 않는다.** 갑의 진술은 전문증거에 해당하고, 형사소송법 제310조의2, **제316조 제2항의 요건을 갖추지 못하므로(**피해자가 제1심에 이어 원심에서도 **증인으로 출석하여 진술하였으므로) 증거능력이 없다(**대법원2019. 8. 29.선고2018도14303전원합의체 판결; 대법원2021. 2. 25.선고2020도17109판결).

③ (○) [1] 구 정보통신망 이용촉진 및 정보보호 등에 관한 법률 제65조 제1항 제3호는 **정보통신망을 통하여 공포심이나 불안감을 유발하는 글을 반복적으로 상대방에게 도달하게 하는 행위를** 처벌하고 있다. **검사가** 위 죄에 대한 유죄의 증거로 문자정보가 저장되어 있는 휴대전화기를 법정에 제출하는 경우, **휴대전화기에 저장된 문자정보 그 자체가 범행의 직접적인 수단으로서 증거로 사용될 수 있다.** 또한, 검사는 휴대전화기 이용자가 그 문자정보를 읽을 수 있도록 한 휴대전화기의 화면을 촬영한 사진을 증거로 제출할 수도 있는데, 이를 증거로 사용하려면 문자정보가 저장된 휴대전화기를 법정에 제출할 수 없거나 그 제출이 곤란한 사정이 있고, **그 사진의 영상이 휴대전화기의 화면에 표시된 문자정보와 정확하게 같다는 사실이 증명되어야** 한다.

[2] 형사소송법 제310조의2는 사실을 직접 경험한 사람의 진술이 법정에 직접 제출되어야 하고 이에 갈음하는 대체물인 진술 또는 서류가 제출되어서는 안 된다는 이른바 전문법칙을 선언한 것이다. 그런데 정보통신망을 통하여 공포심이나 불안감을 유발하는 글을 반복적으로 상대방에게 도달하게 하는 행위를 하였다는 공소사실에 대하여 **휴대전화기에 저장된 문자정보가 그 증거가 되는 경우, 그 문자정보는 범행의 직접적인 수단**이고 경험자의 진술에 갈음하는 **대체물에 해당하지 않으므로**, 형사소송법 제310조의2에서 정한 **전문법칙이 적용되지 않는다.**

[3] 구 정보통신망 이용촉진 및 정보보호 등에 관한 법률 제65조 제1항 제3호 위반죄와 관련하여 **문자메시지로 전송된 문자정보를 휴대전화기 화면에 띄워 촬영한 사진에 대하여, 피고인이 성립 및 내용의 진정을 부인한다는 이유로 증거능력을 부정한 것은 위법하다**(대법원2008. 11. 13. 선고2006도2556판결).

④ (O) [1] 요증사실과 정황증거는 **구별하여야** 한다. 전문진술이라도 원진술자의 진술이 단순히 **원진술자의 정신적·심리적 상태를 증명**하기 위한 **정황증거로 사용되고 있을 뿐인 경우에는 전문증거가 되지 않는다.** 왜냐하면 원진술자의 진술 내용의 진실성이 요증사실로 된 경우가 아니라 **원진술자의 정신상태를 추인하기 위한 정황증거(간접사실)**로 사용되는 것에 불과하기 때문이다.

[2] 갑이 살인혐의로 재판을 받고 있다. 을은 증인으로 법정에 나와 **갑으로부터 피해자들을 흉기로 살해하면서** "이것은 신의 명령을 집행하는 것이다(나는 신이다)."라는 말을 들었다고 증언하였다. 이때 **을의 증언이 증명하려는 사실**은 갑이 신이라는 사실이 아니라 **갑이 당시 정신이상상태에 있었다**는 점을 증명하려는 것이다. 따라서, 을의 증언은 갑의 정신적 상태를 증명하는 **정황증거(간접사실)로 사용될 뿐**이므로 **전문증거가 될 수 없다.**

▶정답 ②

13. 전문법칙의 예외에 관한 설명으로 가장 적절하지 <u>않은</u> 것은?(다툼이 있는 경우 판례에 의함)

(2023. 2차 경찰채용)

① A가 B와의 개별면담에서 대화한 내용을 피고인 甲에게 불러주었고, 그 내용이 기재된 甲의 업무수첩이 그 대화내용을 증명하기 위한 진술증거인 경우에는 피고인이 작성한 진술서에 대한 「형사소송법」제313조 제1항에 따라 증거능력을 판단해야 한다.

② 공소제기 전에 피고인을 피의자로 조사했던 사법경찰관이 공판기일에 피고인의 진술을 그 내용으로 하여 한 진술을 증거로하기 위해서는 사법경찰관이 피의자였던 피고인으로부터진술을 들을 당시 피고인이 증언능력에 준하는 능력을 갖춘 상태에 있었어야 한다.

③ 피해자가 제1심 법정에서 수사기관에서의 진술조서에 대해 실질적 진정성립을 부인하는 취지로 진술하였다면, 이후 피해자가 사망하였더라도 피해자를 조사하였던 조사자에 의한 수사기관에서 이루어진 피해자의 진술을 내용으로 하는 제2심 법정에서의 증언은 증거능력이 없다.

④ 법원이 구속된 피의자를 심문하고 그에 대한 피의자의 진술등을 기재한 구속적부심문조서는 「형사소송법」제315조 제3호의 '특히 신용할 만한 정황에 의하여 작성된 문서'에 해당하여 피고인이 증거로 함에 부동의 하더라도 당연히 그 증거능력이 인정된다.

▶해 설

① (×) [1] 형사소송법은 제310조의2에서 원칙적으로 전문증서의 증거능력을 인정하지 않고, 제311조부터 제316조까지 정한 요건을 충족하는 경우에만 예외적으로 증거능력을 인정한다. 다른 사람의 진술을 내용으로 하는 진술이 전문증거인지는 요증사실이 무엇인지에 따라 정해진다. 다른 사람의 진술, 즉 원진술의 **내용인 사실이 요증사실인 경우에는 전문증거**이지만, 원진술의 **존재 자체가** 요증사실인 경우에는 **본래증거이지 전문증거가 아니다.**

[2] 어떤 진술이 기재된 서류가 그 **내용의 진실성**이 범죄사실에 대한 직접증거로 사용될 때는 **전문증거가 되지만,** 그와 같은 진술을 하였다는 것 **자체** 또는 진술의 **진실성과 관계없는** 간접사실에 대한 정황증거로 사용될 때는 **반드시 전문증거가 되는 것이 아니다.**

[3] 그러나 어떠한 내용의 진술을 하였다는 사실 자체에 대한 정황증거로 사용될 것이라는 이유로 서류의 증거능력을 인정한 다음 그 사실을 다시 **진술 내용**이나 그 **진실성**을 증명하는 간접사실로 사용하는 경우에 그 서류는 **전문증거에 해당한다.** 서류가 그곳에 기재된 원진술의 내용인 사실을 증명하는 데 사용되어 원진술의 내용인 사실이 요증사실이 되기 때문이다. 이러한 **경우 형사소송법 제311조부터 제316조까지 정한 요건을 충족하지 못한다면 증거능력이 없다.**

[4] 제18대 대통령 박근혜(이하 '전 대통령'이라 한다)가 피고인 갑에게 말한 내용에 관한 갑의 업무수첩 등에는 '전 대통령이 갑에게 지시한 내용'(이하 '**지시 사항 부분**'이라 한다)과 '**전 대통령과 개별 면담자(삼성 부회**

장)가 나눈 대화 내용을 전 대통령이 단독 면담 후 갑에게 불러주었다는 내용'(이하 '대화 내용 부분'이라 한다) 이 함께 있다.

첫째, 갑의 진술 중 **지시 사항 부분**은 전 대통령이 갑에게 **지시한 사실을 증명하기 위한 것**이라면 원진술의 존재 자체가 요증사실인 경우에 해당하여 **본래증거이고 전문증거가 아니다**(직접 지시한 내용이니까). 그리고 갑의 업무수첩 중 지시 사항 부분은 형사소송법 제313조 제1항에 따라 공판준비나 공판기일에서 그 작성자인 갑의 진술로 성립의 진정함이 증명된 경우에는 진술증거로 사용할 수 있다(제313조 제1항의 **피고인 아닌 자의 진술을 기재한 서류**이다).

둘째, 갑의 업무수첩 등의 **대화 내용 부분**이 전 대통령과 개별 면담자 사이에서 **대화한 내용을 증명하기 위한 진술증거인 경우**에는 **전문진술**로서 형사소송법 제316조 제2항에 따라 원진술자가 사망, 질병, 외국거주, 소재불명 그 밖에 이에 준하는 사유로 진술할 수 없고(**필요성**) 그 진술이 특히 신빙할 수 있는 상태에서 한 것임이 증명(**특신상태의 증명**)된 때에 한하여 증거로 **사용할 수 있다**. 이 사건에서 갑의 업무수첩 등이 이 요건을 충족하지 못한다. 따라서 **갑의 업무수첩 등은** 전 대통령과 개별 면담자가 나눈 대화 내용을 추단할 수 있는 간접사실의 증거로 사용하는 것도 허용되지 않는다. 이를 허용하면 **대화 내용을 증명하기 위한 직접증거로 사용할 수 없는 것**을 결국 **대화 내용을 증명하는 증거로 사용하는 결과가 되기 때문이다**(대법원2019. 8. 29. 선고 2018도13792 전원합의체 판결). 선지의 경우는 **피고인이 작성한 진술서도 아니고**, 「형사소송법」 제 **313조 제1항이 적용되는 것이 아니라** 제316조 제2항의 피고인 아닌 자가 피고인에게 이야기 한 전문진술에 해당하므로 **제316조 제2항의 증거능력의 요건을 충족해야 증거능력을 인정할 수 있다**(필+특).

② (O) [1] 사법경찰리가 작성한 피해자 진술조서는 형사소송법 제313조 제1항(현, 제312조 제4항)의 규정에 따라 공판정에서의 진술자(피해자)의 진술에 의하여 진정성립이 인정되거나 형사소송법 제314조의 요건, 즉 공판정에서 진술을 요할 자(피해자)가 사망, 질병, 외국 거주 기타 사유로 인하여 진술할 수 없고 그 진술이 특히 신빙할 수 있는 상태하에서 행하여진 때에 해당하는 경우에 한하여 그 증거능력이 인정되는 한편, 전문진술이나 전문진술을 기재한 조서·서류는 형사소송법 제310조의2의 규정에 의하여 원칙적으로 증거능력이 없는 것인데, 다만 전문진술은 형사소송법 제316조 제2항의 규정에 따라 원진술자가 사망, 질병, 외국 거주 기타 사유로 인하여 진술할 수 없고 그 진술이 특히 신빙할 수 있는 상태하에서 행하여진 때에 한하여 예외적으로 증거능력이 있다고 할 것이고, **전문진술이 기재된 조서·서류는 형사소송법 제313조 내지 제314조의 규정**에 의하여 **각 그 증거능력이 인정될 수 있는 경우에 해당하여야 함은 물론**, 나아가 형사소송법 제316조 제2항의 규정에 따른 위와 같은 요건을 갖추어야 예외적으로 증거능력이 있다.

[2] **형사소송법 제314조**, 제316조 제2항에서 말하는 '원진술자가 진술을 할 수 없는 때'에는 사망, 질병 등 명시적으로 열거된 사유 외에도 원진술자가 공판정에서 진술을 한 경우라도 증인신문 당시 일정한 사항에 관하여 기억이 나지 않는다는 취지로 진술하여 **그 진술의 일부가 재현 불가능하게 된 경우도 포함하는 것**이고, 위 규정들에서 '그 진술 또는 작성이 **특히 신빙할 수 있는 상태하에서 행하여진 때**'라 함은 그 진술내용이나 조서 또는 서류의 작성에 허위개입의 여지가 거의 없고, 그 진술내용의 신빙성이나 임의성을 담보할 구체적이고 외부적인 **정황**이 있는 경우를 가리킨다.

[3] **수사기관에서 진술한 피해자인 유아가 공판정에서 진술을 하였더라도** 증인신문 당시 일정한 사항에 관하여 기억이 나지 않는다는 취지로 진술하여 **그 진술의 일부가 재현 불가능하게 된 경우**, 형사소송법 제314조, 제316조 제2항에서 말하는 **'원진술자가 진술을 할 수 없는 때'에 해당한다**.

[4] **전문의 진술을 증거로 함에 있어서는** 전문진술자가 원진술자로부터 진술을 들을 **당시 원진술자가 증언능력에 준하는 능력을 갖춘 상태에 있어야 할 것**인데, 증인의 증언능력은 증인 자신이 과거에 경험한 사실을 그 기억에 따라 공술할 수 있는 정신적인 능력이라 할 것이므로, 유아의 증언능력에 관해서도 그 유무는 단지 공술자의 연령만에 의할 것이 아니라 그의 지적수준에 따라 개별적이고 구체적으로 결정되어야 함은 물론 공술의 태도 및 내용 등을 구체적으로 검토하고, 경험한 과거의 사실이 공술자의 이해력, 판단력 등에 의하여 변식될 수 있는 범위 내에 속하는가의 여부도 충분히 고려하여 판단하여야 한다.

[5] **사고 당시 만 3세 3개월 내지 만 3세 7개월 가량이던 피해자인 여아의 증언능력 및 그 진술의 신빙성을 인정한다**(대법원2006. 4. 14. 선고 2005도9561판결). 결국, 성폭력처벌법상 강간등치상과 친족관계에의한강간등 이 인정된다.

③ (O) [1] 형사소송법 **제316조 제2항은** "피고인 아닌 자의 공판준비 또는 공판기일에서의 진술이 피고인 아닌 타인의 진술을 그 내용으로 하는 것인 때에는 원진술자가 사망, 질병, 외국거주, 소재불명, 그 밖에 이에 준하는 사유로 인하여 진술할 수 없고, 그 진술이 특히 신빙할 수 있는 상태에서 행하여졌음이 증명된 때에 한하여 이를 증거로 할 수 있다"고 규정하고 있고, 같은 조 제1항에 따르면 위 **'피고인 아닌 자'에는** 공소제기

전에 피고인 아닌 타인을 조사하였거나 그 조사에 참여하였던 자(이하 '조사자'라고 한다)도 포함된다. 따라서 조사자의 증언에 증거능력이 인정되기 위해서는 원진술자가 사망, 질병, 외국거주, 소재불명, 그 밖에 이에 준하는 사유로 인하여 진술할 수 없어야 하는 것(법정에서 진술불능사유가 있어야 하는 것)이라서, 원진술자가 법정에 출석하여 수사기관에서 한 진술을 부인하는 취지로 증언한 이상 원진술자의 진술을 내용으로 하는 조사자의 증언은 증거능력이 없다.

[2] 피해자 갑이 제1심법정에서 진술한 이상 수사기관에서 이루어진 갑의 진술을 내용으로 하는 조사자 을의 증언 부분은 증거능력이 없다(대법원2008. 9. 25. 선고 2008도6985판결).

④ (○) 법원 또는 합의부원, 검사, 변호인, 청구인이 구속된 피의자를 심문하고 그에 대한 피의자의 진술 등을 기재한 구속적부심문조서는 형사소송법 제311조가 규정한 문서에는 해당하지 않는다 할 것이나, 특히 신용할 만한 정황에 의하여 작성된 문서라고 할 것이므로 특별한 사정이 없는 한, 피고인이 증거로 함에 부동의하더라도 형사소송법 제315조 제3호에 의하여 당연히 그 증거능력이 인정된다(대법원 2004. 1. 16. 선고 2003도5693판결).

▼정답 ①

14. 다음 사례에 관한 설명 중 가장 적절한 것은? (다툼이 있는 경우 판례에 의함) (2023. 2차 경찰채용)

> 연구실을 함께 운영하는 甲과 乙은 소속 연구원들에 대한 인건비 지급 명목으로 X 학교법인에 지원금 지급을 신청하여 지급받은 금원을 연구실 운영비로 사용하기로 공모하였다. 이에 따라 甲은 2022년 1월부터 12월까지 매월 1회 지급신청을 하고 해당 금액을 지급받는 동일한 방식으로 총 12회에 걸쳐 연구원 인건비 명목으로 X 학교법인으로부터 합계 1억원 상당을 송금받았다. 다만, 乙은 2022년 8월에 퇴직하여 이후의 연구실 운영에는 관여하지 않았다. 이후 甲과 乙에 대한 재판에서 검사는 '연구실원 A에 대한 참고인 진술조서'(이하, '조서'라 한다)를 증거로 제출하였으나, 공판기일에 증인으로 출석한 A는 甲과의 관계를 우려하여 조서의 진정성립을 비롯한 일체의 증언을 거부하였다.

① 甲과 乙이 2022년 1월부터 12월까지 금원을 지급받은 것이 사기죄에 해당하는 경우, 각 지급행위시마다 별개의 사기죄가 성립한다.
② A가 증언을 거부하면 甲의 반대신문권이 보장되지 않는 것인데, 이 경우 A의 증언거부가 정당한 증언거부권의 행사라 하더라도 甲의 반대신문권이 보장되지 않는다는 점에서는 아무런 차이가 없다.
③ 乙은 퇴직 이후에 甲이 금원을 송금받은 부분에 대해서는 사기죄의 죄책을 부담하지 않는다.
④ 만약 A가 법정에서 증언을 거부하지 않고 조서에 대해 "기재된 바와 같이 내가 말한 것은 맞는데, 그건 일부러 거짓말을 한 것이다."라고 진술하게 되면 조서는 증거로 사용할 수 없게 된다.

▶해 설

② (○) [1] 수사기관에서 진술한 참고인이 법정에서 증언을 거부하여 피고인이 반대신문을 하지 못한 경우에는 ㉠ 정당하게 증언거부권을 행사한 것이 아니라도, 피고인이 증인의 증언거부 상황을 초래하였다는 등의 특별한 사정이 없는 한 형사소송법 제314조의 '그 밖에 이에 준하는 사유로 인하여 진술할 수 없는 때'에 해당하지 않는다(증거능력이 없다). 따라서 ㉡ 증인이 정당하게 증언거부권을 행사하여 증언을 거부한 경우와 마찬가지로 수사기관에서 그 증인의 진술을 기재한 서류는 증거능력이 없다.

[2] 다만 피고인이 증인의 증언거부 상황을 초래하였다는 등의 특별한 사정이 있는 경우(피고인이 증인에게 증언거부권을 행사하도록 매수하거나 협박한 경우 등)에는 형사소송법 제314조의 적용을 배제할 이유가 없다(이 경우에는 제314조가 적용되어 증거능력이 있다). 이러한 경우까지 형사소송법 제314조의 '그 밖에 이에

준하는 사유로 인하여 진술할 수 없는 때'에 해당하지 않는다고 보면 사건의 실체에 대한 심증 형성은 법관의 면전에서 본래증거에 대한 반대신문이 보장된 증거조사를 통하여 이루어져야 한다는 실질적 직접심리주의와 전문법칙에 대하여 예외를 정한 형사소송법 제314조의 취지에 반하고 정의의 관념에도 맞지 않기 때문이다(대법원2019. 11. 21.선고2018도13945전원합의체 판결). 결국, 증인의 증언거부가 정당한 증언거부권 행사이건 정당한 증언거부권 행사가 아니건 피고인의 반대신문권이 보장되지 않는다는 점에서는 같으므로 증인이 증언을 거부한 경우에는 모두 제314조의 예외사유에 해당하지 아니하므로 증거능력이 없다. 다만, 다만 피고인이 증인의 증언거부 상황을 초래하였다는 등의 특별한 사정이 있는 경우에는 제314조가 적용되어 증거능력이 있다.

① (×) 사기죄에 있어서 동일한 피해자에 대하여 수회에 걸쳐 기망행위를 하여 금원을 편취한 경우, 범의가 단일하고 범행 방법이 동일하다면 사기죄의 포괄일죄만이 성립하고, 범의의 단일성과 계속성이 인정되지 아니하거나 범행 방법이 동일하지 아니하다면 각 범행은 실체적 경합범에 해당한다(대법원2000. 2. 11.선고99도4862 판결). 결국, 갑과 을은 피해자인 학교법인으로부터 동일한 방식으로 12회에 걸쳐 편취한 것이므로 사기죄의 포괄일죄만이 성립한다.

③ (×) [1] 피고인이 포괄일죄의 관계에 있는 사기범행의 일부를 실행한 후 공범관계에서 이탈하였으나 다른 공범자에 의하여 나머지 범행이 이루어진 경우, 피고인이 관여하지 않은 부분에 대하여 죄책을 부담한다.
[2] 피고인이 공범들과 다단계금융판매조직에 의한 사기범행을 공모하고 피해자들을 기망하여 그들로부터 투자금명목으로 피해금원의 대부분을 편취한 단계에서 위 조직의 관리이사직을 사임한 경우, 피고인의 사임 이후 피해자들이 납입한 나머지 투자금명목의 편취금원도 같은 기망상태가 계속된 가운데 같은 공범들에 의하여 같은 방법으로 수수됨으로써 피해자별로 포괄일죄의 관계에 있으므로 이에 대하여도 피고인은 공범으로서의 책임을 부담한다(대법원2002. 8. 27.선고2001도513판결). 결국, 乙은 퇴직 이후에 甲이 금원을 송금받은 부분에 대해서도 사기죄의 죄책을 부담한다(사기죄의 공동정범이 성립한다).

④ (×) 연구실원 A에 대한 참고인 진술조서는 제312조 제4항에서 성립의 진정을 인정(검사 또는 사법경찰관 앞에서 진술한 내용과 동일하게 기재되어 있음이 원진술자인 A의 공판준비 또는 공판기일에서의 진술하는 것; 선지를 보면 "기재된 바와 같이 내가 말한 것은 맞는데" 라고 인정)하면 증거로 사용할 수 있다(증거능력이 인정된다). 따라서 검사(제312조 제1항)나 사법경찰관의 피의자 신문조서(제312조 제3항)처럼 내용까지 인정할 필요는 없다(선지의 경우에 "그건 일부러 거짓말을 한 것이다" 라고 진술하여 내용을 부인하고 있어도 A에 대한 참고인 진술조서는 증거로 사용할 수 있다).

▶정답 ②

15. 전문증거에 관한 설명 중 가장 적절한 것은? (다툼이 있는 경우 판례에 의함) (2023. 1차 경찰채용)

① 제1심에서 피고인에 대하여 무죄판결이 선고되어 검사가 항소한 후 수사기관이 항소심 공판기일에 증인으로 신청하여 신문할 수 있는 사람을 특별한 사정 없이 미리 수사기관에 소환하여 작성한 진술조서는 피고인이 증거로 할 수 있음에 동의하지 않는 한 증거능력이 없지만, 위 참고인이 법정에 증인으로 출석하여 위 진술조서의 진정성립을 인정하고 피고인측에 반대신문의 기회가 부여된다면 예외적으로 증거능력이 인정된다.

② 피고인의 진술을 피고인 아닌 자가 녹음한 경우 피고인이 해당 녹음테이프를 증거로 할 수 있음에 동의하지 않은 이상 녹음 테이프에 녹음된 피고인의 진술 내용을 증거로 사용하기 위해서는 「형사소송법」 제313조 제1항 단서에 따라 공판준비 또는 공판기일에서 진술자인 피고인의 진술에 의하여 녹음테이프에 녹음된 진술 내용이 자신이 진술한 대로 녹음된 것임이 증명되고 나아가 그 진술이 특히 신빙할 수 있는 상태에서 행하여진 것임이 인정되어야 한다.

③ 피고인이 아닌 자가 수사과정에서 진술서를 작성하였지만 수사기관이 그에 대한 조사과정을 기록하지 아니하여 「형사소송법」 제244조의4 제3항, 제1항에서 정한 절차를 위반한 경우에는, 특별한 사정이 없는 한 적법한 절차와 방식에 따라 수사과정에서 진술서가 작성되었다 할 수 없으므로 증거능력을 인정할 수 없다.

④ 「형사소송법」 제316조 제2항에 의하면, '피고인 아닌 자'의 공판준비 또는 공판기일에서의 진술이 피고인 아닌 타인의 진술을 그 내용으로 하는 것인 때에는 원진술자가 사망, 질병 기타 사유로 인하여 진술할 수 없고 그 진술이 특히 신빙할 수 있는 상태 하에서 행하여진 때에 한하여 이를 증거로 할 수 있다고 규정하고 있는데, 여기서 말하는 '피고인 아닌 자'고 함은 공동피고인이나 공범자를 제외한 제3자를 의미한다.

해설

③ (○) 형사소송법 제221조 제1항, 제244조의4 제1항, 제3항, 제312조 제4항, 제5항 및 그 입법 목적 등을 종합하여 보면, **피고인이 아닌 자가 수사과정에서 진술서를 작성하였지만 수사기관이 그에 대한 조사과정을 기록하지 아니하여** 형사소송법 제244조의4 제3항, 제1항에서 정한 **절차를 위반한 경우**에는, 특별한 사정이 없는 한 '적법한 절차와 방식'에 따라 수사과정에서 진술서가 작성되었다 할 수 없으므로 **증거능력을 인정할 수 없다**(대법원2015. 4. 23. 선고2013도3790판결).

① (×) [1] **제1심에서 피고인에 대하여 무죄판결이 선고되어 검사가 항소한 후**, 수사기관이 항소심 공판기일에 **증인으로 신청하여 신문할 수 있는 사람을** 특별한 사정 없이 **미리 수사기관에 소환하여 작성한 진술조서는 피고인이 증거로 할 수 있음에 동의하지 않는 한 증거능력이 없다.** 검사가 공소를 제기한 후 참고인을 소환하여 피고인에게 불리한 진술을 기재한 진술조서를 작성하여 이를 공판절차에 증거로 제출할 수 있게 한다면, **피고인과 대등한 당사자의 지위에 있는 검사가 수사기관으로서의 권한을 이용하여 일방적으로 법정 밖에서 유리한 증거를 만들 수 있게 하는 것이므로 당사자주의 · 공판중심주의 · 직접심리주의에 반하고 피고인의 공정한 재판을 받을 권리를 침해하기** 때문이다.
[2] **위 참고인이 나중에** 법정에 증인으로 출석하여 **위 진술조서의 성립의 진정을 인정하고 피고인 측에 반대신문의 기회가 부여된다** 하더라도 위 진술조서의 **증거능력을 인정할 수 없음**은 마찬가지이다(대법원2019. 11. 28. 선고2013도6825판결).

② (×) **피고인과 상대방 사이의 대화 내용에 관한 녹취서가 공소사실의 증거로 제출**되어 녹취서의 기재 내용과 녹음테이프의 녹음 내용이 동일한지에 대하여 법원이 검증을 실시한 경우에, **증거자료가 되는 것은 녹음테이프에 녹음된 대화 내용 자체이고**, 그 중 피고인의 진술 내용은 실질적으로 형사소송법 제311조, 제312조의 규정 이외에 피고인의 진술을 기재한 서류와 다름없어, 피고인이 녹음테이프를 증거로 할 수 있음에 동의하지 않은 이상 **녹음테이프에 녹음된 피고인의 진술 내용을 증거로 사용하기 위해서는** 형사소송법 제313조 제1항 **단서에 따라 공판준비 또는 공판기일에서 작성자인 상대방의 진술에 의하여** 녹음테이프에 녹음된 피고인의 진술 내용이 피고인이 진술한 대로 녹음된 것임이 증명되고 나아가 그 진술이 특히 신빙할 수 있는 상태하에서 행하여진 것임이 인정되어야 한다. 또한 대화 내용을 녹음한 파일 등 전자매체는 성질상 작성자나 진술자의 서명 또는 날인이 없을 뿐만 아니라, 녹음자의 의도나 특성한 기술에 의하여 내용이 편집 · 조작될 위험성이 있음을 고려하여, 대화 내용을 녹음한 원본이거나 원본으로부터 복사한 사본일 경우에는 복사과정에서 편집되는 등의 인위적 개작 없이 원본의 내용 그대로 복사된 사본임이 증명되어야 한다(대법원2012. 9. 13. 선고2012도7461판결).

④ (×) 형사소송법 **제316조 제2항에 의하면 피고인 아닌 자**의 공판준비 또는 공판기일에서의 진술이 피고인 아닌 타인의 진술을 그 내용으로 하는 것인 때에는 원진술자가 사망, 질병 기타 사유로 인하여 진술할 수 없고 그 진술이 특히 신빙할 수 있는 상태 하에서 행하여진 때에 한하여 이를 증거로 할 수 있다고 규정하고 있는데, 여기서 말하는 **피고인 아닌 자라고 함은 제3자는 말할 것도 없고 공동피고인이나 공범자를 모두 포함한다**고 해석된다(대법원2007. 2. 23. 선고2004도8654판결).

▶정답 ③

16. 전문증거에 대한 설명으로 가장 적절하지 않은 것은? (다툼이있는 경우 판례에 의함) (2023. 경찰승진)

① 공판준비 또는 공판기일에 피고인이나 피고인 아닌 자의 진술을 기재한 조서와 법원 또는 법관의 검증의 결과를 기재한 조서는 당해 사건에서 당연히 증거로 할 수 있다.
② 피고인이 공판정에서 공소사실을 자백하여 법원이 간이공판절차로 심판할 것을 결정한 사건에서는 전문법칙이 그대로 적용된다.
③ 전문증거라도 공판준비 또는 공판기일에서의 피고인 또는 피고인이 아닌 자의 진술의 증명력을 다투기 위한 증거로는 사용할 수 있다.
④ 체포·구속인접견부는 형사소송법 제315조에 규정된 당연히 증거능력이 있는 서류로 볼 수 없다.

▼해 설

② (×) **법원에서의 간이공판절차의 결정이 있는 사건의 증거**에 관하여는 증거능력이 없는 전문증거에 대하여 제318조 제1항의 **동의가 있는 것으로 간주한다.** 단, 검사, 피고인 또는 변호인이 증거로 함에 이의가 있는 때에는 그러하지 아니하다(제318조의3). **간이공판절차에서는 증거능력의 특례가 인정되는데,** 피고인이 공판정에서 자백하였기 때문에 **전문법칙이 적용되지 아니하므로, 전문증거라도 검사·피고인·변호인이 이의가 없는 때**에는 증거동의가 간주되어 **증거능력이 인정된다.**
① (○) 공판준비 또는 공판기일에 피고인이나 피고인 아닌 자의 진술을 기재한 조서와 법원 또는 법관의 검증의 결과를 기재한 조서는 증거로 할 수 있다. 제184조(증거보전절차) 및 제221조의2(수사상 증인신문절차)의 규정에 의하여 작성한 조서도 또한 같다(제311조).
③ (○) 제312조부터 제316조까지의 규정에 따라 **증거로 할 수 없는 서류나 진술이라도**(증거능력이 없는 전문증거라도) 공판준비 또는 공판기일에서의 피고인 또는 피고인이 아닌 자(공소제기 전에 피고인을 피의자로 조사하였거나 그 조사에 참여하였던 자를 포함한다. 이하 이 조에서 같다)의 **진술의 증명력을 다투기 위하여 증거로 할 수 있다(탄핵증거로 사용할 수 있다)**(제318조의2 제1항).
④ (○) **체포·구속인접견부**는 유치된 피의자가 죄증을 인멸하거나 도주를 기도하는 등 **유치장의 안전과 질서를 위태롭게 하는 것을 방지하기 위한 목적으로 작성되는 서류**로 보일 뿐이어서 형사소송법 제315조 제2, **3호에 규정된 당연히 증거능력이 있는 서류로 볼 수는 없다**(대법원2012. 10. 25.선고2011도5459판결).

▼정답 ②

17. 전문법칙에 대한 설명으로 가장 적절한 것은? (다툼이 있는경우 판례에 의함) (2023. 경찰승진)

① 성매매업소에 고용된 여성들이 성매매를 업으로 하면서 영업에 참고하기 위하여 성매매 상대방의 아이디와 전화번호 및 성매매 방법 등을 메모지에 적어두었다가 이를 메모리카드에 입력한 경우, 그 메모리카드의 내용은 형사소송법 제315조 제2호의 '업무상 필요로 작성한 통상문서'로서 당연히 그 증거능력이 인정된다.
② 검사가 피고인이 된 피의자의 진술을 기재한 조서는 적법한 절차와 방식에 따라 작성된 것으로서 피고인이 진술한 내용과 동일하게 기재되어 있음이 공판준비 또는 공판기일에서의 피고인의 진술에 의하여 인정되고, 그 조서에 기재된 진술이 특히 신빙할 수 있는 상태에서 행하여졌음이 증명된 때에 한하여 증거로 할 수 있다.
③ 당해 피고인과 공범관계가 있는 다른 피의자에 대한 사법경찰관작성의 피의자신문조서는 그 피의자의 법정진술에 의하여 그 성립의 진정이 인정된다면 당해 피고인이 공판기일에서그 조서의 내용을 부인하더라도 증거능력이 인정된다.

④ 어떤 진술이 기재된 서류가 그 진술의 진실성과 관계없는 간접사실에 대한 정황증거로 사용되더라도 그 진술이 결국 요증사실을 간접적으로나마 뒷받침하므로 예외 없이 전문법칙이 적용된다.

해 설

① (○) 대법원2007. 7. 26. 선고2007도3219판결

② (×) **검사가 작성한 피의자신문조서**는 **적법**한 절차와 방식에 따라 작성된 것으로서 공판준비, 공판기일에 그 피의자였던 피고인 또는 변호인이 그 **내용**을 인정할 때에 한정하여 증거로 할 수 있다(제312조 제1항). **(적+내)**

③ (×) [1] **형사소송법 제312조 제2항은** 검사 이외의 수사기관이 작성한 당해 피고인에 대한 피의자신문조서를 유죄의 증거로 하는 경우뿐만 아니라 검사 이외의 수사기관이 작성한 **당해 피고인과 공범관계에 있는 다른 피고인이나 피의자에 대한 피의자신문조서를 당해 피고인에 대한 유죄의 증거로 채택할 경우에도 적용되는바**, 당해 피고인과 공범관계가 있는 다른 피의자에 대한 검사 이외의 수사기관 작성의 피의자신문조서는 **그 피의자의 법정진술에 의하여 그 성립의 진정이 인정**되더라도 **당해 피고인이 공판기일에서 그 조서의 내용을 부인하면 증거능력이 부정되므로** 그 당연한 결과로 그 피의자신문조서에 대하여는 사망 등 사유로 인하여 법정에서 진술할 수 없는 때에 예외적으로 증거능력을 인정하는 규정인 형사소송법 제314조가 적용되지 아니한다.
[2] 피의자가 경찰수사 단계에서 작성한 진술서에 대하여는 **검사 이외의 수사기관 작성의 피의자신문조서와 동일하게 제312조 제3항을 적용하여야** 한다(대법원2004. 7. 15. 선고2003도7185전원합의체 판결).

④ (×) [1] 다른 사람의 진술을 내용으로 하는 진술이 전문증거인지는 요증사실이 무엇인지에 따라 정해진다. 다른 사람의 진술, 즉 원진술의 **내용**인 사실이 요증사실인 경우에는 **전문증거이지만**, 원진술의 존재 **자체**가 요증사실인 경우에는 **본래증거이지** 전문증거가 아니다.
[2] 어떤 진술이 기재된 서류가 그 **내용**의 진실성이 범죄사실에 대한 직접증거로 사용될 때는 **전문증거가 되지만**, 그와 같은 진술을 하였다는 것 **자체** 또는 **진술의 진실성과 관계없는** 간접사실에 대한 정황증거로 사용될 때는 **반드시 전문증거가 되는 것이 아니다.**
[3] 그러나 어떠한 내용의 진술을 하였다는 사실 자체에 대한 정황증거로 사용될 것이라는 이유로 서류의 증거능력을 인정한 다음 그 사실을 다시 진술 **내용**이나 그 **진실성**을 증명하는 간접사실로 사용하는 경우에 그 서류는 **전문증거에 해당한다**. 서류가 그곳에 기재된 원진술의 내용인 사실을 증명하는 데 사용되어 원진술의 내용인 사실이 요증사실이 되기 때문이다. 이러한 경우 형사소송법 제311조부터 제316조까지 정한 요건을 충족하지 못한다면 증거능력이 없다(대법원2019. 8. 29. 선고2018도14303전원합의체 판결).

▼정답 ①

18. 영상녹화물, 녹음테이프 또는 사진의 증거능력에 대한 설명으로 가장 적절하지 않은 것은? (다툼이 있는 경우 판례에 의함)

(2023. 경찰승진)

① 사인(私人)이 피고인 아닌 사람과의 대화내용을 녹음한 녹음테이프에 대해 법원이 그 진술 당시 진술자의 상태등을 확인하기 위하여 작성한 검증조서는 법원의 검증 결과를 기재한조서로서 형사소송법 제311조에 의하여 증거로 할 수 있다.

② 사인(私人)이 피고인 아닌 사람과의 대화내용을 녹음한 녹음테이프는 피고인의 증거동의가 없는 이상 그 증거능력을 부여하기 위해서는, 첫째 녹음테이프가 원본이거나 인위적 개작없이 원본 내용 그대로 복사된 사본일 것, 둘째 형사소송법 제313조 제1항에 따라 공판준비나 공판기일에서 원진술자의 진술에 의하여 녹음테이프에 녹음된 각자의 진술내용이 자신이 진술한대로 녹음된 것이라는 점이 인정되어야 한다.

③ 검증조서에 첨부된 사진은 검증조서와 일체를 이루는 것이므로, 사법경찰관 작성의 검증조서 중 피고인 진술 기재부분 및 범행재연의 사진부분에 대하여 원진술자이며 행위자인 피고인이 그 진술 및 범행재연의 진정함을 인정하지 않는다고 하더라도 검증조서 전체의 증거능력이 인정된다.

④ 피고인 또는 피고인이 아닌 자의 진술을 내용으로 하는 영상녹화물은 공판준비 또는 공판기일에서 피고인 또는 피고인이 아닌 자가 진술함에 있어서 기억이 명백하지 아니한 사항에 관하여 기억을 환기시켜야 할 필요가 있다고 인정되는 때에 한하여 피고인 또는 피고인이 아닌 자에게 재생하여 시청하게 할 수 있다.

▼해 설

③ (×) [1] **사법경찰관 작성의 검증조서를 검토**하면 위 판시 범행에 부합되는 피고인의 진술이라는 기재부분과 범행을 재연하는 사진이 첨부되어있다. 그러나 기록에 의하여도 그 조서 중의 **피고인의 진술 및 범행재연에 관하여는 원진술자이며 행위자인 피고인에 의하여 그 진술 내지 재연의 진정함이 인정되지 아니 하였을 뿐** 아니라 피고인은 경찰수사 과정에서 **엄문(고문)을 받았던 사실을 엿볼 수 있다는** 원판결 설시 취지에 따라 **검증현장에서의 피고인의 진술 및 범행재연은 특히 신빙할 수 있는 상태 하에서 이루어진 것이라 볼 수 없다** 할 것이니 위 **검증조서 중 피고인의 진술 및 범행재연의 사진영상에 관한 부분은 증거 능력이 없다고** 할 것이다(대법원1981. 4. 14. 선고81도343판결).

[2] 검사가 피의자나 피의자 아닌 자의 진술을 기재한 조서와 검사 또는 **사법경찰관이 검증의 결과를 기재한 조서**는 공판준비 또는 공판기일에서의 원진술자의 진술에 의하여 **그 성립의 진정함이 인정된 때에는 증거로 할 수 있다.** 단, 피고인이 된 피의자의 진술을 기재한 조서는 그 진술이 특히 신빙할 수 있는 상태하에서 행하여진 때에 한하여 피의자였던 피고인의 공판준비 또는 공판기일에서의 진술에 불구하고 증거로 할 수 있다(**구 형사소송법 제312조 제1항**). 이 규정은 2007. 12. 21. 개정되기 전의 규정이고, **위의 판례(1981년 대법원판결)는 구 형사소송법에 따른 판례임을** 숙지해야 한다. 이 당시의 사법경찰관 작성의 검증조서는 「원진술자의 진술에 의하여 **그 성립의 진정함이 인정된 때에는 증거로 할 수 있다.**」고 규정하고 있었다.

[3] 검사 또는 **사법경찰관이 검증의 결과를 기재한 조서는 적법한 절차와 방식에 따라 작성된 것**으로서 공판준비 또는 공판기일에서의 작성자의 진술에 따라 그 **성립의 진정함이 증명된 때에는 증거로 할 수 있다**(제312조 제6항). **현행 형사소송법**에서는 **사법경찰관 작성의 검증조서의 증거능력이 인정되려면 적법한 절차와 방식에 따라 작성하고(적법성) + 성립의 진정이 증명되어야** 한다(적+성=2개 갖추어야 함).

① (O) [1] 수사기관이 아닌 사인이 **피고인 아닌 자와의 전화 대화를 녹음한 녹음테이프에 대하여** 법원이 실시한 검증의 내용이 **녹음테이프에 녹음된 전화 대화의 내용이 검증조서에 첨부된 녹취서에 기재된 내용과 같다는 것에 불과한 경우에는 증거자료가 되는 것은 여전히 녹음테이프에 녹음된 대화 내용이므로**, 그 중 피고인 아닌 자와의 대화의 내용은 실질적으로 형사소송법 제311조, 제312조 규정 이외의 **피고인 아닌 자의 진술을 기재한 서류와 다를 바 없어서**, 피고인이 그 녹음테이프를 증거로 할 수 있음에 동의하지 않은 이상 그 녹음테이프 검증조서의 기재 중 피고인 아닌 자의 진술내용을 증거로 사용하기 위해서는 **형사소송법 제313조 제1항**

에 따라 공판준비나 공판기일에서 원진술자의 진술에 의하여 그 녹음테이프에 녹음된 진술내용이 자신이 진술한 대로 녹음된 것이라는 점이 인정되어야 하는 것이다.

[2] **이와는 달리** 녹음테이프에 대한 검증의 내용이 그 진술 당시 진술자의 **상태 등을 확인하기 위한 것인 경우**에는, 녹음테이프에 대한 검증조서의 기재 중 **진술내용을 증거로 사용하는 경우에 관한 위 법리는 적용되지 아니하고,** 따라서 **위 검증조서는 법원의 검증의 결과를 기재한 조서로서** 형사소송법 제311조에 의하여 **당연히 증거로 할 수 있다**(대법원2008. 7. 10.선고2007도10755판결). 녹음테이프에 **녹음된 진술내용이면** 수사과정 이외의 진술서에 준하여 제313조 제1항에 따라 성립의 진정함이 증명된 때에 증거능력이 인정되나, 진술 당시의 **상태 등을 확인하기 위한 것**이면 법원의 검증조서로서 제311조에 의하여 당연히 증거능력이 인정된다.

② (○) 수사기관 아닌 사인이 피고인 아닌 사람과의 대화내용을 녹음한 **녹음테이프**는 형사소송법 제311조, 제312조 규정 이외의 **피고인 아닌 자의 진술을 기재한 서류와 다를 바 없으므로**, 위의 요건대로 **동일성과 제313조 제1항에 따라 성립의 진정함이 증명되어야** 증거로 할 수 있다(대법원2011. 9. 8.선고2010도7497판결).

④ (○) 제318조의2 제2항

▶정답 ③

19. 진술조서의 증거능력에 대한 설명으로 가장 적절하지 않은 것은? (다툼이 있는 경우 판례에 의함)
(2023. 경찰승진)

① 진술조서의 증거능력이 인정되려면 '적법한 절차와 방식에 따라 작성된 것'이어야 한다는 법리는 피고인이 아닌 자가 수사과정에서 작성한 진술서의 증거능력에 관하여도 적용된다.

② 수사기관의 피의자신문 시에 동석한 신뢰관계인이 피의자를 대신하여 진술한 부분이 조서에 기재되어 있다면, 피의자였던 피고인 또는 변호인이 공판준비 또는 공판기일에 그 내용을 인정할 때에 한하여 증거로 할 수 있다.

③ 수사기관에서 진술한 참고인이 법정에서 증언을 거부하여 피고인이 반대신문을 하지 못한 경우, 피고인이 증인의 증언거부 상황을 초래하였다는 등의 특별한 사정이 없는 한 증인이 정당하게 증언거부권을 행사하였는지 여부와 관계없이 수사기관에서 그 증인의 진술을 기재한 서류는 증거능력이 없다.

④ 수사기관이 진술자의 성명을 가명으로 기재하여 조서를 작성하였다고 하더라도 그 이유만으로 그 조서의 증거능력을 부정할 것은 아니다.

▶해 설

② (×) 형사소송법 제244조의5는, 검사 또는 사법경찰관은 피의자를 신문하는 경우 피의자가 신체적 또는 정신적 장애로 사물을 변별하거나 의사를 결정·전달할 능력이 미약한 때나 피의자의 연령·성별·국적 등의 사정을 고려하여 그 심리적 안정의 도모와 원활한 의사소통을 위하여 필요한 경우에는, 직권 또는 피의자·법정대리인의 신청에 따라 피의자와 신뢰관계에 있는 자를 동석하게 할 수 있도록 규정하고 있다. 구체적인 사안에서 **위와 같은 동석을 허락할 것인지는 원칙적으로** 검사 또는 사법경찰관이 피의자의 건강 상태 등 여러 사정을 고려하여 **재량에 따라 판단하여야 할 것이나,** 이를 허락하는 경우에도 **동석한 사람으로 하여금 피의자를 대신하여 진술하도록 하여서는 안 된다.** 만약 동석한 사람이 피의자를 대신하여 진술한 부분이 조서에 기재되어 있다면 그 부분은 피의자의 진술을 기재한 것이 아니라 동석한 사람의 진술을 기재한 조서에 해당하므로, **그 사람에 대한 진술조서로서의 증거능력을 취득하기 위한 요건을 충족하지 못하는 한** 이를 유죄 인정의 증거로 사용할 수 없다(대법원2009. 6. 23.선고2009도1322판결). 결국, 위 사안에서의 조서는 피의자 신문조서인 제312조 제1항 내지 제3항에 해당하지 않고, **참고인 진술조서에 해당하므로 제312조 제4항의 4가지의 요건을 모두 갖추어야 증거능력이 인정된다.**

① (○) [1] 형사소송법 제312조 제5항은 **피고인 또는 피고인이 아닌 자가 수사과정에서 작성한 진술서의 증거능력**에 관하여 **형사소송법 제312조 제1항부터 제4항까지 준용하도록 규정**하고 있으므로, 검사 또는 사법경찰관

이 피고인이 아닌 자의 진술을 기재한 조서의 증거능력이 인정되려면 '**적법한 절차와 방식에 따라 작성된 것**'이어야 한다는 법리가 피고인이 아닌 자가 수사과정에서 작성한 진술서의 증거능력에 관하여도 적용된다. 한편 검사 또는 사법경찰관이 피의자가 아닌 자의 출석을 요구하여 조사하는 경우에는 피의자를 조사하는 경우와 마찬가지로 조사장소에 도착한 시각, 조사를 시작하고 마친 시각, 그 밖에 조사과정의 진행경과를 확인하기 위하여 필요한 사항을 조서에 기록하거나 별도의 서면에 기록한 후 수사기록에 편철하도록 하는 등 조사과정을 기록하게 한 형사소송법 제221조 제1항, 제244조의4 제1항,제3항의 취지는 수사기관이 조사과정에서 피조사자로부터 진술증거를 취득하는 과정을 투명하게 함으로써 그 과정에서의 절차적 적법성을 제도적으로 보장하려는 것이다. 따라서 수사기관이 수사에 필요하여 피의자가 아닌 자로부터 진술서를 작성·제출받는 경우에도 그 절차는 준수되어야 하므로, **피고인이 아닌 자가 수사과정에서 진술서를 작성하였지만 수사기관이 조사과정의 진행경과를 확인하기 위하여 필요한 사항을 그 진술서에 기록하거나 별도의 서면에 기록한 후 수사기록에 편철하는 등 적절한 조치를 취하지 아니하여** 형사소송법 제244조의4 제1항,제3항에서 정한 **절차를 위반한 경우**에는, 그 진술증거 취득과정의 절차적 적법성의 제도적 보장이 침해되지 않았다고 볼 만한 특별한 사정이 없는 한 '**적법한 절차와 방식**'에 따라 수사과정에서 진술서가 작성되었다고 할 수 없어 **증거능력을 인정할 수 없다.** 형사소송법 제312조 제5항의 **적용대상인** '**수사과정에서 작성한 진술서**'란 수사가 시작된 이후에 수사기관의 관여 아래 작성된 것이거나, 개시된 수사와 관련하여 수사과정에 제출할 목적으로 작성한 것으로, 작성 시기와 경위 등 여러 사정에 비추어 **그 실질이 이에 해당하는 이상 명칭이나 작성된 장소 여부를 불문한다**(대법원2022. 10. 27. 선고2022도9510판결). 따라서 **경찰관이** 입당원서 작성자의 주거지·근무지를 방문하여 입당원서 작성 경위 등을 질문한 후 **진술서 작성을 요구하여 이를 제출받은 이상** 형사소송법 제312조 제5항이 **적용되어야 한다**는 이유로 형사소송법 제244조의4(수사과정의 기록)에서 **정한 절차를 준수하지 않은 위 각 증거의 증거능력이 인정되지 않는다.**

[2] 피고인 을·병이 피고인 갑을 위하여 처리하였던 **입당원서를 작성자의 동의 없이 임의로 수사기관에 제출한 행위는**「개인정보 보호법」제59조 제2호가 금지한 행위로서, 구「개인정보 보호법」제18조 제2항 제2호 또는 제7호가 적용될 수 없고, **위법수집증거에 해당함에도 예외적으로 증거능력을 인정하여야 할 경우에 해당하지 아니하므로**, 입당원서 및 이와 관련된 증거의 증거능력은 인정되지 않는다(대법원2022. 10. 27. 선고2022도9510판결).

③ (○) [1] 수사기관에서 진술한 참고인이 법정에서 증언을 거부하여 **피고인이 반대신문을 하지 못한 경우에는 정당하게 증언거부권을 행사한 것이 아니라도, 피고인이 증인의 증언거부 상황을 초래하였다는 등의 특별한 사정이 없는 한** 형사소송법 제314조의 '**그 밖에 이에 준하는 사유로 인하여 진술할 수 없는 때**'에 해당하지 않는다고 보아야 한다. 따라서 **증인이 정당하게 증언거부권을 행사하여 증언을 거부한 경우와 마찬가지로 수사기관에서 그 증인의 진술을 기재한 서류는 증거능력이 없다.**

[2] 다만 피고인이 증인의 증언거부 상황을 초래하였다는 등의 특별한 사정이 있는 경우에는 형사소송법 제314조의 적용을 배제할 이유가 없다. 이러한 경우까지 형사소송법 제314조의 '그 밖에 이에 준하는 사유로 인하여 진술할 수 없는 때'에 해당하지 않는다고 보면 사건의 실체에 대한 심증 형성은 법관의 면전에서 본래 증거에 대한 반대신문이 보장된 증거조사를 통하여 이루어져야 한다는 실질적 직접심리주의와 전문법칙에 대하여 예외를 정한 형사소송법 제314조의 취지에 반하고 정의의 관념에도 맞지 않기 때문이다(대법원2019. 11. 21. 선고2018도13945전원합의체 판결).

④ (○) 형사소송법 제312조 제4항은 검사 또는 사법경찰관이 피고인이 아닌 자의 진술을 기재한 조서의 증거능력이 인정되려면 '적법한 절차와 방식에 따라 작성된 것'이어야 한다고 규정하고 있다. 여기서 적법한 절차와 방식이라 함은 피의자 또는 제3자에 대한 조서 작성 과정에서 지켜야 할 진술거부권의 고지 등 형사소송법이 정한 제반 절차를 준수하고 조서의 작성방식에도 어긋남이 없어야 한다는 것을 의미한다. 그런데 **형사소송법은 조서에 진술자의 실명 등 인적 사항을 확인하여 이를 그대로 밝혀 기재할 것을 요구하는 규정을 따로 두고 있지는 아니하다.** 따라서「특정범죄신고자 등 보호법」등에서처럼 명시적으로 진술자의 인적 사항의 전부 또는 일부의 기재를 생략할 수 있도록 한 경우가 아니라 하더라도, 진술자와 피고인의 관계, 범죄의 종류, 진술자 보호의 필요성 등 여러 사정으로 볼 때 상당한 이유가 있는 경우에는 **수사기관이 진술자의 성명을 가명으로 기재하여 조서를 작성하였다고 해서 그 이유만으로 그 조서가 '적법한 절차와 방식'에 따라 작성되지 않았다고 할 것은 아니다.** 그러한 조서라도 공판기일 등에 원진술자가 출석하여 자신의 진술을 기재한 조서임을 확인함과 아울러 그 조서의 실질적 진정성립을 인정하고 나아가 그에 대한 반대신문이 이루어지는 등 **형사소송법 제312조 제4항에서 규정한 조서의 증거능력 인정에 관한 다른 요건이 모두 갖추어진 이상 그 증거능력을 부정할 것은 아니라고 할 것이다**(대법원2012. 5. 24. 선고2011도7757판결). 결국, 특정범죄신고자 등 보호법등처럼 목격자등을 보호하기 위하여 **참고인의 성명을 가명으로 기재하였다 하여 참고인 진술조서가 증거능력이 부정되는 것은 아니다.**

▼ 정답 ②

20. 전문증거에 관한 설명 중 가장 적절하지 않은 것은? (다툼이 있는 경우 판례에 의함)

(2022. 2차 경찰채용)

① 녹음파일에 담긴 진술 내용의 진실성이 증명의 대상이 되는 때에는 전문법칙이 적용된다고 할 것이나, 녹음파일에 담긴 진술 내용의 진실성이 아닌 그와 같은 진술이 존재하는 것 자체가 증명의 대상이 되는 경우에는 전문법칙이 적용되지 아니한다.

② "피해자로부터 '피고인이 자신을 추행했다.'는 취지의 말을 들었다."는 A의 진술을 "피고인이 자신을 추행했다." 는 피해자의 진술내용의 진실성을 증명하는 간접사실로 사용하는 경우에는 전문증거에 해당하지 않는다.

③ 전문증거라도 당사자가 동의한 경우에는 전문법칙이 적용되지 않으며, 증인의 신용성을 탄핵하기 위한 탄핵증거로 제출된 경우에는 전문법칙이 적용되지 않는다.

④ A에 대한 사기죄로 공소제기된 甲의 공판에서 갑이 자신의 처에게 보낸 "내가 A를 속여 투자금을 받았는데 그 돈을 송금한다." 라는 내용의 문자 메시지가 증거로 제출되었다면 그 메시지는 전문증거에 해당한다.

해설

② (×) [1] 형사소송법은 제310조의2에서 원칙적으로 전문증거의 증거능력을 인정하지 않고, 제311조부터 제316조까지에서 정한 요건을 충족하는 경우에만 예외적으로 증거능력을 인정한다. **다른 사람의 진술을 내용으로 하는 진술이 전문증거인지는 요증사실이 무엇인지에 따라 정해진다.** 다른 사람의 진술, 즉 **원진술의 내용인 사실이 요증사실인 경우에는 전문증거**이지만, **원진술의 존재 자체가 요증사실인 경우에는 본래증거**이지 전문증거가 아니다. (내+전/ 자+본)

[2] 어떤 진술이 기재된 서류가 그 내용의 진실성이 범죄사실에 대한 직접증거로 사용될 때는 전문증거가 되지만, 그와 같은 진술을 하였다는 것 자체 또는 진술의 진실성과 관계없는 간접사실에 대한 정황증거로 사용될 때는 반드시 전문증거가 되는 것이 아니다. 그러나 **어떠한 내용의 진술을 하였다는 사실 자체에 대한 정황증거로 사용될 것이라는 이유로 서류의 증거능력을 인정한 다음 그 사실을 다시 진술 내용이나 그 진실성을 증명하는 간접사실로 사용하는 경우에 그 서류는 전문증거에 해당한다.** 서류가 그곳에 기재된 원진술의 내용인 사실을 증명하는 데 사용되어 원진술의 내용인 사실이 요증사실이 되기 때문이다. 이러한 경우 형사소송법 제311조부터 제316조까지 정한 요건을 충족하지 못한다면 증거능력이 없다

[3] 증인 갑의 제1심 법정진술 중 "피해자로부터 '피고인이 추행했다.'는 취지의 말을 들었다."는 부분은 '피고인이 피해자를 추행한 사실의 존부'에 대한 증거로 사용되는 경우에는 **전문증거에 해당하나** 피해자가 갑에게 위와 같은 진술을 하였다는 것 자체에 대한 증거로 사용되는 경우에는 갑이 경험한 사실에 관한 진술에 해당하여 **전문법칙이 적용되지 않는다.** 갑의 진술은 **전문증거에 해당**하고, 형사소송법 제310조의2, 제316조 제2항의 요건을 갖추지 못하므로 증거능력이 없다(대법원2019. 8. 29.선고2018도14303전원합의체 판결; 대법원 2021. 2. 25.선고2020도17109판결).

① (○) 피고인 또는 피고인 아닌 사람의 진술을 녹음한 녹음파일은 실질에 있어서 피고인 또는 피고인 아닌 사람이 작성한 진술서나 그 진술을 기재한 서류와 크게 다를 바 없어 그 녹음파일에 담긴 진술 **내용의 진실성**이 증명의 대상이 되는 때에는 **전문법칙이 적용된다**고 할 것이나, 녹음파일에 담긴 **진술 내용의 진실성이 아닌** 그와 같은 진술이 존재하는 것 **자체가** 증명의 대상이 되는 경우에는 **전문법칙이 적용되지 아니한다**(대법원 2015. 1. 22. 선고 2014도10978 전원합의체 판결). (내+전/ 자+본)

③ (○) 옳은 설명이다. 전문증거에 당사자가 **동의하면** 증거능력이 있게되므로 **전문법칙이 적용되지 않고**, 자기측 증인도 탄핵증거로 제출될 수 있고 탄핵증거는 증명력의 문제이고 증거능력이 없는 전문증거라도 탄핵증거로 제출될 수 있으므로 전문법칙이 적용되지 않는다.

④ (○) 사안의 경우, 그 문자메시지는 제313조 제1항 단서의 **수사과정 이외에서 작성한 피고인의 진술서에 준하는 것**으로, 피고인의 진술에 의하여 **성립의 진정이 증명**되고(피고인이 제1심 법정에 출석하여 자신이 이 사건 문자메시지를 작성하고 보냈음을 확인하고), 그 문자메시지의 진술이 **특히 신빙할 수 있는 상태하에서 행하여진 때에 한하여 증거로 할 수 있다.** 결국, **내용의 진실성**이 증명 대상이므로 **전문증거이다.**

정답 ②

21. 전문법칙의 예외에 관한 설명 중 가장 적절한 것은? (다툼이 있는 경우 판례에 의함)

(2022. 2차 경찰채용)

① 사법경찰관이 적법한 절차와 방식에 따라 작성한 검증조서에 피의자 아닌 자의 진술이 기재된 경우, 그 진술이 영상녹화물에 의하여 증명되고 공판기일에서 작성자인 사법경찰관의 진술에 따라 그 성립의 진정함이 증명된 때에는 증거로 할 수 있다.

② A는 살인현장을 목격한 친구 B가 "甲이 길가던 여자를 죽였다."고 말한 내용을 자필일기장에 작성하였고, 훗날 이 일기장이 갑의 살인죄 공판에 증거로 제출된 경우, 이 일기장은 「형사소송법」제313조 제1항의 진술기재서(류)에 해당한다.

③ 자기에게 맡겨진 사무를 처리한 내역을 그때 그때 계속적, 기계적으로 기재한 문서라 하더라도 불법적인 업무과정에서 작성한 문서는 신용성이 없으므로 당연히 증거능력이 인정되지 않는다.

④ 甲이 살인죄로 공소제기된 공판에서 A가 증인으로 출석하여 교통사고로 사망한 B가 생전에 자신에게 "甲이 C를 살해하는 것을 보았다."는 말을 한 적이 있다고 진술한 경우, B의 진술이 특히 신빙할 수 있는 상태 하에서 행하여졌음이 증명된 때에 한하여 증거로 할 수 있다.

▼해설

④ (○) 피고인 아닌 자의 공판준비 또는 공판기일에서의 진술이 피고인 아닌 타인의 진술을 그 내용으로 하는 것인 때에는 **원진술자(B)가 사망, 질병, 외국거주, 소재불명 그 밖에 이에 준하는 사유로 인하여 진술할 수 없고(필요성)**, 그 진술이 특히 신빙할 수 있는 상태(**특신상태**)하에서 행하여졌음이 **증명된 때에 한하여** 이를 증거로 할 수 있다(형사소송법 제316조 제2항). 결국, 이 사안에서 **B가 사망**하였으므로 **B의 진술이 특신상태만 증명되면 증거로 할 수 있다.**

① (×) 사안의 경우는 **사법경찰관이 작성한 참고인진술조서(제312조 제4항)의 요건을 갖추어야 증거능력이 인정된다.** 즉, 검사 또는 사법경찰관이 피고인이 아닌 자의 진술을 기재한 조서는 **적법한 절차와 방식에 따라** 작성된 것으로서 그 조서가 검사 또는 사법경찰관 앞에서 진술한 내용과 동일하게 기재되어 있음이 원진술자의 공판준비 또는 공판기일에서의 진술이나 영상녹화물 또는 그 밖의 객관적인 방법에 의하여 증명되고(**실질적 진정성립의 증명**), 피고인 또는 변호인이 공판준비 또는 공판기일에 그 기재 내용에 관하여 원진술자를 신문할 수 있었던 때에는 증거로 할 수 있다(**반대신문권 보장**). 다만, 그 조서에 기재된 진술이 특히 신빙할 수 있는 상태하에서 행하여졌음이 증명된 때에 한한다(형사소송법 제312조 제4항). **(적+실+반+특)** ★ 사법경찰관 작성의 검증조서(제312조 제6항)에 관한 내용이 **아니다.**

② (×) **전문진술이 기재된 서류**는 형사소송법 제313조 제1항(**성립의 진정 증명**)의 규정에 의하여 그 증거능력이 인정될 수 있는 경우에 **해당하여야 함은 물론**, 나아가 형사소송법 제316조 제2항(**필+특**)의 규정에 따른 **위와 같은 두가지 요건을 갖추어야** 예외적으로 증거능력이 있다.

③ (×) 상업장부, 항해일지, 진료일지 또는 이와 유사한 금전출납부 등과 같이 범죄사실의 인정 여부와 상관없이 **자기에게 맡겨진 사무를 처리한 내역을 그때그때 계속적, 기계적으로 기재한 문서**는 사무처리 내역을 증명하기 위하여 존재하는 문서로서 형사소송법 제315조 제2호에 따라 **당연히 증거능력이 인정된다.** 이러한 문서는 업무의 기계적 반복성으로 말미암아 허위로 작성될 여지가 적고, 또 문서의 성질에 비추어 **고도의 신용성이 인정되어** 반대신문의 필요가 없거나 작성자를 소환해도 서면제출 이상의 의미가 없기 때문에 **당연히 증거능력을 인정한 것이다**(대법원 2019. 8. 29. 선고 2018도14303 전원합의체 판결).

▼정답 ④

22. 다음 사례에 대한 설명 중 옳은 것은 모두 몇 개인가? (다툼이 있는 경우 판례에 의함)

(2022. 2차 경찰채용)

> 甲과 乙은 인터넷 채팅을 통하여 알게 된 A와 B를 승용차에 태우고 함께 남산 부근을 드라이브 하던 중, A와 B가 잠시 차에서 내린 사이에 甲이 乙에게 A와 B를 한 사람씩 나누어 강간하자고 제의하자 을은 아무런 대답도 하지 않고 따라 다니다가 자신의 강간 상대방으로 남겨진 B에게 일체의 신체적 접촉도 시도하지 않은 채 B와 이야기만 나눴다. 甲은 A를 숲속에서 강간하려고 하였으나 A가 수술한지 얼마 안되어 배가 아프다면서 애원하자 강간행위를 중지하였다. 며칠 후 을은 친구 C를 만나 "甲이 A를 강간하려고 하는 동안 나는 그냥 가만히 있었다."라고 말하였다. 사법경찰관 P는 甲을 수사하는 과정에서 C를 참고인으로 조사하여 C가 乙로부터 들은 위 진술 내용이 기재된 진술조서를 적법하게 작성하였다. 검사는 甲을 강간미수죄로 기소하면서 C에 대한 진술조서를 증거로 제출하였으나, 갑은 이를 증거로 함에 부동의하였다.

> ㉠ 乙은 강간 범행에 공동으로 가공할 의사가 있었다고 볼 수 없다.
> ㉡ 甲은 강간죄의 중지미수에 해당한다.
> ㉢ 진술조서에 기재된 乙의 진술부분은 재전문증거에 해당한다.
> ㉣ 진술조서의 실질적 진정성립과 특신상태가 증명이 되고, 변호인이 C를 신문할 수 있었던 때에는 C의 진술조서 전부에 대하여 증거능력이 인정된다.

① 1개   ② 2개
③ 3개   ④ 4개

▶해 설

② ㉠㉢(2개)은 옳은 지문이나, ㉡㉣(2개)은 틀린 지문이다.

㉠ (O) 피해자 일행을 한 사람씩 나누어 강간하자는 피고인 일행의 제의에 **아무런 대답도 하지않고** 따라 다니다가 자신의 강간 상대방으로 남겨진 공소외인에게 일체의 신체적 접촉도 시도하지 않은 채 다른 일행이 인근 숲 속에서 강간을 마칠 때까지 공소외인과 함께 **이야기만 나눈 경우**, 피고인에게 다른 일행의 강간 범행에 **공동으로 가공할 의사가 있었다고 볼 수 없다**(대법원2003. 3. 28. 선고2002도7477판결).

㉡ (×) 피고인 갑, 을, 병이 강도행위를 하던 중 피고인 갑, 을은 피해자를 강간하려고 작은 방으로 끌고가 팬티를 강제로 벗기고 음부를 만지던 중 **피해자가 수술한 지 얼마 안되어 배가 아프다면서 애원하는 바람에 그 뜻을 이루지 못하였다면**, 강도행위의 계속 중 이미 공포상태에 빠진 피해자를 강간하려고 한 이상 강간의 실행에 착수한 것이고, 피고인들이 간음행위를 중단한 것은 피해자를 불쌍히 여겨서가 아니라 **피해자의 신체 조건상 강간을 하기에 지장이 있다**고 본 데에 기인한 것이므로, 이는 일반의 경험상 강간행위를 수행함에 장애가 되는 외부적 사정에 의하여 범행을 중지한 것에 지나지 않는 것으로서 **중지범의 요건인 자의성을 결여하였다**(대법원1992. 7. 28. 선고92도917판결). 결국, 강간죄의 중지미수에 해당하지 않고 **강간죄의 장애미수에 해당한다.**

㉢ (O) [1] 선지의 경우, P가 작성한 참고인 C의 진술조서에 기재된 **乙의 진술부분**은 **재전문증거**에 해당한다. 즉, **C가 乙로부터 전해들은** 진술은 **전문증거**이고, 다시 **P가 C로부터 전해들은 乙의 진술부분**은 **재전문증거**에 해당한다.

[2] 또한 C가 乙로 부터 전해들은 이야기를 법정에서 진술하면 **전문진술**이고, P가 甲을 수사하는 과정에서 C를 참고인으로 조사하여 C가 乙로부터 들은 위 진술 내용이 기재된 진술조서는 **전문진술을 기재한 조서**에 **해당한다**.

[3] 재전문진술이나 재전문진술을 기재한 조서에 대하여는 달리 그 증거능력을 인정하는 규정을 두고 있지 아니하고 있으므로, **피고인이 증거로 하는 데 동의하지 아니하는 한** 형사소송법 제310조의2의 규정에 의하여 **이를 증거로 할 수 없다**(대법원2012. 5. 24. 선고2010도5948판결).

ⓔ (×)[1] 선지의 경우, P가 甲을 수사하는 과정에서 C를 참고인으로 조사하여 C가 乙로부터 들은 위 진술 내용이 기재된 진술조서는 **전문진술을 기재한 조서에 해당한다.**

[2] **전문진술(제316조 제2항)이 기재된 조서(제312조 또는 제314조)는** 형사소송법 제312조 또는 제314조에 **따라** 증거능력이 인정될 수 있는 경우에 해당하여야 함은 물론 형사소송법 제316조 제2항에 따른 **요건을 갖추어야 예외적으로 증거능력이 있다**(대법원2017. 7. 18. 선고2015도12981, 2015전도218판결). 결국, 이 사안의 경우 **전문진술(제316조 제2항)이 기재된 조서(제312조 제4항)로서 형사소송법 제312조 제4항(적+실+반+특; C의 요건)의 요건과 제316조 제2항(필(을의 사망 등 법정에서 진술불능)+특; 乙의 요건)의 두 요건을 모두 갖추어야 증거능력이 있게 되므로, C의 진술조서는 증거능력이 인정되지 않는다.**

▼정답 ②

23. 다음 사례에 대한 설명 중 옳은 것은 모두 몇 개인가? (다툼이 있는 경우 판례에 의함)

(2022. 2차 경찰채용)

甲은 A를 인적이 드문 곳으로 유인한 후, 권총으로 살해하였다. 범행장면은 현장 인근의 건물에 적법하게 설치된 CCTV에 녹화되었다. 사법경찰관 P는 CCTV 관리자가 녹화저장장치에서 甲의 범행장면이 복사된 이동식 저장장치(이하 'USB')를 건네 주자 압수하였다. 이후 P는 권총의 구매 경위를 수사하기 위하여 甲의 이메일 계정을 압수하였다. 압수된 이메일에는 B가 갑에게 "권총을 구매하여 택배로 보냈다." 는 내용이 있었다. 검사는 甲을 살인죄로 기소하면서 USB와 이메일 파일을 증거로 제출하였다.

㉠ USB에 저장된 파일이 복사과정에서 편집되는 등 인위적 개작 없이 원본 내용을 그대로 복사된 사본이라는 점이 증명되어야 한다.
㉡ CCTV에 녹화된 갑의 얼굴 등은 개인정보에 해당하지만 CCTV 관리자가 정보주체의 동의 없이 임의제출하였더라도 위법수집증거에 해당하지 않는다.
㉢ USB에 저장된 CCTV 영상이 범죄 당시 현장의 영상이라는 사실이 요증사실인 경우에는 전문법칙이 적용되지 않는다.
㉣ 이메일 작성자인 B가 증인으로 출석하여 "갑에게 이메일을 보낸 기억이 없다." 고 진술한 경우에는 과학적 분석결과에 기초한 디지털포렌식 자료, 감정 등 객관적 방법으로 성립의 진정함이 증명되는 때에도 증거로 할 수 없다.

① 1개 ② 2개
③ 3개 ④ 4개

▼해 설
③ ㉠㉡㉢(3개)은 옳은 지문이나, ㉣(1개)은 틀린 지문이다.
㉠ (○) **전자문서를 수록한 파일 등의 경우에는**, 성질상 작성자의 서명 혹은 날인이 없을 뿐만 아니라 작성자·관리자의 의도나 특정한 기술에 의하여 내용이 편집·조작될 위험성이 있음을 고려하여, **원본임이 증명**되거나

혹은 원본으로부터 복사한 사본일 경우에는 복사과정에서 편집되는 등 인위적 개작 없이 원본의 내용 그대로 복사된 사본임이 증명되어야만 하고, 그러한 증명이 없는 경우에는 쉽게 증거능력을 인정할 수 없다(대법원 2018. 2. 8.선고2017도13263판결).

ⓛ (O) 검사, 사법경찰관은 피의자 기타인의 유류한 물건이나 **소유자, 소지자 또는 보관자가 임의로 제출한 물건을 영장없이 압수할 수 있다**(형사소송법 제218조). 누구든지 자기의 얼굴 기타 모습을 함부로 촬영당하지 않을 자유를 가지나 이러한 자유도 국가권력의 행사로부터 무제한으로 보호되는 것은 아니고 **국가의 안전보장 · 질서유지 · 공공복리를 위하여 필요한 경우에는 상당한 제한이 따르는 것**이고, 수사기관이 범죄를 수사함에 있어 현재 범행이 행하여지고 있거나 행하여진 직후이고, 증거보전의 필요성및긴급성이 있으며, 일반적으로 허용되는 상당한 방법에 의하여촬영을 한 경우라면 위촬영이 영장 없이 이루어졌다 하여 이를 위법하다고 단정할 수 없다(대법원1999. 9. 3. 선고99도2317판결).

ⓒ (O) 각 **캠코더, 카메라 등 촬영장비로 피고인의 범행상황 및 그 전후상황을 촬영한 동영상 캡쳐사진 및 현장사진**은 그 진술 내지 음성이 부분이 녹화되지 않은 **비진술증거로서 전문법칙이 적용되지 않고**, 촬영대상의 상황과 피촬영자의 동태가 그대로 녹화된 것으로서 테이프나 영상파일의 내용에 인위적인 조작이 가해지지 않은 것이 전제된다면 다른 위법 사유가 없는 한 그 증거능력은 인정된다고 할 것이다(서울고등법원2013. 2. 8.선고 2012노805판결).

ⓔ (×) 수사과정 이외에 피고인 또는 피고인이 아닌 자가 작성한 진술서나 그 진술을 기재한 서류로서 그 작성자 또는 진술자의 자필이거나 그 서명 또는 날인이 있는 것(피고인 또는 피고인 아닌 자가 작성하였거나 진술한 내용이 포함된 문자 · 사진 · 영상 등의 정보로서 컴퓨터용디스크, 그 밖에 이와 비슷한 정보저장매체에 저장된 것을 포함한다. 이하 이 조에서 같다)은 공판준비나 공판기일에서의 그 작성자 또는 진술자의 진술에 의하여 그 성립의 진정함이 증명된 때에는 증거로 할 수 있다(형사소송법 제313조 제1항). 그러나 **진술서의 작성자가 공판준비나 공판기일에서 그 성립의 진정을 부인하는 경우에는 과학적 분석결과에 기초한 디지털포렌식 자료, 감정 등 객관적 방법으로 성립의 진정함이 증명되는 때에는 증거로 할 수 있다**. 다만, 피고인 아닌 자가 작성한 진술서는 피고인 또는 변호인이 공판준비 또는 공판기일에 그 기재 내용에 관하여 작성자를 신문할 수 있었을 것을 요한다(동법 동조 제2항). 결국, **이메일 작성자인 B가** 증인으로 출석하여 "갑에게 이메일을 보낸 기억이 없다." 고 그 **성립의 진정을 부인하는 경우에도** 과학적 분석결과에 기초한 디지털포렌식 자료, 감정 등 객관적 방법으로 성립의 진정함이 증명되는 때에도 **증거로 할 수 있다**.

▶ 정답 ③

24. 전문법칙에 대한 설명 중 옳지 않은 것은? (다툼이 있는 경우 판례에 의함) (2021. 경찰간부)

① "갑이 을을 살해하는 것을 목격했다" 라는 병의 말을 들은 정이 병의 진술내용을 증언하는 경우, 갑의 살인 사건에 대하여는 전문증거이지만, 병의 명예훼손 사건에 대하여는 전문증거가 아니다.

② 정보통신망을 통하여 공포심이나 불안감을 유발하는 글을 반복적으로 상대방에게 도달하게 하는 행위를 하였다는 공소사실에 대하여 휴대전화기에 저장된 문자정보가 그 증거가 되는 경우, 그 문자정보는 범행의 직접적인 수단이고 경험자의 진술에 갈음하는 대체물에 해당하지 않으므로 전문법칙이 적용되지 않는다.

③ A가 특정범죄가중처벌등에관한법률(알선수재)죄로 기소된 피고인으로부터 건축허가를 받으려면 담당공무원에게 사례비를 주어야 한다는 말을 들었다는 취지의 법정진술을 한 경우, 원진술의 존재자체가 알선수재죄에서의 요증사실이므로 A의 진술은 전문증거가 아니라 본래증거에 해당한다.

④ 보험사기 사건에서 건강보험심사평가원이 수사기관의 의뢰에 따라 그 보내온 자료를 토대로 입원진료의 적정성에 대한 의견을 제시하는 내용의 '건강보험심사평가원의 입원진료 적정성 여부 등 검토의뢰에 대한 회신'은 「형사소송법」 제315조 제3호의 '기타 특히 신용할 만한 정황에 의하여 작성된 문서'에 해당한다.

▼해 설

④ (×) 사무처리 내역을 계속적, 기계적으로 기재한 문서가 아니라 **범죄사실의 인정 여부와 관련 있는 어떠한 의견을 제시하는 내용을 담고 있는 문서는** 형사소송법 제315조 제3호에서 규정하는 **당연히 증거능력이 있는 서류에 해당한다고 볼 수 없으므로**, 이른바 보험사기 사건에서 건강보험심사평가원이 수사기관의 의뢰에 따라 그 보내온 자료를 토대로 입원진료의 적정성에 대한 의견을 제시하는 내용의 '**건강보험심사평가원의 입원진료 적정성 여부 등 검토의뢰에 대한 회신**'은 형사소송법 제315조 제3호의 '기타 특히 신용할 만한 정황에 의하여 작성된 문서'에 **해당하지 않는다**(대판2017.12.5. 2017도12671).

① (○) 다른 사람의 진술을 내용으로 하는 진술이 전문증거인지는 요증사실이 무엇인지에 따라 정해지는 바, 다른 사람의 진술, 즉 원진술의 내용인 사실(갑이 을을 살해하였다는 사실)이 요증사실인 경우에는 **전문증거**이지만, 원진술의 존재 자체(병이 갑을 명예훼손하였다는 말)가 요증사실인 경우에는 **본래증거이지**(정이 병으로부터 직접 들은 내용을 증언) **전문증거가 아니다**(대판2019.8.29. 2018도13792 전원합의체판결).

② (○) 대판2008.11.13. 2006도2556
③ (○) 대판2019.8.29. 2018도13792 전원합의체 판결

▼정답 ④

25. 전문법칙에 대한 설명으로 틀린 것은 모두 몇 개인가? (다툼이 있는 경우 판례에 의함)

> ㉠ 다른 사람의 진술을 내용으로 하는 진술이 전문증거인지는 요증사실이 무엇인지에 따라 정해지는 바, 다른 사람의 진술, 즉 원진술의 내용인 사실이 요증사실인 경우에는 전문증거이지만, 원진술의 존재 자체가 요증사실인 경우에는 본래증거이지 전문증거가 아니다.
> ㉡ 어떤 진술이 기재된 서류가 어떠한 내용의 진술을 하였다는 사실 자체에 대한 정황증거로 사용될 것이라는 이유로 서류의 증거능력을 인정한 다음 그 사실을 다시 진술 내용이나 그 진실성을 증명하는 간접사실로 사용하는 경우에 그 서류는 전문증거에 해당한다.
> ㉢ 甲이 乙로부터 들은 피고인 A의 진술내용을 수사기관이 진술조서에 기재하여 증거로 제출하였다면, 그 진술조서 중 피고인 A의 진술을 기재한 부분은 乙이 증거로 하는 데 동의하지 않는 한 「형사소송법」 제310조의2의 규정에 의하여 이를 증거로 할 수 없다.
> ㉣ 제312조부터 제316조까지의 규정에 따라 증거로 할 수 없는 서류나 진술이라도 공판준비 또는 공판기일에서의 피고인 또는 피고인이 아닌 자의 진술의 증명력을 다투기 위하여 증거로 할 수 있다.
> ㉤ 양벌규정의 종업원과 사업주는 형사증거법상 공범 내지 이에 준하는 관계에 있다고 보아, 사망한 종업원에 대한 경찰 피의자신문조서는 형사소송법 제312조 제3항 소정의 '검사 이외의 수사기관이 작성한 피의자신문조서'에 해당하므로, 같은 법 제314조에 기초하여 위 경찰 피의자신문조서의 증거능력을 인정할 수 없다.

① 1개 ② 2개
③ 3개 ④ 4개

▼해 설

① ㉠㉡㉣㉤(4개)은 맞는 지문이고, ㉢(1개)은 틀린 지문이다.

㉠ (○) 다른 사람의 진술을 내용으로 하는 진술이 전문증거인지는 요증사실이 무엇인지에 따라 정해지는 바, 다른 사람의 진술, 즉 **원진술의 내용인 사실(갑이 을을 살해하였다는 사실)**이 요증사실인 경우에는 **전문증거**이지만, 원진술의 존재 자체(병이 갑을 명예훼손하였다는 말)가 요증사실인 경우에는 **본래증거이지**(정이 병으

로부터 직접 들은 내용을 증언) **전문증거가 아니다**(대판2019. 8. 29. 2018도13792 전원합의체판결). ☞ **(암기)
내·전**(내용의 진실성은 **전문증거**) + **자·본**(진술을 하였다는 것 **자**체는 **본**래증거이지 전문증거가 아니므로 전문법칙이 적용되지 않는다).

ⓒ (○) 대판2019. 8. 29. 2018도13792 전원합의체 판결(국정논단 최서원 사건)

ⓒ (×) 형사소송법은 전문진술에 대하여 제316조에서 실질상 단순한 전문의 형태를 취하는 경우에 한하여 예외적으로 그 증거능력을 인정하는 규정을 두고 있을 뿐, **재전문진술이나 재전문진술을 기재한 조서**에 대하여는 달리 그 증거능력을 인정하는 규정을 두고 있지 아니하고 있으므로, **피고인(A)이** 증거로 하는 데 동의하지 아니하는 한 형사소송법 제310조의2의 규정에 의하여 이를 증거로 할 수 없다(대판2000. 3. 10. 2000도159).

ⓔ (○) 제318조의2 제1항

ⓜ (○) [1] 형사소송법 제312조 제3항은 검사 이외의 수사기관이 작성한 **해당 피고인에 대한 피의자신문조서를 유죄의 증거로 하는 경우뿐만 아니라 검사 이외의 수사기관이 작성한 해당 피고인과 공범관계에 있는 다른 피고인이나 피의자에 대한 피의자신문조서를 해당 피고인에 대한 유죄의 증거로 채택할 경우에도 적용된다.** 따라서 해당 피고인과 공범관계가 있는 다른 피의자에 대하여 검사 이외의 수사기관이 작성한 피의자신문조서는 그 피의자의 법정진술에 의하여 성립의 진정이 인정되는 등 형사소송법 제312조 제4항의 요건을 갖춘 경우라도 해당 피고인이 공판기일에서 그 조서의 내용을 부인한 이상 이를 유죄 인정의 증거로 사용할 수 없고, 그 당연한 결과로 위 피의자신문조서에 대하여는 사망 등 사유로 인하여 법정에서 진술할 수 없는 때에 예외적으로 증거능력을 인정하는 규정인 형사소송법 제314조가 적용되지 아니한다. 그리고 **이러한 법리는 공동정범이나 교사범, 방조범 등 공범관계에 있는 자들 사이에서뿐만 아니라, 법인의 대표자나 법인 또는 개인의 대리인, 사용인, 그 밖의 종업원 등 행위자의 위반행위에 대하여 행위자가 아닌 법인 또는 개인이 양벌규정에 따라 기소된 경우**, 이러한 **법인 또는 개인과 행위자 사이의 관계에서도 마찬가지로 적용된다**고 보아야 한다.

[2] 대법원은 **형사소송법 제312조 제3항의 규정**이 검사 이외의 수사기관이 작성한 해당 피고인과 공범관계에 있는 다른 피고인이나 피의자에 대한 피의자신문조서에 대해서까지 적용된다는 입장을 확고하게 취하고 있다. **이는 하나의 범죄사실에 대하여 여러 명이 관여한 경우 서로 자신의 책임을 다른 사람에게 미루려는 것이 일반적인 인간심리이므로, 만일 위와 같은 경우에 형사소송법 제312조 제3항을 해당 피고인 외의 자들에 대해서까지 적용하지 않는다면 인권보장을 위해 마련된** 위 규정의 취지를 제대로 살리지 못하여 부당하고 **불합리한 결과에 이를 수 있기 때문이다**(대법원2020. 6. 11. 선고2016도9367판결).

▼정답 ①

26. 전문증거의 증거능력에 관한 설명 중 옳지 않은 것은? (다툼이 있는 경우 판례에 의함)

① 미국 범죄수사대(CID), 연방수사국(FBI)의 수사관들이 작성한 수사보고서 및 피고인이 위 수사관들에 의한 조사를 받는 과정에서 작성하여 제출한 진술서는 피고인이 그 내용을 부인하는 이상 증거로 쓸 수 없다.

② 성폭력 피해아동이 어머니에게 진술한 내용을 어머니가 상담원에게 전한 후, 상담원이 그 내용을 검사 면전에서 진술하여 작성된 진술조서는 이른바 '재전문진술을 기재한 조서'로서, 피고인이 동의하지 않는 한 증거능력이 인정되지 아니한다.

③ 피해자가 피고인으로부터 당한 공갈 등 피해 내용을 담아 남동생에게 보낸 문자메시지를 촬영한 사진은 본래증거가 아니라 전문증거로서 형사소송법 제313조에 규정된 '피해자의 진술서'에 준하여 그 진정성립이 인정되면 증거로 할 수 있다.

④ 수표를 발행한 후 예금부족 등으로 지급되지 아니하게 하였다는 부정수표단속법위반 공소사실을 증명하기 위하여 제출되는 수표는 형사소송법 제310조의2의 전문법칙이 적용된다.

▶해 설

④ (×) 피고인이 수표를 발행하였으나 예금부족 또는 거래정지처분으로 지급되지 아니하게 하였다는 **부정수표단속법위반의 공소사실을 증명하기 위하여 제출되는 수표**는 그 서류의 존재 또는 상태 자체가 증거가 되는 것이어서 증거물인 서면에 해당하고 어떠한 사실을 **직접 경험한 사람의 진술에 갈음하는 대체물이 아니므로, 증거능력은 증거물의 예에 의하여 판단하여야** 하고, 이에 대하여는 형사소송법 제310조의2에서 정한 **전문법칙이 적용될 여지가 없다**. 이때 수표 원본이 아니라 전자복사기를 사용하여 복사한 사본이 증거로 제출되었고 피고인이 이를 증거로 하는 데 부동의한 경우 위 수표 사본을 증거로 사용하기 위해서는 수표 원본을 법정에 제출할 수 없거나 제출이 곤란한 사정이 있고 수표 원본이 존재하거나 존재하였으며 증거로 제출된 수표 사본이 이를 정확하게 전사한 것이라는 사실이 증명되어야 한다(대법원 2015. 4. 23. 선고 2015도2275판결). 결국, **수표**에 대하여 형사소송법 제310조의2의 **전문법칙이 적용되지 않는다**.

① (○) [1] 형사소송법 **제312조 제2항(현행 제312조 제3항)**은 검사 이외의 수사기관이 작성한 피의자신문조서는 그 피의자였던 피고인이나 변호인이 그 내용을 인정할 때에 한하여 증거로 할 수 있다고 규정하고 있는바, **피고인이 검사 이외의 수사기관에서 범죄 혐의로 조사받는 과정에서 작성하여 제출한 진술서는 그 형식 여하를 불문하고 당해 수사기관이 작성한 피의자신문조서와 달리 볼 수 없고**, 피고인이 수사 과정에서 범행을 자백하였다는 검사 아닌 수사기관의 진술이나 같은 내용의 수사보고서 역시 피고인이 공판 과정에서 앞서의 자백의 내용을 부인하는 이상 마찬가지로 보아야 하며, **여기서 말하는 검사 이외의 수사기관에는** 달리 특별한 사정이 없는 한 **외국의 권한 있는 수사기관도 포함된다**.
[2] **미국 범죄수사대(CID), 연방수사국(FBI)의 수사관들이 작성한 수사보고서 및 피고인이 위 수사관들에 의한 조사를 받는 과정에서 작성하여 제출한 진술서는 피고인이 그 내용을 부인하는 이상 증거로 쓸 수 없다**(대판 2006.1.13. 2003도6548).

② (○) [1] 미성년자의제강제추행죄의 피해자(3세 1개월, 여) 아버지인 갑의 원심법정에서의 진술과 △△ 성폭력상담소 상담원인 을의 검찰에서의 진술을 기재한 조서는, 갑과 을이 피해자 어머니인 병이 피해자로부터 들었다는 피해자의 피해사실을, 병으로부터 다시 전해 들어서 알게 되었다는 것을 그 내용으로 하고 있는바, 이러한 **갑의 원심법정에서의 진술**은 요증사실을 체험한 자의 진술을 들은 자의 공판준비 또는 공판기일 외에서의 진술을 그 내용으로 하는 이른바 **재전문진술이라고 할 것이고, 을의 검찰에서의 진술조서**는 그와 같은 **재전문진술을 기재한 조서라고 할 것이다**.
[2] 그런데 형사소송법은 전문진술에 대하여 제316조에서 실질상 단순한 전문의 형태를 취하는 경우에 한하여 예외적으로 그 증거능력을 인정하는 규정을 두고 있을 뿐, 재전문진술이나 재전문진술을 기재한 조서에 대하여는 달리 그 증거능력을 인정하는 규정을 두고 있지 아니하고 있으므로, **피고인이 증거로 하는 데 동의하지 아니하는 한** 형사소송법 제310조의2의 규정에 의하여 **이를 증거로 할 수 없다**할 것인바, 갑의 원심법정에서의 진술과 을의 검찰에서의 진술을 기재한 조서는 재전문진술이거나 재전문진술을 기재한 조서이므로 **이를 증거로 할 수 없음이 명백하다**고 할 것이다(대법원 2000. 3. 10. 선고 2000도159판결).

③ (○) **이 사건 문자메시지**는 피해자가 피고인으로부터 풀려난 당일에 남동생에게 도움을 요청하면서 피고인이 협박한 말을 포함하여 공갈 등 **피고인으로부터 피해를 입은 내용을 문자메시지로 보낸 것이므로**, 이 사건 **문자메시지의 내용을 촬영한 사진은 증거서류 중 피해자의 진술서에 준하는 것으로** 취급함이 상당할 것인바, **진술서에 관한 형사소송법 제313조에 따라** 이 사건 문자메시지의 작성자인 피해자가 제1심 법정에 출석하여 자신이 이 사건 문자메시지를 작성하여 동생에게 보낸 것과 같음을 확인하고, 피해자의 동생도 제1심 법정에 출석하여 피해자가 보낸 이 사건 문자메시지를 촬영한 사진이 맞다고 확인한 이상, 이 사건 **문자메시지를 촬영한 사진**은 그 성립의 진정함이 증명되었다고 볼 수 있으므로 **이를 증거로 할 수 있다**(대법원 2010. 11. 25. 선고 2010도8735판결).

▶정답 ④

27. 전문법칙에 대한 설명으로 가장 적절하지 않은 것은? (다툼이 있는 경우 판례에 의함)

① 압수된 디지털 저장매체로부터 출력한 문건을 진술증거로 사용하는 경우, 그 기재 내용의 진실성에 관하여는 전문법칙이 적용되므로 「형사소송법」 제313조 제1항에 따라 그 작성자 또는 진술자의 진술에 의하여 그 성립의 진정함이 증명된 때에는 이를 증거로 사용할 수 있다.

② 의사의 진단서와 군의관의 진단서는 증거능력을 인정하기 위한 요건이 다르다고 할 것이다.

③ 대화 내용을 녹음한 파일 등의 전자매체는 성질상 작성자나 진술자의 서명 혹은 날인이 없을 뿐만 아니라, 녹음자의 의도나 특정한 기술에 의하여 내용이 편집·조작될 위험성이 있음을 고려하여, 대화 내용을 녹음한 원본이거나 혹은 원본으로부터 복사한 사본일 경우에는 복사 과정에서 편집되는 등 인위적 개작 없이 원본의 내용 그대로 복사된 사본임이 입증되어야만 하고, 그러한 입증이 없는 경우에는 쉽게 그 증거능력을 인정할 수 없다.

④ 피고인 또는 피고인 아닌 사람이 컴퓨터용디스크에 입력하여 기억된 문자정보 또는 그 출력물을 증거로 사용하는 경우 컴퓨터용디스크 자체를 물증으로 취급하여야 하므로 그 기재내용의 진실성에 관하여는 전문법칙이 적용되지 아니한다.

해 설

④ (×) 피고인 또는 피고인 아닌 사람이 **컴퓨터용디스크 그 밖에 이와 비슷한 정보저장매체에 입력하여 기억된 문자정보 또는 그 출력물을 증거로 사용하는 경우**, 이는 실질에 있어서 피고인 또는 피고인 아닌 사람이 작성한 진술서나 그 진술을 기재한 서류와 크게 다를 바 없고, 압수 후의 보관 및 출력과정에 조작의 가능성이 있으며, 기본적으로 반대신문의 기회가 보장되지 않는 점 등에 비추어 **그 내용의 진실성에 관하여는 전문법칙이 적용되고**, 따라서 **원칙적으로 형사소송법 제313조 제1항에 의하여 작성자 또는 진술자의 진술에 의하여 성립의 진정함이 증명된 때에 한하여 이를 증거로 사용할 수 있다.** 다만 정보저장매체에 기억된 문자정보의 내용의 진실성이 아닌 그와 같은 내용의 문자정보의 존재 자체가 직접 증거로 되는 경우에는 전문법칙이 적용되지 아니한다(대판2013.2.15. 2010도3504).

① (○) 압수물인 디지털 저장매체로부터 출력한 문건을 증거로 사용하기 위해서는 디지털 저장매체 원본에 저장된 내용과 출력한 문건의 동일성이 인정되어야 하고, 이를 위해서는 디지털 저장매체 원본이 압수 시부터 문건 출력 시까지 변경되지 않았음이 담보되어야 한다. 그리고 **압수된 디지털 저장매체로부터 출력한 문건을 진술증거로 사용하는 경우**, 그 기재 내용의 진실성에 관하여는 **전문법칙이 적용되므로** 형사소송법 제313조 제1항에 따라 공판준비나 공판기일에서의 **그 작성자 또는 진술자의 진술에 의하여 그 성립의 진정함이 증명된 때에 한하여 이를 증거로 사용할 수 있다**(대판2013.6.13. 2012도16001).

② (○) **의사의 진단서는** 형사소송법 제313조 제1항의 **수사과정 이외에서 작성한 진술서와 마찬가지로** 피고인 또는 피고인이 아닌 자가 작성한 진술서나 그 진술을 기재한 서류로서 그 작성자 또는 진술자의 자필이거나 그 서명 또는 날인이 있는 것은 공판준비나 공판기일에서의 그 작성자 또는 진술자의 진술에 의하여 **그 성립의 진정함이 증명된 때에는** 증거로 할 수 있다. 그러나 **군의관이 작성한 진단서는** 공무원이 **직무상 증명할 수 있는 사항에 관하여 작성한 문서(제315조 제1호)**이므로 그 증거조사를 거친 이상 **당연히 증거능력이 있다**(대판72도922).

③ (○) [1] 대화 내용을 녹음한 파일 등의 전자매체는 성질상 작성자나 진술자의 서명 혹은 날인이 없을 뿐만 아니라, 녹음자의 의도나 특정한 기술에 의하여 내용이 편집·조작될 위험성이 있음을 고려하여 **대화 내용을 녹음한 원본이거나 혹은 원본으로부터 복사한 사본일 경우에는 복사 과정에서 편집되는 등 인위적 개작 없이 원본의 내용 그대로 복사된 사본임이 입증되어야만** 하고(동일성 입증), 그러한 입증이 없는 경우에는 **쉽게 그 증거능력을 인정할 수 없다.** 그리고 증거로 제출된 녹음파일이 대화 내용을 녹음한 **원본이거나** 혹은 복사 과정에서 편집되는 등 **인위적 개작 없이 원본 내용을 그대로 복사한 사본이라는 점은** 녹음파일의 생성과 전달 및 보관 등의 절차에 관여한 사람의 증언이나 진술, 원본이나 사본 파일 생성 직후의 해쉬(Hash)값과의 비교, 녹음파일에 대한 검증·감정 결과 등 제반 사정을 **종합하여** 판단할 수 있다(대판2015.1.22. 2014도10978 전원합의체판결).

[2] 가. (정보저장매체에 기억된 **문자정보 또는 그 출력물을 증거로 사용하기 위한 요건**) 압수물인 컴퓨터용 디스크 그 밖에 이와 비슷한 **정보저장매체**(이하 '정보저장매체'라고만 한다)**에 입력하여 기억된 문자정보 또는 그 출력물**(이하 '출력 문건'이라 한다)**을 증거로 사용하기 위해서는** 정보저장매체 원본에 저장된 내용과 출력 문건의 **동일성이 인정되어야** 하고, 이를 위해서는 정보저장매체 원본이 압수 시부터 문건 출력 시까지 **변경되지 않았다는 사정, 즉 무결성이 담보되어야** 한다.

나. (정보저장매체 원본을 대신하여 저장매체에 저장된 자료를 **'하드카피' 또는 '이미징'한 매체로부터 출력한 문건의 경우**, 그 출력 문건과 정보저장매체에 저장된 자료가 **동일하고(동일성)** 정보저장매체 원본이 문건 출력 시까지 변경되지 않았다는 점(**무결성**)**에 대한 증명 방법**) 특히 정보저장매체 원본을 대신하여 저장매체에 저장된 자료를 '하드카피' 또는 '이미징'한 매체로부터 출력한 문건의 경우에는 정보저장매체 원본과 '하드카피' 또는 '이미징'한 매체 사이에 자료의 동일성도 인정되어야 할 뿐만 아니라, 이를 확인하는 과정에서 이용한 컴퓨터의 기계적 정확성, 프로그램의 신뢰성, 입력·처리·출력의 각 단계에서 조작자의 전문적인 기술능력과 정확성이 담보되어야 한다. 이 경우 **출력 문건과 정보저장매체에 저장된 자료가 동일하고 정보저장매체 원본이 문건 출력 시까지 변경되지 않았다는 점은**, 피압수·수색 당사자가 정보저장매체 **원본과 '하드카피' 또는 '이미징'한 매체의 해쉬(Hash) 값이 동일하다는 취지로 서명한 확인서면을 교부받아 법원에 제출하는 방법에 의하여 증명하는 것이 원칙**이다.

다. 그러나 그와 같은 방법에 의한 증명이 불가능하거나 현저히 곤란한 경우에는, 정보저장매체 원본에 대한 압수, 봉인, 봉인해제, '하드카피' 또는 '이미징' 등 **일련의 절차에 참여한 수사관이나 전문가 등의 증언에 의해** 정보저장매체 **원본과** '하드카피' 또는 '이미징'한 매체 사이의 **해쉬 값이 동일하다거나** 정보저장매체 **원본이 최초 압수 시부터 밀봉되어 증거 제출 시까지 전혀 변경되지 않았다는 등의 사정을 증명하는 방법** 또는 법원이 그 원본에 저장된 자료와 증거로 제출된 출력 문건을 대조하는 방법 등으로도 그와 같은 **무결성·동일성을 인정할 수 있으며**, 반드시 압수·수색 과정을 촬영한 영상녹화물 재생 등의 방법으로만 증명하여야 한다고 볼 것은 아니다(대법원 2013. 7. 26. 선고 2013도2511판결).

▼정답 ④

28. 증거능력에 대한 설명으로 옳은 것은 모두 몇 개인가? (다툼이 있는 경우 판례에 의함)

㉠ 대화 내용을 녹음한 파일 등의 전자매체는 성질상 작성자나 진술자의 서명 혹은 날인이 없을 뿐만 아니라, 녹음자의 의도나 특정한 기술에 의하여 내용이 편집·조작될 위험성이 있음을 고려하여 대화 내용을 녹음한 원본이거나 혹은 원본으로부터 복사한 사본일 경우에는 복사 과정에서 편집되는 등 인위적 개작 없이 원본의 내용 그대로 복사된 사본임이 입증되어야만 하고, 그러한 입증이 없는 경우에는 쉽게 그 증거능력을 인정할 수 없다.

㉡ 수사기관이 참고인을 조사하는 과정에서 형사소송법 제221조 제1항에 따라 작성한 영상녹화물은 다른 법률에서 달리 규정하고 있는 등의 특별한 사정이 없는 한, 공소사실을 직접 증명할 수 있는 독립적인 증거로 사용할 수 있다고 해석함이 타당하다.

㉢ 미국 연방수사국(FBI) 수사관들에 의한 조사를 받는 과정에서 피고인이 작성하여 수사관들에게 제출한 진술서는 그 성립의 진정이 인정되는 이상 피고인이 그 내용을 부인하더라도 증거능력이 있다.

㉣ 수사기관이 甲으로부터 피고인의 마약류관리에 관한 법률 위반(향정) 범행에 대한 진술을 듣고 추가적인 증거를 확보할 목적으로, 구속수감되어 있던 甲에게 그의 압수된 휴대전화를 제공하여 피고인과 통화하고 위 범행에 관한 통화 내용을 녹음하게 하여 작성된 녹취록 첨부 수사보고는 피고인이 동의하는 한 증거능력이 없다.

㉤ 「형사소송법」 제297조에 따라 변호인이 없는 피고인을 일시 퇴정하게 하고 증인신문을 한 다음 피고인에게 실질적인 반대신문의 기회를 부여하지 아니한 채 이루어진 증인의 법정진

술은 위법한 증거로서 증거능력이 없다고 볼 여지가 있으나, 그 다음 공판기일에서 재판장이 증인신문 결과 등을 공판조서(증인신문조서)에 의하여 고지하였는데 피고인이 '변경할 점과 이의할 점이 없다'고 진술하였다면 실질적인 반대신문의 기회를 부여받지 못한 하자가 치유되었다고 볼 수 있다.

① 1개 ② 2개
③ 3개 ④ 4개

해 설

② ㉠㉢(2개)은 옳은 지문이나, ㉡㉢㉣(3개)은 틀린 지문이다.

㉠ (○) 대법원2015.1.22. 2014도10978 전원합의체 판결

㉡ (×) **수사기관이 참고인을 조사하는 과정에서 형사소송법 제221조 제1항에 따라 작성한 영상녹화물은**, 다른 법률에서 달리 규정하고 있는 등의 특별한 사정이 없는 한, 공소사실을 **직접 증명할 수 있는 독립적인 증거로 사용될 수는 없다**고 해석함이 타당하다(대판2014.7.10. 2012도5041).

㉢ (×) [1] 형사소송법 제312조 제2항(**현행 제312조 제3항**)은 **검사 이외의 수사기관이 작성한 피의자신문조서는 그 피의자였던 피고인이나 변호인이 그 내용을 인정할 때에 한하여 증거로 할 수 있다**고 규정하고 있는바, **피고인이 검사 이외의 수사기관에서 범죄 혐의로 조사받는 과정에서 작성하여 제출한 진술서는 그 형식 여하를 불문하고 당해 수사기관이 작성한 피의자신문조서와 달리 볼 수 없고**, 피고인이 수사 과정에서 범행을 자백하였다는 검사 아닌 수사기관의 진술이나 같은 내용의 수사보고서 역시 피고인이 공판 과정에서 앞서의 자백의 내용을 부인하는 이상 마찬가지로 보아야 하며, **여기서 말하는 검사 이외의 수사기관에는** 달리 특별한 사정이 없는 한 **외국의 권한 있는 수사기관도 포함된다**.
[2] **사법경찰관이 작성한 검증조서에 피의자이던 피고인이 검사 이외의 수사기관 앞에서 자백한 범행내용을 현장에 따라 진술·재연한 내용이 기재되고 그 재연 과정을 촬영한 사진이 첨부되어 있다면, 그러한 기재나 사진은** 피고인이 공판정에서 그 진술내용 및 범행재연의 상황을 모두 부인하는 이상 증거능력이 없다.
[3] **미국 범죄수사대(CID), 연방수사국(FBI)의 수사관들이 작성한 수사보고서 및 피고인이 위 수사관들에 의한 조사를 받는 과정에서 작성하여 제출한 진술서는 피고인이 그 내용을 부인하는 이상 증거로 쓸 수 없다**고 한 원심의 조치는 정당하다(대판2006.1.13. 2003도6548).

㉣ (×) **수사기관이 갑으로부터 피고인의 마약류관리에 관한 법률 위반(향정) 범행에 대한 진술을 듣고 추가적인 증거를 확보할 목적으로, 구속수감되어 있던 갑에게 그의 압수된 휴대전화를 제공하여 피고인과 통화하고 위 범행에 관한 통화 내용을 녹음하게 한 행위는 불법감청에 해당하므로, 그 녹음 자체는 물론 이를 근거로 작성된 녹취록 첨부 수사보고는 피고인의 증거동의에 상관없이 그 증거능력이 없다**(대판2010.10.14. 2010도9016).

㉤ (○) [1] 형사소송법 제297조의 규정에 따라 **재판장은 증인이 피고인의 면전에서 충분한 진술을 할 수 없다고 인정한 때에는 피고인을 퇴정하게 하고 증인신문을 진행함**으로써 피고인의 직접적인 증인 대면을 제한할 수 있지만, **이러한 경우에도 피고인의 반대신문권을 배제하는 것은 허용될 수 없다**.
[2] 형사소송법 제297조에 따라 **변호인이 없는 피고인을 일시 퇴정하게 하고 증인신문을 한 다음 피고인에게 실질적인 반대신문의 기회를 부여하지 아니한 채 이루어진 증인의 법정진술은 위법한 증거로서 증거능력이 없다고 볼 여지가 있으나**, 그 다음 공판기일에서 재판장이 증인신문 결과 등을 공판조서(증인신문조서)에 의하여 고지하였는데 **피고인이 '변경할 점과 이의할 점이 없다'고 진술하여 책문권 포기 의사를 명시함으로써 실질적인 반대신문의 기회를 부여받지 못한 하자가 치유되었다고 할 것이다**(대법원2010. 1. 14. 선고2009도9344 판결).

▶정답 ②

29. 사법경찰관 작성 피의자신문조서의 증거능력에 대한 설명 중 가장 적절하지 않은 것은? (다툼이 있는 경우 판례에 의함)

(2020년 경찰채용)

① 검사 이외의 수사기관이 작성한 피의자신문조서는 적법한 절차와 방식에 따라 작성된 것으로서 공판준비 또는 공판기일에 그 피의자였던 피고인 또는 변호인이 그 내용을 인정할 때에 한하여 증거로 할 수 있다.
② 피고인이 제1심 제4회 공판기일부터 공소사실을 일관되게 부인하여 경찰 작성 피의자신문조서의 진술 내용을 인정하지 않는 경우, 제1심 제4회 공판기일에 피고인이 위 서증의 내용을 인정한 것으로 공판조서에 기재된 것은 착오 기재 등으로 보아 위 피의자신문조서의 증거능력을 부정하여야 한다.
③ 사법경찰관이 피의자에게 진술거부권을 행사할 수 있음을 알려 주고 그 행사 여부를 질문하였다면, 비록 「형사소송법」 제244조의3 제2항에 규정한 방식에 위반하여 진술거부권 행사 여부에 대한 피의자의 답변이 자필로 기재되어 있지 않더라도 사법경찰관 작성의 피의자신문조서는 특별한 사정이 없는 한 그 증거능력을 인정할 수 있다.
④ 당해 피고인과 공범관계에 있는 공동피고인에 대하여 검사 이외의 수사기관이 작성한 피의자신문조서는 그 공동피고인의 법정진술에 의하여 성립의 진정이 인정되더라도 당해 피고인이 공판기일에서 그 조서의 내용을 부인하면 증거능력이 부정된다.

▼해 설

③ (×) 사법경찰관이 피의자에게 진술거부권을 행사할 수 있음을 알려 주고 그 행사 여부를 질문하였다 하더라도, 형사소송법 제244조의3 제2항에 규정한 방식에 위반하여 진술거부권 행사 여부에 대한 **피의자의 답변이 자필로 기재되어 있지 아니하거나 그 답변 부분에 피의자의 기명날인 또는 서명이 되어 있지 아니한 사법경찰관 작성의 피의자신문조서는** 특별한 사정이 없는 한 형사소송법 제312조 제3항에서 정한 '적법한 절차와 방식'에 따라 작성된 조서라 할 수 없으므로 그 증거능력을 인정할 수 **없다**(대판2013.3.28. 2010도3359).

① (○) 제312조 제3항
② (○) 대판2010.6.24. 2010도5040
④ (○) 대판2015.10.29. 2014도5939

▼정답 ③

30. 전문증거에 관한 다음 설명 중 가장 적절한 것은?(다툼이 있으면 판례에 의함)

① 재전문진술이나 재전문진술을 기재한 조서에 대하여는 달리 그 증거능력을 인정하는 규정을 두고 있지 아니하고 있으므로, 피고인이 증거로 하는 데 동의하여도 형사소송법 제310조의2의 규정에 의하여 이를 증거로 할 수 없다.
② 조세범칙조사를 담당하는 세무공무원이 피고인이 된 혐의자 또는 참고인에 대하여 심문한 내용을 기재한 조서(세무공무원이 작성한 심문조서)가 증거능력이 인정되기 위해서는 사법경찰관이 작성한 피의자신문조서와 마찬가지로 형사소송법 제312조 제3항의 증거능력요건을 갖추어야 한다.
③ 검사가 피의자 아닌 자의 진술을 기재한 조서는 공판준비 또는 공판기일에서 원진술자의 진술에 의하여 형식적 진정성립만 인정되면 실질적 진정성립은 인정된 것으로 추정한다.

④ 상업장부, 항해일지, 진료일지 또는 이와 유사한 금전출납부 등과 같이 범죄사실의 인정 여부와 상관없이 자기에게 맡겨진 사무를 처리한 내역을 그때그때 계속적, 기계적으로 기재한 문서는 사무처리 내역을 증명하기 위하여 존재하는 문서로서 형사소송법 제315조 제2호에 따라 당연히 증거능력이 인정된다.

해 설

④ (O) 상업장부, 항해일지, 진료일지 또는 이와 유사한 금전출납부 등과 같이 범죄사실의 인정 여부와 상관없이 **자기에게 맡겨진 사무를 처리한 내역을 그때그때 계속적, 기계적으로 기재한 문서는 사무처리 내역을 증명하기 위하여 존재하는 문서로서 형사소송법 제315조 제2호에 따라 당연히 증거능력이 인정된다.** 이러한 문서는 업무의 기계적 반복성으로 말미암아 허위로 작성될 여지가 적고, 또 문서의 성질에 비추어 **고도의 신용성이 인정되어** 반대신문의 필요가 없거나 작성자를 소환해도 서면제출 이상의 의미가 없기 때문에 **당연히 증거능력을 인정한 것이다**(대법원 2019. 8. 29. 선고 2018도14303 전원합의체 판결).

① (×) 형사소송법은 전문진술에 대하여 제316조에서 실질상 단순한 전문의 형태를 취하는 경우에 한하여 예외적으로 그 증거능력을 인정하는 규정을 두고 있을 뿐, **재전문진술이나 재전문진술을 기재한 조서에 대하여는** 달리 그 증거능력을 인정하는 규정을 두고 있지 아니하고 있으므로, **피고인이 증거로 하는 데 동의하지 아니하는 한** 형사소송법 제310조의2의 규정에 의하여 **이를 증거로 할 수 없다**(대판2000도159; 대판2003도171 등). 결국, 피고인이 증거로 하는 데 **동의하면 증거로 할 수 있다.**

② (×) [1] 구 형사소송법(2020. 2. 4. 법률 제16924호로 개정되기 전의 것) 제197조 및 구 사법경찰관리의 직무를 수행할 자와 그 직무범위에 관한 법률(2021. 3. 16. 법률 제17929호로 개정되기 전의 것, 이하 '구 사법경찰직무법'이라 한다)은 **특별사법경찰관리를** 구체적으로 열거하면서 **'관세법에 따라 관세범의 조사 업무에 종사하는 세관공무원'만** 명시하였을 뿐 **조세범칙조사를 담당하는 세무공무원'을 포함시키지 않았다**(구 사법경찰직무법 제5조 제17호). 뿐만 아니라 **현행 법령상 조세범칙조사의 법적 성질은 기본적으로 행정절차에 해당하므로,** 조세범 처벌절차법 등 관련 법령에 조세범칙조사를 담당하는 **세무공무원에게 압수·수색 및 혐의자 또는 참고인에 대한 심문권한이** 부여되어 있어 그 업무의 내용과 실질이 수사절차와 유사한 점이 있고, 이를 기초로 수사기관에 고발하는 경우에는 형사절차로 이행되는 측면이 있다 하여도, 달리 특별한 사정이 없는 한 이를 **형사절차의 일환으로 볼 수는 없다.**

[2] 그러므로 조세범칙조사를 담당하는 **세무공무원이** 피고인이 된 혐의자 또는 참고인에 대하여 **심문한 내용을 기재한 조서는** 검사·사법경찰관 등 수사기관이 작성한 조서와 동일하게 볼 수 없으므로 **형사소송법 제312조에 따라 증거능력의 존부를 판단할 수는 없고,** 피고인 또는 피고인이 아닌 자가 작성한 진술서나 그 진술을 기재한 서류에 해당하므로 **형사소송법 제313조에 따라** 공판준비 또는 공판기일에서 작성자·진술자의 진술에 따라 **성립의 진정함이** 증명되고 나아가 그 **진술이 특히 신빙할 수 있는 상태** 아래에서 행하여진 때에 한하여 **증거능력이 인정된다.**

[3] 이때 **'특히 신빙할 수 있는 상태'란** 조서 작성 당시 그 진술내용이나 조사 또는 서류의 작성에 **허위 개입의 여지가 거의 없고, 그 진술내용의 신빙성과 임의성을 담보할 구체적이고 외부적인 정황이 있는 경우를** 의미하는데(허+정), 조세범 처벌절차법 및 이에 근거한 시행령·시행규칙·훈령(조사사무처리규정) 등의 조세범칙조사 관련 법령에서 구체적으로 명시한 진술거부권 등 고지, 변호사 등의 조력을 받을 권리 보장, 열람·이의제기 및 의견진술권 등 **심문조서의 작성에 관한 절차규정의 본질적인 내용의 침해·위반 등도 '특히 신빙할 수 있는 상태' 여부의 판단에 있어 고려되어야 한다**(대법원 2022. 12. 15. 선고2022도8824판결). 결국, 조세범칙조사를 담당하는 **세무공무원이** 피고인이 된 혐의자 또는 참고인에 대하여 심문한 내용을 기재한 조서(세무공무원이 작성한 심문조서)가 증거능력이 인정되기 위해서는 **형사소송법 제312조 제3항이 아닌 제313조 제1항의 증거능력요건을** 갖추어야 한다.

③ (×) [1] 형사소송법 제312조 제1항 본문은 "검사가 피의자나 피의자 아닌 자의 진술을 기재한 조서와 검사 또는 사법경찰관이 검증의 결과를 기재한 조서는 공판준비 또는 공판기일에서의 원진술자의 진술에 의하여 그 성립의 진정함이 인정된 때에 증거로 할 수 있다."고 규정하고 있는데, 여기서 **성립의 진정이라 함은 간인·서명·날인 등 조서의 형식적인 진정성립과 그 조서의 내용이 원진술자가 진술한 대로 기재된 것이라는 실질적인 진정성립을 모두 의미하는 것이고, 위 법문의 문언상 성립의 진정은 '원진술자의 진술에 의하여' 인정되는 방법 외에 다른 방법을 규정하고 있지 아니하므로, 실질적 진정성립도 원진술자의 진술에 의하여서만 인정될 수 있는 것이라고 보아야** 하며, 이는 검사 작성의 피고인이 된 피의자신문조서의 경우에도 다르지 않다.

[2] 따라서 **검사가 피의자나 피의자 아닌 자의 진술을 기재한 조서**는 공판준비 또는 공판기일에서 원진술자의 진술에 의하여 **형식적 진정성립뿐만 아니라 실질적 진정성립까지 인정된 때에 한하여** 비로소 **그 성립의 진정함이 인정되어 증거로 사용할 수 있다**고 보아야 한다(대법원2004. 12. 16.선고2002도537전원합의체 판결).

▼정답 ④

31. 전문법칙과 전문법칙의 예외에 관한 다음 설명으로 적절하지 않은 것은 모두 몇 개인가?(다툼이 있는 경우 판례에 의함)

⊙ 피고인이 위력으로써 13세 미만 미성년자인 피해자 갑(여, 12세)에게 유사성행위와 추행을 하여 성폭력범죄의 처벌 등에 관한 특례법위반으로 기소된 경우, 갑을 증인으로 소환하여 진술을 듣고 피고인에게 반대신문권을 행사할 기회를 부여하지 않았다하여도 갑의 진술과 조사 과정을 촬영한 영상물과 속기록을 중요한 증거로 삼아 유죄로 인정할 수 있다.
ⓒ 형사소송법 제312조 제4항의 수사기관이 작성한 피고인 아닌 자의 진술을 기재한 조서는 '영상녹화물'에 의하여 실질적 진정성립이 증명될 수 있는데, 검사가 이 사건 영상녹화물에 대하여 조사를 신청할 때 피해자들이 기명날인 또는 서명한 영상녹화 동의서를 첨부하지도 않았고, 조사 전 과정이 영상녹화되지 않았다면 이 '영상녹화물'은 특별한 사정이 없는 한 피고인 아닌 자의 진술을 기재한 조서의 실질적 진정성립을 증명할 수 없다.
ⓒ 검사 또는 사법경찰관이 피고인이 아닌 자의 진술을 기재한 조서의 증거능력이 인정되려면 '적법한 절차와 방식에 따라 작성된 것'이어야 한다는 법리가 피고인이 아닌 자가 수사과정에서 작성한 진술서의 증거능력에 관하여도 적용된다.
ⓔ 수사기관이 수사에 필요하여 피의자가 아닌 자로부터 진술서를 작성·제출받는 경우에도 그 절차는 준수되어야 하므로, 피고인이 아닌 자가 수사과정에서 진술서를 작성하였지만 수사기관이 조사과정의 진행경과를 확인하기 위하여 필요한 사항을 그 진술서에 기록하거나 별도의 서면에 기록한 후 수사기록에 편철하는 등 적절한 조치를 취하지 아니하여 형사소송법에서 정한 절차를 위반한 경우에는, 특별한 사정이 없는 한 증거능력을 인정할 수 없다.
ⓜ 형사소송법 제312조 제5항의 적용대상인 '수사과정에서 작성한 진술서'란 수사가 시작된 이후에 수사기관의 관여 아래 작성된 것이거나, 개시된 수사와 관련하여 수사과정에 제출할 목적으로 작성한 것으로, 작성 시기와 경위 등 여러 사정에 비추어 그 실질이 이에 해당하는 이상 명칭이나 작성된 장소 여부를 불문한다.

① 0개
② 1개
③ 2개
④ 3개

▼해 설

② ⓒⓒⓔⓜ(4개)가 옳은 지문이나 ⊙(1개)은 틀린지문이다.
⊙ (×) 피고인이 위력으로써 13세 미만 미성년자인 피해자 갑(녀, 12세)에게 유사성행위와 추행을 하였다는 성폭력범죄의 처벌 등에 관한 특례법(이하 '성폭력처벌법'이라 한다) 위반의 공소사실에 대하여, 원심이 갑의 진술과 조사 과정을 촬영한 **영상물과 속기록을 중요한 증거로 삼아 유죄로 인정**하였는데, ⓐ 피고인은 위 영상물과 속기록을 증거로 함에 동의하지 않았고, 조사 과정에 동석하였던 신뢰관계인에 대한 증인신문이 이루어졌

을 뿐 ⓑ 원진술자인 갑에 대한 증인신문은 이루어지지 않은 사안에서, **헌법재판소는** 2021. 12. 23. 성폭력처벌법 제30조 제6항중 19세 미만 성폭력범죄 피해자의 진술을 촬영한 영상물의 증거능력을 규정한 부분(이하 '위헌 법률 조항'이라 한다)에 대해 **과잉금지 원칙 위반** 등을 이유로 위헌결정을 하였는데, 위 위헌결정의 효력은 결정 당시 법원에 계속 중이던 사건에도 미치므로 위헌 법률 조항은 위 영상물과 속기록의 증거능력을 인정하는 근거가 될 수 없고, 한편 피고인의 범행은 아동·청소년의 성보호에 관한 법률(이하 '청소년성보호법'이라 한다) 제26조 제1항의 아동·청소년대상 성범죄에 해당하므로 같은 법 제26조 제6항에 따라 영상물의 증거능력이 인정될 여지가 있으나, **청소년성보호법 제26조 제6항중 위헌 법률 조항과 동일한 내용을 규정한 부분**은 위헌결정의 심판대상이 되지 않았지만 위헌 법률 조항에 대한 위헌결정 이유와 마찬가지로 **과잉금지 원칙에 위반될 수 있으므로,** 청소년성보호법 제26조 제6항의 위헌 여부 또는 그 적용에 따른 위헌적 결과를 피하기 위하여 갑을 증인으로 소환하여 진술을 듣고 피고인에게 반대신문권을 행사할 기회를 부여할 필요가 있는지 여부 등에 관하여 심리·판단하였어야 한다는 이유로, 이와 같은 심리에 이르지 않은 채 위 영상물과 속기록을 유죄의 증거로 삼은 원심판결에 법리오해 또는 심리미진의 **잘못이 있다**(대법원2022. 4. 14.선고 2021도14530, 2021전도143판결).

ⓒ (○) **이 사건 영상녹화물에 의해서는 이 사건 진술조서 중 피해자들의 진술 부분의 실질적 진정성립을 증명할 수 없다.** 검사는 이 사건 영상녹화물에 대하여 조사를 신청할 때 영상녹화를 시작하기 전에 피해자들의 동의를 받고 그에 관해서 피해자들이 기명날인 또는 서명한 **영상녹화 동의서를 첨부하지 않았다.** 피해자들이 조사가 진행된 이후에 조사과정을 영상녹화하겠다는 사법경찰관의 설명에 이의를 하지 않았다는 사정만으로 달리 보기도 어렵다. **이 사건 영상녹화물은** 조사가 종료되어 피해자들이 조서에 기명날인 또는 서명을 마치는 시점까지의 **조사 전 과정이 영상녹화되지 않았다.** 조서 열람과정이나 기명날인 또는 서명 과정은 조서의 진정성과 형식적 진정성립을 포함하여 적법한 절차와 방식에 따라 조서가 작성되었는지 판단할 수 있는 중요한 부분이므로 **녹화되지 않은 부분이 조사시간에 비추어 짧다거나 조서 열람 및 기명날인 또는 서명 과정에서 진술번복 등이 없었다는 사정만으로 달리 보기 어렵다**(대법원2022. 6. 16.선고2022도364판결). 결국, 이 사건 영상녹화물에 의해서는 이 사건 진술조서 중 피해자들의 진술 부분의 **실질적 진정성립을 증명할 수 없다.**

ⓒⓓⓔ (○) [1] 형사소송법 제312조 제5항은 피고인 또는 피고인이 아닌 자가 수사과정에서 작성한 진술서의 증거능력에 관하여 형사소송법 제312조 제1항부터 제4항까지 준용하도록 규정하고 있으므로, **검사 또는 사법경찰관이 피고인이 아닌 자의 진술을 기재한 조서의 증거능력이 인정되려면 '적법한 절차와 방식에 따라 작성된 것'이어야 한다는 법리가 피고인이 아닌 자가 수사과정에서 작성한 진술서의 증거능력에 관하여도 적용된다.**

[2] 한편 검사 또는 사법경찰관이 피의자가 아닌 자의 출석을 요구하여 조사하는 경우에는 피의자를 조사하는 경우와 마찬가지로 조사장소에 도착한 시각, 조사를 시작하고 마친 시각, 그 밖에 조사과정의 진행경과를 확인하기 위하여 필요한 사항을 조서에 기록하거나 별도의 서면에 기록한 후 수사기록에 편철하도록 하는 등 조사과정을 기록하게 한 형사소송법 제221조 제1항, 제244조의4 제1항, 제3항의 취지는 수사기관이 조사과정에서 피조사자로부터 진술증거를 취득하는 과정을 투명하게 함으로써 그 과정에서의 절차적 적법성을 제도적으로 보장하려는 것이다.

[3] 따라서 **수사기관이 수사에 필요하여 피의자가 아닌 자로부터 진술서를 작성·제출받는 경우에도 그 절차는 준수되어야 하므로,** 피고인이 아닌 자가 수사과정에서 진술서를 작성하였지만 **수사기관이 조사과정의 진행경과를** 확인하기 위하여 필요한 사항을 그 진술서에 기록하거나 별도의 서면에 기록한 후 수사기록에 편철하는 등 적절한 조치를 취하지 아니하여 형사소송법 제244조의4 제1항, 제3항에서 정한 **절차를 위반한 경우에는,** 그 진술증거 취득과정의 절차적 적법성의 제도적 보장이 침해되지 않았다고 볼 만한 특별한 사정이 없는 한 '적법한 절차와 방식'에 따라 수사과정에서 진술서가 작성되었다고 할 수 없어 증거능력을 인정할 수 없다.

[4] 이러한 형사소송법 규정 및 문언과 그 입법 목적 등에 비추어 보면, **형사소송법 제312조 제5항의 적용대상인 '수사과정에서 작성한 진술서'란 수사가 시작된 이후에 수사기관의 관여 아래 작성된 것이거나, 개시된 수사와 관련하여 수사과정에 제출할 목적으로 작성된 것으로,** 작성 시기와 경위 등 여러 사정에 비추어 **그 실질이 이에 해당하는 이상 명칭이나 작성된 장소 여부를 불문한다**(대법원2022. 10. 27. 선고 2022도9510 판결).

▶ 정답 ②

32. 검사 또는 사법경찰관이 피고인 아닌 자의 진술을 기재한 조서(제312조 제4항) 및 피고인 또는 피고인 아닌 자가 수사과정에서 작성한 진술서(제312조 제5항)에 관한 다음 설명 중 적절하지 <u>않은</u> 것은 모두 몇 개인가?(다툼이 있는 경우 판례에 의함)

> ㉠ 검사 또는 사법경찰관이 피고인이 아닌 자의 진술을 기재한 조서는 적법한 절차와 방식에 따라 작성된 것으로서 그 조서가 검사 또는 사법경찰관 앞에서 진술한 내용과 동일하게 기재되어 있음이 원진술자의 공판준비 또는 공판기일에서의 진술이나 영상녹화물 또는 그 밖의 객관적인 방법에 의하여 증명되고, 피고인 또는 변호인이 공판준비 또는 공판기일에 그 기재 내용에 관하여 원진술자를 신문할 수 있었던 때에는 증거로 할 수 있다. 다만, 그 조서에 기재된 진술이 특히 신빙할 수 있는 상태하에서 행하여졌음이 증명된 때에 한한다.
> ㉡ 수사기관이 작성한 피고인 아닌 자의 진술을 기재한 조서에 대한 실질적 진정성립을 증명할 수 있는 수단으로서 형사소송법 제312조 제4항에 규정된 '영상녹화물'이라 함은 형사소송법 및 형사소송규칙에 규정된 방식과 절차에 따라 제작되어 조사 신청된 영상녹화물을 의미한다고 봄이 타당하다.
> ㉢ 수사기관이 작성한 피고인이 아닌 자의 진술을 기재한 조서에 대하여 실질적 진정성립을 증명하기 위해 영상녹화물의 조사를 신청하려면 영상녹화를 시작하기 전에 피고인 아닌 자의 동의를 받고 그에 관해서 피고인 아닌 자가 기명날인 또는 서명한 영상녹화 동의서를 첨부하여야 하고, 조사가 개시된 시점부터 조사가 종료되어 참고인이 조서에 기명날인 또는 서명을 마치는 시점까지 조사 전 과정이 영상녹화되어야 하므로 이를 위반한 영상녹화물에 의하여는 특별한 사정이 없는 한 피고인 아닌 자의 진술을 기재한 조서의 실질적 진정성립을 증명할 수 없다.
> ㉣ 검사 또는 사법경찰관이 작성한 피의자신문조서와 참고인진술조서의 규정은 피고인 또는 피고인이 아닌 자가 수사과정에서 작성한 진술서에 관하여 그대로 적용한다. 즉, 수사과정에서 작성된 진술서도 수사기관이 작성한 조서와 동일하게 취급하고 있다.
> ㉤ 형사소송법 제312조 제5항의 적용대상인 '수사과정에서 작성한 진술서'란 수사가 시작된 이후에 수사기관의 관여 아래 작성된 것이거나, 개시된 수사와 관련하여 수사과정에 제출할 목적으로 작성한 것으로, 작성 시기와 경위 등 여러 사정에 비추어 그 실질이 이에 해당하는 이상 명칭이나 작성된 장소 여부를 불문한다.

① 0개 ② 1개
③ 2개 ④ 3개

▼ 해설

① ㉠~㉤(5개)은 모두 맞는 지문이다.
㉠ (O) 제312조 제4항
㉡ (O) 형사소송법 제312조 제4항이 실질적 진정성립을 증명할 수 있는 방법으로 규정하는 영상녹화물에 대하여는 형사소송법 및 형사소송규칙에서 영상녹화의 과정, 방식 및 절차 등을 엄격하게 규정하고 있으므로, 수사기관이 작성한 피고인 아닌 자의 진술을 기재한 조서에 대한 실질적 진정성립을 증명할 수 있는 수단으로서 **형사소송법 제312조 제4항에 규정된 '영상녹화물'이라 함은 형사소송법 및 형사소송규칙에 규정된 방식과**

절차에 따라 제작되어 **조사 신청된 영상녹화물을 의미한다**고 봄이 타당하다(대법원2022. 6. 16.선고2022도364판결).

ⓒ (○) 형사소송법은 제221조 제1항 후문에서 **"검사 또는 사법경찰관은 피의자가 아닌 자의 출석을 요구하여 진술을 들을 경우 그의 동의를 받아 영상녹화할 수 있다."**라고 규정하고 있고, **형사소송규칙에서 피의자 아닌 자가 기명날인 또는 서명한 영상녹화 동의서를 첨부하도록 한 취지**는 피의자 아닌 자의 영상녹화에 대한 진정한 동의를 받아 영상녹화를 시작했는지를 확인하기 위한 것이고, 조사가 개시된 시점부터 조사가 종료되어 조서에 기명날인 또는 서명을 마치는 시점까지 조사 전 과정이 영상녹화된 것을 요구하는 취지는 **진술 과정에서 연출이나 조작을 방지하여야 할 필요성이 인정되기 때문이다**(대법원2022. 6. 16.선고2022도364판결).

ⓔ (○) [1] 검사 또는 사법경찰관이 **피의자가 아닌 자의 출석을 요구하여 조사하는 경우에는 피의자를 조사하는 경우와 마찬가지로 조사장소에 도착한 시각, 조사를 시작하고 마친 시각, 그 밖에 조사과정의 진행경과를 확인하기 위하여 필요한 사항을 조서에 기록하거나 별도의 서면에 기록한 후 수사기록에 편철하도록 하는 등 조사과정을 기록하게 한 형사소송법 제221조 제1항, 제244조의4 제1항, 제3항의 취지는 수사기관이 조사과정에서 피조사자로부터 진술증거를 취득하는 과정을 투명하게 함으로써 그 과정에서의 절차적 적법성을 제도적으로 보장하려는 것이다.**

[2] 따라서 **수사기관이** 수사에 필요하여 피의자가 아닌 자로부터 진술서를 작성·제출받는 경우에도 그 절차는 준수되어야 하므로, 피고인이 아닌 자가 수사과정에서 진술서를 작성하였지만 **수사기관이 조사과정의 진행경과를 확인하기 위하여 필요한 사항을 그 진술서에 기록하거나 별도의 서면에 기록한 후 수사기록에 편철하는 등 적절한 조치를 취하지 아니하여** 형사소송법 제244조의4 제1항, 제3항에서 정한 **절차를 위반한 경우**에는, 그 진술증거 취득과정의 절차적 적법성의 제도적 보장이 침해되지 않았다고 볼 만한 특별한 사정이 없는 한 **'적법한 절차와 방식'에 따라 수사과정에서 진술서가 작성되었다고 할 수 없어 증거능력을 인정할 수 없다**(대법원2022. 10. 27.선고2022도9510판결).

ⓜ (○) **경찰관이 입당원서 작성자의 주거지·근무지를 방문하여 입당원서 작성 경위 등을 질문한 후 진술서 작성을 요구하여 이를 제출받은 이상** 형사소송법 제312조 제5항이 **적용되어야 한다**는 이유로 형사소송법 제244조의4에서 정한 절차를 준수하지 않은 위 각 증거의 증거능력이 인정되지 않는다(대법원2022. 10. 27. 선고 2022도9510판결). 결국, **위 진술서가 경찰서에서 작성한 것이 아니라 작성자가 원하는 장소(주거지)를 방문하여 받은 것이어도** 위 각 절차에 관한 규정이 적용되므로, **형사소송법 제244조의4에서 정한 절차를 준수하여야 한다**.

▶정답 ①

33. 증거능력에 대한 설명으로 가장 적절한 것은? (다툼이 있는 경우 판례에 의함)

① 사법경찰관이 작성한 검증조서에 피의자이던 피고인이 검사 이외의 수사기관 앞에서 자백한 범행내용을 현장에 따라 진술·재연한 내용이 기재되고 그 재연 과정을 촬영한 사진이 첨부되어 있다면, 그러한 기재나 사진은 사법경찰관의 검증조서의 내용으로서 형사소송법 제312조 제6항에 의하여 적법한 절차와 방식에 따라 작성된 것으로서 공판준비 또는 공판기일에서의 작성자의 진술에 따라 그 성립의 진정함이 증명된 때에는 증거로 할 수 있다.

② 조세범칙조사를 담당하는 세무공무원이 피고인이 된 혐의자 또는 참고인에 대하여 심문한 내용을 기재한 조서(세무공무원이 작성한 심문조서)가 증거능력이 인정되기 위해서는 사법경찰관이 작성한 피의자신문조서와 마찬가지로 형사소송법 제312조 제3항의 증거능력요건을 갖추어야 한다.

③ 제1심에서 피고인에 대하여 무죄판결이 선고되어 검사가 항소한 후, 수사기관이 항소심 공판기일에 증인으로 신청하여 신문할 수 있는 사람을 특별한 사정 없이 미리 수사기관에 소환하여 작성한 진술조서는 피고인이 증거로 할 수 있음에 동의하지 않는 한 증거능력이 없으므로, 위 참고인이 나중에 법정에 증인으로 출석하여 위 진술조서의 성립의 진정을 인정하고 피고인 측에 반대신문의 기회가 부여된다 하더라도 위 진술조서의 증거능력을 인정할 수 없음은 마찬가지이다.

④ 마약류취급자가 아닌 갑이 향정신성의약품인 메트암페타민을 물에 희석하여 일회용 주사기에 넣고 주사하는 방법으로 투약했다는 등의 공소사실로 기소된 경우, 갑의 모발에 대한 감정에서 필로폰이 검출되었다는 사정과 갑이 사용하던 차량을 압수·수색하여 발견된 주사기에서 필로폰이 검출된 사정만으로도 필로폰 투약사실을 유죄로 인정할 수 있다.

▼해 설

③ (○) [1] 형사소송법의 기본원칙에 따라 살펴보면, **제1심에서 피고인에 대하여 무죄판결이 선고되어 검사가 항소한 후**, 수사기관이 항소심 공판기일에 증인으로 신청하여 신문할 수 있는 사람을 특별한 사정 없이 **미리 수사기관에 소환하여 작성한 진술조서는 피고인이 증거로 할 수 있음에 동의하지 않는 한 증거능력이 없다.** 검사가 공소를 제기한 후 참고인을 소환하여 피고인에게 불리한 진술을 기재한 진술조서를 작성하여 이를 공판절차에 증거로 제출할 수 있게 한다면, **피고인과 대등한 당사자의 지위에 있는 검사가** 수사기관으로서의 권한을 이용하여 **일방적으로 법정 밖에서 유리한 증거를 만들 수 있게 하는** 것이므로 **당사자주의·공판중심주의·직접심리주의에 반하고 피고인의 공정한 재판을 받을 권리를 침해하기 때문이다.**

[2] 위 참고인이 나중에 법정에 증인으로 출석하여 위 진술조서의 성립의 진정을 인정하고 피고인 측에 반대신문의 기회가 부여된다 하더라도 위 **진술조서의 증거능력을 인정할 수 없음은 마찬가지이다.** 위 참고인이 법정에서 위와 같이 증거능력이 없는 진술조서와 같은 취지로 피고인에게 불리한 내용의 진술을 한 경우, 그 진술에 신빙성을 인정하여 유죄의 증거로 삼을 것인지는 증인신문 전 수사기관에서 진술조서가 작성된 경위와 그것이 법정진술에 영향을 미쳤을 가능성 등을 종합적으로 고려하여 신중하게 판단하여야 한다(대법원2019. 11. 28.선고2013도6825판결).

① (×) [1] 형사소송법 제312조 제2항은 **검사 이외의 수사기관이 작성한 피의자신문조서는** 그 피의자였던 피고인이나 변호인이 그 내용을 인정할 때에 한하여 증거로 할 수 있다고 규정하고 있는바, **피고인이 검사 이외의 수사기관에서 범죄 혐의로 조사받는 과정에서 작성하여 제출한 진술서는 그 형식 여하를 불문하고 당해 수사기관이 작성한 피의자신문조서와 달리 볼 수 없고**, 피고인이 수사 과정에서 범행을 자백하였다는 **검사 아닌 수사기관의 진술이나 같은 내용의 수사보고서 역시** 피고인이 공판 과정에서 앞서의 **자백의 내용을 부인하는 이상 마찬가지로 보아야** 하며, 여기서 말하는 **검사 이외의 수사기관에는** 달리 특별한 사정이 없는 한 **외국의 권한 있는 수사기관도 포함된다**고 봄이 상당하다.

[2] 또한, **사법경찰관이 작성한 검증조서**에 피의자이던 피고인이 검사 이외의 수사기관 앞에서 자백한 범행내용을 현장에 따라 진술·재연한 내용이 기재되고 그 재연 과정을 촬영한 사진이 첨부되어 있다면, **그러한 기재나 사진은 피고인이 공판정에서 실황조사서에 기재된 진술내용 및 범행재연의 상황을 모두 부인하는 이상 증거능력이 없다**(대판2006.1.13. 2003도6548).

② (×) [1] 구 형사소송법(2020. 2. 4. 법률 제16924호로 개정되기 전의 것) 제197조 및 구 사법경찰관리의 직무를 수행할 자와 그 직무범위에 관한 법률(2021. 3. 16. 법률 제17929호로 개정되기 전의 것, 이하 '구 사법경찰직무법'이라 한다)은 **특별사법경찰관리를** 구체적으로 열거하면서 **'관세법에 따라 관세법의 조사 업무에 종사하는 세관공무원'만** 명시하였을 뿐 **'조세범칙조사를 담당하는 세무공무원'을 포함시키지 않았다**(구 사법경찰직무법 제5조 제17호). 뿐만 아니라 **현행 법령상 조세범칙조사의 법적 성질은 기본적으로 행정절차에 해당하므로**, 조세범 처벌절차법 등 관련 법령에 조세범칙조사를 담당하는 **세무공무원에게 압수·수색 및 혐의자 또는 참고인에 대한 심문권한**이 부여되어 있어 그 업무의 내용과 실질이 수사절차와 유사한 점이 있고, 이를 기초로 수사기관에 고발하는 경우에는 형사절차로 이행되는 측면이 있다 하여도, 달리 특별한 사정이 없는 한 이를 **형사절차의 일환으로 볼 수는 없다**.

[2] 그러므로 조세범칙조사를 담당하는 **세무공무원이** 피고인이 된 혐의자 또는 참고인에 대하여 **심문한 내용을 기재한 조서**는 검사·사법경찰관 등 수사기관이 작성한 조서와 동일하게 볼 수 없으므로 **형사소송법 제312조에 따라 증거능력의 존부를 판단할 수는 없고**, 피고인 또는 피고인이 아닌 자가 작성한 진술서나 그 진술을 기재한 서류에 해당하므로 **형사소송법 제313조에 따라** 공판준비 또는 공판기일에서 작성자·진술자의 진술에 따라 성립의 진정함이 증명되고 나아가 그 **진술이 특히 신빙할 수 있는 상태** 아래에서 행하여진 때에 한하여 **증거능력이 인정된다**.

[3] 이때 **'특히 신빙할 수 있는 상태'**란 조서 작성 당시 그 진술내용이나 조서 또는 서류의 작성에 **허위 개입의 여지가 거의 없고, 그 진술내용의 신빙성과 임의성을 담보할 구체적이고 외부적인 정황이 있는 경우**를 의미하는데(허+정), 조세범 처벌절차법 및 이에 근거한 시행령·시행규칙·훈령(조사사무처리규정) 등의 조세범칙조사 관련 법령에서 구체적으로 명시한 진술거부권 등 고지, 변호사 등의 조력을 받을 권리 보장, 열람·이의제기 및 의견진술권 등 **심문조서의 작성에 관한 절차규정의 본질적인 내용의 침해·위반 등도 '특히 신빙할 수 있는 상태' 여부의 판단에 있어 고려되어야 한다**(대법원2022. 12. 15. 선고2022도8824판결). 결국, 조세범칙조사를 담당하는 세무공무원이 피고인이 된 혐의자 또는 참고인에 대하여 심문한 내용을 기재한 조서(**세무공무원이 작성한 심문조서**)가 증거능력이 인정되기 위해서는 **형사소송법 제312조 제3항이 아닌 제313조 제1항의 증거능력요건**을 갖추어야 한다.

④ (×) 피고인 갑이 마약류취급자가 아님에도 향정신성의약품인 메트암페타민(이하 '필로폰'이라 한다)을 물에 희석하여 일회용 주사기에 넣고 주사하는 방법으로 투약했다는 등의 공소사실로 기소된 사안에서, 공소사실에 기재된 투약시점 이전에 이루어진 갑의 모발에 대한 1차 감정의뢰회보는 그 이전에 갑이 필로폰을 투약했을 가능성을 뒷받침하는 것이기는 하지만, 길이 4~7cm가량의 모발에 대해 구간별 또는 절단모발로 감정이 이루어지지 않은 이상, 필로폰의 투약시점을 특정할 수 없음은 물론 모근부위부터 어느 정도 범위에서 필로폰이 검출되었는지를 알 수 있는 아무런 증거가 없는 점, 갑의 소변에 대한 감정의뢰회보에서도 필로폰이 검출되지 않았음은 물론 갑이 사용하던 차량에서 발견된 소형주사기에서도 갑의 사용을 추단케 할 만한 DNA 등이 전혀 검출되지 않은 이상, 차량에서 발견된 소형주사기 및 거기서 필로폰이 검출되었다는 사정이 공소사실을 뒷받침하는 간접사실에 해당한다고 선뜻 단정하기도 어려운 점 등을 종합하면, **갑의 모발에 대한 감정에서 필로폰이 검출되었다는 사정과 갑이 사용하던 차량을 압수·수색하여 발견된 주사기에서 필로폰이 검출된 사정만으로 필로폰 투약 사실을 유죄로 인정할 수 없다**(대법원2023. 8. 31. 선고2023도8024판결).

▼정답 ③

34. 증거에 관한 다음 설명 중 가장 적절하지 않은 것은?(다툼이 있으면 판례에 의함)

① 피고인이 공소사실 및 이를 뒷받침하는 수사기관이 원진술자의 진술을 기재한 조서 내용을 부인하였음에도 불구하고, 원진술자의 법정 출석과 피고인에 의한 반대신문이 이루어지지 못하였다면, 그 조서는 진정한 증거가치를 가진 것으로 인정받을 수 없어 원칙적으로 이를 주된 증거로 하여 공소사실을 인정할 수 없지만, 수사기관의 조서를 증거로 함에 피고인이 동의한 경우에는 그러하지 아니하다.

② 제1심 증인이 한 진술의 신빙성 유무에 대한 제1심의 판단이 명백하게 잘못되었다고 볼 특별한 사정 내지 제1심 증인이 한 진술의 신빙성 유무에 대한 제1심의 판단을 그대로 유지하는 것이 현저히 부당하다고 인정되는 예외적인 경우가 아니라면, 항소심으로서는 제1심 증인이 한 진술의 신빙성 유무에 대한 제1심의 판단이 항소심의 판단과 다르다는 이유만으로 이에 대한 제1심의 판단을 함부로 뒤집어서는 아니된다.

③ 피고인이 작성한 진술서에 관하여 피고인과 변호인이 공판기일에서 증거로 함에 동의하였고 그 진술서에 피고인의 서명과 무인이 있는 것으로 보아 진정한 것으로도 인정된다면, 그 진술서는 증거로 할 수 있는 것임에도 불구하고 원심이 피고인이 그 내용을 부인하기 때문에 증거로 할 수 없다고 판단한 것은 잘못이다.

④ 법원이 증인에 대한 구인장 집행불능 상황을 형사소송법 제314조의 '소재불명 또는 그 밖에 이에 준하는 사유로 인하여 진술할 수 없는 때'에 해당한다고 인정할 수 있으려면, 증인에 대한 구인장의 강제력에 기하여 증인의 법정 출석을 위한 가능하고도 충분한 노력을 다하였음에도 부득이하게 증인의 법정 출석이 불가능하게 되었다는 사정을 검사가 입증한 경우여야 한다.

해설

① (×) 수사기관이 원진술자의 진술을 기재한 조서는 원본 증거인 원진술자의 진술에 비하여 본질적으로 낮은 정도의 증명력을 가질 수밖에 없다는 한계를 지니는 것이고, 특히 원진술자의 법정 출석 및 반대신문이 이루어지지 못한 경우에는 그 진술이 기재된 조서는 법관의 올바른 심증 형성의 기초가 될 만한 진정한 증거가치를 가진 것으로 인정받을 수 없는 것이 원칙이다. 따라서 피고인이 공소사실 및 이를 뒷받침하는 수사기관이 원진술자의 진술을 기재한 조서 내용을 부인하였음에도 불구하고, 원진술자의 법정 출석과 피고인에 의한 반대신문이 이루어지지 못하였다면, 그 조서에 기재된 진술이 직접 경험한 사실을 구체적인 경위와 정황의 세세한 부분까지 정확하고 상세하게 묘사하고 있어 구태여 반대신문을 거치지 않더라도 진술의 정확한 취지를 명확히 인식할 수 있고 그 내용이 경험칙에 부합하는 등 신빙성에 의문이 없어 조서의 형식과 내용에 비추어 강한 증명력을 인정할 만한 특별한 사정이 있거나, 그 조서에 기재된 진술의 신빙성과 증명력을 뒷받침할 만한 다른 유력한 증거가 따로 존재하는 등의 예외적인 경우가 아닌 이상, 그 조서는 진정한 증거가치를 가진 것으로 인정받을 수 없는 것이어서 이를 주된 증거로 하여 공소사실을 인정하는 것은 원칙적으로 허용될 수 없다. 이는 원진술자의 사망이나 질병 등으로 인하여 원진술자의 법정 출석 및 반대신문이 이루어지지 못한 경우는 물론 수사기관의 조서를 증거로 함에 피고인이 동의한 경우에도 마찬가지이다(대판2005도9730).

② (○) 항소심이 항소이유가 있다고 인정하는 경우에는 제1심이 조사한 증인을 다시 심문하지 아니하고 그 조서의 기재만으로 그 증언의 신빙성 유무를 판단할 수 있는 것이 원칙이지만, 공판중심주의와 직접심리주의의 원칙상, 제1심판결 내용과 제1심에서 적법하게 증거조사를 거친 증거들에 비추어 제1심 증인이 한 진술의 신빙성 유무에 대한 제1심의 판단이 명백하게 잘못되었다고 볼 특별한 사정이 있거나, 제1심의 증거조사 결과와 항소심 변론종결시까지 추가로 이루어진 증거조사 결과를 종합하면 제1심 증인이 한 진술의 신빙성 유무에 대한 제1심의 판단을 그대로 유지하는 것이 현저히 부당하다고 인정되는 예외적인 경우가 아니라면, 항소심으로서는 제1심 증인이 한 진술의 신빙성 유무에 대한 제1심의 판단이 항소심의 판단과 다르다는 이유만으로 이에 대한 제1심의 판단을 함부로 뒤집어서는 아니된다 할 것이다(대판2007도2020).

③ (○) 피고인이 작성한 진술서에 관하여 피고인과 변호인이 공판기일에서 증거로 함에 동의하였고 그 진술서에 피고인의 서명과 무인이 있는 것으로 보아 진정한 것으로도 인정된다면, 그 진술서는 증거로 할 수 있는 것임

에도 불구하고 원심이 피고인이 그 내용을 부인하기 때문에 증거로 할 수 없다고 판단한 것은 잘못이다(대판90 도1229). 결국, 피고인이 진정성립을 인정하고 증거로 함에 동의하나 그 내용을 부인한 피고인 작성의 진술서 의 증거능력은 인정된다고 할 것이다.

④ (○) 대판2006도7228

▼정답 ①

35. 다음 중 형사소송법 제311조(법원 또는 법관의 조서)에 의하여 당연히 증거능력이 있는 것은 모두 몇 개인가?

> ㉠ 공판준비 또는 공판기일에 피고인이나 피고인 아닌 자의 진술을 기재한 조서
> ㉡ 법원 또는 법관의 검증의 결과를 기재한 조서
> ㉢ 제184조의 규정에 의하여 작성한 조서
> ㉣ 제221조의2의 규정에 의하여 작성한 조서

① 1개 ② 2개
③ 3개 ④ 4개

▼해 설

④ (○) ㉠공판준비 또는 공판기일에 피고인이나 피고인 아닌 자의 진술을 기재한 조서와 ㉡ 법원 또는 법관의 검증의 결과를 기재한 조서는 증거로 할 수 있다. ㉢ 제184조 및 ㉣ 제221조의2의 규정에 의하여 작성한 조서 도 또한 같다(제311조). 결국, ㉠㉡㉢㉣(4개) 모두 법원 또는 법관의 면전조서로서 당연히 증거능력이 인정된다.

▼정답 ④

36. 전문법칙에 관한 다음 설명 중 적절하지 않은 것은 모두 몇 개인가?

> ㉠ 사법경찰관이 작성한 검증조서에 피의자이던 피고인이 검사 이외의 수사기관 앞에서 자백한 범행내용을 현장에 따라 진술·재연한 내용이 기재되고 그 재연 과정을 촬영한 사진이 첨부되어 있다면, 그러한 기재나 사진은 피고인이 공판정에서 그 진술내용 및 범행재연의 상황을 모두 부인하는 이상 증거능력이 없다.
> ㉡ 외국에 거주하는 참고인과의 전화 대화내용을 문답형식으로 기재한 검찰주사보 작성의 수사보고서는 제313조가 적용되기 위하여는 그 진술을 기재한 서류에 그 진술자의 서명 또는 날인이 있어야 한다.
> ㉢ 외국에 거주하는 참고인과의 전화 대화내용을 문답형식으로 기재한 검찰주사보 작성의 수사보고서에 검찰주사보의 기명날인만 되어 있을 뿐 원진술자의 서명 또는 기명날인이 없어도 검찰주사보가 법정에서 그 수사보고서의 내용이 전화통화내용을 사실대로 기재하였다는 취지의 진술을 하였다면 각 수사보고서는 증거능력이 인정된다.
> ㉣ 검사 또는 사법경찰관이 검증의 결과를 기재한 조서는 적법한 절차와 방식에 따라 작성된 것으로서 공판준비 또는 공판기일에서의 피고인의 진술에 따라 그 성립의 진정함이 증명된 때에는 증거로 할 수 있다.

① 1개 ② 2개
③ 3개 ④ 4개

해 설

② ㉠㉡(2개)은 맞는 지문이나, ㉢㉣(2개)은 틀린 지문이다.

㉠ (○) **사법경찰관이 작성한 검증조서에 피의자이던 피고인이 검사 이외의 수사기관 앞에서 자백한 범행내용을 현장에 따라 진술·재연한 내용이 기재되고 그 재연 과정을 촬영한 사진이 첨부**되어 있다면, **그러한 기재나 사진은** 피고인이 공판정에서 그 진술내용 및 범행재연의 상황을 **모두 부인하는 이상 증거능력이 없다**(대판 2006.1.13. 2003도6548).

㉡ (○) 외국에 거주하는 참고인과의 전화 대화내용을 문답형식으로 기재한 검찰주사보 작성의 수사보고서는 전문증거로서 형사소송법 제310조의2에 의하여 제311조 내지 제316조에 규정된 것 이외에는 이를 증거로 삼을 수 없는 것인데, **위 수사보고서는 제311조, 제312조, 제315조, 제316조의 적용대상이 되지 아니함이 분명하므로**, 결국 제313조의 진술을 기재한 서류에 해당하여야만 제314조의 적용 여부가 문제될 것인바, **제313조가 적용되기 위하여는 그 진술을 기재한 서류에 그 진술자의 서명 또는 날인이 있어야 한다**(대법원1999. 2. 26.선고98도2742판결).

㉢ (×) 위 각 수사보고서에는 **검찰주사보의 기명날인만 되어 있을 뿐** 원진술자인 공소외 1이나 공소외 2의 **서명 또는 기명날인이 없음**은 앞서 본 바와 같으므로, **위 각 수사보고서는 제313조에 정한 진술을 기재한 서류가 아니어서 제314조에 의한 증거능력의 유무를 따질 필요가 없다**고 할 것이고, 이는 검찰주사보가 **법정에서 그 수사보고서의 내용이 전화통화내용을 사실대로 기재하였다는 취지의 진술을 하더라도 마찬가지**라고 할 것이다(대법원1999. 2. 26.선고98도2742판결). 결국, 위 **검찰주사보 작성의 수사보고서는 증거능력이 없다**.

㉣ (×) 검사 또는 사법경찰관이 검증의 결과를 기재한 조서는 적법한 절차와 방식에 따라 작성된 것으로서 공판준비 또는 공판기일에서의 **작성자(피고인(×), 원진술자(×))**의 진술에 따라 그 성립의 진정함이 증명된 때에는 증거로 할 수 있다(제312조 제6항).

▶정답 ②

37. 전문법칙에 관한 다음 설명으로 적절하지 않은 것은 모두 몇 개인가?(다툼이 있으면 판례에 의함)

> ㉠ 검사가 작성한 피의자신문조서와 검사 이외의 수사기관이 작성한 피의자신문조서는 적법한 절차와 방식에 따라 작성된 것으로서 공판준비 또는 공판기일에 그 피의자였던 피고인 또는 변호인이 그 내용을 인정할 때에 한정하여 증거로 할 수 있다.
>
> ㉡ 형사소송법 제312조 제1항의 검사가 작성한 피의자신문조서에서 '그 내용을 인정할 때'라 함은 피의자신문조서의 기재 내용이 진술 내용대로 기재되어 있다는 의미이고, 그와 같이 진술한 내용이 실제 사실과 부합한다는 것을 의미하는 것은 아니다.
>
> ㉢ 피고인이 공소사실을 부인하는 경우, 검사가 작성한 피의자신문조서 중 공소사실을 인정하는 취지의 진술 부분은 그 내용을 인정하지 않았다고 보아야 한다.
>
> ㉣ 공소사실이 최초로 심리된 제1심 제4회 공판기일부터 피고인이 공소사실을 일관되게 부인하여 경찰 작성 피의자신문조서의 진술 내용을 인정하지 않는 경우에도 제1심 제4회 공판기일에 피고인이 위 서증의 내용을 인정한 것으로 공판조서에 기재되어 있다면 위 피의자신문조서의 증거능력은 인정된다.
>
> ㉤ 피고인은 제1심에서 공소사실의 일시에 메트암페타민을 투약한 사실이 없다고 공소사실을 부인하였으므로 검찰 피의자신문조서 중 공소사실을 인정하는 취지의 진술 내용을 인정하지 않았다고 보아야 한다. 따라서 제1심 공판조서의 일부인 증거목록에 피고인이 제1심 제2회 공판기일에서 위 검찰 피의자신문조서에 동의한 것으로 기재되어 있는 것은 착오 기재이거나 피고인이 그 조서 내용과 같이 진술한 사실이 있었다는 것을 인정한다는 것을 '동의'로 조서를 잘못 정리한 것으로 이해될 뿐 이로써 위 검찰 피의자신문조서가 증거능력을 가지게 되는 것은 아니다.

① 1개 ② 2개
③ 3개 ④ 4개

▼해 설

② ㉠㉢㉤(3개)은 옳은 지문이나, ㉡㉣(2개)은 틀린 지문이다.
㉠ (○) 제312조 제1항, 제312조 제3항
㉡ (×) 형사소송법 제312조 제1항은 **검사가 작성한 피의자신문조서**는 공판준비, 공판기일에 그 피의자였던 피고인 또는 변호인이 **그 내용을 인정할 때에 한정**하여 증거로 할 수 있다고 규정하고 있다. 여기서 '**그 내용을 인정할 때**'라 함은 피의자신문조서의 기재 내용이 **진술 내용대로 기재되어 있다는 의미가 아니고** 그와 같이 진술한 내용이 **실제 사실과 부합한다는 것을 의미한다**(대법원2023. 4. 27. 선고 2023도2102판결).
㉢ (○) 대법원2023. 4. 27. 선고 2023도2102판결
㉣ (×) 공소사실이 최초로 심리된 제1심 제4회 공판기일부터 **피고인이 공소사실을 일관되게 부인하여 경찰 작성 피의자신문조서의 진술 내용을 인정하지 않는 경우**, 제1심 제4회 공판기일에 피고인이 위 서증의 내용을 인정한 것으로 공판조서에 기재된 것은 착오 기재 등으로 보아 **위 피의자신문조서의 증거능력을 부정하여야 하고**, 이와 반대되는 원심판단에 법리오해의 위법이 있다(대법원 2010. 6. 24. 선고 2010도5040판결).
㉤ (○) 대법원2023. 4. 27. 선고 2023도2102판결

▼정답 ②

38. 다음 중 증거능력에 관한 설명으로 옳지 않은 것은 모두 몇 개인가?(다툼이 있는 경우 판례에 의함)

㉠ 피고인 또는 피고인 아닌 사람의 진술을 녹음한 녹음파일은 실질에 있어서 피고인 또는 피고인 아닌 사람이 작성한 진술서나 그 진술을 기재한 서류와 크게 다를 바 없어 그 녹음파일에 담긴 진술 내용의 진실성이 증명의 대상이 되는 때에는 전문법칙이 적용된다고 할 것이나, 그러나 녹음파일에 담긴 진술 내용의 진실성이 아닌 그와 같은 진술이 존재하는 것 자체가 증명의 대상이 되는 경우에는 전문법칙이 적용되지 아니한다.

㉡ 전자문서를 수록한 파일 등의 경우에는, 원본임이 증명되거나 혹은 원본으로부터 복사한 사본일 경우에는 복사 과정에서 편집되는 등 인위적 개작 없이 원본의 내용 그대로 복사된 사본임이 증명되어야만 하고, 그러한 증명이 없는 경우에는 쉽게 증거능력을 인정할 수 없다. 이러한 원본 동일성은 증거능력의 요건에 해당하므로 검사가 그 존재에 대하여 구체적으로 주장·증명해야 한다.

㉢ 수사기관에서 진술한 참고인이 법정에서 증언을 거부하여 피고인이 반대신문을 하지 못한 경우에는 정당하게 증언거부권을 행사한 것이 아니라도, 피고인이 증인의 증언거부 상황을 초래하였다는 등의 특별한 사정이 없는 한 형사소송법 제314조의 '그 밖에 이에 준하는 사유로 인하여 진술할 수 없는 때'에 해당하지 않는다고 보아야 한다.

㉣ 피고인이 위력으로써 13세 미만 미성년자인 피해자 갑(녀, 12세)에게 유사성행위와 추행을 하였다는 성폭력범죄의 처벌 등에 관한 특례법(이하 '성폭력처벌법'이라 한다) 위반의 공소사실에 대하여, 갑의 진술과 조사 과정을 촬영한 영상물과 속기록만을 중요한 증거로 삼아 유죄로 인정할 수 없다.

㉤ 보험사기 사건에서 건강보험심사평가원이 수사기관의 의뢰에 따라 그 보내온 자료를 토대로 입원진료의 적정성에 대한 의견을 제시하는 내용의 '건강보험심사평가원의 입원진료 적정성 여부 등 검토의뢰에 대한 회신'은 형사소송법 제315조 제3호의 '기타 특히 신용할 만한 정황에 의하여 작성된 문서'에 해당한다.

① 0개   ② 1개
③ 2개   ④ 3개

▼해 설

② ㉠㉡㉢㉣(4개)는 옳은 지문이나, ㉤(1개)만 틀린 지문이다.

㉠ (○) 피고인 또는 피고인 아닌 사람의 진술을 녹음한 녹음파일은 실질에 있어서 피고인 또는 피고인 아닌 사람이 작성한 진술서나 그 진술을 기재한 서류와 크게 다를 바 없어 그 녹음파일에 담긴 진술 **내용의 진실성이 증명의 대상이 되는 때에는 전문법칙이 적용된다**고 할 것이나, 그러나 녹음파일에 담긴 **진술 내용의 진실성이 아닌** 그와 같은 진술이 존재하는 것 **자체가** 증명의 대상이 되는 경우에는 **전문법칙이 적용되지 아니한다**(대판2015.1.22. 2014도10978 전원합의체 판결).

㉡ (○) **전자문서를 수록한 파일 등의 경우에는**, 성질상 작성자의 서명 혹은 날인이 없을 뿐만 아니라 작성자·관리자의 의도나 특정한 기술에 의하여 내용이 편집·조작될 위험성이 있음을 고려하여, **원본임이 증명되거나 혹은 원본으로부터 복사한 사본일 경우에는 복사 과정에서 편집되는 등 인위적 개작 없이 원본의 내용 그대로 복사된 사본임이 증명되어야만 하고, 그러한 증명이 없는 경우에는 쉽게 증거능력을 인정할 수 없다.** 이러한 **원본 동일성은 증거능력의 요건에 해당하므로** 검사가 그 존재에 대하여 구체적으로 주장·증명해야 한다(대법원2018. 2. 8.선고2017도13263판결).

㉢ (○) 수사기관에서 진술한 참고인이 법정에서 증언을 거부하여 피고인이 반대신문을 하지 못한 경우에는 정당하게 증언거부권을 행사한 것이 아니라도, 피고인이 증인의 증언거부 상황을 초래하였다는 등의 특별한

사정이 없는 한 형사소송법 제314조의 '그 밖에 이에 준하는 사유로 인하여 진술할 수 없는 때'에 해당하지 않는다고 보아야 한다. 따라서 증인이 정당하게 증언거부권을 행사하여 증언을 거부한 경우와 마찬가지로 수사기관에서 그 증인의 진술을 기재한 서류는 증거능력이 없다(대판2019.11.21. 2018도13945 전원합의체판결).

㉣ (○) 피고인이 위력으로써 13세 미만 미성년자인 피해자 갑(녀, 12세)에게 유사성행위와 추행을 하였다는 성폭력범죄의 처벌 등에 관한 특례법(이하 '성폭력처벌법'이라 한다) 위반의 공소사실에 대하여, 갑의 진술과 조사과정을 촬영한 영상물과 속기록만을 중요한 증거로 삼아 유죄로 인정할 수 없다(대법원2022. 4. 14. 선고2021도 14530, 2021전도143판결).

㉤ (×) 보험사기 사건에서 건강보험심사평가원이 수사기관의 의뢰에 따라 그 보내온 자료를 토대로 입원진료의 적정성에 대한 의견을 제시하는 내용의 '건강보험심사평가원의 입원진료 적정성 여부 등 검토의뢰에 대한 회신'은 형사소송법 제315조 제3호의 '기타 특히 신용할 만한 정황에 의하여 작성된 문서'에 해당하지 않는다(대판 2017.12.5. 2017도12671).

▶정답 ②

39. 증거능력에 관한 다음 설명 중 가장 옳지 않은 것은?(다툼이 있는 경우 판례에 의함)

① 제1심에서 간이공판절차에 의하여 상당하다고 인정하는 방법으로 증거조사를 한 이상, 피고인이 항소심에 이르러 범행을 부인하였다고 하더라도 제1심에서 이미 증거능력이 있었던 증거는 항소심에서도 증거능력이 그대로 유지된다.

② 경찰이 피고인 아닌 제3자를 사실상 강제연행하여 불법체포한 상태에서 위 제3자를 처벌하기 위하여 그로부터 자술서를 받은 경우 위 자술서는 위법수사로 얻은 진술증거에 해당하여 증거능력이 없고, 이는 위 제3자가 아닌 피고인에 대한 증거로도 삼을 수 없다.

③ 수사기관이 피고인이 2018. 5.경 피해자 甲(여, 10세)에 대하여 저지른 간음유인미수 및 통신매체이용음란 범행과 관련하여 압수·수색영장을 받아 피고인의 휴대전화를 압수하였는데, 이에 대한 디지털정보분석 결과 피고인이 2017. 12.경부터 2018. 4.경까지 사이에 다른 피해자 乙(여, 12세), 丙(여, 10세) 등에 대하여 저지른 간음유인, 미성년자의제강간, 통신매체이용음란 등 범행에 관한 추가 자료들이 획득된 경우, 위 추가 자료들은 피고인의 乙, 丙 등에 대한 범행에 관하여 유죄 인정의 증거로 사용할 수 있다.

④ 제3자가 피고인으로부터 건축허가 담당 공무원이 외국연수를 가므로 사례비를 주어야 한다는 말을 들었다는 취지로한 진술은 피고인에 대한 알선수재죄에 있어 전문증거에 해당하므로 피고인의 부동의에도 불구하고 증거능력이 인정되기 위해서는 형사소송법 제311조 내지 제316조에서 정한 사유가 인정되어야 한다.

▶해 설

④ (×) [1] **타인의 진술을 내용으로 하는 진술이 전문증거인지 여부**는 요증사실과의 관계에서 정하여지는바, 원진술의 내용인 사실이 요증사실인 경우에는 전문증거이나, 원진술의 존재 자체가 요증사실인 경우에는 **본래증거이지 전문증거가 아니다.**

[2] 갑은 전화를 통하여 피고인으로부터 2005. 8.경 건축허가 담당 공무원이 외국연수를 가므로 사례비를 주어야 한다는 말과 2006. 2.경 건축허가 담당 공무원이 4,000만 원을 요구하는데 사례비로 2,000만 원을 주어야 한다는 말을 들었다는 취지로 수사기관, 제1심 및 원심 법정에서 진술하였음을 알 수 있는데, 피고인의 위와 같은 원진술의 존재 자체가 이 사건 알선수재죄에 있어서의 요증사실이므로, 이를 직접 경험한 갑이 피고인으로부터 위와 같은 말들을 들었다고 하는 진술들은 전문증거가 아니라 본래증거에 해당된다(대법원2008. 11. 13. 선고2008도8007판결). 결국, 직접 경험한 갑이 피고인으로부터 알선수재죄에 있어서의 요증사실의 말들을 들었다고 하는 진술들은 전문증거가 아니라 본래증거에 해당된다. 따라서 **바로 증거능력이 인정된다.**

① (○) 피고인이 제1심법원에서 공소사실에 대하여 자백하여 제1심법원이 이에 대하여 간이공판절차에 의하여 심판할 것을 결정하고, 이에 따라 **제1심법원이 제1심판결 명시의 증거들을 증거로 함에 피고인 또는 변호인의 이의가 없어** 형사소송법 제318조의3의 규정에 따라 **증거능력이 있다**고 보고, 상당하다고 인정하는 방법으로 증거조사를 한 이상, 가사 항소심에 이르러 범행을 부인하였다고 하더라도 제1심법원에서 증거로 할 수 있었던 증거는 항소법원에서도 증거로 할 수 있는 것이므로 **제1심법원에서 이미 증거능력이 있었던 증거는 항소심에서도 증거능력이 그대로 유지되어 심판의 기초가 될 수 있고 다시 증거조사를 할 필요가 없다**(대법원1998. 2. 27.선고97도3421판결).

② (○) [1] 형사소송법 제308조의2는 "적법한 절차에 따르지 아니하고 수집한 증거는 증거로 할 수 없다."고 규정하고 있는데, 수사기관이 헌법과 형사소송법이 정한 절차에 따르지 아니하고 수집한 증거는 유죄 인정의 증거로 삼을 수 없는 것이 원칙이므로, **수사기관이 피고인 아닌 자를 상대로 적법한 절차에 따르지 아니하고 수집한 증거**는 원칙적으로 **피고인에 대한 유죄 인정의 증거로 삼을 수 없다.**

[2] 유흥주점 업주와 종업원인 피고인들이 영업장을 벗어나 시간적 소요의 대가로 금품을 받아서는 아니되는데도, 이른바 '티켓영업' 형태로 성매매를 하면서 금품을 수수하였다고 하여 구 식품위생법(2007. 12. 21. 법률 제8779호로 개정되기 전의 것) 위반으로 기소된 사안에서, **경찰이 피고인 아닌 갑, 을을 사실상 강제연행하여 불법체포한 상태에서** 갑, 을 간의 성매매행위나 피고인들의 유흥업소 영업행위를 처벌하기 위하여 **갑, 을에게서 자술서를 받고 갑, 을에 대한 진술조서를 작성한 경우**, 위 각 자술서와 진술조서는 헌법과 형사소송법이 규정한 체포·구속에 관한 **영장주의 원칙에 위배하여 수집된 것으로서** 수사기관이 피고인 아닌 자를 상대로 적법한 절차에 따르지 아니하고 수집한 증거에 해당하여 **형사소송법 제308조의2에 따라 증거능력이 부정된다는 이유로**, 이를 피고인들에 대한 유죄 인정의 증거로 삼을 수 없다(대법원2011. 6. 30.선고2009도6717판결). 결국, **수사기관이 피고인 아닌 자를 상대로 적법한 절차에 따르지 아니하고 수집한 증거는 위법수집증거이므로** 그 증거로 피고인에 대해서도 유죄 인정의 증거로 삼을 수 없다.

③ (○) [1] 피고인이 2018. 5. 6.경 피해자 갑(여, 10세)에 대하여 저지른 간음유인미수 및 성폭력범죄의 처벌 등에 관한 특례법 위반(통신매체이용음란) 범행과 관련하여 수사기관이 피고인 소유의 휴대전화를 압수하였는데, **위 휴대전화에 대한 디지털정보분석 결과** 피고인이 2017. 12.경부터 2018. 4.경까지 사이에 저지른 **피해자 을(여, 12세), 병(여, 10세), 정(여, 9세)에 대한** 간음유인 및 간음유인미수, 미성년자의제강간, 성폭력범죄의 처벌 등에 관한 특례법 위반(13세미만미성년자강간), 성폭력범죄의 처벌 등에 관한 특례법 위반(통신매체이용음란) 등 범행에 관한 추가 자료들이 획득되어 그 증거능력이 문제 된 사안에서, **추가 자료들로 인하여 밝혀진 피고인의 을, 병, 정에 대한 범행은 압수·수색영장의 범죄사실과 단순히 동종 또는 유사 범행인 것을 넘어서서 구체적·개별적 연관관계가 있는 경우로서 객관적·인적 관련성을 모두 갖추었다.**

[2] 추가 자료들로 인하여 밝혀진 피고인의 을, 병, 정에 대한 범행은 압수·수색영장의 범죄사실과 단순히 동종 또는 유사 범행인 것을 넘어서서 이와 구체적·개별적 연관관계가 있는 경우로서 객관적·인적 관련성을 모두 갖추었다고 할 것이므로, **추가 자료들은 위법하게 수집된 증거에 해당하지 않으므로 압수·수색영장의 범죄사실뿐 아니라 추가 범행들에 관한 증거로 사용할 수 있다**(대판2020. 2. 13. 2019도14341).

▼정답 ④

40. 전문증거에 관한 설명으로 가장 적절하지 <u>않은</u> 것은?(다툼이 있는 경우 판례에 의함)

① 현장사진 중 '사진 가운데에 위치한 촬영일자' 부분이 조작된 것이라고 다투는 경우, 위 '현장사진의 촬영일자'는 전문법칙이 적용된다.

② 어떤 진술이 기재된 서류가 그 내용의 진술을 하였다는 사실 자체에 대한 정황증거로 사용되었다 하더라도, 그 서류가 다시 진술내용이나 그 진실성을 증명하는 간접사실로 사용되는 경우에는 전문증거에 해당하므로 전문법칙이 적용된다.

③ 피고인 아닌 자의 공판기일에서의 진술이 피고인 아닌 타인의 진술을 그 내용으로 하는 경우 「형사소송법」 제316조 제2항이 요구하는 특히 신빙할 수 있는 상태하에서 행하여졌음에 대한 증명은 단지 그러한 개연성이 있다는 정도로 족하며 합리적인 의심의 여지를 배제하는 정도에 이를 필요는 없다.

④ 피고인 아닌 자의 진술이 기재된 조서에 원진술자가 실질적 진정 성립을 부인하더라도 영상녹화물 또는 그 밖의 객관적인 방법에 의하여 증명하는 방법이 있는데, 여기서 '그 밖의 객관적인 방법'이라 함은 영상녹화물에 준할 정도로 피고인의 진술을 과학적·기계적·객관적으로 재현해 낼 수 있는 방법만을 의미하며 조사관 또는 조사과정에 참여한 통역인 등의 증언은 이에 해당한다고 볼 수 없다.

▼해 설

③ (×) [1] 형사소송법 제314조가 참고인의 진술 또는 작성이 '**특히 신빙할 수 있는 상태하에서 행하여졌음에 대한 증명**은 단지 그러할 개연성이 있다는 정도로는 부족하고 합리적인 의심의 여지를 배제할 정도에 이르러야' 한다. [2] 형사소송법 제314조의 '특신상태'와 관련된 법리는 마찬가지로 원진술자의 소재불명 등을 전제로 하고 있는 형사소송법 제316조 제2항의 '특신상태'에 관한 해석에도 그대로 적용된다(대법원2014. 4. 30. 선고2012도725판결).

① (○) [1] **제3자가 공감목적을 숨기고 피고인의 동의하에 나체사진을 찍은 경우**, 피고인에 대한 간통죄에 있어 **위법수집증거로서 증거능력이 배제된다고 볼 수 없다.**
[2] 피고인이 이 사건 **사진의 촬영 일자부분**에 대하여 **조작된 것이라고 다툰다고 하더라도** 이 부분은 **전문증거에 해당되어 별도로 증거능력이 있는지를 살펴보면 족할 것**이므로, 원심과 같이 피고인의 변소에 비추어 위 증거동의의 의사표시가 단순히 사진 속의 인물이 피고인이 맞다는 취지의 진술에 불과하다고 단정할 수는 없다 할 것이고, 피고인이 원심에 이르러 증거동의를 철회하였다고 하더라도 증거조사를 마친 후의 증거에 대하여는 동의의 철회로 인하여 적법하게 부여된 증거능력이 상실되는 것이 아니므로, **이 사건 사진이 진정한 것으로 인정되는 한** 이로써 **이 사건 사진은 증거능력을 취득한 것이라 할 것이다**(대법원1997. 9. 30. 선고97도1230판결).
② (○) 대판2019.8.29. 2018도13792 전원합의체 판결
④ (○) 대법원2016. 2. 18.선고2015도16586판결

▼정답 ③

41. 증거능력에 관한 다음 설명 중 옳지 않은 것은 모두 몇 개인가? (다툼이 있으면 판례에 의함)

> ㉠ 공소제기 전 피고인을 피의자로 신문한 사법경찰관이 그 진술내용을 법정에서 진술한 경우 형사소송법 제316조 제1항의 적용대상이 될 수 없다.
> ㉡ 초등학교 교사인 피고인이 초등학교 3학년생인 피해아동에게 수업시간 중 아동의 정신건강 및 발달에 해를 끼치는 말을 하였다는 이유로 아동학대처벌법위반(아동복지시설종사자 등의아동학대가중처벌)죄로 기소된 사안에서, 피해아동의 부모가 피해아동의 가방에 몰래 녹음기를 넣어두어 피고인의 교실내 발언을 녹음한 녹음파일 등은 통신비밀보호법 제14조 제1항 위반이 아니므로 증거능력이 인정된다.
> ㉢ 압수된 디지털 저장매체로부터 출력한 문건을 진술증거로 사용하는 경우 그 기재 내용의 진실성에 관하여는 전문법칙이 적용되므로 형사소송법에 따라 그 작성자 또는 진술자의 진술에 의하여 그 성립의 진정함이 증명된 때에 한하여 이를 증거로 사용할 수 있다.
> ㉣ 사법경찰관의 수사과정에서 피의자가 작성한 진술서의 증거능력은 제313조에 의해 성립의 진정이 증명되면 증거로 할 수 있다.
> ㉤ 거짓말탐지기의 검사는 일정한 조건이 모두 충족되어 증거능력이 있는 경우에도 그 검사 결과는 검사를 받는 사람의 진술의 신빙성을 가늠하는 정황증거로서의 기능을 하는데 그친다.

① 0개 ② 1개
③ 2개 ④ 3개

▼해 설

④ ㉠㉡㉢(3개)는 틀린 지문이나, ㉢㉤(2개)는 옳은 지문이다.

㉠ (×) 피고인이 아닌 자(공소제기 전에 피고인을 피의자로 조사하였거나 그 조사에 참여하였던 자를 포함한다. 이하 이 조에서 같다)의 공판준비 또는 공판기일에서의 진술이 **피고인의 진술을** 그 내용으로 하는 것인 때에는 **그 진술이 특히 신빙할 수 있는 상태하에서 행하여졌음이 증명된 때에 한하여 이를 증거로 할 수 있다**(제316조 제1항). 결국, 형사소송법 제316조 제1항(조사자 증언제도)이 **적용된다**.

㉡ (×) [1] 통신비밀보호법 **제14조 제1항**(「누구든지 공개되지 아니한 타인간의 대화를 녹음하거나 전자장치 또는 기계적 수단을 이용하여 **청취할 수 없다.**」)이 공개되지 않은 타인 간의 대화를 녹음 또는 청취하지 못하도록 한 것은, 대화에 원래부터 참여하지 않는 제3자가 일반 공중이 알 수 있도록 공개되지 않은 타인 간의 발언을 녹음하거나 전자장치 또는 기계적 수단을 이용하여 청취해서는 안 된다는 취지이다. **여기서 '공개되지 않았다'는 것은 반드시 비밀과 동일한 의미는 아니고, 구체적으로 공개된 것인지는 발언자의 의사와 기대, 대화의 내용과 목적, 상대방의 수, 장소의 성격과 규모, 출입의 통제 정도, 청중의 자격 제한 등 객관적인 상황을 종합적으로 고려하여 판단해야** 한다.
[2] 이 사건 **녹음파일, 녹취록 등은** 통신비밀보호법 제14조 제2항, 제4조에 따라 **증거능력이 부정된다**(대법원 2024. 1. 11. 선고 2020도1538 판결). **구체적 이유는 다음과 같다.**
 1) **초등학교 담임교사가 교실에서 수업시간 중 한 발언은** 통상적으로 교실 내 학생들 만을 대상으로 하는 것으로서 **교실 내 학생들에게만 공개된 것일 뿐**, 일반 공중이나 불특정 다수에게 공개된 것이 아니므로, 피해아동의 부모가 몰래 녹음한 피고인의 수업시간 중 발언은 '**공개되지 않은 대화**' 내지 '**타인 간의 대화**'에 **해당한다.**
 2) **피해아동의 부모는** 피고인의 수업시간 중 발언의 상대방, 즉 대화에 **원래부터 참여한 당사자에 해당하지 않기 때문이다.** 결국, **이 사건 녹음파일 등은** 통신비밀보호법 제14조 제1항을 위반하여 **공개되지 아니한 타인 간의 대화를 녹음한 것이므로** 통신비밀보호법 제14조 제2항 및 제4조에 따라 증거능력이 부정된다.
 3) 공개되지 아니한 타인 간의 대화를 대상으로 한 것으로서 **통신비밀보호법 제14조 제1항을 위반하여 위법하다고 할 것이므로**, 이에 의하여 취득한 **이 사건 녹음파일 및 녹취록중 대화 부분은** 통신비밀보호법 제14조 제2항 및 제4조에 따라 **증거로 사용할 수 없다**(대법원 2024. 1. 11. 선고 2020도1538 판결).

㉢ (○) 압수물인 디지털 저장매체로부터 출력한 문건을 증거로 사용하기 위해서는 디지털 저장매체 원본에 저장된 내용과 출력한 문건의 동일성이 인정되어야 하고, 이를 위해서는 디지털 저장매체 **원본이 압수시부터 문건 출력시까지 변경되지 않았음이 담보되어야** 한다. 특히 디지털 저장매체 원본을 대신하여 저장매체에 저장된 자료를 '하드카피' 또는 '이미징'한 매체로부터 출력한 문건의 경우에는 디지털 저장매체 원본과 '하드카피' 또는 '이미징'한 매체 사이에 자료의 동일성도 인정되어야 할 뿐만 아니라, 이를 확인하는 과정에서 이용한 컴퓨터의 기계적 정확성, 프로그램의 신뢰성, 입력·처리·출력의 각 단계에서 조작자의 전문적인 기술능력과 정확성이 담보되어야 한다. 그리고 **압수된 디지털 저장매체로부터 출력한 문건을 진술증거로 사용하는 경우**, 그 기재 **내용의 진실성에 관하여는 전문법칙이 적용되므로** 형사소송법 **제313조 제1항에 따라 그 작성자 또는 진술자의 진술에 의하여 그 성립의 진정함이 증명된 때에 한하여 이를 증거로 사용할 수 있다**(대법원 2007. 12. 13. 선고 2007도7257판결).

㉣ (×) **사법경찰관의 수사과정에서 피의자가 작성한 진술서의 증거능력은 사법경찰관이 작성한 피의자신문조서와 마찬가지로 적법한 절차와 방식에 따라 작성된 것으로서** 공판준비 또는 공판기일에 그 피의자였던 **피고인 또는 변호인이 그 내용을 인정할 때에 한하여 증거로 할 수 있다**(적+내)(제312조 제5항).

㉤ (○) 거짓말탐지기의 검사는 그 기구의 성능, 조작기술 등에 있어 신뢰도가 극히 높다고 인정되고 그 검사자가 적격자이며, 검사를 받는 사람이 검사를 받음에 동의하였으며 검사서가 검사자 자신이 실시한 검사의 방법, 경과 및 그 결과를 충실하게 기재하였다는 등의 전제조건이 증거에 의하여 확인되었을 경우에만 형사소송법 제313조 제2항에 의하여 이를 증거로 할 수 있는 것이고 위와 같은 조건이 모두 충족되어 증거능력이 있는 경우에도 그 검사결과는 검사를 받는 사람의 진술의 신빙성을 가늠하는 **정황증거로서의 기능을 하는데 그치는 것이다**(대법원1987. 7. 21. 선고87도968판결).

▼정답 ④

42. 전문법칙에 대한 설명으로 가장 적절하지 않은 것은? (다툼이 있으면 판례에 의함)

① 진술을 요할 자에 대한 소재탐지촉탁결과 그 소재를 알지 못하게 된 경우 및 진술을 요할 자가 법원의 소환에 불응하고 그에 대한 구인장이 집행되지 않은 경우가 형사소송법 제314조 소정의 '공판정에 출정하여 진술할 수 없는 때'에 해당한다.

② 실질적 진정성립을 증명할 수 있는 수단으로서 형사소송법에 규정된 '영상녹화물이나 그 밖의 객관적인 방법'이란 형사소송법 및 형사소송규칙에 규정된 방식과 절차에 따라 제작된 영상녹화물 또는 그러한 영상녹화물에 준할 정도로 피고인의 진술을 과학적·기계적·객관적으로 재현해 낼 수 있는 방법만을 의미하고, 그 외에 조사관 또는 조사 과정에 참여한 통역인 등의 증언은 이에 해당한다고 볼 수 없다.

③ 사법경찰관이 수사의 경위 및 결과를 내부적으로 보고하기 위하여 수사보고서를 작성하면서 그 수사보고서에 검증의 결과와 관련한 기재를 하였더라도 그 수사보고서를 두고 「형사소송법」 제312조 제1항(현행 제312조 제6항)이 규정하고 있는 '검사 또는 사법경찰관이 검증의 결과를 기재한 조서'라고 할 수는 없다.

④ 증인신문조서가 증거보전절차에서 피고인이 증인으로서 증언한 내용을 기재한 것이 아니라 증인의 증언내용을 기재한 것이고 다만 피의자였던 피고인이 당사자로 참여하여 자신의 범행사실을 시인하는 전제하에 위 증인에게 반대신문 한 내용이 기재되어 있을 뿐이라면 위 조서는 공판준비 또는 공판기일에 피고인 등의 진술을 기재한 조서도 아니고, 반대신문과정에서 피의자가 한 진술에 관한 한 「형사소송법」 제184조에 의한 증인신문조서도 아니므로 위 조서 중 피의자의 진술기재부분에 대하여는 「형사소송법」 제311조에 의한 증거능력을 인정할 수 있다.

▶ 해 설

④ (×) 증인신문조서가 증거보전절차에서 피고인이 증인으로서 증언한 내용을 기재한 것이 아니라 증인(갑)의 증언내용을 기재한 것이고 다만 피의자였던 피고인이 당사자로 참여하여 자신의 범행사실을 시인하는 전제하에 위 증인에게 반대신문한 내용이 기재되어 있을 뿐이라면, **위 조서는 공판준비 또는 공판기일에 피고인 등의 진술을 기재한 조서도 아니고,** 반대신문과정에서 **피의자가 한 진술에 관한 한 형사소송법 제184조에 의한 증인신문조서노 아니므로** 위 조서중 피의자의 진술기재부분에 대하여는 형사소송법 제311조에 의한 증거능력을 인정할 수 없다(대판1984.5.15. 84도508).

① (○) **법원이** 수회에 걸쳐 진술을 요할 자에 대한 증인소환장이 송달되지 아니하여 **그 소재탐지촉탁까지 하였으나 그 소재를 알지 못하게 된 경우** 또는 진술을 요할 자가 일정한 주거를 가지고 있더라도 **법원의 소환에 계속 불응하고 구인하여도 구인장이 집행되지 아니하는 등** 법정에서의 신문이 불가능한 상태의 경우에는 **형사소송법 제314조 소정의 "공판정에 출정하여 진술을 할 수 없는 때"에 해당한다고 할 것**이므로, 그 진술내용이나 조서의 작성에 허위개입의 여지가 거의 없고 그 진술내용의 신빙성이나 임의성을 담보할 구체적이고 외부적인 정황이 있는 경우에는 **그 진술조서의 증거능력이 인정된다**(대법원2000. 6. 9.선고2000도1765판결).

② (○) 실질적 진정성립을 증명할 수 있는 방법으로서 형사소송법 제312조 제2항에 예시되어 있는 영상녹화물의 경우 형사소송법 및 형사소송규칙에 의하여 영상녹화의 과정, 방식 및 절차 등이 엄격하게 규정되어 있는 데다(형사소송법 제244조의2, 형사소송규칙 제134조의2 제3항, 제4항, 제5항 등) 피의자의 진술을 비롯하여 검사의 신문 방식 및 피의자의 답변 태도 등 조사의 전 과정이 모두 담겨 있어 피고인이 된 피의자의 진술 내용 및 취지를 과학적·기계적으로 재현해 낼 수 있으므로 조서의 내용과 검사 앞에서의 진술 내용을 대조할 수 있는 수단으로서의 객관성이 보장되어 있다고 볼 수 있으니, 피고인을 피의자로 조사하였거나 조사에 참여하였던 자들의 증언은 오로지 증언자의 주관적 기억 능력에 의존할 수밖에 없어 객관성이 보장되어 있다고 보기 어렵다. 결국 검사 작성의 피의자신문조서에 대한 실질적 진정성립을 증명할 수 있는 수단으로서 **형사소송법 제312조 제2항에 규정된 '영상녹화물이나 그 밖의 객관적인 방법'이란** 형사소송법 및 형사소송규칙에 규정된 방식과 절차에 따라 제작된 영상녹화물 또는 그러한 영상녹화물에 준할 정도로 **피고인의 진술을 과학**

적·기계적·객관적으로 재현해 낼 수 있는 방법만을 의미하고, 그 외에 조사관 또는 조사 과정에 참여한 통역인 등의 증언은 이에 해당한다고 볼 수 없다(대판2016. 2. 18. 2015도16586).

③ (○) 수사보고서에 검증의 결과에 해당하는 기재가 있는 경우, 그 기재 부분은 검찰사건사무규칙 제17조에 의하여 검사가 범죄의 현장 기타 장소에서 실황조사를 한 후 작성하는 실황조서 또는 사법경찰관리집무규칙 제49조 제1항, 제2항에 의하여 사법경찰관이 수사상 필요하다고 인정하여 범죄현장 또는 기타 장소에 임하여 실황을 조사할 때 작성하는 실황조사서에 해당하지 아니하며, **단지 수사의 경위 및 결과를 내부적으로 보고하기 위하여 작성된 서류에 불과하므로 그 안에 검증의 결과에 해당하는 기재가 있다고 하여 이를 형사소송법 제312조 제1항**(현행 제312조 제6항)**의 '검사 또는 사법경찰관이 검증의 결과를 기재한 조서'라고 할 수 없을 뿐만 아니라** 이를 같은 법 제313조 제1항의 '피고인 또는 피고인이 아닌 자가 작성한 진술서나 그 진술을 기재한 서류'라고 할 수도 없고, 같은 법 제311조, 제315조, 제316조의 적용대상이 되지 아니함이 분명하므로 그 기재 부분은 증거로 할 수 없다(대판2001. 5. 29. 2000도2933).

▼정답 ④

43. 전문법칙에 대한 다음 설명으로 가장 적절하지 않은 것은? (다툼이 있으면 판례에 의함)

① 피의자 아닌 자의 진술을 기재한 조서는 공판정에서 원진술자의 진술에 의하여 그 성립의 진정함이 인정된 것이 아니면 설사 공판정에서 피고인이 그 성립을 인정하여도 이를 증거로 할 수 있음에 동의한 것이 아닌 이상 증거로 할 수 없다.

② 검사작성의 피의자신문조서는 형사소송법 제241조 이하에 규정된 피의자신문의 절차를 준수하여 작성된 것이어야 하고 이와 관련하여 변호인참여권의 보장은 형사소송법 제312조 제1항에 규정한 '적법절차'의 핵심적인 사항이다.

③ 피고인이 당해 공판절차의 당사자로서 법관에게 검사가 제출한 자신의 진술이 기재된 조서의 진정성립을 부인함으로써 그 조서의 증거능력을 부정하는 취지의 진술을 한 이상, 비록 그 공판 진행 중 피고인신문 또는 공동피고인에 대한 증언 과정에서 그 조서의 진정성립을 인정하는 취지의 진술을 하였다고 하더라도, 이로써 그 조서의 증거능력에 관한 종전의 진술을 번복하는 것임이 분명하게 확인되는 예외적인 경우가 아니라면, 원진술자인 피고인의 진술에 의하여 그 조서의 진정성립이 인정되었다고 할 수는 없다.

④ 피고인이나 그 변호인들이 검사 작성의 피고인에 대한 피의자신문조서의 성립의 진정과 임의성을 인정하였다가 그 뒤 이를 부인하는 진술을 하거나 서면을 제출한 경우 그 조서의 증거능력은 상실한다.

▼해 설

④ (×) 피고인이나 그 변호인들이 검사 작성의 피고인에 대한 피의자신문조서의 성립의 진정과 임의성을 **인정하였다가 그 뒤 이를 부인하는 진술을 하거나 서면을 제출한 경우 그 조서의 증거능력이 언제나 없다**(상실한다)고 할 수는 없고, **법원이** 그 조서의 기재 내용, 형식 등과 피고인, 공동피고인의 법정에서의 범행에 관련된 진술 등 제반 사정에 비추어 **성립의 진정과 임의성을 인정**한 **최초의 진술이 신빙성이 있다**고 보아, **그 성립의 진정을 인정하고 그 임의성에 관하여 심증을 얻은 때에는 그 피의자신문조서는 증거능력이 인정된다**(대법원 2005. 8. 19. 선고2005도3045판결).

① (○) **피의자 아닌 자의 진술을 기재한 조서**는 공판정에서 **원진술자의 진술에 의하여 그 성립의 진정함이 인정된 것이 아니면** 설사 공판정에서 **피고인이** 그 성립을 인정하여도 이를 **증거로 할 수 있음에 동의한 것이 아닌 이상 증거로 할 수 없다**(대판1983. 8. 23. 83도196).

② (○) 검사작성의 피의자신문조서는 형사소송법 제241조 이하에 규정된 피의자신문의 절차를 준수하여 작성된 것이어야 하고, 이와 관련하여 **변호인참여권의 보장**은 형사소송법 제312조 제1항에 규정한 '**적법절차**'의 **핵심적인 사항이다.**

③ (○) 구 형사소송법 제312조 제1항 본문에 비추어, 검사가 피고인의 진술을 기재한 조서를 당해 피고인에 대한 유죄 입증을 위한 증거로 제출할 경우 그 조서에 관한 위 조항의 '**원진술자인 피고인의 진술**'이란, 피고인이 당해 공판절차의 당사자로서 법관에게 행하는 그 조서의 증거능력에 관한 진술을 의미한다. 따라서 **피고인이 당해 공판절차의 당사자로서 법관에게 검사가 제출한 자신의 진술이 기재된 조서의 진정성립을 부인함으로써 그 조서의 증거능력을 부정하는 취지의 진술을 한 이상**, 비록 그 공판 진행 중 피고인신문 또는 공동피고인에 대한 증언 과정에서 그 조서의 진정성립을 인정하는 취지의 진술을 하였다고 하더라도, 이로써 **그 조서의 증거능력에 관한 종전의 진술을 번복하는 것임이 분명하게 확인되는 예외적인 경우가 아니라면**, 원진술자인 피고인의 진술에 의하여 **그 조서의 진정성립이 인정되었다고 할 수는 없다**(대판2008.10.23. 2008도2826).

▶ 정답 ④

44. 검사 이외의 수사기관이 작성한 당해 피고인과 공범관계에 있는 다른 피고인이나 피의자에 대한 피의자신문조서의 증거능력에 관한 설명으로 가장 적절하지 <u>않은</u> 것은? (다툼이 있는 경우 판례에 의함)

① 형사소송법 제312조 제3항은 검사 이외의 수사기관이 작성한 당해 피고인에 대한 피의자신문조서를 유죄의 증거로 하는 경우뿐만 아니라 검사 이외의 수사기관이 작성한 당해 피고인과 공범관계에 있는 다른 피고인이나 피의자에 대한 피의자신문조서를 당해 피고인에 대한 유죄의 증거로 채택할 경우에도 적용된다.

② 공동피고인의 법정진술에 의하여 성립의 진정이 인정되더라도 당해 피고인이 공판기일에서 그 조서의 내용을 부인하면 증거능력이 부정되므로, 공동피고인이 법정에서 경찰 수사 도중 피의자신문조서에 기재된 것과 같은 내용으로 진술하였다는 취지로 증언하였다고 하더라도, 이러한 증언은 원진술자인 공동피고인이 그 자신에 대한 경찰 작성의 피의자신문조서의 진정성립을 인정하는 취지에 불과하여 위 조서와 분리하여 독자적인 증거가치를 인정할 것은 아니므로, 위 조서의 증거능력이 부정되는 이상 위와 같은 증언 역시 이를 유죄 인정의 증거로 쓸 수 없다고 보아야 한다.

③ 당해 피고인과 공범관계가 있는 다른 피의자에 대한 검사 이외의 수사기관 작성의 피의자신문조서는 그 피의자의 법정진술에 의하여 그 성립의 진정이 인정되더라도 당해 피고인이 공판기일에서 그 조서의 내용을 부인하면 증거능력이 부정되므로 그 당연한 결과로 그 피의자신문조서에 대하여는 사망 등 사유로 인하여 법정에서 진술할 수 없는 때에 예외적으로 증거능력을 인정하는 규정인 형사소송법 제314조가 적용되지 아니한다.

④ 당해 피고인과 공범관계가 있는 다른 피의자에 대하여 검사 이외의 수사기관이 작성한 피의자신문조서는, 그 피의자의 법정진술에 의하여 그 성립의 진정이 인정되는 등 형사소송법 제312조 제4항의 요건을 갖춘 경우라면 당해 피고인이 공판기일에서 그 조서의 내용을 부인하더라도 이를 유죄 인정의 증거로 사용할 수 있다.

▶ **해설**

④ (×) [1] **형사소송법 제312조 제3항**은 검사 이외의 수사기관이 작성한 **당해 피고인에 대한 피의자신문조서를 유죄의 증거로 하는 경우뿐만 아니라** 검사 이외의 수사기관이 작성한 당해 피고인과 공범관계에 있는 **다른 피고인이나 피의자에 대한 피의자신문조서를 당해 피고인에 대한 유죄의 증거로 채택할 경우에도 적용된다.**

[2] 따라서 당해 피고인과 공범관계가 있는 다른 피의자에 대하여 검사 이외의 수사기관이 작성한 피의자신문

제3장 증거능력 **331**

조서는, 그 피의자의 법정진술에 의하여 그 성립의 진정이 인정되는 등 **형사소송법 제312조 제4항의 요건을 갖춘 경우**라고 하더라도 **당해 피고인**이 공판기일에서 그 조서의 **내용을 부인한 이상 이를 유죄 인정의 증거로 사용할 수 없다**(대법원2009. 10. 15. 선고2009도1889판결).

①② (○) [1] **형사소송법 제312조 제3항**은 **검사 이외의 수사기관이 작성한 당해** 피고인에 대한 피의자신문조서를 유죄의 증거로 하는 경우**뿐만 아니라**, 검사 이외의 수사기관이 작성한 당해 피고인과 공범관계에 있는 **다른** 피고인이나 피의자에 대한 피의자신문조서를 **당해** 피고인에 대한 유죄의 증거로 채택할 경우에도 **적용된다**. 따라서 **당해 피고인과 공범관계에 있는 공동피고인에 대해 검사 이외의 수사기관이 작성한 피의자신문조서**는 그 공동피고인의 법정진술에 의하여 성립의 진정이 인정되더라도 **당해 피고인**이 공판기일에서 그 조서의 **내용을 부인하면 증거능력이 부정된다.**

[2] 그리고 이러한 경우 그 **공동피고인**이 법정에서 경찰수사 도중 피의자신문조서에 기재된 것과 같은 내용으로 진술하였다는 취지로 **증언하였다고 하더라도**, 이러한 증언은 원진술자인 공동피고인이 그 자신에 대한 경찰 작성의 피의자신문조서의 진정성립을 인정하는 취지에 불과하여 위 조서와 분리하여 독자적인 증거가치를 인정할 것은 아니므로, 앞서 본 바와 같은 이유로 **위 조서의 증거능력이 부정되는 이상** 위와 같은 **증언 역시 이를 유죄 인정의 증거로 쓸 수 없다**(대법원2009. 10. 15. 선고2009도1889판결).

③ (○) **형사소송법 제312조 제2항(현행 제312조 제3항)**은 검사 이외의 수사기관이 작성한 당해 피고인에 대한 피의자신문조서를 유죄의 증거로 하는 경우뿐만 아니라 **검사 이외의 수사기관이 작성한 당해 피고인과 공범관계에 있는 다른 피고인이나 피의자에 대한 피의자신문조서를 당해 피고인에 대한 유죄의 증거로 채택할 경우에도 적용되는 바**, 당해 피고인과 공범관계가 있는 다른 피의자에 대한 검사 이외의 수사기관 작성의 피의자신문조서는 그 피의자의 법정진술에 의하여 그 성립의 진정이 인정되더라도 **당해 피고인이 공판기일에서 그 조서의 내용을 부인하면 증거능력이 부정되므로** 그 당연한 결과로 그 피의자신문조서에 대하여는 사망 등 사유로 인하여 법정에서 진술할 수 없는 때에 예외적으로 증거능력을 인정하는 규정인 **형사소송법 제314조가 적용되지 아니한다**(대판2003도7185 전원합의체판결 ; 2009도14409 등).

▼정답 ④

45. 피의자신문조서에 관한 다음 설명 중 옳은 것은 모두 몇 개인가?(다툼이 있으면 판례에 의함)

㉠ 검사가 참석하지 않은 상태에서 검찰주사 등이 피의자였던 피고인을 신문하여 피의자신문조서를 작성한 직후 검사가 이를 근거로 개괄적으로 질문한 사실이 있는 때에는 검사작성의 피의자신문조서로서 증거능력이 인정될 수 있다.

㉡ 형사소송법 제312조 제3항의'그 내용을 인정할 때'라 함은 피의자신문조서의 기재 내용이 진술 내용대로 기재되어 있다는 의미이고, 그와 같이 진술한 내용이 실제 사실과 부합한다는 것을 의미하는 것은 아니다.

㉢ 피고인이 그 진술을 기재한 검사 작성의 피의자신문조서 중 일부에 관하여만 실질적 진정성립을 인정하는 경우에는 법원은 당해 조서 중 어느 부분이 그 진술대로 기재되어 있고 어느 부분이 달리 기재되어 있는지 여부를 구체적으로 심리함이 없이 전체 피의자신문조서의 증거능력을 부정하여야 한다.

㉣ 피의자의 진술을 녹취 내지 기재한 서류 또는 문서가 수사기관에서의 조사 과정에서 작성된 것이라면, 그것이'진술조서, 진술서, 자술서'라는 형식을 취하였다고 하더라도 피의자신문조서와 달리 볼 수 없다.

㉤ 피고인이 제1심 법정 이래 공소사실을 계속 부인하는 경우, 증거목록에 피고인이 경찰 작성의 피의자신문조서의 내용을 인정한 것으로 기재되었다면 그 피의자신문조서는 증거능력이 인정된다.

① 0개　　　　　　　　　　② 1개
③ 2개　　　　　　　　　　④ 3개

▼해 설

② ㉣(1개)은 옳은 지문이나, ㉠㉡㉢㉤(4개)은 틀린 지문이다.

㉠ (×) **검찰주사가 검사의 지시에 따라 검사가 참석하지 않은 상태에서 피의자였던 피고인을 신문하여 작성**하고 **검사는 검찰주사의 조사직후 피고인에게 개괄적으로 질문한 사실이 있을 뿐인데도** 검사가 작성한 것으로 되어 있는 피고인에 대한 피의자신문조서와 검찰주사가 참고인의 주거지에서 그의 진술을 받아 작성한 것인데도 검사가 작성한 것으로 되어 있는 참고인에 대한 진술조서는 검사의 서명·날인이 되어 있다고 하더라도 **검사가 작성한 것이라고는 볼 수 없으므로**, 형사소송법 **제312조 제1항 소정의 "검사가 피의자나 피의자아닌 자의 진술을 기재한 조서"에 해당하지 않는 것**임이 명백하다(대법원1990. 9. 28. 선고90도1483판결).

㉡ (×) 형사소송법 제312조 제3항에 의하면, 검사 이외의 수사기관 작성의 피의자신문조서는 공판준비 또는 공판기일에 그 피의자였던 피고인이나 변호인이 그 내용을 인정할 때에 한하여 증거로 할 수 있다고 규정하고 있는바, 위 규정에서 **'그 내용을 인정할 때'라 함은** 피의자신문조서의 기재 내용이 진술 내용대로 기재되어 있다는 의미가 아니고 그와 같이 **진술한 내용이 실제 사실과 부합한다는 것을 의미한다**(대판2010.6.24. 2010도5040).

㉢ (×) 수사기관이 작성한 조서의 내용이 원진술자가 진술한 대로 기재된 것이라 함은 조서 작성 당시 원진술자의 진술대로 기재되었는지의 여부만을 의미하는 것으로, 그와 같이 진술하게 된 연유나 그 진술의 신빙성 여부는 고려할 것이 아니며, 한편 검사가 피의자나 피의자 아닌 자의 진술을 기재한 조서 중 **일부에 관하여만** 원진술자가 공판준비 또는 공판기일에서 **실질적 진정성립을 인정하는 경우**에는 법원은 당해 조서 중 어느 부분이 원진술자가 진술한 대로 기재되어 있고 어느 부분이 달리 기재되어 있는지 여부를 구체적으로 심리한 다음 **진술한 대로 기재되어 있다고 하는 부분에 한하여 증거능력을 인정하여야** 하고, **그 밖에 실질적 진정성립이 부정되는 부분에 대해서는 증거능력을 부정하여야** 한다(대판2005.6.10. 2005도1849).

㉣ (○) 대판2014.4.10. 2014도1779

㉤ (×) [1] 형사소송법 제312조 제3항에 의하면, 검사 이외의 수사기관 작성의 피의자신문조서는 공판준비 또는 공판기일에 그 피의자였던 피고인이나 변호인이 그 내용을 인정할 때에 한하여 증거로 할 수 있다고 규정하고 있는바, 위 규정에서 **'그 내용을 인정할 때'라 함은** 피의자신문조서의 기재 내용이 진술 내용대로 기재되어 있다는 의미가 아니고 그와 같이 **진술한 내용이 실제 사실과 부합한다는 것을 의미**한다.
[2] **공소사실이 최초로 심리된 제1심 제4회 공판기일부터 피고인이 공소사실을 일관되게 부인하여 경찰 작성 피의자신문조서의 진술 내용을 인정하지 않는 경우**, 제1심 제4회 공판기일에 **피고인이 위 서증의 내용을 인정한 것으로 공판조서에 기재된 것은 착오 기재** 등으로 보아 **위 피의자신문조서의 증거능력을 부정하여야** 한다
(대법원2010. 6. 24.선고2010도5040판결).

▼정답 ②

46. 피의자신문조서에 대한 다음 설명 중 가장 적절하지 <u>않은</u> 것은? (다툼이 있는 경우 판례에 의함)

① 형사소송법 제312조 제1항은 검사가 작성한 피의자신문조서는 공판준비, 공판기일에 그 피의자였던 피고인 또는 변호인이 그 내용을 인정할 때에 한정하여 증거로 할 수 있다고 규정하고 있다. 여기서 '그 내용을 인정할 때'라 함은 피의자신문조서의 기재 내용이 진술 내용대로 기재되어 있다는 의미가 아니고 그와 같이 진술한 내용이 실제 사실과 부합한다는 것을 의미한다.

② 피고인이 공소사실을 부인하는 경우, 검사가 작성한 피의자신문조서 중 공소사실을 인정하는 취지의 진술 부분은 그 내용을 인정하지 않았다고 보아야 한다.

③ 피고인은 제1심에서 공소사실의 일시에 메트암페타민을 투약한 사실이 없다고 공소사실을 부인하였으므로 검찰 피의자신문조서 중 공소사실을 인정하는 취지의 진술 내용을 인정하지 않았다고 보아야 하므로, 제1심 공판조서의 일부인 증거목록에 피고인이 제1심 제2회 공판기일에서 위 검찰 피의자신문조서에 동의한 것으로 기재되어 있는 것은 착오 기재이거나 '동의'로 조서를 잘못 정리한 것으로 이해될 뿐으로써 위 검찰 피의자신문조서가 증거능력을 가지게 되는 것은 아니다.

④ 피고인이 자신과 공범관계에 있는 다른 피고인이나 피의자에 대하여 검사가 작성한 피의자신문조서의 내용을 부인하는 경우, 사법경찰관이 작성한 피의자신문조서와는 달리 형사소송법 제312조 제1항에 따라 유죄의 증거로 쓸 수 있다.

▼ 해 설

④ (×) [1] 2020. 2. 4. 법률 제16924호로 개정되어 2022. 1. 1.부터 시행된 형사소송법 제312조 제1항은 **검사가 작성한 피의자신문조서의 증거능력**에 대하여 '**적법한 절차와 방식에 따라 작성된 것**'으로서 공판준비, 공판기일에 **그 피의자였던 피고인 또는 변호인이 그 내용을 인정할 때에 한정하여 증거로 할 수 있다.**'고 규정하였다. 여기서 '그 내용을 인정할 때'라 함은 피의자신문조서의 기재 내용이 진술 내용대로 기재되어 있다는 의미가 아니고 그와 같이 진술한 내용이 실제 사실과 부합한다는 것을 의미한다.

[2] 형사소송법 제312조 제1항에서 정한 '**검사가 작성한 피의자신문조서**'란 당해 피고인에 대한 피의자신문조서만이 아니라 **당해 피고인과 공범관계에 있는 다른 피고인이나 피의자에 대하여 검사가 작성한 피의자신문조서도 포함**되고, 여기서 말하는 '공범'에는 형법 총칙의 공범 이외에도 서로 대향된 행위의 존재를 필요로 할 뿐 각자의 구성요건을 실현하고 별도의 형벌 규정에 따라 처벌되는 강학상 필요적 공범 또는 대향범까지 포함한다. 따라서 **피고인이 자신과 공범관계에 있는 다른 피고인이나 피의자에 대하여 검사가 작성한 피의자신문조서의 내용을 부인하는 경우에는** 형사소송법 제312조 제1항**에 따라 유죄의 증거로 쓸 수 없다.**

[3] 피고인과 변호인이 '**공소외인에 대한 검찰 피의자신문조서 사본**'에 관하여 내용 부인 취지에서 '**증거로 사용함에 동의하지 않는다.**'는 의견을 밝혔음에도 이를 유죄인정의 증거로 사용한 것은 형사소송법 제312조 제1항**에 관한 법리를 오해한 것이다**(대법원2023. 6. 1.선고2023도3741판결).

① (○) 대법원2023.4.27.선고 2023도2102판결

② (○) 대법원2023.4.27.선고 2023도2102판결

③ (○) 피고인은 제1심에서 공소사실의 일시에 메트암페타민을 투약한 사실이 없다고 **공소사실을 부인하였으므로** 검찰 피의자신문조서 중 공소사실을 인정하는 취지의 진술 **내용을 인정하지 않았다**고 보아야 한다. 따라서 **제1심 공판조서의 일부인 증거목록에** 피고인이 제1심 제2회 공판기일에서 위 검찰 피의자신문조서에 **동의한 것으로 기재되어 있는 것은 착오 기재이거나** 피고인이 그 조서 내용과 같이 진술한 사실이 있었다는 것을 인정한다는 것을 '동의'로 **조서를 잘못 정리한 것으로** 이해될 뿐 이로써 **위 검찰 피의자신문조서가 증거능력을 가지게 되는 것은 아니다**(대법원2023. 4. 27. 선고 2023도2102판결).

▼ 정답 ④

47. 경찰에서 공범 乙과 함께 특수절도의 범행을 일체 자백한 피의자 甲이 제1심 법정에서 이를 번복하면서 범행일체를 부인하고 있다. 다음 보기 중 옳은 것은 모두 몇 개인가?(다툼이 있는 경우 판례에 의함)

> ㉠ 사법경찰관 작성의 甲에 대한 피의자신문조서는 甲이 내용을 부인하므로 증거능력이 없다.
> ㉡ 사법경찰관 작성의 甲에 대한 피의자신문조서를 탄핵증거로 사용할 수 있다.
> ㉢ 甲을 조사한 경찰관은 법정에 증인으로 나가 甲의 자백내용을 증언할 수 있다.
> ㉣ 乙에 대한 사법경찰관 작성의 피의자신문조서는 甲이 내용을 부인하더라도 乙이 성립의 진정을 인정하면 甲에 대해 증거능력이 있다.
> ㉤ 甲에 대한 사법경찰관 작성의 피의자신문조서는 영상녹화물에 의하여 성립의 진정이 증명되면 증거능력이 있다.

① 2개
② 3개
③ 4개
④ 5개

해 설

② ㉠㉡㉢(3개)은 옳은 지문이나, ㉣㉤(2개)은 틀린 지문이다.

㉠ (O) 검사 이외의 수사기관이 작성한 피의자신문조서는 적법한 절차와 방식에 따라 작성된 것으로서 공판준비 또는 공판기일에 그 피의자였던 **피고인 또는 변호인이 그 내용을 인정할 때에 한하여 증거로 할 수 있다**(제312조 제3항).

㉡ (O) 검사가 유죄의 자료로 제출한 **사법경찰리 작성의 피고인에 대한 피의자신문조서는** 피고인이 그 **내용을 부인하는 이상 증거능력이 없으나,** 그것이 임의로 작성된 것이 아니라고 의심할 만한 사정이 없는 한 **피고인의 법정에서의 진술을 탄핵하기 위한 반대증거로 사용할 수 있다**(대판2005.8.19. 2005도2617).

㉢ (O) 피고인이 아닌 자(공소제기 전에 피고인을 피의자로 조사하였거나 그 조사에 참여하였던 자를 포함한다. 이하 이 조에서 같다)의 공판준비 또는 공판기일에서의 진술이 피고인의 진술을 그 내용으로 하는 것인 때에는 그 진술이 특히 신빙할 수 있는 상태하에서 행하여졌음이 증명된 때에 한하여 이를 증거로 할 수 있다(제316조 제1항). 이와 같이 형사소송법에서는 조사자 증언제도를 명문으로 규정하고 있다.

㉣ (X) [1] 형사소송법 제312조 제2항(현행 제313조 제3항)은 검사 이외의 수사기관이 작성한 당해 피고인에 대한 피의자신문조서를 유죄의 증거로 하는 경우뿐만 아니라 검사 이외의 수사기관이 작성한 **당해 피고인과 공범관계에 있는 다른 피고인이나 피의자에 대한 피의자신문조서를 당해 피고인에 대한 유죄의 증거로 채택할 경우에도 적용**되는바, 당해 피고인과 공범관계가 있는 다른 피의자에 대한 검사 이외의 수사기관 작성의 피의자신문조서는 그 피의자의 법정진술에 의하여 **그 성립의 진정이 인정되더라도 당해 피고인이 공판기일에서 그 조서의 내용을 부인하면 증거능력이 부정되므로** 그 당연한 결과로 그 피의자신문조서에 대하여는 사망 등 사유로 인하여 법정에서 진술할 수 없는 때에 예외적으로 증거능력을 인정하는 규정인 형사소송법 제314조가 적용되지 아니한다.
[2] **피의자가 경찰수사 단계에서 작성한 진술서에 대하여는** 검사 이외의 수사기관 작성의 피의자신문조서와 동일하게 제312조 제2항(현행 제313조 제3항)**을 적용하여야 한다**(대법원2004. 7. 15.선고2003도7185전원합의체 판결).

㉤ (X) 검사 이외의 수사기관이 작성한 피의자신문조서는 적법한 절차와 방식에 따라 작성된 것으로서 공판준비 또는 공판기일에 그 피의자였던 **피고인 또는 변호인이 그 내용을 인정할 때에 한하여 증거로 할 수 있다**(제312조 제3항). 반드시 **피고인 또는 변호인이 그 내용을 인정할 때에 한하여 증거로 할 수 있으며,** 형사소송법에 사법경찰관 작성의 피의자신문조서는 **영상녹화물에 의하여 성립의 진정이 증명되면 증거능력이 있다는 규정은 없다.**

▼정답 ②

48. 사인이 동의를 받고 피해자와 피고인이 아닌 자 간의 대화내용을 촬영한 비디오테이프의 증거능력에 대한 설명으로 가장 적절한 것은?(다툼이 있으면 판례에 의함)

① 수사기관이 아닌 사인이 피고인 아닌 사람들 간의 대화 내용을 촬영한 비디오테이프는 수사과정에서 피고인이 아닌 자가 작성한 진술서에 관한 규정이 준용된다.
② 피고인이 비디오테이프를 증거로 함에 동의하지 아니하는 이상, 그 진술부분에 대하여 증거능력을 부여하기 위해서는 비디오테이프가 원본이어야만 한다.
③ 비디오테이프는 공판준비나 공판기일에서 작성자인 촬영자의 진술에 의하여 그 비디오테이프에 녹음된 진술내용이 진술한 대로 녹음된 것이라는 점이 인정되어야 성립의 진정을 인정할 수 있다.
④ 비디오테이프의 내용에 인위적인 조작이 가해지지 않은 것을 전제로, 원진술자가 비디오테이프의 시청을 마친 후 피촬영자인 자신의 모습과 음성을 확인하고 자신과 동일인이라고 진술한 것은 비디오테이프에 녹음된 진술내용이 자신이 진술한 대로 녹음된 것이라는 취지의 진술을 한 것으로 보아야 한다.

▼해설

④ (○) 비디오테이프는 촬영대상의 상황과 피촬영자의 동태 및 대화가 녹화된 것으로서, 녹음테이프와는 달리 피촬영자의 동태를 그대로 재현할 수 있기 때문에 **비디오테이프의 내용에 인위적인 조작이 가해지지 않은 것이 전제된다면**, 비디오테이프에 촬영, 녹음된 내용을 재생기에 의해 시청을 마친 **원진술자가 비디오테이프의 피촬영자의 모습과 음성을 확인하고 자신과 동일인이라고 진술한 것**은 비디오테이프에 **녹음된 진술내용이 자신이 진술한 대로 녹음된 것이라는 취지의 진술을 한 것으로 보아야 한다**(대판2004.9.13. 2004도3161). 결국, 사건 당시 만 4년 6개월, 만 3년 7개월 남짓 된 피해자인 유아들의 증언능력 및 그 진술의 신빙성을 인정하여 유치원 원장인 피고인에게 미성년자의제강제추행치상죄가 성립한다고 보았다.
① (×) **수사기관이 아닌** 사인(私人)이 **피고인 아닌 사람과의 대화 내용을 촬영한 비디오테이프**는 형사소송법 제311조, 제312조의 규정 이외에 **피고인 아닌 자의 진술을 기재한 서류와 다를 바 없다**(대판2004.9.13. 2004도3161). **수사과정 이외의** 진술을 기재한 서류와 같다(제313조 제1항).
② (×) **피고인이 그 비디오테이프를 증거로 함에 동의하지 아니하는 이상** 그 진술 부분에 대하여 증거능력을 부여하기 위하여는, **첫째** 비디오테이프가 **원본**이거나 **원본으로부터 복사한 사본일 경우에는 복사과정에서 편집되는 등 인위적 개작 없이 원본의 내용 그대로 복사된 사본이어야 한다**(대판2004.9.13. 2004도3161).
③ (×) **형사소송법 제313조 제1항에 따라** 공판준비나 공판기일에서 **원진술자의 진술**에 의하여 그 비디오테이프에 녹음된 각자의 진술내용이 자신이 진술한 대로 녹음된 것이라는 점이 인정되어야 한다(대판2004.9.13. 2004도3161).

▼정답 ④

49. 전문법칙에 관한 다음 설명 중 옳지 않은 것은 모두 몇 개인가? (다툼이 있으면 판례에 의함)

㉠ 공소제기 전 피고인을 피의자로 신문한 사법경찰관이 그 진술내용을 법정에서 진술한 경우 형사소송법 제316조 제1항의 적용대상이 될 수 없다.
㉡ 압수물인 디지털 저장매체로부터 출력한 문건을 증거로 사용하려면 디지털 저장매체 원본에 저장된 내용과 출력한 문건의 동일성이 인정되어야 하고, 이를 위하여는 디지털 저장매체 원본이 압수된 이후 문건 출력에 이르기까지 변경되지 아니하였음이 담보되어야 한다.

ⓒ 압수된 디지털 저장매체로부터 출력한 문건을 진술증거로 사용하는 경우 그 기재 내용의 진실성에 관하여는 전문법칙이 적용되므로 형사소송법에 따라 그 작성자 또는 진술자의 진술에 의하여 그 성립의 진정함이 증명된 때에 한하여 이를 증거로 사용할 수 있다.
ⓔ 사법경찰관의 수사과정에서 피의자가 작성한 진술서의 증거능력은 제313조에 의해 성립의 진정이 증명되면 증거로 할 수 있다.
ⓜ 거짓말탐지기의 검사는 일정한 조건이 모두 충족되어 증거능력이 있는 경우에도 그 검사결과는 검사를 받는 사람의 진술의 신빙성을 가늠하는 정황증거로서의 기능을 하는데 그친다.

① 0개 ② 1개
③ 2개 ④ 3개

해 설

③ ㉠㉣(2개)는 틀린 지문이나, ㉡ㄷㅁ(3개)는 옳은 지문이다.
㉠ (×) **피고인이 아닌 자**(공소제기 전에 피고인을 피의자로 조사하였거나 그 조사에 참여하였던 자를 포함한다. 이하 이 조에서 같다)의 공판준비 또는 공판기일에서의 **진술이 피고인의 진술을 그 내용으로 하는 것인 때**에는 그 진술이 특히 신빙할 수 있는 상태하에서 행하여졌음이 증명된 때에 한하여 이를 증거로 할 수 있다(제316조 제1항). 결국, 형사소송법 **제316조 제1항(조사자 증언제도)**이 **적용된다**.
㉡ㄷ (○) [1] **압수물인 디지털 저장매체로부터 출력한 문건을 증거로 사용하기 위해서는** 디지털 저장매체 원본에 저장된 내용과 출력한 문건의 **동일성이 인정**되어야 하고, 이를 위해서는 디지털 저장매체 **원본이 압수시부터 문건 출력시까지 변경되지 않았음(무결성)이 담보되어야** 한다. 특히 디지털 저장매체 원본을 대신하여 저장매체에 저장된 자료를 '하드카피' 또는 '이미징'한 매체로부터 출력한 문건의 경우에는 디지털 저장매체 원본과 '하드카피' 또는 '이미징'한 매체 사이에 자료의 동일성도 인정되어야 할 뿐만 아니라, 이를 확인하는 과정에서 이용한 컴퓨터의 기계적 정확성, 프로그램의 신뢰성, 입력·처리·출력의 각 단계에서 조작자의 전문적인 기술능력과 정확성이 담보되어야 한다.
[2] 그리고 **압수된 디지털 저장매체로부터 출력한 문건을 진술증거로 사용하는 경우**, 그 기재 **내용의 진실성에** 관하여는 **전문법칙이 적용되므로** 형사소송법 **제313조 제1항**에 따라 그 작성자 또는 진술자의 진술에 의하여 그 성립의 신정힘이 증명된 때에 한하여 이를 증거로 사용할 수 있다(대법원2007. 12. 13.선고2007도7257판결).
㉣ (×) [1] **사법경찰관의 수사과정에서 피의자가 작성한 진술서의 증거능력**은 **사법경찰관이 작성한 피의자신문조서와 마찬가지로 적법한 절차와 방식에 따라 작성된 것으로서** 공판준비 또는 공판기일에 그 피의자였던 **피고인 또는 변호인이 그 내용을 인정할 때에 한하여 증거로 할 수 있다**(적+내)(제312조 제5항).
[2] **사법경찰관이 피의자를 조사하는 과정에서** 형사소송법 제244조에 의하여 피의자신문조서에 기재됨이 마땅한 **피의자의 진술내용을 진술서의 형식으로 피의자로 하여금 기하여 제출케 한 경우에는 그 진술성의 증거능력 유무는 검사이외의 수사기관이 작성한 피의자 신문조서와 마찬가지로** 형사소송법 제312조 제2항(현행 제312조 제3항)**에 따라 결정되어야** 할 것이고 동법 제313조 제1항 본문에 따라 결정할 것이 아니다(대법원 1982. 9. 14.선고82도1479전원합의체 판결).
㉤ (○) 거짓말탐지기의 검사는 그 기구의 성능, 조작기술 등에 있어 신뢰도가 극히 높다고 인정되고 그 검사자기 적격자이며, 검사를 받는 사람이 검사를 받음에 동의하였으며 검사서가 검사자 자신이 실시한 검사의 방법, 경과 및 그 결과를 충실하게 기재하였다는 등의 전제조건이 증거에 의하여 확인되었을 경우에만 형사소송법 제313조 제2항에 의하여 이를 증거로 할 수 있는 것이고 위와 같은 **조건이 모두 충족되어 증거능력이 있는 경우에도 그 검사결과는** 검사를 받는 사람의 진술의 신빙성을 가늠하는 **정황증거로서의 기능을 하는데 그치는 것이다**(대법원1987. 7. 21.선고87도968판결).

정답 ③

50. 형사소송법 제314조의 증거능력 인정요건에 관한 설명 중 가장 적절하지 않은 것은? (다툼이 있는 경우 판례에 의함)
(2023. 1차 경찰채용)

① 「형사소송법」 제314조의 특신상태의 증명은 참고인의 진술 또는 조서의 작성이 특히 신빙할 수 있는 상태에서 행하여졌음에 대한 개연성 있는 정도의 증명으로 족하고, 법관으로 하여금 반드시 합리적인 의심의 여지를 배제할 정도에 이르러야 하는 것은 아니다.

② 「형사소송법」 제314조의 '특신상태'와 관련된 법리는 마찬가지로 원진술자의 소재불명 등을 전제로 하고 있는 「형사소송법」 제316조 제2항의 '특신상태'에 관한 해석에도 그대로 적용된다.

③ 「형사소송법」 제314조에서 말하는 '원진술자가 진술을 할 수 없는 때'에는 사망, 질병 등 명시적으로 열거된 사유 외에도, 원진술자가 공판정에서 진술을 한 경우라도 증인신문 당시 일정한 사항에 관하여 기억이 나지 않는다는 취지로 진술하여 그 진술의 일부가 재현 불가능하게 된 경우도 포함한다.

④ 수사기관에서 진술한 참고인이 법정에서 증언을 거부하여 피고인이 반대신문을 하지 못한 경우에는 정당하게 증언거부권을 행사한 것이 아니라도, 피고인이 증인의 증언거부 상황을 초래하였다는 등의 특별한 사정이 없는 한 「형사소송법」 제314조의 '그 밖에 이에 준하는 사유로 인하여 진술할 수 없는 때'에 해당하지 않는다고 보아야 한다.

해설

① (×) 형사소송법 제314조가 참고인의 소재불명 등의 경우에 그 참고인이 진술하거나 작성한 진술조서나 진술서에 대하여 증거능력을 인정하는 것은, 형사소송법이 제312조 또는 제313조에서 참고인 진술조서 등 서면증거에 대하여 피고인 또는 변호인의 반대신문권이 보장되는 등 엄격한 요건이 충족될 경우에 한하여 증거능력을 인정할 수 있도록 함으로써 직접심리주의 등 기본원칙에 대한 예외를 인정한 데 대하여 다시 중대한 예외를 인정하여 원진술자 등에 대한 반대신문의 기회조차 없이 증거능력을 부여할 수 있도록 한 것이므로, 그 경우 참고인의 진술 또는 작성이 '특히 신빙할 수 있는 상태하에서 행하여졌음에 대한 증명(**특신상태의 증명**)'은 단지 그러할 개연성이 있다는 정도로는 부족하고 합리적인 의심의 여지를 배제할 정도에 이르러야 한다(대법원2014. 4. 30.선고2012도725판결).

② (○) **형사소송법 제314조의 '특신상태'와 관련된 법리**는 마찬가지로 원진술자의 소재불명 등을 전제로 하고 있는 형사소송법 제316조 제2항의 '**특신상태'에 관한 해석에도 그대로 적용된다**(대법원2014. 4. 30. 선고2012도725판결).

③ (○) 수사기관에서 진술한 피해자인 유아가 공판정에서 진술을 하였더라도 증인신문 당시 일정한 사항에 관하여 기억이 나지 않는다는 취지로 진술하여 **그 진술의 일부가 재현불가능하게 된 경우**, 형사소송법 제314조, **제316조 제2항에서 말하는 '원진술자가 진술을 할 수 없는 때'에 해당한다**(대법원2006. 4. 14. 선고2005도9561판결).

④ (○) [1] **수사기관에서 진술한 참고인이 법정에서 증언을 거부하여 피고인이 반대신문을 하지 못한 경우에는** 정당하게 증언거부권을 행사한 것이 아니라도, 피고인이 증인의 증언거부상황을 초래하였다는 등의 특별한 사정이 없는 한 **형사소송법 제314조의 '그 밖에 이에 준하는 사유로 인하여 진술할 수 없는 때'에 해당하지 않는다**고 보아야 한다. 따라서 **증인이 정당하게 증언거부권을 행사하여 증언을 거부한 경우와 마찬가지로** 수사기관에서 그 **증인의 진술을 기재한 서류는 증거능력이 없다**.
[2] 다만 피고인이 증인의 증언거부상황을 초래하였다는 등의 특별한 사정이 있는 경우에는 형사소송법 제314조의 적용을 배제할 이유가 없다. 이러한 경우까지 형사소송법 제314조의 '그 밖에 이에 준하는 사유로 인하여 진술할 수 없는 때'에 해당하지 않는다고 보면 사건의 실체에 대한 심증 형성은 법관의 면전에서 본래 증거에 대한 반대신문이 보장된 증거조사를 통하여 이루어져야 한다는 실질적 직접심리주의와 전문법칙에 대하여 예외를 정한 형사소송법 제314조의 취지에 반하고 정의의 관념에도 맞지 않기 때문이다(대법원2019. 11. 21. 선고2018도13945전원합의체 판결).

정답 ①

51. 형사소송법 제314조의 증거능력 인정요건에 관한 설명 중 가장 적절하지 않은 것은? (다툼이 있는 경우 판례에 의함)

① 수사기관에서 진술한 참고인이 법정에서 증언을 거부하여 피고인이 반대신문을 하지 못한 경우에는 정당하게 증언거부권을 행사한 것이 아니라도, 피고인이 증인의 증언거부 상황을 초래하였다는 등의 특별한 사정이 없는 한 「형사소송법」 제314조의 '그 밖에 이에 준하는 사유로 인하여 진술할 수 없는 때'에 해당하지 않는다.

② 피고인이 증인의 증언거부 상황을 초래하였다는 등의 특별한 사정이 있는 경우에는 형사소송법 제314조의 적용을 배제할 이유가 없다.

③ 피고인이 증거서류의 진정성립을 묻는 검사의 질문에 대하여 진술거부권을 행사하여 진술을 거부한 경우는 형사소송법 제314조의 '그 밖에 이에 준하는 사유로 인하여 진술할 수 없는 때'에 해당한다.

④ 진술을 요할 자에 대한 소재탐지촉탁결과 그 소재를 알지 못하게 된 경우 및 진술을 요할 자가 법원의 소환에 불응하고 그에 대한 구인장이 집행되지 않은 경우가 형사소송법 제314조 소정의 '공판정에 출정하여 진술할 수 없는 때'에 해당한다.

해설

③ (×) [1] **헌법은** 모든 국민은 형사상 자기에게 불리한 진술을 강요당하지 아니한다고 선언하고(제12조 제2항), 형사소송법은 피고인은 진술하지 아니하거나 개개의 질문에 대하여 진술을 거부할 수 있다고 규정하여(제283조의2 제1항), **진술거부권을 피고인의 권리로서 보장하고 있다.** 위와 같은 현행 형사소송법 제314조의 문언과 개정 취지, 진술거부권 관련 규정의 내용 등에 비추어 보면, **피고인이 증거서류의 진정성립을 묻는 검사의 질문에 대하여 진술거부권을 행사하여 진술을 거부한 경우는 형사소송법 제314조의 '그 밖에 이에 준하는 사유로 인하여 진술할 수 없는 때'에 해당하지 아니한다.**
[2] 피고인 1, 피고인 2가 '공소외 1 USB 문건', '피고인 3 컴퓨터 발견 문건', '피고인 2 이메일 첨부서류', '공소외 2 제출 서류'의 진정성립을 묻는 검사의 질문에 대하여 진술거부권을 행사한 경우를 형사소송법 제314조의 '공판준비 또는 공판기일에 진술을 요하는 자가 사망·질병·외국거주·소재불명 기타 그 밖에 이에 준하는 사유로 인하여 **진술할 수 없는 때**'에 해당한다고 해석하는 것은 진술거부권의 행사를 이유로 위 피고인들에게 불이익을 과하는 것으로서 허용되지 아니하므로, 위 각 문서들은 **형사소송법 제314조에 의하여 증거능력이 인정되지 않는다**(대법원2013. 6. 13. 선고2012도16001판결).

①② (○) **수사기관에서 진술한 참고인이** 법정에서 증언을 거부하여 피고인이 반대신문을 하지 못한 경우에는 정당하게 증언거부권을 행사한 것이 아니라도, 피고인이 증인의 증언거부상황을 초래하였다는 등의 특별한 사정이 없는 한 형사소송법 제314조의 '그 밖에 이에 준하는 사유로 인하여 진술할 수 없는 때'에 해당하지 **않는다고 보아야 한다.** 따라서 증인이 정당하게 증언거부권을 행사하여 증언을 거부한 경우와 마찬가지로 수사기관에서 그 증인의 진술을 기재한 서류는 증거능력이 없다.
[2] 다만 피고인이 증인의 증언거부상황을 초래하였다는 등의 특별한 사정이 있는 경우에는 형사소송법 제314조의 적용을 배제할 이유가 없다. 이러한 경우까지 형사소송법 제314조의 '그 밖에 이에 준하는 사유로 인하여 진술할 수 없는 때'에 해당하지 않는다고 보면 사건의 실체에 대한 심증 형성은 법관의 면전에서 본래증거에 대한 반대신문이 보장된 증거조사를 통하여 이루어져야 한다는 **실질적 직접심리주의와 전문법칙에 대하여 예외를 정한 형사소송법 제314조의 취지에 반하고 정의의 관념에도 맞지 않기 때문이다**(대법원2019. 11. 21. 선고2018도13945전원합의체 판결).

④ (○) [1] 법원이 수회에 걸쳐 진술을 요할 자에 대한 **증인소환장이 송달되지 아니하여 그 소재탐지촉탁까지 하였으나 그 소재를 알지 못하게 된 경우** 또는 진술을 요할 자가 일정한 주거를 가지고 있더라도 법원의 소환에 계속 불응하고 구인하여도 구인장이 집행되지 아니하는 등 **법정에서의 신문이 불가능한 상태의 경우**에는 형사소송법 제314조 소정의 "공판정에 출정하여 진술을 할 수 없는 때"에 해당한다고 할 것이므로, 그 진술내용이나 조서의 작성에 허위개입의 여지가 거의 없고 그 진술내용의 신빙성이나 임의성을 담보할 구체적이고 외부적인 정황이 있는 경우에는 그 **진술조서의 증거능력이 인정된다.**

[2] 제1심은 갑을 증인으로 채택하여 소환을 하였으나 소환장이 송달불능되므로, 그에 대하여 소재탐지촉탁까지 하였으나 그 소재를 알지 못하였고, 또 乙을 증인으로 채택하여 소환하였으나 소환장이 송달불능되자 소재탐지촉탁을 하여 소환장이 송달되었으나 위 을은 공판기일에 불출석하므로 그에 대하여 **구인장을 발부하였으나 그 집행이 되지 아니하였으며**, 한편 원심은 병을 증인으로 채택하여 소환하였으나 소환장이 송달불능되자 그에 대하여 소재탐지촉탁까지 하였으나 그 소재를 알지 못하였음을 알 수 있는바, 위와 같은 사정 아래서는 **갑의 경찰 진술조서, 병의 진술서의 각 기재**는 증인소환장이 송달되지 아니하여 그 소재탐지촉탁까지 하였으나 그 소재를 알지 못하게 된 경우에 해당하고, 또 **을의 경찰 진술조서의 기재**는 을이 법원의 소환에 계속 불응하고 구인하여도 구인장이 집행되지 아니하는 등 **법정에서의 신문이 불가능한 상태의 경우에 해당한다**할 것이며, 한편 위 갑, 을, 병의 진술내용이 구체적인 점, 그 진술이 이루어진 전후 사정 등 기록에 나타난 여러 가지 사정에 비추어 볼 때 그 진술내용의 신빙성이나 임의성도 인정된다고 할 것이므로, **위 각 진술조서와 진술서의 각 기재**는 형사소송법 제314조에 의하여 증거능력이 있다고 할 것이다.

[3] 따라서 위 갑, 을, 병에 대한 수사기관에서의 진술조서 내지 진술서의 기재의 증거능력이 인정되므로, **피고인에게 이를 유죄의 증거로 삼은 것은 정당하다**(대법원2000. 6. 9.선고2000도1765판결).

▶정답 ③

52. 다음 중 형사소송법 제314조에 규정된 '진술을 요하는 자가 사망·질병·외국거주·소재불명 그 밖에 이에 준하는 사유로 진술할 수 없는 때'에 해당하지 않은 것은 모두 몇 개인가? (다툼이 있는 경우 판례에 의함)

㉠ 원진술자인 유아가 공판정에서 진술한 경우라도 증인신문 당시 "일정한 사항에 관하여 기억이 나지 않는다"는 취지로 진술하여 그 진술의 일부가 재현불가능하게 된 경우

㉡ 진술을 요할 자가 중풍·언어장애 등 장애등급 3급 5호의 장애로 인하여 법정에 출석할 수 없었고, 그 후 신병을 치료하기 위하여 속초로 간 후에는 그에 대한 소재탐지가 불가능하게 된 경우

㉢ 일본에 거주하는 사람을 증인으로 채택하여 환문코자 하였으나 외교통상부로부터 현재 일본측에서 형사사건에 대하여는 양국 형법체계상의 상이함을 이유로 송달에 응하지 않고 있어 그 송달이 불가능하다는 취지의 회신을 받은 경우

㉣ 법정에 출석한 증인이 증언거부권을 행사하여 증언을 거부하는 경우

㉤ 피고인이 증거서류의 진정성립을 묻는 검사의 질문에 대하여 진술거부권을 행사하여 진술을 거부한 경우

① 0개 ② 1개
③ 2개 ④ 3개

▼해설

③ ㉠㉡㉢(3개)은 **제314조의 예외사유에 해당하나**(증거능력이 인정됨), ㉣㉤(2개)은 제314조의 예외사유에 해당하지 않는다.

㉠ (O) 피해자가 공판정에서 진술을 한 경우라도 증인신문 당시 일정한 사항에 관하여 기억이 나지 않는다는 취지로 진술하여 **그 진술의 일부가 재현 불가능하게 된 경우도** 위 조항(형사소송법 제314조)이 규정하는 '**원진술자가 진술을 할 수 없는 때**'에 해당한다(대법원1999. 11. 26.선고99도3786판결).

㉡ (O) 검사 및 사법경찰리가 작성한 이주택에 대한 각 진술조서의 증거능력에 관하여는 제1심법원이 그를 증인으로 채택, 수회에 걸쳐 소환장과 구인영장을 발부하여 그가 소환장을 직접 받은 적도 있었으나, **중풍, 언어장애 등 장애등급 3급 5호의 장애로 인하여 법정에 출석할 수 없었던 것이고**, 그 후 신병을 치료하기 위하여

속초로 간 후에는 그에 대한 소재탐지가 불가능하게 된 사실이 인정되므로, 이러한 경우에는 형사소송법 제314조 소정의 공판기일에 진술을 요할 자가 질병 기타 사유로 인하여 진술할 수 없는 때에 해당한다(대법원 1999. 5. 14. 선고99도202판결).

ⓒ (○) **일본에 거주하는 사람을 증인으로 채택하여 환문코자 하였으나** 외무부로부터 현재 일본측에서 형사사건에 대하여는 양국 형법체계상의 상이함을 이유로 송달에 응하지 않고 있어 **그 송달이 불가능하다는 취지의 회신을 받고 위 증인을 취소하였다면** 이러한 사유는 **형사소송법 제314조 소정의 공판기일에서 진술을 요할 자가 기타 사유로 인하여 진술할 수 없는 때에 해당한다**(대법원1987. 9. 8.선고87도1446판결).

ⓔ (×) 법정에 출석한 증인이 형사소송법 제148조, 제149조 등에서 정한 바에 따라 **정당하게 증언거부권을 행사하여 증언을 거부한 경우**는 형사소송법 제314조의 '그 밖에 이에 준하는 사유로 인하여 진술할 수 없는 때'에 **해당하지 않는다**(대법원2012. 5. 17.선고2009도6788전원합의체 판결).

ⓜ (×) 피고인이 증거서류의 진정성립을 묻는 검사의 질문에 대하여 **진술거부권을 행사하여 진술을 거부한 경우**는 형사소송법 제314조의 '그 밖에 이에 준하는 사유로 인하여 진술할 수 없는 때'에 **해당하지 아니한다**(대법원2013. 6. 13.선고2012도16001판결).

▼정답 ③

53. 다음 중 형사소송법 제314조에 규정된 '진술을 요하는 자가 사망, 질병, 외국거주, 소재불명 그 밖에 이에 준하는 사유로 인하여 진술할 수 없는 때'에 해당하는 것은? (다툼이 있으면 판례에 의함)

① 피해자가 증인으로 소환받고도 출산을 앞두고 있다는 사유로 출석하지 아니한 경우
② 증인의 주소지가 아닌 곳으로 소환장을 보내 송달불능이 되자 그곳을 중심으로 한 소재탐지 끝에 소재불능회보를 받은 경우
③ 만 5세 무렵에 당한 성추행으로 인하여 외상 후 스트레스 증후군을 앓고 있다는 등의 이유로 출석하지 않은 경우
④ 증인으로 채택하여 국내의 주소지 등으로 소환하였으나 소환장이 송달불능되었고, 미국으로 출국하여 그 곳에 거주하고 있음이 밝혀져 다시 미국 내 주소지로 증인소환증을 발송하자, 제1심법원에 경위서를 제출하면서 장기간 귀국할 수 없음을 통보한 경우

▼해설

④ (○) 제1심은 갑을 증인으로 채택하여 국내의 주소지 등으로 소환하였으나 소환장이 송달불능되었고, 갑이 2003. 5. 16. 미국으로 출국하여 그곳에 거주하고 있음이 밝혀지자 다시 미국 내 주소지로 증인소환장을 발송하였으나, 갑이 제1심법원에 경위서를 제출하면서 장기간 귀국할 수 없음을 통보하였는바, 갑에 대한 특별검사 및 검사 작성의 각 진술조서와 갑이 작성한 각 진술서는 **증인이 외국거주 등 사유로 인하여 법정에서의 신문이 불가능한 상태의 경우에 해당된다고 할 것**이고, 그 진술이 이루어진 전후 사정, 그 과정과 내용 등 기록에 나타난 여러 가지 사정 등에 비추어 볼 때 그 진술내용의 신빙성이나 임의성도 인정된다고 할 것이므로, 위 각 진술조서와 진술서의 각 기재는 **형사소송법 제314조에 의하여 증거능력이 있다고 할 것이다**(대판2007.6.14. 2004도5561).

① (×) **피해자가 증인으로 소환받고도 출산을 앞두고 있다는 사유로 출석하지 아니한 경우**, 피고인이 증거로 함에 부동의한 피해자에 대한 진술조서가 **형사소송법 제314조에 의하여 증거능력이 인정될 수 없다**(대판99도915).

② (×) 증인의 주소지가 **아닌 곳으로 소환장을 보내 송달불능이 되자 그곳을 중심으로 소재탐지를 하여 불능회보를 받은 경우** 형사소송법 **제314조에서 정한 원진술자가 공판정에서 진술할 수 없는 때에 해당하지 않는다**(대법원2006. 12. 22.선고2006도7479판결).

③ (×) 만 5세 무렵에 당한 성추행으로 인하여 **외상 후 스트레스 증후군을 앓고 있다는 등의 이유로** 공판정에 출석하지 아니한 **약 10세 남짓의 성추행 피해자에 대한 진술조서가 형사소송법 제314조에 정한 필요성의 요건과 신용성 정황적 보장의 요건을 모두 갖추지 못하여 증거능력이 없다**(대판2004도3619).

▼정답 ④

54. 「형사소송법」제315조에 의해서 당연히 증거능력이 인정되는 것이 아닌 것은 모두 몇 개인가?(다툼이 있으면 판례에 의함)

> ㉠ 주민들의 진정서 사본
> ㉡ 국립과학수사연구소장 작성의 감정의뢰 회보서
> ㉢ (구) 군법회의 판결사본
> ㉣ 육군과학수사연구소 실험분석관이 작성한 감정서
> ㉤ 구속적부심문조서

① 1개 ② 2개
③ 3개 ④ 4개

▼해 설

② ㉡㉢㉤(3개)가 당연히 증거능력이 인정되는 서류이나, ㉠㉣(2개)는 당연히 증거능력이 인정되는 서류가 아니다.
㉠ (×) **주민들의 진정서 사본**은 피고인이 증거로 함에 동의하지 않고 기록상 원본의 존재나 그 진정성립을 인정할 아무런 자료도 없을 뿐 아니라 형사소송법 제315조 제3호의 규정사유도 없으므로 이를 증거로 할 수 없다(대법원1983. 12. 13.선고83도2613판결).
㉡ (○) **국립과학수사연구소장 작성의 감정의뢰 회보서**와 사법경찰관 사무취급 작성의 실황조사서를 유죄의 증거로 거시하고 있는바 기록에 의하면 피고인이 위 각 서류를 증거로 함에 동의하지 않았음은 소론과 같으나 위 회보서는 공무원인 위 연구소장이 직무상 증명할 수 있는 사항에 관하여 작성한 문서라고 할 것이므로 **당연히 증거능력있는 서류라고 할 것이다**(대판1982.9.14. 82도1504).
㉢ (○) **군법회의판결사본**(교도소장이 교도소에 보관 중인 판결등본을 사본한 것)은 **특히 신용할 만한 정황에 의하여 작성된 문서라고 볼 여지가 있으므로** 피고인이 증거로 함에 부동의하거나 그 진정성립의 증명이 없다는 이유로 그 증거능력을 부인할 수 없다(대판81도2591).
㉣ (×) **육군과학수사연구소 실험분석관이 작성한 감정서**는 피고인들이 이를 증거로 함에 **동의하지 아니하는 경우**에는 유죄의 증거로 할 수 있는 **증거능력이 없다**(대법원1976. 10. 12.선고76도2960판결).
㉤ (○) **구속적부심문조서**는 형사소송법 제311조가 규정한 문서에는 해당하지 않는다 할 것이나, **특히 신용할 만한 정황에 의하여 작성된 문서라고 할 것이므로** 특별한 사정이 없는 한, 피고인이 증거로 함에 부동의하더라도 **형사소송법 제315조 제3호에 의하여 당연히 그 증거능력이 인정된다**(대판2003도5693).

▼정답 ②

55. 당연히 증거능력이 있는 서류가 아닌 것은 모두 몇 개인가?(다툼이 있는 경우 판례에 의함)

> ㉠ 가족관계기록사항에 관한 증명서
> ㉡ 육군과학수사연구소 실험분석관 작성의 감정서
> ㉢ 상업장부
> ㉣ 공정증서 등본
> ㉤ 법원의 명령을 받은 감정인이 작성한 감정서
> ㉥ 법원의 판결 사본

① 1개 ② 2개
③ 3개 ④ 4개

▼해 설

② ㉠㉢㉣㉤(4개)은 당연히 증거능력이 있는 서류이나, ㉡㉤(2개)은 당연히 증거능력이 있는 서류가 아니다.

㉠㉣ (O) **가족관계기록사항에 관한 증명서, 공정증서등본** 기타 공무원 또는 외국공무원의 직무상 증명할 수 있는 사항에 관하여 작성한 문서는 **당연히 증거능력이 있는 서류이다**(형사소송법 제315조 제1호).

㉡ (×) **육군과학수사연구소 실험분석관이 작성한 감정서**는 피고인들이 이를 증거로 함에 **동의하지 아니하는 경우에는 유죄의 증거로 할 수 있는 증거능력이 없다**(대판1976.10.12. 76도2960). 결국 당연히 증거능력이 있는 서류는 아니다.

㉢ (O) **상업장부, 항해일지 기타 업무상 필요로 작성한 통상문서**는 **당연히 증거능력이 있는 서류이다**(형사소송법 제315조 제2호).

㉤ (×) 법원의 명령을 받은 **감정인이 작성한 감정서** 역시 작성자에 의하여 **성립의 진정이 증명되어야 한다**(제313조 제2항). 결국 당연히 증거능력이 있는 서류는 아니다.

㉥ (O) **군법회의판결사본**(교도소장이 교도소에 보관 중인 판결등본을 사본한 것)은 **특히 신용할 만한 정황에 의하여 작성된 문서라고 볼 여지가 있으므로**(형사소송법 제315조 제3호) 피고인이 증거로 함에 부동의하거나 그 진정성립의 증명이 없다는 이유로 그 증거능력을 부인할 수 없다(대판81도2591).

▼정답 ②

56. 「형사소송법」 제315조에 의하여 당연히 증거능력이 인정되는 것으로 가장 적절하지 <u>않은</u> 것은? (다툼이 있는 경우 판례에 의함)

① 보험사기 사건에서 건강보험심사평가원이 수사기관의 의뢰에 따라 수사기관이 보내온 자료를 토대로 입원진료의 적정성에 대한 의견을 제시하는 내용의 건강보험심사평가원의 입원진료 적정성 여부 등 검토의뢰에 대한 회신
② 일본 세관공무원 작성의 필로폰에 대한 범칙물건감정서등본과 분석의뢰서 및 분석 회답서등본
③ 다른 피고인에 대한 형사사건의 공판조서 중 일부인 증인신문조서
④ 성매매업소에 고용된 여성들이 성매매를 업으로 하면서 영업에 참고하기 위하여 성매매 상대방의 아이디와 전화번호 및 성매매방법 등을 메모지에 적어두었다가 직접 메모리카드에 입력하거나 업주가 고용한 다른 여직원이 그 내용을 입력한 경우의 메모리카드 내용

▼해 설

① (×) **보험사기 사건에서 건강보험심사평가원**이 수사기관의 의뢰에 따라 그 보내온 자료를 토대로 입원진료의 적정성에 대한 의견을 제시하는 내용의 '**건강보험심사평가원의 입원진료 적정성 여부 등 검토의뢰에 대한 회신**'은 형사소송법 제315조 제3호의 '기타 특히 신용할 만한 정황에 의하여 작성된 문서'에 **해당하지 않는다**(대판2017.12.5. 2017도12671).

② (O) **외국공무원이 직무상 증명할 수 있는 사항에 관하여 작성한 문서는 이를 증거로 할 수 있으므로**(형사소송법 제315조 제1호), 원심이 이 사건 **일본하관 세관서 통괄심리관 작성의 범칙물건감정서등본과 분석의뢰서 및 분석 회답서등본 등을 증거로 하였음은 적법하다**(대판1984.2.28. 83도3145). 결국, 외국 공무원이 직무상 작성한 문서는 당연히 증거능력이 인정된다.

③ (O) **다른 피고인에 대한 형사사건의 공판조서는 형사소송법 제315조 제3호에 정한 서류로서 당연히 증거능력이 있는바**(대법원 1964. 4. 28. 선고 64도135 판결, 1966. 7. 12. 선고 66도617 판결 등 참조), **공판조서 중 일부인 증인신문조서** 역시 형사소송법 제315조 제3호에 정한 서류로서 **당연히 증거능력이 있다고 보아야 할 것이다**(대판2005.4.28. 2004도4428).

④ (O) 성매매업소에 고용된 여성들이 성매매를 업으로 하면서 영업에 참고하기 위하여 성매매 상대방의 아이디와 전화번호 및 성매매방법 등을 메모지에 적어두었다가 직접 메모리카드에 입력하거나 업주가 고용한

다른 여직원이 그 내용을 입력한 사안에서, 위 **메모리카드의 내용**은 형사소송법 **제315조 제2호**의 '**영업상 필요로 작성한 통상문서**'로서 **당연히 증거능력 있는 문서에 해당한다**(대판2007.7.26. 2007도3219).

▶정답 ①

57. 형사소송법 제316조 제2항에 대한 설명으로 가장 적절하지 않은 것은? (다툼이 있으면 판례에 의함)

① 피고인 아닌 자의 진술이 피고인 아닌 타인의 진술을 그 내용으로 하는 것인 때에는 원진술자가 사망, 질병, 외국거주, 소재불명, 그밖에 이에 준하는 사유로 인하여 진술할 수 없고, 그 진술이 특히 신빙할 수 있는 상태하에서 행하여졌음이 증명된 때에 한하여 이를 증거로 할 수 있다.
② 형사소송법 제316조 제2항에서 말하는 '피고인 아닌 자'라고 함은 제3자는 말할 것도 없고 공동피고인이나 공범자를 모두 포함한다.
③ 전문진술의 원진술자인 공동피고인들이 법정에서 공소사실을 부인하는 경우 '원진술자가 사망 질병, 외국거주, 소재불명 그 밖에 이에 준하는 사유로 인하여 진술할 수 없는 때'에 해당되지 않으므로 그 증거능력을 인정할 수 없다.
④ 피고인(甲) 아닌 제1심 상피고인(乙)은 '피고인 아닌 자'에 해당하지 않으므로 그가 제1심 법정에서 범죄사실을 부인하는 경우라도 제1심 상피고인의 진술을 그 내용으로 하는 증언 및 진술은 증거능력이 인정될 수 있다.

▶해 설

④ (×) [1] 형사소송법 제316조 제2항에 의하면 피고인 아닌 자의 공판준비 또는 공판 기일에서의 진술이 피고인 아닌 타인의 진술을 그 내용으로 하는 것인 때에는 원진술자가 사망. 질병 기타 사유로 인하여 진술할 수 없고 그 진술이 특히 신빙할 수 있는 상태하에서 행하여진 때에 한하여 이를 증거로 할 수 있다고 규정하고 있는데 여기서 말하는 "**피고인 아닌 타인**"이라 함은 **제3자는 말할 것도 없고 공동피고인이나 공범자를 모두 포함한다**.
[2] 피고인 甲이 아닌 **상피고인 乙도 '피고인 아닌 자'에 해당한다**고 할 것이니 상피고인 乙이 제1심 법정에서 간통사실을 부인하는 이 사건에 있어서는 원진술자인 상피고인 乙이 사망, 질병 기타 사유로 인하여 진술할 수 없는 때에 해당되지 아니하므로 **상피고인 乙의 진술을 그 내용으로 하는 증언 및 진술은 전문증거로서 증거능력이 없다**(대법원1984. 11. 27.선고84도2279판결).
① (○) 제316조 제2항
② (○) 형사소송법 **제316조 제2항에 의하면 피고인 아닌 자**의 공판준비 또는 공판기일에서의 진술이 피고인 아닌 타인의 진술을 그 내용으로 하는 것인 때에는 원진술자가 사망, 질병 기타 사유로 인하여 진술할 수 없고 그 진술이 특히 신빙할 수 있는 상태 하에서 행하여진 때에 한하여 이를 증거로 할 수 있다고 규정하고 있는데, 여기서 말하는 **피고인 아닌 자라고 함은 제3자는 말할 것도 없고 공동피고인이나 공범자를 모두 포함한다**고 해석된다(대법원2007. 2. 23.선고2004도8654판결).
③ (○) 형사소송법 제316조 제2항은 "피고인 아닌 자의 공판준비 또는 공판기일에서의 진술이 피고인 아닌 타인의 진술을 그 내용으로 하는 것인 때에는 원진술자가 사망, 질병, 외국거주, 소재불명, 그 밖에 이에 준하는 사유로 인하여 진술할 수 없고, 그 진술이 특히 신빙할 수 있는 상태하에서 행하여졌음이 증명된 때에 한하여 이를 증거로 할 수 있다"고 규정하고 있고, 같은 조 제1항에 따르면 위 '피고인 아닌 자'에는 공소제기 전에 피고인 아닌 타인을 조사하였거나 그 조사에 참여하였던 자(이하 '조사자'라고 한다)도 포함된다. 따라서 **조사자의 증언에 증거능력이 인정되기 위해서는 원진술자가 사망, 질병, 외국거주, 소재불명, 그 밖에 이에 준하는 사유로 인하여 진술할 수 없어야 하는 것이라서, 원진술자가 법정에 출석하여 수사기관에서 한 진술을 부인하는 취지로 증언한 이상 원진술자의 진술을 내용으로 하는 조사자의 증언은 증거능력이 없다**(대법원2008. 9. 25.선고2008도6985판결).

▶정답 ④

58. 전문법칙과 전문법칙의 예외에 관한 설명으로 가장 적절하지 않은 것은?(다툼이 있는 경우 판례에 의함)

① A가 B와의 개별면담에서 대화한 내용을 피고인 甲에게 불러주었고, 그 내용이 기재된 甲의 업무수첩이 그 대화내용을 증명하기 위한 진술증거인 경우에는 전문진술로서 형사소송법 제316조 제2항에 따라 원진술자가 사망, 질병, 외국거주, 소재불명 그 밖에 이에 준하는 사유로 진술할 수 없고 그 진술이 특히 신빙할 수 있는 상태에서 한 것임이 증명된 때에 한하여 증거로 사용할 수 있다.

② 전문의 진술을 증거로 함에 있어서는 전문진술자가 원진술자로부터 진술을 들을 당시 원진술자가 증언능력에 준하는 능력을 갖춘 상태에 있어야 할 것이다.

③ 피해자가 제1심 법정에서 수사기관에서의 진술조서에 대해 실질적 진정성립을 부인하는 취지로 진술하였다면, 이후 피해자가 사망하였더라도 피해자를 조사하였던 조사자에 의한 수사기관에서 이루어진 피해자의 진술을 내용으로 하는 제2심 법정에서의 증언은 증거능력이 없다.

④ 조세범칙조사를 담당하는 세무공무원이 피고인이 된 혐의자 또는 참고인에 대하여 심문한 내용을 기재한 조서는 검사·사법경찰관 등 수사기관이 작성한 조서와 동일하게 볼 수 있으므로 형사소송법 제312조에 따라 증거능력의 존부를 판단할 수는 있다.

▶ 해 설

④ (×) [1] 조세범칙조사를 담당하는 **세무공무원이** 피고인이 된 혐의자 또는 참고인에 대하여 **심문한 내용을 기재한 조서는 검사·사법경찰관 등 수사기관이 작성한 조서와 동일하게 볼 수 없으므로 형사소송법 제312조에 따라 증거능력의 존부를 판단할 수는 없고**, 피고인 또는 피고인이 아닌 자가 작성한 진술서나 그 진술을 기재한 서류에 해당하므로 **형사소송법 제313조에 따라** 공판준비 또는 공판기일에서 작성자·진술자의 진술에 따라 **성립의 진정함이 증명되고** 나아가 그 **진술이 특히 신빙할 수 있는 상태** 아래에서 행하여진 때에 한하여 **증거능력이 인정된다**(대법원 2022. 12. 15. 선고 2022도8824 판결). 결국, **조세범칙조사를 담당하는 세무공무원**이 피고인이 된 혐의자 또는 참고인(허위세금계산서수교부등으로 특가법과 조세범처벌법 위반)에 대하여 심문한 내용을 기재한 조서(세무공무원이 작성한 심문조서)가 증거능력이 인정되기 위해서는 **형사소송법 제312조 제3항이 아닌 제313조 제1항의 증거능력요건**을 갖추어야 한다.

① (○) [1] 제18대 대통령 박근혜(이하 '전 대통령'이라 한다)가 청와대 경제수석 갑(안종범)에게 말한 내용에 관한 갑의 업무수첩 등에는 '전 대통령이 갑에게 시킨 내용'(이하 '**지시 사항 부분**'이라 한다)과 '**전 대통령과 개별 면담자(삼성 부회장)가 나눈 대화 내용을 전 대통령이 단독 면담 후 갑에게 불러주었다는 내용**'(이하 '**대화 내용 부분**'이라 한다)이 함께 있다.

[2] 갑의 **업무수첩 등의 대화 내용 부분**이 전 대통령과 개별 면담자 사이에서 **대화한 내용을 증명하기 위한 진술증거인 경우에는 전문진술로서 형사소송법 제316조 제2항**에 따라 원진술자가 사망, 질병, 외국거주, 소재불명 그 밖에 이에 준하는 사유로 진술할 수 없고(**필요성**) 그 진술이 특히 신빙할 수 있는 상태에서 한 것임이 증명(**특신상태의 증명**)된 때에 한하여 증거로 사용할 수 있다.

[3] 이 사건에서 **갑의 업무수첩 등이 이 요건을 충족하지 못한다**(왜? 전대통령이 법정에 출석하여 증언하였으므로 필요성의 요건이 인정되지 아니함). 따라서 **갑의 업무수첩 등은** 전 대통령과 개별 면담자가 나눈 **대화 내용을 추단할 수 있는 간접사실의 증거로 사용하는 것도 허용되지 않는다**. 이를 허용하면 **대화 내용을 증명하기 위한 직접증거로 사용할 수 없는 것을 결국 대화 내용을 증명하는 증거로 사용하는 결과가 되기 때문이다**(대법원 2019. 8. 29. 선고 2018도13792 전원합의체 판결). 결국, **제316조 제2항의 피고인 아닌 자(전 대통령)**가 피고인 아닌 자(안종범)에게 이야기 한 내용을 법정에서 증언(전문진술)에 해당하므로, **제316조 제2항의 증거능력의 요건을 충족해야 증거능력을 인정할 수 있다**(필+특).

② (○) [1] 사법경찰리가 작성한 피해자 진술조서는 형사소송법 제313조 제1항(현, 제312조 제4항)의 규정에 따라 공판정에서의 진술자(피해자)의 진술에 의하여 진정성립이 인정되거나 형사소송법 제314조의 요건, 즉 공판정에서 진술을 요할 자(피해자)가 사망, 질병, 외국 거주 기타 사유로 인하여 진술할 수 없고 그 진술이 특히 신빙할 수 있는 상태하에서 행하여진 때에 해당하는 경우에 한하여 그 증거능력이 인정되는 한편, 전문진술이나 전문진술을 기재한 조서·서류는 형사소송법 제310조의2의 규정에 의하여 원칙적으로 증거능력이

없는 것인데, 다만 전문진술은 형사소송법 제316조 제2항의 규정에 따라 원진술자가 사망, 질병, 외국 거주 기타 사유로 인하여 진술할 수 없고 그 진술이 특히 신빙할 수 있는 상태하에서 행하여진 때에 한하여 예외적으로 증거능력이 있다고 할 것이고, **전문진술이 기재된 조서·서류는 형사소송법 제313조 내지 제314조의 규정**에 의하여 **각 그 증거능력이 인정될 수 있는 경우에 해당하여야 함은 물론**, 나아가 형사소송법 제316조 제2항**의 규정에 따른 위와 같은 요건을 갖추어야 예외적으로 증거능력이 있다.**

[2] **형사소송법 제314조**, 제316조 제2항에서 말하는 '원진술자가 진술을 할 수 없는 때'에는 사망, 질병 등 명시적으로 열거된 사유 외에도 원진술자가 공판정에서 진술을 한 경우라도 증인신문 당시 일정한 사항에 관하여 기억이 나지 않는다는 취지로 진술하여 **그 진술의 일부가 재현 불가능하게 된 경우도 포함하는 것이고**, 위 규정들에서 '그 진술 또는 작성이 **특히 신빙할 수 있는 상태하에서 행하여진 때'라 함**은 그 진술내용이나 조서 또는 서류의 작성에 **허위개입**의 여지가 거의 없고, 그 진술내용의 신빙성이나 임의성을 담보할 구체적이고 외부적인 **정황**이 있는 경우를 가리킨다.

[3] **수사기관에서 진술한 피해자인 유아가 공판정에서 진술을 하였더라도** 증인신문 당시 일정한 사항에 관하여 기억이 나지 않는다는 취지로 진술하여 **그 진술의 일부가 재현 불가능하게 된 경우**, 형사소송법 제314조, 제316조 제2항에서 말하는 '원진술자가 진술을 할 수 없는 때'에 해당한다.

[4] **전문의 진술을 증거로 함에 있어서는** 전문진술자가 원진술자로부터 진술을 들을 **당시 원진술자가 증언능력에 준하는 능력을 갖춘 상태에 있어야 할 것**인데, 증인의 증언능력은 증인 자신이 과거에 경험한 사실을 그 기억에 따라 공술할 수 있는 정신적인 능력이라 할 것이므로, 유아의 증언능력에 관해서도 그 유무는 단지 공술자의 연령만에 의할 것이 아니라 그의 지적수준에 따라 개별적이고 구체적으로 결정되어야 함은 물론 공술의 태도 및 내용 등을 구체적으로 검토하고, 경험한 과거의 사실이 공술자의 이해력, 판단력 등에 의하여 변식될 수 있는 범위 내에 속하는가의 여부도 충분히 고려하여 판단하여야 한다.

[5] **사고 당시 만 3세 3개월 내지 만 3세 7개월 가량이던 피해자인 여아의 증언능력 및 그 진술의 신빙성을 인정한다**(대법원 2006. 4. 14. 선고 2005도9561판결). 결국, 성폭력처벌법상 강간등치상과 친족관계에의한강간등이 인정된다.

③ (O) [1] **형사소송법 제316조 제2항은** "피고인 아닌 자의 공판준비 또는 공판기일에서의 진술이 피고인 아닌 타인의 진술을 그 내용으로 하는 것인 때에는 원진술자가 사망, 질병, 외국거주, 소재불명, 그 밖에 이에 준하는 사유로 인하여 진술할 수 없고, 그 진술이 특히 신빙할 수 있는 상태하에서 행하여졌음이 증명된 때에 한하여 이를 증거로 할 수 있다"고 규정하고 있고, 같은 조 제1항에 따르면 **위 '피고인 아닌 자'에는** 공소제기 전에 피고인 아닌 타인을 조사하였거나 그 조사에 참여하였던 자(이하 '**조사자**'라고 한다)도 포함된다. 따라서 **조사자의 증언에 증거능력이 인정되기 위해서는 원진술자가 사망, 질병, 외국거주, 소재불명, 그 밖에 이에 준하는 사유로 인하여 진술할 수 없어야 하는 것**(법정에서 진술불능사유가 있어야 하는 것)이라서, **원진술자가 법정에 출석하여 수사기관에서 한 진술을 부인하는 취지로 증언한 이상** 원진술자의 진술을 내용으로 하는 **조사자의 증언은 증거능력이 없다.**

[2] **피해자 갑이 제1심법정에서 진술한 이상** 수사기관에서 이루어진 갑의 진술을 내용으로 하는 **조사자 을의 증언 부분은 증거능력이 없다**(대법원 2008. 9. 25. 선고 2008도6985판결).

▼정답 ④

59. 거짓말 탐지기 검사결과에 대한 증거능력의 부여요건이 아닌 것은?

① 거짓말을 하면 반드시 심리상태의 변동이 일어난다.
② 그 심리상태의 변동은 반드시 일정한 생리적 반응을 일으킨다.
③ 거짓말탐지기가 생리적 반응을 정확히 측정할 수 있는 장치이어야 한다.
④ 검사자가 탐지기의 측정내용을 주관적이고 정확하게 판독할 능력을 갖추어야 한다.

▼해설

④ (×) 거짓말탐지기의 검사결과에 대하여 증거능력을 인정할 수 있으려면 **첫째로** 거짓말을 하면 반드시 일정한 심리상태의 변동이 일어나고, **둘째로** 그 심리상태의 변동은 반드시 일정한 생리적 반응을 일으키며, **셋째로** 그 생리적 반응에 의하여 피검사자의 말이 거짓인지 여부가 정확히 판정될 수 있다는 전제요건이 충족되어야 하며 특히 생리적 반응에 대한 거짓여부의 판정은 거짓말탐지기가 위 생리적 반응을 정확히 측정할 수 있는 장치이어야 하고 검사자가 탐지기의 측정내용을 **객관성있고** 정확하게 판독할 능력을 갖춘 경우라야 그 정확성을 확보할 수 있어 증거능력을 부여할 것이다(대판1983.9.13. 83도712).

▼정답 ④

제04절 당사자의 동의와 증거능력

1. 증거동의에 관한 설명으로 옳은 것을 모두 고른 것은?(다툼이 있는 경우 판례에 의함) (2024. 경찰승진)

㉠ 피고인이 증거로 함에 동의하지 않는 명시적인 의사표시를 한 경우 이외에는 변호인은 서류나 물건에 대하여 증거로 함에 동의할 수 있고, 이 경우 변호인의 동의에 대하여 피고인이 즉시 이의하지 않는 경우에는 변호인의 동의로 증거능력이 인정된다.
㉡ 증거동의의 대상이 될 서류는 원본에 한하며 그 사본은 포함되지 않는다.
㉢ 당사자가 제출한 서류에 대하여 법원이 직권으로 증거조사를 하는 경우에 당해 서류를 제출한 당사자는 그것을 증거로 함에 동의하고 있음이 명백한 것이므로 상대방의 동의만 얻으면 충분하다.

① ㉠, ㉡
② ㉠, ㉢
③ ㉡, ㉢
④ ㉠, ㉡, ㉢

▼해설

② ㉠㉢(2개)는 맞는 지문이나, ㉡(1개)은 틀린 지문이다.
㉠ (○) 증거로 함에 대한 동의의 주체는 소송주체인 당사자라 할 것이지만 **변호인은 피고인의 명시한 의사에 반하지 아니하는 한** 피고인을 대리하여 이를 할 수 있음은 물론이므로 **피고인이 증거로 함에 동의하지 아니한다고 명시적인 의사표시를 한 경우 이외에는 변호인은** 서류나 물건에 대하여 증거로 함에 **동의할 수 있고** 이 경우 **변호인의 동의에 대하여 피고인이 즉시 이의하지 아니하는 경우에는 변호인의 동의로 증거능력이 인정되고** 증거조사 완료 전까지 앞서의 동의가 취소 또는 철회하지 아니한 이상 일단 부여된 증거능력은 그대로 존속한다(대판1999.8.20. 99도2029).
㉡ (×) 형사소송법 제318조 제1항에 의하여 피고인이 증거로 할 수 있음을 동의한 서류 또는 물건은 진정한 것으로 인정한 때에는 증거로 할 수 있는 것이고, 여기에서 말하는 동의의 대상이 될 서류는 원본에 한하는 것이 아니라 **그 사본도 포함된다**(대법원1986. 7. 8.선고86도893판결).
㉢ (○) **형사재판에 있어서는 유죄의 자료로 쓸 수 있는 서류는** 그 진정성립이 인정되거나 피고인과 검사가 증거로 함에 **동의해야만 하게 되어 있으며**, 이 동의는 법원이 직권으로 증거조사를 할 때에는 양 당사자의 동의가 필요함은 물론이라 하겠으나 **당해 서류를 제출한 당사자는 그것을 증거로 함에 동의하고 있음이 명백한 것이므로 상대방의 동의만 얻으면 충분하다**(대법원1989. 10. 10.선고87도966판결).

▼정답 ②

2. 증거동의에 관한 설명으로 가장 적절하지 않은 것은? (다툼이 있는 경우 판례에 의함)

(2024. 1차 경찰채용)

① 「형사소송법」 제318조에 규정된 증거동의는 소송 주체인 검사와 피고인이 하는 것이고, 피고인이 변호인과 함께 출석한 공판기일의 공판조서에 검사가 제출한 증거에 대하여 동의한다는 기재가 되어 있다면 이는 피고인이 증거동의를 한 것으로 보아야 하고, 그 기재는 절대적인 증명력을 가진다.

② 「형사소송법」 제318조에 규정된 증거동의의 의사표시는 증거조사가 완료되기 전까지 취소 또는 철회할 수 있으나, 일단 증거조사가 완료된 뒤에는 취소 또는 철회가 인정되지 아니하므로 제1심에서한 증거동의를 제2심에서 취소할 수 없고, 일단 증거조사가 종료된 후에 증거동의의 의사표시를 취소 또는 철회하더라도 취소 또는 철회 이전에 이미 취득한 증거능력이 상실되지 않는다.

③ 피고인이나 변호인이 무죄에 관한 자료로 제출한 서증 가운데 도리어 유죄임을 뒷받침하는 내용이 있다고 하여도, 법원은 그 서류의 진정성립 여부 등을 조사하고 아울러 그 서류에 대한 피고인이나 변호인의 의견과 변명의 기회를 주지 않았다면 상대방의 원용(동의)이 있더라도 그 서증을 유죄인정의 증거로 쓸 수 없다.

④ 피고인의 출정없이 증거조사를 할 수 있는 경우에 피고인이 출정하지 아니한 때에는 「형사소송법」 제318조 제1항에 의한 증거동의가 있는 것으로 간주한다. 다만, 피고인이 출정하지 아니하더라도 대리인 또는 변호인이 출정한 때에는 예외로 한다.

해 설

③ (×) [1] 피고인이나 변호인이 **무죄에 관한 자료로 제출한 서증** 가운데 **도리어 유죄임을 뒷받침하는 내용이 있다**고 하여도, **법원은 상대방의 원용(동의)이 없는 한** 그 서류의 진정성립 여부 등을 조사하고 아울러 그 서류에 대한 피고인이나 변호인의 **의견과 변명의 기회를 주지 않았다면** 그 **서증을 유죄인정의 증거로 쓸 수 없다.**
[2] 그러나 해당 서류를 제출한 당사자는 그것을 증거로 함에 **동의하고 있음이 명백한 것이므로, 상대방인 검사의 원용이 있으면 그 서증을 유죄의 증거로 사용할 수 있다**(대법원2017. 9. 21.선고2015도12400판결). 결국, **상대방인 검사의 원용(동의)가 없다면 그 서증을 유죄인정의 증거로 사용할 수 없으나**, 검사의 **원용(동의)가 있으면** 그 서증을 유죄인정의 증거로 **사용할 수 있다.**

① (O) 형사소송법 제318조에 규정된 증거 동의는 소송 주체인 검사와 피고인이 하는 것이고, 변호인은 피고인을 대리하여 증거 동의에 관한 의견을 낼 수 있을 뿐이므로, **피고인이 변호인과 함께 출석한 공판기일의 공판조서에 검사가 제출한 증거에 대하여 동의한다는 기재가 되어 있다면** 이는 피고인이 증거 **동의를 한 것으로 보아야** 하고, **그 기재는 절대적인 증명력을 가진다**(대법원2016. 3. 10.선고2015도19139판결).

② (O) 형사소송법 제318조에 규정된 증거**동의의 의사표시는 증거조사가 완료되기 전까지 취소 또는 철회할 수 있으나**, 일단 증거조사가 완료된 뒤에는 취소 또는 철회가 인정되지 아니하므로 **제1심에서 한 증거동의를 제2심에서 취소할 수 없고**, 일단 **증거조사가 종료된 후에** 증거동의의 의사표시를 **취소 또는 철회하더라도** 취소 또는 철회 이전에 **이미 취득한 증거능력이 상실되지 않는다고 할 것이다**(대법원2004. 10. 15.선고2003도3472판결).

④ (O) [1] **검사와 피고인이** 증거로 할 수 있음을 **동의한** 서류 또는 물건은 **진정한 것으로 인정한 때에는 증거로 할 수 있다**(제318조 제1항).
[2] **피고인의 출정없이 증거조사를 할 수 있는 경우에** 피고인이 **출정하지 아니한 때에는** 전항의 동의가 있는 **것으로 간주한다.** 단, 대리인 또는 변호인이 출정한 때에는 예외로 한다(동조 제2항).

정답 ③

3. 증거동의와 탄핵증거에 관한 설명 중 가장 적절하지 않은 것은?(다툼이 있으면 판례에 의함)

(2023. 경찰대편입)

① 피고인이 출석한 공판기일에서 증거로 함에 부동의한다는 의견이 진술된 경우에는 그 후 피고인이 출석하지 아니한 공판기일에 변호인만이 출석하여 종전 의견을 번복하여 증거로함에 동의하였다 하더라도 이는 특별한 사정이 없는 한 효력이 없다.
② 증거동의의 의사표시는 증거조사가 완료되기 전까지 취소 또는 철회할 수 있으나, 일단 증거조사가 완료된 뒤에는 취소 또는 철회가 인정되지 아니한다.
③ 약식명령에 불복하여 정식재판을 청구한 피고인이 정식재판절차에서 2회 불출정하여 법원이 피고인의 출정 없이 증거조사를 하는 경우에는「형사소송법」제318조 제2항에 따른 피고인의 증거동의가 간주되지 않는다.
④ 탄핵증거는 범죄사실을 인정하는 증거가 아니므로 엄격한 증거조사를 거쳐야 할 필요가 없음은「형사소송법」제318조의2의 규정에 따라 명백하나 법정에서 이에 대한 탄핵증거로서의 증거조사는 필요하다.
⑤ 검사가 유죄의 자료로 제출한 사법경찰리 작성의 피고인에 대한 피의자신문조서는 피고인이 그 내용을 부인하는이상 증거능력이 없으나, 그것이 임의로 작성된 것이 아니라고 의심할 만한 사정이 없는 한 피고인의 법정에서의 진술을 탄핵하기 위한 반대증거로 사용할 수 있다.

▼ 해 설

③ (×) [1] **피고인의 출정없이 증거조사를 할 수 있는 경우에 피고인이 출정하지 아니한 때에는 동의가 있는 것으로 간주한다.** 단, 대리인 또는 변호인이 출정한 때에는 예외로 한다(제318조 제2항).
[2] **약식명령에 불복하여 정식재판을 청구한 피고인이 정식재판절차의 제1심에서 2회 불출정하여** 형사소송법 제318조 제2항에 따른 **증거동의가 간주된 후 증거조사를 완료한 이상**, 간주의 대상인 증거동의는 증거조사가 완료되기 전까지 철회 또는 취소할 수 있으나 일단 증거조사를 완료한 뒤에는 취소 또는 철회가 인정되지 아니하는 점, 증거동의 간주가 피고인의 진의와는 관계없이 이루어지는 점 등에 비추어, **비록 피고인이 항소심에 출석하여 공소사실을 부인하면서 간주된 증거동의를 철회 또는 취소한다는 의사표시를 하더라도** 그로 인하여 **적법하게 부여된 증거능력이 상실되는 것이 아니다**(대법원2010. 7. 15.선고2007도5776판결). 결국, 약식명령에 불복하여 정식재판을 청구한 피고인이 정식재판절차에서 2회 불출정하여 법원이 피고인의 출정 없이 증거조사를 하는 경우에는「**형사소송법**」제318조 제2항에 따른 피고인의 증거동의가 간주된다.
① (○) **피고인이 출석한 공판기일에서 증거로 함에 부동의한다는 의견이 진술된 경우에는 그 후 피고인이 출석하지 아니한 공판기일에 변호인만이 출석하여 종전 의견을 번복하여 증거로 함에 동의하였다 하더라도** 이는 특별한 사정이 없는 한 **효력이 없다**고 보아야 한다(대법원 2013.03.28. 선고 2013도3 판결).
② (○) 형사소송법 제318조에 규정된 **증거동의의 의사표시는 증거조사가 완료되기 전까지 취소 또는 철회할 수 있으나**, 일단 **증거조사가 완료된 뒤에는 취소 또는 철회가 인정되지 아니하므로** 제1심에서 한 증거동의를 **제2심에서 취소할 수 없고**, 일단 **증거조사가 종료된 후에 증거동의의 의사표시를 취소 또는 철회하더라도** 취소 또는 철회 이전에 **이미 취득한 증거능력이 상실되지 않는다**(대법원2004. 10. 15.선고2003도3472판결).
④ (○) **탄핵증거는 범죄사실을 인정하는 증거가 아니므로 엄격한 증거조사를 거쳐야 할 필요가 없음은** 형사소송법 제318조의2의 규정에 따라 명백하나 **법정에서 이에 대한 탄핵증거로서의 증거조사는 필요하다**(대판 2005.8.19. 2005도2617).
⑤ (○) 검사가 유죄의 자료로 제출한 **사법경찰리 작성의 피고인에 대한 피의자신문조서는 피고인이 그 내용을 부인하는 이상 증거능력이 없으나**, 그것이 임의로 작성된 것이 아니라고 의심할 만한 사정이 없는 한 **피고인의 법정에서의 진술을 탄핵하기 위한 반대증거로 사용할 수 있다**(대법원2005. 8. 19.선고2005도2617판결).

▼ 정답 ③

4. 증거동의에 관한 설명 중 가장 적절하지 않은 것은? (다툼이 있는 경우 판례에 의함)

(2023. 1차 경찰채용)

① 「형사소송법」 제318조 제1항 증거동의는 전문증거금지의 원칙에 대한 예외로서 반대신문권을 포기하겠다는 피고인의 의사표시에 의하여 서류 또는 물건의 증거능력을 부여하려는 규정이다.
② 약식명령에 불복하여 정식재판을 청구한 피고인이 정식재판절차의 제1심에서 2회 불출정하여 「형사소송법」 제318조 제2항에 따라 피고인의 증거동의로 간주된 후, 제1심 법원이 증거조사를 완료하였더라도 피고인이 항소심에 출석하여 공소사실을 부인하면서 제1심에서 간주된 증거동의를 철회 또는 취소한다는 의사표시를 하면 해당 증거의 증거능력은 상실된다.
③ 피고인이 출석한 공판기일에 증거로 함에 부동의한다는 의견이 진술된 경우에는 그 후 피고인이 출석하지 아니한 공판기일에 변호인이 출석하여 종전 의견을 번복하여 증거로 함에 동의하였다 하더라도 이는 특별한 사정이 없는 한 효력이 없다고 보아야 한다.
④ 필요적 변호사건이라 하여도 피고인이 재판거부의 의사를 표시하고 재판장의 허가 없이 퇴정하고 변호인 마저 이에 동조하여 퇴정해 버림으로써 피고인과 변호인들이 출석하지 않은 상태에서 증거조사를 할 수밖에 없는 경우, 「형사소송법」 제318조 제2항의 규정상 피고인의 진의와는 관계없이 증거동의가 있는 것으로 간주한다.

▼해 설

② (×) 약식명령에 불복하여 정식재판을 청구한 피고인이 **정식재판절차의 제1심에서 2회 불출정하여** 형사소송법 제318조 제2항에 따른 **증거동의가 간주된 후 증거조사를 완료한 이상**, 간주의 대상인 증거동의는 증거조사가 완료되기 전까지 철회 또는 취소할 수 있으나 일단 증거조사를 완료한 뒤에는 취소 또는 철회가 인정되지 아니하는 점, 증거동의 간주가 피고인의 진의와는 관계없이 이루어지는 점 등에 비추어, **비록 피고인이 항소심에 출석하여 공소사실을 부인하면서 간주된 증거동의를 철회 또는 취소한다는 의사표시를 하더라도** 그로 인하여 **적법하게 부여된 증거능력이 상실되는 것이 아니다**(대법원2010. 7. 15.선고2007도5776판결).

① (○) 형사소송법 제318조 제1항(증거동의)은 전문증거금지의원칙(**전문법칙**)에 대한 예외로서 **반대신문권을 포기하겠다는 피고인의 의사표시에 의하여** 서류 또는 물건의 증거능력을 부여하려는 규정이므로 피고인의 의사표시가 위와 같은 내용을 적극적으로 표시하는 것이라고 인정되는 경우이면 **증거동의로서의 효력이 있다**(대법원1983. 3. 8.선고82도2873판결).

③ (○) 형사소송법 제318조에 규정된 증거동의의 주체는 소송 주체인 검사와 피고인이고, **변호인은 피고인을 대리하여** 증거동의에 관한 의견을 낼 수 있을 뿐이므로 **피고인의 명시한 의사에 반하여 증거로 함에 동의할 수는 없다**. 따라서 **피고인이 출석한 공판기일에서 증거로 함에 부동의한다는 의견이 진술된 경우에는** 그 후 피고인이 출석하지 아니한 공판기일에 **변호인만이 출석하여 종전 의견을 번복하여 증거로 함에 동의하였다 하더라도** 이는 특별한 사정이 없는 한 **효력이 없다**고 보아야 한다(대법원2013. 3. 28.선고2013도3판결).

④ (○) [1] 필요적 변호사건이라 하여도 피고인이 재판거부의 의사를 표시하고 재판장의 허가 없이 퇴정하고 변호인마저 이에 동조하여 퇴정해 버린 것은 **모두 피고인측의 방어권의 남용 내지 변호권의 포기로 볼 수밖에 없는 것**이므로 수소법원으로서는 형사소송법 제330조에 의하여 **피고인이나 변호인의 재정 없이도 심리판결할 수 있다.**
[2] 위 [1]과 같이 **피고인과 변호인들이 출석하지 않은 상태에서 증거조사를 할 수밖에 없는 경우**에는 형사소송법 제318조 제2항의 규정상 피고인의 진의와는 관계없이 **형사소송법 제318조 제1항의 동의가 있는 것으로 간주하게 되어 있다**(대법원1991. 6. 28.선고91도865판결).

▼정답 ②

5. 증거동의에 대한 설명으로 가장 적절하지 않은 것은? (다툼이있는 경우 판례에 의함) (2023. 경찰승진)

① 소유자, 소지자 또는 보관자가 아닌 피해자로부터 임의로 제출받은 물건을 영장없이 압수한 경우 그 '압수물' 및 '압수물을 찍은 사진'에 대해 피고인이나 변호인이 증거동의를 하였다 하더라도 이를 유죄 인정의 증거로 사용할 수 없다.

② 피고인의 출정 없이 증거조사를 할 수 있는 경우에 피고인이 출정하지 아니한 때에는 피고인의 대리인 또는 변호인이 출정한 때를 제외하고 피고인이 증거로 함에 동의한 것으로 간주한다.

③ 수사기관이 참고인의 진술을 기재한 조서는 그 내용을 피고인이 부인하고 참고인의 법정출석 및 반대신문이 이루어지지 못하였다면 이를 주된 증거로 하여 공소사실을 인정할 수 없는 것이 원칙이지만 피고인이 이에 대해 증거동의한 경우에는 그렇지 아니하다.

④ 공판준비 또는 공판기일에서 이미 증언을 마친 증인을 검사가 소환한 후 피고인에게 유리한 증언내용을 추궁하여 이를 일방적으로 번복시키는 방식으로 작성한 진술조서는 피고인이 증거로 할 수 있음에 동의하지 아니하는 한 증거능력이 없다.

해 설

③ (×) **수사기관이 원진술자의 진술을 기재한 조서는** 원본 증거인 원진술자의 진술에 비하여 본질적으로 낮은 정도의 증명력을 가질 수밖에 없다는 한계를 지니는 것이고, **특히 원진술자의 법정 출석 및 반대신문이 이루어지지 못한 경우에는 그 진술이 기재된 조서는** 법관의 올바른 심증 형성의 기초가 될 만한 **진정한 증거가치를 가진 것으로 인정받을 수 없는 것이 원칙이다.** 따라서 피고인이 공소사실 및 이를 뒷받침하는 수사기관이 원진술자의 진술을 기재한 조서 내용을 부인하였음에도 불구하고, 원진술자의 법정 출석과 피고인에 의한 반대신문이 이루어지지 못하였다면, 그 조서는 진정한 증거가치를 가진 것으로 인정받을 수 없는 것이어서 이를 주된 증거로 하여 공소사실을 인정하는 것은 원칙적으로 허용될 수 없다. 이는 원진술자의 사망이나 질병 등으로 인하여 원진술자의 법정 출석 및 반대신문이 이루어지지 못한 경우는 물론 **수사기관의 조서를 증거로 함에 피고인이 동의한 경우에도 마찬가지이다**(대법원2006. 12. 8.선고2005도9730판결). 결국, **피고인이 이에 대해 증거 동의한 경우에도** 이를 주된 증거로 하여 **공소사실을 인정할 수 없다.**

① (○) 형사소송법 제218조는 "사법경찰관은 소유자, 소지자 또는 보관자가 임의로 제출한 물건을 영장없이 **압수할 수 있다**"고 규정하고 있는바, **위 규정을 위반하여 소유자, 소지자 또는 보관자가 아닌 자로부터 제출받은 물건을 영장없이 압수한 경우 그 '압수물' 및 '압수물을 찍은 사진'은 이를 유죄 인정의 증거로 사용할 수 없는 것이고,** 헌법과 형사소송법이 선언한 영장주의의 중요성에 비추어 볼 때 피고인이나 변호인이 이를 증거로 함에 **동의하였다고 하더라도 달리 볼 것은 아니다**(대법원2010. 1. 28.선고2009도10092판결).

② (○) 피고인의 출정없이 증거조사를 할 수 있는 경우에 피고인이 출정하지 아니한 때에는 **동의가 있는 것으로 간주한다.** 단, 대리인 또는 변호인이 출정한 때에는 예외로 한다(제318조 제2항).

④ (○) 공판준비 또는 공판기일에서 이미 증언을 마친 증인을 검사가 소환한 후 피고인에게 유리한 그 증언 내용을 추궁하여 이를 일방적으로 번복시키는 방식으로 작성한 진술조서를 유죄의 증거로 삼는 것은 **당사자주의 · 공판중심주의 · 직접주의**를 지향하는 현행 형사소송법의 소송구조에 어긋나는 것일 뿐만 아니라, 헌법 제27조가 보장하는 기본권, 즉 법관의 면전에서 모든 증거자료가 조사 · 진술되고 이에 대하여 피고인이 공격 · 방어할 수 있는 기회가 실질적으로 부여되는 **재판을 받을 권리를 침해하는 것**이므로, 이러한 진술조서는 **피고인이 증거로 할 수 있음에 동의하지 아니하는 한 그 증거능력이 없다**고 하여야 할 것이고, 그 후 원진술자인 종전 증인이 다시 법정에 출석하여 증언을 하면서 그 진술조서의 성립의 진정함을 인정하고 피고인측에 반대신문의 기회가 부여되었다고 하더라도 그 증언 자체를 유죄의 증거로 할 수 있음은 별론으로 하고 위와 같은 **진술조서의 증거능력이 없다**는 결론은 달리할 것이 아니다(대법원2000. 6. 15.선고99도1108전원합의체 판결).

정답 ③

6. 증거동의에 관한 다음 설명 중 옳지 않은 것은 모두 몇 개인가?(다툼이 있는 경우 판례에 의함)

㉠ 사법경찰관 및 검사 작성의 갑에 대한 각 피의자신문조서는 제1심 공판기일에서 피고인이 증거로 함에 동의하였더라도 제2심 공판기일에서 피고인이 이를 번복하여 증거로 함에 부동의하였다면 이미 적법하게 부여된 위 조서들의 증거능력이 상실된다.
㉡ 제1심에서 증거동의 간주 후 증거조사를 완료한 이상, 항소심에 출석하여 그 증거동의를 철회 또는 취소한다는 의사표시를 하더라도 그 증거능력이 상실되지 않는다.
㉢ 증거동의의 주체는 검사와 피고인이므로, 변호인의 경우 피고인의 명시적인 위임이 없는 한 피고인을 대리하여 증거로 함에 동의할 수 없다.
㉣ 검사와 피고인이 증거로 할 수 있음에 동의한 서류라고 하더라도 법원이 진정한 것으로 인정한 때에 증거로 할 수 있다.
㉤ 유죄증거에 대하여 피고인측이 반대증거로 제출한 서류는 그 진정성립이 증명되거나 상대방의 동의가 있어야 증거판단의 자료로 삼을 수 있다.

① 1개　　② 2개
③ 3개　　④ 4개

▼해 설

③ ㉡㉣(2개)은 옳은 지문이나, ㉠㉢㉤(3개)가 틀린 지문이다.

㉠ (×) **사법경찰관 및 검사 작성의 일본인 갑에 대한 각 피의자 신문조서는 제1심 공판기일에서** 피고인이 **증거로 함에 동의**하였으므로 **제2심 공판기일에서 피고인이 이를 번복하여 증거로 함에 부동의 하였더라도** 이미 적법하게 부여된 **위 조서들의 증거능력이 상실되지는 않으며**, 검찰 및 제1심 법정에서 피고인이 한 이 사건 범죄사실에 대한 자백이 그 진술의 내용에 비추어 볼 때 그 신빙성이 없다고 할 수 없다(대법원1991. 1. 11.선고90도2525판결).

㉡ (○) 형사소송법 제318조에 규정된 **증거동의의 의사표시는 증거조사가 완료되기 전까지 취소 또는 철회할 수 있으나**, 일단 증거조사가 완료된 뒤에는 취소 또는 철회가 인정되지 아니하므로 **제1심에서 한 증거동의를 제2심에서 취소할 수 없고**, 일단 **증거조사가 종료된 후에** 증거동의의 의사표시를 **취소 또는 철회하더라도** 취소 또는 철회 이전에 **이미 취득한 증거능력이 상실되지 않는다**(대법원2004. 10. 15.선고2003도3472판결).

㉢ (×) 증거로 함에 대한 동의의 주체는 소송주체인 당사자라 할 것이지만 **변호인은 피고인의 명시한 의사에 반하지 아니하는 한 피고인을 대리하여 이를 할 수 있음은 물론**이므로 피고인이 증거로 함에 동의하지 아니한다고 명시적인 의사표시를 한 경우 이외에는 변호인은 서류나 물건에 대하여 증거로 함에 동의할 수 있고 이 경우 **변호인의 동의에 대하여 피고인이 즉시 이의하지 아니하는 경우에는 변호인의 동의로 증거능력이 인정되고** 증거조사 완료 전까지 앞서의 동의가 취소 또는 철회하지 아니한 이상 일단 부여된 증거능력은 그대로 존속한다(대판1999.8.20. 99도2029).

㉣ (○) 제318조 제1항

㉤ (×) 유죄의 자료가 되는 것으로 제출된 증거의 **반대증거서류에 대하여는 그것이 유죄사실을 인정하는 증거가 되는 것이 아닌 이상 반드시** 그 진정성립이 증명되지 아니하거나 **이를 증거로 함에 있어서의 상대방의 동의가 없다고 하더라도 증거판단의 자료로 할 수 있다**(대법원1981. 12. 22.선고80도1547판결). 결국, 범죄사실을 인정하는 증거가 아닌 증거서류는 진정성립의 증명이나 상대방의 동의를 요하지 아니하므로, **반대증거서류는 동의의 대상이 아니다.**

▼정답 ③

7. 당사자의 동의와 증거능력에 대한 설명으로 가장 적절한 것은? (다툼이 있으면 판례에 의함)

① 피고인의 변호인은 피고인의 명시한 의사에 반하지 아니하는 한 피고인을 대리하여 증거동의를 할 수 있으나 피고인이 증거조사 완료 후에 변호인의 증거동의에 관해 이의를 제기하였다면 법원은 해당증거의 증거능력을 인정하여서는 아니 된다.

② 검사 작성의 피고인 아닌 자에 대한 진술조서에 관하여 피고인이 공판정진술과 배치되는 부분은 부동의 한다고 진술한 것은 조사 내용의 특정부분에 관하여 증거로 함에 동의한다는 특별한 사정이 있는 때와는 달리 그 조서를 증거로 함에 동의하지 아니한다는 취지로 해석하여야 한다.

③ 피고인이 사법경찰관 작성의 피해자진술조서를 증거로 동의함에 있어서 그 동의가 법률적으로 어떠한 효과가 있는지를 모르고 한 것이었다고 주장한다면 설령 변호인이 그 동의 시 공판정에 재정하고 있었고 피고인이 하는 동의에 대하여 아무런 이의나 취소를 제기 한 사실이 없다 하더라도 그 동의에는 법률상 하자가 존재한다고 볼 수밖에 없다.

④ 긴급체포를 하며 압수한 물건에 관하여 「형사소송법」 제217조 제2항, 제3항에 위반하여 압수수색영장을 청구하여 이를 발부받지 아니하고도 즉시 반환하지 아니한 압수물은 이를 유죄 인정의 증거로 사용할 수 없으나 피고인이 이를 증거로 함에 동의하였다면 유죄인정의 증거로 사용할 수 있다.

해 설

② (○) 대판1984. 10. 10. 84도1552

① (×) 증거로 함에 대한 동의의 주체는 소송주체인 당사자라 할 것이지만 변호인은 피고인의 명시한 의사에 반하지 아니하는 한 피고인을 대리하여 이를 할 수 있음은 물론이므로 피고인이 증거로 함에 동의하지 아니한다고 명시적인 의사표시를 한 경우 이외에는 변호인은 서류나 물건에 대하여 증거로 함에 동의할 수 있고 이 경우 **변호인의 동의에 대하여 피고인이 즉시 이의하지 아니하는 경우에는 변호인의 동의로 증거능력이 인정되고 증거조사 완료 전까지** 앞서의 동의가 취소 또는 철회하지 아니한 이상 일단 부여된 증거능력은 그대로 존속한다(대판1999. 8. 20. 99도2029).

③ (×) 피고인이 사법경찰관작성의 피해자진술조서를 증거로 동의함에 있어서 그 동의가 법률적으로 어떠한 효과가 있는지를 모르고 한 것이었다고 수상다디라도 **변호인이 그 동의시 공판정에 재정하고 있으면서 피고인이 하는 동의에 대하여 아무런 이의나 취소를 한 사실이 없다면 그 동의에 무슨 하자가 있다고 할 수 없다**(대판1983. 6. 28. 83도1019).

④ (×) 형사소송법 제217조 제2항, 제3항에 위반하여 압수수색영장을 청구하여 이를 발부받지 아니하고도 즉시 반환하지 아니한 압수물은 이를 유죄 인정의 증거로 사용할 수 없는 것이고, 헌법과 형사소송법이 선언한 영장주의의 중요성에 비추어 볼 때 **피고인이나 변호인이 이를 증거로 함에 동의하였다고 하더라도 달리 볼 것은 아니다**(대판2009. 12. 24. 2009도11401).

▼정답 ②

8. 증거동의에 대한 설명으로 가장 적절하지 않은 것은?(다툼이 있으면 판례에 의함)

① 증거로 함에 대한 동의의 주체는 소송주체인 당사자라 할 것이지만 변호인은 피고인의 명시한 의사에 반하지 아니하는 한 피고인을 대리하여 이를 할 수 있다.

② 피고인이 출석한 공판기일에서 증거로 함에 부동의 한다는 의견이 진술된 경우라도 그 후 피고인이 출석하지 아니한 공판기일에 변호인만이 출석하여 종전 의견을 번복하여 증거로 함에 동의하였다면 증거동의의 효력이 인정된다.

③ 증거조사가 종료된 후에 증거동의의 의사표시를 취소 또는 철회하더라도 취소 또는 철회 이전에 이미 취득한 증거능력이 상실되지 않는다.

④ 개개의 증거에 대하여 개별적인 증거조사방식을 거치지 아니하고 검사가 제시한 모든 증거에 대하여 피고인이 증거로 함에 동의한다는 방식으로 이루어진 것이라 하여도 증거동의로서의 효력이 인정된다.

▼해 설

② (×) **피고인이 출석한 공판기일에서 증거로 함에 부동의한다는 의견이 진술된 경우**에는 그 후 피고인이 출석하지 아니한 공판기일에 **변호인만이 출석하여 종전 의견을 번복하여 증거로 함에 동의하였다** 하더라도 이는 특별한 사정이 없는 한 **효력이 없다**고 보아야 한다(대법원 2013.03.28. 선고 2013도3 판결).
① (○) 대법원 1999.8.20. 선고 99도2029 판결
③ (○) 대법원 1999.8.20. 선고 99도2029 판결
④ (○) 대법원 1983.3.8. 선고 82도2873 판결

▼정답 ②

CHAPTER 04 | 증명력

제01절 자유심증주의

1. 자유심증주의 또는 그 제한에 관한 설명으로 가장 적절한 것은?(다툼이 있는 경우 판례에 의함)
(2024. 경찰승진)

① 공소사실을 인정할 증거로 사실상 피해자의 진술이 유일한 경우에 피고인의 진술이 경험칙상 합리성이 없고 그 자체로 모순되어 믿을 수 없다는 사정은 공소사실을 인정하는 직접증거가 될 수 없으며, 이러한 사정은 법관의 자유판단에 따라 피해자 진술의 신빙성을 뒷받침하거나 직접증거인 피해자 진술과 결합하여 공소사실을 뒷받침하는 간접정황도 될 수 없다.

② 범행에 관한 간접증거만이 존재하고 그 간접증거의 증명력에 한계가 있는 경우에 증거의 증명력은 법관의 자유판단에 의하는 것이므로, 범인으로 지목되고 있는 자에게 범행을 저지를 만한 동기가 발견되지 않더라도 만연히 무엇인가 동기가 분명히 있는데 이를 범인이 숨기고 있는 것으로 단정한다고 하여도 형사증거법의 이념에 반하는 것은 아니다.

③ 유죄의 인정은 법관으로 하여금 합리적 의심의 여지가 없을 정도로 공소사실이 진실한 것이라는 확신을 가지게 하는 증명력을 가진 증거에 의하여야 하며, 이는 모든 가능한 의심을 배제할 정도에 이를 것을 요한다.

④ 살인죄 등과 같이 법정형이 무거운 범죄의 경우에도 직접증거없이 간접증거만으로 유죄를 인정할 수 있으나, 그러한 유죄인정에는 공소사실에 대한 관련성이 깊은 간접증거들에 의하여 신중한 판단이 요구된다.

해설

④ (○) 살인죄 등과 같이 법정형이 무거운 범죄의 경우에도 직접증거 없이 **간접증거만으로 유죄를 인정할 수 있으나, 그러한 유죄 인정에는** 공소사실에 대한 **관련성이 깊은 간접증거들에 의하여 신중한 판단이 요구되므로**, 간접증거에 의하여 주요사실의 전제가 되는 간접사실을 인정할 때에는 증명이 합리적인 의심을 허용하지 않을 정도에 이르러야 하고, 하나하나의 간접사실 사이에 모순·저촉이 없어야 하는 것은 물론 간접사실이 논리와 경험칙·과학법칙에 의하여 뒷받침되어야 한다(대판2011.5.26. 2011도1902; 대판2017.5.30. 2017도1549 등).

① (×) **강간죄에서 공소사실을 인정할 증거로 사실상 피해자의 진술이 유일한 경우에 피고인의 진술이 경험칙상 합리성이 없고 그 자체로 모순되어 믿을 수 없다고 하여 그것이 공소사실을 인정하는 직접증거가 되는 것은 아니지만**, 이러한 사정은 **법관의 자유판단에 따라** 피해자 진술의 신빙성을 뒷받침하거나 직접증거인 피해자 진술과 결합하여 공소사실을 뒷받침하는 **간접정황이 될 수 있다**(대법원2018. 10. 25. 선고2018도7709판결).

② (×) [1] **형사재판에서 범죄사실의 인정은 법관으로 하여금 합리적인 의심을 할 여지가 없을 정도의 확신을** 가지게 하는 증명력을 가진 **엄격한 증거에 의하여야** 하므로, 검사의 증명이 그만한 확신을 가지게 하는 정도에 이르지 못한 경우에는 **설령 피고인의 주장이나 변명이 모순되거나 석연치 않은 면이 있어 유죄의 의심이 가는 등의 사정이 있다고 하더라도 피고인의 이익으로 판단하여야 한다.**

[2] 그러므로 **유죄의 인정은** 범행 동기, 범행수단의 선택, 범행에 이르는 과정, 범행 전후 피고인의 태도 등 여러 간접사실로 보아 피고인이 범행한 것으로 보기에 충분할 만큼 압도적으로 우월한 증명이 있어야 한다. **피고인은 무죄로 추정된다는 것이** 헌법상의 원칙이고, 그 추정의 번복은 **직접증거가 존재할 경우에 버금가는 정도가** 되어야 한다.

[3] 그리고 범행에 관한 간접증거만이 존재하고 더구나 그 간접증거의 증명력에 한계가 있는 경우, **범인으로 지목되고 있는 자에게 범행을 저지를 만한 동기가 발견되지 않는다면**, 만연히 무엇인가 동기가 분명히 있는데도 이를 범인이 숨기고 있다고 단정할 것이 아니라 반대로 **간접증거의 증명력이 그만큼 떨어진다고 평가하는 것이 형사증거법의 이념에 부합하는 것이다.**

[4] **유전자검사나 혈액형검사 등 과학적 증거방법**은 전제로 하는 사실이 모두 진실임이 증명되고 추론의 방법이 과학적으로 정당하여 오류의 가능성이 없거나 무시할 정도로 극소하다고 인정되는 경우에는 **법관이 사실인정을 할 때 상당한 정도로 구속력을 가진다.** 그러나 이 경우 법관은 과학적 증거방법이 증명하는 대상이 무엇인지, 즉 증거방법과 쟁점이 어떠한 관련성을 갖는지를 면밀히 살펴 신중하게 사실인정을 하여야 한다(대법원2022. 6. 16. 선고2022도2236판결).

③ (×) **증거의 증명력**은 법관의 자유판단에 맡겨져 있으나 그 판단은 논리와 경험칙에 합치하여야 하고, 형사재판에서 **유죄로 인정하기 위한 심증형성의 정도는 합리적인 의심을 할 여지가 없을 정도**여야 하나 이는 **모든 가능한 의심을 배제할 정도에 이를 것까지 요구하는 것은 아니며** 증명이 있는 것으로 인정되는 증거를 합리적인 근거가 없는 의심을 일으켜 이를 배척하는 것은 자유심증주의의 한계를 벗어나는 것으로 허용될 수 없다. 여기에서 말하는 **합리적 의심**이란 **모든 의문, 불신을 포함하는 것이 아니라** 논리와 경험칙에 기하여 요증사실과 양립할 수 없는 사실의 개연성에 대한 합리성 있는 의문을 의미하는 것으로서 피고인에게 유리한 정황을 사실인정과 관련하여 파악한 이성적 추론에 그 근거를 두어야 하는 것이므로 단순히 관념적인 의심이나 추상적인 가능성에 기초한 의심은 합리적의심에 포함된다고 할 수 없다.

▼정답 ④

2. 자유심증주의에 관한 설명으로 가장 적절하지 않은 것은?(다툼이 있는 경우 판례에 의함)

(2023. 2차 경찰채용)

① 경찰에서의 진술조서의 기재와 당해 사건의 공판정에서의 같은 사람의 증인으로서의 진술이 상반되는 경우 반드시 공판정에서의 증언에 따라야 한다는 법칙은 없고 그 중 어느 것을 채용하여 사실 인정의 자료로 할 것인가는 오로지 사실심 법원의 자유심증에 속하는 것이다.

② 호흡측정기에 의한 음주측정치와 혈액검사에 의한 음주측정치가 다른 경우에 혈액채취에 의한 검사 결과를 믿지 못할 특별한 사정이 없는 한, 혈액검사에 의한 음주측정치가 호흡측정기에 의한 음주측정치보다 측정 당시의 혈중알코올농도에 더 근접한 음주측정치라고 보는 것이 경험칙에 부합한다.

③ '성추행 피해자가 추행 즉시 행위자에게 항의하지 않은 사정'이나 '피해 신고 시 성폭력이 아닌 다른 피해 사실을 먼저 진술한 사정'만으로 곧바로 피해자 진술의 신빙성을 부정할 것은 아니고, 가해자와의 관계와 피해자의 구체적 상황을 모두 살펴 판단하여야 한다.

④ 형사재판에서 이와 관련된 다른 형사사건의 확정판결에서 인정된 사실은 특별한 사정이 없는 한 유력한 증거자료가 되는 것 이므로, 당해 형사재판에서 제출된 다른 증거 내용에 비추어 관련 형사사건 확정판결의 사실판단을 그대로 채택하기 어렵다고 인정되는 면이 있다고 하여도 이를 배척할 수는 없다.

▼해 설

④ (×) [1] 상법 제628조 제1항**의 납입가장죄**는 회사의 자본에 충실을 기하려는 상법의 취지를 해치는 행위를 처벌하려는 것인바, **전환사채는 발행 당시에는 사채의 성질을 갖는 것**으로서 사채권자가 전환권을 행사한 때 비로소 주식으로 전환되어 회사의 자본을 구성하게 될 뿐만 아니라, **전환권은 사채권자에게 부여된 권리이지 의무는 아니어서** 사채권자로서는 전환권을 행사하지 아니할 수도 있으므로, **전환사채의 인수 과정에서 그 납입을 가장하였다고 하더라도** 상법 제628조 제1항의 **납입가장죄는 성립하지 아니한다.**

[2] 형사재판에서 이와 관련된 **다른 형사사건 등의 확정판결에서 인정된 사실**은 특별한 사정이 없는 한 유력한 증거자료가 되는 것이나, **당해 형사재판에서 제출된 다른 증거내용에** 비추어 **관련 형사사건의 확정판결에서의 사실판단을 그대로 채용하기 어렵다고 인정될 경우에는 이를 배척할 수 있다**(대법원2008. 5. 29.선고2007도5206판결).

① (○) **증거의 취사와 이를 근거로 한 사실인정**은 채증법칙에 위배되지 아니하면 **사실심의 전권사항에 속하고** 경찰에서의 자술서 검사작성의 각 피의자신문조서 다른 형사사건의 공판조서의 기재와 당해사건의 공판정에서의 같은 사람이 증인으로서의 진술이 상반되는 경우 **반드시 공판정에서의 증언을 믿어야 된다는 법칙은 없다** 할 것이고, 상반된 증언, 감정중에 그 어느 것을 사실인정의 자료로 인용할 것인가는 **오로지 사실심법원의 자유심증에 속한다**(대법원1986. 9. 23.선고86도1547판결).

② (○) [1] 도로교통법 제41조 제2항에서 말하는 '측정'이란, 측정결과에 불복하는 운전자에 대하여 그의 동의를 얻어 혈액채취 등의 방법으로 다시 측정할 수 있음을 규정하고 있는 같은 조 제3항과의 체계적 해석상, 호흡을 채취하여 그로부터 주취의 정도를 객관적으로 환산하는 측정방법, 즉 호흡측정기에 의한 측정이라고 이해하여야 할 것이고, **호흡측정기에 의한 음주측정치와 혈액검사에 의한 음주측정치가 다른 경우에** 어느 **음주측정치를 신뢰할 것인지는 법관의 자유심증에 의한 증거취사선택의 문제라고 할 것이다.**

[2] 호흡측정기에 의한 측정의 경우 그 측정기의 상태, 측정방법, 상대방의 협조정도 등에 의하여 그 측정결과의 정확성과 신뢰성에 문제가 있을 수 있다는 사정을 고려하면, 혈액의 채취 또는 검사과정에서 인위적인 조작이나 관계자의 잘못이 개입되는 등 혈액채취에 의한 검사결과를 믿지 못할 특별한 사정이 없는 한, **혈액검사에 의한 음주측정치가 호흡측정기에 의한 음주측정치보다** 측정 당시의 혈중알콜농도에 **더 근접한 음주측정치라고 보는 것이 경험칙에 부합**한다(대법원2004. 2. 13.선고2003도6905판결).

③ (○) [1] 가. 성폭행 피해자의 대처 양상은 피해자의 성정이나 가해자와의 관계 및 구체적인 상황에 따라 다르게 나타날 수밖에 없다. 따라서 **개별적, 구체적인 사건에서 성폭행 등의 피해자가 처하여 있는 특별한 사정을 충분히 고려하지 않은 채 피해자 진술의 증명력을 가볍게 배척하는 것은 정의와 형평의 이념에 입각하여 논리와 경험의 법칙에 따른 증거판단이라고 볼 수 없다.** 피고인의 친딸로 가족관계에 있던 피해자가 '마땅히 그러한 반응을 보여야만 하는 피해자'로 보이지 않는다는 이유만으로 **피해자 진술의 신빙성을 함부로 배척할 수 없다**(피해자가 공소사실 기재 범행 기간 중 피고인에게 다소 애교 섞인 표현 또는 피고인을 걱정하는 내용의 문자메시지를 보낸 경위 등은 정상적인 가정으로 돌아가고 싶은 희망에서 나온 것으로서 이를 두고 피해자로서 마땅히 보여야 할 반응을 보이지 않았다고 할 수 없는 점 등을 들어 피해자 진술의 신빙성을 긍정하였다). 그리고 **친족관계에 의한 성범죄를 당하였다는 피해자의 진술**은 피고인에 대한 이중적인 감정, 가족들의 계속되는 회유와 압박 등으로 인하여 **번복되거나 불분명해질 수 있는 특수성이 있다는 점을 고려해야 한다.**

나. 대법원 양형위원회 제정 양형기준상 특별감경인자인 '**처벌불원**'이란 피고인이 자신의 범행에 대하여 진심으로 뉘우치고 합의를 위한 신시한 노력을 기울여 피해에 대한 상당한 보상이 이루어졌으며, 피해자가 처벌불원의 법적·사회적 의미를 정확히 인식하면서 이를 받아들여 피고인의 처벌을 원하지 않는 경우를 의미한다(대법원2020. 8. 20.선고2020도6965, 2020전도74판결).

[2] '**성추행 피해자가 추행 즉시 행위자에게 항의하지 않은 사정**'이나 '**피해 신고 시 성폭력이 아닌 다른 피해사실을 먼저 진술한 사정**'만으로 곧바로 피해자 진술의 신빙성을 부정할 것이 아니고, 가해자와의 관계와 피해자의 구체적 상황을 **모두 살펴 판단하여야** 한다(대법원2020. 9. 24.선고2020도7869판결).

▼정답 ④

3. 증거에 관한 다음 설명 중 가장 적절하지 않은 것은?(다툼이 있으면 판례에 의함)

① 공소사실을 인정할 증거로 사실상 피해자의 진술이 유일한 경우, 피고인의 진술이 경험칙상 합리성이 없고 그 자체로 모순되어 믿을 수 없다면 그것은 공소사실을 인정하는 직접증거가 되는 것이다.

② 각 증거가 개별적으로는 범죄사실에 대한 완전한 증명력을 가지지 못한 경우에도 전체증거를 종합적으로 고찰하여 종합적 증명력이 있는 것으로 판단되면 그에 의하여 범죄사실을 인정할 수 있다.

③ 제1심법원이 법원조직법 제54조의3에 의하여 심판에 필요한 자료의 수집·조사 등의 업무를 담당하는 법원 소속 조사관에게 양형의 조건이 되는 사항을 수집·조사하여 제출하게 하고, 이를 피고인에 대한 정상 관계 사실과 함께 참작하여 피고인에게 유죄를 선고한 사안에서, 조사관에 의한 양형조사가 현행법상 위법이라거나 양형조사가 위법하게 행하여졌다고 볼 수 없다.

④ 유전자검사나 혈액형검사 등 과학적 증거방법은 그 전제로 하는 사실이 모두 진실임이 입증되고 그 추론의 방법이 과학적으로 정당하여 오류의 가능성이 전무하거나 무시할 정도로 극소한 것으로 인정되는 경우에는 법관이 사실인정을 함에 있어 상당한 정도로 구속력을 가진다 할 것이므로, 비록 사실의 인정이 사실심의 전권이라 하더라도 아무런 합리적 근거 없이 함부로 이를 배척하는 것은 자유심증주의의 한계를 벗어나는 것으로서 허용될 수 없다.

해설

① (×) 공소사실을 인정할 증거로 사실상 피해자의 진술이 유일한 경우에 **피고인의 진술이 경험칙상 합리성이 없고 그 자체로 모순되어 믿을 수 없다고 하여 그것이** 공소사실을 인정하는 **직접증거가 되는 것은 아니지만, 이러한 사정은** 법관의 자유판단에 따라 피해자 진술의 신빙성을 뒷받침하거나 직접증거인 피해자 진술과 결합하여 공소사실을 뒷받침하는 **간접정황이 될 수 있다**(대법원2022. 8. 19. 선고2021도3451판결).

② (○) 형사재판에서 유죄의 인정은 법관으로 하여금 합리적인 의심을 할 여지가 없을 정도로 공소사실이 진실한 것이라는 확신을 가지게 하는 증명력을 가진 증거에 의하여야 하고, 이러한 정도의 심증을 형성하는 증거가 없다면 설령 피고인에게 유죄의 의심이 간다 하더라도 피고인의 이익으로 판단할 수밖에 없으나, 다만 그와 같은 심증이 반드시 직접증거에 의하여 형성되어야만 하는 것은 아니고, 경험칙과 논리법칙에 위반되지 아니하는 한 간접증거에 의하여 형성되어도 되는 것이며, **간접증거가 개별적으로는 범죄사실에 대한 완전한 증명력을 가지지 못하더라도, 전체 증거를 상호 관련하여 종합적으로 고찰할 경우** 그 단독으로는 가지지 못하는 **종합적 증명력이 있을 수 있고,** 이러한 경우에는 그에 의하여도 **범죄사실을 인정할 수 있다**(대법원2000. 11. 10. 선고2000도2524판결).

③ (○) 제1심법원이 **법원조직법 제54조의3에 의하여** 심판에 필요한 자료의 수집·조사 등의 업무를 담당하는 법원 소속 조사관에게 양형의 조건이 되는 사항을 수집·조사하여 제출하게 하고, 이를 피고인에 대한 정상 관계 사실과 함께 참작하여 피고인에게 유죄를 선고한 사안에서, **조사관에 의한 양형조사가 현행법상 위법이라거나 양형조사가 위법하게 행하여졌다고 볼 수 없다**(대법원2010. 4. 29. 선고2010도750판결).

④ (○) 자유심증주의를 규정한 형사소송법 제308조가 증거의 증명력을 법관의 자유판단에 의하도록 한 것은 그것이 실체적 진실발견에 적합하기 때문이지 법관의 자의적인 판단을 인용한다는 것은 아니므로, 증거판단에 관한 전권을 가지고 있는 사실심 법관은 사실인정에 있어 공판절차에서 획득된 인식과 조사된 증거를 남김없이 고려하여야 한다. 그리고 **증거의 증명력은 법관의 자유판단에 맡겨져 있으나 그 판단은 논리와 경험법칙에 합치하여야** 하고, 형사재판에 있어서 유죄로 인정하기 위한 심증형성의 정도는 합리적인 의심을 할 여지가 없을 정도여야 한다. 특히 **유전자검사나 혈액형검사 등 과학적 증거방법은** 그 전제로 하는 사실이 모두 진실임이 입증되고 그 추론의 방법이 과학적으로 정당하여 오류의 가능성이 전무하거나 무시할 정도로 극소한 것으로 인정되는 경우에는 법관이 사실인정을 함에 있어 상당한 정도로 구속력을 가진다 할 것이므로, 비록 사실의 인정이 사실심의 전권이라 하더라도 **아무런 합리적 근거 없이 함부로 이를 배척하는 것은 자유심증주의의 한계를 벗어나는 것**으로서 허용될 수 없다(대법원2007. 5. 10. 선고2007도1950판결; 대법원2009. 3. 12. 선고2008도8486판결). 또한 유전자검사나 혈액형검사등 과학적 증거방법은 전제로 하는 사실이 모두 진실임이 증명되고 추론의 방법이 과학적으로 정당하여 오류의 가능성이 없거나 무시할 정도로 극소하다고 인정되는 경우에는 **법관이 사실인정을 할 때 상당한 정도로 구속력을 가진다**(대법원2022. 6. 16. 선고2022도2236판결).

▼정답 ①

4. 증거의 증명력 판단에 관한 설명으로 올바르지 않은 것은? (다툼이 있으면 판례에 의함)

① 비가 오는 야간에 우연히 지나가다 20~30여명이 몰려 있던 싸움현장을 목격하였음에 불과한 사람이 그로부터 1개월 여가 지난 뒤에 단순한 당시의 기억만으로 피해자를 때리려고 한 사람이 바로 피고인이었다고 지목한 것이라도 경험칙상 그 신빙성이 의심스럽다고 단정할 수 없다.

② 피고인이 평소 투약량의 20배에 달하는 1g의 메스암페타민을 한꺼번에 물에 타서 마시는 방법으로 투약하였다는 것은 쉽게 믿기 어렵고 또 만약 그렇게 투약하였다면 피고인의 생명이나 건강에 위험이 발생하였을 가능성이 없지 않았을 것으로 보여져 피고인의 자백을 신빙하기 어렵다.

③ 용의자의 인상착의 등에 의한 범인식별 절차에 있어 용의자 한 사람을 단독으로 목격자와 대질시키거나 용의자의 사진 한 장만을 목격자에게 제시하여 범인 여부를 확인하게 하는 경우, 그 목격자의 진술은 그 용의자가 종전에 피해자와 안면이 있는 사람이라든가 피해자의 진술 외에도 그 용의자를 범인으로 의심할 만한 다른 정황이 존재한다든가 하는 등의 부가적인 사정이 없는 한 그 신빙성이 낮다고 보아야 한다.

④ 범인식별 절차에서 피해자 진술의 신빙성을 높게 평가할 수 있게 하려면, 범인의 인상착의 등에 관한 목격자의 진술 내지 묘사를 사전에 상세히 기록화한 다음, 용의자를 포함하여 그와 인상착의가 비슷한 여러 사람을 동시에 목격자와 대면시켜 범인을 지목하도록 하여야 하고, 용의자와 목격자 및 비교대상자들이 상호 사전에 접촉하지 못하도록 하여야 하며, 사후에 증거가치를 평가할 수 있도록 대질 과정과 결과를 문자와 사진 등으로 서면화하는 등의 조치를 취하여야 하고, 사진제시에 의한 범인식별 절차에 있어서도 기본적으로 이러한 원칙에 따라야 한다.

해 설

① (×) 비가 오는 야간에 우연히 지나가다 20~30여명이 몰려 있던 싸움현장을 목격하였음에 불과한 사람이 그로부터 1개월여가 지난 뒤에 **단순한 당시의 기억만으로 피해자를 때리려고 한 사람이 바로 피고인이었다고 지목하는 것**은 경험측상 **그 확실성 여부가 의심스러운 것이다**(대법원1984. 12. 11.선고84도2058, 84감도326판결).

② (○) 피고인이 평소 투약량의 20배에 달하는 1g의 메스암페타민을 한꺼번에 물에 타서 마시는 방법으로 투약하였다는 것은 쉽게 믿기 어렵고, 또 **만약 그렇게 투약하였다면 피고인의 생명이나 건강에 위험이 발생하였을 가능성이 없지 않았을 것**으로 보여져, **피고인의 자백을 신빙하기 어렵다**(대판2002도6766).

③ (○) 용의자의 인상착의 등에 의한 범인식별 절차에 있어 **용의자 한 사람을 단독으로 목격자와 대질시키거나 용의자의 사진 한 장만을 목격자에게 제시하여 범인 여부를 확인하게 하는 것**은 사람의 기억력의 한계 및 부정확성과 구체적인 상황하에서 용의자나 그 사진상의 인물이 범인으로 의심받고 있다는 무의식적 암시를 목격자에게 줄 수 있는 가능성으로 인하여, 그러한 방식에 의한 범인식별 절차에서의 목격자의 진술은, 그 용의자가 종전에 피해자와 안면이 있는 사람이라든가 피해자의 진술 외에도 그 용의자를 범인으로 의심할 만한 다른 정황이 존재한다든가 하는 등의 부가적인 사정이 없는 한 **그 신빙성이 낮다고 보아야 한다**. 이와 같은 점에서 볼 때, **범인식별 절차에 있어 목격자의 진술의 신빙성을 높게 평가할 수 있게 하려면**, 범인의 인상착의 등에 관한 목격자의 진술 내지 묘사를 사전에 상세히 기록화한 다음, **용의자를 포함하여 그와 인상착의가 비슷한 여러 사람을 동시에 목격자와 대면시켜 범인을 지목하도록 하여야 하고**, 용의자와 목격자 및 비교대상자들이 상호 사전에 접촉하지 못하도록 하여야 하며, 사후에 증거가치를 평가할 수 있도록 대질 과정과 결과를 문자와 사진 등으로 서면화하는 등의 조치를 취하여야 할 것이고, 사진제시에 의한 범인식별 절차에 있어서도 기본적으로 이러한 원칙에 따라야 한다(대판2007도1950).

④ (○) **범인식별 절차에서 피해자 진술의 신빙성을 높게 평가할 수 있게 하려면**, 범인의 인상착의 등에 관한 목격자의 진술 내지 묘사를 사전에 상세히 기록화한 다음, **용의자를 포함하여 그와 인상착의가 비슷한 여러 사람을 동시에 목격자와 대면시켜 범인을 지목하도록 하여야 하고**, 용의자와 목격자 및 비교대상자들이 상호

사전에 접촉하지 못하도록 하여야 하며, 사후에 증거가치를 평가할 수 있도록 **대질 과정과 결과를 문자와 사진 등으로 서면화하는 등의 조치를 취하여야** 하고, 사진제시에 의한 범인식별 절차에 있어서도 기본적으로 이러한 원칙에 따라야 한다(대법원2008. 7. 10. 선고2006도2520판결).

▼정답 ①

5. 혈액채취에 관한 설명 중 가장 적절하지 않은 것은?(다툼이 있으면 판례에 의함)

① 혈액의 채취 또는 검사과정에서 인위적인 조작이나 관계자의 잘못이 개입되는 등 혈액채취에 의한 검사결과를 믿지 못할 특별한 사정이 없는 한, 혈액검사에 의한 음주측정치가 호흡측정기에 의한 음주측정치보다 측정 당시의 혈중알콜농도에 더 근접한 음주측정치라고 보는 것이 경험칙에 부합한다.

② 운전자의 신체 이상 등의 사유로 호흡측정기에 의한 측정이 불가능 내지 심히 곤란하거나 운전자가 처음부터 호흡측정기에 의한 측정의 방법을 불신하면서 혈액채취에 의한 측정을 요구하는 경우 등에는 호흡측정기에 의한 측정의 절차를 생략하고 바로 혈액채취에 의한 측정으로 나아가야 할 것이고, 이와 같은 경우라면 호흡측정기에 의한 측정에 불응한 행위를 음주측정불응으로 볼 수 없다.

③ 특별한 이유 없이 호흡측정기에 의한 측정에 불응하는 운전자에게 경찰공무원이 혈액채취에 의한 측정방법이 있음을 고지하고 그 선택 여부를 물어야 할 의무가 있다고는 할 수 없다.

④ 경찰관이 음주운전 단속시 운전자의 요구에 따라 곧바로 채혈을 실시하지 않은 채 호흡측정기에 의한 음주측정을 하고 1시간 12분이 경과한 후에야 채혈을 하였다는 사정만으로도 위 행위가 법령에 위배되거나 객관적 정당성을 상실한 것으로 운전자가 음주운전 단속과정에서 받을 수 있는 권익이 현저하게 침해되었다고 단정할 수 있다.

▼해 설

④ (×) [1] 교통단속처리지침 제38조 제6항은 호흡측정기에 의한 측정결과의 오류방지와 음주운전 단속자에게 정확한 혈중알콜농도 측정의 기회를 제공하기 위한 규정으로서, 위 규정의 '주취운전자 적발보고서를 작성한 후 즉시'의 의미는 상당한 시간 경과 등으로 운전 당시의 혈중알콜농도 입증이 곤란하여지는 것 등을 방지하기 위하여 운전자가 경찰공무원에 대하여 호흡측정기에 의한 측정결과에 불복하고 혈액채취의 방법에 의한 측정을 요구한 때로부터 상당한 이유 없이 장시간 지체하지 않을 것을 의미한다고 해석함이 상당하다.
[2] 경찰관이 음주운전 단속시 운전자의 요구에 따라 곧바로 채혈을 실시하지 않은 채 호흡측정기에 의한 음주측정을 하고 <u>1시간 12분이 경과한 후에야 채혈을 하였다는 사정만으로는</u> 위 행위가 법령에 위배된다거나 객관적 정당성을 상실하여 <u>운전자가 음주운전 단속과정에서 받을 수 있는 권익이 현저하게 침해되었다고 단정하기 어렵다</u>(대판2008. 4. 24. 2006다32132).

① (○) 도로교통법 제41조 제2항에서 말하는 '측정'이란, 측정결과에 불복하는 운전자에 대하여 그의 동의를 얻어 혈액채취 등의 방법으로 다시 측정할 수 있음을 규정하고 있는 같은 조 제3항과의 체계적 해석상, 호흡을 채취하여 그로부터 주취의 정도를 객관적으로 환산하는 측정방법, 즉 호흡측정기에 의한 측정이라고 이해하여야 할 것이고, 호흡측정기에 의한 음주측정치와 혈액검사에 의한 음주측정치가 다른 경우에 어느 음주측정치를 신뢰할 것인지는 법관의 자유심증에 의한 증거취사선택의 문제라고 할 것이나, 호흡측정기에 의한 측정의 경우 그 측정기의 상태, 측정방법, 상대방의 협조정도 등에 의하여 그 측정결과의 정확성과 신뢰성에 문제가 있을 수 있다는 사정을 고려하면, 혈액의 채취 또는 검사과정에서 인위적인 조작이나 관계자의 잘못이 개입되는 등 혈액채취에 의한 검사결과를 믿지 못할 특별한 사정이 없는 한, **혈액검사에 의한 음주측정치가 호흡측정기에 의한 음주측정치보다** 측정 당시의 **혈중알콜농도에 더 근접한 음주측정치라고 보는 것이 경험칙에 부합한다**(대판2003도6905).

②③ (○) [1] 도로교통법 제41조 제2항, 제3항의 해석상, **운전자의 신체 이상 등의 사유로 호흡측정기에 의한 측정이 불가능 내지 심히 곤란하거나 운전자가 처음부터 호흡측정기에 의한 측정의 방법을 불신하면서 혈액채취에 의한 측정을 요구하는 경우 등에는 호흡측정기에 의한 측정의 절차를 생략하고 바로 혈액채취에 의한 측정으로 나아가야 할 것이고, 이와 같은 경우라면 호흡측정기에 의한 측정에 불응한 행위를 음주측정불응으로 볼 수 없다.**

[2] 특별한 이유 없이 호흡측정기에 의한 측정에 불응하는 운전자에게 **경찰공무원이 혈액채취에 의한 측정방법이 있음을 고지하고 그 선택 여부를 물어야 할 의무가 있다고는 할 수 없다**(대판2002도4220).

▼정답 ④

6. 다음 중 과학증거와 관련된 설명으로 가장 적절하지 않은 것은?(다툼이 있으면 판례에 의함)

① 혈중알코올농도 측정 없이 위드마크 공식을 사용해 피고인이 마신 술의 양을 기초로 피고인의 운전 당시 혈중알코올농도를 추산하는 경우로서 알코올의 분해소멸에 따른 혈중알코올농도의 감소기(위드마크 제2공식, 하강기)에 운전이 이루어진 것으로 인정되는 경우에는 피고인에게 가장 유리한 음주 종료 시점부터 곧바로 생리작용에 의하여 분해소멸이 시작되는 것으로 보아야 한다.

② 문제된 필적을 보면서 유사하게 시필하도록 하여 채취한 필적과 문제된 필적의 동일 여부를 감정한 결과는 감정자료 선정, 채취에 잘못이 있는 객관성을 결여한 감정자료에 의한 감정으로서 증거로 할 수 없다.

③ 적외선 분광광도계에 의한 수지성분 및 접착제류 확인시험 등을 통해 피해자의 손을 묶고 입을 막는데 사용된 접착테이프와 피고인의 집에서 압수된 접착테이프가 동일한 것이라는 감정결과가 나왔더라도 이를 통해 피고인의 집에서 압수된 테이프가 범행에 사용된 것이라고 단정할 수 없다.

④ 모발성분분석 결과 오차가 40%이내이면 동일인의 모발로 본다 하더라도 그 오차범위에 관하여 경험상 그렇다는 진술에 그치고 그 근거를 명확히 제시하지 못하는 이상, 피해자의 손톱 등에서 수거된 모발이 피고인의 모발과 오차범위 내에 있다는 사정만으로 피고인을 범인으로 단정할 수 없다.

▼해 설

① (×) 혈중알코올농도 측정 없이 위드마크 공식을 사용해 피고인이 마신 술의 양을 기초로 피고인의 운전 당시 혈중알코올농도를 추산하는 경우로서 알코올의 분해소멸에 따른 혈중알코올농도의 감소기(위드마크 제2공식, 하강기)에 운전이 이루어진 것으로 인정되는 경우에는 피고인에게 가장 유리한 음주 **시작 시점부터** 곧바로 생리작용에 의하여 **분해소멸이 시작되는 것으로 보아야** 한다. 이와 다르게 음주 개시 후 특정 시점부터 알코올의 분해소멸이 시작된다고 인정하려면 알코올의 분해소멸이 시작되는 시점이 다르다는 점에 관한 과학적 증명 또는 객관적인 반대 증거가 있거나, 음주 시작 시점부터 알코올의 분해소멸이 시작된다고 보는 것이 그렇지 않은 경우보다 피고인에게 불이익하게 작용되는 특별한 사정이 있어야 한다(대법원2022. 5. 12. 선고2021도14074판결).

② (○) 필적감정이란 감정의 대상이 되는 2개 이상의 필적의 동일 또는 상이여부를 과학적 또는 특별한 지식경험을 기초로 하여 판단하는 것이고, 필적의 선정, 채취에 있어서는 **객관성이 있는 타당한 방법에 의하여야 하고** 문제된 필적과 피고인의 필적과의 동일여부를 감정함에 있어서 **피고인으로 하여금 문제된 필적을 보면서 유사하게 시필하도록 하여 채취한 필적과 문제된 필적과의 동일여부를 감정하게 함은 결국 감정자료에 의한 감정이므로 이러한 감정은 증거로 할 수 없다**(대판76도2938).

③ (○) 적외선 분광광도계에 의한 수지성분 및 접착제류 확인시험에서 동일한 것이라는 반응이 나왔다고 하더라도 이는 위 양 테이프가 동일한 재료와 동일한 과정으로 제조되었다는 사실만 일정할 수 있을 뿐이고, **피고인의 집에서 압수된 청색 테이프가 이 사건 범행에 사용된 것이라고 단정할 수는 없다**(대판96도1144).

④ (○) 감정인의 진술에 의하면, 성분분석 결과 40% 오차 이내이면 동일인의모발로 감정을 한다는 것이나, **위 40%의 오차에 관하여는 경험상 그렇다는 진술 뿐, 그 근거를 명확하게 제시하지 못하고 있으므로, 다른 합리적인 증거의 뒷받침이 없는 한**, 위 감정결과를 가지고 피고인이 이 사건 범행의 범인이라고 단정할 수는 없다(대판96도1144).

▼정답 ①

7. 피해자 진술의 신빙성 판단이 문제된 사건에 대한 설명으로 적절하지 <u>않은</u> 것은 모두 몇 개인가?(다툼이 있으면 판례에 의함)

> ㉠ 피해자 등의 진술은 그 진술 내용의 주요한 부분이 일관되며, 경험칙에 비추어 비합리적이거나 진술 자체로 모순되는 부분이 없고, 또한 허위로 피고인에게 불리한 진술을 할 만한 동기나 이유가 분명하게 드러나지 않는 이상, 그 진술의 신빙성을 특별한 이유 없이 함부로 배척해서는 아니 된다.
>
> ㉡ 개별적, 구체적인 사건에서 성폭행 등의 피해자가 처하여 있는 특별한 사정을 충분히 고려하지 않은 채 피해자 진술의 증명력을 가볍게 배척하는 것은 정의와 형평의 이념에 입각하여 논리와 경험의 법칙에 따른 증거판단이라고 볼 수 없다.
>
> ㉢ 강간죄가 성립하기 위한 가해자의 폭행·협박이 있었는지 여부는 모든 사정을 종합하여 피해자가 성교 당시 처하였던 구체적인 상황을 기준으로 판단하여야 하며, 사후적으로 보아 피해자가 성교 이전에 범행 현장을 벗어날 수 있었다거나 피해자가 사력을 다하여 반항하지 않았다는 사정만으로 가해자의 폭행·협박이 피해자의 항거를 현저히 곤란하게 할 정도에 이르지 않았다고 섣불리 단정하여서는 아니 된다.
>
> ㉣ 강간죄에서 공소사실을 인정할 증거로 사실상 피해자의 진술이 유일한 경우에 피고인의 진술이 경험칙상 합리성이 없고 그 자체로 모순되어 믿을 수 없다고 하여 그것이 공소사실을 인정하는 직접증거가 되는 것은 아니지만, 이러한 사정은 법관의 자유판단에따라 피해자 진술의 신빙성을 뒷받침하거나 직접증거인 피해자 진술과 결합하여 공소사실을 뒷받침하는 간접정황이 될 수 있다.
>
> ㉤ 개별적·구체적 사건에서 성범죄 피해자가 처하여 있는 특별한 사정을 충분히 고려하지 않은 채 피해자 진술의 증명력을 가볍게 배척하는 것은 정의와 형평의 이념에 입각하여 논리와 경험의 법칙에 따른 증거판단이라고 볼 수 없지만, 이는 성범죄 피해자 진술의 증명력을 제한 없이 인정하여야 한다거나 그에 따라 해당 공소사실을 무조건 유죄로 판단해야 한다는 의미는 아니다.

① 0개
② 1개
③ 2개
④ 3개

▶ 해 설

① ㉠㉡㉢㉣㉤(5개)은 모두 옳은 지문이다.

㉠ (O) 증거의 증명력은 법관의 자유판단에 맡겨져 있으나 그 판단은 논리와 경험칙에 합치하여야 하고, **형사재판에 있어서 유죄로 인정하기 위한 심증형성의 정도는 합리적인 의심을 할 여지가 없을 정도여야** 하나, 이는 모든 가능한 의심을 배제할 정도에 이를 것까지 요구하는 것은 아니며, 증명력이 있는 것으로 인정되는 증거를 합리적인 근거가 없는 의심을 일으켜 이를 배척하는 것은 자유심증주의의 한계를 벗어나는 것으로 허용될 수 없다. **피해자 등의 진술은** 그 진술 내용의 주요한 부분이 일관되며, 경험칙에 비추어 비합리적이거나 진술 자체로 모순되는 부분이 없고, 또한 **허위로 피고인에게 불리한 진술을 할 만한 동기나 이유가 분명하게 드러나지 않는 이상, 그 진술의 신빙성을 특별한 이유 없이 함부로 배척해서는 아니 된다**(대법원2018. 10. 25.선고2018도7709판결).

㉡ (O) 법원이 성폭행이나 성희롱 사건의 심리를 할 때에는 그 사건이 발생한 맥락에서 성차별 문제를 이해하고 양성평등을 실현할 수 있도록 '성인지 감수성'을 잃지 않도록 유의하여야 한다(양성평등기본법 제5조 제1항참조). 우리 사회의 가해자 중심의 문화와 인식, 구조 등으로 인하여 성폭행이나 성희롱 피해자가 피해사실을 알리고 문제를 삼는 과정에서 오히려 피해자가 부정적인 여론이나 불이익한 처우 및 신분 노출의 피해 등을 입기도 하여 온 점 등에 비추어 보면, 성폭행 피해자의 대처 양상은 피해자의 성정이나 가해자와의 관계 및 구체적인 상황에 따라 다르게 나타날 수밖에 없다. 따라서 **개별적, 구체적인 사건에서 성폭행 등의 피해자가 처하여 있는 특별한 사정을 충분히 고려하지 않은 채 피해자 진술의 증명력을 가볍게 배척하는 것은 정의와 형평의 이념에 입각하여 논리와 경험의 법칙에 따른 증거판단이라고 볼 수 없다**(대법원2018. 10. 25.선고2018도7709판결).

㉢ (O) **강간죄가 성립하기 위한 가해자의 폭행·협박이 있었는지 여부는** 그 폭행·협박의 내용과 정도는 물론 유형력을 행사하게 된 경위, 피해자와의 관계, 성교 당시와 그 후의 정황 등 **모든 사정을 종합하여 피해자가 성교 당시 처하였던 구체적인 상황을 기준으로 판단하여야** 하며, **사후적으로 보아 피해자가 성교 이전에 범행현장을 벗어날 수 있었다거나 피해자가 사력을 다하여 반항하지 않았다는 사정만으로 가해자의 폭행·협박이** 피해자의 항거를 현저히 곤란하게 할 정도에 이르지 않았다고 **섣불리 단정하여서는 아니 된다**(대법원2018. 10. 25.선고2018도7709판결).

㉣ (O) **강간죄에서 공소사실을 인정할 증거로 사실상 피해자의 진술이 유일한 경우**에 피고인의 진술이 경험칙상 합리성이 없고 그 자체로 모순되어 믿을 수 없다고 하여 그것이 공소사실을 인정하는 **직접증거가 되는 것은 아니지만,** 이러한 사정은 법관의 자유판단에 따라 피해자 진술의 신빙성을 뒷받침하거나 직접증거인 피해자 진술과 결합하여 **공소사실을 뒷받침하는 간접정황이 될 수 있다**(대법원2018. 10. 25.선고2018도7709판결).

㉤ (O) [1] 성범죄 사건을 심리할 때에는 사건이 발생한 맥락에서 성차별 문제를 이해하고 양성평등을 실현할 수 있도록 '성인지적 관점'을 유지하여야 하므로, **개별적·구체적 사건에서** 성범죄 피해자가 처하여 있는 특별한 사정을 충분히 고려하지 않은 채 피해자 진술의 증명력을 가볍게 배척하는 것은 정의와 형평의 이념에 입각하여 논리와 경험의 법칙에 따른 증거판단이라고 볼 수 없지만(대법원 2018. 10. 25. 선고 2018도7709 판결 등 참조), 이는 **성범죄 피해자 진술의 증명력을 제한 없이 인정하여야 한다거나** 그에 따라 **해당 공소사실을 무조건 유죄로 판단해야 한다는 의미는 아니다.**
가) 성범죄 피해자 진술에 대하여 성인지적 관점을 유지하여 보더라도, 진술 내용 자체의 합리성·타당성뿐만 아니라 객관적 정황, 다른 경험칙 등에 비추어 **증명력을 인정할 수 없는 경우가 있을 수 있다.**
나) 또한 피고인은 물론 피해자도 하나의 객관적 사실 중 서로 다른 측면에서 자신이 경험한 부분에 한정하여 진술하게 되고, 여기에는 자신의 주관적 평가나 의견까지 어느 정도 포함될 수밖에 없으므로, 하나의 객관적 사실에 대하여 피고인과 피해자 모두 자신이 직접 경험한 사실만을 진술하더라도 그 내용이 일치하지 않을 가능성이 항시 존재한다. 즉, **피고인이 일관되게 공소사실 자체를 부인하는 상황에서 공소사실을 인정할 직접적 증거가 없거나,** 피고인이 공소사실의 객관적 행위를 한 사실은 인정하면서도 **고의와 같은 주관적 구성요건만을 부인하는 경우 등과 같이 사실상 피해자의 진술만이 유죄의 증거가 되는 경우에는,** 피해자 진술의 신빙성을 인정하더라도 피고인의 주장은 물론 피고인이 제출한 증거, 피해자 진술 내용의 합리성·타당성, 객관적 정황과 다양한 경험칙 등에 비추어 **피해자의 진술만으로** 피고인의 주장을 배척하기에 충분할 정도에 이르지 않아 법관으로 하여금 합리적인 의심을 할 여지가 없을 정도로 공소사실이 진실한 것이라는 확신을 가질 수 없게 되었다면, 피고인의 이익으로 판단하여야 한다.
[2] **피고인은 자폐성 장애** 등으로 장애 수준 및 지적능력(IQ 45)·판단능력(사회적응능력 8세 6개월, 중등도 지체 수준)을 가진 자이다. **23 : 15경 운행 중인 전동차에서, 피해자 갑(여, 19세)의 옆 자리에 앉아** 피해자의

왼팔 상박 맨살에 자신의 오른팔 상박 맨살을 비비고, 피해자가 이를 피해 옆 좌석으로 이동하자 재차 피해자의 옆 자리로 이동하여 위와 같은 방법으로 대중교통수단인 전동차에서 **피해자를 추행하였다하여 성폭력범죄의처벌등에관한특례법위반(공중밀집장소에서의추행)으로 기소된 사안**에서, 피고인이 유리한 증거를 제출하면서 범행을 부인하는 경우에도 공소사실에 대한 증명책임은 여전히 검사에 있고, 피고인이 공소사실과 배치되는 자신의 주장 사실에 관하여 증명할 책임까지 부담하는 것은 아니므로, 검사가 제출한 증거와 피고인이 제출한 증거를 종합하여 볼 때 **공소사실에 관하여 조금이라도 합리적인 의심이 있는 경우에는 무죄를 선고하여야 할 것이지**, 피고인이 제출한 증거만으로 피고인의 주장 사실을 인정하기에 부족하다는 이유를 들어 공소사실에 관하여 유죄 판결을 선고하는 것은 헌법상 무죄추정의 원칙은 물론 형사소송법상 증거재판주의 및 검사의 증명책임에 반하는 것이어서 허용될 수 없다(대법원 2024. 1. 4. 선고 2023도13081 판결). 결국, **피해자 진술만으로는 추행의 고의를 부인하는 피고인의 주장을 배척하기에 충분할 정도에 이르렀다고까지 단정할 수 없으므로**, 공소사실에 관하여 합리적인 의심을 할 여지가 없을 정도로 **확신을 가질 수 있는 경우에 해당한다고 보기 어렵다**(무죄취지로 파기환송한 사건).

▶ 정답 ①

8. 다음 중 법원이 성폭행이나 성희롱 사건의 심리를 할 때 유의하여야 할 사항 및 성폭행 등의 피해자 진술의 증명력을 판단하는 방법에 관한 설명으로 옳은 것은 모두 몇 개인가?(다툼이 있으면 판례에 의함)

> ㉠ 법원이 성폭행이나 성희롱 사건의 심리를 할 때에는 그 사건이 발생한 맥락에서 성차별 문제를 이해하고 양성평등을 실현할 수 있도록 '성인지 감수성'을 잃지 않도록 유의하여야 한다(양성평등기본법 제5조 제1항).
> ㉡ 우리 사회의 가해자 중심의 문화와 인식, 구조 등으로 인하여 성폭행이나 성희롱 피해자가 피해사실을 알리고 문제를 삼는 과정에서 오히려 피해자가 부정적인 여론이나 불이익한 처우 및 신분 노출의 피해 등을 입기도 하여 온 점 등에 비추어 보면, 성폭행 피해자의 대처 양상은 피해자의 성정이나 가해자와의 관계 및 구체적인 상황에 따라 다르게 나타날 수밖에 없다. 따라서 개별적, 구체적인 사건에서 성폭행 등의 피해자가 처하여 있는 특별한 사정을 충분히 고려하지 않은 채 피해자 진술의 증명력을 가볍게 배척하는 것은 정의와 형평의 이념에 입각하여 논리와 경험의 법칙에 따른 증거판단이라고 볼 수 없다.
> ㉢ 강간죄가 성립하기 위한 가해자의 폭행·협박이 있었는지 여부는 그 폭행·협박의 내용과 정도는 물론 유형력을 행사하게 된 경위, 피해자와의 관계, 성교 당시와 그 후의 정황 등 모든 사정을 종합하여 피해자가 성교 당시 처하였던 구체적인 상황을 기준으로 판단하여야 하며, 사후적으로 보아 피해자가 성교 이전에 범행 현장을 벗어날 수 있었다거나 피해자가 사력을 다하여 반항하지 않았다는 사정만으로 가해자의 폭행·협박이 피해자의 항거를 현저히 곤란하게 할 정도에 이르지 않았다고 섣불리 단정하여서는 아니 된다.
> ㉣ 강간죄에서 공소사실을 인정할 증거로 사실상 피해자의 진술이 유일하고 피고인의 진술은 경험칙상 합리성이 없고 그 자체로 모순되어 믿을 수 없는 경우, 이러한 사정은 법관의 자유판단의 대상이 되지 않는다.
> ㉤ 피고인의 친딸로 가족관계에 있던 피해자가 '마땅히 그러한 반응을 보여야만 하는 피해자'로 보이지 않는다면 피해자 진술의 신빙성을 일응 배척할 수 있다고 할 것이다.

① 1개　　② 2개
③ 3개　　④ 4개

▼해 설

③ ㉠㉡㉢(3개)은 옳은 지문이나, ㉣㉤(2개)은 틀린 지문이다.

㉠ (○) 대법원2018. 10. 25.선고2018도7709판결
㉡ (○) 대법원2018. 10. 25.선고2018도7709판결
㉢ (○) 대법원2018. 10. 25.선고2018도7709판결
㉣ (×) **강간죄에서 공소사실을 인정할 증거로 사실상 피해자의 진술이 유일한 경우에 피고인의 진술이 경험칙상 합리성이 없고 그 자체로 모순되어 믿을 수 없다고 하여 그것이 공소사실을 인정하는 직접증거가 되는 것은 아니지만,** 이러한 사정은 **법관의 자유판단에 따라** 피해자 진술의 신빙성을 뒷받침하거나 직접증거인 피해자 진술과 결합하여 공소사실을 뒷받침하는 **간접정황이 될 수 있다**(대법원2018. 10. 25.선고2018도7709판결).
㉤ (×) [1] 성폭행 피해자의 대처 양상은 피해자의 성정이나 가해자와의 관계 및 구체적인 상황에 따라 다르게 나타날 수밖에 없다. 따라서 **개별적, 구체적인 사건에서 성폭행 등의 피해자가 처하여 있는 특별한 사정을 충분히 고려하지 않은 채 피해자 진술의 증명력을 가볍게 배척하는 것은 정의와 형평의 이념에 입각하여 논리와 경험의 법칙에 따른 증거판단이라고 볼 수 없다.** 피고인의 친딸로 가족관계에 있던 **피해자가 '마땅히 그러한 반응을 보여야만 하는 피해자'로 보이지 않는다는 이유만으로 피해자 진술의 신빙성을 함부로 배척할 수 없다**(피해자가 공소사실 기재 범행 기간 중 피고인에게 다소 애교 섞인 표현 또는 피고인을 걱정하는 내용의 문자메시지를 보낸 경위 등은 정상적인 가정으로 돌아가고 싶은 희망에서 나온 것으로서 이를 두고 피해자로서 마땅히 보여야 할 반응을 보이지 않았다고 할 수 없는 점 등을 들어 피해자 진술의 신빙성을 긍정하였다). 그리고 **친족관계에 의한 성범죄를 당하였다는 피해자의 진술**은 피고인에 대한 이중적인 감정, 가족들의 계속되는 회유와 압박 등으로 인하여 **번복되거나 불분명해질 수 있는 특수성이 있다는 점을 고려해야 한다.**
[2] 대법원 양형위원회 제정 양형기준상 특별감경인자인 **'처벌불원'**이란 피고인이 자신의 범행에 대하여 진심으로 뉘우치고 합의를 위한 진지한 노력을 기울여 피해에 대한 상당한 보상이 이루어졌으며, 피해자가 처벌불원의 법적·사회적 의미를 정확히 인식하면서 이를 받아들여 피고인의 처벌을 원하지 않는 경우를 의미한다(대법원2020. 8. 20.선고2020도6965, 2020전도74판결).

▼정답 ③

제02절 탄핵증거

1. 탄핵증거에 관한 설명으로 가장 적절하지 않은 것은? (다툼이 있는 경우 판례에 의함)

(2024. 경찰승진)

① 탄핵증거의 제출에 있어서도 상대방에게 이에 대한 공격방어의 수단을 강구할 기회를 사전에 부여하여야 한다는 점에서 증명력을 다투고자 하는 증거의 어느 부분에 의하여 진술의 어느 부분을 다투려고 한다는 것을 사전에 상대방에게 알려야 한다.
② 탄핵증거는 범죄사실을 인정하는 증거가 아니지만 엄격한 증거조사를 요한다.
③ 탄핵증거는 진술의 증명력을 감쇄하기 위하여 인정되는 것이고 범죄사실 또는 그 간접사실의 인정의 증거로는 허용되지 않는다.
④ 내용부인으로 증거능력이 상실된 사법경찰리 작성 피의자신문조서에 문자 전송 내역이 첨부되어 있는 경우 검사는 위 조서가 임의로 작성된 것이 아니라고 의심할 만한 사정이 없는 한 피고인의 법정 진술의 증명력을 다투기 위한 탄핵증거로 사용할 수 있다.

▼해 설

② (×) **탄핵증거는 범죄사실을 인정하는 증거가 아니므로 엄격한 증거조사를 거쳐야 할 필요가 없음**은 형사소송법 제318조의2의 규정에 따라 명백하나 **법정에서 이에 대한 탄핵증거로서의 증거조사는 필요하다**(대판 2005.8.19. 2005도2617).

① (○) **탄핵증거의 제출에 있어서도 상대방에게 이에 대한 공격방어의 수단을 강구할 기회를 사전에 부여하여야 한다**는 점에서 그 증거와 증명하고자 하는 사실과의 관계 및 입증취지 등을 미리 구체적으로 명시하여야 할 것이므로, **증명력을 다투고자 하는 증거의 어느 부분에 의하여 진술의 어느 부분을 다투려고 한다는 것을 사전에 상대방에게 알려야 한다**(대판2005.8.19. 2005도2617).

③ (○) **탄핵증거는 진술의 증명력을 감쇄하기 위하여 인정되는 것이고 범죄사실 또는 그 간접사실의 인정의 증거로서는 허용되지 않는다**(대법원2012. 10. 25.선고2011도5459판결).

④ (○) [1] 피의자의 진술을 기재한 서류가 수사기관의 조사과정에서 작성된 것이라면, 그것이 '진술조서'라는 형식을 취하였다고 하더라도 피의자신문조서와 달리 볼 수 없고, **검사가 유죄의 자료로 제출한 사법경찰리 작성의 피고인에 대한 피의자신문조서는 피고인이 그 내용을 부인하는 이상 증거능력이 없으나, 그것이 임의로 작성된 것이 아니라고 의심할 만한 사정이 없는 한 피고인의 법정에서의 진술을 탄핵하기 위한 반대증거로 사용할 수 있다.**

[1] 공직선거법 제250조 제2항이 적용되는 이 사건 문자메시지 발송 당시 피고인에게 갑이 국회의원 선거에서 당선되지 못하게 할 목적으로 발송한 **문자전송내역이 첨부된 피고인에 대한 경찰 진술조서를 피고인의 법정 진술의 증명력을 다투기 위한 탄핵증거로 사용할 수 있다**(대법원2014. 3. 13.선고2013도12507판결).

▼정답 ②

2. 탄핵증거에 관한 설명 중 가장 적절하지 않은 것은?(다툼이 있는 경우 판례에 의함)

① 검사가 유죄의 자료로 제출한 사법경찰리 작성의 피고인에 대한 피의자신문조서는 피고인이 그 내용을 부인하는 이상 증거능력이 없으나, 그것이 임의로 작성된 것이 아니라고 의심할 만한 사정이 없는 한 피고인의 법정에서의 진술을 탄핵하기 위한 반대증거로 사용할 수 있다.

② 사법경찰리 작성의 피고인에 대한 피의자신문조서와 피고인이 작성한 자술서들은 모두 검사가 유죄의 자료로 제출한 증거들로서 피고인이 각 그 내용을 부인하는 이상 증거능력이 없으나 그러한 증거라 하더라도 그것이 임의로 작성된 것이 아니라고 의심할 만한 사정이 없는 한 피고인의 법정에서의 진술을 탄핵하기 위한 반대증거로 사용할 수 있다.

③ 탄핵증거는 범죄사실을 인정하는 증거가 아니므로 엄격한 증거조사를 거쳐야 할 필요가 없음은 「형사소송법」 제318조의2의 규정에 따라 명백하므로 법정에서 이에 대한 증거조사도 요하지 않는다.

④ 탄핵증거의 제출에 있어서도 상대방에게 이에 대한 공격방어의 수단을 강구할 기회를 사전에 부여하여야 한다는 점에서 그 증거와 증명하고자 하는 사실과의 관계 및 입증취지 등을 미리 구체적으로 명시하여야 할 것이므로, 증명력을 다투고자 하는 증거의 어느 부분에 의하여 진술의 어느 부분을 다투려고 한다는 것을 사전에 상대방에게 알려야 한다.

▼해 설

③ (×) **탄핵증거는 범죄사실을 인정하는 증거가 아니므로 엄격한 증거조사를 거쳐야 할 필요가 없음**은 형사소송법 제318조의2의 규정에 따라 명백하나 **법정에서 이에 대한 탄핵증거로서의 증거조사는 필요하다**(대판 2005.8.19. 2005도2617).

① (○) 대법원2014. 3. 13.선고2013도12507판결

② (○) 검사가 유죄의 자료로 제출한 **사법경찰리 작성의 피고인에 대한 피의자신문조서는 피고인이 그 내용을 부인하는 이상 증거능력이 없으나**, 그것이 임의로 작성된 것이 아니라고 의심할 만한 사정이 없는 한 **피고인의 법정에서의 진술을 탄핵하기 위한 반대증거로 사용할 수 있다**(대법원2005. 8. 19. 선고2005도2617판결).

④ (○) [1] ㉠ 검사가 유죄의 자료로 제출한 사법경찰리 작성의 피고인에 대한 피의자신문조서는 피고인이 그 내용을 부인하는 이상 증거능력이 없으나, 그것이 임의로 작성된 것이 아니라고 의심할 만한 사정이 없는 한 피고인의 법정에서의 진술을 탄핵하기 위한 반대증거로 사용할 수 있으며, 또한 ㉡ 탄핵증거는 범죄사실을 인정하는 증거가 아니므로 엄격한 증거조사를 거쳐야 할 필요가 없음은 형사소송법 제318조의2의 규정에 따라 명백하나 ㉢ 법정에서 이에 대한 탄핵증거로서의 증거조사는 필요한 것이고, 한편 증거신청의 방식에 관하여 규정한 형사소송규칙 제132조 제1항의 취지에 비추어 보면 ㉣ 탄핵증거의 제출에 있어서도 상대방에게 이에 대한 공격방어의 수단을 강구할 기회를 사전에 부여하여야 한다는 점에서 그 증거와 증명하고자 하는 사실과의 관계 및 입증취지 등을 미리 구체적으로 명시하여야 할 것이므로, ㉤ 증명력을 다투고자 하는 증거의 어느 부분에 의하여 진술의 어느 부분을 다투려고 한다는 것을 사전에 상대방에게 알려야 한다.

[2] 피고인이 내용을 부인하여 증거능력이 없는 사법경찰리 작성의 피의자신문조서에 대하여 비록 당초 증거 제출 당시 탄핵증거라는 입증취지를 명시하지 아니하였지만 피고인의 법정 진술에 대한 탄핵증거로서의 증거조사절차가 대부분 이루어졌다고 볼 수 있는 점 등의 사정에 비추어 위 피의자신문조서를 피고인의 법정 진술에 대한 탄핵증거로 사용할 수 있다(대판2005. 8. 19. 2005도2617).

▼정답 ③

3. 탄핵증거에 대한 설명으로 가장 적절한 것은?(다툼이 있으면 판례에 의함)

① 자백배제법칙(「형사소송법」제309조)에 의하여 임의성이 없어 증거능력이 없는 자백이라도 탄핵증거로는 사용할 수 있다.

② 탄핵증거는 범죄사실을 인정하는 증거가 아니므로 엄격한 증거조사를 거쳐야 할 필요가 없음은「형사소송법」제318조의2의 규정에 따라 명백하므로 법정에서 이에 대한 증거조사는 필요하지 않다.

③ 탄핵증거의 제출에 있어서 상대방에게 이에 대한 공격방어의 수단을 강구할 기회를 사전에 부여하여야 한다.

④ 피고인이 내용을 부인하여 증거능력이 없는 사법경찰리 작성의 피의자신문조서가 당초 증거 제출 당시 탄핵증거라는 입증취지를 명시하지 아니하였다면 탄핵증거로서의 증거조사절차가 대부분 이루어졌더라도 위 피의자신문조서를 피고인의 법정 진술에 대한 탄핵증거로 사용할 수 없다.

▼해 설

③ (○) **탄핵증거의 제출에 있어서도 상대방에게 이에 대한 공격방어의 수단을 강구할 기회를 사전에 부여하여야 한다**는 점에서 그 증거와 증명하고자 하는 사실과의 관계 및 입증취지 등을 미리 구체적으로 명시하여야 할 것이므로, 증명력을 다투고자 하는 증거의 어느 부분에 의하여 진술의 어느 부분을 다투려고 한다는 것을 사전에 상대방에게 알려야 한다(대판2005. 8. 19. 2005도2617).

① (×) 임의성이 없는 자백은 절대적으로 증거능력이 없으므로, 자백배제법칙(「형사소송법」제309조)에 의하여 **임의성이 없어 증거능력이 없는 자백은 탄핵증거로도 사용할 수 없다**(통설). 검사가 유죄의 자료로 제출한 사법경찰리 작성의 피고인에 대한 피의자신문조서는 피고인이 그 내용을 부인하는 이상 증거능력이 없으나, **그것이 임의로 작성된 것이 아니라고 의심할 만한 사정이 없는 한** 피고인의 법정에서의 진술을 **탄핵하기 위한 반대증거로 사용할 수 있다**(대법원2014. 3. 13. 선고2013도12507판결).

제4장 증명력

② (×) **탄핵증거는 범죄사실을 인정하는 증거가 아니므로 엄격한 증거조사를 거쳐야 할 필요가 없음**은 형사소송법 제318조의2의 규정에 따라 명백하나 **법정에서 이에 대한 탄핵증거로서의 증거조사는 필요하다**(대판 2005.8.19. 2005도2617).
④ (×) 검사가 유죄의 자료로 제출한 **사법경찰리 작성의 피고인에 대한 피의자신문조서는 피고인이 그 내용을 부인하는 이상 증거능력이 없으나**, 그것이 임의로 작성된 것이 아니라고 의심할 만한 사정이 없는 한 **피고인의 법정에서의 진술을 탄핵하기 위한 반대증거로 사용할 수 있다**(대판2005.8.19. 2005도2617).

▼정답 ③

제03절 자백의 보강법칙

1. 자백보강법칙에 관한 설명으로 가장 적절하지 <u>않은</u> 것은?(다툼이 있는 경우 판례에 의함)

(2024. 경찰승진)

① 「형사소송법」 제310조 소정의 '피고인의 자백'에 공범인 공동피고인의 진술은 포함되지 않으므로, 공범인 공동피고인의 진술은 다른 공동피고인에 대한 범죄사실을 인정하는 증거로 할 수 있고, 공범인 공동피고인들의 각 진술은 상호 간에 서로 보강증거가 될 수 있다.
② 자백에 대한 보강증거는 피고인의 자백이 가공적인 것이 아닌 진실한 것임을 인정할 수 있는 정도로는 족하지 않고, 범죄사실의 전부 또는 중요 부분을 인정할 수 있는 정도가 되어야 한다.
③ 자동차등록증에 차량의 소유자가 피고인으로 등록되어 있는 것은 피고인이 그 차량을 운전하였다는 사실의 자백 부분에 대한 보강증거가 될 수 있고, 결과적으로 피고인이 운전면허 없이 운전하였다는 전체 범죄사실의 보강증거로 충분하다.
④ 2020. 2. 18. 01 : 35경 자동차를 타고 온 피고인 甲으로부터 필로폰 0.06g을 건네받은 후 甲이 그 차량을 운전해 갔다고 한 공소외인 A의 진술과 2020. 2. 20. 甲으로부터 채취한 소변에서 나온 필로폰 양성 반응은, 甲이 2020. 2. 18. 02 : 00경의 필로폰 투약으로 정상적으로 운전하지 못할 우려가 있는 상태에 있었다는 공소사실부분에 대한 자백을 보강하는 증거가 되기에 충분하다.

▼해 설

② (×) 자백에 대한 보강증거는 **범죄사실의 전부 또는 중요 부분을 인정할 수 있는 정도가 되지 않더라도 피고인의 자백이 가공적인 것이 아닌 진실한 것임을 인정할 수 있는 정도만 되면 충분하다**. 또한 직접증거가 아닌 간접증거나 정황증거도 보강증거가 될 수 있고, 자백과 보강증거가 서로 어울려서 전체로서 범죄사실을 인정할 수 있으면 유죄의 증거가 된다(대법원2017. 6. 8.선고2017도4827판결).
① (○) 「형사소송법」 제310조 소정의 "피고인의 자백"에 공범인 공동피고인의 진술은 포함되지 아니하므로, **공범인 공동피고인의 진술**은 **다른 공동피고인에 대한 범죄사실을 인정하는 증거로 할 수 있는 것**일 뿐만 아니라 공범인 공동피고인들의 각 진술은 상호간에 서로 보강증거가 될 수 있다(대판1990.10.30. 90도1939).
③ (○) **자동차등록증에 차량의 소유자가 피고인으로 등록·기재된 것**이 피고인이 그 차량을 운전하였다는 사실의 자백 부분에 대한 보강증거가 될 수 있고 결과적으로 **피고인의 무면허운전**이라는 **전체 범죄사실의 보강증거로 충분하다**(대판2000.9.26. 2000도2365).

④ (○) [1] 2010. 2. 18. 01:35경 자동차를 타고 온 피고인으로부터 필로폰을 건네받은 후 **피고인이 위차량을 운전해갔다고 한 갑의 진술**과 2010. 2. 20. **피고인으로부터 채취한 소변에서 나온 필로폰 양성 반응은**, 피고인이 2010. 2. 18. 02:00경의 필로폰 투약으로 정상적으로 운전하지 못할 우려가 있는 상태에 있었다는 공소사실 부분에 대한 자백을 보강하는 증거가 되기에 충분하다

[2] 구 도로교통법 제150조 제1호에 "약물로 인하여 정상적으로 운전하지 못할 우려가 있는 상태에서 자동차 등을 운전한 사람"을 처벌하도록 규정하고 있고, 같은 법 제45조에 "자동차 등의 운전자는제44조의 규정에 의한 술에 취한 상태 외에 과로·질병 또는 **약물(마약·대마 및 향정신성의약품과 그밖에 행정안전부령이 정하는 것을 말한다)의 영향과 그밖의 사유로** 인하여 **정상적으로 운전하지 못할 우려가 있는 상태에서 자동차 등을 운전하여서는 아니된다.**"고 규정하고 있다. 위 규정의 법문상 필로폰을 투약한 상태에서 운전하였다고 하여 바로 처벌할 수 있는 것은 아니고 그로 인하여 정상적으로 운전하지 못할 우려가 있는 상태에서 자동차 등을 운전한 경우에만 처벌할 수 있다고 보아야 하나, **위 법 위반죄는 이른바 위태범으로서** 약물 등의 영향으로 인하여 '정상적으로 운전하지 못할 우려가 있는 상태'에서 운전을 하면 바로 성립하고, 현실적으로 '정상적으로 운전하지 못할 상태'에 이르러야만 하는 것은 아니다(대법원2010. 12. 23.선고2010도11272판결).

▼정답 ②

2. 자백보강법칙에 관한 설명 중 가장 적절하지 않은 것은?(다툼이 있으면 판례에 의함)

(2023. 경찰대편입)

① 자백에 대한 보강증거는 범죄사실의 전부는 아니더라도 중요부분을 인정할 수 있는 정도가 되고 피고인의 자백이 가공적인 것이 아닌 진실한 것임을 인정할 수 있는 정도가 되면 족한 것으로서 자백과 서로 어울러서 전체로서 범죄사실을 인정할 수 있으면 유죄의 증거로 충분하다.

② 피고인이 범행을 자인하는 것을 들었다는 피고인 아닌 자의 진술내용은「형사소송법」제310조의 피고인의 자백에는 포함되지 아니하나 이는 피고인의 자백의 보강증거로 될 수 없다.

③「형사소송법」제310조의 피고인의 자백에는 공범인 공동피고인의 진술이 포함되지 아니하므로 공범인 공동피고인의 진술은 다른 공동피고인에 대한 범죄사실을 인정하는데 있어서증거로 쓸 수 있고 그에 대해서는 보강증거를 요하지 않는다.

④ 즉결심판이나 소년보호사건에 있어서는 자백보강법칙이 적용되지 않는다.

⑤ 피고인이 증거로 함에 동의한 압수조서의 '압수경위'란에 피고인의 범행사실을 직접 목격한 사람의 진술이 기재되어있다면 이는「형사소송법」제312조 제5항에서 정한 '피고인이아닌 자가 수사과정에서 작성한 진술서'에 준하는 것으로 볼 수 있고, 범행사실에 대한 피고인의 자백을 보강하는 증거가 될 수 있다.

▼해 설

① (×) 자백에 대한 보강증거는 **범죄사실의 전부 또는 중요부분을 인정할 수 있는 정도가 되지 아니더라도** 피고인의 자백이 가공적인 것이 아닌 **진실한 것임을 인정할 수 있는 정도만 되면 족할 뿐만 아니라** 직접증거가 아닌 간접증거나 정황증거도 보강증거가 될 수 있으며, 또한 **자백과 보강증거기 서로 어울려서 전체로서 범죄사실을 인정할 수 있으면 유죄의 증거로 충분하다**(대판2002.1.8. 2001도1897).

② (○) 피고인이 범행을 자인하는 것을 들었다는 피고인 아닌 자의 신술내용은 형사소송법 제310조의 **피고인의 자백에는 포함되지 아니하나** 이는 피고인의 자백의 보강증거로 될 수 없다(대법원1981. 7. 7.선고81도1314판결). 결국, 피고인의 자백을 내용으로 하는 피고인 아닌 자의 진술은 피고인의 자백에 대한 **보강증거가 될 수 없다**.

③ (○) 형사소송법 제310조의 피고인의 자백에는 공범인 공동피고인의 진술이 포함되지 아니하므로 공범인 공동피고인의 진술은 다른 공동피고인에 대한 범죄사실을 인정하는데 있어서 증거로 쓸 수 있고 그에 대한 보강증거의 여부는 법관의 자유심증에 맡긴다(대법원1985. 3. 9.선고85도951판결).

④ (○) 자백의 보강법칙은 형사소송법상 제도이므로 형사소송법이 적용되는 절차에만 적용된다. 따라서 간이공판절차와 약식명령절차는 형사소송법 절차이기 때문에 이 원칙이 적용되나, **즉결심판에 관한 절차법이 적용되는 즉결심판절차와 소년법이 적용되는 소년보호사건에는 자백의 보강법칙이 적용되지 아니한다.**

⑤ (○) [1] 피고인이 지하철역 에스컬레이터에서 휴대전화기의 카메라를 이용하여 성명불상 여성 피해자의 치마 속을 몰래 촬영하다가 현행범으로 체포되어 성폭력범죄의 처벌 등에 관한 특례법 위반(카메라등이용촬영)으로 기소된 사안에서, 피고인은 공소사실에 대해 자백하고 검사가 제출한 모든 서류에 대하여 증거로 함에 동의하였는데, 그 서류들 중 체포 당시 임의제출 방식으로 압수된 피고인 소유 휴대전화기(이하 '휴대전화기'라고 한다)에 대한 **압수조서의 '압수경위'란**에 '지하철역 승강장 및 게이트 앞에서 경찰관이 지하철범죄 예방·검거를 위한 비노출 잠복근무 중 검정 재킷, 검정 바지, 흰색 운동화를 착용한 20대가량 남성이 짧은 치마를 입고 에스컬레이터를 올라가는 여성을 쫓아가 뒤에 밀착하여 치마 속으로 휴대폰을 집어넣는 등 해당 여성의 신체를 몰래 촬영하는 행동을 하였다'는 내용이 포함되어 있고, 그 하단에 피고인의 범행을 직접 목격하면서 위 압수조서를 작성한 사법경찰관 및 사법경찰리의 각 기명날인이 들어가 있으므로, **위 압수조서 중 '압수경위'란에 기재된 내용**은 피고인이 범행을 저지르는 **현장을 직접 목격한 사람의 진술이 담긴 것으로서 형사소송법 제312조 제5항에서 정한 '피고인이 아닌 자가 수사과정에서 작성한 진술서'에 준하는 것으로 볼 수 있고**, 이에 따라 휴대전화기에 대한 임의제출절차가 적법하였는지에 영향을 받지 않는 **별개의 독립적인 증거에 해당**하여, 피고인이 증거로 함에 동의한 이상 유죄를 인정하기 위한 증거로 사용할 수 있을 뿐 아니라 피고인의 자백을 보강하는 증거가 된다.

[2] 범죄를 실행 중이거나 실행 직후의 현행범인은 누구든지 영장 없이 체포할 수 있고(형사소송법 제212조), 검사 또는 사법경찰관은 피의자 등이 유류한 물건이나 소유자·소지자 또는 보관자가 임의로 제출한 물건은 영장 없이 압수할 수 있으므로(제218조), **현행범 체포현장이나 범죄 현장에서도 소지자 등이 임의로 제출하는 물건**은 형사소송법 제218조에 의하여 **영장 없이 압수하는 것이 허용되고**, 이 경우 검사나 사법경찰관은 **별도로 사후에 영장을 받을 필요가 없다**(대법원 2019. 11. 14. 선고 2019도13290 판결).

▼정답 ①

3. 자백의 증거능력과 증명력에 관한 다음 설명 중 옳고 그름의 표시(○, ×)가 바르게 된 것은? (다툼이 있는 경우 판례에 의함) (2023. 1차 경찰채용)

> ㉠ 피고인이 범행을 자인하는 것을 들었다는 피고인 아닌 자의 진술내용은 「형사소송법」 제310조의 피고인의 자백에 포함되며, 자백을 자백으로 보강할 수 없다는 법리에 따라 그 진술내용을 피고인의 자백의 보강증거로 할 수 없다.
>
> ㉡ 일정한 증거가 발견되면 피의자가 자백하겠다고 한 약속이 검사의 강요나 위계에 의하여 이루어졌다던가 또는 불기소나 경한 죄의 소추 등 이익과 교환조건으로 된 것으로 인정되지 않는다면 위와 같은 자백의 약속에 된 자백이라 하여 곧 임의성 없는 자백으로 증거능력이 부정된다고 단정할 수 없다.
>
> ㉢ 상습범은 피고인의 습벽을 구성요건으로 하는 범죄로서 상습범에 있어 피고인의 자백이 있는 경우, 이를 구성하는 각 행위에 관하여 개별적으로 보강증거를 필요로 하는 것은 아니다.
>
> ㉣ 자백에 대한 보강증거는 범죄사실의 전부 또는 중요 부분을 인정할 수 있는 정도가 되지 아니하더라도 피고인의 자백이 가공적인 것이 아닌 진실한 것임을 인정할 수 있는 정도만 되면 족할 뿐만 아니라, 직접증거가 아닌 간접증거나 정황증거도 보강증거가 될 수 있다.

① ㉠(×) ㉡(○) ㉢(×) ㉣(○)
② ㉠(×) ㉡(×) ㉢(○) ㉣(×)
③ ㉠(○) ㉡(○) ㉢(×) ㉣(○)
④ ㉠(○) ㉡(×) ㉢(○) ㉣(×)

해 설

① ㉡㉣(2개)은 옳은 지문이나, ㉠㉢(2개)은 틀린 지문이다.

㉠ (×) 피고인이 범행을 자인하는 것을 들었다는 피고인 아닌 자의 진술내용은 형사소송법 제310조의 **피고인의 자백에는 포함되지 아니하나** 이는 피고인의 자백의 보강증거로 될 수 없다(대법원1981. 7. 7.선고81도1314판결).

㉡ (○) **일정한 증거가 발견되면 피의자가 자백하겠다고 한 약속이** 검사의 강요나 위계에 의하여 이루어졌다던가 또는 불기소나 경한 죄의 소추등 **이익과 교환조건으로 된 것으로 인정되지 않는다면** 위와 같은 자백의 약속하에 된 자백이라 하여 곧 임의성 없는 자백이라고 단정할 수는 없다(대법원1983. 9. 13.선고83도712판결).

㉢ (×) 소변검사 결과는 1995. 1. 17.자 투약행위로 인한 것일 뿐 그 이전의 4회에 걸친 투약행위와는 무관하고, 압수된 약물도 이전의 투약행위에 사용되고 남은 것이 아니므로, 위 소변검사 결과와 압수된 약물은 결국 피고인이 투약습성이 있다는 점에 관한 정황증거에 불과하다 할 것인바, 피고인의 습벽을 범죄구성요건으로 하며 포괄1죄인 상습범에 있어서도 이를 구성하는 **각 행위에 관하여 개별적으로 보강증거를 요구하고 있는 점에 비추어 보면 투약습성에 관한 정황증거만으로** 향정신성의약품관리법위반죄의 객관적 구성요건인 **각 투약행위가 있었다는 점에 관한 보강증거로 삼을 수는 없다**(대법원 1996.2.13. 선고 95도1794 판결).

㉣ (○) 자백에 대한 보강증거는 **범죄사실의 전부 또는 중요 부분을 인정할 수 있는 정도가 되지 않더라도** 피고인의 자백이 가공적인 것이 아닌 진실한 것임을 인정할 수 있는 정도만 되면 충분하다. 또한 **직접증거가 아닌 간접증거나 정황증거도 보강증거가 될 수 있고,** 자백과 보강증거가 서로 어울려서 전체로서 범죄사실을 인정할 수 있으면 유죄의 증거가 된다(대법원2017. 6. 8.선고2017도4827판결).

▼정답 ①

4. 유흥주점의 지배인 甲은 피해자 A로부터 신용카드를 강취하고 신용카드 비밀번호를 알아냈다. 甲은 위 주점 직원 乙, 丙과 모의하면서, 자신은 주점에서 A를 붙잡아 두면서 감시하고, 乙과 丙은 위 신용카드를 이용하여 인근 편의점에 있는 현금자동지급기에서 300만 원의 예금을 인출하기로 하였다. 그에 따라 甲이 A를 감시하는 동안 乙과 丙은 위 편의점에 있는 현금자동지급기에 신용카드를 넣고 비밀번호를 입력하여 300만 원의 예금을 인출하였고, 이를 甲, 乙, 丙 각자 100만 원씩 분배하였다. 결국 甲, 乙, 丙은 특수(합동)절도죄로 공소제기되었는데, 甲은 법정에서 범행을 부인하였으나, 甲의 공동피고인 乙과 丙은 법정에서 범행을 자백하였다. 이에 관한 설명 중 옳은 것을 모두 고른 것은?(다툼이 있는 경우 판례에 의함) (2023. 변호사)

㉠ 甲이 합동절도의 범행 공모에는 참여하였으나 현장에서 절도의 실행행위를 직접 분담하지 않았더라도, 그가 현장에서 절도 범행을 실행한 乙과 丙의 행위를 자기 의사의 수단으로 하여 합동절도의 범행을 하였다고 평가할 수 있는 정범성의 표지를 갖추고 있다면, 甲에 대하여도 합동절도의 공동정범이 성립될 수 있다.

㉡ 만약 위 주점 지배인 甲이 종업원 乙, 丙과 함께 단골손님 A로부터 신용카드를 갈취해 현금을 인출하기로 모의하였고, 甲의 지시를 받은 乙과 丙은 늦은 저녁 한적한 골목길에서 A로부터 신용카드를 갈취하고 비밀번호를 알아내 甲이 일러준 편의점 현금자동지급기에서 300만 원의 예금을 인출하였으며, 이를 甲, 乙, 丙 각자 100만 원씩 분배하였다면, 범죄 장소에 가지 않은 甲에게 폭력행위등처벌등에관한법률위반(공동공갈)의 공동정범은 인정될 여지가 없다.

㉢ 공범인 공동피고인 乙, 丙의 법정에서의 자백은 소송절차를 분리하여 증인신문하는 절차를 거치지 않았더라도 甲에 대하여 증거능력이 인정된다.

② 만약 위 사례에서 甲이 범행을 자백하였고, 甲이 범행을 자인하는 것을 들었다는 피고인 아닌 제3자의 진술이 있다면, 이는 「형사소송법」 제310조의 피고인 자백에는 포함되지 아니하므로 甲의 자백에 대한 보강증거가 될 수 있다.

① ㉠, ㉢
② ㉠, ㉣
③ ㉠, ㉡, ㉣
④ ㉠, ㉢, ㉣

해 설

① ㉠㉢(2개)은 옳은 지문이나, ㉡㉣(3개)은 틀린 지문이다.

㉠ (○) 3인 이상의 범인이 합동절도의 범행을 공모한 후 적어도 2인 이상의 범인이 범행 현장에서 시간적, 장소적으로 협동관계를 이루어 절도의 실행행위를 분담하여 절도 범행을 한 경우에는 공동정범의 일반 이론에 비추어 **그 공모에는 참여하였으나 현장에서 절도의 실행행위를 직접 분담하지 아니한 다른 범인에 대하여도** 그가 현장에서 절도 범행을 실행한 위 2인 이상의 범인의 행위를 자기 의사의 수단으로 하여 **합동절도의 범행을 하였다고 평가할 수 있는 정범성의 표지를 갖추고 있다고 보여지는 한 그 다른 범인에 대하여 합동절도의 공동정범의 성립을 부정할 이유가 없다**고 할 것이다(대법원 1998. 5. 21. 선고 98도321 전원합의체 판결).

㉡ (×) **여러 사람이 폭력행위등처벌에관한법률 제2조 제1항에 열거된 죄를 범하기로 공모한 다음** 그 중 **2인 이상이 범행장소에서 범죄를 실행한 경우에는 범행장소에 가지 아니한 자도 같은 법 제2조 제2항에 규정된 죄의 공모공동정범으로 처벌할 수 있다**(대법원 1996. 12. 10. 선고 96도2529 판결).

㉢ (○) 형사소송법 제310조의 피고인의 자백에는 **공범인 공동피고인의 진술이 포함되지 아니하므로 공범인 공동피고인의 진술은 다른 공동피고인에 대한 범죄사실을 인정하는데 있어서 증거로 쓸 수 있고 그에 대한 보강증거의 여부는 법관의 자유심증에 맡긴다**(대법원 1985. 3. 9. 선고 85도951 판결). 결국, **공범인 공동피고인 乙, 丙의 법정에서의 자백은 부인하는 甲에 대하여 증거능력이 인정된다.**

㉣ (×) 피고인이 범행을 자인하는 것을 들었다는 피고인 아닌 자의 진술내용은 형사소송법 제310조의 피고인의 자백에는 포함되지 아니하나 이는 **피고인의 자백의 보강증거로 될 수 없다**(대판 2008. 2. 14. 2007도10937).

▶정답 ①

5. 갑은 경찰관에게 자신이 야간에 어떤 집에 몰래 들어가 현금 100만원을 훔쳤다고 자수하였다. 경찰관은 갑을 데리고 범행을 했다는 피해자의 집을 찾아보았으나 갑이 범행한 장소를 기억하지 못한다고 하므로 피해자를 조사하지 못하였고, 피해금품 100만원은 갑이 모두 소비하였다고 하여 이를 압수하지 못하고 소비처 등에 대한 조사도 못한 상태로 갑을 검찰에 송치하였다. 갑은 검찰에서도 범행을 자백하였고, 야간주거침입절도죄로 기소된 후 제1심 공판절차에서도 "2022. 3. 일자 불상 23:00경 서울 서초구 이하 불상 소재 피해자 성명불상의 집에 침입하여 현금 100만원을 절취하였다"는 요지의 공소사실을 자백하였다. 이 사건에 대한 설명으로 옳은 것은?(다툼이 있으면 판례에 의함)

① 간이공판사건에 해당하므로 자백 외에 다른 증거를 조사할 필요가 없다.
② 갑은 공판정에서 공소사실을 자백하였으므로 보강증거를 요하지 않는다.
③ 갑이 절도의 고의가 있었다는 사실에 대해서는 보강증거가 있어야 한다.
④ 피고인의 자백 밖에 없으므로 유죄를 인정할 수 없다.

▼해 설

④ (○) 설문의 경우 유죄의 증거는 피고인 갑의 자백밖에 없으므로 자백의 보강법칙에 의하여 법원은 유죄를 인정할 수 없다(제310조).
① (×) 간이공판절차에서도 자백의 보강법칙이 적용되므로 자백 이외의 독립된 다른 보강증거가 필요하다.
② (×) 공판정의 자백과 공판정 외의 자백을 불문하고 보강법칙이 적용된다. 피고인의 자백이 그에게 불리한 유일한 증거인 때에는 그 자백이 공판정에서의 자백이든 피의자로서의 조사관에 대한 진술이든 그 자백의 증거능력이 제한되어 있고 그 어느 것이나 독립하여 유죄의 증거가 될 수 없으므로 위 자백을 아무리 합쳐 보더라도 그것만으로는 유죄의 판결을 할 수 없다(대법원1966. 7. 26.선고66도634전원합의체 판결).
③ (×) 범의는 자백만으로 인정할 수 있다(대판4294형상171).

▼정답 ④

6. 다음 중 보강증거에 관한 기술 중 옳지 않은 것은 모두 몇 개인가? (판례에 의함)

㉠ 기소된 대마 흡연일자로부터 한 달 후 피고인의 주거지에서 압수된 대마 잎 약 14.32g의 현존 등은 피고인의 자백에 대한 보강증거가 된다.
㉡ 뇌물공여의 상대방인 공무원이 뇌물을 수수한 사실을 부인하면서도 그 일시 경에 뇌물공여자를 만났던 사실 및 공무에 관한 청탁을 받기도 한 사실 자체는 시인하였다면, 이는 뇌물을 공여하였다는 뇌물공여자의 자백에 대한 보강증거가 될 수 있다.
㉢ 피고인이 검문 당시 버린 주사기에서 메스암페타민이 검출된 사실을 인정할 수 있는 정황증거 등은 메스암페타민 투약 사실에 대한 피고인의 검찰에서의 자백에 대한 보강 증거로 사용할 수 있다.
㉣ 필로폰 매수 대금을 송금한 사실에 대한 증거가 필로폰 매수죄와 실체적 경합범 관계에 있는 필로폰 투약행위에 대한 보강증거가 될 수 없다.
㉤ 피고인이 체포될 때 압수된 히로뽕 87g의 현존과 피고인에게 히로뽕 87.03g을 교부하였다는 공동피고인의 제1심 법정에서의 자백은 피고인의 자백이 진실한 것임을 인정하기에 충분한 보강증거가 된다.

① 0개   ② 1개
③ 2개   ④ 3개

▼해 설

① ㉠㉡㉢㉣㉤(5개)은 모두 옳은 지문이다.
㉠ (○) 기소된 대마 흡연일자로부터 한 달 후 피고인의 주거지에서 압수된 대마 잎이 피고인의 자백에 대한 보강증거가 된다(대판2007.9.20. 2007도5845).
㉡ (○) 대판1995.6.30. 94도993
㉢ (○) 피고인이 검문 당시 버린주사기에서 메스암페타민염이 검출된 사실 등을 인정할 수 있는 정황증거늘이 메스암페타민 투약사실에 대한 피고인의 검찰에서의 자백에 대한 보강증거로서 충분하다(대판1999.3.23. 99도338).
㉣ (○) 필로폰 매수 대금을 송금한 사실에 대한 증거가 필로폰 매수죄와 실체적 경합범 관계에 있는 필로폰 투약행위에 대한 보강증거가 될 수 없다(대판2008.2.14. 2007도10937).

⑩ (○) 피고인이 체포될 때 압수된 히로뽕 87g의 **현존**과 피고인에게 히로뽕 87.03g을 교부하였다는 공동피고인의 제1심 법정에서의 자백은 피고인의 자백이 진실한 것임을 인정하기에 충분한 **보강증거가 된다**(대판 2004.5.14. 2004도1066).

▼정답 ①

7. 자백과 보강증거에 관한 설명 중 옳지 않은 것을 모두 몇 개인가?(다툼이 있는 경우 판례에 의함)

> ㉠ 피고인이 다세대주택의 여러 세대에서 7건의 절도행위를 한 것으로 기소되었는데 그중 4건은 범행 장소인 구체적 호수가 특정되지 않은 사안에서, 위 4건에 관한 피고인 자백의 진실성이 인정되는 경우라면, 피고인의 집에서 압수한 위 4건의 각 피해품에 대한 압수조서와 압수물 사진은 위 자백에 대한 보강증거가 된다.
> ㉡ 자백의 보강법칙은 정식재판에서 적용되는 원칙이므로, 즉결심판절차나 약식명령절차에서는 자백보강법칙이 적용되지 않는다.
> ㉢ 2021. 10. 19. 채취한 소변에 대한 검사결과 메스암페타민 성분이 검출된 경우, 위 소변검사결과는 2021. 10. 17. 메스암페타민을 투약하였다는 자백에 대한 보강증거가 될 수는 있지만, 각 투약행위에 대한 자백의 보강증거는 별개의 것이어야 하므로, 같은 달 13. 메스암페타민을 투약하였다는 자백에 대한 보강증거는 될 수 없다.
> ㉣ 피고인은 수사기관에서 갑을 통하여 메트암페타민 0.7g을 수령하여 그중 일부는 갑에게 무상으로 교부하였고 남은 것은 당일 모텔에서 투약하고 그 다음 날 이어서 투약하였다고 자백한 경우, 갑에 대한 각 피의자신문조서사본과 진술조서는 피고인의 자백에 대한 보강증거가 된다.
> ㉤ 변론을 분리하지 아니한 채 이루어진 공범인 공동피고인의 공판정에서의 자백은 피고인에 대하여 불리한 증거로 사용할 수 있다.

① 0개 ② 1개
③ 2개 ④ 3개

▼해 설

③ ㉠㉣㉤(3개)은 옳은 지문이나, ㉡㉢(2개)은 틀린 지문이다.

㉠ (○) 피고인이 자신이 거주하던 다세대주택의 여러 세대에서 7건의 절도행위를 한 것으로 기소되었는데 그중 4건은 범행장소인 구체적 호수가 특정되지 않은 사안에서, 위 4건에 관한 피고인의 범행 관련 진술이 매우 사실적·구체적·합리적이고 진술의 신빙성을 의심할 만한 사유도 없어 자백의 진실성이 인정되므로, **피고인의 집에서 해당 피해품을 압수한 압수조서와 압수물 사진은 위 자백에 대한 보강증거가 된다**(대법원 2008. 5. 29.선고2008도2343판결).

㉡ (×) 자백의 보강법칙은 **형사소송법상 제도이므로 형사소송법이 적용되는 절차에만** 적용된다. 따라서 **간이공판절차와 약식명령절차는 형사소송법 절차이기 때문에 이 원칙이 적용되나, 즉결심판에 관한 절차법이 적용되는 즉결심판절차와 소년법이 적용되는 소년보호사건에는 이 법칙이 적용되지 아니한다.**

㉢ (×) **2000. 10. 19. 채취한 소변에 대한 검사결과 메스암페타민 성분이 검출된 경우, 위 소변검사결과는** 2000. 10. 17. 메스암페타민을 투약하였다는 자백에 대한 보강증거가 될 수 있음은 물론 같은 달 **13.** 메스암페타민을 투약하였다는 **자백에 대한 보강증거도 될 수 있다**(대법원2002. 1. 8.선고2001도1897판결). 결국, 피고인이

2000. 10. 13. 메스암페타민을 투약함으로 인하여 **피고인의 체내에 남아 있던 메스암페타민 성분도 그에 포함되어 검출되었을 가능성을 배제할 만한 합리적 근거가 없으므로** 위 소변검사결과가 오로지 2000. 10. 17. 투약행위로 인한 것이라기 보다는 2000. 10. 13. 투약행위와 2000. 10. 17. 투약행위가 결합되어 나온 것으로 보아야 할 것이어서 그 **결과는 위 각 투약행위에 대한 보강증거로 될 수 있다**고 할 것이다.

㉣ (○) 피고인은 수사기관에서 갑을 통하여 메트암페타민 0.7g을 수령하여 그중 일부는 갑에게 무상으로 교부하였고 남은 것은 당일 모텔에서 투약하고 그 다음 날 이어서 투약하였다고 자백한 경우, 갑은 피고인의 최초 메트암페타민 투약행위가 있었던 당일 피고인의 지시에 따라 버스터미널에서 버스를 통하여 운송된 메트암페타민이 담긴 쇼핑백을 받아 피고인에게 이를 전달하고 그 즉시 메트암페타민의 일부를 무상으로 교부받았다는 갑에 대한 각 **피의자신문조서사본과 진술조서는 피고인의 자백에 대한 보강증거가 된다**(대법원2017. 6. 8. 선고2017도4827판결).

㉤ (○) **형사소송법 제310조의 피고인의 자백에는 공범인 공동피고인의 진술은 포함되지 않으며**, 이러한 **공동피고인의 진술에 대하여는 피고인의 반대신문권이 보장되어 있어 독립한 증거능력이 있는** 것이므로, 원심이 공범인 피고인 갑의 진술을 증거로 삼아 피고인 을의 범죄사실을 인정하였다고 하여 이를 **위법이라고 탓할 수 없다**(대법원2005. 2. 18. 선고2004도6795판결).

▼정답 ③

8. 자백에 대한 보강증거에 관한 설명으로 가장 적절하지 않은 것은?(다툼이 있으면 판례에 의함)

① 피고인이 업무추진 과정에서 지출한 자금 내역을 기록한 수첩의 기재 내용은 피고인이 우연히 작성한 것이므로 피고인 자백에 대한 독립적인 보강증거가 될 수 없다.

② 「형사소송법」제310조 소정의 "피고인의 자백"에 공범인 공동피고인의 진술은 포함되지 아니하므로 공범인 공동피고인의 진술은 다른 공동피고인에 대한 범죄사실을 인정하는 증거로 할 수 있는 것일 뿐만 아니라 공범인 공동피고인들의 각 진술은 상호간에 서로 보강증거가 될 수 있다.

③ 확정판결은 엄격한 의미의 범죄사실과는 구별되는 것이어서 피고인의 자백만으로도 그 존부를 인정할 수 있다.

④ 피고인이 수사기관에서 '을로 부터 러미라 약 1,000정을 건네받아 그중 일부는 갑에게 제공하고, 남은 것은 자신이 투약하였다'고 자백한 경우, 을에 대한 검찰 진술조서 및 수시보고는 자백의 진실성을 담보하기에 충분하다고 할 것이므로 보강증거가 된다.

▼해 설

① (×) [1] 상법장부나 항해일지, 진료일지 또는 이와 유사한 금전출납부 등과 같이 **범죄사실의 인정 여부와는 관계없이 자기에게 맡겨진 사무를 처리한 사무 내역을 그때그때 계속적, 기계적으로 기재한 문서 등의 경우는** 사무처리 내역을 증명하기 위하여 존재하는 문서로서 그 존재 자체 및 기재가 그러한 내용의 사무가 처리되었음의 여부를 판단할 수 있는 **별개의 독립된 증거자료**이고, 설사 그 문서가 우연히 피고인이 작성하였고 그 문서의 내용 중 피고인의 범죄사실의 존재를 추론해 낼 수 있는, 즉 공소사실에 일부 부합되는 사실의 기재가 있다고 하더라도, 이를 일컬어 피고인이 범죄사실을 자백하는 문서라고 볼 수는 없다.

[2] 피고인이 뇌물공여 혐의를 받기 전에 **이와는 관계없이** 준실공사에 필요한 **각종 인·허가 등의 업무를** 위임받아 이를 추진하는 과정에서 그 업무수행에 필요한 자금을 지출하면서, **스스로 그 지출한 자금내역을 자료로 남겨두기 위하여 뇌물자금과 기타 자금을 구별하지 아니하고 그 지출 일시, 금액, 상대방 등 내역을 그때그때 계속적, 기계적으로 기입한 수첩의 기재 내용은**, 피고인이 자신의 범죄사실을 시인하는 자백이라고 볼 수 없으므로, **증거능력이 있는 한 피고인의 금전출납을 증명할 수 있는 별개의 증거라고 할 것인즉, 피고인의 검찰에서의 자백에 대한 보강증거가 될 수 있다**(대법원1996. 10. 17. 선고94도2865전원합의체 판결).

② (○) [1] 형사소송법 제310조의 피고인의 자백에는 공범인 공동피고인의 진술이 포함되지 아니하므로 공범인 공동피고인의 진술은 다른 공동피고인에 대한 범죄사실을 인정하는데 있어서 증거로 쓸 수 있다(대법원1986. 10. 28.선고86도1773판결).

[2] 형사소송법 제310조 소정의 "피고인의 자백"에 공범인 공동피고인의 진술은 포함되지 아니하므로 공범인 공동피고인의 진술은 다른 공동피고인에 대한 범죄사실을 인정하는 증거로 할 수 있는 것일 뿐만 아니라 공범인 공동피고인들의 각 진술은 상호간에 서로 보강증거가 될 수 있다(대법원1990. 10. 30.선고90도1939판결).

③ (○) 원심판시의 소론 확정판결의 범죄사실과 이 사건 공소사실이 피고인의 절도의 습벽에서 비롯된 것이라고 판단한 원심의 조처는 수긍할 수 있고, 또 위 확정판결은 엄격한 의미에서의 범죄사실과는 구별되는 것이어서 피고인의 자백만으로서도 이를 인정할 수 있다 할 것이므로(더우기 소론이 지적한 바와 같이 비록 적법한 증거조사를 거치지는 아니하였으나 위 확정판결의 존재를 회보한 전언통신문까지 있다) 원심판결에는 소론과 같은 채증법칙 위배와 심리미진의 잘못이 있다고 할 수 없다(대판83도820). 결국, 확정판결의 존부를 피고인의 자백만으로 인정할 수 있다.

④ (○) 피고인이 수사기관에서 '을로 부터 러미라 약 1,000정을 건네받아 그중 일부는 갑에게 제공하고, 남은 것은 자신이 투약하였다'고 자백한 경우, 을은 피고인의 최초 러미라 투약행위가 있었던 시점에 피고인에게 50만 원 상당의 채무변제에 갈음하여 러미라 약 1,000정이 들어있는 플라스틱통 1개를 건네주었다고 하고 있고, 갑은 을에게 피고인으로부터 러미라를 건네받았다는 취지의 카카오톡 메시지를 보낸 사실을 알 수 있어, 이러한 을에 대한 검찰 진술조서 및 수사보고는 자백의 진실성을 담보하기에 충분하다고 할 것이므로 보강증거가 된다(대판2018.3.15. 2017도20247).

▼정답 ①

9. 보기의 사례에 관한 다음 설명 중 가장 적절하지 않은 것은?(다툼이 있는 경우 판례에 의함)

> 甲과 乙은 공동으로 공원에서 술에 취하여 잠을 자고 있는 피해자 丙의 손목시계를 절취하였다는 공소사실로 기소되어 공동피고인으로 재판을 받고 있다. 공판정에서 甲은 공소사실을 자백하고 있으나, 乙은 공소사실을 부인하고 있다.

① 형사소송법 제310조의 피고인의 자백에는 공범인 공동피고인의 진술은 포함되지 않는다.
② 甲의 진술은 乙에 대한 범죄사실을 인정하는데 있어서 증거로 쓸 수 있다.
③ 위 ②항의 경우 그에 대한 보강증거의 요부는 법관의 자유심증에 맡긴다.
④ 甲이 범행을 자백하는 것을 들었다는 T의 진술내용은 형사소송법 제310조의 피고인의 자백에는 포함되지 아니하나 이는 피고인의 자백의 보강증거로는 될 수 있다.

▼해 설

④ (×) 피고인이 범행을 자인하는 것을 들었다는 피고인 아닌 자의 진술내용은 형사소송법 제310조의 피고인의 자백에는 포함되지 아니하나 이는 피고인의 자백의 보강증거로 될 수 없다(대판2008.2.14. 2007도10937).

①②③ (○) 형사소송법 제310조의 피고인의 자백에는 공범인 공동피고인의 진술이 포함되지 아니하므로 공범인 공동피고인의 진술은 다른 공동피고인에 대한 범죄사실을 인정하는데 있어서 증거로 쓸 수 있고 그에 대한 보강증거의 여부는 법관의 자유심증에 맡긴다(대법원1985. 3. 9.선고85도951판결).

▼정답 ④

10. 다음 사례의 ㈎, ㈏, ㈐에 대한 설명 중 가장 적절하지 않은 것은?(다툼이 있는 경우 판례에 의함)

> ㈎ 갑은 2022. 3. 26. 08 : 14경 서울 (주소 생략) 지하철 ○호선 △△역 에스컬레이터에서 휴대전화기의 카메라를 이용하여 성명불상의 여성 피해자의 치마 속을 몰래 촬영함으로써 카메라나 그 밖에 이와 유사한 기능을 갖춘 기계장치를 이용하여 성적 욕망 또는 수치심을 유발할 수 있는 다른 사람의 신체를 그 의사에 반하여 촬영하였다는 공소사실로 성폭력범죄의처벌등에관한특례법위반(카메라등이용촬영)으로 기소되었다.
>
> ㈏ 갑은 제1심 법정에서 이 부분 공소사실에 대해 자백하고 검사가 제출한 모든 서류에 대하여 증거로 함에 동의하였으며, 갑의 변호인은 원심에서 이 부분 공소사실에 대하여는 보강증거가 구비되었음을 전제로 유무죄를 다투지 않겠다는 취지의 2023. 5. 25.자 변론요지서를 제출하였다.
>
> ㈐ 갑이 위와 같이 증거로 함에 동의한 서류들 중 이 사건 휴대전화기에 대한 압수조서의 '압수경위'란에는, 이 부분 공소사실과 관련하여 "2022. 3. 26. 08 : 15경 지하철 ○호선 △△역 승강장 및 ○게이트 앞에서 사법경찰관 P가 소매치기 및 성폭력 등 지하철범죄 예방·검거를 위한 비노출 잠복근무 중 검정 재킷, 검정 바지, 흰색 운동화를 착용한 20대가량 남성이 짧은 치마를 입고 에스컬레이터를 올라가는 여성을 쫓아가 뒤에 밀착하여 치마 속으로 휴대폰을 집어넣는 등 해당 여성의 신체를 몰래 촬영하는 행동을 하였다"는 내용이 포함되어 있고, 그 하단에는 이 부분 공소사실에 관한 갑의 범행을 직접 목격하면서 위 압수조서를 작성한 사법경찰관 P 및 사법경찰리 P1의 각 기명날인이 들어가 있다.

① 범죄를 실행 중이거나 실행 직후의 현행범인은 누구든지 영장 없이 체포할 수 있고, 검사 또는 사법경찰관은 피의자 등이 유류한 물건이나 소유자·소지자 또는 보관자가 임의로 제출한 물건은 영장 없이 압수할 수 있다.

② 현행범 체포현장이나 범죄 현장에서도 소지자 등이 임의로 제출하는 물건은 형사소송법 제218조에 의하여 영장 없이 압수하는 것이 허용되고, 이 경우 검사나 사법경찰관은 별도로 사후에 영장을 받을 필요가 없다.

③ 현행범 체포현장에서는 임의로 제출하는 물건이라도 압수할 수 없으므로 이 사건 휴대전화기 자체는 물론 이를 기초로 한 2차 증거에 해당하는 이 사건 휴대전화기에 기억된 저장정보 역시 적법절차로 수집한 증거가 아니어서 유죄의 증거로 삼을 수 없으며, 이 사건 휴대전화기에 대한 압수조서중 '압수경위'란에 기재된 상기의 내용도 선행행위인 임의제출절차가 위법하여 별개의 독립적인 증거에 해당하지 아니한다.

④ 위 압수조서중 '압수경위'란에 기재된 내용은 갑이 증거로 함에 동의한 이상 유죄를 인정하기 위한 증거로 사용할 수 있을 뿐 아니라 갑의 자백을 보강하는 증거가 되므로 갑은 성폭력범죄의처벌등에관한특례법위반(카메라등이용촬영)에 해당한다.

해 설

③ (×) 이 사건 휴대전화기에 대한 압수조서중 **'압수경위'란에 기재된 상기의 내용**은, 피고인이 이 부분 공소사실과 같은 범행을 저지르는 **현장을 직접 목격한 사람의 진술이 담긴 것**으로서 형사소송법 제312조 제5항에서 정한 '피고인이 아닌 자가 수사과정에서 작성한 진술서'에 준하는 것으로 볼 수 있고, 이에 따라 **이 사건 휴대전화기에 대한 임의제출절차가 적법하였는지 여부에 영향을 받지 않는 별개의 독립적인 증거에 해당**하므로,

피고인이 증거로 함에 동의한 이상 유죄를 인정하기 위한 증거로 사용할 수 있을 뿐 아니라 이 부분 공소사실에 대한 피고인의 자백을 보강하는 증거가 된다(대법원2019. 11. 14. 선고2019도13290판결).

① (○) 제212조, 제218조
② (○) **현행범 체포현장이나 범죄 현장에서도** 소지자 등이 **임의로 제출하는 물건은** 형사소송법 제218조에 의하여 **영장 없이 압수하는 것이 허용되고**, 이 경우 검사나 사법경찰관은 **별도로 사후에 영장을 받을 필요가 없다** (대법원2019. 11. 14. 선고2019도13290판결).
④ (○) 피고인이 휴대전화기의 카메라로 피해자를 몰래 촬영한 현장에서 현행범으로 체포되면서 위 휴대전화기를 수사기관에 임의제출한 사안에서, 이 사건 휴대전화기에 대한 압수조서중 **'압수경위'란에 기재된 상기의 내용은 별개의 독립적인 증거에 해당**하므로, **피고인이 증거로 함에 동의한 이상 유죄를 인정하기 위한 증거로 사용할 수 있을 뿐 아니라** 피고인의 **자백을 보강할 증거가 된다**(대법원2019. 11. 14. 선고2019도13290판결).

▶정답 ③

11. 다음 사례에 대한 설명으로 옳은 것은 모두 몇 개인가?(다툼이 있는 경우 판례에 의함)

(2024. 경찰간부)

(1) X카페의 주인 甲은, 쓰레기 문제로 평소 자주 다투던 옆집 Y식당 주인 乙에게 화가 나 乙이 1층에 세워놓은 Y식당 광고판(홍보용 배너와 거치대)을 그 장소에서 제거하여 컨테이너로 된 상가 창고로 옮겨놓아 乙이 사용할 수 없도록 하였다.
(2) 이 사실을 알게 된 乙은 甲에 대한 상해의 고의로 불꺼진 ×카페로 들어가 甲으로 추정되는 자에게 각목을 내리쳐 코뼈를 부러뜨렸으나 실제로 맞은 사람은 甲에게 총구를 겨누던 丙이었다.

㉠ (1)에서 甲에게는 재물손괴죄가 성립한다.
㉡ (2)에서 착오에 대한 판례의 입장에 의하면, 乙에게 丙에 대한 상해죄의 고의기수범 성립을 인정한다.
㉢ (2)의 상황에서 엄격책임설의 입장에 의하면, 착오에 정당한 이유가 없는 경우 乙에게 상해죄 성립을 인정한다.
㉣ (2)의 사실에 대하여 검사가 乙에게 무혐의 결정을 하였다가 다시 공소를 제기한 경우, 이는 일사부재리의 원칙에 위배되므로 다시 수사를 재개하거나 공소를 제기할 수 없다.
㉤ (2)의 사실에 대하여 수사기관에서 혐의를 부인하던 乙이 피고인의 신분으로 공판정에서 자백을 한 경우, 자백보강법칙은 적용되지 아니한다.

① 1개 ② 2개
③ 3개 ④ 4개

▼해 설

② ㉠㉡(2개)은 옳은 지문이나, ㉢㉣㉤(3개)은 틀린 지문이다.
㉠ (○) [1] **형법 제366조의 재물손괴죄**는 타인의 재물을 손괴 또는 은닉하거나 기타의 방법으로 그 효용을 해하는 경우에 성립한다. 여기에서 **재물의 효용을 해한다고 함은** 사실상으로나 감정상으로 그 재물을 본래의 사용목적에 제공할 수 없는 상태로 만드는 것을 말하고, **일시적으로 그 재물을 이용할 수 없는 상태로 만드는 것도 포함한다.**

[2] 갑이 홍보를 위해 광고판(홍보용 배너 와 거치대)을 1층 로비에 설치해 두었는데, **피고인이** 을에게 지시하여 을이 **위 광고판을 그 장소에서 제거하여** 컨테이너로 된 **창고로 옮겨 놓아 갑이 사용할 수 없도록 한** 사안에서, 비록 물질적인 형태의 변경이나 멸실, 감손을 초래하지 않은 채 그대로 옮겼더라도 **위 광고판은 본래적 역할을 할 수 없는 상태로 되었으므로** 피고인의 행위는 재물손괴죄에서의 **재물의 효용을 해하는 행위에 해당한다**(대법원2018. 7. 24. 선고2017도18807판결).

ⓒ (○) 갑이 을등 3명과 싸우다가 힘이 달리자 식칼을 가지고 이들 3명을 상대로 휘두르다가 이를 말리면서 식칼을 뺏으려던 피해자 병에게 상해를 입혔다면 갑에게 상해의 범의가 인정되며 상해를 입은 사람이 목적한 사람이 아닌 다른 사람이라 하여 **과실상해죄에 해당한다고 할 수 없다(상해죄에 해당한다)**(대법원1987. 10. 26. 선고87도1745판결). 결국, 위 사례의 경우 **판례(법정적 부합설)**는 구체적 사실의 착오의 **방법의 착오로** 보든 **객체의 착오로** 보든 모두 **발생사실에 대한 고의기수범을** 인정한다(乙에게는 **丙에 대한 상해죄의 고의기수범**을 인정한다).

ⓒ (×) **(2)의 경우**, 객관적 정당화상황은 존재하지만(총구를 겨누고 있던 丙) 주관적 정당화요소를 결한 경우(을은 병이 총구를 겨누고 있다는 사실을 인식하지 못함)인 **우연방위의 문제**로서 그 법효과에 대하여 **위법성조각사유설(무죄설), 기수범설, 불능미수범설** 등의 견해가 대립되고 있다. 따라서 **엄격책임설은 위법성조각사유의 전제사실에 관한 착오(오상방위)의 문제에 대한 해결 학설**이므로 **틀린 지문이다.**

ⓒ (×) **일사부재리의 효력은 확정판결이 있을 때에 발생하는 것**이므로 검사가 일차 **무혐의 결정**을 하였다가 **다시 공소를 제기하였다 하여도 이를 일사부재리의 원칙에 위배된 것이라고는 할 수 없다**(대법원1984. 11. 27. 선고84도1545판결). 결국, **불기소처분(무혐의처분, 기소유예처분 등)**은 **기판력(일사부재리의 효력)이 없으므로**, 검사가 나중에 새로운 증거발견 등 사정변경이 생기면 얼마든지 공소제기할 수 있다.

ⓒ (×) 공판정에서의 피고인의 자백에도 보강법칙이 적용되는가가 문제된다. 즉, **공판정에서 행한 자백에도 보강증거가 필요한가에 대하여 필요하다(보강법칙이 적용된다)**고 보는 견해가 **통설·판례의 태도이다.** 왜냐하면 공판정의 자백이라 하여 언제나 진실이라고 할 수는 없고, 자백편중으로 인한 오판과 위험성은 공판정의 자백에도 있다고 할 수 있으므로 형사소송법상 보강법칙이 적용되는 피고인의 자백에는 공판정의 자백도 포함된다. 판례도 **공판정의 자백과 공판정 외의 자백을 불문**하고 보강법칙이 적용된다고 한다. 피고인의 자백이 그에게 불리한 유일한 증거인 때에는 그 **자백이 공판정에서의 자백이든 피의자로서의 조사관에 대한 진술**이든 그 자백의 증거능력이 제한되어 있고 그 어느 것이나 독립하여 유죄의 증거가 될 수 없으므로 위 자백을 아무리 합쳐 보더라도 **그것만으로는 유죄의 판결을 할 수 없다**(대법원1966. 7. 26. 선고66도634전원합의체판결).

▶정답 ②

12. 다음 사례에 대한 설명으로 옳은 것은 모두 몇 개인가?(다툼이 있는 경우 판례에 의함)

(2024. 경찰간부)

> 甲은 乙과 자신의 부유한 삼촌 A의 집에 있는 금괴를 훔치기로 공모하였다. 다음날 01 : 00시경 甲은 A의 집 담장에서 망을 보고, 乙은 담장을 넘어 거실 창문을 열고 안으로 들어가 금괴를 가지고 나오다가 A에게 발각되었고, 그 순간 A는 담장에서 뛰어가는 甲의 뒷모습도 보게 되었다. A는 사법경찰관에게 甲과 乙을 신고하였으며, 수사를 받던 중 乙은 변호사 L을 선임하였다. 이후 검사는 甲과 乙을 기소하였다.

> ㉠ 乙의 절도 목적이 인정되지 않는다면 乙은 야간에 주거에 침입하였으므로 **특수주거침입죄**가 성립한다.
> ㉡ 사법경찰관이 작성한 甲에 대한 피의자신문조서를 甲이 법정에서 진정성립 및 내용을 인정하더라도 乙이 공판기일에서 그 조서의 내용을 부인하면 이를 乙에 대한 유죄인정의 증거로 사용할 수 없다.

ⓒ 공동피고인 甲과 乙은 수사기관에서 계속 혐의를 부인하다가 乙이 공판정에서 자백한 경우, 甲의 반대신문권이 보장되어 있으므로 乙의 자백은 별도의 보강증거 필요없이 甲에 대한 유죄의 증거능력이 인정된다.
ⓔ A는 甲과 乙 모두를 처벌해달라고 하였으나 항소심 중에 甲에 대해서만 고소를 취소하였다면, 법원은 甲에 대해서는 공소기각판결을, 乙에 대해서는 실체판결을 하여야 한다.

① 1개 ② 2개
③ 3개 ④ 4개

해설

② ⓛⓒ(2개)은 옳은 지문이나, ⓙⓔ(2개)은 틀린 지문이다.

ⓙ (×) 형법 제320조의 **특수주거침입죄**는 「**단체 또는 다중의 위력**을 보이거나 **위험한 물건**을 휴대하여 주거침입의 죄를 범한 때에는 5년 이하의 징역에 처한다.」고 규정하고 있다. 결국, 갑과 을 2인으로는 단체나 다중이 될 수 없고, 을은 위험한 물건도 휴대하지 아니하였으므로 **특수주거침입죄가 성립하지 않는다**.

특수 범죄	단체 또는 다중의 위력을 보이거나 위험한 물건 휴대 (단·다·위)		· 특수공무방해(제144조) · 특수상해(제258조2) · 특수폭행(제261조) · 특수체포·감금(제278조) · 특수협박(제284조) · **특수주거침입(제320조)** · 특수강요(제324조 제2항) · 특수공갈(제350조의2) · 특수손괴(제369조)
	2인 이상이 합동하여 (합동범/ 3개)	설비 또는 기구 손괴, 폭행·협박, 합동 도주	· 특수**도주**(제146조)
		야·흉·합	· 특수**절도**(제331조①②)
		야·흉·합	· 특수**강도**(제334조①②)

ⓛ (○) [1] **형사소송법 제312조 제3항**은 검사 이외의 수사기관이 작성한 **당해 피고인에 대한 피의자신문조서**를 유죄의 증거로 하는 경우**뿐만 아니라**, 검사 이외의 수사기관이 작성한 당해 피고인과 공범관계에 있는 **다른 피고인이나 피의자에 대한 피의자신문조서를 당해 피고인에 대한 유죄의 증거로 채택할 경우에도 적용된다**(대판2009도1889).

[2] 당해 피고인과 공범관계에 있는 공동피고인에 대해 검사 이외의 수사기관이 작성한 피의자신문조서는 그 공동피고인의 법정진술에 의하여 성립의 진정이 인정되더라도 **당해 피고인이** 공판기일에서 그 **조서의 내용을 부인하면 증거능력이 부정된다**(대판2015.10.29. 2014도5939).

ⓒ (○) 형사소송법 제310조의 피고인의 자백에는 공범인 공동피고인의 진술은 포함되지 않으며, 이러한 **공동피고인의 진술**에 대하여는 **피고인의 반대신문권이 보장되어있어 독립한 증거능력이 있는 것이므로**, 원심이 공범인 갑의 진술을 증거로 삼아 병의 범죄사실을 인정하였다고 하여 이를 위법이라고 탓할 수 없다(대법원 2005. 2. 18.선고2004도6795판결).

ⓔ (×) 고소는 **제1심 판결선고 전까지 취소할 수 있다**(제232조 제1항). 항소심에서 공소장의 변경에 의하여 또는 공소장변경절차를 거치지 아니하고 법원 직권에 의하여 친고죄가 아닌 범죄를 친고죄로 인정하였더라도 **항소심을 제1심이라 할 수는 없는 것이므로**, 항소심에 이르러 비로소 고소인이 **고소를 취소하였다면** 이는 친고죄

에 대한 **고소취소로서의 효력은 없다**(대법원1999. 4. 15. 선고96도1922전원합의체 판결). 결국, **친고죄에서의 고소취소는 반드시 제1심 판결선고 전까지만 허용되므로**, 삼촌 A가 항소심 중에 甲에 대해서 **고소취소를 하였어도 그 효력이 없으므로 甲에 대해서도 을과 마찬가지로 실체판결을 하여야** 한다.

▼정답 ②

제04절 공판조서의 배타적 증명력

1. 탄핵증거와 자백의 보강법칙, 공판조서의 증명력에 관한 다음 설명 중 틀린 것은? (다툼이 있는 경우 판례에 의함)

① 당해 공판기일에 열석하지 아니한 판사가 재판장으로서 서명날인한 공판조서는 제대로 된 공판조서라고 할 수 없어 이와 같은 공판조서는 공판기일에 있어서의 소송절차를 증명할 공판조서로서의 증명력이 없다.

② 피고인이 검사 또는 사법경찰관 앞에서 한 진술과 다른 내용을 공판준비 또는 공판기일에 진술한 경우 검사는 피고인의 공판준비 또는 공판기일에 한 진술의 증명력을 다투기 위해 검사 또는 사법경찰관 앞에서 한 진술을 내용으로 하는 영상녹화물을 원칙적으로 공판준비 또는 공판기일에 피고인에게 재생하여 시청하게 할 수 있다.

③ 직접증거가 아닌 간접증거나 정황증거도 자백에 대한 보강증거가 될 수 있다.

④ 탄핵증거의 제출에 있어서도 상대방에게 이에 대한 공격방어의 수단을 강구할 기회를 사전에 부여하여야 한다는 점에서 그 증거와 증명하고자 하는 사실과의 관계 및 입증취지 등을 미리 구체적으로 명시하여야 할 것이므로, 증명력을 다투고자 하는 증거의 어느 부분에 의하여 진술의 어느 부분을 다투려고 한다는 것을 사전에 상대방에게 알려야 한다.

▼해 설

② (×) 피고인 또는 피고인이 아닌 자의 진술을 내용으로 하는 영상녹화물은 공판준비 또는 공판기일에 피고인 또는 피고인이 아닌 자가 진술함에 있어서 **기억이 명백하지 아니한 사항에 관하여 기억을 환기시켜야 할 필요가 있다고 인정되는 때에 한하여** 피고인 또는 피고인이 아닌 자에게 **재생하여 시청하게 할 수 있다**(제318조의2 제2항). 결국, **영상녹화물은 탄핵증거로 사용할 수 없고, 기억환기용으로만 사용할 수 있다.**

① (○) 공판조서에 서명날인할 재판장은 당해 공판기일에 열석한 재판장이어야 하므로 당해 **공판기일에 열석하지 아니한 판사가 재판장으로서 서명날인한 공판조서**는 적식의 공판조서라고 할 수 없어 이와 같은 공판조서는 **소송법상 무효라 할 것이므로** 공판기일에 있어서의 **소송절차를 증명할 공판조서로서의 증명력이 없다**(대법원1983. 2. 8.선고82도2940판결).

③ (○) 자백에 대한 보강증거는 범죄사실의 전부 또는 중요부분을 인정할 수 있는 정도가 되지 아니하더라도 피고인의 자백이 가공적인 것이 아닌 진실한 것임을 인정할 수 있는 정도만 되면 족할 뿐만 아니라 **직접증거가 아닌 간접증거나 정황증거도 보강증거가 될 수 있으며**, 또한 자백과 보강증거가 서로 어울려서 전체로서 범죄사실을 인정할 수 있으면 유죄의 증거로 충분하다(대판2002. 1. 8. 2001도1897).

④ (○) 대판2005.8.19. 2005도2617

▼정답 ②

편저자 임종희

- **약력**
  - 법학박사(형사법)
  - 前) 호남고시학원 원장·중앙경찰학원 원장
    중앙경찰학교 외래교수(형사소송법)
    경찰채용 필기시험 출제위원(형법)
    국가직·지방직 공무원 채용 면접위원
    수사경찰관 직무능력향상교육 형사법강의
    (전남지방경찰청)
    청원경찰 기본교육 형사법강의(전남지방경찰청)
    법률사무소 송무실장
    전남대학교 고시특강
    조선대학교, 목포대학교, 세한대학교 등 외래교수
    서울남부행정고시학원 강의(형사소송법)
    수원행정고시학원 강의(형법)
    전주행정고시학원(형법)
    전주한빛행정고시학원 강의(형사소송법)
    광주패스경찰학원, 전대경찰학원 강의(형사소송법)
    경찰승진 고시뱅크 강의(형법·형사소송법)
    전남지방경찰청 시민감찰위원
  - 現) 경찰서 즉결심판위원
    동신대학교 경찰행정학과 강의전담교수
    (형법·형사소송법 전임)
    윌비스경찰학원 형사법 전임
  - 동신대학교 강의우수교원(4회)
  - 대한민국 경찰청장 감사장 수상
  - 전남지방경찰청장 감사장 수상(2회)

- **주요논문**
  - 공범자의 자백에 관한 연구
  - 과실범에 있어서의 신뢰의 원칙에 관한 고찰
  - 공소장 변경에 관한 연구
  - 컴퓨터등사용사기죄의 객체에 관한 고찰
  - 연명의료결정법의 문제점과 개선방안
  - 낙태죄에 관한 재론
  - 양심적 병역거부의 형사법적 고찰

- **주요저서**
  - 형법총론 (고시뱅크)
  - 형법각론 (고시뱅크)
  - 형법 (에듀모어)
  - 형사소송법 (에듀모어)
  - 형법 (에듀클리닉)
  - 임종희 형법총론 (윌비스)
  - 임종희 형법각론 (윌비스)
  - 임종희 형사소송법 [수사, 증거] (윌비스)
  - 임종희 객관식 형사법 (윌비스)
  - 임종희 경찰 형사법 동형모의고사 (윌비스)

임종희 객관식 형사법 형사소송법[수사,증거] (제2판)

초 판 발행   2023년 04월 20일
제2판 인쇄   2024년 05월 28일
제2판 발행   2024년 06월 03일

편저자   임 종 희
발행인   송 주 호
발행처   ㈜윌비스
등 록   119-85-23089
주 소   서울시 관악구 신림로 129-1
전 화   02)883-0202 / Fax 02)883-0208

저자와의 협의에 의해 인지를 생략합니다.

ISBN 979-11-6618-762-9 / 13360   정가 24,000원

이 책은 도서출판 윌비스가 저작권자와의 계약에 따라 발행하였습니다.
저작권법에 의해 보호를 받는 저작물이므로 본사의 허락 없는 무단 전재와 무단 복제를 금합니다.